地球の歩き方 A02 ● 2024〜2025年版

イギリス
United Kingdom

地球の歩き方 編集室

JN051766

COVER STORY

2022年9月にはエリザベス2世が崩御、2023年
5月にはチャールズ3世の戴冠式が行われ、イギリ
スは新たな時代を迎えました。各地のパブでは戴
冠式を記念した飾り付けをするなどして、喜びを新
たにしました。

出発前に必ずお読みください！
旅のトラブルと安全情報…11、594

本書で用いられる記号・略号

紹介している地区の場所を指します。

掲載地域の人口と市外局番
州などの行政区画

- ✈ 飛行機　🚂 鉄道
- 🚌 バス　⛴ フェリー
- 🏠 住所
- ☎ 電話番号
- 📞 日本国内で利用できる無料通話
- ✉ メールアドレス
- 🌐 ホームページアドレス
  (http://は省略しています)
- 🎫 チケット予約可能
- 🕐 開館時間　🈲 休業日
- 💰 入場料
- ⊙ 予約必須

入場には日時指定制チケット
の予約が必要

館内撮影不可
写真撮影禁止の場所

フラッシュ不可

フラッシュ撮影禁止
特にフラッシュ撮影が禁止されて
いない場所でも屋内では周囲に配
慮し、撮影マナーを守りましょう

地　図
- 🄸 観光案内所
- Ⓗ ホテル
- Ⓡ レストラン
- Ⓢ 商店、旅行会社など
- ✉ 郵便局
- 🚏 バス停
- 🚌 バスターミナル
- ═ 歩行者専用道路

※このページは記号・表記説明用のサンプルです

そびえ立つ大聖堂に見守られる町
ソールズベリ
Salisbury

人口	市外局番
4万1820人	01722
ウィルトシャー州 Wiltshire	

町のどこからでも見ることができる大聖堂

中世の雰囲気が漂うソールズベリの町のシンボルは天に向かってスッと伸びるソールズベリ大聖堂だ。この大聖堂は英国最高の高さを誇り、チャプター・ハウスにはマグナ・カルタの4つの原本のうちのひとつが保管されている。また、ソールズベリは世界遺産ストーンヘンジへの起点ともなっている。

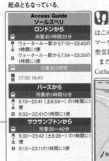

Access Guide ソールズベリ
ロンドンから
所要約1時間30分
月土 ウォータールー駅から7:10～23:40の1時間に1便
日 ウォータールー駅から7:54～23:35の1時間に1便
所要約3時間
17:30 18:45

バースから
所要約1時間10分
月土 5:13～22:41（土6:04～）の1時間に1便
日 9:33～22:41の1時間に1便

サウサンプトンから
所要30～40分
月土 5:33～23:42（土6:26～）の1時間に1便
日 9:13～23:11の1時間に1便

ソールズベリ
Tourist Information Centre
Map P.264
🏠Fish Row, SP1 1EJ
☎(01722) 342 860
🌐www.salisburycitycouncil.gov.uk
🕐9:00～17:00（日10:00～16:00、日祝10:00～14:00）
🈲1/1、12/25・26

歩き方

町の中心はマーケット・スクエアMarket Sq.で、🄸はこのすぐ近くにある。観光の中心となっている地域は、マーケット・スクエアから南へ5分ほど歩いたソールズベリ大聖堂周辺のクロースCloseと呼ばれている場所だ。

また、マーケット・スクエアからキャサリン・ストリートCatherine St.を南下し、セント・アンズ・ゲートSt Ann's Gate

264

レストラン

Map P.462-C1
パブ 英国料理
オールド・ホワイト・スワン Old White Swan
16世紀の建物を使用し、歴史を感じさせる雰囲気が人気のパブ。料理は季節に応じて異なる。レンティルコテージパイ £12.50、ハンバーガー £14.50 ～。
🏠80 Goodramgate, YO1 7LF ☎(01904)540 911
🌐www.nicholsonspubs.co.uk ⏰10:00～23:00
(金・土～24:00、日～22:30) 休無休 ━AJMV ◆店内可

※表記説明用のサンプルです

ショップ

Map P.462-B1
ジン
ヨーク・ジン York Gin
旧市街の中心部にあるクラフト・ジンのショップ。スタイリッシュなボトルはお土産として人気。金・土曜の18:30からは所要約1時間の試飲ツアーが行われる。
🏠12 Pavement, YO1 9UP ☎(01904)848 900
🌐yorkgin.com ⏰10:30～17:30 休無休 ━MV

※表記説明用のサンプルです

ホテル

ホステル 21室 **Map P.462-B2**
セーフステイ・ヨーク Safestay York
🏠88-90 Micklegate, YO1 6JX
☎(01904)627 720
🌐www.safestay.com
🛏️£12～
🛏️£50～
━JMV(現金払い不可)

18世紀に建てられたジョージアン様式の建物を使用している。ドミトリーのベッド数はひと部屋4～12。朝食はコンチネンタル式で£6.50。

※表記説明用のサンプルです

ホテルの設備・支払い方法

記号	設備
🛗	エレベーター
📺	テレビ
🌀	ドライヤー
☕	ティーセット (湯沸かしポット)
🔒	セーフティボックス
🅿️	専用駐車場 (契約パーキングも含む)
📶 Wi-Fi	無線 LAN 環境

記号	設備
DOM	ドミトリー／相部屋
🧍	シングルルーム
🧑‍🤝‍🧑	ダブルorツインルーム
🚿	部屋にシャワー付き
🚿	共同シャワー
🛁	部屋にバスタブ付き
🛁	部屋にバスタブなし
🚽	部屋にトイレ付き
🚽	共同トイレ
🍽️	宿泊料金に朝食が込み
🍽️	宿泊料金に朝食は含まれない

記号	内容
━	クレジットカード
A	アメリカン・エキスプレス
D	ダイナース
J	JCB
M	マスターカード
V	ビザカード
●予約	日本でのホテル予約先電話番号

イギリスの基本情報

▶旅の言葉
→P.598

国 旗
ユニオンジャックUnion Jackは、イングランドのセント・ジョージズ・クロスSt George's Crossと、スコットランドのセント・アンドリューズ・クロスSt Andrew's Crossに、アイルランドのセント・パトリックス・クロスSt Patrick's Crossが合わさってできた。

正式国名
グレート・ブリテンおよび北アイルランド連合王国United Kingdom of Great Britain & Northern Ireland

国 歌
"God Save the King"
「神よ王を守り給え」

面 積
24万4000km²（日本の約3分の2）

人 口
6708万人（2020年）

首 都
ロンドン London

元 首
チャールズ3世 Charles III

政 体
立憲君主制、議院内閣制

民族構成
イングランド人83%、スコットランド人8%、ウェールズ人5%、アイルランド人3%、マン人。ほかにアフリカ、インド、カリブ海諸国など旧植民地や中国からの移民も多い。

宗 教
英国国教会などキリスト教徒が約72%、無信仰約15%、ムスリム約3%など。

言 語
英語、ウェールズ語、ゲール語

通貨と為替レート

£

▶旅の予算とお金
→P.565

チャールズ3世の即位にともない、紙幣、硬貨の肖像はチャールズ3世のものに替わっていく。2022年12月からはチャールズ3世の50ペンス硬貨の流通が開始された。チャールズ3世の紙幣、硬貨の流通後も、エリザベス2世のものは引き続き利用できる。

通貨単位はポンド（£）。補助単位はペンス（p）。£1＝100p≒182円（2023年8月現在）

紙幣は£5、£10、£20、£50。硬貨は1p、2p、5p、10p、20p、50p、£1、£2。

スコットランドや北アイルランド、マン島では独自の紙幣を発行しているが、イングランド銀行発行のものと価値は同じで、イングランドでも使うことができる。もちろんイングランド銀行発行の紙幣をスコットランドや北アイルランドで使うの

も問題ない。ただし、イングランド銀行発行以外の紙幣は日本で換金することはできない。

両 替 銀行や"Bureau de Change"の看板のある両替所で行える。空港や大きな駅の構内、駅周辺などに多い。

クレジットカード VISA、MasterCard、アメリカン・エキスプレス、JCBなどの国際的に信用度の高いカードは重宝する。ATMでキャッシングも可能。

1ポンド　2ポンド　5ポンド
10ポンド　20ポンド　50ポンド
1ペニー　2ペンス　5ペンス　10ペンス　20ペンス　50ペンス

電話のかけ方

▶郵便・通信事情
→P.592

日本からイギリスへかける場合　ロンドンの(020)1234-5678へかける場合

事業者識別番号		国際電話識別番号	イギリスの国番号	市外局番（頭の0は取る）	相手先の電話番号
0033（NTTコミュニケーションズ） **0061**（ソフトバンク） 携帯電話の場合は不要	+	**010**	+ **44**	+ **20**	+ **1234-5678**

※携帯電話の場合は010のかわりに「0」を長押しして「+」を表示させると国番号からかけられる
※NTTドコモは事前にWORLD CALLに登録が必要。

8

ビザ

観光目的の旅であれば、通常は6ヵ月以内の滞在についてビザは不要。

パスポート

パスポートの有効残存期間は基本的に滞在日数以上あればOKだが、できれば6ヵ月以上が望ましい。

自動化ゲート

入国カードは2019年5月に廃止された。日本のIC旅券保持者で、18歳以上および成人と同伴する12〜17歳の旅行者は自動化ゲートの利用が可能になった。

出入国

▶出国と入国
→P.569

日本からイギリスまでの直行便は、現在3社（日本航空、全日空、ブリティッシュ・エアウェイズ）が運航している。いずれもノンストップで所要時間は本来約12時間30分だが、現在はロシア空域を迂回しているため14時間15分ほどかかる。羽田空港の国際線ターミナルから1日4〜5便、関西国際空港からは運休中。経由便の利用も便利。

日本からのフライト時間

▶イギリスへの航空便
→P.568

イギリスは北海道よりずっと北に位置するが、冬の冷え込みはむしろ日本のほうが厳しい。雨が多いイメージの国だが、梅雨時の日本の3分の1ほどの降水量が、ほぼ年間をとおして続く。

気候の特徴は1日の天気が変わりやすいこと。1日のうちにも、日が照りつけたと思ったら、どしゃ降りになって冷え込んだりと、めまぐるしい気温の変化がある。1日中雨が降り続けるようなことはめったにないが、1日のうちの数時間雨が降るようなことが多い。雨具の準備は忘れずに。夏でもカーディガンやトレーナーなどを持っていったほうがよい。

気　候

ロンドンと東京の気温と降水量

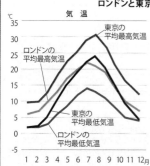

気　温

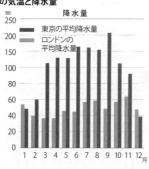

降水量

イギリスから日本へかける場合　　例 (03) 1234-5678または(090) 1234-5678へかける場合

| 国際電話識別番号 **00**※1 | ＋ | 日本の国番号 **81** | ＋ | 市外局番と携帯電話の最初の0を除いた番号※2 **3または90** | ＋ | 相手先の電話番号 **1234-5678** |

※1 ホテルの部屋からは、外線につながる番号を頭につける

※2 携帯電話などへかける場合も、「090」「080」などの最初の0を除く

▶イギリス国内通話　　市内へかける場合は市外局番は不要。市外へかける場合は市外局番からダイヤルする。携帯電話の場合は市内、市外かかわらず市外局番からダイヤルする。

時差とサマータイム

日本との時差は9時間で、日本時間から9時間引けばよい。つまり、日本のAM7:00がイギリスでは前日のPM10:00となる。これがサマータイム実施中は8時間の時差になる。

サマータイム実施期間は、3月最終日曜のAM1:00（＝AM2:00）〜10月最終日曜のAM1:00（＝AM0:00）。

ビジネスアワー

以下は一般的な営業時間の目安。

銀　行　月〜金曜は9:30〜16:00、16:30。土・日曜、祝日は休業。

デパートやショップ　月〜土曜10:00〜18:00または19:00。休日は日曜、祝日。最近は日曜も営業する店もある。

レストラン　朝食9:00〜11:00、昼食12:00〜14:30、アフタヌーンティー15:00〜17:00、ディナー17:30〜23:00頃。

パブ　月〜土曜11:00〜23:00、日曜12:00〜22:30。

祝祭日（おもな祝祭日）

バンクホリデイは、銀行や一般企業は休みとなるが、公共機関や交通機関、ショップの多くは通常営業している。スコットランドを除く地域の祝日（※印）、スコットランドのみの祝日（★印）に注意。祝日が土・日曜と重なる場合は、その翌月曜が振替休日となる。

1/1		新年
1/2	★	セカンド・ジャニュアリー
3/17		セント・パトリックス・デイ（北アイルランドのみ）
3/29 ('24)　4/18 ('25)		聖金曜
4/1 ('24)　4/21 ('25)	※	イースター・マンデイ
5/6 ('24)　5/5 ('25)		アーリー・メイ・バンクホリデイ
5/27 ('24) 5/26 ('25)		スプリング・バンクホリデイ
7/12		ボイン川の戦いの日（北アイルランドのみ）
8/5 (24)　8/4 ('25)	★	サマー・バンクホリデイ
8/26 ('24)　8/25 ('25)	※	サマー・バンクホリデイ
11/30	★	セント・アンドリューズ・デイ
12/25		クリスマス
12/26		ボクシングデイ

電圧とプラグ

電圧は240Vで周波数50Hz、プラグは3本足のBFタイプが一般的。日本国内の電化製品はそのままでは使えないものが多く、変圧器が必要。

ビデオ方式

DVD方式

イギリスのテレビ・ビデオ方式（PAL）は、日本（NTSC）と異なるので、一般的な日本国内用ビデオデッキでは再生できない。DVDソフトは地域コードRegion Codeが日本と同じ「2」と表示されていれば、DVD内蔵パソコンでは通常PAL出力対応なので再生できるが、一般的なDVDプレーヤーでは再生できない（PAL対応機種なら可）。

ブルーレイ方式

イギリスを含むヨーロッパの地域コード（B）は日本の地域コード（A）と異なるため、一般的なブルーレイプレーヤーでは再生できない。

チップ

レストランやホテルなどの料金にはサービス料が含まれていることもある。この場合必ずしもチップ（ティップと発音）は必要ではない。快いサービスを受けたときには、以下の相場を参考に。

タクシー　料金の10〜15％くらいの額を上乗せして切りのいい料金に。

レストラン　一般にはサービス料が請求されないときには10〜15％くらい。12.5％と明示されているところも多い。クレジットカードの場合は伝票の合計額にチップ相当額を自分で書き足して支払う。

ホテル　ベルボーイやルームサービスに対し、1回につき£1〜2程度。

飲料水

イギリスの水道水は、日本の軟水とは異なり硬水の地域が多いが、そのまま飲むことができる。体調が不安な人はミネラルウオーターを買おう。500㎖で約60p〜£1。炭酸なし(Still)と、炭酸入り(Sparkling)がある。

郵 便

イギリスの郵便はロイヤル・メール Royal Mailと呼ばれる。郵便局は近年他業種との提携が進み、コンビニや文具店などに委託するところも多い。営業時間は一般的に、平日9:00〜17:30、土曜は12:30まで。日曜、祝日は休み。地方の郵便局は昼休みを取ることもある。

郵便料金
日本へのエアメールの場合、はがきや封書が100gまで£2.20。

▶郵便・通信事情
→P.592

税 金

イギリスではほとんどの商品にVATと呼ばれる付加価値税が20%かかっている。以前は日本からの旅行者は、所定の手続をすることで、VATの払い戻しを受けることができたが、2020年のイギリスのEU離脱を機に免税手続の制度は廃止。2023年現在、VATの払い戻しを受けることはできない。

安全とトラブル

イギリスは比較的安全な国ではあるが、ロンドンやエディンバラ、グラスゴーなど大都市になるほど犯罪件数が多い。都市部に行ったら気を引き締めるように心がけたい。

スリ
地下鉄や駅構内など、人混みでのスリも多い。外から見えるバッグに多額の現金を入れておくのはやめておこう。また、持ち歩く現金はいつも少なめにしておきたい。

置き引き
高級ホテルでは、ビュッフェ式の朝食が多いが、荷物を椅子に置いたまま料理を取りに行ったりしないこと。空港や駅、バスターミナルなどでも、荷物から手を離さないようにしよう。

ロンドンの日本大使館
Embassy of Japan
Map P.66-B3
🏠101-104 Piccadilly, London, W1J 7JT
☎ (020) 7465 6500
🔗www.uk.emb-japan.go.jp
そのほかエディンバラに総領事館 (Map P.514-A2) がある。

警察・消防・救急 999

▶旅のトラブル
→P.594

年齢制限

イギリスでは18歳未満の酒類とたばこの購入は禁止されている。また、レンタカーは会社によっては年齢制限がある。借りる前にレンタカー会社に問い合わせてみよう。

度量衡

公的には日本と同じメートル法が採用されているが、日常生活では長さはインチinch(=約2.54cm)、重さはポンドlb(=約453.6g)、距離はマイルmile(=約1.61km)といった伝統的単位が利用されている。ショッピングの際のサイズ表示の違いなどにも気をつけたい。

その他

マナー
エスカレーターでは右側に立ち、左側を空ける。列 (キュー queueという) を作るときはフォーク式 (窓口がいくつあっても一列に並び、順番が来たら空いた窓口に行く) に。タクシーやバスを停めるときには、横に手を出して合図する。タクシーの支払いは運転席と後部座席の間にある小窓をとおして行う。

禁煙
公共の屋内空間、飲食店 (パブなども含む) では禁煙。

Thank you for helping to make our station a better environment

Latest U.K. News

The Enthronement of King Charles III

1 チャールズ3世即位により
紙幣、硬貨、切手の肖像が変更される

2022年9月8日、エリザベス2世の崩御にともないチャールズ3世が即位。翌年5月6日にはロンドンのウェストミンスター寺院にて新国王の戴冠式が行われた。王位継承によって、イギリスではいくつかの変更が行われる。イギリスの国歌はゴッド・セーブ・ザ・クイーン（神よ女王を守りたまえ）からゴッド・セーブ・ザ・キング（神よ国王を守りたまえ）に変更されたり、紙幣、硬貨、切手など、女王の肖像が描かれていたものは、国王のものに順次替えられたりしていく。

チャールズ3世の肖像が描かれた50ペンス硬貨は2022年12月に流通を開始し、2023年4月には新切手も発行された。紙幣については2024年の半ばから流通を開始する予定。

ROYAL MAIL DEFINITIVE STAMPS

Elizabeth Line

2 エリザベス・ラインが全面開通
ヒースロー空港から
ロンドン東部が直通に

ロンドンを東西に貫くエリザベス・ラインが2022年5月に全面開通した。当初はロンドン西部、中心部、東部のセクションに分かれて運行されており、セクションをまたぐには乗り換えが必要だったが、2022年11月には、すべてのセクションがつながり、乗り換えが不要になった。エリザベス・ラインの全面開通により、ヒースロー空港駅からパディントン駅、ボンド・ストリート駅、トテナム・コート・ロード駅、ファリンドン駅、リヴァプール・ストリート駅とロンドンの中心部の駅に直接アクセスできるようになった。中心部からヒースロー空港へ行く場合は、ヒースロー空港行きの便のほか、レディング行きの便があるので、乗り間違えないよう注意が必要。

3 イギリスの世界遺産 3件増えて1件減る

　2019年から2022年にかけて、イギリスでは新たに3件の世界遺産が登録された。2019年にはマンチェスター郊外にあるジョドレル・バンクが電波天文学の黎明期を支えた天文台として登録され、2021年には、北ウェールズにあるスレートの鉱山やそのインフラがまとめて「ウェールズ北西部のスレートの景観」として世界遺産リストに加えられた。バースは1987年にすでに単体で世界遺産に登録されていたが、2021年に「ヨーロッパのグレート・スパ・タウン」として、ドイツのバーデン・バーデン、ベルギーのスパ、フランスのヴィシーなどに並んで、構成物件のひとつとしても世界遺産に含まれるようになった。

　3件増えた一方で、2021年には「海商都市リヴァプール」の登録抹消が決定された。抹消の理由は港湾部の再開発によって、新たに現代建築が建つなど景観が破壊されたため。世界遺産の登録が抹消されることは珍しく、2007年にオマーンの「アラビアオリックスの保護区」、2009年のドイツの「ドレスデン・エルベ渓谷」に続く3件目。

▶バース　➡P.270

▶ジョドレル・バンク
➡P.397

▶ペンリン採石場
➡P.507

---

4 ナショナル・ギャラリー200周年 ゴッホ展、14世紀のシエナ展を計画 国内12ヵ所で同時に特別展も

　ロンドンのトラファルガー広場に面したナショナル・ギャラリーは、イギリスはもちろん世界でも屈指のコレクションを誇る美術館。2024年に創立200周年を迎え、それを記念して「NG200」というプロジェクトを始動。1年を通じてさまざまなイベントを企画しており、セインズベリ・ウイングも改装されることになっている。2024年9月〜2025年5月にかけてはヴァン・ゴッホ展が、時期は未定だが、14世紀のイタリア、シエナの絵画に関する大規模な展覧会も計画されている。

　さらに、2024年5月10日からは、ブライトン、オックスフォード、ブリストル、ニューキャッスル・アポン・タイン、エディンバラなど、イギリス12都市で同時に特別展が開かれ、ナショナル・ギャラリーの至宝の数々が英国各地の博物館、美術館で展示される予定だ。

▶ナショナル・ギャラリー　➡P.124

Strawberry Field

5 リヴァプールでジョン・レノンゆかりの
ストロベリー・フィールドが訪問可能に

ビートルズのメンバーが生まれ育った町リヴァプールには、ファンなら訪れたいゆかりの場所がいっぱい。ジョン・レノンが幼少期にときどき遊んでいたという孤児院ストロベリー・フィールドは、1967年にリリースされた『ストロベリー・フィールズ・フォーエバー』のモチーフになっており、ジョン・レノンの幼少期の家からも近いことから以前から訪れるファンが多かった。孤児院という建物の性格から長らく中には入れなかったが、孤児院としての役割を2005年に終え、2019年に学習障害をもつ人のための施設として再オープンしたことをきっかけに一般の訪問も可能になった。展示ではジョンがイマジンの作曲に使ったとされるピアノなどを見ることができ、カフェやショップも併設している。

▶ストロベリー・フィールド　➡P.387

RHS Garden Bridgewater

6 英国王立園芸協会
5番目の庭園
ブリッジウオーター・ガーデン

英国王立園芸協会（RHS）は、世界で最も権威があるガーデニング・イベントとして知られるチェルシー・フラワー賞を主催するなど、世界をリードする園芸の団体。イベントの開催以外に、イギリス全土に4つの庭園を運営していたが、2021年5月に5つ目となる庭園として、マンチェスター郊外にブリッジウオーター・ガーデンをオープンした。

▶ブリッジウオーター・ガーデン　➡P.397

The BOX

7 プリマスに新博物館
ボックスオープン

プリマスは、1620年にピルグリム・ファーザーズがメイフラワー号に乗って、新大陸に向けて出発した港町。2020年には出発から400周年を迎えたことを記念して、これまであった博物館の全面改装を行った。新たな博物館の名称はボックスThe BOX。多彩な展示を誇る総合博物館で、見応えがある。

▶ボックス　➡P.252

8 格安鉄道会社 ルモ営業開始

2021年10月にロンドン・キングズ・クロス駅〜エディンバラ・ウェイヴァリー駅間で、格安鉄道会社のルモlumoが営業運転を開始した。この路線のオペレーターはLNER社だが、ルモはその運行枠の一部を買い取って運行を行っている。2023年6月現在、ロンドン〜エディンバラ間を1日5便運行しており、所要時間は約4時間30分。途中スティーブニジStevenage、ニューキャッスル・アポン・タイン、モーペスMorpethに停車する。チケットはウェブでの販売となっている。料金は日時によって大きく異なっており、タイミングがよければ驚くほど安く乗車することができる。注意点としては荷物制限があり、小型の手荷物のほかは、高さ63cm×41cm×27cm以内という中級のスーツケース並みのものしか持ち込むことができないこと。これを超える荷物を持ち込もうとすると、乗車を拒否される可能性がある。

▶ルモ　URL www.lumo.co.uk

---

9 スコットランドの至宝 バレル・コレクション 再オープン

バレル・コレクションは、スコットランドの海運王、ウイリアム・バレルがグラスゴー市に寄贈した9000点に及ぶ美術コレクション。グラスゴー郊外にあるポロック公園内に建てられた美術館に展示されていたが、建物の改装工事のために2016年から閉鎖されていた。本来は門外不出のコレクションだが、2018〜2020年には印象派の絵画を中心として日本で展覧会が開かれたことは記憶に新しい。改装工事は2022年に終了し、装いも新たにオープンした。

▶バレル・コレクション　➡P.543

---

10 となりのトトロと 千と千尋の神隠し ロンドンで公演

日本の長編アニメーション映画を題材に、ロイヤル・シェイクスピア・カンパニー（RSC）が制作した舞台版『となりのトトロ』が2022年10月〜2023年1月にロンドンのバービカン・シアターで上演された。作品は好評を博し、イギリスで最も権威のある演劇賞ローレンス・オリビエ賞で6部門を受賞している。すでに再演が決まっており、期間は2023年11月21日〜2024年3月23日、場所は初演時と同じバービカン・シアター。

また、2022年に日本で初演が行われた舞台版『千と千尋の神隠し』の初の海外公演が、ロンドンのウエストエンドで2024年4〜7月に行われる。日本人キャストによる日本語での上演で、劇場はロンドン・コロシアムLondon Coliseum。

となりのトトロ My Neighbour Totoro
URL www.rsc.org.uk/my-neighbour-totoro
バービカン・シアター　➡P.156
千と千尋の神隠し Spirited Away
URL www.spiritedawayuk.com
ロンドン・コロシアム　Map P.66-67①D2

エリアで分かる
イギリスの見どころ
UNITED KINGDOM

イギリスの正式名称はグレート・ブリテンおよび北アイルランド連合王国と言い、イングランド、スコットランド、ウェールズ、北アイルランドという4つの国が連合して成り立っている。本書では、イングランドをロンドン、南海岸地方、中央部、北部と4つに分け、スコットランド、ウェールズを加えた6つのエリアとして紹介している。ひと口にイギリスと言っても、地理や歴史は大きく異なる。まずは地方ごとにどんな見どころがあるのかザッと押さえておこう。

ネス湖・

セント・アンドリューズ

エディンバラ・

湖水地方

イングランド中央部 ➡P.261
Central England
穏やかな自然と歴史ある町々
☑ 必見ポイント

①ストーンヘンジ	➡P.266
②バース	➡P.270
③コッツウォルズ	➡P.281

エドワード1世の城巡り
・・
北ウェールズの保存鉄道

カーディフ・

ウェールズ ➡P.487
Wales
数多くの古城が残る高原の国
☑ 必見ポイント

①カーディフ	➡P.490
②エドワード1世の城巡り	➡P.504
③北ウェールズの保存鉄道	➡P.506

セント・マイケルズ・マウント
・

南海岸地方 ➡P.197
Southern Coast
降り注ぐ陽光の下
美しい海岸線が続く
☑ 必見ポイント

①カンタベリー大聖堂	➡P.202
②セブン・シスターズ	➡P.215
③セント・マイケルズ・マウント	➡P.257

スコットランド ➡P.509
Scotland

古きよき伝統が息づく

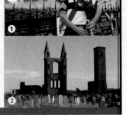

☑ **必見ポイント**

① エディンバラ	➡P.512
② セント・アンドリューズ	➡P.534
③ ネス湖	➡P.550

• ヨーク

• ピーク・ディストリクト

イングランド北部 ➡P.373
Northern England

雄大な自然と牧歌的風景が広がる

☑ **必見ポイント**

① ピーク・ディストリクト	➡P.399
② 湖水地方	➡P.407
③ ヨーク	➡P.462

コッツウォルズ

ロンドン ●

ース

カンタベリー大聖堂

ストーンヘンジ

セブン・シスターズ

ロンドン ➡P.61
London

進化し続けるメトロポリス

☑ **必見ポイント**

① ウェストミンスター寺院	➡P.118
② 大英博物館	➡P.130
③ ロンドン塔	➡P.140

北アイルランドの
情報は
A05 アイルランド
をご参照ください。

アイルランド

湖水地方、スコットランド
のより詳しい情報は
A04 湖水地方＆スコットランド
をご参照ください。

湖水地方＆スコットランド

ロンドンの
より詳しい情報は
A03 ロンドン
をご参照ください。

ロンドン

LONDON

ロンドン

進化し続ける
メトロポリス

ローマ人によって1世紀に築かれたロンディニウムを起源にもつ英国の首都ロンドン。2000年近い歴史を誇る古都でありながら、世界的な文化、流行の発信地でもある。観光はもちろんショッピングに観劇、スポーツ観戦など、尽きない魅力に満ちている。

119世紀初めの摂政（リージェント）時代に整備されたリージェント・ストリート　**2**大観覧車ロンドン・アイ（→P.121）から町を眺める　**3**地下鉄コヴェント・ガーデン駅周辺は洗練されたショッピング街

4 テムズ河に発生する霧は冬のロンドンの象徴的光景 **5** バッキンガム宮殿 (→P.122) で行われる衛兵交替式 **6** 1日に3回ほど跳ね上がるというタワー・ブリッジ (→P.139) **7** 英国王立バレエ団の本拠地でもあるロイヤル・オペラ・ハウス (→P.156) **8** ロンドン五輪のメイン競技場だったロンドン・スタジアム (→P.142) とアルセロール・ミッタル・オービット展望台 **9** グリニッジにある旧王立海軍学校 (→P.183) のペインティド・ホール **10** ケンジントン・ガーデンズに立つアルバート公記念碑

19

SOUTHERN COAST

南海岸地方

降り注ぐ陽光の下
美しい海岸線が続く

英仏海峡を挟んで大陸と向かい合う南海岸地方は、イギリスのなかで最も温暖な地域。数多くのリゾート地が続き、夏には多くの観光客を惹きつける。アガサ・クリスティの故郷トーキー周辺は、イングリッシュ・リヴィエラと呼ばれている。

■1 干潮時には歩いて渡ることができるセント・マイケルズ・マウント（→P.257） ■2 ウィンチェスター大聖堂（→P.236）のステンドグラス ■3 白亜の絶壁が延々と続くセブン・シスターズ（→P.215）の海岸線

4 大聖堂で有名なカンタベリー（→P.200）ではボート遊びも楽しめる　**5** ジュラシック・コースト（→P.242）はフットパスを歩くのが楽しい　**6** パブでは地元のクラフトビールを出してくれるところが多い　**7** ワイト島（→P.227）、アラン・ベイの断崖は21の色を持つという　**8** 850年以上前に建てられたというゴシック様式の建築、エクセター大聖堂（→P.240）　**9** ミナック・シアター（→P.259）のすぐ近くにあるポースカーノ・ビーチ

CENTRAL ENGLAND

イングランド中央部

穏やかな自然と歴史ある町々

イングランド中央部には、温泉地として栄えたバース、大学都市オックスフォードとケンブリッジなど、個性あふれる町がひしめく。コッツウォルズ地方は、なだらかな丘陵地帯にハチミツ色をした建物が絶妙にマッチしたイギリスの田舎だ。

1 スレート葺きの建物が並ぶカースル・クーム（→P.301） 2 ロビン・フッドで知られるノッティンガム（→P.355） 3 コッツウォルズのマナーハウス、コッグズは人気ドラマ『ダウントン・アビー』の舞台にもなった

4 12世紀には現在見られる形になったというリンカン大聖堂（→P.357）**5** イギリスで最も美しい村といわれるバイブリー（→P.300）**6** ギティング・パワー村（→P.306）の聖マイケル教会は放牧地の背後に建つ **7** 中世以来の伝統があるウィットニー（→P.291）の青空市場 **8** ワールド・オブ・ウェッジウッド（→P.352）で展示されるジャスパー・ウェア **9** 数学橋をくぐるケンブリッジ名物の小舟、パント（→P.361）**10** カレッジ巡りが楽しいオックスフォード（→P.317）

23

NORTHERN ENGLAND

イングランド北部

雄大な自然と牧歌的風景が広がる

ブリテン島の中心にあたる地方。西部の湖水地方はイギリスの自然を代表する景観が人気の地で、ピーターラビットの故郷でもある。産業革命を牽引したリヴァプールやマンチェスターでは、サッカーやロックなど労働者の文化が花開いた。

■ハリー・ポッターのロケ地にもなったアニック城（→P.450）■ハードウィック・シープは成長につれてチョコレート色から灰色へと毛の色が変わる■マン島（→P.391）の最高峰スネフェル山へは登山列車で行ける

4 旧市街が城壁に囲まれているヨーク（→P.462）　**5** グラスミア名物のジンジャーブレッド（→P.428）　**6** チェスター（→P.376）のブリッジゲートには時計が設置されている　**7** ピーターラビットのシーンを再現したビアトリクス・ポターの世界（→P.424）　**8** ピーク・ディストリクトにあるチャッツワース・ハウス（→P.403）　**9** 陰影が美しいグラスミア湖（→P.428）

4　5

6

7　8

9

ウェールズ

数多くの古城が残る
高原の国

イングランドとは異なる言語、文化を今に
伝えるウェールズ。映画『天空の城ラピュ
タ』の舞台といわれ、ブレナヴォンの炭坑は
パズーが働く鉱山、古城群はシータが幽閉
された要塞を彷彿させる。山がちの中央部
は、雄大な景色が広がる景勝エリア。

1 エドワード1世が築いたハーレック
城（→P.505）は世界遺産にも登録さ
れている　2 カーディフ城（→P.492）
のノルマン・キープ　3 フェスティニョ
グ鉄道（→P.506）の蒸気機関車

4 北ウェールズの城塞の中でも最も保存状態のよいコンウィ城（→P.505） 5 ポントカサステの水道橋（→P.502）を進むナローボート 6 北ウェールズの海岸リゾート、スランドゥドゥノ（→P.500） 7 プリンシパリティ・スタジアム（→P.492）前の道路は1999年ラグビーワールドカップ参加国をパネルで紹介 8 かわいらしい車両が山を走るグレート・オーム路面鉄道（→P.500） 9 コンウィ（→P.501）のプラウス・マウルは内装がユニーク 10 スランドゥドゥノ（→P.500）は「不思議の国のアリス」ゆかりの町

SCOTLAND

スコットランド

古きよき伝統が息づく

バッグパイプ、タータン、スコッチウィスキー……。スコットランドの魅力はその独自性。首都エディンバラやグラスゴーを中心に、人口の多くは南側のローランドに集中している。一方、北側のハイランドは厳しくも風光明媚な自然が広がる地域だ。

1 英国王室の宮殿のひとつ、ホリルードハウス宮殿（→P.522） 2 新鮮な生ガキなどシーフードはスコットランドを代表する食材 3 エディンバラ城（→P.519）のグレートホール

④スコット・モニュメント（→P.525）は文豪、ウォルター・スコットの記念碑 ⑤バッグパイプは口から吹く息のほか、袋にためた空気を使って音を出すために音が途切れることはない ⑥世界遺産フォース鉄橋を眺めるフォース湾クルーズ（→P.527） ⑦パブやレストランが軒を連ねるグラスマーケット（→P.513） ⑧ゴルフの聖地、セント・アンドリューズのオールド・コース（→P.536） ⑨ミリタリー・タトゥー（→P.529）はスコットランドの夏の風物詩

29

旅のヒント
イギリスの
世界遺産

2023年7月現在、バミューダやジブラルタルなどの海外領土を除き、イギリスには29件の世界遺産が登録されている。そのうち25件が文化遺産で、自然遺産は3件、両方を兼ね備えた複合遺産は1件。2億年以上前の中生代の地層、ローマ時代の遺跡、中世の城など「遺産」の内容は実にさまざま。産業革命発祥の地だけに近代遺産が多いのもイギリスらしい。

World
Heritage
Sites
in the U.K.

1986年にイギリスで初めて登録された世界遺産のひとつ、ストーンヘンジ

❶ ウェストミンスター宮殿と ウェストミンスター寺院、 聖マーガレット教会 ➡P.118,120

Palace of Westminster and Westminster Abbey including Saint Margaret's Church

❷ ロンドン塔 ➡P.140
Tower of London

❸ 海洋都市グリニッジ ➡P.182
Maritime Greenwich

❹ キュー・ガーデンズ ➡P.186
Royal Botanic Gardens, Kew

南海岸地方

Southern Coast

❺ カンタベリー大聖堂と 聖アウグスティヌス修道院、 聖マーチン教会 ➡P.202,204
Canterbury Cathedral, St Augustine's Abbey, and St Martin's Church

❻ ドーセットと東デヴォン海岸 ➡P.242
Dorset and East Devon Coast

❼ コーンウォールと 西デヴォンの鉱業景観 ➡P.258
Cornwall and West Devon Mining Landscape

31

❽ ストーンヘンジ、エーヴベリーと 関連遺跡群 ➡P.266,268
Stonehenge, Avebury and Associated Sites

❾ バース市街 ➡P.270
City of Bath

❿ ヨーロッパのグレート・スパ・タウン ➡P.270
Great Spa Towns of Europe

⓫ ブレナム宮殿
➡P.325
Blenheim Palace

⓬ アイアンブリッジ峡谷
➡P.346
Ironbridge Gorge

⓭ ダーウェント峡谷の 工場群 ➡P.404
Derwent Valley Mills

⓮ ジョドレル・バンク
➡P.397
Jodrell Bank Observatory

⓯ ソルテア ➡P.478
Saltaire

⓰ ファウンテンズ・アビー跡を含む スタッドリー王立公園 ➡P.479
Studley Royal Park including the Ruins of Fountains Abbey

⓱ イングランドの湖水地方
➡P.407
The English Lake District

⓲ ダラム大聖堂とダラム城
➡P.456
Durham Castle and Cathedral

⓳ ローマ帝国の国境線 （ハドリアヌスの城壁）➡P.440
Frontiers of the Roman Empire

⑳ ブレナヴォン産業用地 ➡ **P.495**
Blaenavon Industrial Landscape

㉑ ポントカサステ水道橋と水路 ➡ **P.502**
Pontcysyllte Aqueduct and Canal

㉒ グウィネズのエドワード1世の城郭と市壁 ➡ **P.504**
Castles and Town Walls of King Edward in Gwynedd

㉓ ウェールズ北西部のスレートの景観 ➡ **P.503,507**
The Slate Landscape of Northwest Wales

㉔ フォース鉄橋 ➡ **P.527**
The Forth Bridge

㉕ ニューラナーク ➡ **A04***
New Lanark

㉖ セント・キルダ ➡ **A04***
St Kilda

㉗ オークニー諸島の新石器時代遺跡 ➡ **A04***
Heart of Neolithic Orkney

㉘ エディンバラ旧市街と新市街 ➡ **P.512**
Old and New Towns of Edinburgh

㉙ ジャイアンツ・コーズウェイとコーズウェイコースト ➡ **A05****
Giant's Causeway and Causeway Coast

旅のヒント

イベント & 旅の シーズン ガイド

各地で行われるイベントを目当てにイギリスを訪れるのも楽しいもの。ただし、ホテルや交通機関が混雑するので事前の手配が必要だ。どの地方、どの季節でも天気は変わりやすい。ウィンドブレーカーや折りたたみ傘をカバンに入れておこう。

旅のイベント
月別催し物ガイド

1

1/1
年越し花火大会（ロンドン）

1/1
ロンドン・ニューイヤー・パレード

1/18〜2/4（'24）
ケルティック・コネクションズ（グラスゴー）

ロンドンの年越し花火大会

2

2月中旬
ヨーヴィック・ヴァイキング・フェスティバル（ヨーク）

2・3月
ラグビー六ヵ国対抗戦

3

3/17
セント・パトリックス・デイ

3/31（'24）
イースター

ロンドン・マラソン

4

4/21（'24）
ロンドン・マラソン

5

5/21〜25（'24）
チェルシー・フラワーショー（ロンドン）

5/25（'24）
サッカー FAカップ決勝

5/27〜6/8（'24）
マン島TTレース

エディンバラのミリタリー・タトゥー

6

6/1〜22（'24）
ロイヤル・アスコット（アスコット競馬場）

6/15（'24）
国王公式誕生日、トゥルーピング・ザ・カラー（ロンドン）

6/26〜30（'24）
グラストンベリー・フェスティバル

ハロッズのクリスマスの装飾

7

7/1〜14（'24）
ウィンブルドン全英選手権

7/5〜7（'24暫定）
F1イギリスグランプリ（シルバーストン）

7/14〜21（'24）
全英オープンゴルフ（トルーン）

8

8/2〜24（'24）
エディンバラ国際フェスティバル（ミリタリー・タトゥー）

8/25〜26（'24）
ノッティングヒル・カーニバル（ロンドン）

9

9/2（'23）（'24は未定）
ブレイマー・ギャザリング（ブレイマー）

9/8〜17（'23）（'24は未定）
ヘリテージ・オープン・デイズ（イングランド各地）

10

10/4〜10/15（'23）
ロンドン映画祭

10/31
ハロウィーン

11

11/5
ガイ・フォークス・ナイト

11/11（'23）
ロンドン市長のお披露目（ロンドン・シティ）

12

12/25
クリスマス

12/31・1/1
ホグマニー（エディンバラ）

ロンドン

大きなイベントが年間を通じて開催され、冬でも観光客が絶えない。夏の平均気温は高くないが、30℃を超える日も。服装は東京と同じような感覚でOK。冬は手袋などをプラスするとよい。

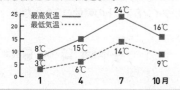

南海岸地方

イギリスで最も温暖な気候の地方。夏はリゾート地として多くの人が訪れイベントも多い。海水浴も楽しめるが、日本ほど気温が上がらず、少々肌寒さを感じるかも。冬は観光客の姿がグッと少なくなる。

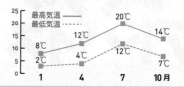

イングランド中央部

花や緑を求めて春〜秋に訪れる人が多い。東京より雨が多く、夏もさほど暑くならない。コッツウォルズに代表される自然が美しい地域なので、ウオーキングを楽しむなら、ぬかるみでもOKな靴と雨具の準備を。

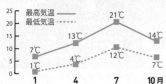

イングランド北部

イングランド中央部と同じか、ほんの少し寒い程度。緑が濃くなる夏が観光シーズン。雨が降ったときなど体感温度が下がるので、冬ならフリース、夏でも重ね着できる服を持って行くとよい。

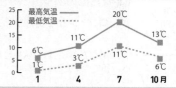

ウェールズ

南部と北部で多少気候が異なり、それぞれ南海岸地方とイングランド北部に近い。中央部は山がちなので、海岸部に比べ気温の変化が大きく、天候も変わりやすい。しっかりとした防寒対策をしておこう。

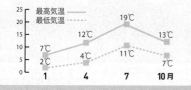

スコットランド

高緯度のため夏でも東京の4月頃のような気候。冬は氷点下を下回るようなことはほとんどなく、雪は多少降っても積もることは少ない。ただ、年間を通じて雨が多いので折りたたみ傘は必携。

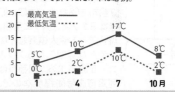

■イギリスの降水量

エディンバラやコッツウォルズの降水量はロンドンと同じか少し多い程度。湖水地方は10〜1月にかけてとりわけ降水量が多い。

■日の出と日没
※データはロンドンのもの

日本との時差
3月末〜10月末のサマータイム実施時間は8時間、10月末〜3月末は9時間。 ➡P.10

	1	2	3	4	5	6	7	8	9	10	11	12月
日の出	7:58	7:14	6:12	6:02	5:07	4:42	5:01	5:47	6:36	7:25	7:19	8:00
日 没	16:21	17:14	18:05	19:57	20:46	21:19	21:11	20:22	19:14	18:06	16:10	15:51

旅のヒント
ルートづくりのアドバイス

限られた時間でイギリスの見どころを効率よく回るため、あらかじめプランニングをしておこう。一筆書きのように目的地を繋ぐ方法もあるが、ここでは日帰りを活用するプランをおすすめしたい。日帰りは往復の時間がかかるが、ホテルを連泊にできることがメリット。荷物の移動が少なくて楽な上、チェックイン＆アウトの時間ロスも少ない。

✈ 航空機　🚌 バス　🚆 列車

宿泊地 1 ロンドン

見どころの詰まったロンドンだが、おもな観光は2日でOK

✈ 1h
🚌 9h（夜行あり）
🚆 4h30m

□ **2日間の回り方** ➡ P.90〜93

□ **ロンドンから日帰りで近郊の町へ**
➡ 右ページ

滞在できる日数に合わせて、行きたいところを選ぼう

ピカデリー・サーカス

宿泊地 2 エディンバラorグラスゴー

➡ P.512　➡ P.538

スコットランドを代表する2都市を訪れる。古都が好きならエディンバラに宿泊、現代アートや大道芸などにぎやかな雰囲気ならグラスゴーがおすすめ。両都市は列車で1時間程度なので、相互に日帰りで楽しもう。

🚆 2h

エディンバラ城は時間をかけて散策したい

グラスゴーのケルヴィングローヴ美術館＆博物館

宿泊地 3 湖水地方

➡ P.407

森と湖、緑の丘陵など自然豊かな地域。ピーターラビットや詩人ワーズワースゆかりの地としても有名だ。広範囲に見どころが点在しているので、宿泊地から現地発の1日ツアーを有効に活用しよう。ロンドンまでは列車で3〜4時間。

ウィンダミア湖クルーズ

✚ ロンドンから日帰り圏

列車で片道2.5時間までのところをチョイスした。
行きは8時台に乗車、帰りは20時台着を想定して、現地に約8時間滞在できる。

カンタベリー
所要1h45m〜
➡P.200

英国国教会の大聖堂がある。絵本のような町並みのライ（→P.210）も同時に訪れることができる。

ソールズベリ
所要1h30m〜
➡P.264

4000年前の石造遺跡ストーンヘンジと大聖堂は必見。日の長い夏なら、頑張ればバース観光もできる。

バース
所要1h30m〜
➡P.270

市内の見どころが充実しているので3〜4時間はほしい。旧市街を一望できるスパを利用するなら観光は急ぎ足になる。

オックスフォード
所要1h10m〜
➡P.317

『ハリー・ポッター』の撮影にも使われた歴史あるカレッジが並ぶ、学問の都。世界中から学生が集まり、国際色豊かな雰囲気も魅力。

ストラトフォード・アポン・エイヴォン
所要2h10m〜
➡P.328

世界を代表する劇作家シェイクスピアゆかりの地。古い建物も多く残っており、生家などをゆっくり訪ねたい。

コッツウォルズ
（日帰りツアー➡P.295）
➡P.281

イギリスのカントリーサイドを象徴するエリア。広いので、いくつかの村を回りたいなら公共交通機関よりロンドン発の日帰りツアーが便利。

✚ 時間と興味に合わせてショート・トリップをプラス

リヴァプール
所要2h15m〜
➡P.382

ビートルズのファンには聖地として知られ、ゆかりの場所が多い。世界的に有名なサッカークラブもある。

ブライトン
所要1h〜
➡P.218

南海岸のリゾートの雰囲気が味わえる。時間があればセブン・シスターズの白い崖へも足を延ばしたい。

ストーク・オン・トレント
所要1h30m〜
➡P.350

イギリスの白磁器発祥の地。ウェッジウッドの工房を訪ね、アウトレットの品をGet！

ケンブリッジ
所要45m〜
➡P.359

オックスフォードと並ぶカレッジの町。小さなボート、パントに乗ってケム川下りをぜひ楽しもう。

リーズナブルに滞在するコツ

宿泊

宿泊予約サイトの上手な使い方

同じ宿でも時期や予約するサイトによって料金は大きく異なっている。トリバゴ Trivago といったホテル料金の比較サイトなどを使って最も安い所を探すのがおすすめだ。一方、同じ予約サイトを継続的に使うことで、会員ランクが上がりさまざまな特典を受けられるようになったり、10 泊すると 1 泊無料になる特典があったりと、宿泊サイト側もさまざまな特典を用意して、利用者の囲い込みを図っている。また、宿泊予約サイトによっては、特定のクレジットカードの優待特典として割引を設けている所もある。ただし、割引は自動的に付与されるのではなく、クレジットカード会社との提携サイトを経由して申し込まなくてはならないので、注意が必要だ。

移動

当日窓口購入が一番高い

イギリスのおもな国内交通は長距離バス、列車、飛行機の 3 種類。一般的に長距離バスが最も安い代わりに時間がかかり、列車、飛行機の順に料金が高くなる分、移動時間は短くなる。しかし、旅行する時期、予約するタイミングによって列車や飛行機がバス並みに安く利用できるなど、近年料金は複雑化している。出発直前に窓口で買うのは最も高くなり、満席のため乗れない可能性があることも。旅程が決まったら、できるだけ早く予約した方が安く移動できる可能性は高い。ただし、安いチケットは、日時の変更に対応してもらえないなどリスクもあるため、あまり先の旅程だったら少し料金は高くなっても、日時変更のできるチケットにしておいた方が安心かもしれない。

観光

入場を断られないためにも予約しておこう

現在、イギリスの多くの観光地では公式ウェブサイトでチケットを購入することができ、ウェブのチケット料金は当日窓口で購入するよりも数ポンド程度安く設定されている場合が多い。ウェブで購入するチケットは日時指定制なので、指定した日時しか入れないことがデメリットにも感じられるが、人気の高い観光地は、時間ごとに入場人数が決められており、特に週末や夏休みなどは、当日券が発売されないこともあり得る。その点、ウェブで購入する日時指定チケットはその時間の入場が保証されているので安心だ。混み合うことが予想される観光地はできるだけチケットを事前購入しておいた方がよい。

食事

自炊は意外と手間がかかる

最も安いのはスーパーなどで食材を買って自炊することだが、そのためにはキッチンが使える宿に宿泊する必要がある。スーパーで買える食材は量が多く、1 食では食べ切れないことがほとんどなので、余った食材を保管できる冷蔵庫が必要だし、連泊しないと残った食材の処理に困ることになる。調味料も宿によって置かれている場合もあるが、ない場合もあるので準備しなくてはならないなど、意外と手間がかかる。

手間がかからず、コスパもよいのは、スーパーやコンビニなどで総菜など出来合いの料理を買うこと。中華やインド料理のテイクアウェイも安くて量も多くておすすめ。ただし、温かい料理をホテルやゲストハウスの部屋で食べることは禁止されている場合も多いので、購入前に宿で確認しておくこと。

イギリス料理を安く食べるならパブへ

外食は基本的に 10 ～ 15% 程度のチップやサービスチャージが必要だが、ファストフード店やパブでは基本的にチップは不要なのがうれしい。パブの料理は店舗によってピンキリだが、とりわけ安くて種類も豊富なのがイギリス全土に 800 以上の支店をもつウェザースプーン Weatherspoon というチェーン系のパブだ。公式アプリを使えば、近くにある店舗の検索はもちろん、料理やドリンクの注文や支払いもアプリ経由で可能だ。

英国式庭園 ★P.50

アフタヌーンティー ★P.46

パブ ★P.48

テーマで旅する

イギリス

イギリスをもっと深く！
もっと楽しく！
旅するためのテーマ集

ハリー・ポッター ★P.56

エリザベス2世 ★P.40

スポーツ ★P.52

保存鉄道 ★P.54

貴族の城館 ★P.58

女王崩御翌日の新聞各紙

即位70周年、プラチナ・ジュビリーでにぎわう
バッキンガム宮殿前の大通り、ザ・マル

エリザベス2世の生涯とゆかりの地

2022年9月8日、エリザベス女王が崩御した。1952年2月に25歳で即位してからちょうど70周年、プラチナ・ジュビリーを国を挙げて盛大に祝った3ヵ月後の出来事だった。在位期間70年は、ヴィクトリア女王の63年を上回る歴代イギリス君主として最長。その長い治世の間にイギリス王室は、時代の変化やさまざまなスキャンダルにより、たびたび危機が伝えられたが、女王は一般の人々に寄り添いながらも、王室としての威厳も保つという難題を見事にこなし、多くの国民に愛された。あらためて女王の業績に敬意を払いながら、その足跡とゆかりの地を振り返りたい。

崩御したときは、駅の券売機の画面にも追悼が表示された

誕生 ブルートン・ストリート17番地
17 Bruton St.

MAP P.66-67①B2
Data. なし

エリザベスが誕生したのは1926年4月21日。父はイギリス国王ジョージ5世の第2王子であるヨーク公アルバート、母はエリザベス妃。父のアルバートは、王位継承順位第2位で、第1位はその兄であるエドワード。本来はエドワードとその子孫がイギリス王家を継ぐはずで、エリザベスは生まれながらに女王を約束されていた訳ではなかった。生まれた場所は母方の祖父の家であるロンドンのメイフェア、ブルートン・ストリート17番地。建物は取り壊され残っておらず、現在その場所には女王の生誕地であることを伝えるプレートが取り付けられている。

女王生誕地を伝えるプレート

幼少期 ピカデリー145番地
145 Piccadilly

MAP P.66-67①A3
Data. なし

エリザベスが生まれた翌年から1936年まで住んでいたのがピカデリー145番地の屋敷。建物は第2次世界大戦の空爆で破壊され、現在はその場所にはインターコンチネンタル・ロンドン・パーク・レーン・ホテルInterContinental London Park Lane Hotelが建っている。

幼少期の家は建て替えられホテルになっている

父が王に バッキンガム宮殿
Buckingham Palace

MAP P.68-69②B1
Data. P.122

1936年にエリザベスの人生を大きく変える出来事が起こる。1月に祖父でイギリス国王のジョージ5世が亡くなると、父の兄がエドワード8世として国王に即位するのだが、12月には離婚歴のあるアメリカ人女性ウォリス・シンプソンと結婚するために国王を退位したのだ。いわゆる「王冠を賭けた恋」である。替わりに即位したのがエドワードの弟で、エリザベスの父であるジョージ6世。エリザベスは王位継承権第1位となり、家族はイギリス王室の宮殿であるバッキンガム宮殿に移り住むようになった。

ジョン・ナッシュ設計のファサード

バッキンガム宮殿はロンドン中心部に広大な土地をもつ宮殿。以前からあったバッキンガム・ハウスをジョン・ナッシュが改築し、1837年にヴィクトリア女王が即位と同時に移り住んだ。住居というよりは、巨大なオフィスで、国王はここで多くの公務および儀式的業務を執り行う。かつては非公開だったが、1992年のウィンザー城火災による修繕費の補填を目的に一般にも公開されるようになった。公開時期は夏の約2ヵ月に限られるが、敷地内のクイーンズ・ギャラリーやロイヤル・ミューズが博物館、美術館として通年オープンしているほか、衛兵交替式が行われており、時期を問わず多くの観光客が集まる。

宮殿前で行われる衛兵交替式

結婚と即位 ウェストミンスター寺院
Westminster Abbey

MAP P.70-71③B3
Data P.119

ジョージ6世の即位から約3年後、第2次世界大戦が勃発する。エリザベスはロンドンを離れ、バルモラル城、サンドリンガム・ハウス、ウィンザー城などで暮らした。1945年2月には補助地方義勇軍に参加し、車の運転や整備なども行っている。エリザベスが結婚したのは、戦争が終わった2年半後の1947年11月20日。相手はギリシア王家出身のイギリス海軍軍人フィリップで、ウェストミンスター寺院で挙式した。1948年11月には長男のチャールズが誕生している。1952年に父のジョージ6世が崩御したことにより、イギリス女王に即位。戴冠式も結婚式と同じくウェストミンスター寺院で行われた。イギリス料理のコロネーション（戴冠）チキンはこの戴冠式の際に考案された料理だ。
ウェストミンスター寺院は1066年のノルマン征服以来、英国王の戴冠式や葬儀が行われ王室とのつながりが非常に深い教会。1997年のダイアナ妃の葬儀や2011年のウィリアム王子とキャサリン妃の結婚式が行われたのもこの教会で、70年にわたる治世後、エリザベス2世の国葬もここで営まれた。

イギリス王室とのゆかりが深い教会

バッキンガム宮殿だけじゃない！
エリザベス2世の宮殿と別宅

エリザベス2世が眠る聖ジョージ礼拝堂

ラウンド・タワーは1170年代後半の創建

ロンドン郊外にある永眠の地
ウィンザー城
Windsor Castle

MAP P.188
Data P.189

ロンドンから鉄道で40分ほどの町ウィンザーにある。1066年のノルマン征服で知られるウィリアム1世が砦を築いて以来、900年以上にわたって増改築を重ね、現在見られるものになった。建築面積約5万平方メートルは人が生活する城としては世界最大を誇っている。エリザベス2世は週末をこの地で過ごしたほか、儀式的業務が行われるなど、公私にわたり利用された。コロナ禍の最中にはロンドンを離れてウィンザー城内で隔離生活を送り、その後も亡くなるまでの間、ウィンザー城を生活の中心としていた。

2022年9月19日にエリザベス2世が埋葬されたのがウィンザー城内にある聖ジョージ礼拝堂。ロンドンのウェストミンスター寺院同様に王室の墓所で、そのほかエドワード4世、ヘンリー6世、ヘンリー8世など多くの英国王が埋葬されている。エリザベス2世の両親であるジョージ6世とエリザベス王太后、夫のフィリップ、妹のマーガレットが埋葬されているのもこの礼拝堂だ。もともとは1348年にガーター騎士団の創設者であるエドワード3世が建てたもの。礼拝堂内にはガーター勲章叙勲者の紋章が描かれた旗が並んでおり、そのなかには日本の皇室の菊花紋章も見られる。

家族でクリスマス休暇を過ごした
サンドリンガム・ハウス
Sandringham House

MAP なし

ロンドンの北約200km、ノーフォーク州にある邸宅で、エリザベス2世は毎年クリスマス休暇をここで過ごすのが習慣になっていた。1861年にエドワード7世が皇太子時代に購入して以来、英国王室が私的に所有しており、エリザベス2世の父ジョージ6世、祖父ジョージ5世もこの邸宅をこよなく愛した。邸宅内は長らく非公開だったが、1977年のエリザベス2世の在位25周年、シルバー・ジュビリーを記念して夏期に一般公開を開始。豪華な調度品と並び英国王室の写真が数多く飾られており、20世紀の英国王室の様子を今に伝えている。建物の前に立つ馬の像は女王が所有の競走馬エスティメート号。2013年に英王室主催の競馬ロイヤル・アスコットのメインレースで勝利した馬だ。エリザベス2世は競馬好きとして知られ、サンドリンガム・ハウスに隣接するサンドリンガム王立牧場では競走馬の繁殖が行われている。

庭園では季節の花が見られる

Data

- 🚃 ロンドン・キングズ・クロス駅からキングズ・リンKing's Lynnまで鉄道で所要1時間50分。キングズ・リンでバス35番に乗り換え所要約35分、ビジターセンター前下車。
- 🏠 The Sandringham Estate, Norfolk, PE35 6EN
- 📞 (01485)544 112
- 🌐 www.sandringhamestate.co.uk 📶
- 🕐 庭園＆ハウス10:00〜17:00　※最終入場16:00
- 🚫 金、10月中旬〜3月
- 💷 庭園＆ハウス£23　庭園のみ£13　⊙ 予約必須

競走馬の像が立つ

女王が公務を行い、平日暮らしていたのはロンドン中心部にあるバッキンガム宮殿だが、ほかにも多くの別宅を持っていた。週末はロンドン郊外のウィンザー城、夏休みはスコットランドのバルモラル城、クリスマス休暇はノーフォークにあるサンドリンガム・ハウスで過ごすことを習慣としていた。

スコットランドの公邸
ホリルードハウス宮殿
The Palace of Holyroodhouse

MAP P.515-D2
Data P.522

宮殿のファサード

16世紀以来王宮として使われている

エディンバラの観光の中心ロイヤル・マイルの東端にある王宮。英国王室のスコットランドにおける公的な住居にあたり、例年6月末から7月上旬にかけてのホリルード・ウイークのときは、女王はこの宮殿に滞在しながらスコットランドでの公務や式典を行った。王宮は1503年にスコットランド王ジェイムズ4世によって建てられたが、現在見られるものの多くは17世紀チャールズ2世のときの改築によるもので、東西の塔、歴代スコットランド王の肖像が飾られたグレートホールなどは、このとき増築された。

夏休みを過ごした
バルモラル城
Balmoral Castle

MAP なし

王室の私的な避暑地

ホリルードハウス宮殿がスコットランドにおける王室の公的な住居であるのに対し、バルモラル城は私的な住居。アバディーンシャーを流れるディー川ほとりに建ち、美しい自然に囲まれた荘園だ。ヴィクトリア女王の夫であるアルバート公が城を購入した1852年以来、英国王室は夏休みをここで過ごすのが習慣になっている。スコットランド伝統のスポーツ大会ハイランド・ゲームが行われることで知られるブレイマー Braemarとは15kmほどしか離れておらず、大会には毎年のように王族が出席している。
エリザベス2世がこの城で亡くなったのは2022年9月8日のこと。2日前の9月6日にはここでリズ・トラスの首相任命を行ったばかりだった。エリザベスの亡骸は11日に車でホリルードハウス宮殿に移され、翌12日に聖ジャイルズ大聖堂（→P.520）に運ばれて追悼礼拝が行われた。13日には飛行機でロンドンに移されバッキンガム宮殿に戻り、14日からウェストミンスター・ホール（→P.120）で一般弔問。ウェストミンスター寺院で国葬が執り行われたのは19日で、葬儀後にウィンザー城の聖ジョージ礼拝堂で埋葬式が行われた。

Data
🚌 アバディーンAberdeenから201番のバスで約2時間。
🏠 Balmoral Estates,Ballater, Aberdeenshire, AB35 5TB
☎ (013397) 42534
🌐 www.balmoralcastle.com
🕐 4～8月中旬10:00～17:00
　※最終入場16:00
🚫 8月中旬～3月　　💷£16.50

海外訪問に使われた豪客客船
ブリタニア号
The Royal Yacht Britannia

MAP P.515-D1外
Data P.526

王室メンバーを乗せて世界を回った

女王は王室の公務や私的な航海などで、海外へ出かけることも多かった。イギリスは海外に多くの領土をかかえており、1953年の戴冠式直後にはイギリス連邦の各地を歴訪している。1954年から1997年まで44年にわたり船で公式訪問や私的な航海に使用されたのが、イギリス王室所有のロイヤル・ヨット、ブリタニア。現在はエディンバラ近郊に停泊し、博物館として展示されている。

エリザベス2世の治世期に設置された郵便ポスト。ERIIと書かれている

年	年齢	出来事	任命した首相
1926	0歳	4月21日ブルートン・ストリート17番地にて誕生	
1930	4歳	妹マーガレット誕生	
1936	9歳	ジョージ5世崩御、伯父のエドワード8世即位	
	10歳	エドワード8世が退位、父ジョージ6世即位	
1947	21歳	11月20日、エディンバラ公フィリップとウェストミンスター寺院で結婚	
1948	22歳	長男チャールズ誕生	
1950	24歳	長女アン誕生	
1952	25歳	父ジョージ6世崩御、エリザベス2世として即位	ウィンストン・チャーチル（1951～1955）
1953	27歳	ウェストミンスター寺院で戴冠式	
1953	27歳	イギリス連邦各国を歴訪（～1954）	アンソニー・イーデン（1955～1957）
1960	33歳	イングランド銀行がエリザベス2世の肖像の入った£1札を流通開始。イングランド銀行が君主の肖像入り紙幣を発行するのはこれが初めて	ハロルド・マクミラン（1957～1963）
1960	33歳	次男アンドリュー誕生	アレック・ダグラス＝ヒューム（1963～1964）
1964	37歳	三男エドワード誕生	ハロルド・ウィルソン（1964～1970）
1975	49歳	初めてで唯一の来日。来日を記念して翌年に競馬のエリザベス女王杯が創設される	エドワード・ヒース（1970～1974）ハロルド・ウィルソン（1974～1976）
1977	52歳	在位25周年（シルバー・ジュビリー）を記念して、地下鉄フリート・ラインをジュビリー・ラインに改称	ジェームズ・キャラハン（1976～1979）
1977	52歳	娘のアンが、初孫になるピーター・フィリップスを出産	
1981	55歳	チャールズとダイアナ、セント・ポール大聖堂（→P.136）で結婚	マーガレット・サッチャー（1979～1990）
1982	56歳	チャールズとダイアナの間にウィリアム誕生	
1992	66歳	ウィンザー城火災。修復費用の調達のため、翌年夏からバッキンガム宮殿の一般公開が始まる	ジョン・メージャー（1990～1997）
1996	69歳	チャールズとダイアナ離婚	
1997	71歳	ダイアナ交通事故死。ウェストミンスター寺院で葬儀が行われる	トニー・ブレア（1997～2007）
2002	75歳	2月に妹マーガレット死去、3月に実母エリザベス王太后101歳で死去。	
2002	76歳	在位50周年（ゴールデン・ジュビリー）	
2005	78歳	チャールズがカミラと再婚	
2010	84歳	孫のピーター・フィリップスに娘サバンナが誕生、初の曾孫にあたる	ゴードン・ブラウン（2007～2010）
2011	85歳	ウィリアムとケイト・ミドルトン（キャサリン妃）、ウェストミンスター寺院で結婚式を行う	デイヴィッド・キャメロン（2010～2016）
2012	86歳	在位60周年（ダイヤモンド・ジュビリー）、ウェストミンスター宮殿の時計塔の名称をエリザベス・タワーに改称	
2012	86歳	ロンドンオリンピックの開会式でジェームズ・ボンドの短編にボンド・ガールとして出演	
2013	87歳	ウィリアムとキャサリン妃の間にジョージ誕生	
2016	90歳	ネットフリックスでエリザベス2世の治世を描いたドラマシリーズ『ザ・クラウン』の配信開始	
2018	92歳	孫のサセックス公ヘンリー、アメリカ人女性メガン・マークルとウィンザー城内の聖ジョージ礼拝堂で結婚式を行う。	テリーザ・メイ（2016～2019）
2020	93歳	孫のサセックス公ヘンリー、王室メンバーから離脱	ボリス・ジョンソン（2019～2022）
2021	94歳	夫のエディンバラ公フィリップ、99歳で死去	
2022	96歳	在位70周年（プラチナ・ジュビリー）。エリザベス・ライン開通	
2022	96歳	9月8日バルモラル城にて死去	リズ・トラス（2022）

JUBILEE LINE

ジュビリー・ラインのシンボルカラーは、シルバー・ジュビリーにちなんでグレー

ビッグ・ベンとして知られる国会議事堂の時計塔の正式名称はエリザベス・タワー

イギリスの戴冠式

2023年5月、チャールズ3世の戴冠式が行われた。新王は先王が亡くなってすぐに即位するのに対して、戴冠式は通常即位してから数ヵ月後、海外などからの要人を招き大々的に開かれるものだ。前回の戴冠式はエリザベス2世の即位翌年に遡るので、イギリスで戴冠式が行われるのは実に70年ぶりのことだった。

クラウン・ジュエルズ
Crown Jewels

戴冠式とは読んで字のごとく王冠を戴き、王位に就いたことを祝う式典だ。イギリスの戴冠式はウィリアム征服王以来、代々ウェストミンスター寺院で開かれることになっており、カンタベリー大司教によって新王に戴冠がかぶせられる。イギリスの戴冠式用の王冠は、聖エドワード王冠と呼ばれるもの。この王冠が作られたのは1649年の王権復古のときで、それ以前の王冠はピューリタン革命で王政を廃止したときの混乱で紛失してしまっている。また、戴冠式のときに用いられる宝具は王冠だけでなく、宝珠、王笏などもあり、まとめてクラウン・ジュエルズ（戴冠宝器）と呼ばれている。クラウン・ジュエルズは普段はロンドン塔（→P.140）内のジュエル・ハウスで展示されている。

クラウン・ジュエルズが収蔵されているロンドン塔のジュエル・ハウス

戴冠の椅子と運命の石
The Coronation Chair & The Stone of Destiny

戴冠式のためにわざわざスコットランドから運ばれてきたのが運命の石。スコットランドはもともとイングランドとは異なる王国で、スコットランド王は代々この石に座って王位を宣言する伝統があった。しかし、この運命の石は、1296年にイングランド王エドワード1世がスコットランドに遠征したときにロンドンに運ばれて以来、ウェストミンスター寺院（→P.119）の戴冠の椅子の下に置かれてきた。この石が正式にスコットランドに返還されたのは1996年のこと。普段はエディンバラ城（→P.519）内にスコットランドの戴冠宝器と一緒に展示されているが、チャールズ3世の即位式のときは一時的にロンドンに運ばれ、戴冠の椅子の下に置かれた。運命の石は2024年にはスコットランドのパースに建設中の新博物館に移される予定。

戴冠の椅子

運命の石のレプリカ

ゴールド・ステート・コーチ
The Gold State Coach

戴冠式を終えたチャールズ3世がウェストミンスター寺院からバッキンガム宮殿に戻るときに使ったのがゴールド・ステート・コーチ。1762年に作られた木製の馬車で、表面は金箔に覆われている。1831年のウィリアム4世の戴冠式以来、歴代イギリス国王の戴冠式のときに使用されており、1838年のヴィクトリア女王の戴冠式や、1953年のエリザベス2世の戴冠式にももちろん使われている。2022年のエリザベス2世のプラチナ・ジュビリーのパレードにも使用された。
バッキンガム宮殿からウェストミンスター寺院に向かうときに使用されたのは、2012年に完成した最新型のダイヤモンド・ジュビリー・ステート・コーチ。どちらも普段はバッキンガム宮殿のロイヤル・ミューズ（→P.122）に展示されている。

ゴールド・ステート・コーチ　Royal Collection Trust / © His Majesty King Charles III 2023

アフタヌーンティーを極める

Afternoon Tea

アフタヌーンティーは、会話を楽しむ社交の場。イギリスらしい優雅なひとときをどうぞ。

アフタヌーンティーが誕生したのは19世紀の中頃。当時のイギリスでは朝食と夕食（21:00ぐらい）の2食が一般的。そんなとき、ベッドフォード公爵夫人のアンナ・マリアが始めた間食が起源だとか。社交的だったアンナは友人を招待し、気の利いた食器や茶葉、お菓子でもてなす社交の場とした。この習慣が高級ホテルでも取り入れられ、時代とともにサービスも洗練されていった。

紅茶

ティーポットに入っている。ローテーブルの場合はソーサーを持ちながら飲もう。ミルクを先に入れるか後から入れるかは議論になることもあるほど。

COLUMN

クリーム・ティー
Cream Tea

アフタヌーンティーほど堅苦しくなく、軽く食べたいときには紅茶とスコーンのセット「クリーム・ティー」がおすすめ。カフェでも気軽に楽しめる。

お茶を広めたポルトガル王女

英国に紅茶を飲む習慣を根付かせた1人にチャールズ2世（P.604）の王妃、キャサリン・オブ・ブラガンザがいる。キャサリンが育ったポルトガルの王室では17世紀にはインドから茶葉が輸入されはじめ、同じく高級品の砂糖とともに、王侯貴族に嗜まれていた。当時のイギリスではお茶はまだ一般的に出回ってはいなかったが、お茶好きのキャサリンにより、その風習が貴族たちに広まっていった。当時飲まれていたのは緑茶で、紅茶が登場するのは18世紀の中頃となる。

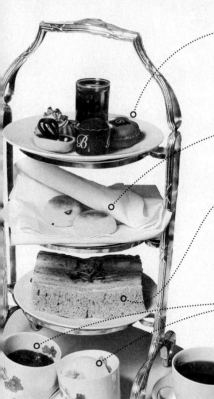

プチスイーツ

3段のケーキスタンドは、下から食べるのがマナーとされ、最上段は可愛らしいケーキ類。残ったティーフードは持ち帰りをお願いすることもできる。

スコーン

ベーキングパウダーで膨らませたほんのり塩味のパン。アフタヌーンティーでは欠かせない。

キューカンバー・サンドイッチ

ティーフードの定番サンドイッチ。19世紀のイギリスではキュウリは高級食材。領地内の畑で取れた新鮮なキュウリが手に入るのは貴族だけの贅沢だった。

クロテッドクリーム＆ジャム

クロテッドクリームはバターとクリームの中間といったところ。スコーンを水平にふたつに割ってからジャムとともに塗って食べる。

Tea Room
ロンドン
おすすめティールーム

ドローイング・ルーム
The Drawing Room

老舗のブラウンズ・ホテル（➡P.161）にあるティールーム。多くの著名人が利用する有名店。アフタヌーンティー（要予約）は£75、シャンパン・アフタヌーンティーは£85。

MapP.66-67①B2

🏠 Brown's Hotel, Albemarle St., W1S 4BP
📞(020)7518 4006
🌐 www.roccofortehotels.com
🕐 アフタヌーンティー 12:00～18:30
※スマートカジュアル

オブリックス・アット・ザ・シャード
Oblix at The Shard

シャード（➡P.139）の32階にあり、ロンドンで最も眺めのよいアフタヌーンティーが楽しめるといわれている。ひとり£58～。

MapP.72-73④C3

🏠 Level 32, The Shard, 31 St Thomas St., SE1 9RY
📞(020)7268 6700　🌐www.oblixrestaurant.com
🕐 アフタヌーンティー木～日12:00～17:00

ダイヤモンド・ジュビリー・ティーサロン
Diamond Jubilee Tea Salon

高老舗デパートのフォートム＆メイソン（➡P.127）の4階にあるティーサロン。アフタヌーンティーは£78～。ベジタリアンメニューもある。

MapP.66-67①B2

🏠 4th Floor, Fortnum & Mason, 181 Piccadilly, W1A 1ER
📞(020)7734 8040　🌐www.fortnumandmason.com
🕐 11:30～20:00（金・土11:00～20:00、日11:30～18:00）

テーマで旅する 英国パブ入門

パブとはパブリックハウスの略で、みんなの家といった意味。ただお酒を飲む場所ではなく、社交場という側面が強い。大スクリーンでスポーツ放送を行うスポーツ・パブやビールの醸造を行うブリュー・パブ、重厚な空間作りを志向したトラディショナル・パブ、生演奏が楽しめるライブ・パブなど、いろいろ特徴があるので覗いて回るのも楽しい。

1

「とりあえずビール」は通用しない。パブで飲む代表的なお酒

独自のビール文化をもつイギリスでは、ひとくちにビールといってもさまざまな種類があり、単にビールと注文しただけでは不十分。すぐに「どのタイプのビールにする?」との質問が返ってくる。以下は主なビールのタイプ。ビールではないが、イギリスではリンゴの発泡酒であるサイダー（シードル）もよく飲まれており、ビールに準ずる位置づけになっている。

いわゆる
日本と同じビール
ラガー *Lager*

日本で一般的なビールはラガー、より正確にはピルスナー Pilsnerという種類。伝統的なイギリスビールではないが今ではイギリスでもよく飲まれる。輸入物が多く、ハイネケンHeinekenやアムステルAmstel、カールスバーグCarlsbergなどが人気。

常温で飲む
イギリス伝統の味
エール *Ale*

イギリスのビールの中心的存在。ビター Bitter、ペール・エールPale Ale、インディア・ペール・エールIndia Pale Ale（略してIPAとも）など細かく分かれるが、エールだけでも十分通じる。地域によってさまざまなメーカーが造っている。

濃厚な味わいが
くせになる
スタウト *Stout*

分類としてはエールに入るが、エールと注文してスタウトが出てくることはない。濃厚な味わいの黒ビールで、アイルランドのギネスGuinnessが特に有名。もともとはポーター・スタウトPorter Stoutといい、ポーター Porterという種類のビールから派生した。

飲みやすい
果実酒
サイダー *Cider*
（シードル）

英国でサイダーといえばリンゴ酒、シードルのこと。口当たりがよく飲みやすい。ストロングボウStrongbow、バルマーズBulmersなど。リンゴではなく、洋ナシを使ったペア・サイダーPear Ciderもある。

■何本もサーバーが並ぶ ■女性も気軽に利用している ■クラフトビール
が飲めるカジュアルなパブ ■醸造したビールがその場で飲めるブリュー・
パブ ■イギリスらしいハンドポンプサーバー ■パブの看板

テイスティング・メニュー
Tasting Menu

自家製のビールを造っているブリュー・パブ
でよく見られるメニュー。1/3パイントのグ
ラスでいろいろなビールやサイダーを飲み比
べられる。

小さなグラスで飲み比べ

パブ・ランチとサンデーロースト
Pub Lunch & Sunday Roast

パブでは12:00～15:00頃ランチを出す店が多く、値段もディナーに比べ低く設
定されている。定番のメニューはフィッシュ＆チップスFish & Chips■、ソー
セージ&マッシュ Sausage & Mush■、ラザニアLasagna■など。日替わりスー
プSoup of the dayはパンが付くので、軽い昼食にぴったり。また、イギリスに
は日曜の昼に家族で肉のローストを食べる習慣があり、特別料金でサンデー・
ロースト■を提供するパブが多い。

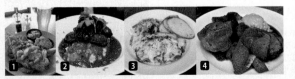

注文の仕方
Beer

パブでは、カウンター越しにバーテンダーに注文するのが基本。バーテンダーは来た客の順番を覚えているので、自分の番になったら注文しよう。ハロー、サンキューを忘れずに。

↓

ビールやサイダーは通常パイントグラスPint Glassで出される。1パイントは568mlと日本の中ジョッキより少し大きいくらい。「ア・パイント・オブ・ギネス・プリーズ」、「ア・パイント・オブ・ラガー・プリーズ」というように注文する。その半分のハーフ・パイントHalf Pintサイズもある。

↓

会計は注文のたびに支払い、ドリンクはその場で受け取る。料理をカウンターで注文する場合は、自分の席がどこであるかを告げて支払いをすると、店員が料理を持ってきてくれる。チップは基本的に不要だが、バーカウンターにチップ入れが置いてある。お釣りの小銭を入れると喜ばれる。

庭園を鑑賞する

English Gardens

自然の再現と調和を目指す
イングリッシュガーデン様式は
19世紀後半〜20世紀初頭に確立された
本場イギリスの有名庭園を訪れてみよう!

フランスやイタリア様式の庭園が幾何学模様やシンメトリーに自然を整形するのが特徴とするなら、イギリス式は自然の風景美を再現することともいえる。「いつかはカントリーサイドに家を持ち、ガーデニングをするのが夢」という人も多く、イギリスではフラワーショーが各地で開かれ、書店にもガーデニング雑誌が並ぶ。シーズンは5月〜10月頃まで。多彩な花の競演を楽しめる。

ケンジントン・ガーデンズ
Kensington Gardens

ハイド・パークの西に隣接する広大な庭園。16世紀、ヘンリー8世の時代はハイド・パークとともに狩猟場として使われていた。その後18世紀にジョージ2世の妻、キャロライン王妃の要請でラウンド・ポンドを中心として風景庭園が造成された。宮殿正面にあるサンクン・ガーデンは池の周りを季節の花々のボーダー花壇が取り囲んでいる。また宮殿に隣接する温室、オランジェリーへと続く生け垣も美しい。

Map P.84-85※C2〜D2

Data P.143

Map P.181-A2

Data P.191

ハンプトン・コート・ガーデンズ
Hampton Court Gardens

1530年にヘンリー8世がパリのフォンテーヌブロー宮殿を真似て造らせたルネッサンス式庭園で、ハンプトン・コート・パレス内にある。17世紀、チャールズ2世の時代にはヴェルサイユ宮殿を模した1.6kmにも及ぶ運河が掘られた。宮殿東側正面から放射状に広がる庭園は大噴水庭園とその先に延びる巨大な運河からなる。北側入口近くにある迷路庭園は約300年前に造られた世界でも最古の迷路のひとつ。難度の高さでも有名で、スタートからゴールまでの平均所要時間は20分だとか。

ウォーリック城庭園
Warwick Castle Garden

18世紀半ば、初代ウォーリック伯が天才造園師、ランスロット・ブラウンに造成させた。多くの庭園を手がけたブラウンだが、初めて手がけたこの城の庭園の成功により、名声を得たともいわれている。城から川への斜面に広がる芝やシュラブも計算され尽くしたもの。クジャクが放し飼いにされているピーコックガーデンも有名。

Map P.333右

Data P.332

ボドナント・ガーデン
Bodnant Garden

スノードニア国立公園の麓に広がる北ウェールズを代表する庭園。第2代アバーコンウィ男爵ヘンリー・マクラーレンにより、その基礎が整備された。彼は1930〜50年代に英国王立園芸協会（RHS）の会長を務めた園芸家であり、植物への造詣も深かった。庭園は上部のアッパー・ガーデンと川の流れる渓谷「ザ・デルThe Dell」のふたつに分かれている。

Map P.499-B

Data

🚌 スランドゥドゥノから25番バスが8:25 10:15 12:15 14:20 16:15 18:15発（日曜運休）で約30分　スランドゥドゥノ・ジャンクション駅へは20分後に停車
🏠 Bodnant Rd., Tal-y-cafn, Colwyn Bay LL28 5RE
☎ (01492)650 460
🔗 www.nationaltrust.org.uk
🕐 3〜10月　9:30〜17:00　11〜2月　10:00〜16:00
💷 £15

ウィズリー・ガーデン
Wisley Garden

ロウソクの革新的な製造特許で財をなしたロバート・ファーガソン・ウィルソンによって1878年に創設された庭園。現在は英国王立園芸協会（RHS）が運営しており、東京ドーム20個分の広大な敷地を有する。水辺に見える巨大なガラス温室とその周囲を取り囲む128mのボーダー花壇がシンボル。温室には5000種を超える植物が植えられている。

Map P.181-A2

🚌 ロンドン・ウォータールー駅から30分ほどのウォーキング駅Woking下車。駅横のバスステーションからウィズリー・ガーデンに直行するシャトルバスが1時間に1便程度の運行。所要約25分。
🏠 RHS Garden Wisley, Woking, GU23 6QB
☎ (01483)224234
🔗 www.rhs.org.uk
🕐 10:00〜18:00（土・日9:00〜18:00）
※最終入場17:00
🚫 12/25　💷 £16.50

Map P.181-B2

Data

🚌 ロンドン・チャリング・クロス駅からドーヴァー、アシュフォード方面へ約1時間のステイプルハーストStaplehurst下車。駅近くのバス停からホークハーストHawkhurst行き5番に乗り約15分のSissinghurst Recreation Ground下車。バス停から徒歩約2km。
🏠 Biddenden Rd., Cranbrook TN17 2AB
☎ (01580)710 700
🔗 www.nationaltrust.org.uk
🕐 4〜10月 11:00〜17:30　11〜3月 11:00〜16:00
🚫 無休　💷 £16

シシングハースト城庭園
Sissinghurst Castle Garden

1930年代、荒廃していた城を作家のヴィタ・サックヴィル=ウェストが買い取り、30年かけて完成させた庭園。新聞の園芸欄を担当していたヴィタはその知識を生かし、幾何学的に配置された生け垣に色とりどりのバラなど季節の花々を組み合わせたデザインを取り入れた。なかでも白い花を集めたホワイトガーデンはこの庭園のシンボル的存在で、ガーデニングファンの聖地ともなっている。

近代スポーツ発祥の地

イギリススポーツガイド

サッカーにラグビー、テニスなど、数多くの競技が生まれたイギリス。ウィンブルドンやセント・アンドリューズは、競技者にとって憧れの地だ。併設の博物館やスタジアムのガイドツアーを利用して、スポーツの歴史を知ることができる。

アーセナルの監督を長年務めたベンゲルの像

FOOTBALL

サッカー

「イギリス代表」というものはなく、イングランド代表戦はロンドンのウェンブリー・スタジアム、スコットランドはグラスゴーのハムデン・パーク、ウェールズはカーディフのプリンシパリティ・スタジアムで行われることが多い。イングランドのプレミアリーグは世界有数の選手が競演するリーグ。20クラブが参加し、8月～翌年5月にかけて行われる。

STADIUM イギリスの各国代表主要スタジアム

イングランド代表

ウェンブリー・スタジアム

マリルボン駅発の列車でウェンブリー・スタジアム駅Wembley Stadium下車。

■スタジアム・ツアー

TEL 0800 783 1440
URL www.wembleystadium.com
開 10:00～15:00（夏期～17:00）
休 試合日と、場合によってその前後
料 £24

スコットランド代表

ハムデン・パーク

ファースト・バスの75番でHampden Park and Ride.下車。

■スタジアム・ツアー

TEL (0141)616 6139
URL www.scottishfootballmuseum.org.uk
開 11:00、12:30、14:00、15:00
休 不定期（おもに夏休み期間中以外の月～水曜） 料 £14

■スコットランド・サッカー博物館（スタジアム内）

開 10:00～17:00（日11:00～17:00）
休 不定期 料 £8

ウェールズ代表

プリンシパリティ・スタジアム

➡P.492

マンチェスターのオールド・トラフォード

イングランド・プレミアリーグの代表的クラブチーム

□**アーセナル Arsenal**
本拠地　ロンドン
エミレーツ・スタジアム
URL www.arsenal.com

□**チェルシー Chelsea**
本拠地　ロンドン
スタンフォード・ブリッジ
URL www.chelseafc.com

□**ブライトン＆ホーヴ・アルビオン Brighton & Hove Albion**
本拠地　ブライトン
アメックス・スタジアム
URL www.brightonandhovealbion.com

□**リヴァプール Liverpool**
本拠地　リヴァプール
アンフィールド➡P.388
URL www.liverpoolfc.com

□**マンチェスター・ユナイテッド Manchester United**
本拠地　マンチェスター
オールド・トラフォード➡P.375

□**マンチェスター・シティ Manchester City**
本拠地　マンチェスター
エティハド・スタジアム➡P.375

ラグビー

イギリスを代表するパブリックスクールであるラグビー校で生まれたラグビー。クラブによるリーグ戦は9月〜翌5月に行われ、イングランドはプレミアシップという独自リーグ。スコットランド、ウェールズのクラブはユナイテッド・ラグビー・チャンピオンシップというリーグに参加している。代表チームは2〜3月にかけて英国の3チームにアイルランド、フランス、イタリアを加えた6ヵ国対抗戦が行われ、イングランドはロンドンのトゥイッケナム・スタジアム、スコットランドはエディンバラのBTマレーフィールド、ウェールズはカーディフのプリンシパリティ・スタジアムが試合会場として利用される。

STADIUM　各国代表の主要スタジアム

イングランド代表

トゥイッケナム・スタジアム

🚇ウォータールー駅発の列車で、トゥイッケナム駅Twickenhamで下車し、徒歩約20分、またはトゥイッケナム駅で281番のバスに乗り換える。

■スタジアム・ツアー
TEL(020)8892 8877
URL www.worldrugbymuseum.com 🈺
開10:30、12:30、14:30（土10:30、12:00、13:00、14:30、日11:30、13:00、14:30）
休月、不定期
料£27.95（ラグビー博物館込み）

スコットランド代表

BTマレーフィールド

🚇エディンバラ・トラムでマレーフィールド・スタジアム駅Murrayfiled Stadium下車

■スタジアム・ツアー
TEL(0131)378 1600
URL www.scottishrugby.org 🈺tickets-and-events/tours
開11:00（木・金は11:00、14:30）
休日、不定期
料£12 予約必須

ウェールズ代表

プリンシパリティ・スタジアム
➡P.492

テニス

テニスの四大大会のひとつとして名高いウィンブルドン選手権は、ロンドン郊外にあるウィンブルドンで毎年6〜7月に開催される。四大大会のなかでサーフェスが芝なのはウィンブルドンのみ。ウェアは白しか認められていないなど、非常に伝統が重んじられている大会。また、ウィンブルドン直前にはロンドンのクイーンズ・クラブでクイーンズ・クラブ選手権が開催される。男子のみの大会で、サーフェスがウィンブルドンと同じ芝ということもあり、ウィンブルドンの前哨戦として知られている。

ウィンブルドン・ローン・テニス博物館
➡P.185

ゴルフ

ゴルフの聖地セント・アンドリューズは、神が作ったコースとも呼ばれ、ゴルファーの誰もが一度はプレーしてみたいと願う場所。全英オープンのコースは毎年変更されるが、1の位が5と0の付く年はセント・アンドリューズで開かれることが慣例になっている。予約は取りづらいものの、オールドコースを始めとする各コースで旅行者がプレーすることも可能。また、セント・アンドリューズの町にはワールド・ゴルフ博物館もある。

ワールド・ゴルフ博物館
セント・アンドリューズでゴルフ ➡P.536

鉄道の
ルーツを
訪ねて

19世紀にイギリスで発明された蒸気機関車は
輸送手段に革命を起こし、飛躍的に発展した。
その後、多くの路線が廃止になったが、
古い蒸気機関車を活用して100路線以上が復活。
鉄道ファンでなくても気軽に楽しめるのが魅力だ。

期間限定で走る、機関車トーマスの車両

保存鉄道を支えるボランティアたち

機関室も見学させてもらえる

車両は古くても、手入れは行き届いている

ボランティアが支える
保存鉄道

　保存鉄道とは廃線を利用し、蒸気機関車やトロッコ列車など、歴史的に価値の高い鉄道を動体保存しようとするもの。同時に、観光資源としても注目され、地域経済にも貢献している。運営は地元のボランティアがあたることが多い。
「きかんしゃトーマス・シリーズ」の原作である『汽車のえほん』の作者ウィルバート・オードリーも保存鉄道の活動に熱心に参加していた。イギリスではどの地方に行っても保存鉄道の路線があり、観光案内所などでパンフレットが配られている。

新造の SL トルネード号

　引退したSLを再利用するのではなく、寄付を募り2008年新たに造られたSLがトルネード号。英国内の路線を年に数回運行しており、高い人気を誇る。詳しい日程、旅程はウェブサイトに掲載されている。
URL www.a1steam.com

ハリー・ポッターで有名なグ
レンフィナン高架橋

本誌で紹介している

保存鉄道

マン島最高峰
に登るスネフェ
ル登山鉄道

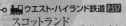
ウエスト・ハイランド鉄道 P.557
スコットランド

『嵐が丘』の
舞台ハワース
を経由する

北アイルランド

レイヴェングラス・エスクデイル鉄道 P.417
レイクサイド&ハバースウェイト鉄道 P.417
ノース・ヨークシャー・ムーアズ鉄道 P.460

P.393 マン島の保存鉄道

キースリー&ワース・バレー鉄道 P.477
エンプシー&ボルトン・アビー蒸気鉄道 P.477

P.506 コンウィ渓谷鉄道
P.506 フェスティニョグ鉄道
P.506 ウェルシュ・ハイランド鉄道

スノードン登山鉄道 P.503

イングランド

グロスターシャー・ウォーリックシャー鉄道 P.309

デヴォンシャーの
美しい海岸線を
走る

ウェールズ

ブルーベル鉄道 P.193

ワイト島蒸気鉄道 P.230

ペイントン・ダートマス蒸気鉄道 P.247

ロンドンから日
帰りで楽しめ
る人気路線

鉄道博物館で歴史を体験

鉄道発祥の国イギリスでは、各地にユニークな鉄道博物館がある。きら
びやかな御召し列車、運転の疑似体験ができる最新施設、古い車両がな
らぶ車庫など展示もさまざま。子どもも大人も楽しめるスポットだ。

❶ 国立鉄道博物館（ヨーク）

世界的にも評価の高い大規模な
鉄道博物館。

➡P.465

■ ロコモーション

1825年に蒸気機関車で初の牽引
をした公共用鉄道、ストックトン・
アンド・ダーリントン鉄道ゆかりの
地に開設された博物館。ヨーク
からニューキャッスル方面行きで
ダーリントンで乗り換えシルドン
Shildon下車。

🏠 Locomotion, Dale Rd.,
Industrial Estate, Shildon,
DL4 2RE
URL www.locomotion.org.uk
🕐 夏期10:00～17:00
冬期10:00～16:00
🚫 1/1、12/24～26
💷 無料

❷ ロンドン交通博物館アクトン車庫

車庫を使った博物館で、保存車両
を多数展示している。地下鉄ピカデ
リー・ラインのアクトン・タウンActon
Town駅下車。

🏠 118-120 Gunnersbury Ln., W3 9BQ
TEL (020)7565 7298
URL www.ltmuseum.co.uk/whats-on/
museum-depot/guided-tours 🎫
ガイドツアーのみ
🕐 不定期
💷 £13 ✅ 予約必須

❸ ロンドン交通博物館

コヴェント・ガーデンに隣接する博
物館。ロンドン地下鉄やバスの展
示が楽しい。オリジナルグッズも
たくさんある。

➡P.135

❹ クリシュ路面電車村（ピーク・ディストリクト）

アンティークの路面電車が走るテーマパーク。1900年代
の色も形もとりどりの路面電車に乗ってみよう。路面電
車の博物館もある。

➡P.405

テーマで旅する

ハリー・ポッターのロケ地へ

ハリーと仲間たちの成長と、因縁の宿敵ヴォルデモート卿との争いを描いた長編ファンタジー。小説は7巻、映画は全8作が公開された。イギリス全土で撮影された映画の舞台を訪ねてみよう。

Harry Potter

作者：J・K・ローリング
小説 1997〜2007年
映画 2001〜2011年

ホグワーツ特急 P.557
⑦グレンフィナン高架橋

ホグワーツ魔法魔術学校 P.450
④アニック城

ホグワーツ特急 P.460
⑧ゴースランド駅

ホグワーツ魔法魔術学校 P.320
①クライスト・チャーチ

映画の撮影が行われたスタジオ
★ワーナー・ブラザーズ・スタジオ・ツアー

ホグワーツ魔法魔術学校 P.302
③レイコック・アビー

ホグワーツ魔法魔術学校 P.309
②グロスター大聖堂

9と3/4番線 P.98
⑤キングズ・クロス駅

ロンドン

漏れ鍋の入口
Map P.72-73 4-C2
⑥レドンホール・マーケット

クィディッチ・ワールドカップ P.215
⑨セブン・シスターズ

❶❷❸❹ ホグワーツ魔法魔術学校

Hogwarts School of Witchcraft and Wizardry

❶クライスト・チャーチは食事をとる大広間、❷グロスター大聖堂や❸レイコック・アビーは回廊、❹アニック城はホウキ乗りの授業風景にそれぞれ利用された。

ホグワーツのロケ地はイギリス各地に点在している

❺ 9と3/4番線
Platform Nine and Three-Quarters

ホグワーツ特急が出発する9と3/4番線に移動する秘密の入口。❺キングズ・クロス駅構内には「Platform 9¾」を示す鋳鉄製の標識がかけられている。

❻ 漏れ鍋の入口
The entrance to the Leaky Cauldron

❻レドンホール・マーケットは『ハリー・ポッターと賢者の石』でダイアゴン横丁へとつながるパブ「漏れ鍋」への入口として使用された。

❼❽ ホグワーツ特急
Hogwarts Express

❼グレンフィナン高架橋は空飛ぶフォードが通り抜ける場面で登場。❽ゴースランド駅はホグワーツ特急の終着駅、ホグズミード駅として使用。

❾ クィディッチ・ワールドカップ
Quidditch World Cup

❾セブン・シスターズは、『ハリー・ポッターと炎のゴブレット』で、クィディッチのワールドカップの背景として使用されている。

Column ## ワーナー・ブラザーズ・スタジオ・ツアー
Warner Bros. Studio Tour London – The Making of Harry Potter

ハリー・ポッターシリーズの撮影で使用されたリーヴスデン・スタジオを改修したアトラクション。映画で使用されたセットが多数展示されているビッグルームをはじめ、いくつかのエリアに分かれている。常設展のほか、ハロウィーンなど期間限定イベントも行われる。

スタジオ内に再現された
ダイアゴン横丁

バタービールを試してね

🚃 ユーストン駅からワトフォード・ジャンクションへ頻発、所要約20分。駅前のバスステーションからは約20分おきにシャトルバス（£2.50）が出ている。所要約15分。
🏠 Studio Tour Dri., Leavesden, WD25 7LR
☎ 0800 640 4550
URL www.wbstudiotour.co.uk ■
🕐 見学はツアーのみ（完全予約制）。最初のツアーは9:00～10:00、最後のツアーは16:00～18:30。
🚫 1/30～2/3、11/6～10、12/25・26
💷 £51.50～　◎ 予約必須

ロンドン市内発のバスツアー
🕐 毎日7:30～16:00の1時間に1～2便。ヴィクトリア駅、ベーカー・ストリート駅、キングズ・クロス駅近くのバス停から出発する。所要7時間30分（現地での見学時間は4時間30分）
URL www.goldentours.com ■
💷 £119　◎ 予約必須

英国貴族の城館

祖先から何百年も受け継がれてきた英国貴族の城館。すばらしい調度品に彩られた部屋や整備された庭園は、期間限定で一般公開されるほか、映画やドラマのロケ地になることも多い。英国貴族の優雅な暮らしぶりに触れてみよう。

イギリスでは公爵や伯爵といった爵位が現在まで受け継がれ、貴族たちはその所領に広大な城や大邸宅を保持している。

一方で、所領の維持には莫大な費用がかかるため、城館を映画やドラマのロケ地として貸し出したり、有料公開したりして、その利益を維持費に充てるところも多い。100年ほど前の英国貴族の暮らしを描いたテレビドラマ『ダウントン・アビー』でも、城内を一般公開して、入場料を集めるというエピソードがある。貴族の城館は現役の住居のため、一般公開は期間限定がほとんど。イースター〜9月頃に公開される所が多いが、毎年変更されるので、訪問前に確認しておくこと。人気の城館では予約が必須。

ハイクレア城
Highclere Castle

テレビドラマシリーズ『ダウントン・アビー』で、クローリー家の居城ダウントン・アビーのロケ地になっているのがハイクレア城。物語の舞台の中心で、2022年公開の映画『ダウントン・アビー 新たなる時代へ』にも登場している。ハイクレア城はカナーヴォン伯爵家の居城として、1842年に建てられたもので、現在も第8代カナーヴォン伯爵一家が住んでいる。第5代カナーヴォン伯爵ジョージ・ハーバートは、ツタンカーメンの墓を発掘したハワード・カーターの援助者として知られ、城内にはエジプト関連の展示室もある。見学は春と夏の一般公開や、ときおり行われるツアーやイベントなど限られた日のみ。チケットはすぐに売り切れてしまうので、ウェブサイトから早めに予約しておくこと。

🚃🚗ロンドン・パディントン駅から約1時間のニューベリー Newburyが最寄り。駅からタクシーで約15分。駅からバスで行く場合はステージコーチの7A番が一番近くまで行くが、最寄りのバス停であるCarpenters Armsを下車してから約3km歩かなくてはならない。

🏠 Highclere Castle, Highclere Park, Newbury, RG20 9R

☎ (01635)253210

URL www.highclerecastle.co.uk

📅 4/8〜5/30（2023年春の一般公開）
7/9〜9/4の日〜木曜（2023年夏の一般公開）
城、展示室10:00〜17:00
庭園9:30〜17:00

💷 城と展示室と庭園£29、城と庭園£22.50

左／内部見学は大人気　右／中にはカフェもある

ブレナム宮殿
Blenheim Palace

優雅さにあふれた宮殿

➡P.325

　世界遺産の宮殿として、また、ウィンストン・チャーチルが生まれた場所として有名なブレナム宮殿は、18世紀初めに建てられたバロック様式の宮殿。英国貴族の館で宮殿（パレス）という名を冠しているのはブレナム宮殿だけで、いかにこの宮殿が特別な存在かがわかる。初代マールバラ公爵ジョン・チャーチルは、ブリントハイム（英語読みでブレナム）の戦いでイングランド軍を勝利に導き、恩賞としてもらった領地にこの宮殿を建てた。アン女王とその宮廷を描いた映画『女王陛下のお気に入り』では、ジョン・チャーチルの妻をレイチェル・ワイズが演じ、映画の冒頭には、建築前のブレナム宮殿の模型が出てくるシーンなどもある。同映画のロケ地としてブレナム宮殿は登場しないが、『シンデレラ』『ガリバー旅行記』といった映画の撮影が行われている。2017年公開の『トランスフォーマー／最後の騎士王』では、ブレナム宮殿がナチスの司令部として登場しており、チャーチルの生家を汚したなどと物議を醸した。

上／手入れの行き届いた庭園
下／敷地の広さにびっくり

チャッツワース・ハウス
Chatsworth House

敷地内には大きな池もある

➡P.403

　チャッツワース・ハウスはピークディストリクトに広大な敷地を有するデヴォンシャー公爵キャヴェンディッシュ家の館で、「ピークの宮殿The Palace of the Peak」という異名をもつ。チャッツワース・ハウスは16世紀中頃、ウィリアム・キャヴェンディッシュによって建設された。妻のエリザベス・オブ・ハードウィックはエリザベス1世からの信任があつく、建築間もないチャッツワース・ハウスはスコットランド女王メアリーの監禁場所になったこともある。館内にスコットランド女王のアパートメントという部屋があるのはそのため。映画のロケ地としてはキーラ・ナイトレイ主演の『プライドと偏見』と『ある公爵夫人の生涯』、アンソニー・ホプキンス主演の『ウルフマン』などに利用されている。

上／季節の花が咲き乱れる
下／豪華なダイニングルーム

アニック城
Alnwick Castle
➡P.450

スコットランドとの国境にほど近い場所にあるアニック城は、ノーザンバーランド侯爵のパーシー家が約700年に渡り住んできた城。『ハリー・ポッターと賢者の石』でホウキ乗りの授業の撮影が行われており、多くのファンを集めている。実際に撮影した場所では、家族、子供のイベントとしてホウキ乗りの授業を行っており、写真を撮ったときに本当に飛んでるように見せるコツをレクチャーしている。また、テレビドラマ『ダウントン・アビー』のシーズン5にもブランカスター城として登場している。入場料には前述のホウキ乗りの授業のほか、映画ツアーや歴史ツアーなど、テーマに沿ったガイドツアーの料金が含まれており、映画ツアーに参加すれば、どのシーンがどこで撮影されたかなど、詳しい説明を聞くことができる。

右上／アニック庭園にある巨大噴水　下／歴史を感じさせる堂々とした造り

ハットフィールド・ハウス
Hatfield House

ハットフィールド・ハウスは、ロバート・セシルによって17世紀初頭に建てられた邸宅で、現在までセシル家によって受け継がれている。現在の館が建てられる前は王宮が建っており、エリザベス1世は即位する前までそこに住んでいた。王宮の一部はオールド・パレスとして今も残っている。

ロンドンからほど近いという立地の良さも手伝い、数多くの映画のロケ地に利用されている。なかでも2019年のアカデミー賞にノミネートされた『女王陛下のお気に入り』は、王宮のシーンのほとんどがハットフィールド・ハウス内で撮影されている。

 ロンドン・キングズ・クロス駅からハットフィールド駅まで約30分、駅からハットフィールド・ハウスまでは徒歩約15分。
🏠 Hatfield Park, Hatfield, AL9 5NQ
☎ (01707)287 000
🌐 www.hatfield-house.co.uk 📱
🕐 館　6～8月 水～日11:00～17:00 (2023年)
　　庭園　4～9月 火～日11:00～17:00 (2023年)
💷 館と庭園£22、庭園のみ£12

ネブワース・ハウス
Knebworth House

1490年以来受け継がれてきたリットン家の邸宅。『英国王のスピーチ』や、『ヴィクトリア女王 最後の秘密』といった映画のロケ地になっている。初代リットン伯はインド総督を務めており、館内にはリットン家とインドのつながりを紹介する展示もある。息子の第2代リットン伯ヴィクター・ブルワー＝リットンは、1932年に満州国の調査を行った「リットン調査団」の団長として知られる。

広大な敷地はロックの野外コンサート会場としても利用され、ローリング・ストーンズ、レッドツェッペリン、クイーン、オアシスなどが演奏を行ったこともある。

🚃 ロンドン・キングズ・クロス駅からスティーブニジ駅Stevenageまで約30分。駅からタクシーに乗り約8分か、44番のバスでマナー・ファームManor Farm下車。10:00 12:00 14:30 17:00 (土10:00 12:00 14:30　16:30)、日曜運休、戻り9:37 11:37 13:37 (土9:37 11:37 13:37 16:07)、日曜運休。バス停からは徒歩15分。
🏠 Knebworth House, Stevenage, SG3 6PY
☎ (01438)812 661
🌐 www.knebworthhouse.com 📱
🕐 3/25・26、4/22～5/21、6/10～25、9/9～10/1の土・日 4/1～16、5/27～6/4、7/1～9/3の毎日
　　館11:00～17:00　庭園10:30～17:00
💷 館と庭園£18.50～19.50　庭園のみ£12.50～13.50

ロンドン

London

写真：エリザベス2世の国葬とチャールズ3世の即位式が行われたウェストミンスター寺院

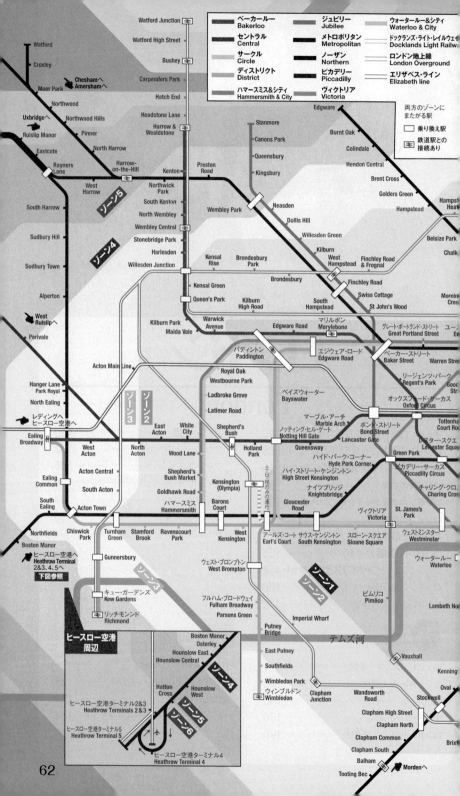

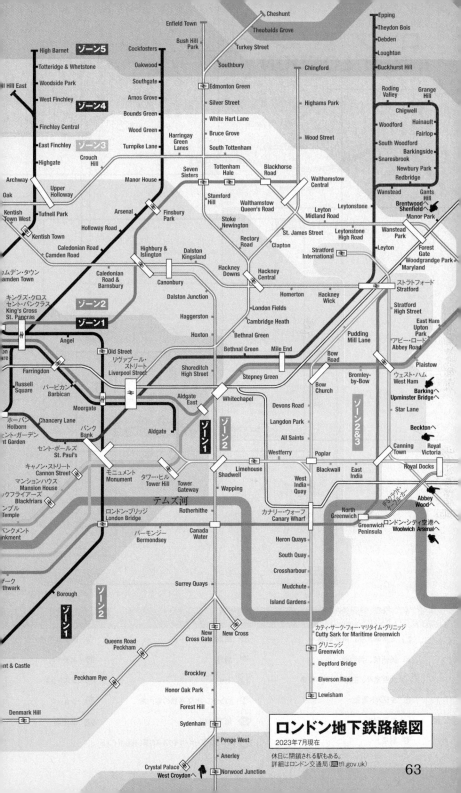

ロンドン地下鉄路線図

2023年7月現在

休日に閉鎖される駅もある。
詳細はロンドン交通局（🌐tfl.gov.uk）

63

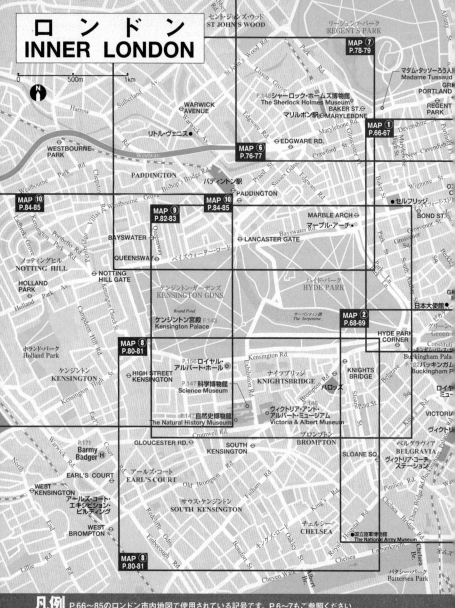

ロンドン
INNER LONDON

0 500m 1km

ST JOHN'S WOOD
セント・ジョンズ・ウッド

リージェンツ・パーク
REGENT'S PARK

MAP ⑦
P.78-79

マダム・タッソーろう人形
Madame Tussaud
PORTLAND

P.149 シャーロック・ホームズ博物館
The Sherlock Holmes Museum
BAKER ST.
マリルボン駅 MARYLEBONE

REGENT
PARK

MAP ①
P.66-67
Devonshire

WARWICK
AVENUE

リトル・ヴェニス

Marylebone Rd.
New Cavendish

WESTBOURNE
PARK

MAP ⑥
P.76-77
EDGWARE RD.

PADDINGTON

パディントン駅
PADDINGTON

セルフリッジ
BOND ST.

MAP ⑩
P.84-85

MAP ⑨
P.82-83

MAP ⑩
P.84-85

MARBLE ARCH
マーブル・アーチ

Grosvenor
Sq.

BAYSWATER

Bayswater Rd.
LANCASTER GATE

QUEENSWAY

ベイスウォーター・ロード

ノッティング・ヒル
NOTTING HILL

NOTTING
HILL GATE

ケンジントン・ガーデンズ
KENSINGTON GDNS.

ハイド・パーク
HYDE PARK

日本大使館
HOLLAND
PARK

Round Pond

サーペンタイン湖
The Serpentine

MAP ②
P.68-69

グリーン
Green

HYDE PARK
CORNER

ホランド・パーク
Holland Park

ケンジントン宮殿 P.143
Kensington Palace

MAP ⑧
P.80-81

Buckingham Pala
P.22 バッキンガム
Buckingham P

ケンジントン
KENSINGTON

HIGH STREET
KENSINGTON

P.156 ロイヤル・
アルバート・ホール
Royal Albert Hall

Kensington Rd.

ナイツブリッジ
KNIGHTSBRIDGE

KNIGHTS
BRIDGE
ハロッズ

ロイヤ
ミュー

P.147 科学博物館
Science Museum

ヴィクトリア・コーチ
VICTORIA
ヴィクトリ

P.147 自然史博物館
The Natural History Museum

P.146
ヴィクトリア・アンド・
アルバート・ミュージアム
Victoria & Albert Museum

ブロンプトン
BROMPTON

ベルグラヴィア
BELGRAVIA
ヴィクトリア・コーチ
ステーション

P.171
Barmy
Badger ℍ

GLOUCESTER RD.

SOUTH
KENSINGTON

SLOANE SQ.

EARL'S COURT

アールズ・コート
EARL'S COURT

Old Brompton

WEST
KENSINGTON

アールズ・コート・
エキジビション・
ビルディング

サウス・ケンジントン
SOUTH KENSINGTON

チェルシー
CHELSEA

国立陸軍博物館
The National Army Museum

WEST
BROMPTON

MAP ⑧
P.80-81

バタシー・パーク
Battersea Park

凡例 P.66〜85のロンドン市内地図で使用されている記号です。P.6〜7もご参照ください

◉ 主要観光地、博物館等	🎦 映画館	ℹ 観光案内所
🏛 美術館、博物館	✚ 病院	Ⓗ ホテル
⛪ 大聖堂など主要キリスト教会	🚻 トイレ	Ⓡ レストラン
⛪ キリスト教会	ℹ ロンドン市交通局の案内所	Ⓢ ショップ
🎭 主要劇場	Ⓣ 地下鉄駅	✉ 郵便局
🎭 劇場	🚲 サンタンデール・サイクルズの貸し出しポイント	

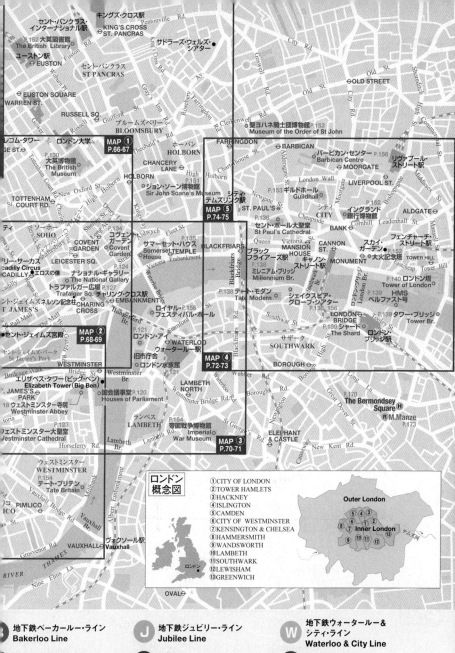

ロンドン概念図

①CITY OF LONDON
②TOWER HAMLETS
③HACKNEY
④ISLINGTON
⑤CAMDEN
⑥CITY OF WESTMINSTER
⑦KENSINGTON & CHELSEA
⑧HAMMERSMITH
⑨WANDSWORTH
⑩LAMBETH
⑪SOUTHWARK
⑫LEWISHAM
⑬GREENWICH

Outer London
Inner London

B	地下鉄ベーカールー・ライン Bakerloo Line		J	地下鉄ジュビリー・ライン Jubilee Line		W	地下鉄ウォータールー& シティ・ライン Waterloo & City Line

地下鉄ベーカールー・ライン
Bakerloo Line

地下鉄セントラル・ライン
Central Line

地下鉄サークル・ライン
Circle Line

地下鉄ディストリクト・ライン
District Line

地下鉄ハマースミス&
シティ・ライン
Hammersmith & City Line

地下鉄ジュビリー・ライン
Jubilee Line

地下鉄メトロポリタン・ライン
Metropolitan Line

地下鉄ノーザン・ライン
Northern Line

地下鉄ピカデリー・ライン
Piccadilly Line

地下鉄ヴィクトリア・ライン
Victoria Line

地下鉄ウォータールー&
シティ・ライン
Waterloo & City Line

エリザベス・ライン
Elizabeth Line

ドックランズ・ライト・レイルウェイ
Docklands Light Railway
(DLR)

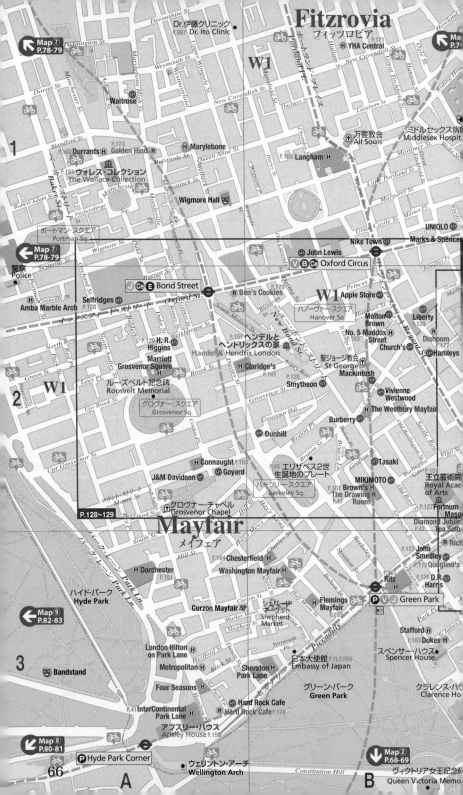

oodge Street

ロンドン大学
University of London

ラッセル・スクエア
Russell Sq.

Map ⑤ P.74-75

Map ⑤ P.74-75

Cochrane

W1

Montague on the Gardens P.165

Astor Museum P.171

Chettinad P.176

ベッドフォード・スクエア
Bedford Sq.

大英博物館 P.430
The British Museum

ブルームズベリー・スクエア
Bloomsbury Sq.

tte Street H

Percy St.

Odeon Tottenham Court Road

Bibimbabcafe P.169

Morgan P.169

Holborn

Ce

nderson P.163

Munchkins

Abeno

Cocoro

Tottenham Court Road

Ce E

Dominion

Shoryu Ramen

James Smith & Sons

Map ⑤ P.74-75

NEXT

Oxford St.

Shaftesbury

WC2

New London P.151

Ippudo P.175

フリーメイソンズ・ホール
Freemason's Hall

YHA Oxford Street P.171

House of MinaLima

Soho Sq.

Punjab P.176

Kanada-Ya

Phoenix

Covent Garden

Freemason's Arms

Soho
ソーホー

Hazlitt's P.162

Cambridge P.157

P.156 ロイヤル・オペラ・ハウス
Royal Opera House

Fortune Theatre

Bar Italia P.179

Prince Edward

Barshu P.174

Palace P.157

St Martin's

Covent Garden

MUJI

Paul Smith

Theatre Royal Drury Lane

Preto P.177

消防署
Fire Station

Stanfords

コヴェント・ガーデン
Covent Garden P.134

Whittard

Sondheim Gielgud

中華街
Chinatown

CoCo Ichibanya P.175

The Moomin Shop P.134

Chez Antoinette P.174

ロンドン交通博物館
London's Transport Museum

Thai West Cafe P.176

Lyric

Misato P.162

聖ポール教会
St Paul

Rules P.172

Piccadilly

Denman St.

トロカデロ
Trockadero P.162

Leicester Square

P N

レスター・スクエア
Leicester Sq.

St Martins Lane

Adelphi P.157

Honest Burgers P.173

Prince of Wales

Garrick

London Coliseum P.15

Savoy

The Savoy

Bentley's P.174

Piccadilly Circus

tkts P.155

The Harp P.178

Map ③ P.70-71

エロスの像
Eros

Jermyn St.

警察 Police

ポートレート・ギャラリー
National Portrait Gallery

ナショナル・ギャラリー
The National Gallery

Haymarket P.163

P.124

セント・マーティン・イン・ザ・フィールズ教会
St Martin-in-the-fields

The Clermont P.164

Ippudo

クレオパトラの針
Cleopatra's Needle

ヴィクトリア・エンバンクメント・ガーデンズ
Victoria Embankment Gardens

聖ジェイムズ・ピカデリー教会
St James's Piccadilly

Her Majesty's P.157

トラファルガー広場 P.127
Trafalgar Sq.

Charing Cross

Paxton & Whitfield P.127

Prestat P.127

Hatchards P.127

チャリング・クロス駅 P.98
Charing Cross Station

Sherlock Holmes P.178

エンバンクメント・ピア
Embankment Pier

Cavendish P.160

Shoryu Ramen P.175

ネルソン記念柱
Nelson's Column

Embankment

B Ci

N B

セント・ジェイムズ・スクエア
St James's Sq.

海軍門
Admiralty Arch

Royal Horseguards

ハンガー・フォード・ブリッジ
Hungerford Bridge

ICギャラリー
ICA

P.126

SW1

ヨーク公記念柱
Duke of York's Column

ハウスホールド騎兵隊博物館
HouseHold Cavalry Museum

ホース・ガーズ P.120
Horse Guards

クイーンズ・チャペル
Queen's Chapel

マールバラ・ハウス
Marlborough House

ホース・ガーズ・パレード
Horse Guards Parade

バンケティング・ハウス P.150
Banqueting House

River Thames
テムズ河

ジェイムズ宮殿
James's Palace

St James's
セント・ジェイムズ

ザ・マル The Mall

首相官邸
No.10 Downing St.

国防省
Ministry of Defence

N

Map ③ P.70-71

セント・ジェイムズ・パーク
St James's Park

外務省
Foreign Office

0　　　　　1:11,000　　　　400m

C

P.150 チャーチル戦時執務室
Churchill War Rooms

King Charles St.

政府行合省
Treasury

Ci D J Westminster

ウェストミンスター・ミレニアム・ピア
Westminster Millenium Pier

D

クイーンズ・チャペル
Queen's Chapel

マールバラ・ハウス
Marlborough House

フラレンスハウス
Clarence House

セント・ジェイムズ宮殿
St James's Palace

カスター・ハウス
aster House

国防省
Ministry
of Defence

首相官邸
No.10 Downing St.

ザ・マール　The Mall

外務省
Foreign Office

P.120
国会議事堂
見学ツアー
チケットオフィス

セント・ジェイムズ・パーク湖
St James's Park Lake

P.150 チャーチル戦時執務室
Churchill War Rooms

政府庁舎省
Treasury

King Charles St.

トリア女王記念碑
en Victoria Memorial

セント・ジェイムズ・パーク
St James's Park

Ci Ⓓ Ⓙ Westminster

Great George St.

Bridge St.

Birdcage Walk

Old Queen St.

Queen Anne's Gate

パーラメント・スクエア
Parliament Sq.

P.120

ッキンガム宮殿
ケットオフィス
キンガム宮殿

ガーズ博物館
Guards' Museum

Lewisham St.

聖マーガレット・
ウェストミンスター教会
St Margaret's
Westminster

ビッグ・ベン
（エリザベス・タワー）
Big Ben
(Elizabeth Tower)

Petty France

P.163 Conrad Ⓗ

Broadway Tothill St.

P.164

Ⓗ Sanctuary House

P.118 ウェストミンスター寺院
Westminster Abbey

国会議事堂
Houses of
Parliament

Ci Ⓓ St. James's Park

Vandon St.

Dacre St.

ジュエル・タワー
Jewel Tower

Caxton St.

New Scotland Yard

St Ann's St.

Victoria St.

Old Pye St.

Great College St.

ヴィクトリア・
タワー・
ガーデンズ
The
Victoria Tower
Gardens

Spenser St.

St Matthew St.

Perkin's Rents

ヴィクトリア・ストリート

Howick Pl.

Great Peter St.

Great Peter St.

セント・ジョンズ・
スミス・スクエア
St John's
Smith Square

ウェストミンスター大聖堂 P.123
Westminster Cathedral

Greycoat Pl.

Chadwick St.

Monck St.

Tufton St.

Horseferry Road

Rochester Row

Westminster
ウェストミンスター

Romney St.

Dean Ryle St.

Map③
P.70-71 →

ウェストミンスター・カレッジ
Westminster College

Francis St.

Elverton St.

Horseferry Rd.

セント・ジョンズ・
ガーデンズ
St John's Gardens

ランベス・
ブリッジ
Lambeth Bridge

Maunsel St.

Vincent Sq.

Page St.

Page St.

Millbank

ウェストミンスター校
プレイング・
フィールド
Westminster School
Playing Field

Fynes St.

Vincent St.

Vincent St.

P.174
About Thyme

Regency St.

ミルバンク・ミレニアム・ピア
Millbank Millennnium Pier

anley House
P.170

Hide Pl.

Chapter St.

SW1

Erasmus St.

John Islip St.

クロア・ギャラリー
Clore Gallery

Melita House Ⓗ

Belgrave Rd.

Astor Victoria P.171
Melbourne House P.170

テート・ブリテン P.154
Tate Britain

St George's Sq.

チェルシー・カレッジ・オブ・
アーツ
Chelsea College of
Arts

River Thames テムズ川

Ⓥ Pimlico

ヴォクソール・ブリッジ
Vauxhall Bridge

SW8

Lupus St.

Churchill Gardens Rd.

Ⓝ

0　　　1:11,000　　　400m

C　　　　　　　D

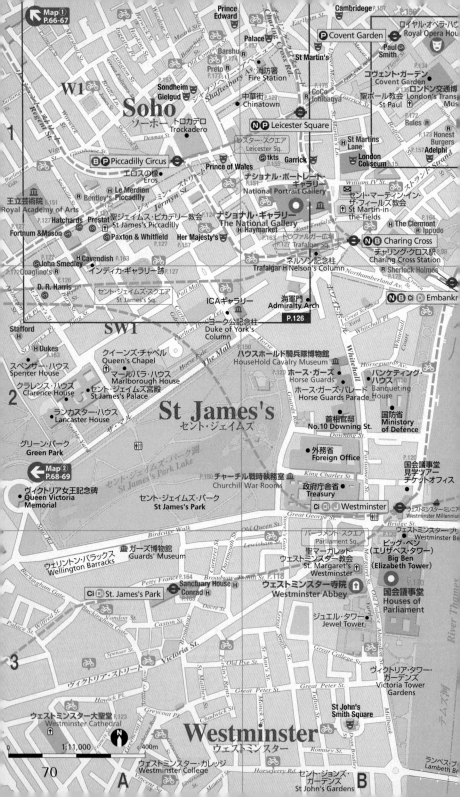

チャーターハウス
Charterhouse

H M Ci Barbican

バービカン・センター P.156
Barbican Centre

ファリンドン駅
Farringdon
Station

H M Ci E Farringdon

Ci Rookery P.163

バービカン駅
Barbican
Station

Cowcross St.

聖ジャイルズ・
クリップルゲート教会
St Giles
Cripplegate

Moorgate S

EC1

Ye Olde
Mitre P.176

セントラル・マーケット
Central Market
(Smithfield)

聖バーソロミュー・
ザ・グレイト教会
St Bartholomew
the Great P.153

ロンドン・ウォール
London Wall

警察
Police

ギルドホール
Guildhall

1

Holborn
ホーボン

ジョンソン博士の家
Dr. Johnson's House

セント・パーソロミュー病院
St Bartholomew's
Hospital

警察
Police

EC1

刑事裁判所
Old Bailey

シティ・
テムズリンク駅
City Thameslink
Station

Ce St. Paul's

Ye Olde
Cheshire Cheese P.178

フリート・ストリート
Fleet St.

セント・ポール大聖堂
St Paul's Cathedral

聖メアリー・
ル・ボウ教会
St Mary Le-Bow

N W Ce

聖ブライド教会
St Bride

YHA H
St Paul's P.171

シティ P.113
City Information Centre

マンション・
Mansion H

聖スティーブン・
ウォルブルック教会
St Stephen Walb

Mermaido

Ci Mansion House

ミトラ神殿
London
Mithraeum

2

Ci Blackfriars

ブラックフライアーズ駅
Blackfriars Station

EC4

Ci Cannon

Victoria Embankment

キャノン・ストリー
Cannon Street S

ブラックフライアーズ・
ミレニアムピア
Blackfriars
Millennium Pier

テムズ河
River Thames

Map ③
P.70-71

OXO Tower Restaurant
OXOタワー

バンクサイド・ギャラリー
Bankside Gallery

バンクサイド・ピア
Bankside Pier

シェイクスピア・グローブ・シアター
Shakespeare's Globe Theatre P.138,155

ゴールデン・ハインド号
Golden Hinde

Tate Modern

テート・モダン
Tate Modern P.138

Southwark
サザーク

バラ
Borough

3

SE1

Citizen M H
P.166

The George

ウォータールー・
イースト駅
Waterloo East Station

Southwark

Anchor & Hope
The Cul

Young Vic

Old Vic 72

A

B

N Borough
地下鉄バラ駅へ

ⓘ交通局 P.99
リヴァプール・ストリート駅
Liverpool Street Station

オールド・スピタル
フィールズ・マーケット P.150
Old Spitalfields Market

N H M Ci Moorgate

H M Ci Ce E Liverpool Street

警察
Police

警察 P.163
Police

H Andaz Liverpool Street P.163

ブリックレーン・マーケット
Brick Lane Market

ジャパン・グリーン・ P.597
メディカルセンター
Japan Green Medical Centre

ペチコート・レーン・
マーケット P.152
Petticoat Lane
Market

ホワイトチャペル・ P.152
ギャラリー 🏛
Whitechapel
Gallery

City
EC2

タワー42
Tower 42

イングランド銀行
of
and

30セント・メアリー・アクス
30 Saint Mary Axe

R Fora P.177

H D Aldgate East

証券取引所
Stock Exchange

Threadneedles P.163

M Ci Aldgate

R The Hoop and Grapes

イングランド銀行博物館 P.152
k of England Museum

EC3

ロイズ・オブ・
ロンドン
Lloyd's of
London

マイバスUK **S**

王立証券取引所
oyal Exchange

R Jamaica Wine House

レドンホール・
マーケット
Leadenhall Market

Whitechapel
ホワイトチャペル

スカイ・ガーデン
Sky Garden

フェンチャーチ・ストリート駅
Fenchurch Street Station

Ci D Monument

大火記念塔 P.152
The Monument

Do Tower Gateway

**H Wambat'sへ
（約200m）**

ロンドン塔
チケット売り場

Ci D Tower Hill

税関
Custum House

ロンドン塔 P.140
Tower of London

セント・キャザリンズ・ドック
St Katharine's Dock

Dickens Inn R

ザーク大聖堂
uthwark Cathedral

ロンドン・ブリッジ・シティ・ピア
London Bridge City Pier

タワー・ミレニアム・ピア
Tower Millennium Pier

H The Tower

ロンドン・ブリッジ・エクスペリエンス
The London Bridge Experience

HMSベルファスト号
HMS Belfast P.139

塔の入口

タワー・ブリッジ・キー
Tower Bridge Quay

N London Bridge

ヘイズ・ギャレリア
Hay's Galleria

タワー・ブリッジ P.139
Tower Bridge

H London Bridge P.163

ロンドン・ブリッジ駅
London Bridge Station

シャード P.139
The Shard

ロンドン市庁舎
London City Hall

ポターズ・フィールド・パーク
Potters Field Park

バトラーズ・ワーフ・ピア
Butler's Wharf Pier

イズ病院
y's Hospital

R Oblix at the Shard P.41

River Thames

N

0　　　　　　　　200　　　　　　　400m
1:11,000

C　　　　　　　　　　**D**

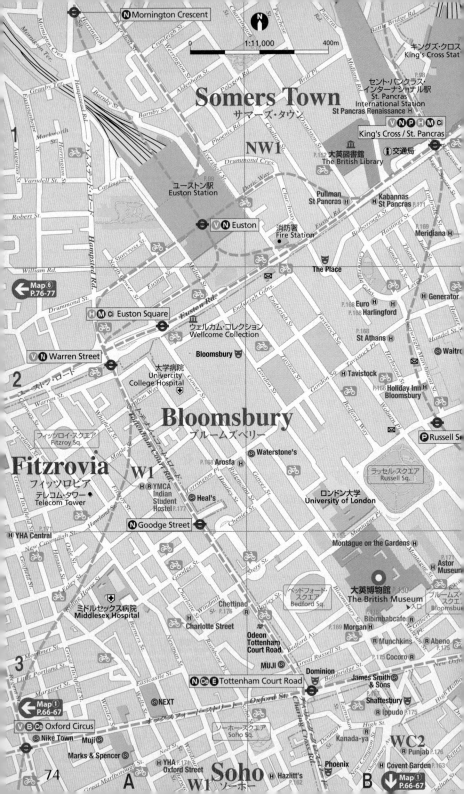

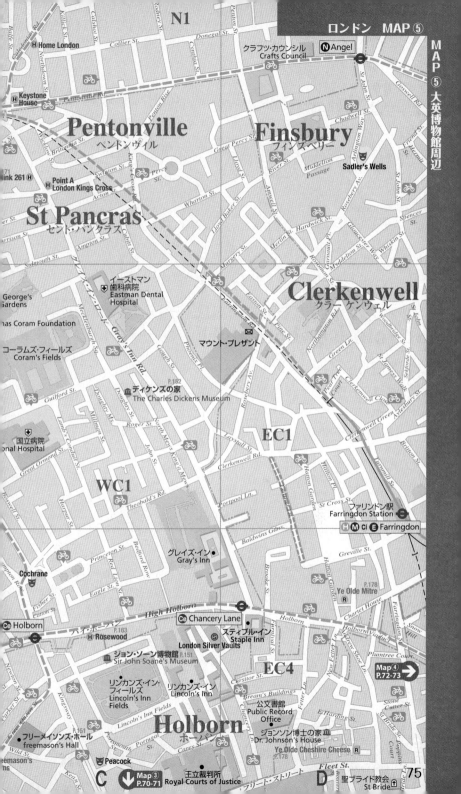

Maida Vale
メイダ・ヴェイル

Map ⑥
P.76-77 ↗

ミドルセクス・
クリケット
クラブ博物館
MMC Museum

W9

1

BBCスタジオ
BBC Studios

Greville Rd.
Grantully Rd.
Elgin Av.
Lauderdale Rd.
Morshead Rd.
Biddulph Rd.
Ashworth Rd.

Castellain Rd.
Widley Rd.
Delaware Rd.
Sutherland Av.
Sevington St.
Sutherland Av.
Warwick Av.

Clifton Gardens
Randolph Cres.
Clifton Rd.
Lanark Pl.

Randolph Av.

Clarendon Gdns.
Warwick Av.

Ⓑ Warwick Avenue

Amberley Rd.
Cirencester St.
Senior St.
Chichester Rd.
Clifton Villas
Blomfield Rd.
Warwick Pl.
Maida Av.

St. Mary's Ter.
Porteus Rd.
Paddington Green

Canal Footpath
カナル・フットパス

W2
Bourne Terrace

Regent's Canal Waterbus
Little Venice Landing Stage
水上バス乗り場

リトル・ヴェニス
Little Venice

ワーウィック・エステート
Warwick Estate

消防署
Fire Station

Westway A40(M)
ウエストウエイ

2

Paddington
パディントン

Westbourne Park Villas

Ⓗ Ⓒ Royal Oak

North W

Westbourne Park Rd.
Durham Ter.
Gloucester Ter.
Gloucester Ter.
Westbourne Ter.
Eastbourne Ter.
Cleveland Ter.

パディントン駅
Paddington Station

P.98

パディント

Ⓑ Ⓗ Ⓒ Ⓔ Paddington

Kildare Ter.
Newton Rd.
Sunderland Ter.
Porchester Sq.
Orsett Ter.

Bishop's Bridge Rd.

W2

Cleveland Mews
Chilworth St.
Pickett St.

Hilton London
Paddington Ⓗ

Ⓒ Ⓟ Paddington

Westbourne Grove
Redan Pl.
ホワイトリーズ
Whiteleys

Odeon

P.167
Garden Court Ⓗ

Ⓗ New Linden
P.167

Ⓗ Phoenix

P.174
Santorini Ⓡ

Queen's Gdns.
Craven Hill Gdns.
Craven Hill
Devonshire Ter.
Gloucester Ter.

Roseate
House
P.164

3

Ⓒ Ⓟ Bayswater

Royal Lancaster Ⓗ

Ⓒⓔ Lancaster Gate

← Map ⑩
P.84-85

Prince's Sq.
Moscow Rd.
Poplar Pl.
Queensway

Inverness Ter.
Leinster Ter.
Leinster Gdns.
Queensborough Ter.

Leinster Mews
Lancaster Gate

Corus Hyde Park Ⓗ Ⓡ Swan

マールボロ・ゲ
Marlborough

Bayswater
ベイズウォーター

Ⓗ Thistle Kensington Gardens

ランカスター・ゲート
Lancaster Gate

Hilton London
Hyde Park Ⓗ

A

Ⓒⓔ Queensway

↓ Map ⑩
P.84-85

B

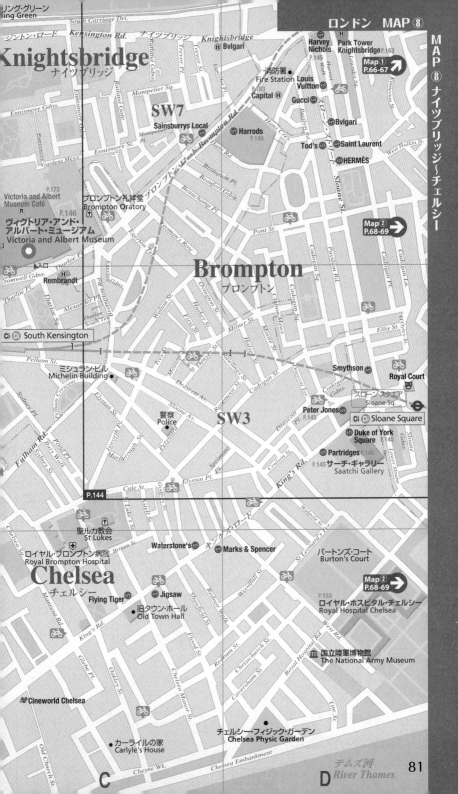

South Carriage Dri.

Harvey Nichols P.145

Park Tower Knightsbridge P.163

Kensington Rd. ナイツブリッジ Knightsbridge

Map① P.66-67

Bvlgari

Knightsbridge
ナイツブリッジ

消防署
Fire Station

Louis Vuitton

P.163 Capital H

Gucci

SW7

Sainsburys Local

Bvlgari

Harrods P.145

Tod's

Saint Laurent

HERMÈS

P.173
Victoria and Albert Museum Cafe

P.146

ブロンプトン礼拝堂
Brompton Oratory

ヴィクトリア・アンド・
アルバート・ミュージアム
Victoria and Albert Museum

入口

Rembrandt

Brompton
ブロンプトン

Ci South Kensington

Pelham St.

ミシュラン・ビル
Michelin Building

Smythson

Royal Court

スローン・スクエア
Sloane Sq.

Peter Jones P.145

警察
Police

SW3

Ci Sloane Square

Duke of York Square P.145

Partridges P.145

サーチ・ギャラリー
Saatchi Gallery

P.144

聖ルカ教会
St Lukes

ロイヤル・ブロンプトン病院
Royal Brompton Hospital

Waterstone's

Marks & Spencer

バートンズ・コート
Burton's Court

Map② P.68-69

Chelsea
チェルシー

Flying Tiger

Jigsaw

旧タウン・ホール
Old Town Hall

P.153
ロイヤル・ホスピタル・チェルシー
Royal Hospital Chelsea

国立陸軍博物館
The National Army Museum

Cineworld Chelsea

チェルシー・フィジック・ガーデン
Chelsea Physic Garden

カーライルの家
Carlyle's House

C

D

テムズ河
River Thames

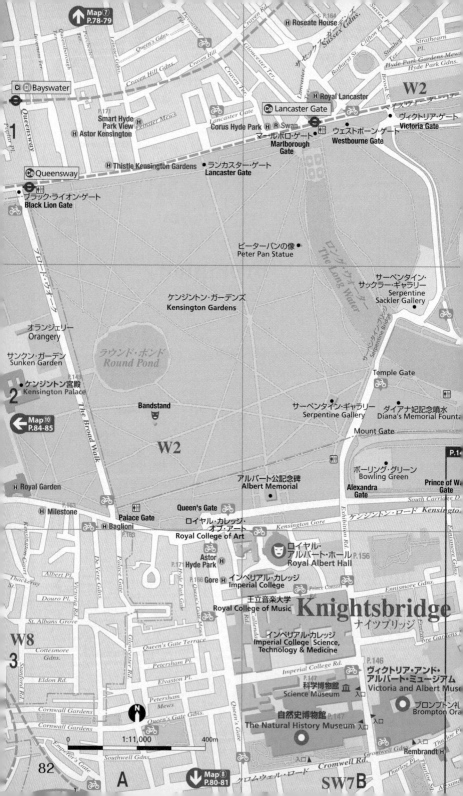

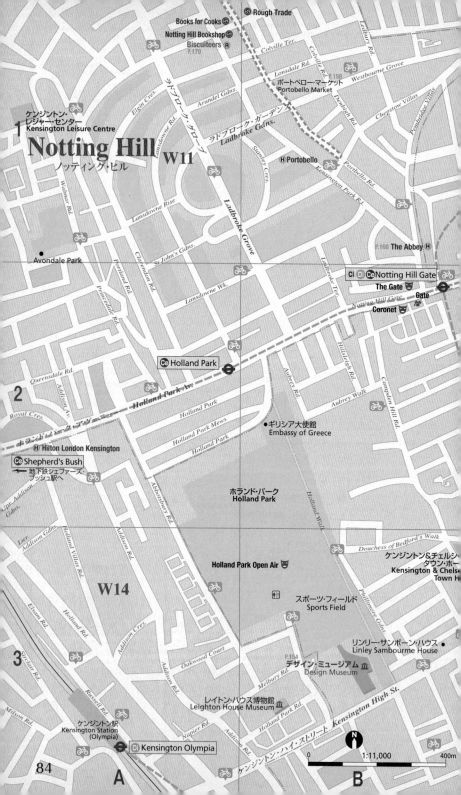

Ⓢ Rough Trade
Books for Cooks Ⓢ
Notting Hill Bookshop Ⓢ
Biscuiteers Ⓡ
P.179

Colville Ter.
Colville Rd.
Lonsdale Rd.
Westbourne Grove
Chepstow Villas
Pembridge Villas

ポートベロー・マーケット
Portobello Market

Arundel Gdns.
Denbigh Rd.

ケンジントン・
レジャー・センター
Kensington Leisure Centre

ラドブローク・グローブ

Ladbroke Gdns.

Notting Hill **W11**
ノッティング・ヒル

Elgin Cres.
Lansdowne Rd.
Stanley Cres.
H Portobello
Kensington Park Rd.
Portobello Rd.

Lansdowne Rise

Ladbroke Grove

P.168 The Abbey Ⓗ

● Avondale Park

Walmer Rd.
Portland Rd.
Clarendon Rd.
St. John's Gdns.
Princedale Rd.
Lansdowne Wk.
Ladbroke Ter.

Ci Ⓓ Ⓒ Notting Hill Gate
The Gate   Gate
Notting Hill Gate
Coronet

2

Queensdale Rd.
Addison Av.
Royal Cres.

Ⓒ Holland Park

Holland Park Av.
ホランド・パーク・アヴェニュー

Holland Park
Holland Park Mews
Holland Park
Aubrey Rd.
Aubrey Walk
Hillsleigh Rd.
Campden Hill Rd.

● ギリシア大使館
Embassy of Greece

Ⓗ Hilton London Kensington

Ⓒ Shepherd's Bush
← 地下鉄シェファーズ・
ブッシュ駅へ

Upr. Addison Gdns.
Lwr. Addison Gdns.
Holland Villas Rd.
Addison Cres.
Addison Rd.
Abbotsbury Rd.

ホランド・パーク
Holland Park

Holland Walk

Duchess of Bedford's Walk

ケンジントン&チェルシ・
タウン・ホー
Kensington & Chels
Town H

W14

Holland Park Open Air ☻

スポーツ・フィールド
Sports Field

Phillimore Gdns.

リンリー・サンボーン・ハウス
Linley Sambourne House

Elsham Rd.
Holland Rd.
Sinclair Rd.
Russell Rd.

Oakwood Court
Addison Rd.

P.184
デザイン・ミュージアム 🏛
Design Museum

Melbury Rd.

3

レイトン・ハウス博物館 🏛
Leighton House Museum

Holland Park Rd.

Kensington High St.
ケンジントン・ハイ・ストリート

Milson Rd.
Napier Rd.
Addison Rd.

ケンジントン駅
Kensington Station
(Olympia)

Ⓓ **Kensington Olympia**

Ⓝ

0   1:11,000   400m

84   **A**   **B**

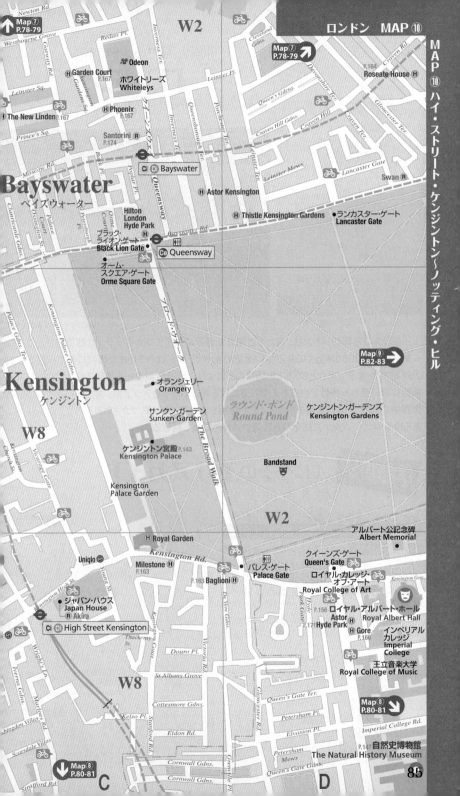

Map ⑦
P.78-79

Map ⑦
P.78-79

Map ⑨
P.82-83

Map ⑧
P.80-81

Map ⑧
P.80-81

W2

Newton Rd.
Westbourne Grove
Guernsey Rd.
Redan Pl.
Inverness Ter.
Cleveland Gdns.

Odeon
ホワイトリーズ
Whiteleys

Garden Court
P.167

P.164
Roseate House

Leinster Pl.
Leinster Sq.
Porchester Gardens
Leinster Pl.

Queen's Gdns.
Devonshire Ter.
Gloucester Ter.

Phoenix
P.167

The New Linden
P.167

Craven Hill Gdns.
Craven Hill
Craven Ter.
Craven Rd.

Santorini
R
P.174

Prince's Sq.
Moscow Rd.
Poplar Pl.
Inverness Ter.
Leinster Mews
Lancaster Gate

Bayswater
Swan
R

Bayswater
ベイズウォーター

Astor Kensington

Thistle Kensington Gardens
ランカスター・ゲート
Lancaster Gate

Hilton
London
Hyde Park
ブラック・
ライオン・ゲート
Black Lion Gate

Queensway

オーム・
スクエア・ゲート
Orme Square Gate

Kensington
ケンジントン

W8

オランジェリー
Orangery

サンクン・ガーデン
Sunken Garden

ラウンド・ポンド
Round Pond

ケンジントン・ガーデンズ
Kensington Gardens

ケンジントン宮殿 P.143
Kensington Palace

The Broad Walk

Bandstand

Kensington
Palace Garden

W2

Royal Garden

アルバート公記念碑
Albert Memorial

Kensington Rd.

Uniqlo
S

Milestone
P.163
H

パレス・ゲート
Palace Gate

クイーンズ・ゲート
Queen's Gate

P.163 Baglioni
H

ロイヤル・カレッジ・
オブ・アート
Royal College of Art

ジャパン・ハウス
Japan House
Akira
R

Astor
Hyde Park
P.171

ロイヤル・アルバート・ホール
Royal Albert Hall

Gore
P.166

インペリアル
カレッジ
Imperial
College

High Street Kensington

王立音楽大学
Royal College of Music

W8

P.147 自然史博物館
The Natural History Museum

85

C   D

進化し続けるメトロポリス

ロンドン
London

ロンドン

人口	市外局番
879万6628人	020

グレーター・ロンドン
Greater London

バッキンガム宮殿で行われる衛兵交替式

　イギリスの首都ロンドンは、言わずと知れた世界で最もエネルギッシュな都市のひとつ。ローマ時代から2000年近くに及ぶ長い歴史のなかで、町にはさまざまな時代に建てられた歴史的建築物が並ぶ。それと同時に再開発などにより、超近代的なビルも建てられ、ロンドンの景観は常に変わり続けている。人々の姿に目を転じてみるとアジア系、中東系、アフリカ系と世界中の民族が何の違和感もなくそこで生活していることに気づかされるだろう。ロンドンはあらゆる時代、人々、文化をのみ込みつつ今も成長し続ける。

早わかり ロンドンのエリアガイド

❶ ロンドンを象徴する見どころがいっぱい
ウェストミンスター周辺

こんなエリア　ウェストミンスター寺院と国会議事堂が寄り添うように建っているウェストミンスター周辺は、まさに**ロンドンの顔**ともいうべき地域。ロンドンの観光は、まず**トラファルガー広場**から始めよう。ネルソン記念柱とハトの大群で有名な広場だ。トラファルガー広場は交通の一大集結点でもあり、ここを中心に放射状に道路が延びている。

　ウェストミンスター・ブリッジ Westminster Bridge を渡って、テムズ河の東岸へ行けば、観覧車や水族館などが並んでいる。

おもな見どころ
ウェストミンスター寺院 **P.118**
国会議事堂 **P.120**
ロンドン・アイ **P.121**

大英博物館周辺
The British Museum
大英博物館
The British Muse

ソーホー
Soho

ピカデリー・サーカス周辺
Piccadilly Circus ❹

ハイド・パーク
Hyde Park

トラファルガー広〔

St James's
セント・ジェイムズ

グリーン・パーク
Green Park

ナイツブリッジと
ケンジントン ❼
Knightsbridge &
Kensington

バッキンガム宮殿周辺 ❷
Buckingham Palace
バッキンガム宮殿
Buckingham Palace

セント・ジェイムズ
St James's Park

Houses of Pe
ウェストミンスター寺
Westminster Ab

◎ハロッズ

❶ ウェストミンスター
Westminster

ヴィクトリア・アンド・
アルバート・ミュージアム

2 英国王室ゆかりの バッキンガム宮殿周辺

こんなエリア　バッキンガム宮殿とその前で繰り広げられる**衛兵交替式**は、ロンドンに来たならぜひ見ておきたいハイライトのひとつ。トラファルガー広場からバッキンガム宮殿へは、ザ・マル The Mall という通りが真っすぐに延びており、衛兵たちが行進を行う。

おもな見どころ　バッキンガム宮殿 P.122

3 世界最大級の博物館がある 大英博物館周辺

こんなエリア　この地域一帯は**ブルームズベリー** Bloomsburyと呼ばれ、チャールズ・ディケンズ P.608、バーナード・ショウなど英国の作家たちが好んで暮らした地域。ロンドン大学のカレッジが数多く点在する地域でもあり、文教地区を形成している。

おもな見どころ　大英博物館 P.130

4 いつも人どおりが絶えないロンドンのヘソ ピカデリー・サーカス周辺

こんなエリア　ピカデリー・サーカス周辺は、ロンドンで最も人どおりの激しい場所のひとつ。**リージェント・ストリート** Regent St. や**ニュー・ボンド・ストリート** New Bond St. といったショッピングストリート、活気ある**中華街**、数々の劇場などが集まり、ロンドンのシティライフの中心となっている。

おもな見どころ
ナショナル・ギャラリー P.124
トラファルガー広場 P.127

ピカデリー・サーカス。真ん中に立つのがエロス像

5 世界有数の金融街 シティ周辺

こんなエリア　シティと呼ばれるこのエリアはロンドン発祥の地。1世紀にローマ人が城塞都市ロンディニウムを建設したのがその起源とされている。その後、ロンドン橋がテムズ河に架かり、交易の中心として発展。ロンドンの経済の中心としての役割を果たしてきた。現在では高層ビルが建ち並び、世界の金融の中心地となっている。

おもな見どころ　セント・ポール大聖堂 P.136

6 テムズ河沿いに有名な見どころが並ぶ ロンドン塔周辺

こんなエリア　以前はロンドンの東の果てという感じのエリアだったが、ドックランズの再開発などにより、中心部と東の再開発地域とを結ぶ中継点的な役割を果たすようになった。

おもな見どころ
タワー・ブリッジ P.139　シャード P.139
ロンドン塔 P.140

重厚な城塞のロンドン塔

7 博物館とブランドショップが集まる ナイツブリッジとケンジントン

こんなエリア　ケンジントン・ガーデンズの南側は博物館が集まるエリア。また、ナイツブリッジはハロッズに代表される高級デパートやブランドショップが軒を連ねている。

おもな見どころ
ケンジントン宮殿 P.143
ヴィクトリア・アンド・アルバート・ミュージアム P.146

絶対 見ておきたい！
ロンドンの 見どころ

歴代の王族が眠る英国王室の教会。1066年にウィリアム1世 ☞ P.605が即位して以来、歴代の王の即位式がここで行われている。建築としても見応えバツグン。

世界遺産

1 ウェストミンスター寺院
Westminster Abbey ➡P.118

英国王室の宮殿といえばバッキンガム宮殿。内部の見学は夏期のみだが、衛兵の交替式は1年を通して行われる。ロンドンを代表する観光スポットだ。

2 バッキンガム宮殿
Buckingham Palace ➡P.122

高さ135mのヨーロッパ最大の観覧車。ロンドンを空から一望できる。周辺はもちろん、天気がよければグリニッジやヒースロー空港まで見られるかも？

景色

3 ロンドン・アイ
London Eye ➡P.121

景色 🔭

4 シャード
The Shard ➡P.139
高さ 310m とイギリスで最も高い建築物。69
階と 72 階は展望室になっている。

5 タワー・ブリッジ
Tower Bridge ➡P.139
1894 年に完成した世界的に有名な跳ね橋。ロ
ンドンの東の玄関口で、船が多く通過していた。

6 大英博物館
The British Museum ➡P.130
世界最大規模の博物館で、収蔵品は 800 万点
以上にもなるという。

7 セント・ポール大聖堂
St Paul's Cathedral ➡P.136
イギリス史上最も偉大な建築家といわれるクリ
ストファー・レン ☞ P.606 の最高傑作。

世界
遺産

8 国会議事堂
Houses of Parliament ➡P.120
ネオ・ゴシック様式の傑作。議事堂内部はガイ
ドツアーで見学可能。

世界
遺産

9 ロンドン塔
Tower of London ➡P.140
ワタリガラスが舞う、ロンドンの闇の歴史を見
つめ続けてきた生き証人。

10 ナショナル・ギャラリー
National Gallery ➡P.124
西欧絵画の傑作を多く収蔵する美術館。イタリ
ア、オランダ絵画が充実している。

おすすめアクティビティ BEST 5

①	リバー・ボートでテムズ河を クルーズ	P.108
②	ウエストエンドでミュージカル 鑑賞	P.155
③	映画『ハリー・ポッター』シリーズ のスタジオを見学	P.57
④	オックスフォード・ストリート 周辺でショッピング	P.128
⑤	日帰りコッツウォルズ・ツアー	P.296

1泊2日 ロンドン モデルプラン

1日目
2023年現在、バッキンガム宮殿の衛兵交替式は月・水・金・日曜に行われることが多い。衛兵交替式がない日に当たってしまったら、まず2日目のコースを1日目に回ろう。

地下鉄で20分　●セント・ポール大聖堂

徒歩30分

Goal

ナショナル・ギャラリー　●シャード
徒歩3~5分　●レスター・スクエア
トラファルガー広場●
バッキンガム宮殿●　徒歩20分
徒歩15分　**Start**
●ウェストミンスター寺院

9:30 ~ 10:30　ウェストミンスター寺院 → P.118

ウェストミンスター寺院は通常9:30のオープン。1時間ほど見学したら、衛兵交替式が行われるバッキンガム宮殿に移動。少し距離はあるが、セント・ジェイムズ・パークを横目に見ながら歩いて移動しよう。

バッキンガム宮殿から
徒歩20分

ウェストミンスター寺院から
徒歩15分

11:00 ~ 11:45　バッキンガム宮殿、衛兵交替式 → P.122

衛兵交替式は11:00から。よい場所で見たい人はできるだけ早く行こう。交替式が終わったらバッキンガム宮殿とトラファルガー広場を結ぶ儀式用の道路ザ・マルをとおってトラファルガー広場へ。

トラファルガー広場から
徒歩3~5分

12:00 ~ 12:15　トラファルガー広場 → P.127

中央にそびえるネルソン記念柱と、それを取り囲むように造られた噴水。ここがロンドンを代表する広場、トラファルガー広場だ。日本橋三越のライオン像のモデルにもなったライオンとの記念撮影はお約束。

12:30 〜 14:00 ナショナル・ギャラリー
→ P.124

大英帝国の威信をかけて集めた世界中の美術品が一堂に会するナショナル・ギャラリーへ。おなかがすいたら、先に昼食にしてもいいかも。

レスター・スクエア駅から
地下鉄で20分

14:00 〜 15:00 レスター・スクエアで昼食
→ P.172

トラファルガー広場の北に位置するレスター・スクエア周辺には、たくさんのレストランが並んでおり、選択肢が豊富。時間があれば、少し歩いてコヴェント・ガーデンをちょっと見学するのもおすすめ。

シャードの展望台

セント・ポール大聖堂から
徒歩30分

15:15 〜 16:00 セント・ポール大聖堂
→ P.136

地下鉄レスター・スクエア駅からピカデリー・ラインに乗る。ホーバン駅でセントラル・ラインに乗り換えてセント・ポールへ。クリストファー・レン P.606 の傑作、セント・ポール大聖堂を見学する。

16:30 〜 17:00 シャード
→ P.139

セント・ポール大聖堂からミレニアム・ブリッジを渡り、対岸のサザークの散策を楽しもう。シャードでは244mの高さからシティなどの町並みを堪能できる。週末は混み合うので、前日までに展望台の入場チケットの予約をしておこう。

19:00 〜 21:00 テムズ河を眺めながら夕食

テムズ河沿いには眺めのいいレストランが並ぶ。テート・モダン P.138 のレストランも人気。

1泊2日 ロンドン モデルプラン

2日目

大英博物館に加えてテムズ河沿いの見どころを回る。この日のキーポイントは大英博物館。見学にどれだけ時間を割くかによって、あとの時間の割り振りを考えるといいだろう。

大英博物館 ●

Start

徒歩15分

● ソーホー

徒歩20分

リバー・ボートで40分

● 地下鉄エンバンクメント駅

地下鉄で15分

ロンドン塔 ●
タワー・ブリッジ ●　徒歩5分

Goal
● ロンドン・アイ

徒歩10分

● 国会議事堂

10:00～12:00　大英博物館
→ P.130

大英博物館から徒歩15分

大英博物館はあまりに広いので、ざっと見ていくだけでも2時間はかかってしまうことだろう。何を重点的に見るかは人にもよるが、特にエジプト関連のコレクションとパルテノン神殿の彫刻群の人気が高い。

12:00～13:00　ソーホーでランチ
→ P.172

大英博物館の周辺で食べるのもいいが、ソーホーも近いので、中華料理やエスニック料理のおいしいお店を探すのも楽しい。

エンバンクメント駅から
地下鉄で15分　　　　　　徒歩5分

13:30～14:00　タワー・ブリッジ
→ P.139

昼食を済ませたら、地下鉄エンバンクメント駅からサークル・ラインかディストリクト・ラインでタワー・ヒル駅に移動。タワー・ブリッジは中に入ることもできるが、大英博物館で時間を取りすぎてしまった人は、外観のみの見学にとどめ、ここで時間を調節るとよい。

14:00～15:30 ロンドン塔
→ P.140

ロンドン塔は、牢獄として利用されていたこともあって、ロンドンの血なまぐさい歴史の舞台になってきた場所。一方、王室の宝物庫としての役割も果たしており、ジュエル・ハウスは必見だ。

ウェストミンスター・ミレニアム・ピアで下船して徒歩3分

16:30～16:45 国会議事堂
→ P.120

リバー・ボートが到着するウェストミンスター・ミレニアム・ピアは、国会議事堂のすぐそば。国会議事堂は、土曜と夏期を除いて内部の見学ができないので、それ以外に訪れる人は外観を楽しもう。

19:00～21:00 パブでエールを楽しむ
→ P.172

橋を渡ってテムズ北側まで移動しよう。その途中には個性的なパブもあるので、エールを飲みながらパブフードを頂く。

ロンドン塔から徒歩5分

15:50～16:30 テムズ河のリバー・ボート
→ P.108

リバー・ボートはロンドン塔近くにあるタワー・ミレニアム・ピアから出発する。約40分かけてセント・ポール大聖堂、HMSベルファスト号、サマーセット・ハウスといった、テムズ河沿いの見どころを回り、ウェストミンスター・ミレニアム・ピアで船を降りる。

ウェストミンスター橋を渡って徒歩10分

17:00～17:45 ロンドン・アイ
→ P.121

最後はロンドン・アイでロンドンの町並みを上から見学。ロンドンは起伏が少なく、遮る物が何もないので、すばらしい景色を眺められる。2日かけて回った見どころの一つひとつを確認して、旅を振り返ってみるのも楽しい。

ロンドンの空港

ロンドンとその周辺には、全部で6つの空港がある。そのうち、日本からの便が到着することが多いのがヒースロー空港だ。イギリスの国内便や格安航空会社の便は、ほかの空港を利用するケースが多い。

ヒースロー空港 Heathrow Airport

日本やほかのヨーロッパの国とロンドンの定期便の多くがヒースロー空港に発着する。

ヒースロー空港 ターミナルガイド

ヒースロー空港にはT2〜T5まで4つのターミナルがある（T1は老朽化で欠番）。ターミナル2と3は地下でつながっているが、ターミナル4とターミナル5はほかのターミナルから離れており、鉄道かバス（どちらも空港内の移動は無料）を使ってターミナル間を行き来することになる。日本からの直行便は、全日空がターミナル2、日本航空はターミナル3、ブリティッシュ・エアウェイズはターミナル5に到着する。

ヒースロー空港 入国手続きと手荷物受取

自動化ゲート 日本のIC旅券をもつ18歳以上の旅行者と成人に同伴する12〜17歳の旅行者は、自動化ゲートE-Passport Gatesを利用することができる。自動化ゲートの列に並び、自分の番が来たら、読み取り機にパスポートの顔写真のページを押し当て、備え付けのカメラに対し自分の顔を正面に向ける。認証が完了したら、グリーンのランプが点灯するので、ゲートを通過する。12歳以下のこども同伴の場合は、有人ゲートに並ばなくてはならない。

荷物の受け取り 機内に預けた荷物は、バゲージ・クレームBaggage Claimという表示がある荷物引き渡し所で受け取る。自分の乗ってきた航空会社の便名が出ているターンテーブルの前で待とう。

ヒースロー空港のターミナル5

■ヒースロー空港
TEL 0844 335 1801
URL www.heathrow.com
●ターミナル2
全日空をはじめとするスターアライアンス加盟の航空会社、エア・リンガス、アイスランド航空など
●ターミナル3
日本航空をはじめとするワンワールド加盟の航空会社（イベリア航空、カタール航空、マレーシア航空を除く）、ヴァージン アトランティック航空、デルタ航空、エミレーツ航空、ミドルイースト航空、一部のブリティッシュ・エアウェイズの路線など
●ターミナル4
KLMオランダ航空、大韓航空などのスカイチーム加盟の航空会社（デルタ航空、ミドルイースト航空を除く）、エティハド航空、カタール航空、マレーシア航空など
●ターミナル5
ブリティッシュ・エアウェイズ、イベリア航空

Information
自動化ゲートでは入国スタンプは押されない
自動化ゲートでは入国スタンプが押されないため、短期留学生など、一部の滞在資格で、入国スタンプの押印が義務づけられている人は、自動化ゲートではなく、有人ゲートに並んで入国審査を受け、入国スタンプを押してもらうこと。

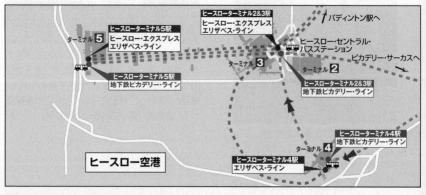
ヒースロー空港

ヒースローターミナル5駅
ヒースロー・エクスプレス
エリザベス・ライン

ターミナル 5

ヒースローターミナル5駅
地下鉄ピカデリー・ライン

ヒースローターミナル2&3駅
ヒースロー・エクスプレス
エリザベス・ライン

パディントン駅へ

ヒースロー・セントラル・バスステーション

ターミナル 3

ピカデリー・サーカスへ

ターミナル 2

ヒースローターミナル2&3駅
地下鉄ピカデリー・ライン

ヒースローターミナル4駅
地下鉄ピカデリー・ライン

ターミナル 4

ヒースローターミナル4駅
エリザベス・ライン

<ヒースロー空港> 空港から市内への移動

　空港から市内へ行くにはさまざまな交通手段があるが、ターミナルによっては目的地に直行する鉄道やバスが発着しないこともあるので、その場合はターミナル間を移動しなければならない。

ヒースロー・エクスプレス Heathrow Express

　パディントン駅行きの急行列車。ブリットレイルパスなどの鉄道パスも利用できる。ターミナル2&3駅からパディントン駅までは所要約15分（ターミナル5駅からは約21分）。ターミナル4駅からはエリザベス・ラインでターミナル2&3駅まで行き乗り換える。

エリザベス・ライン Elizabeth Line

　パディントン駅を経由してロンドン中心部を通って東へと抜ける列車。アビー・ウッド駅Abbey Wood行きとシェンフィールド駅Shenfield行きがあり、ホワイトチャペル駅Whitechapelの先で分岐する。ターミナル5駅からパディントン駅まで所要約30分、リヴァプール・ストリートまで約40分。オイスター・カード P.100 で乗車できるが、特別料金が適用されるため、地下鉄ピカデリー・ラインを利用するより高額になる。

市内から空港へは行き先に注意　中心部から空港へ行くときはターミナル2・3駅を経由してターミナル4駅行きとターミナル5駅行きの便があるほか、空港に寄らないレディング駅Reading行きもあるので、間違えて乗らないように。

地下鉄ピカデリー・ライン Underground Piccadilly Line

　空港と市内の中心までは地下鉄ピカデリー・ラインで結ばれており、空港内の"Underground"という目印に従って行けば、すぐに地下鉄駅までたどり着ける。アールズ・コート駅まで約35分、ピカデリー・サーカス駅まで約50分。オイスター・カード P.100 で乗車できる。

市内から空港へは行き先に注意　ピカデリー・ラインの西方面行きWestboundは、ヒースロー空港以外にアクスブリッジUxbridge行きがある。また、ヒースロー空港行きも、ターミナル4へ行く便とターミナル5へ行く便の2種類がある。

ナショナル・エクスプレス National Express

　バスの便はロンドン市内をはじめ、オックスフォードなどのイギリス各地へ行く便が、空港内のセントラル・バスステーションに発着している。ヴィクトリア・コーチステーションまでは所要40分〜1時間。

タクシー Taxi

　空港内には事前に距離や車種で料金を決めるタイプと、メーター式のブラック・キャブが停車している。時間帯にもよるが、ロンドン中心部まで£56〜105。

■ヒースロー・エクスプレス
URL www.heathrowexpress.com
運行ルート：ターミナル5駅→ターミナル2&3駅→パディントン駅
運行：5:12〜23:52の15分に1便
運賃：片道£25〜（1等£32〜）
　　　往復£37〜（1等£55〜）
※往復チケットは30日有効。90日前までに予約すると片道£5.50〜とかなり安く予約できることも。車内でチケットを購入すると割高になる。

ヒースロー空港とパディントン駅を結ぶヒースロー・エクスプレス

■エリザベス・ライン
TEL 0343 222 1234
URL tfl.gov.uk
運行ルート：ターミナル4または5駅→ターミナル2&3駅→パディントン駅
運行：5:15〜翌0:07（日5:49〜翌0:07）の1時間に2便
運賃：ヒースロー空港〜ゾーン1間はオイスター・カード利用£12.80〜。

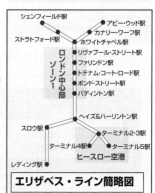

エリザベス・ライン簡略図

■地下鉄ピカデリー・ライン
運行ルート：ターミナル5駅→（ターミナル4駅）ターミナル2&3駅→（途中16駅）→ピカデリー・サーカス駅
運行：5:22〜23:42（金・土24時間）の10分に1便程度。
運賃通常料金片道£6.70
オイスター・カード利用£5.60

■ナショナル・エクスプレス
運行ルート：ヒースロー・セントラル・バスステーション→ヴィクトリア・コーチステーション
運行：1時間に1〜3便程度（ほぼ24時間運行）
運賃：£6〜13

■**ガトウィック空港**
🔲www.gatwickairport.com
■**ガトウィック・エクスプレス**
☎0345 850 1530
🔲www.gatwickexpress.com 🌐
運行:5:41～23:10の15～30分に1便（土・日減便）
運賃:片道£19.50（1等£29.30）
　　　往復£38.90（1等£58.60）
■**空港バス**
🔲www.nationalexpress.com
運行ルート:ガトウィック空港南ターミナル→ガトウィック空港北ターミナル→ヴィクトリア・コーチステーション
運行:1時間に1～2便程度（ほぼ24時間運行）
運賃:£8～

■**スタンステッド空港**
☎0808 169 7031
🔲www.stanstedairport.com
■**スタンステッド・エクスプレス**
🔲www.stanstedexpress.com 🌐
運行:5:30～翌0:30の15～30分に1便
運賃:片道£21.90　往復£34.60
※早めに予約すると安くなる
■**ナショナル・エクスプレス**
運行ルート:空港のバスステーション→ヴィクトリア・コーチステーション
運行:15分～1時間に1便程度（24時間運行）
運賃:£15～
■**エアポート・バス・エクスプレス**
🔲www.airportbusexpress.co.uk 🌐
運行ルート:空港のバスステーション→リヴァプール・ストリート
運行:約30分に1便（24時間運行）
運賃:£12～

ガトウィック空港 Gatwick Airport

　ヒースロー空港に次いでイギリスで2番目に利用者が多い空港。北ターミナルNorth Terminalと南ターミナルSouth Terminalがある。ふたつのターミナルはモノレールでつながっている。

空港から市内への移動

🚄 ガトウィック・エクスプレス Gatwick Express

　ガトウィック空港とヴィクトリア駅を所要約30分で結ぶ急行列車。

🚌 空港バス Airport Bus 🚌

　ナショナル・エクスプレスが運行しており、ガトウィック空港両ターミナルとヴィクトリア・コーチステーションを結ぶ。所要2時間15分～3時間15分。

スタンステッド空港 Stanstead Airport

　ロンドンで利用者が3番目に多い空港で、国内便、国際便とも便数が多い。ケンブリッジなどからも近い。アイルランドのLCC、ライアン・エアのハブ空港。

空港から市内への移動

　鉄道のスタンステッド・エクスプレスStansted Expressがリヴァプール・ストリート駅までを約50分で結ぶ。空港バスは、ヴィクトリア・コーチステーションまで1時間30分～2時間、リヴァプール・ストリートまで約1時間で行ける。

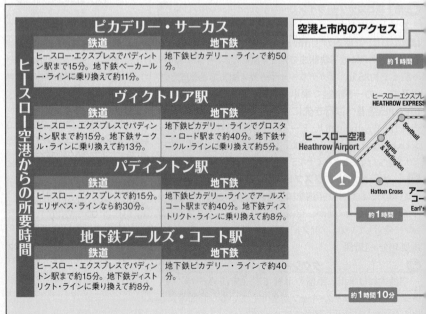

ヒースロー空港からの所要時間	ピカデリー・サーカス	
	鉄道	**地下鉄**
	ヒースロー・エクスプレスでパディントン駅まで15分。地下鉄ベーカールー・ラインに乗り換えて約11分。	地下鉄ピカデリー・ラインで約50分。
	ヴィクトリア駅	
	鉄道	**地下鉄**
	ヒースロー・エクスプレスでパディントン駅まで15分。地下鉄サークル・ラインに乗り換えて約13分。	地下鉄ピカデリー・ラインでグロスター・ロード駅まで約40分。地下鉄サークル・ラインに乗り換えて約5分。
	パディントン駅	
	鉄道	**地下鉄**
	ヒースロー・エクスプレスで約15分。エリザベス・ラインなら約30分。	地下鉄ピカデリー・ラインでアールズ・コート駅まで40分。地下鉄ディストリクト・ラインに乗り換えて約8分。
	地下鉄アールズ・コート駅	
	鉄道	**地下鉄**
	ヒースロー・エクスプレスでパディントン駅まで15分。地下鉄ディストリクト・ラインに乗り換えて約8分。	地下鉄ピカデリー・ラインで約40分。

空港と市内のアクセス

約1時間
ヒースロー・エクスプレ
HEATHROW EXPRESS
Southall
ヒースロー空港
Heathrow Airport
Hayes & Harlington
Hatton Cross
アー
コー
Earl's
約1時間
約1時間10分

ルトン空港 Luton Airport

　スコットランドや北アイルランドへ行く便は、この空港に発着するものも多い。イージージェット (LCC) のハブ空港。

ルトン空港 空港から市内への移動

　ルトン・エアポート・パークウェイ駅Luton Airport Parkwayまでバスで行き（所要約5分）、そこからルトン・エアポート・エクスプレスでセント・パンクラス・インターナショナル駅まで約30分。バスは、ヴィクトリア駅までグリーン・ラインなどが運行している。所要1時間15分～1時間30分。

ロンドン・シティ空港 London City Airport

　シティで働く人のために建設された空港で、ロンドンの中心部から最も近い。

ロンドン・シティ空港 空港から市内への移動

　空港前からドックランズ・ライト・レイルウェイ (DLR) に乗り、終点のバンク駅Bank、またはカニング・タウン駅Canning Townで地下鉄に乗り換える。

空港間の移動

　ヒースロー空港、ガトウィック空港、ルトン空港、スタンステッド空港間は、ガトウィック空港～スタンステッド空港間を除き、ナショナル・エクスプレスのバスが直行便を運行しており、ロンドン中心部で乗り換える必要がない。

■ルトン空港
TEL (01582) 405 100
URL www.london-luton.co.uk
■ルトン・エアポート・エクスプレス
URL www.lutonairportexpress.co.uk
運行:5:32～23:25に30分ごとに運行
（土・日減便）　運賃£7.6～22.40
■グリーン・ライン757番
TEL 0344 800 4011
URL www.arrivabus.co.uk/greenline
運行ルート:空港のバスステーション→ヴィクトリア・グリーン・ライン・コーチステーション
運行:1時間に1～2便（24時間運行）
運賃:£11.50～

■ロンドン・シティ空港
TEL (020) 7646 0088
URL www.londoncityairport.com

Information
サウスエンド空港 Southend Airport
ほとんどが国際便で、国内便はガーンジー島、ジャージー島などへの便が発着する。空港駅からリヴァプール・ストリート駅まで鉄道で約1時間。
URL londonsouthendairport.com

ナショナル・エクスプレスのバス

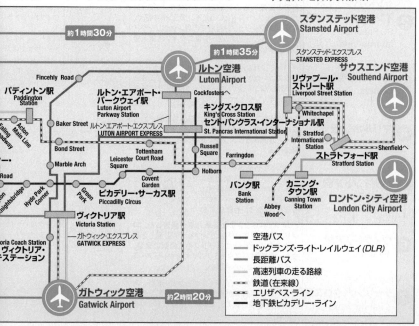

約1時間30分

約1時間35分

ルトン空港
Luton Airport

スタンステッド空港
Stansted Airport

スタンステッド・エクスプレス
STANSTED EXPRESS

サウスエンド空港
Southend Airport

Fincehely Road

パディントン駅
Paddington
Station

ルトン・エアポート・パークウェイ駅
Luton Airport
Parkway Station

Cockfosters へ

キングズ・クロス駅
King's Cross Station
セント・パンクラス・インターナショナル駅
St. Pancras International Station

リヴァプール・ストリート駅
Liverpool Street Station

Acton
Main Line

Ealing
Broadway

Baker Street

ルトン・エアポート・エクスプレス
LUTON AIRPORT EXPRESS

Whitechapel

ー・
Road

Bond Street

Marble Arch

Leicester
Square

Tottenham
Court Road

Russell
Square

Farringdon

Stratford
International
Station

Shenfield へ

ストラトフォード駅
Stratford Station

Covent
Garden

Holborn

Knightsbridge

Hyde Park
Corner

Green
Park

ピカデリー・サーカス駅
Piccadilly Circus

バンク駅
Bank
Station

カニング・タウン駅
Canning Town
Station

ロンドン・シティ空港
London City Airport

Abbey
Wood へ

ictoria Coach Station

ヴィクトリア駅
Victoria Station

ガトウィック・エクスプレス
GATWICK EXPRESS

ヴィクトリア・チステーション

ガトウィック空港
Gatwick Airport

約2時間20分

凡例:
━━━ 空港バス
━━━ ドックランズ・ライト・レイルウェイ (DLR)
━━━ 長距離バス
═══ 高速列車の走る路線
╾╼╾ 鉄道（在来線）
╾╼╾ エリザベス・ライン
━━━ 地下鉄ピカデリー・ライン

ロンドンの交通ターミナル

行き先ごとに出発駅が異なる イギリスをはじめ、ヨーロッパ諸国の鉄道ターミナル駅は、町の中心をぐるりと囲むように造られていることが多い。特にロンドンはイギリス全土からの路線が集まる「ハブ」の町。東に行く列車は町の東端にある駅から、北へ行く列車は北側にある駅というように発着ターミナル駅が異なる。

キングズ・クロス駅の9と3/4番線ホーム

パディントン駅にある、くまのパディントンの像

ターミナル間の移動 ロンドンを経由してほかの都市へ行くときは、ターミナル駅が違うことがあり、その場合は地下鉄に乗り換えてターミナル駅に行く。乗り換えに十分な時間をみておくことが旅のコツだ。

セント・パンクラス・インターナショナル駅

ロンドンの主要ターミナル駅

駅名	解説	おもな行き先	接続する地下鉄
① キングズ・クロス駅 King's Cross	イングランド北部やスコットランドへ向かう列車が発着する。『ハリー・ポッター』に登場することでも有名だ。標識の前では多くの観光客が写真撮影をしており、ショップもある。	ケンブリッジ ヨーク ニューキャッスル エディンバラ	サークル・ライン ノーザン・ライン ヴィクトリア・ラインほか
② セント・パンクラス・ インターナショナル駅 St. Pancras International	パリやブリュッセルとを結ぶユーロスターが発着する国際列車の発着駅。そのほかノッティンガム、シェフィールドといったイングランド中部や、高速列車ジャヴェリン利用でのカンタベリーやドーヴァーへの発着起点。中世ゴシック建築を模した重厚な建築で知られている。	ルトン空港 ノッティンガム パリ ブリュッセル ドーヴァー	サークル・ライン ノーザン・ライン ヴィクトリア・ライン ハマースミス&シティ・ラインほか
③ ユーストン駅 Euston	バーミンガム、マンチェスター、リヴァプール、グラスゴーなど、北西部への便が発着するターミナル。ロンドンのターミナルのなかでは最も開業が早い。	バーミンガム リヴァプール グラスゴー	ノーザン・ライン ヴィクトリア・ライン
④ マリルボン駅 Marylebone	プラットフォームが3つだけの小さな駅。おもにバーミンガムやストラトフォード・アポン・エイヴォン方面などイングランド中央部への列車が発着する。	ストラトフォード・アポン・エイヴォン バーミンガム	ベーカールー・ライン
⑤ パディントン駅 Paddington	ロンドンから西のオックスフォードやバースのほか、イングランド南西部のリゾート地域、ウェールズのカーディフとの便はここに発着。ヒースロー空港とを結ぶヒースロー・エクスプレスとエリザベス・ラインも発着する。	ヒースロー空港 ペンザンス バース オックスフォード	サークル・ライン ベーカールー・ライン ハマースミス&シティ・ラインほか
⑥ ヴィクトリア駅 Victoria	かつてはさまざまな豪華列車が発着した、ロンドンを代表する駅。ガトウィック空港とを結ぶガトウィック・エクスプレスもこの駅に発着。また、長距離バスターミナルのヴィクトリア・コーチステーションへも近い。	ガトウィック空港 カンタベリー ドーヴァー ブライトン	サークル・ライン ディストリクト・ライン ヴィクトリア・ライン
⑦ チャリング・クロス駅 Charing Cross	ドーヴァーやヘイスティングズなど、南部、南東部へ向かう列車が発着する駅。ロンドンの中心部に最も近い駅でもあるが、路線はあまり多くはない。	ドーヴァー ヘイスティングズ	ノーザン・ライン ベーカールー・ライン

🚌 ロンドンの長距離バスターミナル

　鉄道と違い、コーチ（長距離バス）はほとんどすべてがヴィクトリア・コーチステーション発着といってシンプル。国際線もこちらから運行している。

🚌 ヴィクトリア・コーチステーション
Victoria Coach Station

　ヴィクトリア駅のそばにある。国際バスも含め、ロンドン発着のほとんどの長距離バスが発着する。チケット売り場はよく混み合うので、時間にゆとりをもって。また、国際バスに乗る人は出国手続きの時間も考えておいたほうがいい。

🚌 ヒースロー・セントラル・バスステーション
Heathrow Central Bus Station

　ロンドン市内や空港間を結ぶ便だけではなく、ロンドン中心部を経由せずに各都市からヒースロー空港へ直接行くことができて便利。チケットはバスステーションにあるトラベルセンター、自販機、ウェブなどで購入する。

■ヴィクトリア・コーチステーション
Map P.68-69②B2
URL www.tfl.gov.uk
🕐8:30〜19:30（チケット窓口）

■ヒースロー・セントラル・バスステーション
Map P.94
URL www.heathrow.com
🕐6:00〜22:10（チケット窓口）

ヴィクトリア・コーチステーション

ロンドンの主要ターミナル駅

駅名	解説	おもな行き先	接続する地下鉄
❽ ウォータールー駅 Waterloo	ポーツマス、サウサンプトン、ウィンチェスターなど南部への便はここから出る。駅の名前は、イギリス軍も参加し、ナポレオン率いるフランス軍を撃破した1815年のワーテルローの戦いにちなむ。	ポーツマス サウサンプトン エクセター ソールズベリ	ノーザン・ライン ベーカールー・ライン ジュビリー・ライン ウォータールー＆シティ・ライン
❾ リヴァプール・ストリート駅 Liverpool Street	ケンブリッジ、ノーリッジ、イプスウィッチなど、北東部への便が発着するほか、ストラトフォードなどロンドン東部への便もある。スタンステッド空港へのスタンステッド・エクスプレス、ヒースロー空港へのエリザベス・ラインも発着。	ヒースロー空港 スタンステッド空港 ケンブリッジ イプスウィッチ ノーリッジ	サークル・ライン セントラル・ライン ハマースミス＆シティ・ラインほか

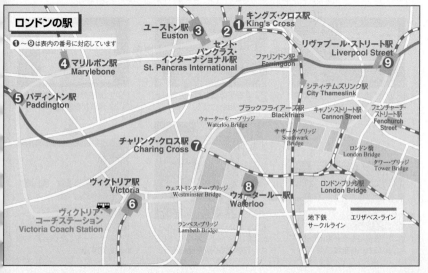

ロンドンの駅

❶〜❾は表内の番号に対応しています

キングズ・クロス駅 King's Cross
ユーストン駅 Euston ❸ ❷ ❶
セント・パンクラス・インターナショナル駅 St. Pancras International
リヴァプール・ストリート駅 Liverpool Street ❾
❹ マリルボン駅 Marylebone
ファリンドン駅 Farringdon
❺ パディントン駅 Paddington
シティ・テムズリンク駅 City Thameslink
ブラックフライアーズ駅 Blackfriars
キャノン・ストリート駅 Cannon Street
フェンチャーチ・ストリート駅 Fenchurch Street
ウォータールー・ブリッジ Waterloo Bridge
サザーク・ブリッジ Southwark Bridge
ロンドン橋 London Bridge
タワー・ブリッジ Tower Bridge
チャリング・クロス駅 Charing Cross ❼
ヴィクトリア駅 Victoria
ウェストミンスター・ブリッジ Westminster Bridge
❽ ウォータールー駅 Waterloo
ロンドン・ブリッジ駅 London Bridge
❻
ヴィクトリア・コーチステーション Victoria Coach Station
ランベス・ブリッジ Lambeth Bridge

地下鉄
サークルライン
エリザベス・ライン

ロンドン

歩き方

99

ロンドンの市内交通

赤い2階建てのバス (ダブルデッカー)、チューブと呼ばれる地下鉄、そして黒塗りのタクシー。ロンドンの交通機関は、それ自体がロンドンの名物といえる。

市内交通を賢く利用するための 4箇条

① 公共交通機関を利用するならオイスター・カードかタッチ決済

② 地下鉄料金はオイスター・カードかタッチ決済だとほぼ半額

③ 平日の朝夕のピークの時間帯は料金が高くなる

④ 週末は工事が多く、一部不通になる便があるので要注意!

Information

タッチ決済 (コンタクトレス)対応クレジットカードが交通カードに

券面にコンタクトレス・マーク (Ŋ))のあるVISA、MasterCard、アメリカン・エキスプレスのクレジットカードやデビットカードは、オイスター・カードと同じ料金体系の交通カードとして利用できる。クレジットカードの情報をスマホやスマートウオッチのWalletアプリに入れるグーグルペイ、アップルペイも同様に利用可能。
カード発行手数料やチャージは必要なく、1日、1週間のうち、何度乗車しても一定の料金以上は徴収されない上限機能も付いている。ただし、1週間の上限機能は、月曜スタートと決まっているので、月曜以外の日から1週間使用する場合は、オイスター・カードを購入し、1週間分のトラベルカード機能を追加することも検討しよう。

チケットの種類

市内交通のチケット オイスター・カードOyster Card

ロンドンの公共交通機関には、JR東日本のSuicaなどと似た方式のチャージ式乗車券の**オイスター・カード**Oyster Cardが導入されている。オイスター・カードは地下鉄、バス、DLR (→P.101欄外参照)、一部の鉄道などで利用できる。券売機でカードにお金をチャージしておけば、改札口で黄色い読み取り部分にカードをタッチさせて中に入り、出るときの改札でも同様に黄色い場所にタッチするだけでOK。
カードの種類と入手方法 通常のオイスター・カードは自動券売機のほか、地下鉄窓口や交通局の**❼**などで入手可能。身分証の掲示は不要で発行手数料として**£7 (払い戻し不可)**を支払うだけ。ビジター・オイスター・カードはロンドンでは販売しておらず、英国政府観光庁のオンラインショップで渡航前に購入できる。
お得な割引料金 オイスター・カード利用時の運賃は通常より低く設定されており、**ピーク時 (月~金曜の6:30~9:30、16:00~19:00) とそれ以外のオフピークでは**

オイスター・カードのチャージ方法

1 まずは駅に行き**自動券売機**を見つける。

2 **右下のセンサー**にカードを接触させる。

3 現在チャージされている残額が表示される。

6 最後にもう一度センサーにカードを触れ完了。

5 支払いは現金でもクレジットカードでもOK。JCBカードが使える販売機もある。

4 チャージしたい金額を指定する。

料金が違う。カードのチャージは自動券売機でできる。

さらにお得な料金上限　オイスター・カードを使って1日に何度乗車しても一定の料金以上は徴収されないという仕組みがある。利用時がピーク時かオフピーク時かで徴収料金が異なる。同様に1週間利用している間に、トラベルカードの1週間分の料金を超えて徴収されないようにもなっている。ただし、利用条件が月曜から日曜までと固定されているため、例えば木曜から水曜の1週間といった利用はできない。このような使い形をしたい人はあらかじめ1週間のトラベルカード機能を追加しておくこと。

トラベルカードの機能をプラス　トラベルカードとは、地下鉄やバス、テムズリンク、DLR(欄外参照)、ロンドンの在来線が乗り放題、リバー・ボートの一部も割引になるお得なチケット。1週間、1ヵ月、1年などの種類があり、自動券売機を使いオイスター・カードにトラベルカードの機能を追加してから使用できる。

オイスター・カードの払い戻し　残額が£10以下の場合には、駅に設置されている大型の自動券売機で払い戻しができる。払い戻し方法はチャージ時と同様に、まずセンサーにカードをタッチして、次に画面右側の"Pay as you go refund(プリペイド払い戻し)"を指定。内容を確認したら"Confirm(確認する)"を押し、再びセンサーにカードをタッチするとカード内の残額が返却される。**手元に残ったカードは再利用不可。**

市内交通の
チケット **紙のチケットPaper Ticket**

　1回券と1日券のみ紙のチケットも販売しているが、**オイスター・カード利用時に比べかなり高めに設定されており、購入するメリットはほとんどない。**

ロンドン

■ロンドン市観光局
URL www.tfl.gov.uk
■オイスター・カード
URL oyster.tfl.gov.uk
■英国政府観光庁オンラインショップ
URL www.visitbritainshop.com
日本出発前にビジター・オイスター・カードやトラベルカードを購入できる

■**ビジター・オイスター・カードの特典**
ビジター・オイスター・カードは一部のレストランやショップで割引が適用される。詳しい特典の内容については英国政府観光庁オンラインショップで確認できる。

歩き方

オイスター・カードの払い戻しは画面右側にある"Pay as you go refund"をタッチ

Information
DLR(ドックランズ鉄道)

DLRはDocklands Light Railwayの略で、ロンドン市内中心部のバンク駅を起点に再開発地区のドックランズやグリニッジ、ロンドン・スタジアムのあるストラトフォードなどを結ぶ。路線系統はいくつかあるが、料金体系は地下鉄と同じ。

オイスター・カードとトラベルカードの乗り放題料金

オイスター・カード の料金上限（1日あたり）		トラベルカード			
		1日券		**1週間**	**1ヵ月**
		紙のチケットのみ		オイスター・カード必須	
ゾーン	ゾーン	オフピーク	ピーク		
1、1-2 £8.10	**1、1-2**	£15.20	£15.20	£40.70	£156.30
1-3 £9.60	**1-3**	£15.20	£15.20	£47.90	£184
1-4 £11.70	**1-4**	£15.20	£15.20	£58.50	£224.70
1-5 £13.90	**1-5**	£15.20	£21.50	£69.60	£267.30
1-6 £14.90	**1-6**	£15.20	£21.50	£74.40	£285.70
2 £8.10	**2**	£15.20	£15.20	£30.50	£117.20
2-3 £9.60	**2-3**	£15.20	£15.20	£30.50	£117.20
2-4 £11.70	**2-4**	£15.20	£15.20	£33.80	£129.80
2-5 £13.90	**2-5**	£15.20	£21.50	£40.50	£155.60
2-6 £14.90	**2-6**	£15.20	£21.50	£50.90	£195.50

ロンドンのチューブ（地下鉄）

テムズ・クリッパーズ（→P.108）でもオイスター・カードの利用が可能

Information
週末の道路工事

週末は路線工事などのため、運行しない路線があるので、乗車する前に駅やネットで情報収集をしておいたほうがよい。

District line	Part suspended
East London line	Good service
Hammersmith & City line	Good service
Jubilee line	Part suspended
Metropolitan line	Good service
Northern line	Good service
Piccadilly line	Part suspended
Victoria line	Good service
Waterloo & City line	Closed

週末に地下鉄を利用する人は要注意！

◉ ロンドンの地下鉄

チューブTubeの名称で親しまれているロンドンの地下鉄は、全11路線、272もの駅をもち、ロンドンの地下に縦横無尽に張り巡らされている。便数も多く、利用しやすいので土地勘のない旅行者でも簡単に乗りこなすことができる。

ゾーンで決まる地下鉄の運賃

地下鉄の駅は、1〜9のゾーンに分かれている。ロンドンの中心部がゾーン1で、中心地から離れるに従ってゾーン2、ゾーン3というように数字の番号が大きくなっていく。料金はいくつぶんのゾーンを移動したかと、そのなかにゾーン1が含まれるかどうかによって決まる。

一般的な観光地のほとんどはゾーン1内に収まっており、グリニッジやウィンブルドン、キュー・ガーデンズといったロンドン郊外の見どころを含んでもゾーン3内。一般観光客が利用するのは、ヒースロー空港のゾーン6までだろう。

路線図 地下鉄やバスの路線図はヒースロー空港、ヴィクトリア駅、地下鉄ピカデリー・サーカス駅などにあるロンドン市交通局の 🛈 や切符の購入窓口で常備している。

長期滞在の味方、トラベルカード1週間

6日以上ならオイスター・カード＋トラベルカード1週間

トラベルカード1週間の料金は、オイスター・カードの1日あたりの上限料金の約5倍。地下鉄を3回使うとオイスター・カード1日あたりの上限料金に達するので、6日以上の滞在なら、トラベルカード1週間を利用したほうがお得という計算になる。

地下鉄・DLRの料金体系

	移動する区間	オイスター・カード利用時		紙のチケット
		オフピーク	ピーク	
ゾーン1を含む移動	ゾーン1のみ	£2.70	£2.80	£6.70
	ゾーン1-2	£2.80	£3.40	£6.70
	ゾーン1-3	£3.00	£3.70	£6.70
	ゾーン1-4	£3.20	£4.40	£6.70
	ゾーン1-5	£3.50	£5.10	£6.70
	ゾーン1-6	£3.60	£5.60	£6.70
ゾーン1を含まない移動	ゾーン2、3、4、5、6のうちゾーン1つ	£1.80	£1.90	£6.70
	ゾーン2-3、3-4、4-5、5-6のうちゾーン2つ	£1.90	£2.10	£6.70
	ゾーン2〜4、3〜5、4〜6のうちゾーン3つ	£1.90	£2.80	£6.70
	ゾーン2〜5、2〜6、3〜6のうちゾーン4〜5つ	£1.90〜2.10	£2.90〜3.40	£6.70

※ピークは月〜金曜（祝日を除く）の6:30〜9:30、16:00〜19:00。オフピークはそれ以外の時間帯を指す。

地下鉄ゾーン概念図

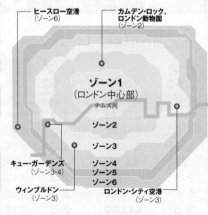

- ヒースロー空港（ゾーン6）
- カムデン・ロック、ロンドン動物園（ゾーン2）
- ゾーン1（ロンドン中心部）
- テムズ河
- ゾーン2
- ゾーン3
- キュー・ガーデンズ（ゾーン3・4）
- ゾーン4
- ゾーン5
- ゾーン6
- ウィンブルドン（ゾーン3）
- ロンドン・シティ空港（ゾーン3）

地下鉄の乗り方

1 入口を探す

地下鉄の入口には"underground"と表示されている。

2 自動券売機で切符を買う

自動券売機は日本語表示も選択可（一部）。オイスター・カードをチャージするときは、右下の黄色い読み取り部分にカードを当て、画面上で金額を選んで、お金を入れる。最後に再びカードを当てて完了（→**P.100**）。

紙のチケットも購入できるが、オイスター・カードを利用するほうが圧倒的に安い。

4 プラットホームへ

乗りたい路線の表示に従ってプラットホームへ向かう。路線図をよく見て方向を確認しよう。少し地理に慣れると○○bound（〜方面）を見るだけでも行き先がわかる。

運休情報が掲示されていることもあるので、よく確認しよう。

3 改札

― 切符の受け取り口

オイスター・カードやタッチ決済対応のクレジットカードは黄色い読み取り部分に当てる

― 切符はここから入れる

日本の自動改札と違う点は、**改札の扉を通過する前に切符の受け取り口がある**ということ。ここで切符を取らないと、いつまでたっても扉は開かない。

5 乗車

下車する人が優先だが、入口が狭いうえにすぐに閉まるのがロンドンの地下鉄。

途中で分岐する路線もあるので、乗車の前には**列車の目的地を確認**してから乗ろう。特にピカデリー・ラインは要注意。

6 車内

故障やテロ警戒などのさまざまな事情により、地下鉄が止まってしまうこともある。そんな場合はアナウンスが流れるので、指示に従おう。

優先席もある

7 出口へ

← Way out

駅に降りたら、黄色い文字の"Way out"の表示を追って、自動改札を抜ければ無事フィニッシュ。

ロンドンのシンボルでもある2階建てのバス

🚌 ロンドンの市内バス

　赤い2階建てのバスはロンドンのシンボルとしてしっかり定着。地下鉄に比べると観光客にはちょっと利用しづらい面もあるが、タウンウオッチングをしながら移動できるという利点もある。

地図アプリでバスを使いこなす　一見利用しにくそうに思えるバスだが、スマホのアプリを利用すれば案外楽に利用可能。定番のグーグルマップGoogle Mapのほかに、シティマッパー Citymapperというアプリもおすすめだ。ルートや時間、降りるべきバス停などが分かってとても便利。

■ロンドンのバス
图£1.75（1回分）
1日あたり料金上限は£5.25
※現金不可。利用可能な支払い方法はオイスター・カードやタッチ決済対応のカード（→P.100欄外）、トラベルカードのみ。

市内バスの乗り方

1 オイスター・カードを買う

　ロンドンのバスは**チケットではなく、オイスター・カードかタッチ決済対応のクレジットカード、トラベルカードで乗車可能**。バスを利用する人は事前に交通局の❼や地下鉄駅などで**オイスター・カードやトラベルカードなど**を用意しておこう。「Oyster available here」（写真）という表示があるキオスクやコンビニエンスストアでチャージは可能。

2 バス停を探す

　まずはバス停を見つけ、地図と目的地のリストを確認しよう。次に目的地を羅列しているリストから自分の行きたい場所を探し、そのバスの番号と停留所を確認する。事前に自分が乗りたい路線の番号を覚えておくと便利。

停留所の番号

3 バスに乗車する

　前のドアから乗り、オイスター・カードまたはコンタクトレス対応カードを運転席の横に付いている黄色い読み取り部分にタッチ。トラベルカードの場合は運転手にカードを見せる。

4 降車ボタンを押す

　降りるときは、赤い降車ボタンを押して知らせる。降りるバス停がわからないときは、運転手に頼んでおいて、すぐそばに座ろう。

赤ボタンを押すと「Bus stopping」という表示になる

5 バスを降りる

　自分の降りる停留所に着いたら、車両の中ほどのドアから降りよう。

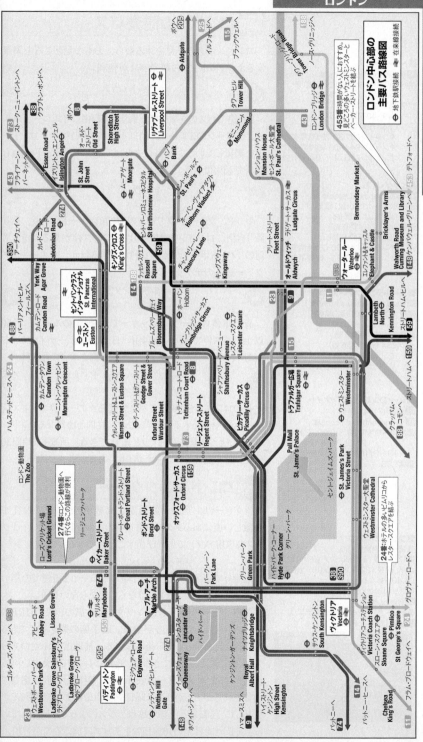

ロンドン中心部の主要バス路線図

453番は時間が少ないときにおすすめ。見どころの多いウェストミンスターと、ベーカーストリートを結ぶ

● 地下鉄駅接続　≠ 在来線接続

274番は：ロンドン動物園へ行くならこの路線が便利

24番はホテルの多いピムリコからレスター・スクウェアを結ぶ

🚌 ロンドンの観光バス

ロンドン歩きの下見をするなら、おもな見どころを網羅するオープントップの観光バスが便利。

トゥート・バス
Toot Bus

2階建てバスのツアーで、乗り降り自由。イエロー、ブルー、グリーンの3ルート、40以上のバス停があり、ロンドン中を網羅している。シティ・クルーズのリバー・ボート P.108 も無料で利用できる。

ビッグ・バス
The Big Bus

レッド、ブルー、グリーンの3種類のルートがあり、乗り降り自由。ロンドン市内に40以上のバス停がある。テムズ河のリバー・ボートが無料で利用できるほか、ウオーキングツアー込みのチケットもある。

ゴールデン・ツアーズ
Golden Tours

青い車体のオープンデッカーで、4種類のルート、計60以上のバス停で乗り降り自由。日本語のオーディオガイドがあり、ウオーキングツアー、テムズ河クルーズも無料。

シー・ロンドン・バイ・ナイト
See London by Night

夜のロンドンを2階建てバスで巡るツアー。ウエストエンドの色鮮やかなネオンサインなど、昼間とは異なるロンドンのもうひとつの顔をゆっくりと鑑賞できる。所要約1時間30分で、日本語のオーディオガイドもある。

🚕 ロンドンのタクシー

タクシーは、空港や鉄道駅、高級ホテルなど人の往来が激しい所にあるタクシー乗り場のほか、電話やスマートフォンの専用アプリでも呼び出すことができる。

ブラック・キャブ Black Cab

黒塗りでがっしりとした車体のタクシー、2階建ての赤いバスと同様に、ロンドンにはなくてはならない存在。

乗り方 屋根のTAXIのランプや、助手席のFOR HIREのランプが点灯しているのが空車。助手席の窓を下げてもらい、行き先を言ってから後ろに乗る。補助席がふたつあって5人まで乗ることができるが、通常は4人までとなっている。

料金 料金はメーターで表示され、距離と時間に応じて加算されるが、上がり方は曜日や時間帯によって異なる。

支払い 運転席と後部座席はガラスによって遮断されている。支払いは料金の10〜15％をチップに加えるのが習慣。

■トゥート・バス
URL www.tootbus.com
運行: 8:30〜18:00頃に15〜30分おき(ルートによって異なる)
運賃£42 (24時間有効)
£49 (48時間有効)
£56 (72時間有効)
オンライン£37.80 (24時間有効)
オンライン£44.10 (48時間有効)
オンライン£50.40 (72時間有効)

■ビッグ・バス
URL www.bigbustours.com
運行:8:00〜18:00頃に頻発
(ルートによって異なる)
運賃£45 (24時間有効)
£55 (48時間有効)
オンライン£40.50 (24時間有効)
オンライン£49.90 (48時間有効)

■ゴールデン・ツアーズ
URL www.goldentours.com
運行:9:00〜19:00頃に頻発
(ルートによって異なる)
運賃£41 (24時間有効)
£54 (72時間有効)
オンライン£37.31 (24時間有効)
オンライン£47.95 (72時間有効)

■シー・ロンドン・バイ・ナイト
TEL (020) 7183 4744
URL seelondonbynight.com
運行:4〜9月19:30、20:00、20:30、
21:15、21:45、22:15発
10〜3月19:30、21:20発
運賃£29

■ブラック・キャブ
運賃:基本料金£3.80
同じ1マイル (約1.6km) でも日中は£7〜だが、深夜 (22:00〜翌5:00) や祝日は£8.40〜になる
●ゲットGett (配車アプリ)
URL www.gett.com
●フリーナウFreenow (配車アプリ)
URL www.free-now.com

おなじみのブラック・キャブ

ミニキャブ Mini Cab

車体はブラック・キャブのように黒ずくめのがっしりしたタイプのものではなく、普通の乗用車タイプ。料金はブラック・キャブに比べて経済的。乗り方は、電話で呼んだり、看板のあるオフィスに直接行くのが一般的。オフィスは中心部に多いが、ウェブサイトやスマホアプリで申し込むこともできる。

■ミニキャブ
●アディソン・リー
TEL (020)7387 8888
URL www.addisonlee.com
●キャロット・カーズ
TEL (020)7005 0557
URL www.carrotcars.co.uk

シェアサイクルで巡るロンドン

この看板が目印

「サンタンデール・サイクルズSantander Cycles」はロンドン中心部にある公共のシェアサイクルシステム。約300mおきに貸し出しポイントがあるので、フレキシブルな移動にはとても便利。

利用者登録 イギリス居住者でなければ一時利用者 Casual Use として登録しよう。貸し出しポイントでクレジットカードを登録すれば、簡単に借りることができる。登録に使ったカードは、利用するごとに必要となる。

料金システム 30 分につき £1.65 とシンプル。破損や盗難に遭った場合は罰金となるので注意しよう。2022 年9月に電動アシスト自転車も登場し、こちらは 30 分につき £3.30 となっている。ちなみに電動アシスト自転車を利用するには会員になるかアプリが必要となる。

返却のタイミング 時間ギリギリになって貸し出しポイントを見つけても、**満車で返せないこともある**。満車の場合は、ポイントに掲げられている地図で周囲の貸し出しポイントをチェックしよう。専用の公式スマホアプリでも空き状況がわかるのでインストールしておくと便利。

利用時の注意

(1) 自転車の利用者登録には**クレジットカード**が必要。

(2) **自転車専用レーンを走行し**、レーンがない場合は道路の左側を走る。逆走は厳禁。

(3) **歩道の走行は厳禁**なので、歩道を進みたい場合は自転車を降りて押して歩く。

サンタンデール・サイクルズの使い方

1 利用者登録

まずは貸し出しポイントで利用者登録をしよう。P.66〜85の地図でポイントを確認。利用するにはクレジットカードが必要だ

2 パスワード取得

「Hire a cycle」または「自転車のレンタル」をタッチし、クレジットカードを挿入。認証後、挿入口左側よりロック解除パスワードのレシートが出力される

3 ロックを解除

ドックの左側にある「1、2、3」のボタンをレシートに書かれている5桁の番号順に押してロックを解除

6 ドックに返却

返却時は空きスペースのドックに自転車をロックするだけ。緑のランプがつけば返却完了

5 専用レーンを走る

実際に道路を走行。自転車専用レーンや車道の左側を、安全に注意しながら運転しよう

4 ドックから出発

緑のランプがついたらロック解除成功。ドックから自転車を後ろに引いて、出発しよう

公式サイト URL www.tfl.gov.uk
利用料金 最初の30分£1.65、以降30分ごとに£1.65　破損、盗難時の損害賠償£300

■シティ・クルーズ**City Cruises**
URL www.cityexperiences.com/london/
city-cruises
●サイトシーイング・クルーズ
グリニッジ・ピア、ロンドン・アイ・ピア、タワー・ミレニアム・ピア、ウェストミンスター・ミレニアム・ピアを周遊。10:00～18:00頃の40分に1便の運航。
圏グリニッジ～ウェストミンスター／ロンドン・アイ　£15.45
　グリニッジ～タワー　£12.85
　ウェストミンスター～タワー　£12.85
　全航路24時間有効　£23
■テムズ・リバー・サイトシーイング
Thames River Sightseeing
URL www.thamesriversightseeing.com
ウェストミンスター・ミレニアム・ピア、タワー・ブリッジ・キー、グリニッジ・ピアなどを周遊。おおむね10:00～17:00ごろに運行。
圏ウェストミンスター～グリニッジ
　£14.90
　ウェストミンスター～タワー・ブリッジ
　£12.40
■テムズ・リバー・ボート
Thames River Boat
URL www.thamesriverboats.co.uk
ウェストミンスター・ミレニアム・ピア、キュー・ピアKew Pier、リッチモンド・ランディング・ステージRichmond Landing Stage、ハンプトンコート・ランディング・ステージHampton Court Landing Stageを結ぶ。出発時間は日によって変更されるので要確認。
圏ウェストミンスター～キュー　£16.50
　ウェストミンスター～リッチモンド
　£18.50
　ウェストミンスター～ハンプトンコート
　£22

■テムズ・クリッパーズ**Thames Clippers**
URL www.thamesclippers.com
●RB1
ロンドン・アイ・ピア、ウェストミンスター・ミレニアム・ピア、エンバンクメント・ピア、タワー・ミレニアム・ピアなどに停まる。
圏片道£5.70～16.20
　（オイスター・カード£5.20～15.10）

■ロンドン・ウオーターバス・カンパニー
London Waterbus Company
URL www.londonwaterbus.com
●リトル・ヴェニス発カムデン・ロック行き
10:00～16:45に6～9便程度（冬期減便）
圏片道£15
※チケットは**MV**のクレジットカード払いのみで現金払い不可

テムズ河のリバー・ボート

　テムズ河で運航されているリバー・ボートも立派なロンドンの交通手段のひとつ。地下鉄に比べると、便数は少なく、移動時間もかかるが、船の上から眺める景色のよさは格別。ゆっく

ウェストミンスター・ミレニアム・ピアに停泊するシティ・クルーズのボート

りと移動を楽しみながら次の目的地を目指そう。

リバー・ボートは観光専用のレジャー・サービスと、公共交通の役割が大きいコミューター・サービスの、大きく2種類の運航路線に分かれている。

レジャー・サービス

　観光専門だけあって、ガラス張りや、オープントップになっているものなど、どこに座っても景色が見やすいよう配慮されており、スピードもゆっくりなので写真を撮るのにも便利だ。

おすすめルート　人気が高く、見どころ満載なのは東はロンドン塔から西は国会議事堂までのルート。シティ・クルーズやテムズ・リバー・サイトシーイングなどが運航している。

チケットの購入　リバー・ボートは、複数の会社によって運営されている。チケットの購入方法は路線によって異なるが、乗船前に桟橋（ピア）で購入するのが一般的。

コミューター・サービス

　コミューター・サービスはロンドン市民も通勤に利用する船で、テムズ・クリッパーズ社が運航している。便数が多く、料金も若干安めだが、多くの桟橋（ピア）に停まるので時間がかかったり、座席によっては景色が見づらいことがある。オイスター・カードも利用可能。

おもなルート　エンバンクメント・ピアからロンドン・ブリッジ・シティ・ピア、タワー・ミレニアム・ピアなどを経由し、ノース・グリニッジ・ピアまで行く。

リージェント運河のリバー・ボート

　イギリスでは18～19世紀にかけて多くの運河が建設され、商工業の発展に大きく貢献した。リージェント運河Regent's Canalはロンドン中心部の北を巡る、代表的な運河。

　起点は、パディントン駅に近いリトル・ヴェニスLittle Venice。リトル・ヴェニスからリージェント運河を東へと移動しつつ、カムデン・ロックCamden Lockの水門まで船が走る。カムデン・ロックではマーケットが開かれているので、ショッピングも楽しめて一石二鳥。

世界遺産 **ロンドン塔**

タワー・ブリッジ

ロンドン市庁舎

タワー・ミレニアム・ピア

HMSベルファスト号

大火記念塔

ロンドン・ブリッジ・シティ・ピア

ロンドン橋

ント・ポール大聖堂

バンクサイド・ピア

シェイクスピア・
グローブ・シアター

ミレニアム・ブリッジ

テート・モダン

ブラックフライアーズ・ピア

フェスティバル・ピア

サマーセットハウス

エンバンクメント・ピア

ロンドン・アイ

旧市庁舎

ロンドン・アイ・ピア

ウェストミンスター・ミレニアム・ピア

セント・ジョージ・ワーフ、
キュー・ピアへ
↘

世界遺産 **国会議事堂**

ミルバンク・ミレニアム・ピア

テート・ブリテン

●観光地
●リバー・ボート乗り場

ロンドン・リバー・クルーズ

現地発着ツアー

■H.I.S.ロンドン支店
TEL (020)7484 3310
URL www.his-euro.co.uk
市内ツアーから近郊ツアーまで幅広く扱う。プレミアリーグやミュージカルなどのチケットも取り扱っている。

■【みゅう】MYU
TEL (020)7630 5666（日本語OK）
URL www.myushop.net
大人気のコッツウォルズ日帰りツアーを毎日運行している。運転手、ガイド付きのミニバスツアーなどもアレンジ可能。ユーロスターで行くパリ日帰り観光なども扱っている。ほとんどのツアーに日本語ガイドが付くので心強い。

■マイバス UK
MyBus UK
Map P.72-73④D2
住 3rd Floor, 1 Alie St., E1 8DE
TEL (020)3167 9197（日本語OK）
URL www.mybus-europe.jp
マイバスヨーロッパが催行する日本語ガイド付きのバスツアー。ロンドン観光ツアー以外にも、ウィンザー城、コッツウォルズなど郊外への日帰りツアーも充実。電話、eメール、ウェブサイト、もしくはマイバスのツアーデスクにて直接予約する。

■プレミアム・ツアーズ
Premium Tours
TEL (020)7713 1311
URL www.premiumtours.co.uk
ロンドンはもちろん、ロンドンからの日帰りツアーも充実しており、ダウントン・アビーやハリー・ポッターといったテーマに沿ったツアーもある。

話題のワーナー・ブラザーズ・スタジオ・ツアーへ行くバス・ツアーもある

市内ツアー ロンドンのツアーは乗り降り自由の観光バス P.106 や色々なテーマのウオーキングツアー、自転車で巡るツアーなど盛りだくさん。❼やホテルにあるパンフレットを見て検討してみよう。

ロンドン発着ツアー コッツウォルズの日帰りツアー P.296 をはじめ、世界遺産のストーンヘンジやバース、ユーロスターを使ってパリを訪れるツアーなど、日帰りツアーも豊富に揃っている。特にコッツウォルズの村巡りは公共交通機関を利用するよりもはるかに効率がよい。

申し込み方法 パンフレットやウェブサイト上で、参加するツアーを選択する。ツアーによっては、曜日が限定されるものもあるので、よく確認しよう。

ツアーの集合場所 集合場所は、多くの参加者で混み合う。同じ会社が複数のツアーを催行していると、ツアーの種類によって利用するバス乗り場が異なるので、どのバス乗り場から出発するかも、ちゃんと控えておこう。

🏃 オールド・ロンドンの隠れ家パブ
Hidden Pubs of Old London Town
水18:00（地下鉄テンプル駅Temple集合）
所要2時間30分　**料** £15　学生£10
古都ロンドンで歴史を刻んできたえりすぐりのオールドパブを巡り、テムズ河沿いでエールを飲むという大人向けのツアー。

🏃 ハリー・ポッターロケ地ツアー
Harry Potter Film Locations in the City
土11:00（地下鉄バンク駅Bank3番出口集合）
所要：約2時間　**料** £15　学生£10
映画『ハリー・ポッター』シリーズのロケ地を巡るツアー。シティからサザークにかけて、映画のロケ地やゆかりの地を巡る。

🏃 切り裂きジャック
Jack the Ripper Walking Tour
毎日19:30（地下鉄タワー・ヒル駅Tower Hillにあるタワー・ヒル・トラムTower Hill Tramという屋台の前で集合）
所要：約2時間　**料** £15　学生£10
切り裂きジャックとは、19世紀末にロンドンで暗躍した連続殺人犯のこと。未解決の事件なので、未だに多くの謎が残っている。ツアーでは殺害現場跡などを訪れるので、ちょっと勇気が必要だ。

🏃 ビートルズ・マジカル・ミステリー・ツアー
The Beatles Magical Mystery Tour
水14:00、木11:00、日11:00
（地下鉄トテナム・コート・ロード駅Tottenham Court Road1番出口集合）
所要2時間　**料** £15　学生£10
アビー・ロードやアップル・レコードがあった建物など、ビートルズにまつわる場所を訪れる。

オリジナル・ロンドン・ウオーク
The Original London Walks
TEL (020)7624 3978　**URL** www.walks.com　✉　🕐 予約必須
毎日10種類以上も出るツアーのなかから選べる。所要時間は約2時間。スタート地点は指定された地下鉄駅を出た所に各自集合。ツアーは英語で行われる。

ツアー・フォー・マグルズ
Tour for Muggles
おおむね10:00〜15:00に30分ごとに催行。詳細は下記ウェブサイトで確認のこと。
所要:約2時間　休月　料£17
マグルとは、『ハリー・ポッター』の世界における魔法使いでない一般の人間を指す。ツアーでは「マグル」のために映画に登場しそうな不思議なスポットを案内してくれる。1回20人の定員制で、しかも大人気のツアーなので早めの予約がおすすめ。

TEL (020)4548 3535
URL www.tourformuggles.com　○予約必須
地下鉄モニュメント駅Monument近くに集合

ダウントン・アビー・ロンドン・ツアー
Downton Abbey London Tour of Locations
4〜10月の金11:00　所要:約2時間30分　料£15
テレビドラマ『ダウントン・アビー』は作中で登場人物たちが頻繁にロンドンを訪れており、多くのロケ地がロンドンにある。作品の舞台を見て回るウオーキングツアー。

ブリジット・ジョーンズ・ウオーキング・ツアー
Bridget Jones Walking Tour of Locations
2〜10月の金15:00　所要:約2時間30分　料£15
映画『ブリジット・ジョーンズ』シリーズのロンドンでの舞台を巡るツアー。

ウィザーズ・ロンドン・バス・ツアー
Wizards London Bus Tour
2〜10月の水14:00、1〜3月の土14:00、通年日曜10:30
所要:約3時間30分　料£32.50
映画『ハリー・ポッター』シリーズのロンドンでのロケ地を巡る。ツアーはバスで行うが、途中徒歩での移動もある。

キングスマン・ツアー・オブ・ロンドン・バイ・ブラック・タクシー
Kingsman Tour of London by Black Taxi
毎日9:30、13:30　所要:約3時間　料£320
2015年に1作目が公開されて以降、根強い人気があるスパイアクション映画『キングスマン』シリーズ。このツアーではキングスマンの本部につながっているサヴィル・ロウの高級テーラーや、ハリーが不良を撃退したパブなどのロケ地をクラシックなブラック・キャブで巡る。各見どころごとで映画のフリップ写真と見比べることができるのも楽しい。料金は車1台あたりで、最大4人まで乗車可。ゾーン1のホテル発着なのもありがたい。

ブリット・ムービー・ツアーズ Brit Movie Tours
TEL 0844 2471 007　URL britmovietours.com
○予約必須
ツアーにより地下鉄テンプル駅やキングズ・クロス駅などに集合。イギリス各地にあるさまざまなテレビドラマ、映画のロケ地を回るバスツアーも催行している。

ゴースト・バス・ツアー
The London Ghost Bus Tour
毎日19:30、21:00発、金・土は18:00も増発
所要:約1時間15分　料£25　学生£19
1960年代に使用されていたクラシックなバスで、ロンドンの主要なスポットを巡る。おもにビッグ・ベンやセント・ポール大聖堂、ロンドン塔などを巡りつつ、車掌さんがロンドンの裏の歴史を語ってくれる。

TEL 0844 567 8666　URL www.theghostbustours.com
○予約必須
ツアーバスはチャリング・クロス駅近くのノーザーバーランド・アヴェニュー、グランド・ホテルGrand Hotel前に発着。

ランドマーク・オブ・ロンドン
Landmarks of London
所要:約1時間30分　料£237
セント・ジェイムズ・パークを一周するツアー。ビッグ・ベンやバッキンガム宮殿など、定番スポットへご案内。

ロンドンズ・ベスト・ビッツ
London's Best Bits
所要:約4時間　料£479
市場や狭い路地など、コンパクトなミニならではのスポットに立ち寄り、まるで地元の人々のように楽しむ。

恋人たちのロンドン
London for Lovers
所要:約2時間　料£349
プリムローズ・ヒルから町を見渡し、シェイクスピアのラブストーリーが上演されたグローブ座を訪れ、ウォータールー・ブリッジで夕陽を眺めるロマンティックなツアー。シャンパンとチョコレートが料金に含まれる。

スモールカー・ビッグシティ smallcarBIGCITY
TEL (020)7839 6737　URL smallcarbigcity.com
○予約必須
イギリスを代表する車「MINI」で回るプライベートツアー。料金は車1台あたりで、3人まで乗車可。出発時間は事前に予約する形式だが、9:00頃から21:30頃まで選べる。ゾーン1内なら無料で送迎してくれるのもありがたい。

ランドマーク&ジェムズ
Landmarks & Gems
毎日9:30 10:00 14:00発　所要:約3時間30分　料£45
ウェストミンスターやトラファルガー広場、バッキンガム宮殿などのロンドンの主要な見どころを巡り、テムズ河南岸をサイクリングする。

罪と救済
Sin & Salvation
毎日14:30発　所要:約2時間30分　料£55
ロンドンの歴史のダークサイドを巡る。ローカルの醸造所で飲むエールも最高。

タリー・ホー！サイクル・ツアーズ
Tally Ho! Cycle Tours
TEL 0333 090 6184　URL tallyho.cc　○予約必須
パシュレイ社Pashleyのヴィンテージ自転車でロンドン中心部をサイクリングする。途中、ロンドンを代表するパブやティールームにも立ち寄る。要予約。集合場所はウォータールー駅そばのウォルラス・バー&ホステル（MAP P.70-71③C3）。

ロイヤル・ロンドン・バイク・ツアー
Royal London Bike Tour
4〜9月10:30 15:00、10〜3月の木〜月10:30発
所要:約4時間　料£35　学生£29
バッキンガム宮殿やウエストミンスター寺院、ロイヤル・アルバート・ホール、アプスリー・ハウスなど、英国王室にゆかりのある見どころを回る。

テムズ・リバー・バイク・ツアー
River Thames Bike Tour
10:00発（冬期減便）　所要:約4時間　料£39
ロンドン・アイやロンドン・ブリッジなどテムズ河のランドマークを巡るツアー。

ファット・タイヤ・バイク・ツアーズ
Fat Tire Bike Tours
URL www.fattiretours.com　○予約必須
ファット・タイヤ・バイク・ツアーズのオフィス集合。

ヴィンテージ自転車に乗ってロンドンを疾走

ランドマーク&ジェムズ・ツアー

ロンドンを効率よく巡るなら、ツアーに参加するのがベスト。自転車ツアーなら、小回りも利くし、新鮮な風を受けながらロンドンの町並みを楽しめる。バシュレイ社のヴィンテージ自転車でロンドン中心部を巡るタリー・ホー！サイクル・ツアーズ（→P.111）のランドマーク&ジェムズ・ツアーに参加してみた。

10:00 ホステルに集合

ツアーの説明をするガイドのジャックさん

集合場所はウォーター‐ルー駅近くのウォルラス・バー&ホステル（MAP P.70-71③ C3）前。メンバーが集まったら駐輪場へ移動し、ヴィンテージ自転車とご対面。ここでサドル調整やブレーキの具合を確認しよう。

10:50 テムズ河南岸

駐輪場を出発したら、グラフィティ・アートで知られるリーク・ストリートのトンネルを抜け、ロンドン・アイ前やロンドン水族館前を通り、テムズ河沿いを走る。

11:25 バッキンガム宮殿前

ヴィクトリア・メモリアル周辺が見学の穴場スポット

ランベス・ブリッジを渡りウェストミンスターへ。ウェストミンスター寺院、ホース・ガーズ・パレードを回り、バッキンガム宮殿前へ。ツアー当日が衛兵交替式の日なら、衛兵の行進も見学。

12:15 パブで休憩

衛兵交替式を見届けたら、トラファルガー広場にある、ジャックさんイチオシのパブ「ハープ」（→P.178）で休憩。この後も自転車を運転するのでアルコール類は我慢してソフトドリンクにしておこう。

13:00 再びテムズ河南岸へ

パブでの休憩を終えたら、ウォータールー・ブリッジを越えてツアーの出発地点へ。ツアー終盤では、参加者は思いのままにベルを鳴らしながら走る。

情報収集

ロンドンの情報は、公式ウェブサイトのほか、現地情報誌などで集めることができる。シティには❼があるが、ロンドン全体の❼はない。

情報収集 シティの❼

セント・ポール大聖堂の向かいにある。シティ独自の❼なので、入手できる情報もシティに関するものが中心。

情報収集 ロンドン交通局の❼

ロンドンの「足」である地下鉄とバス、タクシー、近郊の鉄道についての情報、地図、タイムテーブルなどが手に入り、各種交通機関の切符や定期券なども購入できる。ヴィクトリア駅構内をはじめ、市内数カ所にある。

情報収集 ロンドンの情報誌

タイムアウト Time Out　各種イベントはもちろん、最新の話題や生活情報などが載っている。ショッピングや食べ歩きを特集した特別版もある。

ロンドン・プランナー London Planner

英国政府観光庁が毎月発行しているロンドンガイド。その月に行われるイベント情報や人気の見どころ、さらにレストランやホテル情報がコンパクトにまとめられており利用価値が高い。❼やホテルなどで無料で手に入るほか、主要駅や大型ホテルなどでも配布している。

『ロンドン・プランナー』

日本語情報誌　日本人向けの情報は、『ジャーニー』（毎週発行）や『ニュースダイジェスト』（月2回発行）などがある。これらの情報誌は、日本食レストランや日本食材店などに置かれていることが多い。

■ロンドン観光情報公式サイト
URL www.visitlondon.com

■シティの❼
Map P.72-73④B2
住St Paul's Churchyard, EC4M 8BX
開9:30～17:30（日10:00～16:00）
休12/25・26

シティの❼

■ロンドン交通局の❼
URL www.tfl.gov.uk
●ヴィクトリア駅
開9:00～16:30　休月・日
●ヒースロー・ターミナル2&3駅
開9:00～16:30　休土・日
●ピカデリー・サーカス駅
開9:00～16:30　休日～木
●リヴァプール・ストリート駅
開9:00～16:30　休月・金～日
●キングズ・クロス駅
開9:00～16:30　休月・日

---

info　80以上の観光スポットが無料になる
ロンドン・パス The London Pass

80以上のスポットや博物館、指定されたクルーズや乗り降り自由の観光バスなどが無料もしくは割引料金で利用できる。一部の観光地には列に並ばずに入場できる特典もある。

購入者特典を説明した175ページのガイドももらえる。ただし、博物館はもともと無料のところも多いので、購入は事前に検討したほうがいいだろう。入場できる回数は1回のみで、観光バスは1日のみ有効。チャージ済み

のビジター・オイスター・カードを一緒に購入することもできる。

■ロンドン・パス
TEL 0800 090 3140　URL www.londonpass.com
料1日パス£84（ビジター・オイスター・カード付き£99）
　2日パス£119（ビジター・オイスター・カード付き£139）
　3日パス£132（ビジター・オイスター・カード付き£162）
　6日パス£169（ビジター・オイスター・カード付き£224）
　10日パス£199（ビジター・オイスター・カード付き£254）

🏛 ロンドンで開催予定の特別展 🏛

2019年には大英博物館で日本のマンガ展が開催され、好評を博した

　ロンドンには数多くの博物館や美術館があり、すばらしいコレクションを誇っているが、常設展に加えて、そのときにしか見られない企画展を催していることも忘れてはならない。世界有数の美術館、博物館が行う企画展だけあって、展示の質、注目度ともに非常に高い。特に人気の企画展は、開催前にすべてのチケットが売り切れることすらある。できるだけ早い時期の予約が望ましい。

クイーンズ・ギャラリー ➡ P.122
Queen's Gallery
●テューダー朝宮廷のホルバイン
Holbein at the Tudor Court
2023年11月10日〜2024年4月14日

ナショナル・ギャラリー ➡ P.124
Natioanl Gallery
●フランス・ハルス展　Frans Hals
2023年9月30日〜2024年1月21日
●ヴァン・ゴッホ展　Van Gogh
2024年9月〜2025年1月
●14世紀のシエナ展　14th century Siena
開催時期未定
※ナショナル・ギャラリーは2024年5月10日に200周年を迎える。それを記念して1年を通じてさまざまなアートイベントが開催される予定

大英博物館 ➡ P.130
British Museum
●ビルマからミャンマーへ　Burma to Myanmar
2023年11月2日〜2024年2月11日

コートールド美術館 ➡ P.135
Courtlud Gallery
●クローデット・ジョンソン展
Claudette Johnson: Presence
2023年9月29日〜2024年1月14日

テート・モダン ➡ P.138
Tate Modern
●共通の世界：現代アフリカ写真
A World in Common:
Contemporary African Photography
2023年7月6日〜2024年1月14日
●キャプチャリング・モーメント
Capturing the Moment
2023年6月13日〜2024年1月28日
●フィリップ・ガストン展　Philip Guston
2023年10月5日〜2024年2月25日
●オノ・ヨーコ展　Yoko Ono
2024年2月15日〜2024年9月1日
●表現主義展　Expressionists
2024年4月25日〜2024年10月20日
●ザネレ・ムホリ展　Zanele Muholi
2024年6月6日〜2025年1月26日
●アンソニー・マッコール展　Anthony McCall
2024年6月27日〜2025年4月27日
●マイク・ケリー展
Mike Kelley: Ghost and Spirit
2024年10月2日〜2025年3月9日
●エレクトリック・ドリーム Electric Dreams
2024年11月28日〜2025年6月1日

ヴィクトリア・アンド・アルバート・ミュージアム ➡ P.146
Victoria and Albert Museum
●ディーヴァ展　DIVA
2023年7月20日〜2024年4月7日
●ガブリエル・シャネル展
Gabrielle Chanel. Fashion Manifesto
2023年9月16日〜2024年2月25日

自然史博物館 ➡ P.147
The Natural History Museum
●ティタノサウルス：最大の恐竜の一生
Titanosaur: Life as the Biggest Dinosaur
2023年3月31日〜2024年1月14日

科学博物館 ➡ P.147
Science Museum
●ターン・イット・アップ：音楽の力
TURN IT UP: THE POWER OF MUSIC
2023年10月19日〜2024年5月6日

　リストは2023年7月の調査において開催が予定されているものです。変更の可能性がありますので、正確な情報は、実際に訪れる前にご自身でご確認ください。

王立芸術院 ➡ P.151
Royal Academy of Arts

●マリナ・アブラモヴィッチ展
Marina Abramovic
2023 年 9 月 23 日〜 2024 年 1 月 1 日

●絡みついた過去　1768 年〜現在
Entangled Pasts, 1768-now
2024 年 2 月 3 日〜 2024 年 4 月 28 日

●アンゲリカ・カウフマン展
Angelica Kauffman
2024 年 3 月 1 日〜 2024 年 6 月 30 日

● 2024 サマー・エキジビション
2024 Summer Exihibition
2024 年 6 月 18 日〜 2024 年 8 月 18 日

●紙上の印象派：ドガからロートレック
Impressionists on Paper: Degas to Toulouse-Lautrec
2023 年 11 月 25 日〜 2024 年 3 月 10 日

●マイケル・クレイグ・マーティン展
Michael Craig-Martin
2024 年 9 月 21 日〜 2024 年 12 月 10 日

●ミケランジェロ、レオナルド、ラファエロ展
Michelangelo, Leonardo, Raphael
2024 年 11 月 9 日〜 2025 年 2 月 16 日

●台風の目の中：
ウクライナの現代主義 1900 〜 1930 年代
In the Eye of the Storm:
Modernism in Ukraine, 1900-1930s
2024 年 6 月 29 日〜 2024 年 10 月 13 日

ナショナル・ポートレート・ギャラリー
National Portrait Gallery ➡ P.151

●デイヴィッド・ホックニー展
David Hockney　Drawing from Life
2023 年 11 月 2 日〜 2024 年 1 月 21 日

●テイラー・ウェシング　2023 年肖像写真賞
Taylor Wessing　Photo Portrait Prize 2023
2023 年 11 月 9 日〜 2024 年 2 月 25 日

●フランチェスカ・ウッドマンと
ジュリア・マーガレット・キャメロン展
Francesca Woodman and
Julia Margaret Cameron
2024 年 3 月 21 日〜 2024 年 6 月 30 日

●時は常に今：芸術家による黒人像の捉え直し
The Time is Always Now
Artists Reframe the Black Figure
2024 年 2 月 22 日〜 2024 年 5 月 19 日

テート・ブリテン ➡ P.154
Tate Britain

●サラ・ルーカス：ハッピー・ガス
Sarah Lucas: Happy Gas
2023 年 9 月 28 日〜 2024 年 1 月 14 日

●ウィミン・イン・リヴォルト
Women in Revolt!
2023 年 11 月 8 日〜 2024 年 4 月 7 日

●ジョン・シンガー・サージェント展
Sargent and Fashion
2024 年 2 月 22 日〜 2024 年 7 月 7 日

●イギリスの女性芸術家　1520 〜 1920 年
Women Artists in Britain 1520-1920
2024 年 5 月 16 日〜 2024 年 10 月 13 日

●ターナー賞 2024 Tarner Prize 2024
2024 年 9 月 25 日〜 2025 年 2 月 16 日

● 80 年代のイギリス写真展
Photographing 80s Britain: A Critical Decade
2024 年 11 月 21 日〜 2025 年 5 月 5 日

帝国戦争博物館 ➡ P.154
Imperial War Musuem

●北アイルランド：紛争とともに生きる
Northern Ireland:Living with the Trables
2023 年 5 月 26 日〜 2024 年 1 月 7 日

●スパイ、嘘、欺瞞
Spies, Lies and Deception
2023 年 9 月 29 日〜 2024 年 4 月 14 日

ヘイワード・ギャラリー ➡ P.154
Hayward Gallery

●杉本博司：タイムマシーン
Hiroshi Sugimoto: Time Machine
2023 年 10 月 11 日〜 2024 年 1 月 7 日

デザイン・ミュージアム ➡ P.154
Design Museum

●反乱：ロンドン・ファッションの 30 年
REBEL: 30 Years of London Fashion
2023 年 9 月 16 日〜 2024 年 2 月 11 日

●スケートボード　Skateboard
2023 年 10 月 20 日〜 2024 年 6 月 2 日

---

info

謎多き覆面画家はイギリス出身
ロンドンで見るバンクシー

　風刺を効かした作風で知られる覆面画家バンクシー。壁に描かれた一見落書き風の絵が、バンクシーのものと分かると一躍高額な現代アート作品となってしまう。不明な点が多いバンクシーだが、イギリス出身ということは分かっており、ロンドンにも彼が手がけた作品がいくつかのスポットで見つかっている。

2023 年 9 月 13 日〜 2024 年 1 月 7 日には、リージェント・ストリートの特設会場で、『アート・オブ・バンクシー』という展覧会を開催。

カムデン・タウンのバンクシー作品

■アート・オブ・バンクシー The Art of Banksy
🏠84-86 Regent St., W1B 5HB
URLartofbanksy.co.uk

ロンドンの歴史

ローマ時代
Roman

ローマ時代以前にも小さな集落はあったが、ロンドンの地に町ができたのは1世紀のこと。43年に第4代ローマ皇帝

ロンドンに残るローマ時代の城壁

クラウディウスが遠征を行い、イギリス南部を占領した後に築かれたものだ。当時の町の名前はロンディニウムLondiniumといい、その範囲はおおむね現在のシティに相当している。町は城壁に囲まれており、当時の城壁跡がロンドン塔近くや、バービカン周辺で現在も見ることができる。そのほか、ミトラ神殿（→P.138）や円形闘技場跡（→P.153ギルドホール内）などがロンディニウムの姿を現在に伝えている。ロンディニウムの最盛期は2世紀頃のこと。410年頃にローマ帝国は広大な領土の維持が困難となり、軍団をイギリスから撤退させた。

ロンディニウム

円形闘技場（現ギルドホール）
現セント・ポール大聖堂
ミトラ神殿
フォーラム（現レドンホール・マーケット）
テムズ河
ロンドン橋
現ロンドン塔

サクソン時代
Saxon

ローマが撤退した後、イギリスにはドイツ北部やデンマークからゲルマン系の民族が移住してくる。移住してきたのはアングル人、サクソン人、ジュート人の3部族で、そのうち現在のロンドンには、サクソン人が住むようになった。サクソン時代のロンドンはルンデンヴィックLundenwicといい、現在のシティの西側、ストランド周辺に築かれた。一方、城壁内も破棄されたわけではなく、607年には木造建ての最初のセント・ポール大聖堂（→P.136）が建立されている。

8世紀になるとイギリスにデーン人が侵入し、ロンドンも占領されるなどしたが、9世紀になるとウェセックス王国のアルフレッド大王（→P.605）が奪回。大王は城壁を修復するなど

したことで、多くの人々が再び城壁内に住むようになった。この時代の城壁内はルンデンブルクLundenburgと呼ばれている。一方、ルンデンヴィックは廃れ、後に「古びた町」を意味するオールドウィッチAldwychという地名になった。

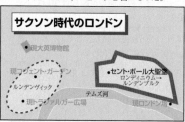
サクソン時代のロンドン

現大英博物館
現コヴェント・ガーデン
ルンデンヴィック
セント・ポール大聖堂
ロンディニウム→ルンデンブルク
現トラファルガー広場
テムズ河
現ロンドン塔

中世
Middle Age

エドワード懺悔王は、アングロ・サクソン系で実質的に最後のイングランド王。敬虔な人物として知られ、ウェストミンスター寺院（→P.118）を建立し、自身の墓所としている。ウェストミンスターとは西の寺院といった意味で、当時のロンドンの西に位置することに由来している。

エドワード懺悔王が死去すると、後継者争いが勃発し、ヘイスティングズの戦いに勝利したノルマンディー公ギヨーム2世が

イギリス王室とゆかりの深いウェストミンスター寺院

ウィリアム1世（→P.605）としてイングランドの王座に就いた。ウィリアム1世がウェストミンスター寺院で戴冠式を行って以来、歴代イングランド王はここで戴冠式を行う伝統となっている。また、ウィリアム1世はロンドンの防衛および市民を監視するためにロンドンの城壁の東にロンドン塔（→P.140）を築いている。

王宮はウェストミンスター寺院のすぐそばにあり、ウェストミンスター宮殿という。現在ウェストミンスター宮殿は改装され国会議事堂（→P.120）として使われているが、そもそも議会とは、宮殿内で王が近臣と相談していたものが発展したもの。16世紀に王宮がホワイトホール宮殿に移ったことで、ウェストミンスター宮殿は専ら議会のための建物となったのだ。

このようにウェストミンスター周辺が王権、政治の中心になる一方で、城壁内は商業や市民活動の中心地として発展。12世紀末には王から自

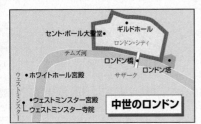

中世のロンドン

治権と市長を選ぶ権利を与えられている。市政の中心となった建物はギルドホール（→P.153）。市長の任期は1年で、現在も毎年11月の第2金曜には市長の叙任式が大々的に催される。

ロンドン大火
Great Fire

中世を通してロンドンの人口は増え続け、ついには城壁を越えて広がっていった。そして1666年ロンドンの城壁内の大半の建物が焼失する大災害が起きる。ロンドン大火だ。大火の影響で、城外への人の移住はさらに進んだ。被災したロン

大火後に再建されたセント・ポール大聖堂

ドンの復興に活躍したのがクリストファー・レン（→P.606）。数多くの建物の設計を行っており、とりわけこのとき再建されたセント・ポール大聖堂（→P.136）は最高傑作として名高い。大火を記念した大火記念塔（→P.152）も彼の作品だ。

18世紀
18th Century

18世紀に入ると、城壁は町を守るメリットよりも、自由な往来を妨げるデメリットの方が目立つようになり、町から城壁が取り除かれる。町が城壁を越えて発展するなかで、シティとウェストミンスターの間のエリアは、ウエストエンドと呼ばれ、18世紀から19世紀にかけてショッピング街やエンターテインメントが集まるファッショナブルなエリアになっていった。世界初の国立博物館である大英博物館（→P.130）は1759年

以来、ウエストエンドの北、ブルームズベリーという地区に建っている。メイフェアが現在のような高級住宅街になっていったのもこの頃だ。

テムズ河に架かる橋は、長らくロンドン橋しかなかったが、ウェストミンスター橋が1750年、次いでブラックフライアーズ橋が1769年にそれぞれ架けられている。

19世紀
19th Century

18世紀後半に産業革命が起きたことでロンドンにはさらに多くの人々が職を求めて押し寄せ、19世紀には世界最大の都市になった。1837〜1901年はヴィクトリア女王（→P.605）の治世期で、ヴィクトリア朝時代と呼ばれる。彼女は即位すると、セント・ジェイムズ宮殿からバッキンガム宮殿（→P.122）に移り住み、以来バッキンガム宮殿がイギリス王室の公式の宮殿となった。

この時期、ロンドンと各地を結ぶ鉄道が次々と敷設されたが、当時の鉄道はすべて私鉄。各社が自前のターミナル駅を作ったが、ロンドン中心部に線路を通すのは土地買収が難しく、騒音などの問題もあったため、町の中心を囲む形で、方面別、会社別にターミナル駅がいくつも建てられた。また、ロンドンに世界初の地下鉄が開業したのは1863年のことで、パディントンとファリンドン間をつないでいる。

1851年には世界初の万国博覧会がロンドンのハイド・パークで開催された。高級デパートとして知られるハロッズ（→P.145）は、万博人気を見越して開催の2年前、1849年にハイド・パーク近くのナイツブリッジで開業した。万博は大成功に終わり、その収益と展示物をもとに、ハイド・パークの南にヴィクトリア・アンド・アルバート・ミュージアム（→P.146）、自然史博物館（→P.147）、科学博物館（→P.147）が建てられた。

ロンドン塔の南にタワー・ブリッジ（→P.139）が建てられたのはヴィクトリア朝時代も終わりに近い1894年のこと。その後もロンドンは拡大と発展を続けるが、中心部の基本的な設計はこの時代までに定まったといえるだろう。

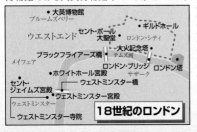

18世紀のロンドン

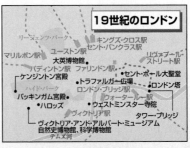

19世紀のロンドン

歴代の英国王が眠る

世界遺産 **ウェストミンスター寺院**

テムズ河のそばに美しい姿を見せる白亜の教会が、英国王室の教会、ウェストミンスター寺院 Westminster Abbey。1066年のノルマン征服以来、歴代国王の戴冠式が執り行われた教会であり、ウィリアム王子とキャサリン妃の結婚式、エリザベス2世の葬儀もここで行われた。

❶ 聖域 *Sanctuary*

教会内で最も神聖な場所であり、通常は教会の東端に位置するが、ウェストミンスター寺院の場合は、その後の増築により、東にはヘンリー7世チャペルや空軍チャペルが築かれ、主祭壇はそれらより西に位置するようになっている。

❷ 主祭壇 *High altar*

本堂中心部の一段上がったようになっている場所が、この教会の中心部、主祭壇。ヘンリー3世やその息子エドワード1世 P.606 とその妃たちは、聖エドワード懺悔王の廟を取り囲むように埋葬されている。聖エドワードの近くに埋葬されることによって彼の助力を得て天国に行けるようにと当時の王たちが考えたためだ。ここへは通常は入れないが、英語によるガイドツアーの参加者のみ入ることができる。

❸ チャプター・ハウス

Chapter House

もともと修道院だったウェストミンスター寺院には、修道士の会議場であるチャプター・ハウスがある。ここは下院議会の議場としても使われたことがある。

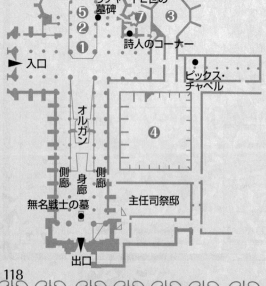

イギリスの戦い
記念窓

チャールズ2世、
メアリー2世、
ウィリアム3世、
アン女王の墓碑

エリザベス
1世の墓

スコットランド女王
メアリーの墓

❻

リチャード2世の
墓碑

❺ ❼ ❸
❷
❶ 詩人のコーナー

▶ 入口

ピックス・
チャペル

オルガン

❹

側廊 身廊 側廊

無名戦士の墓 主任司祭邸

▼ 出口

❹ 回廊 *Cloister*

修道士が日常生活を送った場所。1534年にヘンリー8世 P.610 によって英国国教会が成立すると、修道院は解散させられたので、現在、教会内に修道士はいない。

❺ 戴冠の椅子 *King Edward's Chair*

聖域の近くにある戴冠の椅子は1301年に作られたもので、その下には代々のスコットランド王が戴冠するときに使ったとされる「運命の石」と呼ばれる石が置かれていた。エドワード1世 **P.606** がスコットランド遠征時に戦利品として持ち帰ったものだが、それ以来石の返還はスコットランド人たちの悲願になっていた。1996年になって石はやっとスコットランドに返還され、現在はエディンバラ城に保管されている。一方で、石のなくなった戴冠の椅子は依然としてこの寺院に置かれている。

❼ クイーンズ・ダイヤモンド・ジュビリー・ギャラリーズ
Queen's Diamond Jubilee Galleries

地上16mにあるギャラリー。700年にわたり非公開だったが、2018年6月に寺院博物館としてオープン。寺院所蔵の貴重なコレクションを展示する。入場は新たに建てられたウェストマン塔から。

北側にある小さな教会も世界遺産
聖マーガレット教会
St Margaret's Church

ウェストミンスター寺院の北側に位置する小さな教会。ベネディクト会の聖職者によって12世紀に建てられたが、現在の教会は1486年から1523年にかけて再建されたもの。結婚式場としても使用されており、ウィンストン・チャーチル **P.606** もここで挙式している。

❻ ヘンリー7世チャペル
Henry VII Chapel

戴冠の椅子のすぐ横にある階段の先がヘンリー7世チャペル。その名のとおり、ヘンリー7世 **P.610** の時代に増築された部分だ。ゴシック様式の教会のなかでも、これほど美しい場所はほかにないというほどの美しさで、思わずため息が出てしまう。また、チャペルの側廊にはエリザベス1世 **P.606** やスコットランド女王メアリー **P.608** の墓などがある。

DATA
■ウェストミンスター寺院
Map P.70-71③B3
🚇地下鉄ウェストミンスター駅Westminster下車
🏠20 Dean's Yard, SW1P 3PA
☎(020) 7222 5152
URL www.westminster-abbey.org ▣
🕐9:30〜16:30（土9:00〜16:00）
※最終入場は閉館の1時間前。日によって頻繁に開館時間が変わるので要確認。
※クイーンズ・ダイヤモンド・ジュビリー・ギャラリーズは時間指定の入場。
休日、不定休 料£27 学生£24 クイーンズ・ダイヤモンド・ジュビリー・ギャラリーズ£5 ガイドツアー£10（入場料別）
教会内部撮影不可 フラッシュ不可

ウェストミンスター寺院の北側。バラ窓と飛び梁が美しい

■国会議事堂

🚇地下鉄ウェストミンスター駅
Westminster下車
🏠Victoria Embankment, SW1A 2LW
☎(020) 7219 4114
URL www.parliament.uk 🏴
●チケットオフィス
🕐10:00～16:00（土8:45～16:45）
休日・祝
●ツアー
毎週土曜（夏期は平日も催行）にガイド
ツアー（1時間30分）とマルチメディア（音
声ガイド）ツアーなどを催行。マルチメ
ディアガイドに日本語はない。チケット購
入時に出発時間を指定。
休日～金
料ガイドツアー£32 16～24歳£26
　マルチメディアツアー£25 16～24
　歳£18
　ステート・アパートメントツアー£20
16～24歳£12
国会内撮影不可
※ウェストミンスター・ホール、セント・ス
ティーブンズ・ホールのみ撮影可能。チケッ
トの予約は上記のチケットオフィスかウ
ェブサイトで行う。
●ビッグ・ベン・ツアー
最大規模の改修工事を終えて2023年6
月に時計塔の一般公開を再開。チケット
はウェブサイトにて予約可能。所要1時
間30分。　料£25

ビッグ・ベンのツアーでは334段の階段を上る

■騎兵の交替

🚇地下鉄チャリング・クロス駅Charing
Cross下車
🏠Whitehall, SW1X 6AA
🕐月～土 11:00～
　日 10:00～
※日程の変更もあるので要確認
休不定期　料無料

司令部の横には博物館も併設されている

エリザベス・タワー（ビッグ・ベン）で有名な

国会議事堂
Houses of Parliament

Map P.70-71③B3

ウェストミンスター寺院の近くにある、黄金色に輝くネオゴシック建築の建物が国会議事堂。正式名称は**ウェストミンスター宮殿**Palace of Westminster。1834年の大火災でウェストミンスター・ホールWestminster Hallを残して全焼したのを、改修して現在のような姿になった。時計塔であるエリザベス・タワーの愛称「ビッグ・ベン」

ガイドツアーの出発場所ウェストミンスター・ホール。天井部分の細工は必見

は、工事担当者のベンジャミン・ホールBenjamin Hallに由来しており（当時のボクシングのチャンピオンの名前という説もある）、もともとは塔の中にある鐘につけられた名称だった。

見学ツアー　国会議事堂内は、ツアーでのみ見学可能。出発場所のウェストミンスター・ホールはノルマン征服から間もない1099年に建てられた、議事堂内で最も歴史のある場所。その後、下院、上院と見ていき、英国議会の歴史や役割などの説明を聞く。建築的な特徴や調度品や絵画の美しさなどはもとより、イギリス議会制の歴史や伝統などに触れることができるツアーだ。

整然とした騎兵の交替式は壮観

Map P.70-71③B2

ホース・ガーズ
Horse Guards

ウェストミンスター周辺

かつての英国王室の宮殿の一部、バンケティング・ハウスの向かいには、近衛騎兵隊の司令部がある。金色の兜に房飾りのついた騎兵隊はいかにもイギリス的だ。騎兵の交替式は毎日行われており、ぜひ見学したい。交替式といえばバッキンガム宮殿のものがあまりにも有名だが、こちらはそれほど知られていない穴場的存在だ。

立派な衣装にも注目

ロンドンを上から見物
ロンドン・アイ
London Eye

Map P.70-71③C2 / ウェストミンスター周辺

カプセルの中からテムズ河を見下ろす

　テムズ河沿岸にそびえ立つロンドン・アイは、高さ135mある観覧車。2023年7月現在でもヨーロッパで2番目、世界で7番目の高さを誇る。一つひとつのカプセルは25人を収容できる大きなものだ。しかもガラス張りになっているので、視界が広く、ロンドンの街並みを360°見渡すことができる。全部で32のカプセルがあり、約30分かけて一周する。

旧市庁舎内にある
シー・ライフ・ロンドン水族館
Sea Life London Aquarium

Map P.70-71③C2 / ウェストミンスター周辺

　ロンドン・アイのすぐ横、旧ロンドン市庁舎Old County Hall内に造られた水族館。館内はサメが泳ぐ水槽の上を歩くシャーク・ウオークShark Walkや、ジェンツー・ペンギンを間近に眺められるペンギン・ポイントPenguin Point、水槽の下に設けられ、まるで海底の中にいる雰囲気が味わえるオーシャン・トンネルOcean Tunnelなど、それぞれ工夫を凝らした展示がされている。

　そのほか、旧ロンドン市庁舎内には、フルCGのアニメーション映画『シュレック』をテーマにしたアトラクションのほか、マリオットMarriottやプレミア・インPremier Innといったチェーン系ホテルが入っている。

人気のお化け屋敷
ロンドン・ダンジョン
The London Dungeon

Map P.70-71③C2 / ウェストミンスター周辺

入口では衣装を纏った役者さん(?)が雰囲気を盛り上げてくれる

　旧ロンドン市庁舎内にあるお化け屋敷。普通のお化け屋敷とは違い、グループで見学していくシステム。切り裂きジャックやガイ・フォークス、そしてスウィーニー・トッドとラヴェット夫人など、ロンドンで実際に起こった猟奇事件などを俳優や、ろう人形を使って紹介していく。俳優による迫真の演技やアトラクション要素が満載なので、思う存分スリルを味わえる。

川沿いを散歩するのも気持ちがいい

■ロンドン・アイ
🚇地下鉄ウォータールー駅Waterloo下車
🏠Westminster Bridge Rd., SE1 7PB
URL www.londoneye.com
⏰9〜6月11:00〜18:00（土・日10:00〜20:30）7・8月10:00〜20:30
休1月中旬〜2月上旬、12/25
料£41
※リバークルーズや水族館とのコンボチケットもある

■シー・ライフ・ロンドン水族館
🚇地下鉄ウォータールー駅Waterloo下車
🏠County Hall, Westminster Bridge Rd., SE1 3PB
URL www.visitsealife.com
⏰10:00〜16:00（木11:00〜16:00、土・日10:00〜19:00）
※最終入場は閉館の1時間前。夏期は営業時間が延長される。
休12/25　料£30〜47
フラッシュ不可

水族館がある旧市庁舎

■ロンドン・ダンジョン
🚇地下鉄ウォータールー駅Waterloo下車
🏠County Hall, Westminster Bridge Rd., SE1 7PB
URL www.thedungeons.com
⏰11:00〜16:00（土10:00〜18:00、日10:00〜16:00）
※夏期は営業時間が延長される
休12/25
料£33〜42
館内撮影不可

■バッキンガム宮殿

🚇地下鉄ヴィクトリア駅Victoria下車
🏠Buckingham Palace Rd.,
SW1A 1AA
URL www.rct.uk ☎

●宮殿の内部見学
⏰7/14〜8/31 木〜月9:30〜19:30
※最終入場は17:15
9/1〜9/24 木〜月9:30〜18:30
※最終入場は16:15
11〜5月は金〜日に1時間30分のガイド
ツアーが行われるのでそれに参加する。
休上記以外
💷£30〜33 18〜24歳£19.50〜21.50
　館内撮影不可

●衛兵交替式
URL www.householddivision.org.uk
⏰11:00〜
（月・水・金・日ということが多い。正確な
開催日は上記ウェブサイトで確認できる）
※王室関係や国賓の滞在中、天候など
の諸事情により変更になることもある
休火・木・土、荒天時など
💷無料

●クイーンズ・ギャラリー
⏰10:00〜17:30
※最終入場は閉館の1時間15分前
休火・水、冬期の数週間
💷£17 18〜24歳£11

●ロイヤル・ミューズ
⏰10:00〜17:00
※最終入場は閉館の1時間前
休火・水、イースター、5/4〜6、6/3、
6/10、6/17、11〜2月
💷£15 18〜24歳£10
※現在も使用されている宮殿のため、不
定期に閉鎖する場合がある。事前にウェ
ブサイトを確認のこと。

英国王室の宮殿

バッキンガム宮殿
Buckingham Palace

もともとはバッキンガム公の私邸だったことからその名前がつけられた英国王室の宮殿。1761年に英国王室が買い上げ、19世紀にはジョン・ナッシュ、エドワード・ブロアらによる大規模な改築が行われた。衛兵交替式が行われる宮殿の東正

宮殿前にあるヴィクトリア女王記念碑

面が現在のようになったのは、1913年になってからのことで、宮殿の前に立てられたヴィクトリア女王記念碑やザ・マル、海軍門が造られたのとほぼ同時期にあたる。

宮殿の内部見学 1992年のウィンザー城の火事により修復費が必要となったため、国王がスコットランドを訪問する毎年7月下旬〜9月にかけては、通常は国賓を招待したり会見したりする際に使用される19室が、一般公開されるようになった。各部屋は王室の美術コレクションによって美しく装飾されており、美術館さながら。入場料には、オーディオガイドの使用料が含まれており、日本語版もある。

衛兵交替式 宮殿前で繰り広げられる衛兵交替式は、ロンドンで最も有名なアトラクションのひとつ。ホース・ガーズから出発する騎兵やセント・ジェイムズ宮殿からバッキンガ

バッキンガム宮殿の正門

衛兵の交替式

夏期にオープンする宮殿ツアーのチケット売り場

夏期のみ見学することができるバッキンガム宮殿の西側

ム宮殿へ向かうオールド・ガーズ、ウェリントン兵舎から宮殿へ向かうニュー・ガーズなどいくつかの集団が時間差で宮殿前を通過する。とにかく混雑するので、できるだけ早く行って場所を確保しておこう。

クイーンズ・ギャラリー　宮殿の内部の見学は夏期のみだが、南にあるクイーンズ・ギャラリーは通年オープンしており、王室の莫大な美術コレクションの一部を公開している。

ロイヤル・ミューズ　直訳すると王室の馬小屋。ここでは、王室所有の馬車や自動車が展示されている。

クイーンズ・ギャラリーの入口は宮殿の南西部にある

イギリスにおけるカトリックの総本山
ウェストミンスター大聖堂
Westminster Cathedral

Map P.68-69②C2
バッキンガム宮殿周辺

■**ウェストミンスター大聖堂**
🚇地下鉄ヴィクトリア駅Victoria下車
🏠42 Francis St., SW1P 1QW
☎(020)7798 9055
URL www.westminstercathedral.org.uk
⏰7:30～18:30　休無休
💷寄付歓迎　宝物室£5　学生£2.50
ミサ時撮影不可
●タワー・ビュー・ギャラリー
⏰11:00～15:00
休月～水、1/1、12/25・26
💷£6　学生£3
※2023年6月現在、宝物室は閉鎖中

ウェストミンスター大聖堂は、ウェストミンスター寺院と名前が似ているが別の建物。イギリスでは非常に珍しいネオ・ビザンツ様式の大聖堂で、1903年に完成した。赤いれんがと円形ドームが非常に印象的な建物だが、中に入ると一変して荘厳な雰囲気。壁のあちこちに大理石製の宗教美術品やモザイク画が飾られている。エレベーターを使って高さ83mのタワー・ビュー・ギャラリーに昇ると、ロンドンを一望できる。

ウェストミンスター大聖堂の内部では、天井や壁にモザイク画が飾られている

2010年にはここでローマ教皇ベネディクト16世がミサを行った

西欧絵画の傑作が目白押し
ナショナル・ギャラリー The National Gallery

左：建物は1832～1838年にかけて建築家ウィリアム・ウィルキンスによって設計された　右上：常設展に加えて、毎回話題になる有料の企画展も見逃せない　右下：ウィリアム・ターナーの『解体されるために最後の停泊地に曳かれてゆく戦艦テメレール』

　西洋絵画のコレクションとしては、世界最高ランクの評価を受けているナショナル・ギャラリー。パリのルーブル美術館がフランスの王室コレクションをもとにしているのに対して、ナショナル・ギャラリーは政府がイギリス国民のために1824年に購入した38点の作品が起源になっている。

■ナショナル・ギャラリー　Map P.70-71③B1
🚇地下鉄チャリング・クロス駅Charing Cross下車
🏠Trafalgar Sq., WC2N 5DN　☎(020)7747 2885
URL www.nationalgallery.org.uk ☎
🕙10:00～18:00（金～21:00）
🚫1/1、12/24～26
💰無料（企画展有料）　フラッシュ不可
※2023年6月現在、セインズベリ・ウイングは改装により閉鎖中。2025年に改装終了予定。イベントや工事で絵画の展示場所が変わる、あるいは貸し出しにより見ることができない場合もあるので事前に確認を。

イースト・ウイング

まずはルネッサンス期のイタリア絵画の傑作の数々を堪能しよう。さっそくルーム9で最大の見どころである『岩窟の聖母』とご対面。その後ラファエロやボッティチェッリなどの名画を巡っていく。

Room9
↓
Room10
↓
Room14

Room9

Ⓐ レオナルド・ダ・ヴィンチ『岩窟の聖母』

ナショナル・ギャラリーの目玉ともいえる作品。岩窟の中に隠れる聖母マリアとイエス、そして洗礼者ヨハネが描かれている。パリのルーブル美術館にも同じ題の絵画があることでも有名。

Room14

Ⓑ ボッティチェッリ『ヴィーナスとマルス』

愛と美の女神ヴィーナスが恋人である軍神マルス見つめているという構図。元はベンチか長持ちの背板で、結婚祝いとして贈られたものと考えられている。

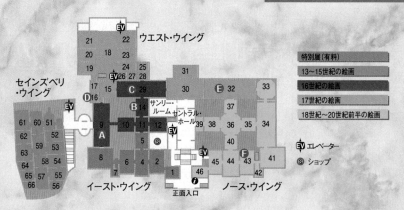

特別展(有料)	
13～15世紀の絵画	
16世紀の絵画	
17世紀の絵画	
18世紀～20世紀前半の絵画	

EV エレベーター
S ショップ

イースト・ウイング～ウエスト・ウイング～ノース・ウイング

ルーム29にはティツィアーノやベッリーニなどのヴェネツィア絵画の傑作が展示されている。ウエスト・ウイングのルーム15～32は17世紀の作品展示で、特にレンブラントやフェルメールなどのオランダ絵画が充実。ルーム30のベラスケス作『鏡のヴィーナス』も必見。ノース・ウイングのルーム33～46は18～20世紀前半の作品が集まる。ルーム41にあるモネの『睡蓮』も見応えがある。

Room29
↓
Room16
↓
Room30
↓
Room32
↓
Room43

Room29

C ティツィアーノ
『バッカスとアリアドネ』

鮮やかな青がひときわ印象的な作品で、ティツィアーノの最高傑作といわれる。ギリシア神話を題材とし、恋人に裏切られたアリアドネと酒神バッカスとの出会いを描いている。

Room16

D フェルメール
『ヴァージナルの前に立つ女』

若い女性がヴァージナル(チェンバロに似た楽器)を演奏するという場面。キャンバスの外に向けられた視線は会えない恋人に思いをはせている女性を表現している。

Room32

E カラヴァッジオ
『エマオの晩餐』

バロック期を代表するイタリア人画家カラヴァッジオの作品。磔刑後、弟子のもとに復活して現れたイエスと、それに驚愕する弟子たちを光と影を強烈に対比させて描いている。

Room43

F ゴッホ
『ひまわり』

世界に6点しかない、ひまわりをテーマにした作品のひとつ。この作品は「光と光の重なり」を描くことに初めて成功した例とされる。ゴッホの作品はほかにも数点展示されている。

125

街頭ディスプレイとネオンサインで輝く
ピカデリー・サーカス周辺
Piccadilly Circus

ロンドンの中心部であり、いつも人どおりが絶えないにぎやかなエリア。噴水のあるピカデリー・サーカスを中心にレストランやショップが集まる。ソーホーには中華料理店がびっしりと並ぶ中華街があり、レスター・スクエア周辺には劇場が多く点在する。

ランドマークのエロスの像

ディー・アール・ハリス
D. R. Harris

1790年に創業された王室御用達の薬局、化粧品店。オリジナルブランドのスキンケア用品、シェービング用品、香水などを扱う。

🏠29 St James's St., SW1A 1HB
☎(020)7930 3915　URLwww.drharris.co.uk
🕐8:30〜18:00（土9:30〜17:00）
休日・祝　🚬ＡＭＶ

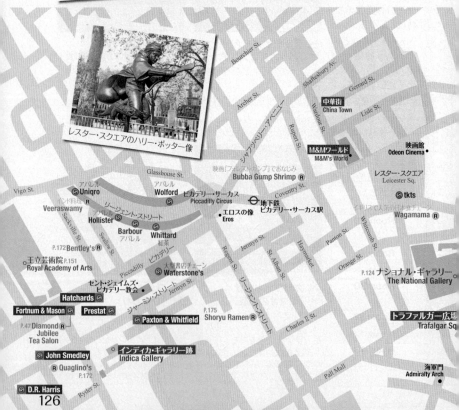

レスター・スクエアのハリー・ポッター像

Bourchier St.
Shaftesbury Av.
Gerrard St.
Archer St.
Wardour St.
Lisle St.
Rupert St.
中華街
China Town
M&Mワールド
M&M's World
映画館
Odeon Cinema ●
シャフツベリー・アベニュー
Glasshouse St.
映画「フォレスト・ガンプ」でおなじみ
Bubba Gump Shrimp Ⓡ
レスター・スクエア
Leicester Sq.
アパレル
Wolford
Coventry St.
Ⓢ tkts
Vigo St.
アパレル
Ⓢ Uniqlo Ⓡ
ピカデリー・サーカス
Piccadilly Circus
地下鉄
ピカデリー・サーカス駅
イギリスで人気の日本食チェーン
Wagamama Ⓡ
アパレル
Veeraswamy
リージェント・ストリート
エロスの像
Eros
Whitcomb St.
Sackville St.
Hollister
Swallow St.
Barbour
アパレル
Whittard
紅茶
Panton St.
Haymarket
Orange St.
P.172 Bentley's Ⓡ
St Alban St.
Jermyn St.
P.124 ナショナル・ギャラリー
The National Gallery
王立芸術院 P.151
Royal Academy of Arts
Piccadilly　ピカデリー
大型書店チェーン
Ⓢ Waterstone's
Regent St.
セント・ジェイムズ・
ピカデリー教会 ●
Hatchards
セント・ジェイムズ・ストリート
Jermyn St.
ソーホー・ストリート
Fortnum & Mason Ⓢ　Prestat Ⓢ
ジャーミン・ストリート
P.175
Shoryu Ramen Ⓡ
トラファルガー広場
Trafalgar Sq
P.47 Diamond Ⓢ
Jubilee
Tea Salon
Ⓢ Paxton & Whitfield
Charles II St.
Ⓢ John Smedley
インディカ・ギャラリー跡
Indica Gallery
Ⓡ Quaglino's
P.172
Pall Mall
海軍門
Admiralty Arch
Ⓢ D.R. Harris
Ryder St.

中華街
China Town

シャフツベリー・アベニューからレスター・スクエアにかけて広がる中華街には中華料理店はもちろん中華食材やアジア雑貨を売る店が100軒ほどある。

トラファルガー広場
Trafalgar Square

高さ55mのネルソン記念柱がそびえるトラファルガー広場は、いつも観光客とハトで埋め尽くされているにぎやかな広場。ネルソン記念柱は、ナポレオン軍を打ち破ったトラファルガーの海戦で戦死しつつも、勝利を収めたネルソン提督 P.609の功績をたたえて建てられた。台座のレリーフには、トラファルガーの海戦をはじめとして、ネルソンが戦った4つの有名な海戦が描かれている。

ハッチャーズ
Hatchards

1797年創業というロンドンで最も古い書店。5階建ての建物は品数豊富で、店内は歴史を感じさせる造り。作家のサイン会なども頻繁に行われている。

住187 Piccadilly, W1J 9LE
TEL(020)7439 9921　URLwww.hatchards.co.uk
開9:30〜20:00（日12:00〜18:30）
休イースター、12/25　━ADJMV

パクストン&ウィットフィールド
Paxton & Whitfield

1797年創業。英国王室御用達のチーズ専門店。チェダーやスティルトンをはじめ、100種類以上のイギリス産のチーズが並ぶ。試食も可能。

住93 Jermyn St., SW1Y 6JE
TEL(020)7930 0259　URLwww.paxtonandwhitfield.co.uk
開10:00〜18:30（日11:00〜17:00）
休イースター、12/25・26　━AJMV

プレスタット
Prestat

英国王室御用達のチョコレート店。故ダイアナ妃や作家のロアルド・ダールも大好きだったという。アール・グレイ風味のチョコレートが売れ筋とのこと。

住14 Princes Arcade, SW1Y 6DS
TEL(020)7494 3372　URLwww.prestat.co.uk
開10:00〜17:00（日11:00〜16:30）
休無休　━AMV

ジョン・スメドレー
John Smedley

1784年創業の世界的に有名なニットブランドで、2013年にはエリザベス女王からロイヤルワラント(王室御用達)の称号を得ている。

住55 Jermyn St., SW1Y 6LZ
TEL(020)7907 9234　URLwww.johnsmedley.com
開10:00〜18:00（日12:00〜17:00）
休12/25　━ADJMV

インディカ・ギャラリー跡
Indica Gallery

ジョン・レノンとオノ・ヨーコが出会った場所として有名。現在は閉店してしまったが、今でも多くのビートルズ・ファンが訪れる。

※見学は外観のみ

フォートナム&メイソン
Fortnum & Mason

日本にも支店があるフォートナム&メイソンの本店。看板商品のブレンド紅茶のほか、自社ブランドのチョコレート、ジャム、サーモンなど幅広い食品を扱う英国王室御用達の店。

住181 Piccadilly, W1A 1ER　TEL(020)7734 8040
URLwww.fortnumandmason.com
開10:00〜20:00（土10:00〜21:00、日11:30〜18:00）
休12/25・26　━ADJMV

ロンドン屈指のショッピング・ストリート
オックスフォード・ストリート周辺
Oxford Street, Regent Street

オックスフォード・ストリートはロンドンの中心部を東西に貫く大きな通り。周辺はデパートからファストファッションのショップまでびっしりと並ぶので、週末は若者でにぎわっている。オックスフォード・サーカスの交差点から南北に延びるのが、高級ブランドショップがズラリと並ぶリージェント・ストリート。その西側を併行するのがニュー・ボンド・ストリートNew Bond St.。こちらも世界に名だたるブランドのショップが集まっている。近くには「背広」の語源となったともいわれるサヴィル・ロウSavile Rowがある。

通り沿いにショップが多く並ぶ

セルフリッジ
Selfridges

ロンドンっ子たちに広く愛されている庶民的デパート。イギリスの女性の間では、"Miss Selfridges"というオリジナルブランドが人気を集めている。

住400 Oxford St., W1A 1AB　TEL0800 123 400
URL www.selfridges.com
開10:00～22:00（土10:00～21:00、日11:30～18:00）　休12/25 ─AMV

スマイソン
Smythson

高級筆記用具、革製品、ダイアリーを扱う。リクエストすれば、個人名入り封筒なども作ってくれる。英国王室御用達としても有名。

住131-132 New Bond St., W1S 2TB
TEL(020) 3535 8009　URL www.smythson.com
開10:00～18:00（日12:00～18:00）
休1/1、イースター、12/25
─ADJMV

Disney
アパレル　アパレル
Super Dry
ALDO
Selfridges Ⓢ
Dr. Martin　靴　　P.179 Ben's Cook
地下鉄
Boss　アパレル
Oxford St.　靴とカバン　ボンド・ストリート駅
Marks & Spencer　デパート
オックスフォード・ストリート　Russell & Bromley Ⓢ
Adidas　スポーツ用品
ZARA Ⓢ　Omega　Watches of Switzerland Ⓢ
アパレル　時計　時計

Bolderton St.
Duke St.
Binney St.
Gilbert St.
H. R. Higgins Ⓢ
Dukes Yard
North Audley St.
Brook St.　ブルック・ストリート

グロヴナー・スクエア
Grosvenor Sq.

グロヴナー・ストリート
South Audley St.

Mount Row
P.163
Connaught Ⓗ
カバン
Goyard Ⓢ
Ⓢ J&M Davidson

Mount St.
マウント・ストリート
マウント・ストリート・ガーデンズ
Mount Street Gdns.

H. R. ヒギンズ
H. R. Higgins

王室御用達として知られる英国屈指のコーヒーと紅茶の販売店。豆、茶葉ともに種類豊富で、オリジナルブレンドも多数取り揃えている。地下は喫茶店になっている。

🏠79 Duke St., W1K 5AS
☎(020)7629 3913　🌐www.hrhiggins.co.uk
🕐8:00〜18:00（土10:00〜18:00）　休日
💳AMV

リバティ
Liberty

テューダー様式の木造建築が目を引く老舗デパート。東洋の品々が豊富で地元の支持も厚い。インテリア用品、レディスファッション、ファブリックも充実。

🏠Regent St., W1B 5AH　☎(020)3893 3062
🌐www.liberty.com
🕐10:00〜20:00（日12:00〜18:00）
休12/25　💳ADMV

見どころ

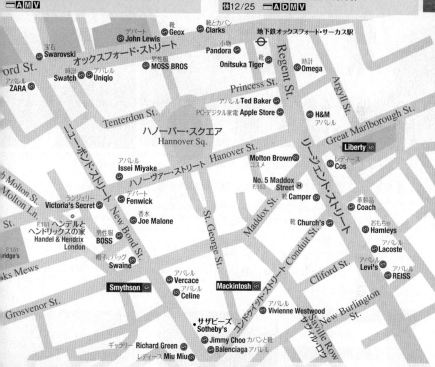

地下鉄オックスフォード・サーカス駅

デパート John Lewis Ⓢ　靴 Geox Ⓢ　靴とカバン Clarks Ⓢ
宝石 Swarovski Ⓢ
オックスフォード・ストリート
小物 Pandora Ⓢ
男性服 MOSS BROS Ⓢ　靴 Onitsuka Tiger Ⓢ
時計 Swatch Ⓢ　アパレル Uniqlo Ⓢ
アパレル ZARA Ⓢ
Regent St.
時計 Omega Ⓢ
Argyll St.
Princess St.
Ted Baker アパレル
PC・デジタル家電 Apple Store Ⓢ
Ⓢ H&M アパレル
Tenterdon St.
ニュー・ボンド・ストリート
ハノーバー・スクエア
Hannover Sq.
Great Marlborough St.
Molton Brown Ⓢ コスメ
Liberty Ⓢ
Hanover St.
Ⓢ Cos レディース
アパレル Issei Miyake Ⓢ
No. 5 Maddox Street Ⓗ P.163
ニュー・ボンド・ストリート Ⓢ New Bond St.
リージェント・ストリート
ランジェリー Victoria's Secret Ⓢ
デパート Fenwick Ⓢ
靴 Camper Ⓢ
革製品 Coach Ⓢ
Maddox St.
香水 Joe Malone Ⓢ
靴 Church's Ⓢ
おもちゃ Hamleys Ⓢ
P.151 ヘンデルとヘンドリックスの家 Handel & Hendrix London
男性服 BOSS Ⓢ
St. George St.
Ⓢ Lacoste アパレル
P.161 ridge's
帽子・バッグ Swaine Ⓢ
Clifford St.
アパレル Levi's Ⓢ
Ⓢ REISS アパレル
Smythson Ⓢ
アパレル Vercace Ⓢ
Mackintosh Ⓢ
New Burlington St.
アパレル Celine Ⓢ
コンドウィット・ストリート Conduit St.
Ⓢ Vivienne Westwood アパレル
Saville Row サヴィル・ロウ
Grosvenor St.
・サザビーズ Sotheby's
Ⓢ Jimmy Choo カバンと靴
ギャラリー Richard Green Ⓢ
Ⓢ Balenciaga アパレル
レディース Miu Miu Ⓢ

J&M デヴィッドソン
J&M Davidson

イギリスで人気のレザーグッズブランドのロンドン旗艦店。人気のレザーバッグをはじめ、定番のベルトや、財布などのレザーグッズのほか、レディスファッションのコレクションが揃う。

🏠104 Mount St., W1K 2TL
☎(020)3096 2233　🌐www.jandmdavidson.com
🕐10:00〜18:00
休日・祝　💳AMV

マッキントッシュ
Mackintosh

英国を代表するアウターウエアブランドのフラッグシップストア。モダンでシンプルなラインのコートが揃う。ロンドン店限定のアイテムをはじめ、豊富なラインアップも魅力的。

🏠19 Conduit St., W1S 2BH
☎(020)7493 4667　🌐www.mackintosh.com
🕐10:00〜18:00（木10:00〜19:00、日11:00〜17:00）
休不定休　💳AJMV

世界中から集められた珠玉のコレクション

大英博物館 The British Museum

左：現代を代表する建築家ノーマン・フォスターがデザインしたグレートコート。かつて大英図書館があった場所に建てられた　右上：ギリシア政府との所有問題に揺れるパルテノン神殿の彫刻群　右下：ロゼッタ・ストーンは人だかりができるほどの人気

　規模といい、質の高さといい、ほかの博物館の追随を許さない世界最高峰の博物館。とにかく広い博物館なので、どこを重点的に見るのか、初めに決めておいたほうがいいだろう。日本語での案内はないが、アプリをダウンロードすれば各展示物について詳しく知ることができる。

■大英博物館　Map P.74-75⑤B3
🚇地下鉄トテナム・コート・ロード駅Tottenham Court Road下車
🏠Great Russell St., WC1B 3DG
☎(020)7323 8000　URL www.britishmuseum.org 🈺
🈺ギャラリー　10:00〜17:00（金〜20:30）
　（特定の時間にしか開かないところもある）
　グレートコート　10:00〜17:30（金〜20:30）
🈭12/24〜26　🈷寄付歓迎（企画展有料）
British Museum Audioアプリ（日本語なし）£4.95
※常に混雑しているが、ウェブサイトから予約すれば優先的に入場できる　フラッシュ一部不可

エジプト	
西アジア	
ギリシア・ローマ	

おもに南欧や中東などの遺物が多く展示されている。

地上階

Room4
↓
Room10
↓
Room18
↓
Room21
↓
Room24

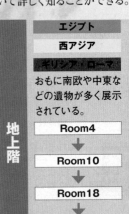

Room4

Ⓐ ロゼッタストーン

エジプトのロゼッタで発見された碑文。神聖文字（ヒエログリフ）、民衆文字、ギリシア文字の3種の文字で書かれており、エジプトのヒエログリフ解読の手がかりになった。

Room10

Ⓑ ライオン狩りのレリーフ

古代アッシリア（現在のイラク北部にあった帝国）においてはライオン狩りは王のスポーツとされていた。このレリーフはニネヴェのアッシュールバニパル王の宮殿にあったもの。

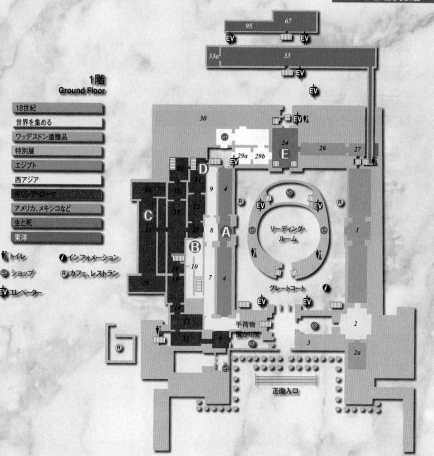

1階
Ground Floor

18世紀
世界を集める
ワッデスドン遺贈品
特別展
エジプト
西アジア
ギリシア・ローマ
アメリカ、メキシコなど
生と死
東洋

🚻 トイレ   ℹ️ インフォメーション
🅢 ショップ   ℝ カフェ、レストラン
EV エレベーター

95   67
33a   33
30
29a   29b
24   26   27
リーディング・ルーム
グレートコート
手荷物預かり所
正面入口

Room18

C パルテノン神殿の彫刻群

「エルギン・マーブル」として知られており、ギリシアとの返還問題で揺れている、いわく付きのコレクション。アテネにあるパルテノン神殿の破風彫刻を切り取ったもの。

Room21

D ハリカルナッソスのマウソロス廟の彫像

ハリカルナッソスとは現在のトルコのボドルムのこと。世界7不思議のひとつであるマウソロス廟にあった彫像で、廟の頂上部分にあったとされる巨大な馬の像が目玉。

Room24

E イースター島の石像、ホア・ハカナナイア

南太平洋に浮かぶイースター島の彫像であるモアイ。このホア・ハカナナイアという名のモアイは聖地オロンゴに埋まっていたが、ヴィクトリア女王へ献上するためにイギリスに運ばれた。

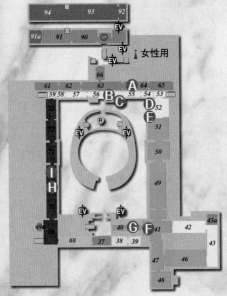

上階
Upper floors

- ブリテン島、ヨーロッパ
- 西アジア
- エジプト
- 貨幣
- ギリシアとローマ
- 東洋
- 企画展
- 時計

- 🚻 トイレ
- Ⓢ ショップ
- Ⓡ カフェ、レストラン
- EV エレベーター
- ⓘ インフォメーション

ブリテン島
ヨーロッパ

古代エジプトのミイラ

上階では、まずルーム61〜66のエジプトのコーナーを回ろう。その後、西アジア、ブリテン島、ギリシア・ローマの展示を見て、地下のアフリカ展示へ。

Room64
↓
Room56
↓
Room52
↓
Room41
↓
Room40
↓
Room70
↓
Room25

上階〜地下

Room64

🅐 ジンジャー

紀元前35世紀頃のエジプトで埋葬された男性の遺体。頭髪が赤いことからジンジャーと呼ばれる。

Room56

🅑 ウルの牡山羊と
スタンダード

1927年にウル（現在のイラク北部）王家の墓で発見された副葬品。スタンダードとは木箱のこと。

Room56

🅒 ウルのゲーム盤

ウルで発見された世界最古のボード・ゲームのひとつ。スゴロクのように遊んだようだ。

Room52

🅓 オクサスの遺宝

アフガニスタンのオクサス川で発見された金銀製の遺物。ほとんどがアケメネス朝時代のもの。

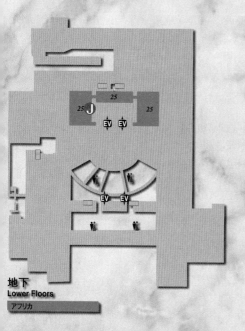

地下
Lower Floors
アフリカ

ミュージアムカフェ

グレートコートの両脇に位置している。サンドイッチなどの軽食も販売しているので、じっくりと見たい人におすすめ。紙カップの柄も可愛らしい。

ギフトショップ

館内にはおみやげを売るショップはいくつかあるが、1階のグレートコートにある店舗が一番大きい。ロゼッタストーン・グッズやラバー・ダックが人気。

Room52

E ペルセポリスのレリーフ

ペルセポリスは現在のイラン中央部にあった都市。アケメネス朝ペルシアの王宮があった場所。

Room41

F サットン・フーの鉄製ヘルメット

サットン・フー（→ P.196）とはアングロ・サクソン時代の船葬墓。これは副葬品として埋められていた。

Room40

G ルイス島のチェス駒

アウター・ヘブリディーズ諸島で1831年に発見された。チェス駒はセイウチの牙で作られている。

Room70

H ポートランドの壺

古代ローマで作られたカメオ・グラス。陶磁器メーカーのウェッジウッドが再現したことでも有名。

Room70

I アウグストゥスの頭像

初代ローマ皇帝アウグストゥスの頭像。スーダンのメロエで発見されたもの。

Room25

J 象牙製のマスク

ナイジェリア南部にあったベニン王国で作られたマスク。儀式などで使用されたと考えられる。

『マイ・フェア・レディ』で有名な
コヴェント・ガーデン
Covent Garden

屋根の下にはおしゃれなショップが並ぶ

　壁に囲まれた広大なコヴェント（修道院）所有の土地があったことが名前の由来。修道院の解散後、17世紀になって建築家イニゴ・ジョーンズInigo Jonesがイタリア風の屋敷が並ぶ開放的な広場に造り替え、花や野菜、果物が売り買いされる市場としてにぎわいをみせた。ミュージカル映画『マイ・フェア・レディ』でオードリー・ヘップバーンが演じたイライザは、コヴェント・ガーデンの花売りという設定。

　1974年に市場はテムズ河対岸のヴォクソールVauxhallに移されたが、1980年にはマーケットの建物がレストランやカフェ、人気のショップが並ぶショッピングセンターとして再オープン。周りには大道芸人がさまざまなパフォーマンスを披露し、集まった多くの人々の目を楽しませている。

入口はオープンカフェになっている

アパレル サングラス
Rayban
地下鉄コヴェント・ガーデン駅
ZARA
アパレル
Paul Smith
靴 UGG
アパレル Agnès b.
アパレル Theory
King St.
コヴェント・ガーデン Covent Garden
聖ポール教会 St Paul's Church
Floral St.
Bow St.
ロイヤル・オペラ・ハウス Royal Opera House
シアター・ロイヤル Thater Royal
Benjamin Pollock's Toy
Russel St.
P.135
ロンドン交通博物館 London's Transport Museum
Henrietta St.
Whittard
ジュビリー・マーケット Jubilee Market
The Moomin Shop
Chez Antoinette P.174
Bedford St.

ベンジャミン・ポロックス・トイショップ
Benjamin Pollock's Toyshop

　100年以上の歴史をもつおもちゃ店。立体のポップアップカードなどイギリスらしいファンタジックな商品がたくさん。

🏠44 The Market, WC2E 8RF
☎(020)7379 7866
URL www.pollocks-coventgarden.co.uk
🕙10:30～18:00（日11:00～）　休12/25　💳AMV

ウィッタード
Whittard Covent Garden

　1886年創業の紅茶の老舗。紅茶はウィッタード・オリジナル、アールグレイ、ダージリンなどがおすすめ。ほかにフルーツティー、ホットチョコレートなどもある。

🏠9 The Market, WC2E 8RB
☎(020)7836 7637　URL www.whittard.co.uk
🕙10:00～19:00（木～土10:00～20:00）
休12/25　💳AMV

ムーミン・ショップ
The Moomin Shop

　世界中で人気のムーミンのキャラクター・グッズを扱うショップ。店舗はそれほど広くはないが、食器や傘、ぬいぐるみ、バッグ、子供服など、多様な品が揃う。

🏠Unit 43, Covent Garden Market, WC2E 8RF
☎(020)7240 7057　URL www.themoominshop.com
🕙10:00～20:00（日10:00～19:00）
休1/1、12/25　💳ADJMV

交通の歴史を探る

ロンドン交通博物館
London's Transport Museum

Map P.70-71③B1

コヴェント・ガーデン周辺

　18世紀初めからのロンドンの都市交通にスポットを当てた博物館。馬車に始まり、トラム、トロリーバス、バス、地下鉄など、ロンドンの町を彩ってきた交通手段の移り変わり、発展の歴史を工夫を凝らした展示で説明している。

エルサレムの聖墳墓教会を模した

テンプル教会
Temple Church

Map P.70-71③D1

テンプル周辺

教会内にあるテンプル騎士団の像

　コヴェント・ガーデンとシティの間にあるテンプルは、12〜14世紀にテンプル騎士団 P.608 がロンドンの拠点としたエリア。ここに残るテンプル教会は、1185年に建てられたロンドンでも最も古い建築物のひとつ。イギリスの教会としては珍しい円形という形は、エルサレムにある聖墳墓教会を模したもの。中には、レリーフが施された騎士団有力者の墓が並ぶ。映画『ダ・ヴィンチ・コード』 P.608 の舞台になったことでも知られている。

秀逸な美術館をもつ

サマーセット・ハウス
Somerset House

Map P.70-71③C1

テンプル周辺

　16世紀中頃サマーセット公エドワード・シーモアによって建てられた宮殿が始まり。彼が権力争いに敗れロンドン塔で処刑されると、所有は王室に移された。その後おもに王妃の宮殿として利用された。現在見られる建物は18世紀末にウィリアム・チェンバーズが建てた新古典主義様式のもの。現在はコートールド美術館が入っているほか、さまざまなイベントが催されている。

コートールド美術館　実業家サミュエル・コートールドが1932年にロンドン大学に寄贈した名画コレクションをもとに設立された。規模は小さくとも、イタリア・ルネッサンスや印象派の巨匠たちの作品が並んでおり、クラナッハの『アダムとイブ』やドガの『ふたりの踊り子』、ゴッホが耳に包帯をした自画像など有名な作品も多い。

■ロンドン交通博物館
🚇地下鉄コヴェント・ガーデン駅Covent Garden下車
🏠Covent Garden Piazza, WC2E 7BB
☎0343 222 5000
URL www.ltmuseum.co.uk
🕐10:00〜18:00　※最終入場17:00
休12/25・26　料£24　学生£23

最新技術を用いた展示

オリジナルグッズも大人気！

■テンプル教会
🚇地下鉄テンプル駅Temple下車
🏠The Temple Church, Temple, EC4Y 7BB
☎(020)7353 8559
URL www.templechurch.com
🕐10:00〜16:00
休土・日ほか不定休
料£5　学生£3

■サマーセット・ハウス
🚇地下鉄テンプル駅Temple下車
🏠Somerset House, Strand, WC2R 1LA
☎(020)7845 4600
URL www.somersethouse.org.uk
🕐8:00〜23:00
休12/25　料無料（企画展有料）
●コートールド美術館
☎(020)3947 7777
URL courtauld.ac.uk
🕐10:00〜18:00
※最終入場17:15
料£9〜12

コートールド美術館は2021年11月に3年にわたる改装を終えて再オープンした

テムズ河対岸から眺めたサマーセット・ハウス

建築家クリストファー・レンの最高傑作
セント・ポール大聖堂

均整の取れた美しいドームはどこからでもよく目立つ

セント・ポール大聖堂St Paul's Cathedrallは、1666年のロンドン大火で焼失した後、イギリス史上最も偉大な建築家といわれるクリストファー・レン P.606の設計により建てられた教会。かねてより国王チャールズ2世から依頼を受けていたクリストファー・レンは、1675年から35年の歳月をかけて、今の大聖堂を建設した。伝統的なゴシック様式とは異なり、バロック様式をベースにしながら、ルネッサンス様式のドームや、新古典様式のファサードなど異なる様式を採り入れた最高傑作だ。

ドーム
Dome

大聖堂のドームは、高さが111.3m。フィートに換算すると365フィートになり、建築家としてだけではなく天文学者としても活躍したレンのこだわりが垣間見られる。周囲には「ささやきの回廊」、「石の回廊」、「金の回廊」の3つの回廊が巡らされている。

ささやきの回廊
Whispering Gallery

反対側でのヒソヒソ話が聞える有名な回廊。ここをとおってドームの外側へ出ると、ロンドンが一望できる。

ファサード
Façade

大聖堂のファサード（建物の正面）部分は、ギリシア・ローマの神殿のような新古典様式。異教の神を祀る神殿のデザインが、キリスト教の教会建築のなかに取り込まれており、近代に入ってから建てられた教会であることを実感させられる。

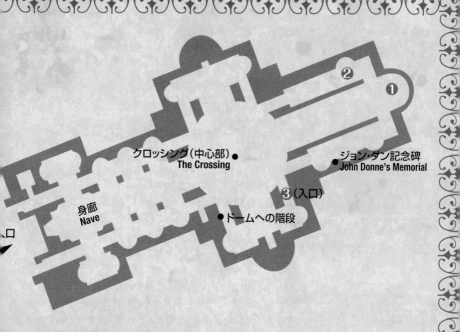

クロッシング（中心部） ●
The Crossing

ジョン・ダン記念碑 ●
John Donne's Memorial

❸（入口）

身廊
Nave

●ドームへの階段

❷ ❶

❶ 主祭壇 *High Altar*

　もともとはモザイクで飾られてはいなかったが、19世紀の中頃、外観にふさわしいように内装も美しく装飾するべきだという提案によりモザイクの装飾が加えられた。

❷ 聖歌隊席 *Choir*

　きめ細かい装飾が施された聖歌隊席はレンが雇った彫刻家グリンリング・ギボンズによる作品。

❸ 地下納骨堂 *Crypt*

　トラファルガーの戦いを指揮したネルソン提督 ☞ P.609、ワーテルローの戦いでナポレオンを破ったウェリントン公爵 ☞ P.606 といった国民的英雄の記念碑が置かれており、近代看護教育の母であるナイチンゲールや大聖堂の設計者であるクリストファー・レン ☞ P.606 もここに葬られている。

セント・ポール大聖堂の主祭壇、その奥には美しいモザイク画が見える

🅓🅐🅣🅐

■セント・ポール大聖堂
Map P.72-73④B2
🚇地下鉄セント・ポールズ駅St. Paul's下車
🏠St Paul's Churchyard, EC4M 8AD
☎(020)7246 8350
URL www.stpauls.co.uk ☞
開8:30〜16:30（水10:00〜16:30）
休日　料£20.50〜23　学 生£18.40〜
20.50（ガイドツアーやオーディオガイドも
料金に含まれる）
一部撮影不可　フラッシュ不可

■ミトラ神殿
🚇地下鉄バンク駅Bank下車
🏠12 Walbrook, EC4N 8AA
URL www.londonmithraeum.com
🕐10:00〜18:00（日12:00〜17:00、
学期内の水12:30〜18:00、第1木曜
10:00〜20:00）
🈺月、12/25
💷無料（ウェブサイトから日時指定のeチ
ケットを入手できる）
フラッシュ不可

遺跡を見学する前に、ミトラ教について知る
ことができる

ノーマン・フォスターの傑作

■テート・モダン
🚇地下鉄ブラックフライアーズ駅
Blackfriars下車
🏠Bankside, SE1 9TG
📞(020)7887 8888
URL www.tate.org.uk
🕐10:00〜18:00
（最終金曜〜22:00）
🈺12/24〜26　💷無料（企画展有料）
館内撮影一部不可　フラッシュ不可

■シェイクスピア・グローブ・シアター
🚇地下鉄ブラックフライアーズ駅
Blackfriars下車
🏠Bankside, SE1 9DT
📞(020)7401 9919
URL www.shakespearesglobe.com
🕐シアターツアー
　10:00 11:00 12:00 16:00
※ショーの時間によって異なるのでウェ
ブサイトを確認のこと
🈺12/25
💷£25　学生£18（シアターツアー）
館内撮影一部不可

当時の衣装について解説する

ローマ時代の謎の宗教神殿　Map P.72-73④B2

ミトラ神殿 London Mithraem
シティ周辺

　ミトラ教は、キリスト教が国教になる前にローマ帝国内で信仰されていた密儀宗教。太陽神ミトラが牡牛を屠るレリーフで知られている。ローマ時代にロンディニウムと呼ばれたこの地にミトラ神殿が築かれたのは

ビルの地下にひっそりとたたずむ古代神殿

西暦240年頃。現在ビルの地下に位置しており、遺跡の入口前にはミトラ教について解説を行う情報端末がある。

西暦2000年を記念する橋　Map P.72-73④B2

ミレニアム・ブリッジ
Millennium Bridge
シティ周辺

　西暦2000年を記念して行われた一連のミレニアム・プロジェクトのひとつ。橋は2000年6月に開通したものの、人がとおると橋が揺れすぎるという理由ですぐに閉鎖され、その後2002年2月になって渡れるようになった。この橋によってセント・ポール大聖堂のそばから、対岸のテート・モダンまで徒歩5分で行けるようになり、シティからサウスバンクへの移動が便利になった。

現代美術の殿堂　Map P.72-73④A3-B3

テート・モダン Tate Modern
シティ周辺

　2000年にテート・ギャラリーの現代美術コレクションを移してオープンした。かつて火力発電所であった建物を利用しているだけあって、非常に大きな美術館で、ナタリー・ベルとブラバトニックの名を冠したふたつの棟から

フォルムが独特な建物

なる。入口を入るとすぐに吹き抜けの空間が広がり、そこにある巨大なオブジェに圧倒される。ピカソ、ダリ、セザンヌ、マティスといった20世紀を代表する巨匠たちの作品は必見。

シェイクスピア当時の劇場を再現　Map P.72-73④B2

シェイクスピア・グローブ・シアター
Shakespeare's Globe Theatre
シティ周辺

　シェイクスピア・グローブ・シアターは、かつてシェイクスピア P.605 自身が活躍したグローブ座のあったすぐ近くに、当時の劇場を復元してできた。つまり、シェイクスピアの時代とほぼ同じ条件でシェイクスピア劇を観ることができるというわけだ。

　上演は4～10月中旬のみだが、シアターツアーは、1年を通じて行われている。ツアーは英語で行われるが、日本語で解説したシートを借りることができる。

高さ244mの展望室から町を見下ろせる

シャード　The Shard

Map P.72-73④C3
ロンドン塔周辺

2013年に完成した高さ310mの超高層ビル。ガラス張りで尖塔型の建物はイギリスで最も高く、ヨーロッパでも最高峰。建築は関西国際空港も手がけたレンツォ・ピアノによる設計。

ザ・ビュー・フロム・ザ・シャード The View from The Shard

シャードの展望室は69階と72階にあり、72階では高さ244mからの眺めを堪能できる。

展望室から眺めたロンドン

世界中の戦場で活躍した

HMSベルファスト号 HMS Belfast

Map P.72-73④C3
ロンドン塔周辺

　タワー・ブリッジとロンドン橋のちょうど中間に停泊している巡洋艦。艦名ベルファストは、建造された北アイルランドの都市名だ。1936年に建造されたHMSベルファスト号は、第2次世界大戦、朝鮮戦争などで活躍。1965年に現役を退き、その後紆余曲折を経て、帝国戦争博物館の別館として、現在の場所に落ち着いた。船内では、20世紀中頃の巡洋艦の様子がよくわかるほか、船内での生活にもスポットを当てている。

ロンドンの玄関口とも言える

タワー・ブリッジ　Tower Bridge

Map P.72-73④D3
ロンドン塔周辺

　ヴィクトリア調の優雅さあふれるこの橋は、1894年に完成した。船が重要な交通機関だった頃は1日に50回ほど跳ね橋が上がっていたが、今では1日に2、3回のため、運がよくないと見られない。

　塔内には橋の仕組みや、ロンドンの橋の歴史の展示があり、上に架かるガラス張りの歩道橋からロンドン市内を一望できる。南岸にはエンジン室があり、昔の水圧式と現在使用している電動式のエンジンが公開されている。

橋が上がったタワー・ブリッジ

72階の展望室では外の風をそのまま感じられる

テムズ河の対岸から眺めるHMSベルファスト号

エンジン室の入口は南側の橋のたもと

■ザ・ビュー・フロム・ザ・シャード
🚇地下鉄ロンドン・ブリッジ駅London Bridge下車
🏠Joiner St., SE1 9QU
☎0344 499 7222
URL www.theviewfromtheshard.com
🕙10:00～22:00（冬期は短縮）
※最終入場は閉館の1時間前
休12/25
£32

■HMSベルファスト号
🚇地下鉄ロンドン・ブリッジ駅London Bridge下車
🏠The Queen's Walk, SE1 2JH
☎(020)7416 5000
URL www.iwm.org.uk
🕙10:00～18:00（11～2月 ～17:00）
※最終入場は閉館の1時間前
休12/24～26
£27　学生£24.30

■タワー・ブリッジ
🚇地下鉄タワー・ヒル駅Tower Hill下車
🏠Tower Bridge Rd., SE1 2UP
☎(020)7403 3761
URL www.towerbridge.org.uk
🕙9:30～18:00　※最終入場17:00
休12/24～26
£12.30　5～15歳£6.20

血なまぐさい歴史の目撃者
世界遺産 ロンドン塔

シティの東にどっしり建つロンドン塔Tower of Londonは、塔というよりは城塞といった感じの建築物。ウィリアム征服王（ウィリアム1世） P.605 の時代に完成し、以来900年以上にわたって、ロンドンの歴史を見つめ続けてきた。

ジュエル・ハウス
Jewel House

戴冠式のときに使われる王冠、宝珠、王錫といった宝器をはじめとして、数々の宝物が展示されている。なかでも「アフリカの星」と呼ばれるダイヤモンドは3106カラットもあるので要チェック。これらは動く歩道に乗って眺めるようになっている。

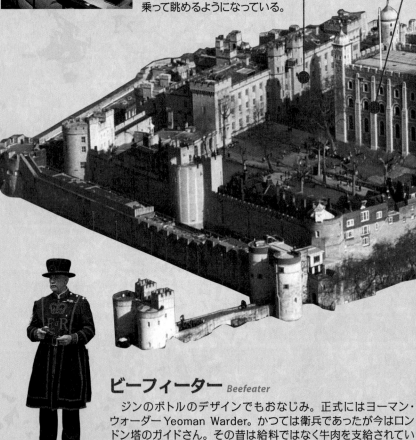

ビーフィーター **Beefeater**

ジンのボトルのデザインでもおなじみ。正式にはヨーマン・ウォーダー Yeoman Warder。かつては衛兵であったが今はロンドン塔のガイドさん。その昔は給料ではなく牛肉を支給されていたからビーフ・イーターというニックネームが付けられたとか。

ホワイト・タワー
White Tower

ホワイト・タワーはウィリアム1世 P.605 が11世紀後半に要塞として建造したものが基盤となっている。ロンドン塔は英国王室の宮廷としても使われていたが、もっぱら牢獄、拷問、処刑の場としての歴史を歩んできた。ここで命を落とした歴史的人物は数知れない。最も悲惨といわれているのが、13歳で即位したエドワード5世 P.606 と、弟のリチャード。彼らの叔父で、その後国王となったリチャード3世 P.610 に暗殺されたとうわさされた。そのほか、ヘンリー8世 P.610 の離婚に反対したトマス・モア、そのヘンリー8世の2番目の妻のアン・ブーリン P.605、5番目の妻のキャサリン・ハワードなどもここで処刑されている。アン・ブーリンの娘で、後にイギリスの女王となるエリザベス1世 P.606 も、姉のメアリー1世の治世に、ロンドン塔に幽閉されたことがある。

ロンドン塔のカラス *The Ravens*

ロンドン塔で飼われているカラスはレイブンズと呼ばれている。チャールズ2世（在位1660～1685年）の時代にロンドン塔からカラスを駆除しようとしたことがあったが、「ロンドン塔からカラスがいなくなったとき、ロンドン塔、そしてイギリスそのものも消え去ってしまうだろう」という予言がなされたため、駆除を取りやめたという。

マップ（ロンドン塔）

- チケット売り場
- マーティン・タワー Martin Tower
- ジュエル・ハウス Jewel House
- 入口
- ウェルカム・センター Welcome Centre
- ショップ
- 入口
- ミドル・タワー Middle Tower
- ホワイト・タワー White Tower
- 聖ジョン礼拝堂 Chapel of St John the Evangelist
- 入口
- ニュー・アーマリーズ New Armouries
- クイーンズ・ハウス Queen's House
- ブラッディ・タワー Bloody Tower
- ウェイクフィールド・タワー Wakefield Tower

DATA

■ロンドン塔
Map P.72-73④D2
地下鉄タワー・ヒル駅Tower Hill下車
住Tower Hill, EC3N 4AB
TEL0333 320 6000
URL www.hrp.org.uk
開9:00～17:30（日・月10:00～17:30）
※ピークシーズンは毎日9:00オープン。ビーフィーターによるガイドツアーは夏期15:30（冬期14:30）まで。 休1/1、12/24～26
料£33.60　学生£26.80
ジュエル・ハウスと聖ジョン礼拝堂撮影不可

左:チェルシーのホーム、スタンフォード・ブリッジ・スタジアム　右:アーセナルのホーム、エミレーツ・スタジアム

名門チームがしのぎを削る夢の舞台

ロンドンのフットボール・スタジアム

　アーセナルやチェルシーなど、ロンドンは名門チームがひしめくサッカー激戦区。聖地ウェンブリーをはじめとする各スタジアムでは、試合開催日以外はスタジアムツアーが行われ、ロッカールームや入場口などが見学できる。

スタンフォード・ブリッジ・スタジアム
Stamford Bridge Stadium
チェルシー Chelsea
URL www.chelseafc.com

🚇地下鉄ディストリクト・ラインでフラム・ブロードウェイ駅Fulham Broadway下車、徒歩約5分
🏠Stamford Bridge, Fulham Rd., SW6 1HS
☎(020) 7386 9373
●スタジアムツアー
🕐9:20〜16:00の20〜40分おきに出発
💷£28　学生£20

エミレーツ・スタジアム
Emirates Stadium
アーセナル Arsenal
URL www.arsenal.com

🚇地下鉄ピカデリー・ラインでアーセナル駅Arsenal下車、徒歩10分
🏠Emirates Stadium, N5 1BU　☎(020) 7619 5000
●スタジアムツアー
🕐9:30〜18:00（日10:00〜16:00）　※冬期短縮
🚫試合日、12/25　💷£30　学生£20

ロンドンのスタジアム

ウェンブリー・スタジアム
Wembley Stadium
イングランド代表
URL www.thefa.com

🚇地下鉄メトロポリタン・ラインかジュビリー・ラインでウェンブリー・パーク駅Wembley Parkで下車、徒歩10分。
☎0800 169 9933　URL www.wembleystadium.com
●スタジアムツアー
🕐10:00〜16:00（予約が望ましい）
🚫試合日のほか場合により試合日の前後
💷£24

トッテナム・ホットスパー・スタジアム
Tottenham Hotspur Stadium
トッテナム・ホットスパー Tottenham Hotspur
URL www.tottenhamhotspur.com

🚇リヴァプール・ストリート駅からホワイト・ハート・レーン駅White Hart Lane下車、徒歩約5分
🏠748 High Rd., Tottenham, N17 0AP

ロンドン・スタジアム
London Stadium
ウエスト・ハム・ユナイテッド West Ham United
URL www.whufc.com

🚇地下鉄セントラル・ラインもしくはドックランズ・ライト・レイルウェイ、エリザベス・ラインでストラトフォード駅Stratford下車、徒歩約10分
🏠Queen Elizabeth Olympic Park, E20 2ST
●スタジアムツアー
🕐10:30〜16:00　🚫不定休
💷£20〜22　学生£17〜19

セルハースト・パーク
Selhurst Park
クリスタル・パレス Crystal Palace
URL www.cpfc.co.uk

🚇ロンドン地上線ノーウッド・ジャンクション駅Norwood Junction下車、徒歩約15分
🏠Whitehorse Ln., SE25 6PU

ヴィクトリア女王が生まれた
ケンジントン宮殿
Kensington Palace

Map P.84-85⑩ C2
ケンジントン周辺

ヴィクトリア女王生誕の地のため、宮殿の前には彫像が置かれている

ケンジントン・ガーデンズ内にある英国王室の宮殿。皇太子時代のチャールズ3世と故ダイアナ妃の住居で、現在はウィリアム皇太子とキャサリン妃が暮らしている。

もともとノッティンガム・ハウスと呼ばれていたこの建物は、ウイリアム3世とメアリー2世によって英国王室が買い上げ、その後建築家クリストファー・レン P.606の手によって宮殿へと改築された。ジョージ1世の治世にはさらなる改装が行われ、ほぼ現在見られるような建物になった。

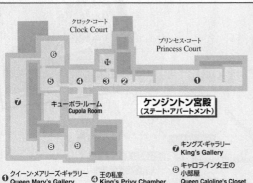
数多くの絵画が展示されているキングズ・ギャラリー

ジョージ1世によって改装されたステート・アパートメントは、宮殿観光の中心部分をなす部分。なかでも特筆すべきなのがキューポラ・ルームCupola Room。ヴィクトリア女王 P.605が洗礼を受けた部屋で、ステート・アパートメントのなかでもその贅沢さは群を抜いている。キングズ・ギャラリー King's Galleryには、王室コレクションの絵画が並べられており、こちらも必見だ。ヴィクトリア女王はケンジントン宮殿で1819年5月24日に誕生。2019年には生誕200周年を記念し、ヴィクトリア女王の少女時代と私生活に関する常設展示が行われるようになった。

■ケンジントン宮殿
🚇地下鉄クイーンズウェイ駅Queensway下車
🏠Kensington Palace State Apartments, Kensington Gdns., W8 4PX
TEL(020)3166 6000
URL www.hrp.org.uk ▓
圓3〜10月10:00〜18:00
　11〜2月10:00〜16:00
※最終入場は閉館の1時間前
休12/24〜26
料£25.40　学生£20.30
　フラッシュ不可

見どころ

豪華絢爛なキューポラ・ルーム

ヴィクトリア女王が着用したウエディングドレス

ケンジントン宮殿（ステート・アパートメント）

クロック・コート
Clock Court

プリンセス・コート
Princess Court

キューポラ・ルーム
Cupola Room

① クイーン・メアリーズ・ギャラリー
Queen Mary's Gallery

② 女王のダイニングルーム
Queen Dining Room

③ 女王の応接間
Queen's Drawing Room

④ 王の私室
King's Privy Chamber

⑤ 謁見の間
Presence Chamber

⑥ 王の大階段
King's Grand Staircase

⑦ キングズ・ギャラリー
King's Gallery

⑧ キャロライン女王の小部屋
Queen Caloline's Closet

⑨ 王の応接間
King's Drawing Room

⑩ 女王のベッドルーム
Queen's Bedchamber

デパートとブランドショップが並ぶ
ナイツブリッジ～キングズ・ロード
Knightsbridge, Sloane Street, King's Road

英国を代表するデパート、ハロッズがあることで有名なのがブロンプトン・ロード。地下鉄ナイツブリッジ駅から南に延びるスローン・ストリートには、高級ブランドショップが並んでいる。さらに南に行くと、スローン・スクエアに出る。スローン・スクエアから南西に延びるキングズ・ロードには雑貨やカジュアルファッションの店が多い。

ハロッズがあるのはブロンプトン・ロード

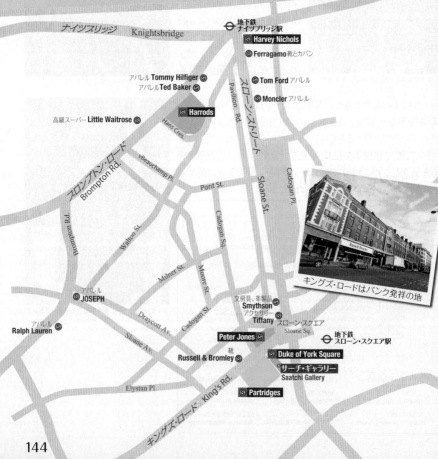

ハイド・パーク
Hyde Park

ナイツブリッジ Knightsbridge

地下鉄
ナイツブリッジ駅

Ⓢ Harvey Nichols

Ⓢ Ferragamo 靴とカバン

アパレル Tommy Hilfiger Ⓢ
アパレル Ted Baker Ⓢ

Ⓢ Tom Ford アパレル

Ⓢ Moncler アパレル

高級スーパー Little Waitrose Ⓢ

Ⓢ Harrods

Hans Cres.

Pavilion Rd.

スローン・ストリート

Cadogan Pl.

ブロンプトン・ロード
Brompton Rd.

Beauchamp Pl.

Pont St.

Sloane St.

Brompton Rd.

Walton St.

Cadogan Sq.

Milner St.

Moore St.

キングズ・ロードはパンク発祥の地

アパレル
Ⓢ JOSEPH

Draycott Av.

Cadogan St.

文房具、革製品
Smythson Ⓢ
アクセサリー
Tiffany Ⓢ

スローン・スクエア
Sloane Sq.

地下鉄
スローン・スクエア駅

アパレル Ⓢ
Ralph Lauren

Sloane Av.

Ⓢ Peter Jones

靴
Russell & Bromley Ⓢ

Ⓢ Duke of York Square

サーチ・ギャラリー
Saatchi Gallery

Elystan Pl.

King's Rd.

Ⓢ Partridges

キングズ・ロード King's Rd.

ハロッズ
Harrods

1849年創業のヨーロッパを代表するデパート。伝統に新しい感覚のファッションが加わり、ハロッズに行けば何でも揃うとまでいわれる。英国初のエスカレーターを設置したことでも有名。330以上の専門店が並び、豪華なエジプシャンホールなど、建物そのものが博物館のような百貨店だ。地下のギフトショップにはハロッズグッズが勢揃いしていておみやげ探しに便利。グランドフロア(1階)のフードホールもさまざまな食品が揃い楽しい。

🏠87-135 Brompton Rd., SW1X 7XL
☎(020) 7730 1234
URL www.harrods.com
🕐10:00〜21:00 (日11:30〜18:00)
休12/25 ADJMV

ピーター・ジョーンズ
Peter Jones

おしゃれなショップが多いスローン・スクエアに建つデパート。イギリスの人たちが日常的に利用する、カジュアルな品物が多い。1877年創業の老舗で、服地・インテリア用品の王室御用達でもある。

🏠Sloane Sq., SW1W 8EL
☎(020) 7730 3434
URL www.johnlewis.com
🕐10:00〜19:00 (日12:00〜18:00)
休12/25・26 ADJMV

パートリッジ
Partridges

1972年、スローン・スクエアに創業した王室御用達の食料品店。国内、海外の生産者から高品質の食料品を仕入れているほか、オリジナルブランドの商品も人気。手頃な食品から高級素材まで幅広く、おみやげ探しにはぴったり。毎週土曜には高級フードマーケットが開催される。

🏠2-5 Duke of York Sq., SW3 4LY
☎(020) 7730 0651
URL www.partridges.co.uk 🕐8:00〜22:00
休12/25・26 AJMV

ハーベイ・ニコルズ
Harvey Nichols

イギリス国内外に展開する1831年創業の老舗デパート。有名ブランドから若手デザイナー、オリジナルのブランドまで揃う。ロンドンの最新ファッションがワンストップでわかるほか、最上階のフードコーナーでは紅茶やチョコレート、香辛料などが手に入り、オリジナルブランドの商品も販売している。

🏠109-125 Knightsbridge, SW1X 7RJ
☎(020) 7235 5000
URL www.harveynichols.com
🕐10:00〜21:00 (日11:30〜18:00)
休イースター、12/25 ADMV

サーチ・ギャラリー
Saatchi Gallery

ロンドンを代表する現代芸術に特化した美術館。展示はほとんどが企画展で、さまざまなアーティストの作品が見られる。イギリスや海外の若い美術家の支援者だったチャールズ・サーチのコレクションがベースとなっている。

🏠Duke of York's HQ, King's Rd., SW3 4RY
☎(020) 7811 3070
URL www.saatchigallery.com
🕐10:00〜18:00 休12/25 🎫無料

デューク・オブ・ヨーク・スクエア
Duke of York Square

スローン・スクエアを彩る華やかなショッピングセンター。老舗ブランドやブティックが30店舗以上並び、おしゃれなカフェやレストランも多数揃っている。イベントも盛んに開催され、いつもにぎわっている。

🏠80 Duke of York Sq., SW3 4LY
☎(020) 7823 5577 URL dukeofyorksquare.com
🕐10:00〜19:00 (木10:00〜20:00、土10:00〜18:00、日12:00〜18:00) 休イースター、12/25
ADJMV

■ヴィクトリア・アンド・アルバート・
ミュージアム
🚇地下鉄サウス・ケンジントン駅South
Kensington下車
🏠Cromwell Rd., South Kensington,
SW7 2RL
📞(020) 7942 2000
🌐www.vam.ac.uk 🇬🇧
🕐10:00〜17:45（金10:00〜22:00）
🚫12/24〜26　💰無料（企画展有料）
館内撮影一部不可　フラッシュ一部不可

Advice
大人気の企画展を更に楽しむには？
注目度の非常に高いヴィクトリア・アンド・アルバート・ミュージアムの企画展は前売り券が売り切れることも多い。完売した企画展を見るためには、開館と同時に発売される枚数限定の当日券を早朝から正面玄関脇の列に並んで手に入れるか、ヴィクトリア・アンド・アルバート・ミュージアムの企画展が見放題になる1年間有効のメンバーになる方法がある。年会費は£87（26歳以下£60）と割高ではあるが、確実に入場できるメリットがある。企画展をふたつ以上見たり、滞在中何度か通う人にも有用だ。友達と一緒に入れるプラス・ア・ゲストにプラス£35でアップグレードできるプランもあり、これなら割り勘にして、ひとりあたり61で入場できる。また、メンバー専用のカフェの利用や、通常のカフェやショップが1割引で利用できるという特典もあるので、館内で食事や買い物も考えるなら、入会するメリットはあるといえる。

世界の装飾美術が集結
ヴィクトリア・アンド・アルバート・ミュージアム
Victoria and Albert Museum

　装飾美術を中心に、世界各地の秀逸なデザインをもつ芸術作品を多数収蔵した博物館。展示物は4万点を超すほど規模が大きいので、プランを立てて回ったほうがいい。
　代表的な展示物は各時代のトップモードを並べたファッション・ギャラリーや、中近東、インド、東アジアの美術品が並べられた東洋コレクション、ウィリアム・モリスがデザインした「モリス・ルームMorris Room」など。2018年には世界的な美術品の複製が集められたキャスト・コートが再オープンし、2階には写真センターもオープンした。

ファッション・ギャラリー

2018年に再オープンしたキャスト・コート

ジョン・マディスキー・ガーデン

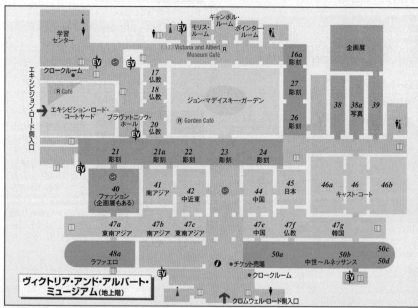

ヴィクトリア・アンド・アルバート・ミュージアム（地上階）

工事などによりギャラリーが閉鎖されることがあり、最新情報はウェブサイトで確認できる

見どころ

恐竜ファンならずともおもしろい
自然史博物館
The Natural History Museum

Map P.80-81⑧B1
ケンジントン周辺

地質と地球にスポットを当てたレッド・ゾーンへの入口

ヴィクトリア・アンド・アルバート・ミュージアムのすぐ隣。恐竜ブームのおかげもあり、ロンドンの数ある博物館のなかでも屈指の人気を誇っている。建物はアルフレッド・ウォーターハウスによる設計だ。

館内はテーマごとに4つに色分けされている。レッドは地質や地球そのものにスポットを当てており、グリーンはエコロジーや進化について、ブルーは恐竜やクジラなどの大型生物を含むさまざまな種類の動物や進化についてがそれぞれテーマになっている。オレンジのゾーンは最新の生物学研究に触れることができるダーウィン・センター Darwin Centreと夏期のみオープンのワイルドライフ・ガーデンWildlife Gardenがある。

■自然史博物館
🚇地下鉄サウス・ケンジントン駅South Kensington下車
🏠Cromwell Rd., South Kensington, SW7 5BD　☎(020)7942 5000
URLwww.nhm.ac.uk
🕙10:00～17:50　※最終入場17:30
休12/24～26
料無料（企画展有料）

大聖堂のような壮麗な外観

シロナガスクジラの骨格標本が展示されているヒンツェ・ホール

凡例
生物学
動物
エコロジー＆進化
地質＆地球

セコイアの木
Giant Sequoia

火山と地震
Volcanoes and Earthquakes

地球の至宝
Earth's Treasury

動物学の棟
Zoology Spirit Building

哺乳類
Mammals

鉱物
Minerals

地球研究室
Earth Lab

哺乳類
Mammals

人間学
Human Biology

昆虫
Creepy Crawlies

鳥類
Birds

アース・ホール
Earth Hall　←入口

人類の進化
Human Evolution

海生爬虫類の化石
Fossil Marine Reptiles

恐竜
Dinosaurs

ヒンツェ・ホール
Hintze Hall

野生生物写真展
Wildlife Photographer of the year

入口

ワイルドライフ・ガーデン
Wildlife Garden
（2023年6月現在、改装のため
閉鎖中。2024年に再開予定）

研究センター
Investigate Centre

自然史博物館

あらゆる科学をおもしろく解説する
科学博物館 Science Museum

Map P.80-81⑧B1
ケンジントン周辺

宇宙開発に関する展示

自然史博物館のすぐ北に隣接している。数学、物理学、化学、エンジニアリング、輸送、鉱物学、通信といったあらゆる分野の「科学」に関する博物館。子供たちの間で特に人気が高く、土・日曜は親子連れが多い。

■科学博物館
🚇地下鉄サウス・ケンジントン駅South Kensington下車
🏠Exhibition Rd., SW7 2DD
☎033 0058 0058
URLwww.sciencemuseum.org.uk
🕙10:00～18:00
※最終入場17:15
休12/24～26
料無料（企画展有料）

最先端の科学を体験できる

■マダム・タッソーろう人形館
🚇地下鉄ベーカー・ストリート駅Baker St.下車
🏠Marylebone Rd., NW1 5LR
🔗www.madametussauds.com
🕐オープンは9:00〜10:00でクローズは13:00〜17:30。季節により細かく異なるのでウェブサイト参照。
📅12/25　💰£35
※いつも長い列ができているので、早めに行くか、ウェブサイトで予約して行ったほうがいい。時間帯によっては割引が適用されることもある。

ドーム型の建物が目印

■シャーロック・ホームズ博物館
🚇地下鉄ベーカー・ストリート駅Baker St.下車
🏠221b Baker St.,NW1 6XE
📞(020)7224 3688
🔗www.sherlock-holmes.co.uk
🕐9:30〜18:00　📅12/24·25
💰£16　学生£14

おみやげコーナーも充実！

■ロンドン動物園
🚇地下鉄カムデン・タウン駅Camden Town下車
🏠Outer Circle, Regent's Park, NW1 4RY　📞0344 225 1826
🔗www.londonzoo.org
🕐開園時間は通年10:00 (以下閉園時間)
　2/10〜3/28、9/4〜10/29 17:00
　10/30〜2/9 16:00
　3/26〜9/3 18:00
※最終入場は閉園の1時間前
📅12/25
💰£31〜33

映画『ハリー・ポッターと賢者の石』で使われたのは爬虫類館

古今東西の有名人が勢揃い　　　Map P.76-77⑥C3

マダム・タッソーろう人形館
Madame Tussaud's
マリルボン周辺

　ろう人形作家タッソー夫人が1835年にロンドンに創設したろう人形館。ヘンリー8世 P.610 から現在のロイヤルファミリーまで、世界中の有名人に一度に会える愉快なところ。季節ごとに展示が変わる特設コーナーもあり、何度訪れても楽しめるようになっている。

ビートルズのメンバーと記念撮影

ホームズファン必見　　　Map P.76-77⑥B3

シャーロック・ホームズ博物館
The Sherlock Holmes Museum
マリルボン周辺

　ホームズとワトソンが下宿をしていたというベーカー街221Bを再現した博物館。ベーカー街221Bは、作品が書かれていた当時は架空の住所であったが、その後番地が増えたことによって、現実に存在するようになった。もっとも実際は、アビー・ナショナル・ビルディングAbbey National Buildingがそこにあたり、博物館はそこより少し北に位置している。

ホームズの下宿を忠実に再現

　1階部分では鹿撃帽や拡大鏡など、ホームズに関するグッズも販売。ファンならぜひ訪れてみたい。

リージェンツ・パークの中にある　　　Map P.76-77⑥C1

ロンドン動物園
London Zoo
リージェンツ・パーク周辺

　1828年に動物の研究を目的として開園された、近代的な動物園の元祖。一般に開放されるようになったのは、1847年になってからのことだ。いっとき財政難により閉鎖の危機に陥ったが、市民の援助により立ち直ったという経緯がある。爬虫類館は映画『ハリー・ポッターと賢者の石』の撮影にも使われた。

ゴリラは動物園の人気者

Town Walk ⑤ ロンドン

高架下にクラフトビール工房が並ぶ
バーモンジー・ビア・マイル
Bermondsey Beer Mile

ロンドン南東部にあるバーモンジー地区は、鉄道の高架下に多くのクラフトビール工房が並ぶエリア。どの工房も若手起業家が熱意を持って新しいビールを造り出しており、世界中のビール愛好家たちが注目するエリアとなっている。週末になると造りたてのビールを出すバーへと変わるので、はしごしながらビールを飲み歩く人も多い。

醸造所をはしごしてさまざまな味を楽しもう！

イースト・ロンドンで若者からの人気を集めている地区

地図：
- R Southwark Brewing
- R Anspach & Hobday
- モルトビー・マーケット Maltby Street Market
- 地下鉄 バーモンジー駅
- R Partizan Brewing
- Fourpure Brewing R

アンスパッチ＆ホブデイ
Anspach & Hobday

学生時代からの友人であるアンスパッチさんとホブデイさんが設立。ロンドンのクラフトビール業界を牽引する醸造所で、バーモンジー地区の中心に位置している。クラフトビールは常時8種類用意しており、「ポーター The Poter」はインターナショナル・ビア・チャレンジで金賞を受賞したこともある人気の銘柄。それぞれ個性が異なるので数種類試してみよう。

🏠118 Druid St., SE1 2HH　📞(020)8617 9510
🌐www.anspachandhobday.com
🕐水17:00～21:00、　木17:00～22:00、　金14:00～22:00、　土11:00～22:00、　日12:00～18:00
休月・火　💳MV　📶不可

サザーク・ブリューイング
Southwark Brewing

2014年創業のマイクロブリュワリーで、象のマークが目印。伝統的技法を大切にしつつも、新しい味にチャレンジしている。

🏠46 Druid St., SE1 2EZ　📞(020)3302 4190
🌐www.southwarkbrewing.co.uk
🕐火・木・金17:00～22:00、　土12:00～19:00、日13:00～17:00　休月・水　💳MV　📶店内可

フォーピュア・ブリューイング
Fourpure Brewing

2013年オープン。大麦、イースト菌、ホップ、水の4つの素材にこだわったビールを造り出している。

🏠25 Bermondsey Trading Estate, SE16 3LL
📞(020)3744 2141　🌐www.fourpure.com
🕐木16:00～20:00、　金16:00～22:00、　土12:00～22:00　休日～水　💳MV　📶不可

時間があったら！行ってみよう！

ロンドン
その他の見どころ

ウェストミンスター周辺

チャーチル戦時執務室
Churchill War Rooms

第2次世界大戦中に英国首相を務めたウィンストン・チャーチル P.606 とその閣僚が戦争の指揮を執った地下室。当時の様子が残され、地下での生活がわかるほか、チャーチル博物館として、彼の生涯を解説する展示もある。

Map P.70-71③B2
🚇地下鉄ウェストミンスター駅Westminster下車
🏠Clive Steps, King Charles St., SW1A 2AQ
☎(020) 7416 5000 URL www.iwm.org.uk
🕐9:30〜18:00 ※最終入場17:00
休12/24〜26
料£27.25 学生£24.50

ウェストミンスター周辺

ナイチンゲール博物館
Florence Nightingale Museum

セント・トーマス病院はナイチンゲールがクリミア戦争従軍後に看護学校を創設した病院。ナイチンゲールの生涯と彼女の業績に関する展示がされている。

Map P.70-71③C3
🚇地下鉄ウォータールー駅Waterloo下車　🏠St Thomas' Hospital, 2 Lambeth Palace Rd., SE1 7EW ☎(020) 7188 4400 URL www.florence-nightingale.co.uk 🕐10:00〜17:00 ※最終入場16:30 休月・火 (7/11〜9/24は火曜オープン)、1/1、イースター、12/23〜26 料£12 学生£10
フラッシュ不可

ウェストミンスター周辺

ハウスホールド騎兵隊博物館
Household Cavalry Museum

ホース・ガーズ (→P.120) に併設された博物館。騎兵隊の歴史などを解説している。

Map P.70-71③B2
🚇地下鉄チャリング・クロス駅Charing Cross ／ウェストミンスター駅Westminster下車
🏠Whitehall, SW1A 2AX　☎(020) 793 03070
URL www.householdcavalrymuseum.co.uk
🕐4〜10月10:00〜18:00　11〜3月10:00〜17:00
休11〜3月の月・火、イースター、ロンドン・マラソン開催日、12/24〜26　料£10　学生£8

ウェストミンスター周辺

バンケティング・ハウス
Banqueting House

16、17世紀に英国王室の宮殿として使われたホワイトホール宮殿のなかで、火事での焼失を免れた建物。最大の見どころは、何といってもルーベンスによる大天井画。ピューリタン革命では、この建物の前でチャールズ1世 P.608 の斬首が行われたことでも知られる。建物は現在でも晩餐会などが開かれる。

Map P.70-71③B2
🚇地下鉄チャリング・クロス駅Charing Cross ／ウェストミンスター駅Westminster下車
🏠Whitehall, SW1A 2ER
☎(020) 3166 6000 URL www.hrp.org.uk
🕐月に1回程度 (おもに第1日曜) に催行されるツアーでのみ訪問可能
料£12.50　フラッシュ不可　⏺予約必須

バッキンガム宮殿周辺

アプスリー・ハウス
Apsley House

ワーテルローの戦いでナポレオンを破ったことで知られるウェリントン公爵 P.606 が住んでいた屋敷。ケンジントン・ガーデンズ方面からロンドン中心部に来るときの最初の建物だったことから、ナンバー・ワン・ロンドンとも呼ばれている。内部はウェリントン公爵の生涯にスポットを当てた展示がされているほか、彼が国王から賜った絵画などのコレクションがあり、見応えがある。

Map P.66-67①A3
🚇地下鉄ハイドパーク・コーナー駅Hide Park Corner下車
🏠149 Piccadilly, W1J 7NT
☎(020) 7499 5676
URL www.wellingtoncollection.co.uk
🕐4〜12月11:00〜17:00　1〜3月10:00〜16:00
休4〜12月の月・火、1〜3月の月〜金、12/23〜1/3
料£12.70〜14.50　学生£11.30〜12.70
内部撮影不可

見どころ

ピカデリー・サーカス周辺

王立芸術院
Royal Academy of Arts

1768年に創設されたイギリス最初のアート・スクール。ここの企画展は内容が充実していることで知られており、毎回話題になる。

Map P.66-67①B2
🚇地下鉄ピカデリー・サーカス駅Piccadilly Circus 下車
🏠Burlington House, W1J 0BD
☎(020)7300 8000
🌐www.royalacademy.org.uk ▦
🕐10:00～18:00（金10:00～21:00） 休月、12/24～26
💴無料（企画展有料）　フラッシュ不可

ピカデリー・サーカス周辺

ナショナル・ポートレート・ギャラリー
National Portrait Gallery

ナショナル・ギャラリーに隣接する、肖像画に特化した美術館。イギリスを代表する偉人の肖像画が1万1000点以上展示されている。

3階はテューダー朝から18世紀の王侯貴族、2階はおもにヴィクトリア朝期や20世紀の人物の絵画を集めている。

Map P.70-71③B1
🚇地下鉄チャリング・クロス駅Charing Cross下車
🏠St Martin's Pl., WC2H 0HE
☎(020)7306 0055　🌐www.npg.org.uk ▦
🕐10:30～18:00（金・土10:30～21:00）
※最終入場は閉館の30分前　休12/24～26
💴無料（企画展有料）
フラッシュ不可

大英博物館周辺

フリーメイソンズ・ホール
Freemason's Hall

フリーメイソンズ・ホールは、イングランドとウェールズのフリーメイソンを統括するイングランド合同グランドロッジの本拠地。アール・デコの建物内部には博物館があり、グランド・テンプルも見学することもできる。併設するショップでは、さまざまなフリーメイソングッズが手に入る。

Map P.66-67①D1
🚇地下鉄ホーバン駅Holborn下車
🏠60 Great Queen St., WC2B 5AZ
☎(020)7831 9811　🌐www.ugle.org.uk ▦
🕐9:30～17:00　休日、不定期　💴セルフガイド£5
ガイドツアー£12.50～　フラッシュ不可

大英博物館周辺

ジョン・ソーン博物館
Sir John Soane's Museum

ジョン・ソーンはイングランド銀行の設計などで知られる、18～19世紀にかけてのイギリスを代表する建築家。彼が暮らした家は当時のままに博物館として開放されている。

Map P.74-75⑤C3
🚇地下鉄ホーバン駅Holborn下車
🏠13 Lincoln's Inn Fields, WC2A 3BP
☎(020)7405 2107　🌐www.soane.org
🕐10:00～17:00　※最終入場16:30
休月・火、1/1、12/24～26　💴無料　フラッシュ不可

オックスフォード・サーカス周辺

ウォレス・コレクション
The Wallace Collection

サー・リチャード・ウォレスのコレクション。ヨーロッパの絵画、家具、調度品から武具まで、コレクションの範囲は幅広く、それぞれ貴重なものばかり。イギリスの絵画はもちろんのこと、イタリア・ルネッサンス、フランドル絵画などにも出合える。

Map P.66-67①A1
🚇地下鉄ボンド・ストリート駅Bond Street下車
🏠Hertford House, Manchester Sq., W1U 3BN
☎(020)7563 9500
🌐www.wallacecollection.org ▦
🕐10:00～17:00　休12/24～26　フラッシュ不可
💴無料（企画展有料）

オックスフォード・サーカス周辺

ヘンデルとヘンドリックスの家
Handel & Hendrix in London

『メサイア』の作曲者として知られ、「音楽の母」とも呼ばれるヘンデルが、1723～1759年まで生活していた家を利用した博物館。隣のブルック・ストリート23には、ジミ・ヘンドリックスが1968～1969年にかけて住んでいた部屋があり、こちらの見学もできる。入口はブルック・ストリートから一本入ったランカシャー・コートLancashire Court沿いにある。

Map P.66-67①B2
🚇地下鉄ボンド・ストリート駅Bond Street下車
🏠25 Brook St., W1K 4HB　☎(020)7495 1685
🌐handelhendrix.org
🕐10:00～17:00　※最終入場16:00
休月・火、イースター、クリスマス休暇
💴£14　学生£10　フラッシュ不可

大英図書館
The British Library

館内の豊富なコレクションで有名。『マグナ・カルタ』 P.610 の原本、グーテンベルクの活版印刷によって刷られた聖書、リンディスファーン島で作られた装飾書、さらにファン垂涎のビートルズの自筆の歌詞など、貴重な本、文書などを揃えている。蔵書数は1億7000万点以上を誇る。

Map P.74-75⑤B1
🚇地下鉄キングズ・クロス／セント・パンクラス駅 King's Cross／St. Pancras下車
🏠96 Euston Rd., NW1 2DB
☎0330 333 1144　URL www.bl.uk
🕐9:30～20:00（金9:30～18:00、土9:30～17:00、日・祝11:00～17:00）
🚫1/1、12/25　💰無料　内部撮影不可

ディケンズの家
The Charles Dickens Museum

『クリスマス・キャロル』の作者として日本でも有名なチャールズ・ディケンズ P.608 が1837年～1839年まで住んでいた家。『ニコラス・ニックルビー』や『オリバー・ツイスト』といった作品が、この家で書かれた。

Map P.74-75⑤C2
🚇地下鉄ラッセル・スクエア駅 Russell Square下車
🏠48 Doughty St., WC1N 2LX　☎(020)7405 2127　URL www.dickensmuseum.com 🚺
🕐10:00～17:00　🚫月・火（祝日の月曜はオープン）、12/25　💰£12.50　学生£10.50　フラッシュ不可

ホワイトチャペル・ギャラリー
Whitechapel Gallery

現代のアーティストたちの作品が多く、時代の勢いを感じさせてくれる。展示はすべて企画展で、季節によって内容が異なる。

Map P.72-73④D1
🚇地下鉄オルドゲート・イースト駅 Aldgate East下車
🏠77-82 Whitechapel High St., E1 7QX
☎(020)7522 7888
URL www.whitechapelgallery.org
🕐11:00～18:00（木11:00～21:00）
🚫月・祝　💰無料（企画展有料）　内部撮影不可

大火記念塔
The Monument

1666年9月2日に起きたロンドン大火の記念碑。焼けた家屋は約1万3000戸で市の面積の3分の2（東京ドーム約35.5個分）が灰になり、数万人が焼け出された大災害になってしまった。

これは大火後にクリストファー・レン P.606 が設計した作品のひとつ。出火した地点から202フィート（60m）離れた所に高さ202フィートの大火記念塔が建てられ、311段の階段で上がることもできる。しかし、エレベーターがないので体力はかなり必要だ。

Map P.72-73④C2
🚇地下鉄モニュメント駅 Monument下車
🏠Fish St Hill, EC3R 8AH　☎(020)7403 3761
URL www.themonument.info
🕐9:30～13:00　14:00～18:00
※最終入場は閉館の30分前　🚫12/24～26
💰£6　学生£4.50

イングランド銀行博物館
Bank of England Museum

バンクの中心にあるイングランド銀行に併設されている博物館。博物館では、創立された1694年から現在までの銀行や通貨の歴史を解説するとともに、現在のイングランド銀行の役割についても紹介する展示がされている。紙幣の原版や、イングランド銀行が発行してきたさまざまな紙幣などが展示されており、ローマ時代の金の延べ棒もある。このほか美術品や装飾品のコレクションなども充実している。

Map P.72-73④C2
🚇地下鉄バンク駅 Bank下車
🏠Bartholomew Ln., EC2R 8AH
URL www.bankofengland.co.uk
🕐10:00～17:00（第3木曜10:00～20:00）
※最終入場16:30　🚫土・日・祝　💰無料
フラッシュ不可

見どころ

シティ周辺
ギルドホール
Guildhall

1411年にギルド統治の中心として建設され、グランド・ホールでは今も市長の晩餐会や講演会、定例の市議会が開催されている。アート・ギャラリーのコレクションは4500点以上。地下にはローマ時代の円形闘技場跡が残る。

Map P.72-73④B1
🚇地下鉄バンク駅Bank下車
🏠Gresham St., EC2V 7HH　☎(020)7332 1313
URL www.cityoflondon.gov.uk/guildhall
※グレートホールは月に1回のツアーで見学可。要予約
●ギルドホール・アート・ギャラリー
🕐10:30〜16:00　🎫無料　休1/1、12/25・26
フラッシュ不可

シティ周辺
聖バーソロミュー・ザ・グレイト教会
St Bartholomew the Great

1123年に創建され、1666年のロンドン大火でも被害を免れたロンドンに現存する最古の教会。ヒュー・グラント主演の『フォー・ウエディング』をはじめ、多くの映画のロケ地としても有名。

Map P.72-73④A1
🚇地下鉄バービカン駅Barbican下車
🏠West Smithfield, EC1A 9DS
☎(020)7600 0440
URL www.greatstbarts.com
🕐10:00〜17:00（日13:00〜17:00）
休イベント時（ウェブサイト参照）
🎫寄付歓迎　フラッシュ不可

ファリンドン周辺
聖ヨハネ騎士団博物館
Museum of the Order of St John

聖ヨハネ騎士団の修道院が置かれていた所に建つ博物館。11世紀から現在までの騎士団の歴史について紹介している。

Map P.65
🚇地下鉄ファリンドン駅Farringdon下車
🏠St John's Gate, St John's Ln., EC1M 4DA
☎(020)7324 4005　URL museumstjohn.org.uk
🕐10:00〜17:00
※1時間のガイドツアーを週に数回開催。£12
休日〜火　🎫無料　フラッシュ不可

ファリンドン周辺
チャーターハウス
Charterhouse

チャーターハウスは、もともと修道院だった建物だが、その後イングランド屈指の名門パブリックスクール、チャーターハウス校になり、さらに1872年に学校がケント州のより広い場所に移転した後は、約40人ほどの身寄りのない老人が暮らす救貧院となっている。

内部はガイドツアーで見学でき、チャーターハウス・ツアー Charterhouse Tourとブラザーズ・ツアー Brother's Tourのふたつがある。

Map P.72-73④A1
🚇地下鉄バービカン駅Birbican、ファリンドン駅Farringdon下車
🏠Charterhouse Sq., EC1M 6AN
☎(020)3818 8873
URL www.thecharterhouse.org
🕐10:30〜16:30
チャーターハウス・ツアー火〜土11:00 14:15
ブラザーズ・ツアー木・土14:15
休月・日　🎫入場無料　チャーターハウス・ツアー £15、ブラザーズ・ツアー £20

チェルシー周辺
ロイヤル・ホスピタル・チェルシー
Royal Hospital Chelsea

ホスピタルといっても一般的な病院ではなく、1692年にイギリス陸軍の退役兵が暮らすために建てられた施設。内部にある礼拝堂ChapelとグレートホールGreat Hallはクリストファー・レン P.606設計のもの。同じくレン設計の建物としては、グリニッジの旧王立海軍学校（→P.183）があるが、こちらはもともと海軍の退役兵が暮らすための施設だった。チェルシー・フラワー・ショー（→P.34）の会場としても有名。

Map P.68-69②A3
🚇地下鉄スローン・スクエア駅Sloane Square下車
🏠Royal Hospital Rd., SW3 4SR
☎(020)7881 5200
URL www.chelsea-pensioners.co.uk
🕐10:00〜16:00（ショップ9:30〜16:30）
休土・日、1/1、12/25　🎫無料　ツアー £15
※2023年6月現在、博物館は閉鎖中

テート・ブリテン
Tate Britain

美術館内は17～19世紀の英国絵画、20世紀の英国絵画とターナー・コレクションの3部門に分かれている。特にターナーはイギリスが世界に誇る画家であり、世界最大の収蔵点数を誇る。ミレーなどのラファエル前派、ウイリアム・ブレイクの作品なども秀逸。企画展も定評がある。

Map P.68-69②D3
地下鉄ピムリコ駅Pimlico下車
Millbank, SW1P 4RG
TEL (020) 7887 8888　URL www.tate.org.uk
10:00～18:00　※最終入場17:30
休12/24～26　無料（企画展有料）
一部撮影不可　　フラッシュ不可

帝国戦争博物館
Imperial War Museum

かつて病院だった建物を利用している博物館。コレクションの中心は、第1次・第2次世界大戦期のもので、中東で活躍したT.E.ロレンス関連の写真などを見ることができる。また、吹き抜けの大ギャラリーでは、陸、海、空の兵器が展示されており迫力がある。

Map P.70-71③D3
地下鉄ランベス・ノース駅Lambeth North下車
Lambeth Rd., SE1 6HZ
TEL (020) 7416 5000　URL www.iwm.org.uk
10:00～18:00　休12/24～26
無料　一部撮影不可　　フラッシュ不可

ヘイワード・ギャラリー
Hayward Gallery

サウスバンク・センターを構成する文化施設のひとつ。常設展はなく、企画展示のみとなっている。

Map P.70-71③C2
地下鉄ウォータールー駅Waterloo下車
Belvedere Rd., SE1 8XX　TEL (020) 3879 9555
URL www.southbankcentre.co.uk　10:00～18:00
（土～20:00）　休月・火　料展示により異なる
内部撮影不可

アビー・ロード
Abbey Road

ビートルズがアルバム『アビー・ロード』のジャケット写真を撮影したことで一躍有名になった通り。多くの旅行者がここで写真撮影に挑戦している。

Map P.76-77⑥A1外
地下鉄セント・ジョンズ・ウッド駅St. Johns Wood下車
3 Abbey Rd., NW8 9AY（アビー・ロード・スタジオ）
URL abbeyroad.com

デザイン・ミュージアム
Design Museum

家具や建築、工業製品など、さまざまなテーマにわたって現代のデザインを紹介する博物館。2018年にはヨーロピアン・ミュージアム・オブ・ザ・イヤーを受賞した。常設展示もあるが、規模はそれほど大きくない。企画展の質の高さに定評がある。

Map P.84-85⑩B3
地下鉄ハイ・ストリート・ケンジントン駅High Street Kensington下車
224 - 238 Kensington High St., W8 6AG
TEL (020) 3862 5900　URL designmuseum.org
10:00～17:00（金～日10:00～18:00）
休12/24～26　無料（企画展有料）
フラッシュ不可

フラーズ・ブリュワリー
Fuller's Brewery

1845年創業の老舗で、小さいながらも高い人気を誇るブリュワリー。ロンドン・プライドLondon Prideというペールエールが代表的な銘柄。

Map P.181-A1　地下鉄トテナム・グリーン駅Tottenham Greenで下車。徒歩15～20分。
Chiswick Ln. South, W4 2QB
TEL (020) 8996 2664　URL fullersbrewery.co.uk
10:00～18:00（日12:30～17:00）
見学ツアー11:00～15:00（金11:00～16:00）に1時間ごと（所要約1時間45分）
休月・祝　料£25（見学ツアー）　予約必須

シアター・演劇ガイド

London Theatre Guide

ロンドンは、芝居やミュージカルの本場。チケットの料金もそれほど高くないので、ぜひこの機会に観劇を楽しみたい。人気の演目は予約が必要だが、多くは当日に行って観ることができる。

情報収集 まずは、どこでどんな公演が行われているかをチェック。情報誌で最もポピュラーなのは、『タイムアウトTime Out』。世界中の都市で発行されている情報誌だ。また、英国政府観光庁が発行するロンドン情報誌『ロンドン・プランナーLondon Planner』や、ソサイエティ・オブ・ロンドン・シアターが発行する『オフィシャル・ロンドン・シアター・ガイドThe Official London Theatre Guide』といった冊子も基本的な情報はおさえている。なお、これらの情報誌は無料で入手可能。

レスター・スクエアにあるtkts

■**ソサイエティ・オブ・ロンドン・シアター**
TEL (020)7557 6700
URL www.officiallondontheatre.co.uk

ヨーロッパ最大ともいわれる文化施設、バービカン・センター

チケット購入ガイド

ウェブで購入

公式ウェブサイトのほか、チケットマスターなどのチケット予約サイトを通して購入する。チケットの受け取り方は、いくつか選べる場合もあるが、eチケットで、指定したメールアドレス宛に送ってもらうのが一般的。eチケットはプリントアウトしてもよいが、スマホに入れて必要なときに提示するだけでもよい。

●**チケットマスター**
URL www.ticketmaster.co.uk
●**シー・チケッツ**
URL www.seetickets.com

各劇場のボックスオフィス

劇場のボックスオフィスに直接行って、座席表を見ながら購入する。また、ある程度の英語力が必要になるが、電話でも購入が可能。チケットの受け取りはボックスオフィスで行う。

チケットエージェンシー

ボックスオフィスで売り切れの公演や、よい座席のチケットが手に入ることもあるが、その分手数料も高額。どうしても見たい公演があるのなら利用を考えてもよいが、複数の店舗を回って相場を確認したりして、ボったくられないように注意が必要。

tkts

レスター・スクエアの南側にあるチケットオフィス。売れ残った当日券および翌日、翌々日のチケットを割引料金で販売している。人気の高い公演のチケット入手は当然難しいが、朝早く並べば手に入るかもしれない。なお、手数料£3（割引なしのフル・プライス・チケットは£1）が含まれている。

■**tkts**
Map P.66-67①C2
TEL 地下鉄レスター・スクエア駅Leicester Square下車
住 The Lodge, Leicester Sq., WC2H 7DE
URL www.tkts.co.uk
開 10:30～18:00（日12:00～16:30）
休 12/25 ―MV

当日券

劇場によっては一定数の座席を当日券として確保しており、公演当日にボックスオフィスで販売している。どうしても観たい公演がある人は、早めに並んで手に入れよう。劇場によっては枚数制限があることも。

リターンチケット

チケットが売り切れでも、当日キャンセルされたチケットが再びボックスオフィスで販売されるのを狙って買うという方法がある。販売時間は劇場により異なり、人気の演目では販売の数時間前から行列ができる。

スタンバイチケット

多くの劇場では、開演の直前になると売れ残ったチケットをボックスオフィスで割安で売り出すスタンバイというシステムがある。販売開始時間は劇場によって多少の違いはあるが、だいたい開演の1～2時間前ぐらいから。また、購入には学生や未成年、60歳以上といった制限が設けられており、これも劇場ごとに異なっている。購入時には学生証や身分証明書の提示を求められる。

ロンドンのおもな劇場、コンサートホール

ナショナル・シアター
National Theatre

テムズ河沿いにあるナショナル・シアター

1976年に建てられた国立劇場。中には、大劇場のオリヴィエOlivier、中劇場のリトルトンLytteltonのほか、小劇場のドーフマンDorfmanの3つの劇場がある。スケジュールは日替わりなので、情報誌やウェブサイトで確認を。前売券の売り場は、正面西側の入口から入った所にある。

Map P.70-71③C1·2
🚇地下鉄ウォータールー駅Waterloo下車
🏠South Bank, SE1 9PX　📞(020)3989 5455
🌐www.nationaltheatre.org.uk
●バックステージツアー
🕐月〜金17:00　土12:00
休日、不定期　💷£15　学生£13
◎予約必須　内部撮影不可

バービカン・センター
Barbican Centre

かつてはロイヤル・シェイクスピア・カンパニーRoyal Shakespeare Company (RSC)のロンドンの本拠地だった。中にはバービカン・シアターBarbican Theatreという大劇場とザ・ピットThe Pitという小劇場がある。バービカン・シアターで上演されるのは現代劇が中心。ザ・ピットでは実験劇などが上演されている。

バービカン・ホール
Barbican Hall

バービカン・センター内にあるコンサートホールで、ロンドン交響楽団とBBC交響楽団が本拠地としている。クラシックだけでなく、ジャズやロック、ソウルといった現代音楽のコンサートも開かれる。

Map P.72-73④B1
🚇地下鉄ムーアゲイト駅Moorgate、またはバービカン駅Barbican下車
🏠Silk St., EC2Y 8DS　📞(020)7870 2500
🌐www.barbican.org.uk

シェイクスピア・グローブ・シアター
Shakespeare's Globe Theatre

シェイクスピアの時代に、実際にシェイクスピア劇が演じられていたグローブ座を、当時の場所に当時の建築様式で復元した劇場。当時の環境と演出でシェイクスピア劇が楽しめる。上演は、4〜10月。

Map P.72-73④B2
アクセス、シアターツアーの詳細はP.138参照

ロイヤル・オペラ・ハウス
Royal Opera House

オペラは世界的に有名な指揮者や歌手が連日登場し、バレエは、世界の一流カンパニーである英国王立バレエ団によって、クラシックから現代作品まで幅広いレパートリーが上演される。

Map P.66-67①D2
🚇地下鉄コヴェント・ガーデン駅Covent Garden下車
🏠Bow St., Covent Garden, WC2E 9DD
📞(020)7304 4000　🌐www.roh.org.uk
●バックステージツアー
🕐1日に1〜4回催行　※日によって開催されない回もあり、要確認　休日ほか不定期　💷£19　学生£16.75
◎予約必須　内部撮影不可

ロイヤル・アルバート・ホール
Royal Albert Hall

イギリスで最も有名なコンサートホール

1870年に建てられた歴史あるホール。ここで毎年7月中旬〜9月中旬に、1895年以来の歴史をもつヘンリー・ウッド・プロムナード・コンサートHenry Wood Promenade Concert(略称プロムスProms)というイベントが行われる。期間中には、ロンドンの5大オーケストラをはじめ、さまざまなコンサートが毎日開かれる。

Map P.82-83⑨B3
🚇地下鉄サウス・ケンジントン駅South Kensingtonまたはナイツブリッジ駅Knights-bridge下車
🏠Kensington Gore, SW7 2AP
📞(020)7589 8212　🌐www.royalalberthall.com
●プロムス　🌐www.bbc.co.uk/proms
※2023年は7/14〜9/9

ロイヤル・フェスティバル・ホール
Royal Festival Hall

おもにクラシックのコンサートが開催される

サウスバンク・センター・コンプレックスSouthbank Centre Complex内にある、ロンドンを代表するホール。フィルハーモニア管弦楽団、ロンドン・フィルハーモニー管弦楽団などの公演が中心。一流演奏家の出演も多い。

Map P.70-71③C2
🚇地下鉄ウォータールー駅Waterloo下車
🏠Belvedere Rd., SE1 8XX　📞(020)3879 9555
🌐www.southbankcentre.co.uk

ロンドンで公演中の人気ミュージカル&舞台

見どころ

オペラ座の怪人
The Phantom of the Opera
映画で予習　音楽を予習

TEL(020)7087 7762
URL www.thephantomoftheopera.com
開月～土19:30～、マチネ水・土14:30～
●19世紀末にパリのオペラ座で、クリスティーヌという若手歌手にファントム（怪人）が恋する物語。

ハー・マジェスティーズ・シアター Her Majesty's Theatre
Map P.66-67 ①C2　住Heymarket, SW1Y 4QR
地下鉄ピカデリー・サーカス駅Piccadilly Circus下車

レ・ミゼラブル
Les Misérables
映画で予習　原作で予習

TEL0344 482 5137　URL london.lesmis.com
開月～土19:30～、マチネ水・土14:30～
●現在ウエストエンドで最も長く続いているミュージカル。原作はヴィクトル・ユゴーの小説『ああ無情』。

ソンドハイム・シアター Sondheim Theatre
Map P.66-67 ①C2
住51 Shaftesbury Av., W1D 6BA
地下鉄レスター・スクエア駅Leicester Square下車

ライオン・キング
The Lion King
映画で予習　ファミリー向け

TEL0844 871 3000　URL www.thelionking.co.uk
開火～土19:30～、マチネ水・土14:30～
●ディズニー映画でおなじみ。アフリカのサバンナを彷彿とさせる舞台や音楽、衣装がユニークで見応えがある。

ライシアム・シアター Lyceum Theatre
Map P.70-71 ③C1
住21 Wellington St., WC2E 7RQ
地下鉄コヴェント・ガーデン駅Covent Garden下車

マチルダ
Matilda the Musical
原作で予習　ファミリー向け

TEL(020)3925 2998　URL uk.matildathemusical.com
開火～金19:00～、土19:30～
　マチネ水14:00～、土14:30～、日15:00～
●ロアルド・ダールの『マチルダは小さな大天才』が原作。劇中で歌われる『When I Grow Up』も有名。

ケンブリッジ・シアター Cambridge Theatre
Map P.66-67 ①D2
住Seven Dials, 32-34 Earlham St., WC2H 9HU
地下鉄コヴェント・ガーデン駅Covent Garden下車

アナと雪の女王
Frozen
映画で予習　ファミリー向け

URL frozenthemusical.co.uk
開水～土19:00～、日17:30～、
　マチネ木14:00～、土14:30～、日13:00～
●日本でも大ヒットしたディズニー映画の舞台化。エルサが歌う『レット・イット・ゴー Let It Go』など見どころが盛りだくさん。映画でおなじみの曲はもちろん、ミュージカル用に追加された新曲も多数。

シアター・ロイヤル・ドルリー・レーン
Theatre Royal Drury Lane Map P.66-67 ①D2
住Catherine St., WC2B 5JF
地下鉄コヴェント・ガーデン駅Covent Garden下車

ウィキッド
Wicked
原作で予習

TEL0844 871 3001
URL www.wickedthemusical.co.uk
開火～土19:30～、マチネ水・土・日14:30～
●『オズの魔法使い』の物語で語られなかった秘密を、西の悪い魔女エルファバの視点から描いたミュージカル。

アポロ・ヴィクトリア・シアター Apollo Victoria Theatre
Map P.68-69 ②B2
住Wilton Rd., SW1V 1LG
地下鉄ヴィクトリア駅Victoria下車

マンマ・ミーア！
Mamma Mia!
映画で予習　音楽を予習

TEL0844 482 5115　URL www.mamma-mia.com
開月・水～土19:30～、マチネ木・土15:00～、日14:30～
●ギリシアの小さな島を舞台に、母と娘のドタバタを描いた心あたたまる作品。劇中曲はすべてアバのヒット曲。

ノヴェロ・シアター Novello Theatre Map P.70-71 ③C1
住Aldwych, WC2B 4LD
地下鉄コヴェント・ガーデン駅Covent Garden下車

ミセス・ダウト
Mrs. Doubtfire
映画で予習

TEL(020)7379 5399　URL www.mrsdoubtfiremusical.co.uk
開月～土19:30～、マチネ木・土14:30～（2024年1月以降水～土19:30～、マチネ木・土14:30～、日15:30～）
●離婚された俳優が、家政婦に変装して妻の家庭に潜り込む。日本でも人気となった映画の舞台化。

シャフツベリー・シアター Shaftesbury Theatre
Map P.66-67 ①D1
住210 Shaftesbury Ave., WC2H 8DP
地下鉄トテナム・コート・ロード駅Tottenham Court Road下車

バック・トゥ・ザ・フューチャー
Back to the Future
2022年オリヴィエ賞ベスト新ミュージカル

URL www.backtothefuturemusical.com
開月・水～土19:30～、マチネ木・土14:30～、日15:00～
●1980年代に大ヒットした映画の舞台化。主人公マーティ・マクフライがデロリアンを改造したタイムマシンに乗り、1985年から1955年へとタイムスリップする。

アデルフィ・シアター Adelphi Theatre Map P.70-71 ③B1
住409-412 Strand, WC2R 0NS
地下鉄チャリング・クロス駅Charing Cross下車

ハリー・ポッターと呪いの子
Harry Potter & The Cursed Child

URL www.harrypottertheplay.com
●映画も大ヒットした児童文学の傑作を舞台化。本編完結から19年後、大人になったハリーとその息子アルバス・セブルス・ポッターの冒険を描く。

	水	木	金	土	日
パート1	14:00		14:00	14:00	13:00
パート2	19:00		19:00	19:00	18:00

※舞台は2部構成でチケットは別途必要。土・日は通し販売のみ

パレス・シアター Palace Theatre Map P.66-67 ①C2
住Shaftesbury Av., W1D 5AY
地下鉄レスター・スクエア駅Leicester Square下車

ロンドンの
ショッピングエリアとマーケット

ロンドンは買い物天国。有名ショッピング・ロードには世界に名だたるブランドショップが並んでいる。ロンドンでは年2回、夏は6月末から7月下旬、冬はクリスマスのあとから1月下旬まで大きなセールが行われる。雑貨やアンティークなど、個性豊かなマーケットも各地で開催されている。

若者でにぎわうにぎやかなマーケット
カムデン・ロック・マーケット
Camden Lock Market

`食料品` `骨董品` `古書` `スポーツ` `カジュアルファッション` `アクセサリー`

カムデン・タウン駅を降りて、リージェンツ運河を越えた所。若者に人気の高いマーケットで、数え切れないほど

ユニークな雑貨が数多く揃う

の店が通りを埋め尽くしている。小物や本、衣類、食料品など何でもある。いつも混み合っているので、スリには注意しよう。

Map P.76-77⑥D1外
🚇地下鉄カムデン・タウン駅Camden Town
🕙10:00～18:00頃（店により異なる）
🔗www.camdenmarket.com

イギリスを代表する骨董市
ポートベロー・マーケット
Portobello Market

`食料品` `インテリア` `骨董品` `古着` `アクセサリー` `靴`

掘り出し物を求める観光客だけでなく、アンティークディーラーたちも足を運ぶロンドン最大のアンティークマーケット。ノッティ

アンティーク好きは必見

ング・ヒル・ゲート駅の周辺がアンティーク市で、近くには生鮮食品の市場や、がらくた市もある。出店数が最も多いのは土曜。

Map P.84-85⑩B1
🚇地下鉄ノッティング・ヒル・ゲート駅Notting Hill Gate 🕙月～水9:00～18:00、木9:00～13:00、金土9:00～19:00 🔒日
🔗www.portobelloroad.co.uk

ロンドン動物園◉
リージェンツ・パーク

ハイド・パーク

ハロッズやハーベイ・ニコルズがある
ナイツブリッジ～キングズ・ロード
Knightsbridge ～ King's Road

`街歩きMAP→P.144`

ナイツブリッジ　有名なデパート、ハロッズがあるエリア。スローン・ストリートには、最新モードの発信基地として有名なハーベイ・ニコルズHarvey Nicholsもある。

キングズ・ロード　パンク発祥の地として有名だが、おしゃれな生活雑貨のショップが点在することでも知られている。カジュアル系のショップも多い。

ロンドンで最も有名なデパート、ハロッズはナイツブリッジにある

おもしろ雑貨とアンティーク
オールド・スピタルフィールズ・マーケット
Old Spitalfields Market

`食料品` `カジュアルファッション` `アクセサリー` `骨董品` `アート` `インテリア`

ヴィクトリア朝時代の倉庫内で行われている。衣類やハンドメイドのアクセサリーをはじめ、絵画、CD、食料品までジャンルはさま

広大な倉庫に店が乱立する

ざま。また、テイクアウエイの屋台などもあり、イートインのスペースで食事もできる。平日も店は出ているが、出店数が多くなる金曜が狙い目。

Map P.72-73④D1
地下鉄リヴァプール・ストリート駅Liverpool Street
10:00〜20:00（木8:00〜18:00、土10:00〜18:00、日10:00〜17:00)
oldspitalfieldsmarket.com

テムズ河　　　●ロンドン塔

●ロンドン・アイ

グ・ベン
リザベス・
ー)

今も昔も多くのショップが並ぶ
コヴェント・ガーデン
Covent Garden

街歩きMAP→P.134

`カジュアルファッション` `靴` `貴金属` `アクセサリー` `コスメ` `書籍`

ロンドンの最新トレンドを知るならここ。ザ・マーケットThe Marketと呼ばれるモールがあり、アンティークやハンドメイドのアクセサリーなどを販売している。ニール・ストリートをはじめ、周辺にもおしゃれなショップが多い。

食材が自慢のグルメ市場
バラ・マーケット
Borough Market　`食料品`

サウスバンクにある、ロンドンでも屈指の歴史を誇る古い市場。良質なイギリス産チーズやリンゴ酒、手作りのスイーツ、オーガニックの生鮮食品などを扱う。イギリスはもとより、ヨーロッパ中からさまざまな食材が集まる。

Map P.72-73④B3
地下鉄ロンドン・ブリッジ駅London Bridge
10:00〜17:00（土9:00〜17:00、日10:00〜16:00)　休月
boroughmarket.org.uk

人気のパエリヤ屋台

カジュアルファッションの最先端
オックスフォード・ストリート周辺
Oxford Street, Regent Street

街歩きMAP→P.128

オックスフォード・ストリート　ロンドンの中心部を東西に貫く目抜き通りで、ヨーロッパ屈指のショッピングストリート。有名デパートからファストファッションのショップまでが並ぶ。
リージェント・ストリート（北側）　老舗デパートのリバティがある高級ショッピング街。ファッション関係の有名ショップがずらりと並ぶ。
マウント・ストリート　高級住宅街のメイフィアにある。話題のブティックが続々オープンしている、ロンドンで最も注目されているストリート。

ロンドンのへそ
ピカデリー・サーカス周辺
Piccadilly Circus

街歩きMAP→P.126

リージェント・ストリート（南側）　ピカデリー・サーカスの西側から美しい弧を描く通りはロンドンを代表する風景。カジュアルや高級ブランドのショップやカフェなどが軒を連ねている。
ピカデリー　ピカデリー・サーカスから南西に延びる通り。ウォーターストーンズやハッチャーズ（→P.127）といった大きな書店がある。
ジャーミン・ストリート　ピカデリーの南にある短い通り。王室御用達など、老舗ショップのほか画廊などが点在している。

159

LONDON HOTEL GUIDE

ロンドンでは、ユースホステルから最高級ホテルまで、あらゆる種類の宿が揃っているが、イギリスのほかの町に比べて全般的に値段は高め。また、夏期は混み合うので、予約しておいたほうがいいだろう。おもにホテル街と呼ばれるのはパディントン駅、キングズ・クロス駅、ヴィクトリア駅、アールズ・コート駅周辺で中級ホテルやホステルが並ぶ。

パディントン駅～ハイド・パーク周辺
・ヒースロー空港に近い
・コッツウォルズ方面への列車が発着する
・夜は静か

　小規模な中級ホテルが多く、ホステルの数が少ないのが特徴。季節にもよるが中心部に近い割に宿泊費が安いことから旅行者に人気のエリアだ。ヒースロー・エクスプレスが発着するパディントン駅から近いので帰国する前の日はこのエリアに宿泊すれば安心。ただし、レストランの数はあまり多くない。

ヴィクトリア駅東側
・国会議事堂やバッキンガム宮殿に近い
・南海岸方面の列車が発着する
・ホテルの部屋はシンプル

　ヴィクトリア駅周辺はロンドンの中心部に最も近いホテル街。駅の東側には規模の小さい高級ホテルや中級ホテルが並んでいる。基本的に部屋は小さくてシンプルだが、料金が低く設定されている宿が多いのが魅力。ただし、駅の周り以外はレストランの少ないエリアなので、食事はあまり期待できない。

キングズ・クロス駅～大英博物館周辺
・大英博物館に近い
・エディンバラ、ヨーク方面への列車が発着する
・ホステルが多い

　キングズ・クロス駅はロンドンの北の玄関口ともいえる。駅から少し離れれば、中級ホテルが点在する。ホステルが多く、節約型のバックパッカーにおすすめ。
少し料金は上がるが、大英博物館の周辺にもホテルやホステルがいくつか並んでいる。周囲はレストランの数も多いうえに中心部まで徒歩圏内なので狙い目。

アールズ・コート駅～グロスター・ロード
・ケンジントンやナイツブリッジに近い
・ヒースロー空港への地下鉄が発着する
・中心部から少し遠い

　ほかのエリアに比べて中心部から離れているので、ホテルの料金は比較的安くなっている。とはいえ、ピカデリー・サーカスまでは地下鉄ピカデリー・ラインで1本なので、観光にはあまり支障がないだろう。アールズ・コート駅からバークストン・ストリートBarkston St.に入ると、ホテルが何軒も並んでいる。

最高級 197室 クラリッジ Claridge's

Map P.66-67 ① A2 ⊖ボンド・ストリート駅 Bond Street

TV / 全室 全室 希望者 全室 有料 無料 Wi-Fi

住Brook St., W1K 4HR
TEL(020)7629 8860
URL www.claridges.co.uk
ŧ/ŧŧ☎➡➡£840〜
━ADJMV

イギリス貴族、名士たちをはじめ、世界中の上流階級の人たちに愛されている、ロンドンを代表するホテル。1812年創業で、200年以上の伝統に裏打ちされたサービスはさすがに洗練されている。

1837年の創業の老舗
ブラウンズ Brown's Hotel

最高級 115室

Map P.66-67 ① B2
⊖グリーン・パーク駅Green Park

TV / 全室 全室 希望者 全室 有料 無料 Wi-Fi

住33 Albemarle St., W1S 4BP
TEL(020)7493 6020
URL www.roccofortehotels.com
ŧ/ŧŧ☎➡➡£600〜
━ADJMV
レストラン圏12:00〜22:00（バー〜24:00）

グラハム・ベルがイギリスで最初の電話をかけ、キップリングが『ジャングル・ブック』を執筆、アガサ・クリスティ（→P.605）が『バートラム・ホテルにて』のモデルにするなど、数多くの逸話に彩られたホテル。
レストラン 1階の「ドローイング・ルーム」（→P.47）では数々の賞を獲得してきた格式高いアフタヌーンティーを楽しめる。

最高級 250室 ドーチェスター Dorchester

Map P.66-67 ① A3 ⊖ハイド・パーク・コーナー駅 Hyde Park Corner

TV / 全室 全室 全室 全室 有料 無料 Wi-Fi

住53 Park Ln., W1K 1QA
TEL(020)7629 8888
URL www.dorchestercollection.com
ŧ/ŧŧ☎➡➡£790〜
━ADJMV

18世紀にドーチェスター伯爵によって建てられ、20世紀の初めには、アメリカ大使館としても使われていたという由緒正しい建物。各国の王族やハリウッド俳優も滞在したことがあり、内装は豪華絢爛。

最高級 137室 リッツ The Ritz

Map P.66-67 ① B3 ⊖グリーン・パーク駅 Green Park

TV / 全室 全室 なし 全室 有料 無料 Wi-Fi

住150 Piccadilly, W1J 9BR
TEL(020)7493 8181
URL www.theritzlondon.com
ŧ/ŧŧ☎➡➡£809〜
━ADJMV

フランス風のエレガントな建物が目を引く最高級ホテル。1906年に開業し、100年以上の歴史を誇る。イギリス王室の御用達でもある。客室はアンティークの高級家具で装飾され、贅沢この上ない。

最高級 71室 ゴーリング The Goring

Map P.68-69 ② B2 ⊖ヴィクトリア駅 Victoria

TV / 全室 全室 一部 全室 有料 無料 Wi-Fi

住15 Beeston Pl., SW1W 0JW
TEL(020)7396 9000
URL www.thegoring.com
ŧ/ŧŧ☎➡➡£725〜
━AMV

1910年の創業以来、ゴーリング家が経営している。キャサリン妃がウィリアム王子との結婚式前夜に宿泊するなど、英国王室とのゆかりも深く、王室御用達の認可を受けている。アフタヌーンティーも人気。

最高級 190室 バークレー Berkeley

Map P.68-69 ② A1　●ハイド・パーク・コーナー駅 Hyde Park Corner

TV 📶 📞 🖥 P(有料) 📶Wi-Fi 無料
全室 全室 全室 全室 有料

住Wilton Pl., Knightsbridge, SW1X 7RL
TEL(020)7235 6000
URL www.the-berkeley.co.uk
🛏/🛏🛏💻📺💷£840〜
━ＡＤＪＭＶ

ショッピングにも観光にも便利なナイツブリッジにあり、100年以上の歴史を誇っている。ここのアフタヌーンティーはプレ・タ・ポルティー Prêt-à-Porteaといい、ファッション・ブランドとコラボするなど話題性が高い。

高級 192室 ダブリュー W Hotel Leicester Square

Map P.66-67 ① C2　●レスター・スクエア駅 Leicester Square

TV 📶 📞 🖥 P(なし) 📶Wi-Fi 無料
全室 全室 全室 全室 なし

住10 Wardour St., W1D 6QF
TEL(020)7758 1000
● 予約0120-925-659
URL www.marriott.co.jp
🛏/🛏🛏💻📺💷£480〜
━ＡＤＪＭＶ

ソーホー、中華街のそばにあり、夜遊びしても歩いて帰れる。内装はスタイリッシュにまとめられており、効果的な照明の配置もあって近未来的な雰囲気すら漂っている。サウナやフィットネスなどの設備も充実。

ソーホーの隠れ家的ホテル
ハズリッツ Hazlitt's

高級 30室

Map P.66-67 ① C2
●トテナム・コート・ロード駅Tottenham Court Road

TV 📶 📞 🖥 P(なし) 📶Wi-Fi 無料
全室 全室 希望者 全室 なし

住6 Frith St., W1D 3JA
TEL(020)7434 1771
URL www.hazlittshotel.com
🛏📺💷 £199〜
🛏🛏📺💷 £279〜
━ＡＭＶ

ソーホー・スクエアのすぐ南にある。ホテル名は19世紀に活躍し、ここに住んでいたイギリスの作家ウイリアム・ハズリットWilliam Hazlittに由来する。建物は18世紀に建てられたジョージアン様式のもので、当時の雰囲気を大切にし、調度品にもこだわりを感じさせる。客室は一つひとつ広さや装飾が異なっている。全体的にバスタブ付きの客室が多い。

タウンハウスを改装した
ドゥランツ Durrants Hotel

高級 92室

Map P.66-67 ① A1
●ボンド・ストリート駅 Bond Street

TV 📶 📞 🖥 P(有料) 📶Wi-Fi 無料
全室 全室 全室 全室 有料

住26-32 George St., W1H 5BJ
TEL(020)7935 8131
URL www.durrantshotel.co.uk
🛏📺💷 £195〜
🛏🛏📺💷 £305〜　━ＡＭＶ
レストラン開12:00〜15:00 18:00〜22:15

ジョージアン様式のタウンハウスを利用している高級ホテル。ホテル全体がアンティークの家具や絵画などで格調高く装飾されている。アメニティはロクシタンを使用。
レストラン　新鮮な素材を使用した料理と豊富なワインが楽しめる。

ロンドンの高級・大型ホテルリスト

アンダーズ・リヴァプール・ストリート
Andaz Liverpool Street
Map P.72-73④C1

🏠40 Liverpool St., EC2M 7QN
☎(020)7961 1234
🔗www.hyatt.com

ソーホー
Soho
Map P.66-67①C2

🏠4 Richmond Mews, W1D 3DH
☎(020)7559 3000
🔗www.firmdalehotels.com

ヘイマーケット
Haymarket
Map P.66-67①C2

🏠1 Suffolk Pl., SW1Y 4HX
☎(020)7470 4000
🔗www.firmdalehotels.com

カヴェンディッシュ
Cavendish
Map P.66-67①C3

🏠81 Jermyn St., St. James's, SW1Y 6JF ☎(020)7930 2111
🔗www.thecavendish-london.co.uk

スレッドニードルズ
Threadneedles
Map P.72-73④C2

🏠5 Threadneedle St., EC2R 8AY
☎(020)7657 8080
🔗www.hotelthreadneedles.com

ナンバー・ファイブ・マドックス・ストリート
No.5 Maddox Street
Map P.66-67①B2

🏠5 Maddox St., W1S 2QD
☎(020)7647 0200
🔗www.living-rooms.co.uk

カンバーランド
The Cumberland
Map P.78-79⑦D3

🏠Great Cumberland Pl., W1H 7DL
☎(020)7523 5053
🔗www.guoman.com

デュークス
Dukes
Map P.66-67①B3

🏠35 St. James's Pl., SW1A 1NY
☎(020)7491 4840
🔗www.dukeshotel.com

マイルストーン
Milestone
Map P.84-85⑩C3

🏠1 Kensington Court, W8 5DL
☎(020)7917 1000
🔗www.milestonehotel.com

キャピタル
Capital
Map P.82-83⑨C3

🏠22-24 Basil St., SW3 1AT
☎(020)7591 1200
🔗www.warwickhotels.com

パーク・タワー・ナイツブリッジ
Park Tower Knightsbridge
Map P.68-69②A1

🏠101 Knightsbridge, SW1X 7RN
☎(020)7235 8050
🔗www.marriott.co.jp

ランガム
Langahm
Map P.66-67①B1

🏠1C Portland Pl., Regent St., W1B 1JA
☎(020)7636 1000
🔗www.langhamhotels.com

コヴェント・ガーデン
Covent Garden
Map P.66-67①D2

🏠10 Monmouth St., WC2H 9HB
☎(020)7806 1000
🔗www.firmdalehotels.com

バリオーニ
Baglioni
Map P.80-81⑧A1

🏠60 Hyde Park Gate, SW7 5BB
☎(020)7368 5800
🔗www.baglionihotels.com

ルッカリー
Rookery
Map P.72-73④A1

🏠12 Peter's Ln., EC1M 6DS
☎(020)7336 0931
🔗www.rookeryhotel.com

コンノート
Connaught
Map P.66-67①A2

🏠Carlos Pl., Mayfair, W1K 2AL
☎(020)7499 7070
🔗www.the-connaught.co.uk

フォーティー・ワン
41
Map P.68-69②B2

🏠41 Buckingham Palace Rd., SW1W 0PS
☎(020)7300 0041
🔗www.41hotel.com

ローズウッド
Rosewood
Map P.74-75⑤C3

🏠252 High Holborn, WC1V 7EN
☎(020)7781 8888
🔗www.rosewoodhotels.com

コンラッド
Conrad
Map P.70-71③A3

🏠22-28 Broadway, SW1H 0BH
☎(020)3301 1404
🔗www.hilton.com

ブレイクス
Blakes
Map P.80-81⑧B2

🏠33 Roland Gdns., SW7 3PF
☎(020)7370 6701
🔗www.blakeshotels.com

ロンドン・ブリッジ
London Bridge
Map P.72-73④C3

🏠8-18 London Bridge St., SE1 9SG
☎(020)7855 2200
🔗www.londonbridgehotel.com

サンダーソン
Sanderson
Map P.66-67①C1

🏠50 Berners St., W1T 3NG
☎(020)7300 1400
🔗book.ennismore.com

フレミングズ・メイフェア
Flemings Mayfair
Map P.66-67①B3

🏠7-12 Half Moon St., Mayfair, W1J 7BH
☎(020)7499 0000
🔗www.flemings-mayfair.co.uk

ワン・オールドウィッチ
One Aldwych
Map P.70-71③C1

🏠1 Aldwych, WC2B 4BZ
☎(020)7300 1000
🔗www.onealdwych.com

高級 239室 クレルモン The Clermont, Charing Cross

Map P.66-67 ① D2　●チャリング・クロス駅 Charing Cross

TV 全室　全室　全室　受付　なし　WI-Fi 無料

住The Strand., WC2N 5HX
TEL (020) 7523 5052
URL www.theclermont.co.uk
♥/♥♥🛏🔲🔽□£288〜
━ADMV

チャリング・クロス駅に併設している、1865年建造の歴史ある建物が特徴。ヴィクトリア朝時代を思わせる格調の高さと最新の設備が見事に調和している。館内にあるレストラン＆バーではアフタヌーンティーも楽しめる。

伝統とモダンを組み合わせたプチホテル
サムナー The Sumner

高級　20室
Map P.78-79 ⑦ D3
●マーブル・アーチ駅 Marble Arch

TV 全室　全室　全室　全室　なし　WI-Fi 無料

住54 Upr. Berkeley St., W1H 7QR
TEL (020) 7723 2244
URL www.thesumner.com
♥/♥♥🛏🔲🔽□£138〜
━AMV

1820年代に建てられたジョージアン様式の建物を利用した全20室の小規模なホテル。これまでにロンドンのベスト・スモール・ホテル・アワードやロンドンのベストB&Bなどのアワードに輝いている。毎年改装されている客室は、それぞれ内装のテーマカラーが異なり、機能的にまとめられている。家具や設備の質も高い。館内にレストランはないが、朝食専用のダイニンググルームはある。

高級 108室 チェスターフィールド Chesterfield

Map P.66-67 ① B3　●グリーン・パーク駅 Green Park

TV 全室　全室　全室　全室　有料　WI-Fi 無料

住35 Charles St., W1J 5EB
TEL (020) 7491 2622
URL www.chesterfieldmayfair.com
♥🛏🔽□£270〜
♥♥🛏🔽□£295〜
━ADJMV

部屋の豪華さもさることながら、レストランやバーも非常に高い格式を感じさせる高級ホテル。コンサバトリーで楽しむ伝統的アフタヌーンティーがおすすめ。レストランも併設している。朝食は£30。

高級 47室 ロージアット・ハウス Roseate House

Map P.78-79 ⑦ B3　●パディントン駅 Paddington、ランカスター・ゲート駅 Lancaster Gate

TV 全室　全室　全室　全室　有料　WI-Fi 無料

住3 Westbourne Ter., W2 3UL
TEL (020) 7479 6600
URL www.roseatehotels.com
♥/♥♥🛏🔲🔽□£175〜
━AMV

パディントン駅とランカスター・ゲート駅のちょうど中間あたりに位置しており、ハイド・パークにもすぐという絶好の立地。ハイド・バー Hyde Barは希少なウイスキーの品揃えに自信あり。朝食は£20〜。

高級 34室 サンクチュアリ・ハウス The Sanctuary House

Map P.68-69 ② D1　●セント・ジェイムズ・パーク駅 St. Jame's Park

TV 全室　全室　全室　全室　なし　WI-Fi 無料

住33 Tothill St., SW1H 9LA
TEL (020) 7799 4044
URL www.sanctuaryhousehotel.co.uk
♥/♥♥🛏🔲🔽□£224〜
━AMV

ウェストミンスター寺院のすぐ近くに位置するホテル。客室の広さは料金によって異なり、スーペリア・ルームは設備も豪華になる。1階のバーはフラーズ・ブリュワリー (→P.154) からビールを仕入れており、エールの種類も豊富。

ホテル&レストラン

Map P.74-75 ⑤ B3
●ホーバン駅 Holborn

美術館のような内装
モンタギュー・オン・ザ・ガーデンズ
Montague on the Gardens

🏠15 Montague St., WC1B 5BJ
☎(020) 7637 1001
URL www.montaguehotel.com
🛏£245～
🛏🛏£266～
━ＡＤＪＭＶ
レストラン圏12:30～14:30 17:30～22:00
（日13:00～14:30 17:30～21:30)

　豪華でクラシカルな装飾が魅力のタウン・ハウス・ホテル。美しい庭園に面しており、ほとんどの部屋からは庭園を眺めることができる。アフタヌーンティーも人気が高い。客室は最新の設備を備え、部屋ごとに独自の装飾がなされている。朝食は£28～。
レストラン　館内にはビストロやバーなどの飲食施設がある。

Map P.68-69 ② B3
●ヴィクトリア駅 Victoria

数々の賞を獲得した個性派ホテル
ウィンダミア **Windermere Hotel**

🏠142-144 Warwick Way, SW1V 4JE
☎(020) 7834 5163
URL www.windermere-hotel.co.uk
🛏£155～
🛏🛏£205～　━ＡＭＶ

　周辺の宿に比べて全体的に高級感が漂う。部屋の大きさや設備は部屋ごとに異なり、値段もさまざま。バスタブ付きの部屋などもある。

Map P.70-71 ③ D3
●ランベス・ノース駅 Lambeth North

インテリアのセンスが光る
エイチ・テン H 10

🏠284-302 Waterloo Rd., SE1 8RQ
☎(020) 7928 4062
URL www.h10hotels.com
🛏/🛏🛏£184～
━ＡＭＶ
レストラン圏18:00～22:30

　スペイン資本のおしゃれなホテル。客室はモノトーン調の内装でまとめられ、ウッドフロアを使用している。シャードが見える客室や、バスタブ付きの客室は全体の半数ほど。
レストラン&バー　地中海料理を得意としており、屋上にあるウォータールー・スカイ・バー Waterloo Sky Barは眺めがすばらしい。

池のある庭が自慢
ナンバー・シックスティーン Number 16

高級　41室

Map P.80-81 ⑧ B2
➡サウス・ケンジントン駅 South Kensington

TV｜全室　全室　希望者　一部　なし　Wi-Fi 無料

🏠16 Sumner Pl., SW7 3EG
☎(020) 7589 5232
URL www.firmdalehotels.com
🛏£260～　🛏🛏£360～
—AMV

優雅で美しい白亜の建物を改装したホテル。部屋はそれぞれ異なるインテリアで、外観とは違い、モダンイングリッシュのデザインと機能性がうまく組み合わされている。

サービスのよさに定評あり
アスター・ハウス Aster House

高級　13室

Map P.80-81 ⑧ B2
➡サウス・ケンジントン駅 South Kensington

TV｜全室　全室　全室　全室　なし　Wi-Fi 無料

🏠3 Sumner Pl., SW7 3EE
☎(020) 7581 5888
URL www.asterhouse.com
🛏£180～　🛏🛏£240～
—AMV

静かな環境に、おしゃれなホテルが並ぶサムナー・プレイスにある。豊富な受賞歴を証明するように、スタッフの応対も親切で居心地がよい。朝食はビュッフェスタイルで種類も豊富。

高級 192室　シチズン・エム Citizen M London Bankside

Map P.72-73 ④ B3　➡サザーク駅 Southwark

🏠20 Lavington St., SE1 0NZ
☎(020) 3519 1680
URL www.citizenm.com
🛏/🛏🛏£149～
—ADMV

全室　全室　なし　全室　なし　Wi-Fi 無料

ロンドンで最もスタイリッシュなホテルと自負するほどに館内のデザインにこだわりをもつ。ロビーには世界中のアーティストの作品が並び、客室の家具は北欧のヴィトラ社のものが使用されている。ラウンジも広々としておしゃれ。

高級 316室　ホリデイ・イン・ブルームズベリー Holiday Inn Bloomsbury

Map P.74-75 ⑤ B2　➡ラッセル・スクエア駅 Russell Square

🏠Coram St., WC1N 1HT
☎0371 942 9222
●予約0120-455-655
URL www.ihg.com
🛏/🛏🛏£200～
—AMV

全室　全室　全室　一部　有料　Wi-Fi 無料

ラッセル・スクエアのすぐそばにあり、大英博物館も徒歩圏内でロケーションは抜群。部屋には最新の設備が調っており、レストラン、カフェ、アイリッシュ・パブなども併設。

高級 50室　ゴア The Gore Hotel

Map P.80-81 ⑧ B1　➡サウス・ケンジントン駅 South Kensington

🏠190 Queen's Gate, SW7 5EX
☎(020) 7584 6601
URL collezione.starhotels.com
🛏£204～
🛏🛏£249～
—ADMV

全室　全室　全室　全室　なし　Wi-Fi 無料

1892年創業の老舗ホテル。ザ・ローリング・ストーンズの記者会見が行われたことでもよく知られている。客室はモダンなタイプやアンティーク家具が多く置かれたテューダースイートなど、どの部屋も個性的。

中級 60室 ドルフィン Dolphin Hotel

📺 全室　🚿 全室　🧺 全室　🔒 全室　🅿️ なし　📶 Wi-Fi 無料

Map P.78-79 ⑦ C2　⊖パディントン駅 Paddington

住32-34 Norfolk Sq., Tyburnia, W2 1RS
TEL (020) 7402 4949
URL dolphinhotel.co.uk
🛏️/🛏️🛏️🔜🔜£68〜
━ A M V

パディントン駅から至近のホテルが集まる一角にあり、なんといっても公園が目の前というのがポイントが高い。建物はやや古いが、ロビーや客室、朝食スペースなどきれいで過ごしやすい。スタッフも親切。

中級 72室 セント・デイビッズ St. David's Hotels

📺 全室　🚿 全室　🧺 受付　🔒 一部　🅿️ なし　📶 Wi-Fi 無料

Map P.78-79 ⑦ C2　⊖パディントン駅 Paddington

住14-20 Norfolk Sq., W2 1RS
TEL (020) 7723 3856
URL www.stdavidshotels.com
🛏️🔜🔜£40〜70　🛏️🔜🔜£70〜120
🛏️🛏️🔜🔜£65〜130　🛏️🛏️🔜🔜£80〜170
━ A M V

ノーフォーク・スクエアに面した家族経営のホテル。客室は清潔でコンパクトにまとめられており、機能的な造り。フロントには旅行者向けに地図も置いてある。

Recommended

ロンドンなのにエスニックな香りが漂う
ニュー・リンデン The New Linden Hotel

中級　50室

Map P.84-85 ⑩ C1　⊖ベイズウォーター駅 Bayswater

🛗 📺 全室　🚿 全室　🧺 全室　🔒 全室　🅿️ なし　📶 Wi-Fi 無料

住59 Leinster Sq., W2 4PS
TEL (020) 7221 4321
URL newlinden.com
🛏️🔜🔜£90〜
🛏️🛏️🔜🔜£150〜
━ A M V

ベイズウォーターにあるブティックホテル。ラウンジには黄金の仏像が置いてあり、エキゾチックな雰囲気。各部屋はそれぞれ異なるデザインで装飾されており、設備もフラットテレビなど最新のものを設置している。朝食はコンチネンタル形式。

中級 40室 ガーデン・コート Garden Court Hotel

🛗 📺 全室　🚿 全室　🧺 全室　🔒 全室　🅿️ なし　📶 Wi-Fi 無料

Map P.84-85 ⑩ C1　⊖ベイズウォーター駅 Bayswater

住30-31 Kensington Gardens Sq., W2 4BG
TEL (020) 7229 2553
URL www.gardencourthotel.co.uk
🛏️🔜🔜£96〜
🛏️🛏️🔜🔜£119〜
━ A M V

70年近い歴史がある宿。周囲は住宅街なので静かな環境。ロンドン中心部へのアクセスもよく、好立地といえる。建物は伝統的な外観だが、内部は近代的な造り。

Recommended

高級感のある中級宿
フェニックス Phoenix

中級　125室

Map P.84-85 ⑩ C1　⊖ベイズウォーター駅 Bayswater

📺 全室　🚿 全室　🧺 全室　🔒 なし　🅿️ なし　📶 Wi-Fi 無料

住1-8 Kensington Gardens Sq., W2 4BH　TEL (020) 7229 2494
URL www.phoenixhotel.co.uk
🛏️🔜£108〜　🛏️🛏️🔜£166〜
━ A M V

地下鉄ベイズウォーター駅のすぐ近くにある。にぎやかでレストランが多いエリアだが、ホテル前は住宅街で静か。客室は改装したばかりで、シンプルかつモダンにまとまっている。

中級 22室 アビー The Abbey

TV 7 全室 全室 全室 なし なし 無料 Wi-Fi

Map P.84-85 ⑩ B1　◆ノッティング・ヒル・ゲート駅 Notting Hill Gate

住20 Pembridge Gdns., W2 4DU
TEL (020) 7221 7518
URL theabbeylondon.com
♦🏠📺🔒£104〜
♦♦🏠📺🔒£142〜
━A D J M V

1850年に建てられたヴィクトリアン様式の屋敷を利用したホテル。小規模だが、部屋によって内装が異なり、家具やカーテンなど、細かいところにも配慮が見られる。レセプションにはバーも併設。人気のポートベロー・マーケットまでは歩いてすぐ。

Recommended

伝統的な建築物にモダンな内装を施した
ハーリングフォード Harlingford Hotel

中級 39室

Map P.74-75 ⑤ B2　◆ラッセル・スクエア駅 Russell Square

TV 7 全室 全室 全室 全室 なし 無料 Wi-Fi

住61-63 Cartwright Gdns., WC1H 9EL
TEL (020) 7387 1551
URL www.harlingfordhotel.com
♦🏠🔒£110〜
♦♦🏠🔒£145〜
━M V

ラッセル・スクエアの宿が集まるエリアでおすすめのホテル。建物は1807年に建てられたそうだが、現代的なデザインを取り入れている。客室はパステル調の落ち着いた色を基調としている。家族経営なのでアットホームで、スタッフも親切。

中級 60室 セント・アサンズ St Athans Hotel

Map P.74-75 ⑤ B2　◆ラッセル・スクエア駅 Russell Square

TV 7 一部 希望者 なし なし なし 無料 Wi-Fi

住20 Tavistock Pl., WC1H 9RE
TEL (020) 7837 9140
URL www.stathanshotel.com
♦🏠📺£80〜
♦♦🏠📺£100〜
♦♦🏠🔒£128〜
━M V

ラッセル・スクエア駅から徒歩5分ほどとたいへん便利なロケーション。設備はとても簡素で、流し台とコップくらいしか置かれていないが、改装されているので清潔感があり、比較的リーズナブルに宿泊できる。ゲストラウンジにはテレビがある。

中級 17室 アロスファ Arosfa

Map P.74-75 ⑤ A2　◆ラッセル・スクエア駅 Russell Square

TV 7 全室 全室 全室 なし なし 無料 Wi-Fi

住83 Gower St., WC1E 6HJ
TEL (020) 7636 2115
URL www.arosfalondon.com
♦🏠🔒£90〜
♦♦🏠🔒£130〜
━A M V

大英博物館の北、B&Bが軒を連ねるガワ・ストリート沿いにある。客室は清潔かつ機能的。ゲストラウンジは肖像画が飾られ高級感があり、バックヤードでもくつろぐことができるなど、設備に対してコストパフォーマンスに優れているので、当然人気が高い。

中級 31室 ユーロ Euro

Map P.74-75 ⑤ B2　◆ラッセル・スクエア駅 Russell Square

TV 7 全室 全室 全室 なし なし 無料 Wi-Fi

住53 Cartwright Gdns., WC1H 9EL
TEL (020) 7387 4321
URL www.eurohotel.co.uk
♦🏠£112
♦🏠🔒£180
♦♦🏠🔒£230
━A M V

ホテルが並ぶエリアの小さな公園に面した静かな環境にある。室内には明るい色調の木彫の家具が置かれている。一部バスタブ付きの部屋もあり、ゆったりとした造りが自慢。ラウンジは広く、レトロなポスターが飾られており、おしゃれ。

ホテル&レストラン

メリディアナ Hotel Meridiana
中級 27室

Map P.74-75 ⑤ B1 ↔キングズ・クロス / セント・パンクラス駅 King's Cross/St. Pancras

🏠43-44 Argyle Sq., WC1H 8AL
☎(020)7713 0144
URL www.hotelmeridiana.co.uk
🛏£99〜 🛏£108〜
🛏£113〜 🛏£143〜
━JMV

TV / 全室 一部 全室 一部 なし / Wi-Fi 無料

セント・パンクラスにある家族経営のホテル。アクセスもよく、観光に適した立地。部屋はシンプルで少々狭いが、清潔にされている。朝食はコンチネンタル・ビュッフェ£5で、食事の間は暖炉の火をともしてくれる。

モーガン Morgan Hotel
中級 21室

Map P.74-75 ⑤ B3 ↔トテナム・コート・ロード駅 Tottenham Court Road

🏠24 Bloomsbury St., WC1B 3QJ
☎(020)7636 3735
URL www.morganhotel.co.uk
🛏£120〜
🛏£150〜
━AMV

TV / 全室 全室 全室 全室 なし / Wi-Fi 無料

大英博物館の近くにある、3世代続く家族経営のホテル。アパートメントタイプの部屋もあり、電子レンジやコーヒーメーカーなどが設置されている。レセプションは地下にある。

エンリコ Enrico Hotel
中級 30室

Map P.68-69 ② B3 ↔ヴィクトリア駅 Victoria

🏠77-79 Warwick Way, SW1V 1QP
☎(020)7834 9538
URL www.enricohotel.com
🛏£60〜
🛏£80〜
🛏£100〜
━AMV

TV / 全室 全室 全室 受付 なし / Wi-Fi 無料

ヴィクトリア駅周辺のB&B街の一角にある。料金的に抑えられているので、部屋は少し狭く、設備も最低限。しかし、スタッフの対応は親切と評判なので、日本人旅行者に人気。レセプションは地下にある。

B+Bベルグラヴィア B+B Belgravia
中級 26室

Map P.68-69 ② B2 ↔ヴィクトリア駅 Victoria

🏠64-66 Ebury St., SW1W 9QD
☎(020)7259 8570
URL www.bb-belgravia.com
🛏£200〜
━AMV

TV / 全室 全室 一部 なし なし / Wi-Fi 無料

ヴィクトリア駅から徒歩約5分の便利な立地。入口は大きな看板などがないので、わかりにくい。白を基調とした客室は清潔感にあふれ、設備的にも申し分ない。宿泊者には無料で自転車のレンタルを行っている。

シェリフ Sheriff Hotel
中級 25室

Map P.68-69 ② B3 ↔ヴィクトリア駅 Victoria

🏠115 Warwick Way, SW1V 4HT
☎(020)7834 0134
URL www.sheriffhotel.com
🛏£80〜110
🛏£110〜160
━ADMV

TV / 全室 全室 全室 全室 なし / Wi-Fi 無料

ヴィクトリア駅から歩いてすぐでとても便利。家族経営の小さなホテルで、客室はシンプルだが改装済みできれい。部屋によってテーマカラーが異なり、インテリアの色も統一されている。

Recommended

ハリー・ポッターを彷彿させる客室が人気
ジョージアン・ハウス Georgian House Hotel

中級 60室

Map P.68-69 ② B3 ↔ヴィクトリア駅 Victoria

TV / 全室 全室 全室 全室 なし / Wi-Fi 無料

🏠35-39 St. George's Dri., SW1V 4DG
☎(020)7834 1438
URL georgianhousehotel.co.uk
🛏£129〜 🛏£137〜
━MV

19世紀以来の歴史を誇る中級ホテル。地下には魔法の世界をテーマに装飾された部屋が7室あり、まるでハリー・ポッターの寮のようだと話題。

清潔感とサービスのよさで人気
メルボーン・ハウス Melbourne House Hotel

◆ピムリコ駅 Pimlico

TV	🍴	🧴	📦	🅿	📶Wi-Fi
全室	全室	全室	なし		無料

🏠79 Belgrave Rd., SW1V 2BG
☎(020) 7828 3516
URL www.melbournehousehotel.co.uk
🛏️🗄️ ▶ £105　🛏️🛏️🗄️ ▶ £160
━MV

　部屋はシンプルで機能的。改装を行ったばかりのため、どの部屋も清潔で料金を考えると魅力的といえる。人気が高いので予約がベター。

スタンレー・ハウス Stanley House
Map P.68-69 ② C2　◆ヴィクトリア駅 Victoria

TV	🍴	🧴	📦	🅿	📶Wi-Fi
全室	全室	なし	なし	なし	無料

🏠19-21 Belgrave Rd., SW1V 1RB
☎(020) 7834 5042
🛏️🛁🗄️▶🚿£65〜
🛏️🛏️🗄️▶🚿£75〜
━DJMV

　ベルグレイブ通りにある、家族経営の中級ホテル。ヴィクトリア駅近くにもかかわらず、この料金設定は魅力的。客室は機能的な造りでコンパクトにまとめられ、清潔にされている。

イージーホテル・ヴィクトリア Easyhotel Victoria
Map P.68-69 ② B2　◆ヴィクトリア駅 Victoria

TV	🍴	🧴	📦	🅿	📶Wi-Fi
全室	希望者	なし	なし	なし	有料

🏠34-40 Belgrave Rd., SW1V 1RG
☎(020) 7834 1379
URL www.easyhotel.com
🛏️🛏️🗄️▶🚿£100〜
━MV

　格安航空会社のイージージェットで知られるイージーグループが経営するホテル。部屋はきれいだが、非常にシンプル。ドライヤーはレセプションで借りることができる(有料)。

長期滞在に便利なキッチン付き
レジデント The Resident Kensington

◆アールズ・コート駅 Earl's Court

	TV	🍴	🧴	📦	🅿	📶Wi-Fi
	全室	全室	全室	全室	£30	無料

🏠25 Courtfield Gdns., SW5 0PG
☎(020) 7244 2255
URL www.residenthotels.com
🛏️🗄️ ▶ £120〜
🛏️🛏️🗄️ ▶ £132〜
━AMV

　アールズ・コート駅から歩いてすぐという好立地で、ナイツブリッジへも徒歩30分程度でアクセスできる。客室には小さいながらもキッチンが付いており、電子レンジと冷蔵庫も完備されているので、長期の滞在におすすめ。朝食は別料金。

バーモンジー・スクエア The Bermondsey Square Hotel
Map P.65　◆ロンドン・ブリッジ駅 London Bridge

	TV	🍴	🧴	📦	🅿	📶Wi-Fi
	全室	全室	全室	なし	なし	無料

🏠Bermondsey Sq., Tower Bridge Rd., SE1 3UN
☎(020) 7378 2450
URL www.bermondseysquarehotel.co.uk
🛏️🛏️🗄️▶£159〜
━AJMV

　バーモンジー・スクエア沿いにあるホテル。客室はスタイリッシュにデザインされ、パワーシャワーや大型テレビなど設備もよい。外観は地味だが、クリエイティブで活気のあるバーモンジーエリアらしく、内装にはこだわっている。

ロンドンのホステル、ユースホステル

ホテル&レストラン

YHAロンドン・セントラル YHA London Central
Map P.76-77 ⑥D3 | 56室
グレート・ポートランド・ストリート駅

住104 Bolsover St., W1W 5NU
TEL0345 371 9154　URL www.yha.org.uk
DOM£30～　♦/♦♦£80～　ーMV

YHAオックスフォード・ストリート YHA Oxford Street
Map P.66-67 ①C1-2 | 40室
オックスフォード・サーカス駅

住14 Noel St., W1F 8GJ　TEL0345 371 9133
URL www.yha.org.uk
DOM£25～　♦♦£50～　ーMV

YHAロンドン・セント・ポールズ YHA St.Paul's
Map P.72-73 ④A2 | 49室
セント・ポールズ駅

住36 Carter Ln., EC4V 5AB
TEL (020)7236 4965　URL www.yha.org.uk
DOM£40～　♦/♦♦£60～　ーMV

YHAアールズ・コート YHA Earl's Court
Map P.80-81 ⑧A2 | 44室
アールズ・コート駅

住38 Bolton Gdns., SW5 0AQ
TEL0345 371 9114　URL www.yha.org.uk
DOM£25～　♦/♦♦£50～　ーMV

YHAロンドン・テムサイド YHA London Themeside
地図外 | 70室
ロザーハイズ駅

住20 Salter Rd., SE16 5PR
TEL (0345)371 9756　URL www.yha.org.uk
DOM£30～　♦/♦♦£50～　ーMV

カバナス・セント・パンクラス Kabannas St. Pancras
Map P.74-75 ⑤B1 | 47室
キングズ・クロス／セント・パンクラス駅

住79-81 Euston Rd., NW1 2QE
TEL (020)7388 9998　URL www.kabannas.com
DOM£33～　♦♦£99～　ーMV

アスター・ハイド・パーク Astor Hyde Park
Map P.80-81 ⑧B1 | 20室
グロスター・ロード駅

住191 Queen's Gate, SW7 5EU
TEL (020)7581 0103　URL astorhostels.com
DOM£16～　♦/♦♦£75～　ーMV

アスター・ヴィクトリア Astor Victoria
Map P.68-69 ②C3 | 34室
ピムリコ駅

住73 Belgrave Rd., SW1V 2BG
TEL (020)7834 3077　URL astorhostels.com
DOM£32～　♦/♦♦£120～　ーMV

バーミー・バッジャー Barmy Badger
Map P.80-81 ⑧A2外 | 12室
アールズ・コート駅

住17 Longridge Rd., SW5 9SB
TEL (020)7370 5213　URL www.barmybadger.com
DOM£21～　♦/♦♦£50～　ーMV

ウォンバッツ・シティ・ホステル Wombat's City Hostel
Map P.72-73 ④D2外 | 120室
タワー・ヒル駅

住7 Dock St., E1 8LL　TEL (020)7680 7600
URL www.wombats-hostels.com
DOM£34～　♦♦£152～　ーMV

スマート・ハイド・パーク Smart Hyde Park View Hostel
Map P.82-83 ⑨A1 | 44室
クイーンズウェイ駅

住16 Leinster Ter., W2 3EU
TEL (020)7262 8684　URL www.smarthostels.com
DOM£37～　ーMV

クリンク261 Clink 261
Map P.74-75 ⑤C1 | 25室
キングズ・クロス／セント・パンクラス駅

住261-265 Grays Inn Rd., WC1X 8QT
TEL (020)7183 9400　URL clinkhostels.com
DOM£21～　♦/♦♦£104～　ーMV

アスター・ミュージアム Astor Museum Hostel
Map P.74-75 ⑤B3 | 112室
ホーバン駅

住27 Montague St., WC1B 5BH
TEL (020)7580 5360　URL astorhostels.com
DOM£15～　♦/♦♦£75～　ーMV

ウォルラス The Walrus Bar & Hostel
Map P.70-71 ③C3 | 9室
ランベス・ノース駅

住172 Westminster Bridge Rd., SE1 7RW
TEL (020)7928 4368　URL thewalrusbarandhostel.co.uk
DOM£25～　♦/♦♦£90～　ーMV

ロンドン・ウォータールー London Waterloo Hostel
Map P.70-71 ③C3 | 15室
ランベス・ノース駅

住73 Lambeth Walk, SE11 6DX
TEL (020)7582 3088　URL www.londonwaterloohostel.com
DOM£28～　♦♦£138～　ーMV

ジェネレーター Generator London
Map P.74-75 ⑤B2 | 214室
ラッセル・スクエア駅

住37 Tavistock Pl., WC1H 9SE
TEL (020)7388 7666　URL staygenerator.com
DOM£23～　♦/♦♦£71～　ーMV

ロンドンでは東京やパリのように世界中の料理が味わえる。レストランの数と種類も豊富だ。

中華街 ソーホー Map P.66-67 ① C2 にあり、高級店からビュッフェ専門店まで並ぶ。その数は100を超えるとか。

レスター・スクエア ロンドンでレストランが最も多いのはレスター・スクエア周辺。イタリアンからフレンチ、中華料理までバラエティ豊か。

ソーホーの中華街

インド料理 ロンドンではインドからの移民が多いため、本格的なインド料理が味わえる。インド料理店はブリック・レーンBrick Ln. Map P.72-73 ④ D1 周辺に多い。

モダン・ブリティッシュ カリスマ・シェフの活躍や料理番組によって最近はフランス料理やアジア料理などのエッセンスを取り入れたモダン・ブリティッシュを出す店も増えてきた。

Map P.66-67 ① D2　⊖コヴェント・ガーデン駅 Covent Garden　**英国料理**
ルールズ Rules
伝統的な英国料理が楽しめる、1798年創業の老舗。今までさまざまな有名人が訪れている。私有の狩猟場も所有しており、季節によるが伝統的な狩猟肉料理なども楽しめる。店内は美術品でいっぱい。要予約。メイン£23〜。
🏠35 Maiden Ln., WC2E 7LB　☎(020)7836 5314
URL rules.co.uk　🕐12:00〜22:00（金・土12:00〜23:00)
休月　━ＡＭＶ　📶店内可

Map P.66-67 ① B3　⊖グリーン・パーク駅 Green Park　**英国料理**
クアグリーノズ Quaglino's　**モダン・ヨーロピアン**
かつて英国の王侯貴族の間で人気を博した伝説的なレストラン。伝統的な料理にアレンジを加えたモダン・ヨーロピアンが評判。ディナーの目安は飲み物なしで£40〜50。
🏠16 Bury St., SW1Y 6AJ　☎(020)7930 6767
URL www.quaglinos-restaurant.co.uk
🕐17:00〜24:00（金12:00〜翌1:00、土11:30〜翌1:00、日12:00〜18:00）　休1/1　━ＡＤＪＭＶ　📶店内可

Map P.66-67 ① C2　⊖ピカデリー・サーカス駅 Piccadilly Circus　**英国料理**
ベントリーズ Bentley's Oyster Bar & Grill　**オイスター・バー**
1916年創業という老舗の英国料理店。1階がオイスターバー、2階がグリルレストランになっている。産地を選べるカキはひとつ£3.85〜10。
🏠11-15 Swallow St., W1B 4DG　☎(020)7734 4756
URL www.bentleys.org　🕐12:00〜22:00（日12:00〜21:00)
休1/1、12/25　━ＡＭＶ　📶店内可

Map P.70-71 ③ D1　⊖サザーク駅 Southwark　**英国料理**
オクソ・タワー・レストラン OXO Tower Restaurant　**モダン・ブリティッシュ**
テムズ河の南岸に建つオクソ・タワーの最上階。人気のアフタヌーンティー£50〜62.50は要予約。ランチのコースは£40程度、ディナーのメインは£23〜55。
🏠Bargehouse St., SE1 9PH　☎(020)7803 3888
URL www.oxotower.co.uk　🕐ランチ12:00〜14:30（日12:00〜15:00）　ディナー月・火・日18:00〜21:30、水〜金17:00〜21:30、土17:00〜22:00　休12/25・26　━ＡＤＪＭＶ　📶店内可

Map P.70-71 ③ D2　⊖サザーク駅 Southwark　**ガストロ・パブ**
アンカー・アンド・ホープ Anchor & Hope　**モダン・ブリティッシュ**
質の高い料理を出すことで知られる美食パブ。メニューはランチ、ディナーとも毎日変更される。ランチのコースは品数に応じて£13.80〜18。
🏠36 The Cut, SE1 8LP　☎(020)7928 9898　URL www.anchorandhopepub.co.uk　🕐11:00〜22:30（月・火16:00〜22:30、日12:00〜15:15）　休木、イースター　━ＭＶ　📶不可

Map P.80-81 ⑧ A3　⊖アールズ・コート駅 Earl's Court

トルバドール Troubadour

英国料理／カフェ

ボブ・ディランやジョニ・ミッチェルなどがライブを行った伝説的なボヘミアン・カフェだが、料理も評判。地下がライブハウスで、1階の奥には「ディラン・ルーム」がある。

🏠265-267 Old Brompton Rd., SW5 9JA
TEL (020)7341 6333　URL www.troubadourlondon.com
🕐12:00～24:00（木12:00～翌2:00、金・土10:00～翌2:00、日10:00～24:00）🈂無休 ━AMV 📶店内可

英国料理　カフェ
Map P.80-81 ⑧ C1
⊖サウス・ケンジントン駅 South Kensignton
🏠Cromwell Rd., SW7 2RL
TEL (020)7942 2000　URL www.vam.ac.uk
🕐10:00～17:00
🈂12/24～26 ━AMV 📶店内可

モリスがデザインした部屋で優雅なひととき
ヴィクトリア・アンド・アルバート・ミュージアム・カフェ
Victoria and Albert Museum Café

©V&A

©V&A

ヴィクトリア・アンド・アルバート・ミュージアム（→P.146）内にある、博物館内に作られた世界最初のカフェ。アーツ・アンド・クラフツ運動を主導したウィリアム・モリスがデザインしたモリス・ルーム（右写真）があるなど、装飾美術の殿堂らしい美しさを誇る。企画展と連動した期間限定のスイーツなどを提供することもある。

Map P.70-71 ③ B1　⊖コヴェント・ガーデン駅 Covent Garden

オネスト・バーガーズ Honest Burgers

英国料理／ファストフード

ロンドンを中心に展開するハンバーガー・レストラン。ビーフは国内各地、ポテトはサセックス州から仕入れるなど、素材を厳選。本来のおいしさを追求したハンバーガー£10～はロンドンっ子にも好評だ。アルコール類も置いている。

🏠33 Southampton St., WC2E 7HE　TEL (020)3019 0959
URL www.honestburgers.co.uk　🕐11:30～22:00（木・金・土～23:00）🈂無休 ━AMV 📶店内可

Map P.66-67 ① A1　⊖ボンド・ストリート駅 Bond Street

ゴールデン・ハインド The Golden Hind

英国料理／ファストフード

1914年創業のロンドンでも屈指の人気を誇るフィッシュ＆チップス・レストラン。メインは£10前後。オーナーがギリシア出身でメニューのなかにはグリーク・サラダ£5.95～6.95などもある。アルコール類は出さない。

🏠71a-73 Marylebone Ln., W1U 2PN　TEL (020)7486 3644
🕐12:00～15:00（土12:30～15:30）18:00～22:00
🈂日 ━AMV 📶店内可

英国料理　ファストフード
Map P.65
⊖ロンドン・ブリッジ駅 London Bridge
🏠87 Tower Bridge Rd., SE1 4TW
TEL (020)7407 2985
URL www.manze.co.uk
🕐10:30～17:45（金10:00～18:45、土10:00～19:45、日11:00～14:45）
🈂無休 ━MV 📶不可

ロンドンのB級グルメ、ウナギ料理の老舗
エム・マンゼ M.Manze

1891年創業の老舗。ロンドンっ子に人気が高いウナギ料理のファストフード店。ウナギのシチューとウナギゼリー寄せ（写真）はいずれもイートイン£5.70～、テイクアウェイ£4.50～。

Map P.66-67 ① B3　⊖グリーン・パーク駅 Green Park

リシュー Richoux

1909年にパティスリーとして開業し、現在はモダン・フレンチを出すクラシックなカフェとして営業。優雅な内装の店内でおいしい料理が楽しめ、アフタヌーンティーも人気。

🏠172 Piccadilly, St James's, W1J 9EJ
URL www.richoux.co.uk
🕐11:00〜23:00（土9:00〜23:00、日9:00〜17:00）
休12/25・26　━A M V　⊗店内可

Map P.66-67 ① D2　⊖コヴェント・ガーデン駅 Covent Garden

シェ・アントワネット Chez Antoinette

フランス式オープンサンド、タルティーヌの店。コヴェント・ガーデン内にあり、ショッピングの途中の軽食に最適。平日ランチはタルティーヌ、サラダ、ドリンクで£10.95。

🏠30 The Market, Covent Garden Plaza, WC2E 8RE
TEL (020)7240 9072　URL www.chezantoinette.co.uk
🕐10:00〜20:00（金10:00〜22:00、土9:30〜22:00、日9:30〜20:00）休12/25・26　━A M V　⊗店内可

Map P.78-79 ⑧ A3　⊖ベイズウォーター駅 Bayswater

サントリーニ Santorini

地元で人気のギリシア料理の専門店。メニューはタラモサラタ（魚卵のサラダ）£6.50や串焼きのスブラキ£22.50〜などがメイン。

🏠10-12 Moscow Rd., W2 4BT　TEL (020)7229 4827
URL www.santorinirestaurant.org　🕐17:00〜23:00（日14:00〜22:00）休月　━A M V　⊗不可

Map P.68-69 ② C2　⊖ヴィクトリア駅 Victoria

アバウト・タイム About Thyme

素材にこだわりを持つスペイン料理店で、店内で使用されているハムはどんぐりで育てたハモン・デ・ベジョータ・イベリコを使用している。小皿料理のタパスは£6〜25で、何人かで訪れていろいろオーダーするのにぴったり。

🏠82 Wilton Rd., SW1V 1DL　📞074 8786 1219
URL www.aboutthyme.co.uk　🕐17:30〜22:00
休日　━M V　⊗店内可

Map P.66-67 ① C2　⊖レスター・スクエア駅 Leicester Square

バーシュ Barshu

ソーホーの中華街の少し北にある四川料理レストラン。どの料理も唐辛子をふんだんに使っており、辛いものが好きな人にはたまらないだろう。メニューは写真付きで注文もしやすい。メイン£11.90〜、チャーハン£6.80〜。

🏠28 Frith St., W1D 5LF　TEL (020)7287 8822
URL www.barshurestaurant.co.uk　🕐12:00〜22:00（金・土〜22:30）休無休　━A M V　⊗店内可

アレンジを加えた点心が人気
ピンポン Ping Pong

Map P.70-71 ③ C2
⊖ウォータールー駅 Waterloo

🏠Festival Ter., SE1 8XX
TEL (020)7960 4160
URL www.pingpongdimsum.com
🕐12:00〜22:00（火・水〜22:30、木〜23:00、金・土〜23:30）
休無休　━A D M V　⊗店内可

ロンドン市内に支店を持つおしゃれな飲茶チェーン店。点心は本格的なものから、アレンジを加えたフュージョン系まで種類も豊富。終日頼めるセットメニューも用意している。

ロンドナーからの支持を集める
あべの Abeno

日本料理
Map P.66-67 ① D1
⊖トテナム・コート・ロード駅 Tottenham Court Road
🏠47 Museum St., WC1A 1LY
☎(020)7405 3211 URL www.abeno.co.uk
🕐12:00〜21:30 休日、12/24〜26
━AJMV 🛜不可

　大英博物館のすぐ近くにあるお好み焼き店。メニューの中心はお好み焼きや焼きそば、鉄板焼きなど。オーガニック食材を使用している。月〜金12:00〜15:00のランチは£16〜18。お酒に合う一品料理は£5〜26。人気店なので予約がベター。

Map P.66-67 ① D1　⊖コヴェント・ガーデン駅 Covent Garden
日本料理
一風堂 Ippudo

　博多ラーメンの人気店「一風堂」のロンドン支店。定番の白丸元味、赤丸新味はもちろん、鳥醤油やベジラーメンなどロンドンオリジナルのラーメン、さらにチキンカツ丼や手羽先などもある。チャリング・クロス駅近くなどにも支店あり。
🏠3 Central St Giles Piazza, WC2H 8AG ☎(020)7240 4469
URL www.ippudo.co.uk 🕐12:00〜21:30(金12:00〜22:00、土11:30〜22:00、日・祝11:30〜21:00) 休1/1、12/25 ━AMV 🛜店内可

Map P.66-67 ① C2　⊖ピカデリー・サーカス駅 Piccadilly Circus
日本料理
昇龍 Shoryu Ramen

　本格的博多とんこつラーメンが食べられる人気店。ロンドンだけで9店舗展開しており、「英国昇龍」として福岡にも逆上陸している。とんこつラーメンは£12〜。串カツ、餃子などのサイドメニューも充実している。
🏠9 Regent St., SW1Y 4LR
URL www.shoryuramen.com 🕐11:30〜22:30(金・土〜23:00、日・祝〜22:00) 休無休 ━AMV 🛜店内可

Map P.66-67 ① D1　⊖トテナム・コート・ロード駅 Tottenham Court Road
日本料理
ココロ Cocoro

　寿司やラーメン、和風カレー、丼、うどんなど、多様な日本食が楽しめる。特にラーメン£12〜13の人気が高い。ランチのセットメニューが充実している。
🏠25 Coptic St., WC1A 1NT ☎(020)7436 0550
URL www.cocororestaurant.co.uk 🕐12:00〜15:30 17:30〜22:00 休無休 ━AJMV 🛜店内可

Map P.66-67 ① C2　⊖レスター・スクエア駅 Leicester Square
日本料理
カレー
CoCo壱番屋 CoCo Ichibanya

　日本でおなじみのカレー屋、CoCo壱番屋のロンドン店。メニューには日本語もあり、トッピング、ご飯の量、辛さの調整など、日本と同じように注文できる。納豆など、外国人が苦手そうなトッピングもある。テイクアウエイも可能。
🏠17-18 Great Newport St., WC2H 7JE
☎(020)3904 5633 URL ichibanya.uk 🕐12:00〜21:00
休無休 ━AMV 🛜不可

Map P.66-67 ① D1　⊖トテナム・コート・ロード駅 Tottenham Court Road
韓国料理
ビビンバブカフェ Bibimbabcafe

　大英博物館の近くにある韓国料理店。店のおすすめはビビンバで£9.50と値段もお手頃。ほかにも韓国風のり巻きや冷麺、チャプチェなども用意しており、テイクアウエイも可能。飲み物もマッコリや韓国焼酎のソジュ、韓国ビールなどを取り揃えている。
🏠37 Museum St., WC1A 1LP ☎(020)7404 8880
URL www.bibimbabcafe.com 🕐10:00〜15:00 16:00〜20:00
休12/24・25 ━AMV 🛜不可

Map P.66-67 ① C2　◆ピカデリー・サーカス駅 Piccadilly Circus

タイ・ウエスト・カフェ Thai West Cafe

格安ながらもおいしいタイ料理が食べられる店で、ピカデリー・サーカス周辺では貴重な存在。カウンターに行き、主食（米、麺、チャーハンのいずれか）と食べたいおかずを伝えるだけ。おかず1種£8.50、2種£9.50、£3種£10.50で、主食をパッタイにするとプラス£1.50。

🏠87 Brewer St., W1F 9UX　☎(020)7734 6742
🕐10:00～21:00（月・火～16:30）
休日　━MV　⎙不可

Map P.80-81 ⑧ A2　◆グロスター・ロード駅 Gloucester Road

タイ・テイスト Thai Taste

クロムウェル・ロード沿いにあるタイ料理レストラン。伝統的なタイ料理はもちろん、店のオリジナル・メニューやその月のみ出す期間限定メニューなどもある。メインは£13.95～36.95。品数は少ないが、ベジタリアン用のメニューもある。

🏠130 Cromwell Rd., SW7 4ET　☎(020)7373 1647
URL www.thaitasterestaurant.co.uk
🕐12:00～15:00 17:30～22:30
休月　━AMV　⎙店内可

Recommended

1946年創業の老舗北インド料理レストラン
パンジャーブ Punjab

Map P.66-67 ① D1
◆コヴェント・ガーデン駅 Covent Garden
🏠80 Neal St., WC2H 9PA
☎(020)7836 9787
URL www.punjab.co.uk
🕐12:00～23:00（日12:00～22:00）
休12/24～26　━AMV　⎙不可

インド北部のパンジャーブ地方の料理を出すレストラン。タンドール窯を使った料理ではチキン・タンドールやチキン・ティッカなど、カレーならゴシュトなどがおすすめ。メインは£10.25～18.45。日本語メニューあり。

Map P.80-81 ⑧ B2　◆グロスター・ロード駅 Gloucester Road

ボンベイ・ブラッスリー Bombay Brasserie

25年以上の歴史を誇る高級インド料理レストラン。料理はもちろん、内装も凝っている。メインは£13～36で、チキンを使ったビルヤーニは£27。土・日のランチはビュッフェで、紅茶またはコーヒーが付いてひとり£48。

🏠1 Courtfield Rd., SW7 4QH　☎(020)7370 4040　URL www.bombayb.co.uk　🕐火～木17:30～22:00、金・土12:30～15:30 17:30～22:30、日12:30～15:30 17:30～22:00）　休月　━ADJMV　⎙店内可

Recommended

野菜とお米で食べるカレー
チェッティナードゥ Chettinad

Map P.66-67 ① C1
◆トテナム・コート・ロード駅 Tottenham Court Road
🏠16 Percy St., W1T 1DT
☎(020)3556 1229
URL www.chettinadrestaurant.com
🕐月～水12:00～15:00 17:00～22:00、木12:00～15:00 17:00～23:00、金・土12:00～23:00、日12:00～22:00
休12/25　━AMV　⎙店内可

南インド料理専門店。素材はインドから直輸入している。おすすめのメニューはココナッツをふんだんに使ったテンガーリー・コーリー・クゥランブゥ£13.45（写真）。

ホテル&レストラン

本格インド料理をリーズナブルに

YMCA インディアン・スチューデント・ホステル
YMCA Indian Student Hostel

インド料理

Map P.74-75 ⑤ A2
⊖ウォーレン・ストリート駅 Warren Street
🏠41 Fitzroy Sq., W1T 6AQ
☎(020)7383 4735
🕐7:30～9:15 12:00～15:00 18:30～20:30
休無休 ═MV 令不可

　インド人シェフが作る本格的な南北インドカレーを格安で食べられる穴場。まさにホステル併設の食堂といった雰囲気で、配膳などもセルフサービス。基本食べ放題で、朝食£6.50、週末ランチ（平日はアラカルト）£13、ディナー£13。

Map P.66-67 ① B2　⊖オックスフォード・サーカス駅 Oxford Circus

インド料理

ディシューム Dishoom
　かつてインドのボンベイで流行したペルシア風カフェにインスパイアされたレストランで、英国各地に展開。メニューはどれもおいしく、朝食もおすすめ。
🏠22 Kingly St., W1B 5QP　☎(020)7420 9322　URL www.dishoom.com　🕐8:00～23:00（金8:00～24:00、土9:00～24:00、日9:00～23:00）　休無休 ═AMV 令店内可

洗練された空間で楽しむトルコ料理

フォラ Fora

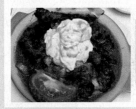

トルコ料理

Map P.72-73 ④ D1
⊖オールドゲート駅 Aldgate
🏠34-36 Houndsditch, EC3A 7DB
☎(020)7626 2222
URL www.forarestaurants.co.uk
🕐11:00～23:00（土～22:00）
休日 ═AMV 令店内可

　金融街シティに近く、身なりの良いビジネスマンの利用者が多いトルコ料理レストラン。モダンな店内は高級感があり、メインは£16.90～23.50と過度に高くはない。コースは2名からでひとり£21.90～34.90。

パスタ&ご飯の「コシャリ」が食べられる

アリ・ババ Ali Baba

エジプト料理

Map P.76-77 ⑥ B3
⊖ベーカー・ストリート駅 Baker Street
🏠32 Ivor Pl., Off the Gloucester Pl., NW1 6DA
☎(020)7723 7474
🕐12:00～24:00　休無休 ═MV
令店内可

　マリルボンにある1979年創業の老舗。本場のエジプト料理を味わうならここ！　エジプト定番のファストフード、コシャリ£10（写真）が人気。ケバブ£15やメッザ（前菜）などのメニューも充実している。

Map P.66-67 ① C2　⊖レスター・スクエア駅 Leicester Square

ブラジル料理

プレト Preto West End
　ブラジル料理専門店。肉の塊に岩塩をかけて焼き上げたシュラスコと呼ばれる肉料理を出している。ブラジル料理のビュッフェは£29.95～34.95。
🏠73 Shaftesbury Av., W1D 6LN　☎(020)7287 5995
URL www.preto.co.uk　🕐12:00～23:00　休12/25
═ADMV 令店内可

Map P.66-67 ① A3　⊖ハイド・パーク・コーナー駅 Hyde Park Corner　ダイニングバー
ハード・ロック・カフェ　Hard Rock Cafe
　世界中に支店があるハード・ロック・カフェの記念すべき1号店（1871年）。店内には数々のロックミュージシャンの楽器が飾られている。メニューはハンバーガーなどが中心。
🏠150 Old Park Ln., W1K 1QZ
☎(020)7514 1700　URL www.hardrockcafe.com
🕐11:30〜22:30（土11:30〜23:00、ショップ11:00〜22:30）
休無休　━AMV　🛜店内可

Map P.74-75 ⑤ D3　⊖チャンセリー・レーン駅 Chancery Lane　パブ
オールド・マイター　Ye Olde Mitre
　1546年創業の歴史的パブで、現在の建物は1772年に改築されたもの。エリザベス1世が庭の桜の木の下で踊ったという言い伝えが残る。料理はサンドイッチやソーセージなど軽食が中心。
🏠1 Ely Court, Ely Pl., EC1N 6SJ
☎(020)7405 4751　URL www.yeoldemitreholborn.co.uk
🕐11:00〜23:00　休土・日　━AMV　🛜店内可

ホームズの部屋を眺めながらビールが飲める
シャーロック・ホームズ　Sherlock Holmes

パブ　英国料理
Map P.70-71 ③ B2
⊖チャリング・クロス駅 Charing Cross
🏠10 Northumberland St., WC2N 5DB
☎(020)7930 2644
URL www.sherlockholmespub.com
🕐10:00〜23:00（金・土10:00〜24:00）
休12/25　━ADMV　🛜店内可
　チャリング・クロス駅とエンバンクメント駅のちょうど中間にある。1階はパブになっており、2階にはレストランとシャーロック・ホームズの部屋を再現した展示室がある。「シャーロック」という名の地ビールも置いている。

Map P.66-67 ① D2　⊖チャリング・クロス駅 Charing Cross　パブ
ハープ　The Harp
　ロンドンを代表するパブで、エールや伝統パブなどを保存する団体CAMRAが選ぶ「ナショナル・パブ・オブ・ザ・イヤー」に輝いたことがある。ロンドンやイギリス各地のエールを数多く揃えている。
🏠47 Chandos Pl., WC2N 4HS　☎(020)7836 0291
URL www.harpcoventgarden.com　🕐11:00〜23:00（日12:00〜22:00）　休無休　━AMV　🛜店内可

Map P.72-73 ④ A2　⊖ブラックフライアーズ駅 Blackfriars　パブ
オールド・チェシャー・チーズ　Ye Olde Cheshire Cheese
　1667年創業という老舗パブ。かのチャールズ・ディケンズも常連だったといい、『二都物語』の中でこのパブを登場させている。彼が好んで座っていたのは1階の暖炉の右側だったそうだ。漆黒の家具も歴史を感じさせる。
🏠145 Fleet St., EC4A 2BU　☎(020)7353 6170
URL ye-olde-cheshire-cheese.co.uk　🕐12:00〜23:00（日12:00〜22:30）　休1/1、12/25　━MV　🛜不可

Map P.72-73 ④ C2　⊖バンク駅 Bank　パブ
ジャマイカ・ワイン・ハウス　Jamaica Wine House
　1652年にロンドン初のコーヒー・ハウスとしてオープンした建物を利用した歴史あるパブ。木製パネルからなる内部装飾が美しい。地下では食事が楽しめる。
🏠St Michaels Alley, Cornhill, EC3V 9DS　☎(020)7929 6972
URL www.jamaicawinehouse.co.uk　🕐11:00〜23:00（月11:00〜22:00）　休土・日・祝　━AMV　🛜店内可

Map P.70-71③ D2　⊖ウォータールー駅 Warterloo
バー
カリブ料理

クバーナ Cubana

店内はラテン音楽が流れ、まるでカリブ海のビーチにいるようににぎやか。カリブ料理のほか、カクテルの種類も豊富。

住48 Lwr. Marsh, SE1 7RG　☐074 7496 8275
URL cubana.co.uk　開12:00〜24:00（水・木12:00〜翌1:00、金・土12:00〜翌3:00、日13:00〜23:00）
休無休 ━AJMV 令店内可

Map P.76-77⑥ C3　⊖ベーカー・ストリート駅 Baker Street
ワインバー
カフェ

ラ・フロマージェリー La Fromagerie

チーズ専門店に併設されたワインバー。メニューには厳選されたチーズ（約300種）とそれに合うワインが記されている。隣接するショップではチーズの購入も可能。オーナーはチーズの世界ではたいへん有名な女性。

住2-6 Moxon St., W1U 4EW　TEL (020) 7935 0341
URL www.lafromagerie.co.uk　開8:00〜19:30（土9:00〜19:00、日10:00〜18:00）　休1/1、12/25 ━AMV 令店内可

Map P.66-67① C2　⊖レスター・スクエア駅 Leicester Square
カフェ

バー・イタリア Bar Italia

1949年にイタリア人夫妻が開業した老舗で、ソーホーの名物カフェ。本場イタリアのおいしいコーヒー£4〜が飲めると評判で、ティラミス£4.80も本格的でおすすめ。

住21 Frith St., Soho, W1D 4RN　TEL (020) 7734 4737
URL baritaliasoho.co.uk　開月11:00〜22:00、火・水7:00〜翌5:00、木12:00〜23:00、金9:00〜翌4:00、土10:00〜翌3:00、日8:00〜19:00　休無休 ━AMV 令店内可

女性に大人気のカップケーキ店
ペギー・ポーション Peggy Porschen

カフェ　ケーキ
Map P.68-69② B2
⊖ヴィクトリア駅 Victoria
住116 Ebury St., Belgravia, SW1W 9QQ　TEL (020) 7730 1316　URL www.peggyporschen.com
開9:00〜18:00（日・祝10:00〜18:00）
休無休 ━ADMV 令不可

ピンク色をテーマカラーにするかわいらしさ全開のカフェで、カップケーキやアイシングクッキーのデコレーションもとにかくキュート。オーナーはレシピ本を多数出版しており、セレブの顧客も多い。

Map P.84-85⑩ A1　⊖ハイ・ストリート・ケンジントン駅 Hig Street Kensington
カフェ
クッキー

ビスケッティアーズ Biscuiteers Boutique and Icing Café

ポップでかわいいアイシングクッキーのショップで、女の子に大人気。店内のカフェは19席ほどで、ケーキは£2.90〜。アフタヌーンティー £30も楽しめる。地下ではアイシング教室も行われる。

住194 Kensington Park Rd., W11 2ES　TEL (020) 3954 6650
URL www.biscuiteers.com　開10:00〜18:00（日11:00〜17:00）
休無休 ━AMV 令店内可

Map P.66-67① A2　⊖ボンド・ストリート駅 Bond Street
クッキー

ベンズ・クッキー Ben's Cookies

1983年創業のクッキー専門店で、ロンドンだけで9店舗、東京にも進出している。焼きたてにこだわっており、店の前では常に甘い香りが漂っている。1枚£1.60〜1.90。

住355-361 Oxford St., W1C 2AE　TEL (020) 7409 3535
URL www.benscookies.com　開9:00〜21:00（日・祝10:30〜19:00）　休無休 ━MV 令不可

日帰りで郊外へ出かけよう
ロンドン近郊
Days out from London

のどかな空気が流れる城下町ウィンザー

ロンドン近郊　コルチェスター
ロンドン・　チャタム
ウィンザー
ブー・カントリー

人口	市外局番
882万5001人	020 ほか
グレーター・ロンドンほか **Greater London**	

ロンドン近郊は、ロンドン中心部とは異なる魅力で満ちあふれている。英国王室の宮殿があるウィンザーやハンプトン・コート・パレス、ユネスコの世界遺産にも登録されている河港都市グリニッジ、そして世界中に存在する植物の8分の1を収集している世界屈指の植物園キュー・ガーデンズなど、いずれも見ごたえ充分だ。

ロンドン近郊
観光ハイライト

ヒーヴァー城 (→ P.191)

グリニッジ (→ P.182)

キュー・ガーデンズ (→ P.186)

ロンドン近郊
エリア内の交通

地下鉄と鉄道

どの町や見どころもロンドン中心部から、地下鉄や列車などで日帰りで訪れることは可能。しかし、放射状に点在しており、1日に数ヵ所の観光スポットを回るのは現実的ではない。**ロンドン発のツアー** P.110 を利用すると、効率的に回ることができる。

遊覧船

夏期はロンドン中心部から**リバー・ボート** P.108 が運航している。テムズ河をクルーズしながら、グリニッジやキュー・ガーデンズ、ハンプトン・コート・パレスに行くこともできる。

ロンドン

Information
近郊の旅に便利なチケット

オイスター・カード（→P.100）
　グリニッジ、ドックランズはゾーン2。ウィンブルドン、キュー・ガーデンズはゾーン3にある。ピークとオフピークで料金は異なるが、£10前後で1日乗り放題となる。

ブリットレイルロンドンプラスパス（→P.579）
　ロンドンの地下鉄等は適用外だが、ケンブリッジやバース、ストラトフォード・アボン・エイヴォンなどのほか、カンタベリーやポーツマスなどロンドン周辺と南部の鉄道が乗り放題になる。イギリスでの購入はできないので出発前に購入しておこう。

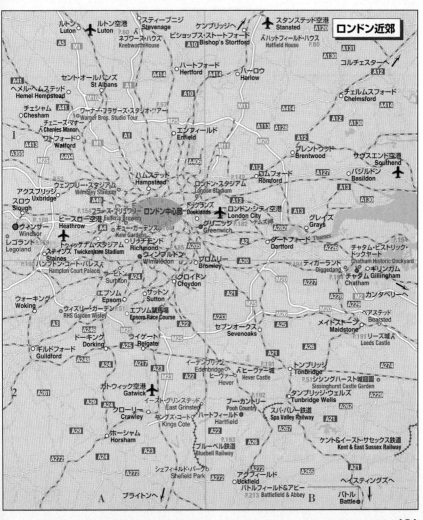

ロンドン近郊

クリストファー・レンの傑作が並ぶ、旧王立海軍学校

7つの海を支配した大英帝国の象徴

グリニッジ *Greenwich*

世界標準時の軸として有名なグリニッジは、世界の海を支配した大英帝国の栄光を今に伝える町。17世紀に王立天文台が建てられ、19世紀には海軍学校が開かれるなど、大英帝国の発展に貢献した。旧天文台をはじめ、大建築家クリストファー・レン P.606による旧王立海軍学校などが世界遺産に登録されている。

歩き方 町歩きのスタート地点はカティー・サーク号が置かれている**カティー・サーク・ガーデンズ**Cutty Sark Gdns.という広場。カティー・サーク・ガーデンズのすぐ東は**旧王立海軍学校**がある。

旧王立海軍学校のすぐ南に面した建物は、**国立海洋博物館**、さらに南には、グリニッジ・パークGreenwich Parkが広がっており、小高い丘の上には有名な**旧天文台**が建っている。ここからの眺めはすばらしく、旧王立海軍学校やテムズ河、ドックランズやThe O₂を見渡すことができる。

交通情報 鉄道 グリニッジ駅からカティー・サーク・ガーデンズまでは徒歩15分ほどの距離にある。

DLR カティー・サーク号の目の前にあるカティー・サーク駅で下車すると近い。

テムズ河のリバーボート ロンドン中心部からリバー・ボート P.108 が出航している。

■ロンドンからグリニッジへ
🚆チャリング・クロス駅からロンドン・ブリッジ駅乗り換えでグリニッジ下車。
所要:約20分
🚈ドックランズ・ライト・レイルウエイ（DLR）でカティー・サークCutty Sark駅下車
⛴エンバンクメント・ピアからタワー・ミレニアム・ピアなどを経由してグリニッジ・ピア下船
所要:約50分

History
グリニッジ宮殿
旧王立海軍学校がある場所は、さらに時間をさかのぼると、グリニッジ宮殿という英国王室の宮殿が建っていた。テューダー朝の君主ヘンリー8世、メアリー1世、エリザベス1世はみなこの宮殿で誕生している。

---

i グリニッジ
Tourist Information Centre

Map P.182-A1
🏠Old Royal Naval College,
King William Walk, SE10 9NN
☎(020)8305 5235
🌐www.visitgreenwich.org.uk
🕐10:00〜17:00 休12/24〜26

❶の入口は西側にある

グリニッジ

N

0 ─────── 200m

Island Gardens
アイランド・ガーデンズ駅　Island Gardens

地下道

病院

グリニッジ・ピア

R The Old Brewery

Old Woolwich Rd.

礼拝堂

P.184 IFSクラウド・ケーブルカーへ（約2.5km）

P.184
カティー・サーク号
Cutty Sark

❶

旧王立海軍学校 P.183
The Old Royal Naval College

ペインティド・ホール
Painted Hall

Park Vista

カティー・サーク駅
Cutty Sark

Creek Rd.
Bardsley Ln.

Roan St.

King William Walk

Church St.

Romney Rd.

クイーンズ・ハウス P.183
Queen's House

国立海洋博物館 P.183
The National Maritime Museum

グリニッジ・パーク
Greenwich Park

Greenwich
グリニッジ駅

DLR

Greenwich High Rd.

Royal Hill

Croom's Hill

The Avenue

旧天文台 P.183
Old Royal Observatory

South St.

King George St.

A　　　　B

■旧王立海軍学校
住Old Royal Naval College, SE10 9NN
TEL(020)8269 4799
URL www.ornc.org 🌐
開10:00〜17:00
　（敷地内は8:00〜23:00）
休12/24〜26　料£15　学生£8.50
　フラッシュ不可
日本語の情報端末が借りられるほか、英語によるガイドツアー（チケットに含まれる）も毎時行われる

旧王立海軍学校
The Old Royal Naval College
世界遺産　クリストファー・レンの傑作が並ぶ　Map P.182-B1

クリストファー・レン🌐P.606が設計したバロック様式の建物が並ぶ旧王立海軍学校。美しい建物が規則正しく、整然と並ぶのは壮観だ。海軍の退役兵が生活する施設として建てられ、その後1873年からは王立海軍学校として使用され、現在は大学となっている。

カティー・サーク号横の入口の先にある建物はビジターセンターになっており、グリニッジの歴史がわかる展示が行われているほか、ペインティド・ホールのチケット販売所、敷地内を巡るツアーの出発場所、観光案内所にもなっている。ドームが印象的なふたつの建物は**ペインティド・ホール**Painted Hallと**礼拝堂**Chapel。宮廷画家ソーンヒルによる天井画と壁画が美しいペインティド・ホールでは、日本語の情報端末を借りて解説を聞くことができる。礼拝堂は内部をネオ・クラシック様式に装飾されており、こちらも見応えがある。

天井画が美しいペインティド・ホール。映画『パイレーツ・オブ・カリビアン 生命の泉』のロケ地にもなった

■旧天文台
住Greenwich Park, SE10 8XJ
URL www.rmg.co.uk 🌐
開10:00〜17:00（夏期〜18:00）
※最終入場は閉館の45分前
休12/24〜26
料£18、学生£12
　（プラネタリウムは別料金）
　フラッシュ一部不可

旧天文台
Old Royal Observatory
世界遺産　世界の時刻を決めていた　Map P.182-B2

写真左のゲートから入場する

グリニッジといって真っ先に思い浮かぶのがグリニッジ標準時。経度0は、ここグリニッジにある天文台を中心に決められた。つまり、ここに立てば片足は東半球、片足は西半球ということになる。

ここに王立天文台が建てられたのは1675年のこと。当時最大の関心事は、遠洋航海を安全に行うため、いかに正確な経度を測るかだった。館内では経度計測の歴史の紹介や天体観測の機材などが展示されている。

■国立海洋博物館
住Romney Rd., SE10 9NF
TEL(020)8858 4422
URL www.rmg.co.uk 🌐
開10:00〜17:00
休12/24〜26
料寄付希望額£5（企画展有料）
　ガイドツアー£3.50
館内撮影一部不可　フラッシュ不可
■クイーンズ・ハウス
住Romney Rd., SE10 9NF
URL www.rmg.co.uk 🌐
開10:00〜17:00
休12/24〜26　料無料
　フラッシュ不可

国立海洋博物館とクイーンズ・ハウス
The National Maritime Museum & Queen's House
世界遺産　英国海事史を語る　Map P.182-B1・2

旧王立海軍学校の南側、グリニッジ・パークとの間にある。英国海軍史のすべてがわかるといっても過言ではないほどの充実の内容を誇る博物館。西隣にある建物は、**クイーンズ・ハウス**Queen's House。パッラーディオ様式のファサードが印象的な美しい建物。中にはイギリス海軍に関するさまざまな絵画が飾られている。

クイーンズ・ハウス

■カティー・サーク号

Cutty Sark, King William Walk, SE10 9HT
TEL (020) 8312 6608
URL www.rmg.co.uk
圖 10:00～17:00(夏期10:00～18:00)
※最終入場は閉場の45分前
休 12/24～26
料 £18 学生£12
マストに上るツアー £52 学生£46

町の中心にあるカティー・サーク号

■IFSクラウド・ケーブル・カー

駅 地下鉄ノース・グリニッジ駅North Greenwichまたはドックランズ・ライト・レイルウエイ (DLR) ロイヤル・ヴィクトリア駅Royal Victoria下車
TEL 0343 222 1234
URL tfl.gov.uk/modes/london-cable-car
圖 7:00～22:00(金7:00～23:00、土8:00～23:00、日・祝9:00～22:00)
休 12/25 **料** £6

The O₂のすぐそばを通っている

かつて世界最速を誇った帆船
カティー・サーク号 Cutty Sark

Map P.182-A1 グリニッジ

カティー・サーク号は、1869年に建造され、当時としては世界最速を誇った大型快速帆船。中国の紅茶や、オーストラリアの羊毛などを運ぶ運搬船として、インド航路で活躍し、1954年に今の場所で保存展示されるようになった。

2007年には火災に遭うも、修復作業のために多くの部品が取り外されていたことが幸いし、被害は限定的に留まった。2012年には建造当初の姿を取り戻している。現在船体は側面から支えられ、地上から3mほど浮いた形で保存されている。船内に入れることはもちろん、真下から眺めることも可能。日時限定でマストに上るツアーもある。

90m上空からテムズ河を眺める
IFSクラウド・ケーブル・カー
IFS Cloud Cable Car

Map P.182-B1外 グリニッジ

2012年に開業した、テムズ両岸を結ぶロープウエイ。グリニッジの北東約2.5km、The O2の近くにあるIFS クラウド・グリニッジ・ペニンシュラIFS Cloud Greenwich Peninsulaと対岸のIFS クラウド・ロイヤル・ドックスIFS Cloud Royal Docksを

高さ90mからの眺めは迫力満点

結んでおり、約1.1kmの距離を5～10分かけて進む。最高到達点は約90mあり、テムズ河やグリニッジ、ドックランズの風景を堪能することができる。

---

activity
"ロンドンで最もスリリングなアトラクション"
The O₂の上をスカイウォーク (空中散歩)

今、ロンドンではドームになっているThe O₂の上を歩くという一風変わったツアーに注目が集まっている。まず、安全に関する説明がされた後、ワイヤー付きの防護服に着替える。その後、ガイドさんの指示に従い、ドームの上に設置され

ワイヤーで固定しながら展望台まで登っていく

た遊歩道を登る(足元はよく弾むので、とにかくスリリング!)。上空は風が強く、遊歩道はかなりの急勾配なので、少し度胸がいるかも?展望台は地上160フィート(約48m)に位置しており、ここでは写真撮影が楽しめる。

■アップ・アット・ジ・オーツー Up at The O₂
URL www.theo2.co.uk
圖 日によって変動する。正確なツアー時間は、上記ウェブサイトで確認のこと。強風の日は催行されない。
ツアーは約90分
休 1/16～2/8の月～水、2/21～3/21、11/7～12/19の火、6/21、12/24～26
料 £35～42 **予約必須**
※写真撮影は可能だが、ポケットに入る程度の大きさのカメラのみ(携帯電話やスマートフォンは可)

ウィンブルドン・ローン・テニス博物館

地下鉄アールズ・コート駅から最短16分

テニスの聖地

ウィンブルドン *Wimbledon*

　テニスの聖地といえばウィンブルドン。6〜7月に行われるウィンブルドン選手権（通称:全英オープン）のために、深夜までテレビ観戦する人も少なくないはず。ロンドン南西部に位置するウィンブルドンの町にはウィンブルドン・ローン・テニス博物館など、テニスファン必見の見どころがある。

歩き方　ウィンブルドンの中心部は地下鉄や鉄道が発着するウィンブルドン駅だが、ウィンブルドン選手権が開かれるテニス競技場は2kmほど北にある。

交通情報　ウィンブルドン・ローン・テニス博物館に行くなら、地下鉄ディストリクト・ラインのサウスフィールズ駅でバスに乗り換える。ウィンブルドンの駅からだと少し遠い。

■**ロンドンからウィンブルドンへ**
🚃ウォータールー駅からウィンブルドン駅まで頻発。あるいはアールズ・コートやヴィクトリア駅からディストリクト・ラインでウィンブルドン駅までアクセスできる。

🏛 最新技術を駆使したテニスの殿堂
ウィンブルドン・ローン・テニス博物館
Wimbledon Lawn Tennis Museum

Map P.185
ウィンブルドン

　テニスの歴史に始まり、時代を通じての道具や衣装の変化など、さまざまな視点からテニスの魅力を紹介している。
最新技術を駆使した展示　巨大スクリーンやタッチパネルなど、いずれも最新の技術を駆使しており、例えば1980年代の男子更衣室を復元した部屋を、往年のトッププレイヤーで現在は解説者として活躍中のジョン・マッケンローがゴーストとして案内してくれたり、歴代のチャンピオン・トロフィーなども展示されている。また、展示の中には歴代の選手たちが着たテニスウェアが並ぶコーナーもある。
センターコートを見られるツアー　約1時間半のツアーでは、ウィンブルドン選手権の決勝戦が行われるセンターコートを眺めたり、選手が会見をするプレスルームなどが見学ルートに組み込まれている。

■**ウィンブルドン・ローン・テニス博物館**
🏠Church Rd., SW19 5AE
☎(020)8946 6131
🌐www.wimbledon.com 📶
🕙10:00〜17:30
※最終入場16:45。大会中はツアーへの参加や博物館の見学ができない日もある。
🚫1/1、12/24〜26
💷£15　学生£13
※オーディオガイド込み(日本語あり)
●ガイドツアー＋博物館
所要1時間30分
💷£27　学生£23　⊘ 予約必須

ウィンブルドン

地下鉄サウスフィールズ駅
Southfields
Brookwood Rd.
Albert Dri.
Wimbledon Park Rd.
Astonville St.
Revelstoke Rd.
Ellerton Rd.
Ethronvi St.
Engadine St.
Clonmore St.
Heythorp St.
Elsenham St.
0　400m
Melrose Av.
Bathgate Rd.
ウィンブルドン公園
Wimbledon Park
Church Rd.
Home Park Rd.
地下鉄ウィンブルドン・パーク駅
Wimbledon Park
ウィンブルドン・ローン・テニス博物館
Wimbledon Lawn Tennis Museum
Arthur Rd.
Vineyard Hill Rd.
Dora Rd.
↓ウィンブルドン駅へ

館内の随所にタッチパネルが置かれており、より詳しい説明を聞くことができる

185

世界に冠たる植物園

詳細ガイド

世界遺産 キュー・ガーデンズ

　世界各国の植物が植えられ、四季折々の花が咲き乱れているキュー・ガーデンズKew Gardensは、どの季節に訪れてもすばらしい。現在5万種以上もの植物が育てられ、植物標本の数は700万点以上。名実ともに世界最大の植物園。敷地内にはレストランやカフェも複数あり、1日のんびりできる。

植物園の成り立ち

　正式名はキュー王立植物園Royal Botanic Gardens, Kew。1759年に、ジョージ3世の母であるオーガスタが庭師のW. アイトンに命じて造らせたのが始まり。その後、キャプテン・クックに随行して世界各地を旅行し、さまざまな植物を収集したバンクスのコレクションが加わり、いっそう充実した。

園内の移動に便利な
キュー・エクスプローラー

　広大な敷地を効率よく回ろうという人は、入場券の購入時に、キュー・エクスプローラー Kew Explorerという観光列車のチケットも購入しておこう。キュー・エクスプローラーは、時計回りに園内を40分ほどで1周し、途中7つの停留所に停まる。乗車券は1日有効なので、何度でも乗り降りできる。

- シャーロット王妃のコテージ Queen Charlotte's Cottage
- スイレン池 Waterlily Pond
- レイク・クロッシング Lake Crossing
- Cedar Vista
- Japanese Gateway
- 楠の散歩道 Treetop Walkway
- パゴダ Great Pagoda
- 温室 Temperate House
- King William's Temple
- 地下鉄 リッチモンド駅へ（約1km）
- Pagoda Vista
- R Pavillion
- Cherry Wa
- ライオン門 Lion Gate
- Temple of Bellona
- Victoria Plaza ヴィクトリア門 Victoria Gate

キュー・ガーデンズのシンボル、パームハウス

十重の塔
パゴダ
Great Pagoda

　園内の最も南西部に位置するパゴダ（仏塔）は50mほどの高さを誇る塔。1762年に完成し、かつては80体もの黄金の竜の像があった。最上階まで253段もあるので登るのはちょっと大変だが、展望室からの眺めはすばらしい。

園内で最も古い建物
キュー・パレス
Kew Palace

キュー・ガーデンズは英国王室の領地だったことから、キュー・パレスKew Palaceという王室の館が現在もその敷地内に建っている。館が建てられたのは1631年で、キュー・ガーデンズ内でも最も古い。ジョージ3世の治世期である1802年の改築によって現在のような姿になった。館内の展示では、ジョージ3世とその妻シャーロットや家族の生活やイギリスの政治との関わり合いなどが解説されている。

三角形が重なったデザイン
プリンセス・オブ・ウェールズの温室
Princess of Wales Conservatory

1982年に故ダイアナ妃によって建てられた温室。おもにアメリカ大陸から来たサボテンやアジアの睡蓮などが展示されている。

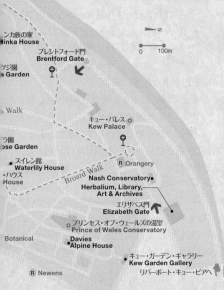

ンカ族の家
Minka House

ブレントフォード門
Brentford Gate

0　100m

ジ園
Garden

s Walk

ラ園
ose Garden

キュー・パレス
Kew Palace

スイレン館
Waterlily House

ハウス
House

Broard Walk

Orangery

Nash Conservatory•
Herbarium, Library,
Art & Archives

エリザベス門
Elizabeth Gate

プリンセス・オブ・ウェールズの温室
Prince of Wales Conservatory

Botanical

Davies
Alpine House

キュー・ガーデン・ギャラリー
Kew Garden Gallery

リバーボート・キュー・ピアへ

Newens

メイズ・オブ・オナーの元祖
ニューウェンズ
Newens

正門から徒歩5分ほどの位置にあるカフェ。ベイクドチーズケーキのようなメイズ・オブ・オナーというケーキの元祖として有名。持ち帰りOK。

🏠288 Kew Rd., Kew Gardens, Surrey, TW9 3DU
☎(020)8940 2752
🌐www.theoriginalmaidsofhonour.co.uk
🕐10:00〜18:00（土・日9:00〜18:00）　休無休

DATA

■キュー・ガーデンズ　Map P.181-A1
🚇地下鉄ディストリクト・ライン、キュー・ガーデンズ駅 Kew Gardens下車
⛴ウェストミンスター・ミレニアム・ピア発、キュー・ピアで下船
4月上旬〜9月の運航、1日4便　所要：約1時間30分
🏠Royal Botanic Gardens Kew, TW9 3AE
☎(020)8332 5655　🌐www.kew.org
🕐開園時間は通年10:00。以下閉園時間
5〜8月 19:00（土・日・祝20:00）
9月 19:00　10/1〜28 18:00
10/29〜11/13 16:00　11/14〜1/7 15:00
1/8〜31 16:00　2月 17:00　3/1〜29 18:00
※最終入場は閉園の1時間前
休12/24·25　料£12〜21.50　学生£6〜9
●キュー・エクスプローラー（観光列車）
🕐11:00から30分毎にヴィクトリア門近くから時計回りに運行　料£6.50
●キュー・パレス
☎(020)3320 6000　🌐www.hrp.org.uk/kew-palace
🕐11:00〜16:00　休9/25〜4/2
料キュー・ガーデンズのチケットに含まれている
一部撮影不可

広大な敷地面積を誇るウィンザー城

■ロンドンからウィンザーへ
🚃パディントン駅からスロウSloughで乗り換え、ウィンザー＆イートン・セントラル駅Windsor & Eton Central下車。直通もある。1時間に2～3便
所要：約35分
🚃ウォータールー駅発1時間に2便
所要：約1時間
🚌バッキンガム・パレス・ロードのグリーンライン・コーチステーションから702番が1時間に1便程度の運行。
所要：約1時間35分

i ウィンザー
Tourist Information Centre
Map P.188左
🏠Guildhall, 51 High St., SL4 1LR
📞(01753)743 907
🌐www.windsor.gov.uk
🕙10:00～16:00
休月・火、12/25・26

ウィンザー Windsor

現在使われている王室の居城としては、世界最大の規模を誇るウィンザー城。ウィリアム1世🏠P.605が1066年にイングランドを征服して以来、900年以上の長きにわたり、城塞や英国王室の宮殿として使われている。ウィンザーの町は、そんなウィンザー城の周りに広がる城下町。ロイヤルタウンと呼ぶにふさわしい優美さを感じさせる町だ。現在の英国王室はウィンザー王朝。この名称からも英国王室とこの町とのつながりがいかに深いかがわかるだろう。

歩き方 ウィンザーには**ウィンザー＆イートン・セントラル駅、ウィンザー＆イートン・リバーサイド駅**のふたつの鉄道駅がある。どちらも町の中心部に位置しているが、*i*はセントラル駅のすぐ近く。ウィンザー城の入口はキャッスル・ヒルCastle Hillを上った所にある。

もうひとつの見どころ、イートン校は、町の中心部から徒歩10分ほどの所。テムズ河に架かる橋、ウィンザー＆イートン・ブリッジを渡り、そのまま真っすぐ進むとある。途中の道は、石畳が敷き詰められた雰囲気のよい通りだ。

英国王室の居城
ウィンザー城 Windsor Castle
Map P.188右
ウィンザー

ウィンザーの町を見下ろすように建つウィンザー城は、1066年から900年以上にも及ぶ長い間、英国王室の居城として使われ続けている由緒正しき城。

現在見学することができるのは、ステート・アパートメント、クイーン・メアリー人形館、そして聖ジョージ礼拝堂の3ヵ所。

空から眺めたウィンザー城

①オーディオガイド貸出
②エドワード3世塔
③ウィンザー城の解説展示
④クイーン・メアリー人形館
⑤ノルマン門
⑥ヘンリー3世塔
⑦ヘンリー8世門

中央部にあるラウンド・タワー

ステート・アパートメント

　内部はさすがに豪華で、あちこちに王室所蔵の絵画や装飾品が飾られている。なお、公式行事で使用中の時は入場できないので事前に確認しておこう。

聖ジョージ礼拝堂　聖ジョージ礼拝堂は立派なゴシック様式の礼拝堂。ヘンリー8世 P.610をはじめとする英国王室の墓所でもある。なお、日曜は入場できないので注意しよう。

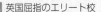

英国屈指のエリート校	Map P.188左
イートン校 Eton College	ウィンザー

イートン校の校舎

　15世紀にヘンリー6世 P.609によって建てられたパブリックスクール（イングランドでは、公立学校ではなく、全寮制私立学校のこと）。ここはそんなパブリックスクールのなかでも英国随一の名門校として知られており、ウォルポール、グラッドストンをはじめとして、過去19人もの英国首相を輩出。現在も11歳から18歳までの約1300人の生徒がこの学校で学んでいる。

　門をくぐると、まず目につくのが中央にある創設者ヘンリー6世の像。右側にあるゴシック様式の礼拝堂は、同じくヘンリー6世の命によって建てられたが、建造中に王が廃位されたため、計画は大幅に縮小されることになった。礼拝堂内部には中世に描かれた壁画も残る。構内には博物館もあり、学校の歴史や学校生活に関する展示がされている。

レゴ・ブロックのテーマパーク	Map P.181-A1
レゴランド・ウィンザー Legoland Windsor	ウィンザー近郊

レゴランドのホテル

　イギリス国内でも1、2位を争うほど人気のあるテーマパーク。レゴ・ブロックで再現されたビッグ・ベンやロンドン・アイ、セント・ポール大聖堂などが並ぶ。園内はいくつかのエリアに分かれており、ウォーターコースターや巨大迷路などアトラクションも豊富に揃う。

■ウィンザー城
🏠Windsor, SL4 1NJ
🌐www.rct.uk
🕐3～10月10:00～17:15
　11～2月10:00～16:15
　※最終入場は閉館の1時間15分前
🚫ウィンザー城火・水、12/25
ステート・アパートメント火・水
聖ジョージ礼拝堂火・水・日
※ロイヤル・ファミリーや国賓滞在中、国家行事があるときなどは、内部見学が制限または閉鎖される（特に6・12月）。
💰£28～30　18～24歳£18～19.50
館内撮影一部不可　フラッシュ不可
●衛兵交替式
行われるのは通常火・木・土だが、時期や天候など諸事情により変更されるので、事前に確認しておくこと。交替式は11:00からで所要約45分。城内で行われるため、見学にはウィンザー城の入場チケットが必要。衛兵がヴィクトリア兵舎とウィンザー城の間を行進する様子はチケットなしでも見られる。日程は以下のウェブサイトで確認できる。
🌐www.householddivision.org.uk

■イートン校
🏠Eton High St., SL4 6DW
📞(01753)370 100
🌐www.etoncollege.com
ガイドツアーは5/19～9/15の金14:00
16:00発。所要約90分。定員制なので早めの予約が望ましい。
💰£10

イートン校の正門

■レゴランド・ウィンザー
🚌バッキンガム・パレス・ロードのグリーンライン・コーチステーションから702番が1時間に1便程度の運行。
所要：約2時間
🏠Winkfield Rd., SL4 4AY
🌐www.legoland.co.uk
🕐3月中旬～7月中旬・9月～10月下旬
　10:00～17:00
（土・日など18:00まで延長する日もある）
　7月下旬～8月10:00～18:00
🚫11/6～30、12/1～15の月～金、ほかウェブサイト参照
💰1日券£34～66

詳細ガイド

自然に囲まれた ロンドン近郊の名城巡り

ロンドンから一歩離れるとそこには王侯貴族が愛した美しい宮殿や城、そして自然が広がっている。博物館巡りや、買い物の手を休めて緑あふれるロンドン郊外でリフレッシュしよう。

美しい庭園に囲まれた宮殿 ハンプトン・コート・パレス

Hampton Court Palace

ハンプトン・コート・パレスは、広大な庭園に囲まれたれんが造りの宮殿。

クロック・コート　入って最初の広場が、ベース・コートBase Court。オーディオガイドを貸し出す**i**はここにある。さらにもうひとつの門をくぐるとクロック・コートClock Courtがある。

ヘンリー8世の時計　クロックコートの名前の由来であるヘンリー8世☞P.610の時計。テムズ河の潮の干満までわかるようになっている、当時最先端を誇った大時計だ。

ヘンリー8世の時計

厨房　時計を背にして左は、1000人以上の食事を調理できたというテューダー朝期の厨房。

ステート・アパートメント　宮殿の建物内部は、いくつかの部門に分かれており、中世の服装をしたガイドが案内してくれるツアーが定期的に行われている。そのなかでも最大の見どころは、ヘンリー8世のステート・アパートメントHenry VIII's State Apartment。そのほか宮殿内には、王立礼拝堂Chapel Royalやウィリアム3世のキングズ・アパートメントKings Apartmentなど、見どころ満載。

庭園（詳細記事→P.50）　美しく造園された庭園に取り囲まれている。宮殿内の見学に疲れたら、美しい庭園を眺めながらひと休みするのもいいだろう。

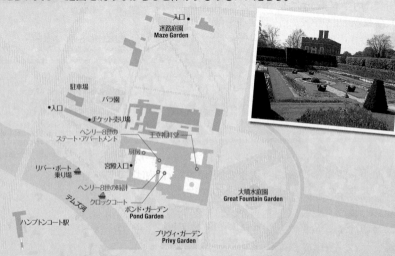

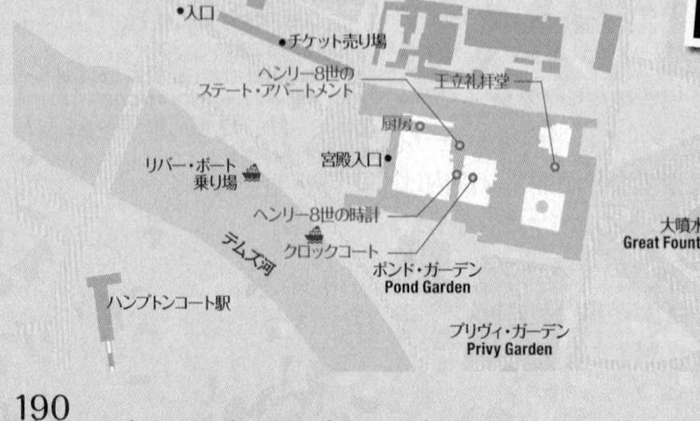
入口
迷路庭園
Maze Garden
駐車場
バラ園
入口
チケット売り場
ヘンリー8世の
ステート・アパートメント
王立礼拝堂
厨房
宮殿入口
リバー・ボート
乗り場
ヘンリー8世の時計
クロックコート
テムズ河
ポンド・ガーデン
Pond Garden
大噴水庭園
Great Fountain Garden
ハンプトンコート駅
プリヴィ・ガーデン
Privy Garden

多くの逸話に彩られたテューダー朝の城
ヒーヴァー城
Hever Castle

　ヒーヴァー城はエリザベス1世☞P.606の母として知られるアン・ブーリン☞P.605が生まれ育った城。彼女の処刑後は、英国王室に没収されたが、ヘンリー8世☞P.610が4番目の妻アン・オブ・クレーヴズと離婚したのを機に、彼女の所有になった。その後何度も所有者が代わり、すっかりうち捨てられていたが、20世紀になってアメリカ人の富豪の手に渡り、莫大な予算を使って、テューダー朝時代の雰囲気に極力近づける形で修復された。

　城自体はもちろん、広大な庭園には、迷路やイタリア式庭園、ローズガーデン、池など見どころが多い。夏期には、日によって馬上槍試合のトーナメントなども行われる。

「世界で最も愛らしい城」
リーズ城
Leeds Castle

　「世界で最も愛らしい城」と評されたこともあるリーズ城。その歴史はとても古く、ノルマン征服後に作られた検地書、ドゥームズデイ・ブック☞P.608にも記録されている。本来は要塞として建てられたが、ヘンリー8世☞P.610は、最初の妻キャサリン・オブ・アラゴン☞P.606のために、この要塞を宮殿へと改築した。

　入口を入るとしばらく散歩道が続き、城へは7〜8分ほどかかる。途中さまざまな鳥を見かけ、何とものどかな雰囲気だ。城は大きくはないが、内部は豪華。あちこちに鳥の絵が飾られている。敷地は広く、城の背後には庭園をはじめ、レストランや鳥園、迷路などが広がっている。

Ｄ Ａ Ｔ Ａ

■ハンプトン・コート・パレス　Map P.181-A2
🚇ウォータールー駅発ハンプトン・コート駅下車
1時間に2便程度　所要：約35分
🚢ウェストミンスター・ミレニアム・ピア発、キュー・ピア、リッチモンド・ランディング・ステージ経由ハンプトン・コート・ランディング・ステージ下船
夏期のみ運航　時間はウェブサイト参照　所要：約3時間
🏠Surrey, KT8 9AU　TEL(020)3166 6000
URL www.hrp.org.uk 📱
🕙10:00〜17:30
※最終入場は閉館の1時間前
🈺月・火（7/24〜9/3、10/1〜10/15、10/23〜10/29はオープン）、11/26、12/24〜26
💷£26.30〜29　学生£21〜23.20
　館内撮影一部不可　フラッシュ不可

■ヒーヴァー城　Map P.181-B2
🚉ロンドン・ブリッジ駅から1時間に1便、イースト・クロイドンEast Croydonで乗り換え、イーデンブリッジ・タウン駅Edenbridge Townで下車してタクシーに乗るか、ヒーヴァー駅Heverで下車し、徒歩約30分。
🏠Hever, TN8 7NG　TEL(01732)865 224
URL www.hevercastle.co.uk 📱
🈺3/26〜10/28 12:00〜18:00
　10/29〜11/5 12:00〜16:30

　11/6〜11/17 水〜日12:00〜16:30
※最終入場は閉館の1時間30分前
🈺11/6〜11/17の月・火、11/18〜3/25
💷城と庭£20.80〜23.10　学生£18.25〜20.30
　庭£17.15〜19.05　学生£15.50〜17.20
　フラッシュ一部不可

■リーズ城　Map P.181-B2
🚉🚌ヴィクトリア駅からアシュフォードAshford行きの列車でベアステッド駅Bearstedまで約1時間10分。1時間に2便ほど。4〜9月はベアステッド駅から城行きのシャトルバス（URL www.spottravel.co.uk）が走っていたが、2023年7月現在運休中。メイドストーンMaidstoneから13番のバスでも行けるが土・日運休。
🏠Maidstone, Kent, ME17 1PL
TEL(01622)765 400
URL www.leeds-castle.com 📱
🈺〜9月10:30〜17:30（庭10:00〜18:00）
　　※城の最終入場17:00、庭の最終入場16:30
　10〜3月10:30〜15:30（庭10:00〜17:00）
　　※城の最終入場15:00、庭の最終入場15:00
🈺7/8、7/13、11/4・5、11/13〜17、12/25
💷£30〜35
　館内撮影一部不可　フラッシュ不可

「クマのプーさん」のふるさと
プー・カントリー
Pooh Country

橋へ向かうフットパスを示す表示

『クマのプーさんWinnie-the-Pooh』の舞台となった場所は現在はプー・カントリーと呼ばれ、クリストファー・ロビンが駆け巡った「百町森100 Acre Woods」もここにある。

起点となるハートフィールドHartfield村から子供に戻ったつもりでゆっくり歩いてみよう。

ハートフィールド拡大図右
ハートフィールドのバス停
タンブリッジ・ウェルへ
Pooh Corner Ⓢ
N
0 500m
B2110
B2026
イースト・グリンステッド駅へ
プーの棒落とし橋
Pooh Sticks Bridge
駐車場
駐車場
砂のくぼみ Rob's Sandypit
ギルズ・ラップ Gills Lap
駐車場
魔法の場 Enchanted Place
駐車場
百町森 100 Acre Woods
駐車場
ノース・ポール North Pole

旧鉄道駅
タンブリッジ・ウェルへ
Castlefields
The Anchor Inn
聖母マリア教会 Church of Virgin Mary
High St.
Church St.
Pooh Corner Ⓢ
N
0 100m
プーの棒落とし橋へ
ハートフィールド拡大図

おすすめルート
ハートフィールドのバス停
↓
プーの棒落とし橋
↓
プー・コーナー

■ロンドンからハートフィールドへ
🚃🚌ヴィクトリア駅からイースト・グリンステッド駅East Grinsteadへ1時間に3便程度、所要約1時間。駅を出てすぐ左にある幹線道路からメトロバスMetro Bus291番に乗り、所要25分程度。月～金6:21～20:58（土6:29～）にほぼ1時間おきに便はある。日曜9:39 11:40 13:41 15:41。

🚃🚌チャリング・クロス駅からタンブリッジ・ウェルズ駅Tunbridge Wellsへ1時間に3便程度、所要約1時間。メトロバス291番に乗り、所要約20分。月～金7:19～22:24（土7:27～）にほぼ1時間おきに便はある。日曜10:46 12:46 14:46 16:46。

プー・コーナー
Pooh Corner

「プーさん」の聖地的存在のショップ。地元産のハチミツも販売。併設のティールームではティガーやプーなど、キャラクターにちなんだメニューを出す。

🏠High St., TN7 4AE ☎(01892)771 155
🌐www.poohcorner.co.uk
🕐11:00～17:00（日・祝11:00～16:00）
休無休 💳JMV

プーの棒落とし橋
Pooh Sticks Bridge

A.A.ミルンの『プー横丁にたった家』に登場する橋のモデルで、プーが考案した「棒落とし」というゲームが行われた場所とされている。絵本のようにここで棒落としをプレイする旅行者もたまに見かけるが、周辺の木々を折るのはマナー違反なので要注意。

橋は何度か改修され、現在の形になった

百町森
100 Acre Woods

劇中で『クマのプーさん』が住んでいるのは百町森（100エーカーの森とも訳される）。ミルンは1924年夏にアッシュダウンの森の近くに別荘を建て、息子であるクリストファーを連れてきたそうだ。物語が有名になると、森の一部は「百町森」と呼ばれるようになった。

百町森には物語に登場する場所が多く点在する

ブルーベル鉄道
Bluebell Railway

シェフィールド・パーク駅併設のショップは鉄道ファンなら必見

扉の真ん中にある革のベルトは窓の開閉に使う

1967年に廃線となってしまった鉄道をブルーベル鉄道が引き継ぎ、蒸気機関車のみを運行させている。数あるイギリスの保存鉄道のなかでも屈指の人気を誇る。

始発駅のイースト・グリンステッド駅で切符を買ったら蒸気機関車に乗車。次の停車駅のキングズコート駅は1950年代初頭の駅をイメージしたあたたかい雰囲気。その次のホーステッド・キーンズは、鉄道がまだ繁栄を謳歌していた1930年代の駅舎の雰囲気を残している。この駅の近くには蒸気機関車の撮影ポイントがあるので、多くの鉄道ファンが乗り降りする。

シェフィールド・パーク駅は最大の駅で、グッズショップや小さな博物館、パブを併設。駅前にはナショナル・トラストが管理する庭園もある。

入線してきた蒸気機関車

6～10月に1日2～7便運行。6～7の月曜、9～10月の月・火は運休。詳しいスケジュールはウェブサイトで確認を。🚌270番がイースト・グリンステッド～ホーステッド・キーンズHorseted Keynes間を結んでいる。イースト・グリンステッド 発6:15（土7:25）～19:00（日9:25 11:25 14:20 16:20）。
🕾 (01825)720 800
URL www.bluebell-railway.com
🎫3等全線往復£25～28.50

テムズ河での練習船として活躍したHMSガネット号

英国海軍の最大の造船所があった

チャタム *Chatham*

かつて世界の海を制していた英国海軍。その船の多くはロンドンからテムズ河沿いに東に位置する町、チャタムで造られていた。

歩き方 鉄道駅からヒストリック・ドックヤードまではバスも運行されているが、徒歩だと15分ほど。

■ロンドンからチャタムへ
🚃ヴィクトリア駅から1時間に2便程度、所要45分〜。セント・パンクラス駅から1時間に1便程度、所要約40分。

■チャタム・ヒストリック・ドックヤード
🏠The Historic Dockyard, Kent ME4 4TZ　TEL(01634)823 800
URL thedockyard.co.uk
開3/27〜10/29 10:00〜17:00
　10/31〜11/19、2/11〜3/26
　10:00〜16:00
※最終入場は閉場の30分前
休11/20〜2/10
料£25〜28.50　学生£22.50〜26
館内撮影一部不可

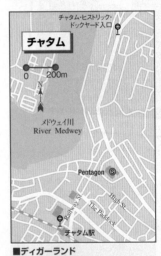

チャタム・ヒストリック・ドックヤード
英国海軍最大の造船所だった
Chatham Historic Dockyard

Map P.181-B2
チャタム

チャタムに王立造船所が造られたのはエリザベス1世 P.606 の時代の16世紀。17世紀までは英国最大の修繕基地として活躍したが、戦いの舞台が大西洋に移っていくと、18世紀以降は軍艦の造船所としてその名をはせることとなる。

第2次世界大戦で活躍したHMSキャヴァリアー号の船内

1984年に工廠は閉鎖され、現在はヒストリック・ドックヤードとして観光客に開放されている。英国海軍歴代の軍艦や潜水艦が並び、海事博物館では船のミニチュアなどが置かれている。敷地内に残るドックや宿舎はジョージアン様式で造られており、保存状態も良好。世界遺産の暫定リストに入っており、世界遺産入りが期待されている。

ディガーランド
重機のテーマパーク
Diggerland Kent

Map P.181-B2
チャタム近郊

イギリスの重機メーカー、JCバンフォード・エクスカベーターズが運営するテーマパーク。重機を改装したアトラクションが並び、そのユニークさから日本のテレビ番組でも紹介された。免許がないと運転できないショベルカーやフォークリフトを操作できるので、子供から大人まで楽しめる。

■ディガーランド
🚌チャタム駅の北にあるウォーターフロント・バスステーションから170番のバスが1時間に1便程度（日曜運休）、所要約20分。終点Roman Way下車。
🏠Medway Valley Leisure Park, Roman Way, Strood, Kent, ME2 2NU
TEL(01634)711 711
URL www.diggerland.com
開10:00〜17:00（オフピーク〜16:00）
休ウェブサイト参照
料£25.95〜32

操作は難しそうだが、スタッフがていねいに教えてくれるのですぐに覚えられる

パワーショベルを改造したアトラクション。高速でグルグルと旋回する

コルチェスターの中心、ハイ・ストリート

文献に出てくる英国最古の町

コルチェスター Colchester

　書物に名前が出てくる町としては、英国最古といわれるコルチェスター。その歴史はケルトの時代にまで遡る。その後ローマ時代にはブリテン島の支配の拠点として、城壁や神殿が造られた。60年にはローマの支配に対してブリトン人のボアディキア女王[→P.610]が反乱を起こしている。

歩き方　コルチェスター北駅North Stationにはロンドンやイプスウィッチからの列車が到着し、一部の列車はタウン駅まで行く。北駅から町の中心へは、ノース・ステーション・ロードNorth Station Rd.を南へ10分。城壁内に入ってしばらく行くとコルチェスター城が見えてくる。

ローマの神殿の跡に建てられた
コルチェスター城 Colchester Castle

Map P.195
コルチェスター

ノルマン朝時代の11世紀に建てられた

　ローマ時代、この地にはローマ支配の象徴、クラウディウス神殿が建っていた。反乱を起こしたボアディキア女王[→P.610]は、コルチェスターを攻撃した際、神殿の中に逃げ込んだ住民ともども焼き払ったと伝えられる。

　1076年、ウィリアム1世[→P.605]は町に残っていたローマ時代の石材の転用を命じ、神殿跡の上にコルチェスター城を築いた。中世には牢獄として使用されたこともあるこの城は、現在は博物館として、この地で発掘されたさまざまな物品を展示している。

■**ロンドンからコルチェスターへ**
🚃 リヴァプール・ストリート駅から頻発
所要：45分〜1時間

ℹ️ **コルチェスター**
Tourist Information Centre

Map P.195
🏠Hollytrees Museum, Castle Park, CO1 1UG
☎(01206)282 920
URL www.visitcolchester.com
🕐10:00〜17:00
休日、1/1、12/24〜26

■**市内ウオーキングツアー**
所要約2時間のウオーキングツアー。コルチェスター城をはじめ、イギリス最大のローマ時代の城門などを回る。
URL www.visitcolchester.com 📧
🕐土11:00　休冬期　料£6.60
集合場所は❼の前。❼かウェブサイトで予約しておこう。

■**コルチェスター城**
🏠High St., CO1 1TJ
☎(01206)282 939
URL www.cimuseums.org.uk
🕐10:00〜17:00（日11:00〜17:00）
※最終入場16:30
休12/24〜27　料£12.50　学生£7.95
●ガイドツアー
🕐夏期12:00、13:00、14:00、15:00発
　冬期12:00、13:00、14:00発
所要：1時間　料£3.85
城内一部撮影不可　フラッシュ不可

■**ファーストサイト**
🏠Lewis Gardens, High St., CO1 1JH
☎(01206)713 700
URL firstsite.uk
🕐10:00〜17:00（木〜土10:00〜22:00）
休月　料展示内容により異なる
　フラッシュ不可

コルチェスター

タウン駅近くにある聖ボトルフ修道院跡

イギリス考古学史上最大の発見といわれる

サットン・フー Sutton Hoo

　イプスウィッチの郊外には、7世紀の墳墓群サットン・フーSutton Hooがある。中世イギリスに関する考古学上最大の発見といわれており、ここで見つかった副葬品は、大英博物館のアングロ・サクソン時代の展示の中心に据えられている。

　墳墓群のなかでも特に重要な船葬墓に埋葬されている人物はイーストアングリア王レドワルドと考えられている。展示館では、墓の復元や豊富な資料、発掘品などをとおして、アングロ・サクソン時代の生活や文化を紹介している。

副葬品の仮面の復元レプリカ。実物はロンドンの大英博物館が収蔵している

ビジターセンター前には船葬墓の模型が実物大で復元されている

1939年に発掘された古墳。内部に船葬墓があった。2〜10月はガイドツアーが行われ、間近に見ることができる

■ロンドンからイプスウィッチへの行き方
🚃リヴァプール・ストリート駅から1時間に2〜3便。所要約1時間20分。

■イプスウィッチからサットン・フーへ
🚃イプスウィッチ駅から1時間に1便程度、約20分でメルトンMelton駅下車。ここから徒歩約25分。月〜土はメルトン駅から71番のバスが2時間に1便程度運行している。サットン・フー入口Sutton Hoo Entranceのバス停で下車。所要約4分。

■サットン・フー・ビジターセンター
🏠Woodbridge, Suffolk, IP12 3DJ
☎(01394)389 700　URL www.nationaltrust.org.uk
🕐夏期10:00〜17:00　冬期10:00〜16:00
🚫冬期の月〜金は展示館やショップなど一部施設が閉鎖する。12/24・25　料金£15

南海岸地方
Southern Coast

 見どころビジュアルガイド

 町歩きガイド

バーリング・ギャップから眺めるセブン・シスターズ（P.215）

カンタベリー大聖堂 P.202
英国国教会の総本山。世界遺産にも登録
されている

ライ P.210
丘の上に古風な家々が並ぶ小さな町。古
風なカフェやパブでのんびりしよう

**ポーツマス・ヒストリック・
ドックヤード** P.224
英国海軍の基地内にあり、博物館や退役
した軍艦が並んでいる

白い崖とリゾートタウンが続く

南海岸地方

　イギリス海峡に沿って続く南海岸は、美しい海岸線が続き
リゾート地や港町としてのにぎわいを見せる地域。
白亜の壁が美しい南東部　自然の見どころといえば、**セブン・
シスターズ** P.215 が最も有名だが、**ドーヴァー** P.207 の郊外にあ
るホワイト・クリフでも美しい断崖が眺められる。また、**カンタ
ベリー** P.200、**ライ** P.210 など歴史的町並みがあるのも魅力。お
しゃれなショップが多い**ブライトン** P.218、タイタニック号の出
港地として知られる**サウサンプトン** P.231 などの港町もある。
コーンウォール半島　南西部のコーンウォール半島は、イギリ
ス有数のリゾートとして有名な地域。**ペンザンス** P.256 や**イン
グリッシュ・リヴィエラ** P.244 の**トーキー** P.245 などが代表的な
町で夏は多くのリゾート客でにぎわう。

主要都市＆見どころハイライト

P. 200
世界遺産に登録されている大聖堂がある
カンタベリー

P. 210
れんが造りのかわいらしい町並み
ライ

P. 222
歴代の名艦に出合える
ポーツマス

P. 242
古代の地層が残る海岸
ジュラシック・コースト

ロンドンのターミナル駅
SP セント・パンクラス駅　FS フェンチャーチ・ストリート駅　Vi ヴィクトリア駅　Mb マリルボン駅
KX キングス・クロス駅　CX チャリング・クロス駅　Pd パディントン駅　Eu ユーストン駅
LS リヴァプール・ストリート駅　WL ウォータールー駅

所要時間の見方
'45　約45分
1'15　約1時間15分
※時間は目安です

主要鉄道路線

ジュラシック・コースト P.242
化石が多く発掘されている海岸。ダードル・ドアなどユニークな奇岩が多く並ぶ

おすすめアクティビティ

walk　白亜の絶壁を歩く
セブン・シスターズをウオーキング
詳細記事 P.217

　ロンドンから日帰りでウオーキングを楽しむなら、おすすめはセブン・シスターズ。白亜の崖の上を歩く絶景コースとして人気が高い。

walk　シャーロック・ホームズ・シリーズの人気作
『バスカヴィル家の犬』の舞台を訪ねて
グリムズパウンド→ Map P.248-A1

　コナン・ドイル作『シャーロック・ホームズ』シリーズの中でも、抜群の人気を誇るのが『バスカヴィル家の犬』。作中で魔犬が住む沼として登場するのが、現在のダートムーア国立公園。小説の舞台ともなった場所をウオーキングで訪れることもできる。ポストブリッジ近郊にあるグリムズパウンドGrimspoundにはホームズが潜伏したというストーン・サークルが残っており、ファンもよく訪れる。

> **DATA** 🚍プリマスから1番バスでイェルヴァートンYelvertonへ行き、98番のバスに乗り換えてポストブリッジへ（月〜土9:20発、戻りは13:38）。ポストブリッジからグリムズパウンドのストーンサークルまで約6.5km。

セント・マイケルズ・マウント P.257
ペンザンスの郊外に浮かぶ小さな島。潮が引いた時は歩いて渡ることもできる

ご当地グルメ

gourmet　英国伝統の総菜パイ
コーニッシュ・パスティ Cornish Pasty

　南西部のコーンウォール半島に伝わるパイ。炭鉱で働いていた労働者が坑道で作業しながらでも食べられるように作られたとか。中身は牛肉、ジャガイモ、タマネギ、ルタバガ（カブに似た根菜）など。スーパーや鉄道駅のスタンドでもよく売られており、おやつや軽食にぴったり。

セブン・シスターズ P.215
白亜の断崖が7つ並ぶことから名付けられた。海岸沿いはフットパスになっている

gourmet　英仏海峡で取れるシタビラメ
ドーヴァー・ソール Dover Sole
食べられるお店 P.209

ハーブをふんだんに使った香草焼き

　日本では「シタビラメ」としてよく知られているウシノシタ科に属する魚。ドーヴァー付近が産地で、ムニエルや香草焼きの食材としてレストランでは人気。食べられる季節はおもに夏。

コーニッシュ・パスティ

イギリス最大の巡礼地
カンタベリー
Canterbury

大聖堂への門があるバーゲート

人口	市外局番
16万4100人	01227
ケント州 Kent	

　カンタベリーは英国国教会の総本山、カンタベリー大聖堂があることで知られる英国最大の巡礼地。ロンドンから100kmほど離れたカンタベリーへの巡礼は、今なら鉄道で約1時間45分だが、昔は徒歩で2～3日の旅程。14世紀の作家、ジェフリー・チョーサーの代表作『カンタベリー物語』も、ロンドンからカンタベリーへと向かう巡礼の一団が、道すがら奇想天外な話を一人ひとり語っていくという内容だ。大聖堂をはじめとする教会建築は世界遺産に登録されている。

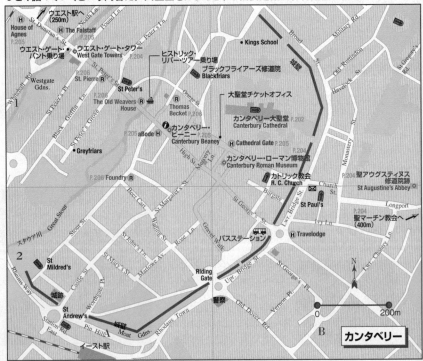

カンタベリー

歩き方

ウエスト・ゲート横のパント乗り場

西のウエスト・ゲート・タワー Map P.200-A1 と東のバスステーション Map P.200-B2 を結ぶ通りが町の目抜き通り。通りの名前は西から**セント・ピーターズ・ストリート**St Peter's St.、**ハイ・ストリート**High St.、**セント・ジョージズ・ストリート**St George's St.と変わる。町の中心は❼があるハイ・ストリートの周辺。

交通情報

カンタベリー・イースト駅

カンタベリーには、イースト駅とウエスト駅のふたつの鉄道駅がある。

イースト駅 町の中心へ行くには、陸橋を渡り、キャッスル・ストリートCastle St.を真っすぐ進む。

ウエスト駅 ウエスト駅からの場合、まず南へ進み、セント・ダンスタンズ・ストリートSt Dunstan's St.に出たら左折、200mほど進むとウエスト・ゲート・タワーにいたる。

バスステーション 町の東側、城壁の近くにある。少し北西に進むと、すぐに町の中心だ。

南海岸地方
Access Guide
カンタベリー
ロンドンから
所要:1時間45分
月～土　セント・パンクラス駅から6:37～翌0:12の1時間に1～2便 チャリング・クロス駅から5:54～23:38の1時間(土7:08～)に1～2便
日　セント・パンクラス駅から8:37～23:07の1時間に1便 チャリング・クロス駅から7:54～22:29の1時間に1便
所要:2時間
毎日　7:00～23:59の1～2時間に1便程度
ドーヴァーから
所要:約30分
月～土　4:50 (土6:18)～23:48の1時間に1便
日　6:50～23:11の1時間に1便
所要:33分
毎日　ステージコーチ社15番 24時間運行。1時間に1～3便

カンタベリー
Tourist Information Centre

Map P.200-A1
🏠18 High St., CT1 2RA
☎(01227)862 162
🌐www.canterbury.co.uk
🕐9:00～17:00 (木～18:00)
休1/1、12/25・26

---

day out　木骨造りの家々が並ぶ

チラム村で中世の雰囲気を味わう

カンタベリーからバスで約25分、チラム村Chilhamはふらっと訪ねると中世にタイムスリップしてしまったような感覚に襲われる村だ。その歴史は古く紀元前にまで遡るが、中世荘園の形式をそのまま残している。

中世荘園とは、城主の領地の門の外が広場となっており、その周りに家が集まる村のこと。広場を囲んで建つ木骨造りの家は、中世に建て

現代に残る中世の町並み

られ、現在はパブやアンティークショップ、みやげ物屋などになっている。タイムスリップしたかのような建物のなかでお茶を楽しんだりして、その気分を味わってみたい。

チラム城の庭園は、イギリスで最も有名な庭師が手入れをしているという(2023年は5/11～9/28の火・木曜のみ入場可、£6)。ヘンリー2世によって建てられた城砦とジャコビアン様式の邸宅もこの村のもつ長い歴史を物語っている。現在も個人所有の家屋として使用されており、残念ながら見学することはできない。

城と反対側には聖メアリー教会St Mary's Churchが建っており、ここから10分ほど歩くと小さな湖や川、水車小屋などもある。

■チラム村への行き方
🚃ウエスト駅発、1時間に1便程度　所要:10分
チラム駅から広場までは徒歩15分
🚌バスステーションの乗り場B5から1、1A番のアシュフォードAshford行き。1時間に1便 (日曜運休)。所要:25分

英国を代表する大聖堂

カンタベリー大聖堂

カンタベリー大聖堂Canterbury Cathedralは英国国教会の総本山であり、また、さまざまな歴史的事件の舞台となった場所でもある。建築物としての美しさもこの大聖堂の魅力で、知れば知るほど興味が尽きない見どころといえるだろう。

❶ トーマス・ベケットが 暗殺された部屋

Martyrdom

聖職者の特権をめぐって時の国王ヘンリー2世 P.609 と対立したカンタベリー大司教のトーマス・ベケット P.609 は、国王の軽率な発言がもとで、国王の配下によって、頭に傷を受けて殺害されてしまう。今も暗殺された場所には、3本の剣が飾られている。トーマス・ベケットの死後、さまざまな奇跡が起き、彼の遺骨は不治の病を治すと崇拝されるようになり、イギリス屈指の巡礼地としてにぎわうようになったのだ。

カンタベリーの歴史

カンタベリーはローマ以前からの歴史をもつが、キリスト教と強いつながりをもつようになったのは6世紀になってのこと。この時期にイングランド布教に訪れた聖アウグスティヌスがカンタベリーを中心に布教活動を行ったため、ここにイングランド全体を統括する大司教座がおかれたのだ。

その後カンタベリーは大司教座の町として発展していったが、12世紀に大司教トーマス・ベケット P.609 がこの地で殉教したことで、さらに巡礼地としての名を高めた。16世紀に英国国教会が設立されてからは、カンタベリー大聖堂は英国国教会の総本山としての役割を担うようになり、現在にいたっている。

DATA

■カンタベリー大聖堂　Map P.200-B1
住The Precincts, CT1 2EH
TEL(01227) 762 862
URLwww.canterbury-cathedral.org
圓9:00〜17:00（日11:30〜17:00）
※最終入場は閉館の1時間前
休12/25。ほかに儀式などで入場不可になる時間帯もある。ウェブサイトで確認を。
料£15.50〜16　17歳以下無料
メディアガイド£5　ガイドツアー £5
地下礼拝堂撮影不可

回廊
Cloister

❺

❶

身廊
Nave

入口

出口

❷ 地下礼拝堂 *Crypt*

トーマス・ベケット P.609 が暗殺された部屋から裏に回ると、大聖堂の最も古い部分である地下礼拝堂へとたどり着く。11世紀のノルマン様式で造られており、神秘的な空間が広がっている。東側の礼拝堂にはかつてトーマス・ベケットの墓があったという。

❸ トリニティ・チャペル
Trinity Chapel

1220〜1538年にトーマス・ベケット P.609 の遺体を納めた箱が置かれていた場所。箱は金、銀、宝石によって豪華に装飾され、ヨーロッパ中から巡礼者を集めたが、宗教改革の最中、ヘンリー8世 P.610 によって破壊された。ステンドグラスにはトーマス・ベケットの奇跡が描かれている。

❹ 聖歌隊席 *Quire*

ミサの際に聖職者たちが座る場所。12世紀に大火事があり、ほとんどが崩壊してしまった。現在はゴシック様式の壮麗な造りとなっている。西側の豪華な大理石製の門は14世紀に造られたもの。

❺ チャプター・ハウス
Chapter House

14世紀の建造。イングランドでも最大規模のチャプター・ハウスとして知られており、ステンドグラスにはカンタベリー大聖堂が創設された頃からヴィクトリア朝までの偉人たちが描かれている。

● ヘンリー4世の墓

❸

エドワード黒太子の墓

■聖アウグスティヌス修道院跡
🏠Longport, CT1 1PF
📞(01227)767 345
🌐www.english-heritage.org.uk
🕐4〜10月10:00〜17:00
　11〜3月の土・日10:00〜16:00
🚫11〜3月の月〜金、1/1、12/24〜26
💷£7.70〜10　学生£6.80〜8.60

イングランドを代表する修道院だった

■聖マーチン教会
🏠North Holmes Rd., CT1 1QJ
📞(01227)768 072
🌐www.nationalchurchestrust.org
🕐11:00〜15:00
🚫月・火
💷寄付歓迎

■ウエスト・ゲート・タワー
🏠1 Pound Ln., CT1 2BZ
📞(01227)808 755
🌐www.onepoundlane.co.uk
🕐12:00〜15:45
🚫土、1/1、12/24〜26
💷£4　学生£3

武器や銅像などが展示されている

■カンタベリー・ローマン博物館
🏠Butchery Ln., CT1 2JR
📞(01227)785 575
🌐canterburymuseums.co.uk
🕐10:00〜17:00
🚫1/1、12/25・26
💷£10.50　学生£8

古代ローマ時代の床暖房システム

世界遺産

イングランドのキリスト教布教の拠点のひとつ　**Map P.200-B1·2**

聖アウグスティヌス修道院跡
St Augustine's Abbey

　6世紀に聖アウグスティヌスによって建てられた修道院。イングランドのキリスト教布教に非常に重要な役割を果たした。幾度も改築などを繰り返したが、ヘンリー8世 ☞P.610 による修道院解散 ☞P.608 により建物は解体。ほとんど廃墟となってしまっているが、ビジターセンターにはこの地での発掘品などが展示されている。

世界遺産

世界遺産を構成する古い教会　**Map P.200-B2外**

聖マーチン教会　St Martin Church

　カンタベリー大聖堂、聖アウグスティヌス修道院跡とともにカンタベリーの世界遺産を構成し、現存するイギリス最古の教会としても知られる。ローマ時代の建物をもとに、6世紀に聖アウグスティヌスの布教活動の最初の拠点として拡張された。町外れの静かな教会なのでゆっくりと見学することができる。

英語圏で最も古い教会でもある

堂々とした姿の町の入口　**Map P.200-A1**

ウエスト・ゲート・タワー　West Gate Towers

　町の西の玄関ともいうべき位置にある立派な門。かつてロンドンからの巡礼者は皆この門をくぐり、カンタベリー大聖堂へと向かっていった。塔の内部は小さな博物館となっており、頂上からは町の様子を一望することができる。

カンタベリーの地下に広がるローマ世界　**Map P.200-B1**

カンタベリー・ローマン博物館
Canterbury Roman Museum

　町の東、ショッピングセンターのすぐ近くにある。入口は小さいが、ローマ風の門をくぐり下の階に行くと、広大な展示スペースが広がっている。館内ではローマ時代の生活を多様な発掘物や人形、さらにビデオなどを使って説明している。第2次世界大戦時の爆撃により、この場所でローマ時代のタウンハウスの遺跡が見つかった。モザイクや床暖房システムなどが保存されているので、ぜひ見ておきたい。

遺跡から見つかったローマ時代の出土品が展示されている

ヴィクトリアン様式の建物が印象的な　Map P.200-A1
カンタベリー・ビーニー　Canterbury Beaney

ハイ・ストリートに面して建つヴィクトリアン様式の美しい建築。1899年から博物館兼図書館としてカンタベリーの人々に愛され続けてきた。アートギャラリーも併設。

カンタベリー・ビーニーのアートギャラリー

■カンタベリー・ビーニー
住18 High St., CT1 2RA
TEL(01227)862 162
URL canterburymuseums.co.uk
開10:00〜17:00（日11:00〜16:00）
休月、1/1、12/25・26　料無料

HOTEL RESTAURANT

宿泊施設はバラエティに富んでおり、数も多い。B&Bは城壁内にも点在しているが、セント・ダンスタンズ・ストリートSt Dunstan's St.周辺に点在する。レストランやパブは、セント・ジョージズ・ストリートからセント・ピーターズ・ストリートへと続くエリアに多い。

Recommended

モダン・ブリティッシュを楽しむなら
アボード aBode Canterbury

中級　72室
Map P.200-A1

TV　ドライヤー　バスタブ　冷蔵庫　P 有料　Wi-Fi 無料
全室　全室　全室　全室　有料　無料

住30-33 High St., CT1 2RX
TEL(01227)766 266
URL www.abodecanterbury.co.uk
♦/♦♦回□♥　£84〜
━AMV

クラシカルな雰囲気も残しつつ内装はスタイリッシュ。客室によっては大聖堂が眺められる部屋も。1階にはモダンな内装のレストラン・バーもある。

Recommended

かつての駅馬車宿を改装した
フォルスタッフ The Falstaff Hotel

中級　50室
Map P.200-A1

TV　ドライヤー　バスタブ　なし　P 有料　Wi-Fi 無料
全室　全室　全室　なし　有料　無料

住8-12 St Dunstan's St., CT2 8AF
TEL(01227)462 138
URL www.thefalstaffincanterbury.com
♦/♦♦回　□♥£83〜　━MV

15世紀に駅馬車宿（コーチング・イン）として造られた建物を利用したホテル。天蓋付きのベッドがある客室や中庭を見下ろせる客室もある。バーやラウンジなどが併設されている。

中級　24室　Map P.200-B1

カシードロ・ゲート Cathedral Gate
住36 Burgate, CT1 2HA
TEL(01227)464 381
URL www.cathgate.co.uk
♦回□□♥£50〜　♦♦回□□♥£70〜
♦/♦♦回□♥£80〜
━AMV

TV　ドライヤー　バスタブ　なし　なし　Wi-Fi 無料
全室　全室　全室　なし　なし　無料

レセプションは階段を上った2階にある。部屋によって広さが違い、料金も異なる。窓から大聖堂が見える部屋もある。建物は1438年建造。

ゲストハウス　17室　Map P.200-A1

ハウス・オブ・アグネス House of Agnes
住71 St Dunstan's St., CT2 8BN
TEL(01227)472 185
URL www.houseofagnes.co.uk
♦/♦♦回□□♥£95〜
━AMV

TV　ドライヤー　バスタブ　なし　P　Wi-Fi 無料
全室　全室　全室　なし　無料　無料

13世紀に建てられたインを利用した宿。部屋の名前は世界の都市名となっており、内装も異なる。素材にこだわった朝食や手入れの行き届いた庭も自慢。

Map P.200-A1 英国料理

オールド・ウィーバーズ・ハウス The Old Weavers House

15世紀に建てられた古い家を利用した店。メニューは伝統的英国料理が中心で、ホームメイド・パイが£13.95〜18.95、ローストビーフ£16.95など。

🏠1-3 St Peter's St., CT1 2AT　TEL(01227)464 660
URL www.weaversrestaurant.co.uk　圏9:00〜24:00
(日12:00〜23:30)　休無休　━DMV　令店内可

Map P.200-A1 ブリュー・パブ 地ビール

ファウンドリー The Foundry Brew Pub

ヴィクトリア朝時代に工場として使用されていた建物を利用したブリュー・パブ。10種以上の地ビールを醸造しており、パブフードと一緒に楽しめる。軽食で£10〜。

🏠77 Stour St., CT1 2NR　TEL(01227)455 899
URL canterburybrewers-distillers.co.uk
圏12:00〜23:00(金・土〜23:40、日〜20:00)
休12/25・26、1/1　━MV　令店内可

Map P.200-A1 ダイニング・パブ

トーマス・ベケット Thomas Becket

白い壁に黒い木材が露出した内装や、天井に飾られた真鍮製のヤカンなどが古きよきパブの雰囲気を出している。パブフードはハンバーガーやシュニッツェルなどがメインで、小皿£7〜、大皿£14〜。

🏠21 Best Ln., CT1 2JB　TEL(01227)938 689
圏12:00〜23:00(金・土12:00〜24:00、日12:00〜22:30)
休無休　━MV　令店内可

Map P.200-A1 カフェ ケーキ

サン・ピエール St. Pierre

地元で人気のフランス風カフェ。店内は老若男女ケーキをほおばる人でいっぱい。種類豊富なサラダやキッシュのほか、パニーニ£7.15〜、バゲットサンドイッチ£7.15〜などメニューの幅が広い。ガーデンテーブルもある。

🏠41 St Peter's St., CT1 2BG
TEL(01227)456 791　圏8:00〜18:00(日9:00〜17:30)
休12/25・26、1/1　━AMV　令不可

---

day out

英国紙幣にも描かれるジェーン・オースティンゆかりの屋敷

ゴッドマーシャム・パークへ

2017年に発行が開始されたイングランド銀行の£10紙幣には、ジェーン・オースティン P.607の肖像画が描かれている。その背景にあるのがこのゴッドマーシャム・パーク

広い敷地に建つ豪華な屋敷

Godmersham Parkだ。

1732年にできたこの建物は、ジェーン・オースティンの兄エドワードのものとなり、彼女もよく滞在していた。1814年に発表された『マンスフィールド・パーク』はこの屋敷がモデルだとされており、『ジェーン・オースティンのエマ』などの映像作品のロケ地となっている。現在は学校となっており敷地内には入れないが、4〜10月の月曜にヘリテージセンターが開館するほか、敷地の周囲にはフットパスが整備されている。思いをはせながら歩いてみたい。

■ゴッドマーシャム・パーク
🚌バスステーションの乗り場B5から1、1A、1X番。1時間に1便(日曜運休)。ヴィレッジ・ホールVillage Hallで下車、所要約30分。

イギリスと大陸の架け橋
ドーヴァー
Dover

ドーヴァー

ロンドン
ドーヴァー●

人口	市外局番
11万6400人	01304
ケント州 Kent	

ドーヴァーの東側に広がる白亜のホワイト・クリフ

ブリテン島で最も大陸と近い場所にある港町、ドーヴァー。はるか昔から、ここはイギリスと大陸を結ぶ町として栄えてきた。1992年にこの地で発見された青銅器時代の船は、現在知られているなかで最も古い海洋船だ。いかにドーヴァーが海と密接なつながりがあったかがわかる。

👣 歩き方

町の中心は、マーケット・スクエアMarket Sq.で、そこからタウンホールへと続く道はショップが多く、メインストリートになっている。マーケット・スクエアをさらに南に進んでいくと、海岸沿いの道路に出る。

🚆 交通情報

鉄道駅 ドーヴァー・プライオリー駅がメイン・ターミナル。

i ドーヴァー
Tourist Information Centre
Map P.207-A
🏠Market Sq., CT16 1PH
☎(01304)201 066
🌐www.whitecliffscountry.org.uk
🕐4～9月9:30～17:00
（日10:00～15:00）
10～3月9:30～17:00
🚫10～3月の日曜、1/1、12/25・26

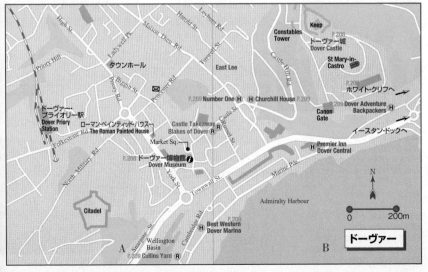
ドーヴァー

207

Access Guide
ドーヴァー

ロンドンから

	所要:2時間〜2時間30分
月〜土	セント・パンクラス駅から7:07（土8:04）〜翌0:12の1時間に1〜2便 チャリング・クロス駅から6:59（土8:29）〜23:38の1時間に1便
日	セント・パンクラス駅から8:37〜23:07の1時間に1便 チャリング・クロス駅から8:29〜21:59の1時間に1便

	所要:3時間〜3時間20分
毎日	9:30〜22:30の間に4便程度

カンタベリーから

	所要:30分
月〜土	5:40（土6:41）〜23:49の1時間に1〜2便
日	7:39〜23:09の1時間に1〜2便

■ドーヴァー城
🏠Castle Hill, CT16 1HU
☎(01304)211 067
🌐www.english-heritage.org.uk
🕐4〜6・9・10月10:00〜17:00
　7・8月10:00〜18:00
　11〜3月10:00〜16:00
🚫11/6〜2/9の月〜金、2/19〜3/28
　の月・火、12/24・25
💷£20.90〜26.30
　学生£18.10〜23.60
館内撮影一部不可

■ドーヴァー博物館
🏠Market Sq., CT16 1PH
☎(01304)201 066
🌐www.dovermuseum.co.uk
🕐9:30〜17:00（日10:00〜15:00）
🚫10〜3月の日曜、1/1、12/25・26
💷無料

博物館内には🅘がある

■ホワイト・クリフ
徒歩だと町の中心部から30分くらい。イースタン・ドック近くの断崖の下に小道があり、東へ進むとビジターセンターにたどり着く。
●ビジターセンター
🏠Upper Rd., CT16 1HJ
☎(01304)202 756
🌐www.nationaltrust.org.uk
🕐3/1〜10/29 10:00〜17:00
　10/30〜2/28 11:00〜16:00
🚫12/24・25　💷無料

イースタン・ドック

フェリーターミナル フランスのカレーやダンケルク行きのフェリーはイースタン・ドックから発着している。フェリーターミナルへは公共交通はなく、タクシーで行くしかない。

イギリスの鍵　Map P.207-B
ドーヴァー城 Dover Castle

大陸から最短の距離にあり、常に大陸からの脅威にさらされてきたドーヴァーの防御の中心をなしたのがドーヴァー城だ。この城が落ちることは、イギリス全土に脅威が広がることを意味し、ドーヴァー城は「イギリスの鍵」と呼ばれ、イギリスの防御の最前線であり続けた。

イギリス防衛の要

　敷地内には1世紀にローマ人によって建てられたファロスPharosという灯台をはじめ、地下トンネルなど、数々の見どころがある。地下のトンネルは中世に掘られたものと、第2次世界大戦のときに掘られたものがあり、後者には戦時中海軍の司令部がおかれていた。

青銅器時代のボートは必見　Map P.207-A
ドーヴァー博物館 Dover Museum

　町の中心、マーケット・スクエアに面している博物館。石器時代から第2次世界大戦までのドーヴァーに関するさまざまな品物を収蔵し、ドーヴァーの歴史に光を当てている。特に約3500年前のものと考えられる青銅器時代の船は、この種のものとしては世界最古のものでたいへん貴重。館内では、この船の発掘から保存、展示にいたるまでの過程をビデオで詳しく説明している。

町の東に広がる白亜の断崖　Map P.207-B外
ホワイト・クリフ The White Cliffs of Dover

　イースタン・ドックから北を眺めると、白い断崖が目の前いっぱいに広がるのがわかるだろう。セブン・シスターズほどの規模ではないが、ドーヴァーも美しい断崖が有名。断崖一帯はナショナル・トラストが管理しており、沿岸はウオーキングコースになっている。

断崖に沿って延びるウオーキングコース

HOTEL　　　　　　　　RESTAURANT

ドーヴァー

　B&Bはプライオリー駅のそばの道、フォークストン・ロードFolkestone Rd.とドーヴァー城近くに多い。レストランはマーケット・スクエアの周辺と海岸沿いなどのエリアに多い。ドーヴァー海峡で獲れたドーヴァー・ソール（シタビラメ）が名物。

目の前に海峡が広がる
ドーヴァー・マリーナ
Best Western Plus Dover Marina Hotel & Spa

中級　　　85室
Map P.207-A

🚹 📺 🌀 🍴 📷 🅿️ 🛜 Wi-Fi
全室 全室 全室 全室 無料 　無料

🏠 Dover Waterfront, CT17 9BP
☎ (01304) 203 633
🌐 www.dovermarinahotel.co.uk
🛏🛏📷 £80～
━ A M V

　通りに沿って美しいカーブを描く、1841年に建てられたヴィクトリア様式の建物を利用したホテル。目の前にはドーヴァー海峡が広がり、ドーヴァーでも屈指の好立地に建つ。朝食はビュッフェ形式で£17.95。

B&B　8室　Map P.207-B

チャーチル・ハウス Churchill House

🏠 6 Castle Hill Rd., CT16 1QN
☎ (01304) 204 622
🌐 www.churchillguesthouse.co.uk
🛏📷 £55～
🛏🛏📷 £80～
━ A M V

📺 🌀 🍴 📷 🅿️ 🛜 Wi-Fi
全室 全室 全室 なし 無料 　無料

　一軒屋を利用したB&B。客室はアンティークの家具などを効果的に配置し、センスよくまとまっている。朝食はひとり£8～。クリスマス～3月は休業。

ゲストハウス　4室　Map P.207-B

ナンバー・ワン Number One Guest House

🏠 1 Castle St., CT16 1QH
☎ (01304) 202 007
🌐 www.number1guesthouse.co.uk
🛏📷 £40～
🛏🛏📷 £50～
━ A M V

📺 🌀 🍴 📷 🅿️ 🛜 Wi-Fi
全室 全室 全室 なし 無料 　無料

　町の中心部にあり、観光には便利な立地。ジョージアン様式の建物を利用している。朝食は客室まで運んできてくれる。冬期は休業することが多い。

ホステル　ドーヴァー・アドベンチャー・バックパッカーズ
5室　Dover Adventure Backpackers

Map P.207-B

📺 🌀 🍴 📷 🅿️ 🛜 Wi-Fi
なし なし なし なし なし 　無料

🏠 57-58 East Cliff, CT16 1LS
☎ (01304) 215 563
📧 doveradventurebackpackers@gmail.com
🛏 📷 £24～　━ M V

フェリーターミナルがすぐ近くにあり、早朝や深夜に船で発着するなら便利。スタッフもフレンドリーでキッチンもある。

イギリス屈指のシーフードレストラン
カリンズ・ヤード Cullins Yard

シーフード　　英国料理
Map P.207-A

🏠 11 Cambridge Rd., CT17 9BY
☎ (01304) 211 666
🌐 www.cullinsyard.co.uk
🕙 10:00～23:00（食事11:00～21:00）
🚫 12/25・26　━ A M V　📶店内可

　ドーヴァー・マリーナ・ホテルから150mほど西に位置する。イギリスのシーフードレストランのベスト50に選ばれたことがある。取れたての魚介類が楽しめる。夏期はドーヴァー・ソールがメニューに載る日もある。メインは£10.50～24.90。

209

Town Walk ①
ライ

中世の世界へタイムスリップ
ライ
Rye

伝統的な建物を利用したかわいい店が多い

れんが造りのかわいらしい建物に石畳の路地……。古い物語の世界にでも迷い込んでしまったかのようなライはイギリスで最も美しい町のひとつに挙げられる。

❶も兼ねるライ・ヘリテージ・センター

聖メアリー教会が町の中心。教会の裏側にあたる**チャーチ・スクエア**Church Sq.や**ウォッチベル・ストリート**Watchbell St.、**マーメイド・ストリート**Mermaid St.にかけては、特に見逃せない通り。しっくいの壁の木造家屋は、落ち着いたテューダー様式と、イタリア建築の流れを汲む優美なジョージアン様式がほどよく交ざり、見事な調和を見せている。**ハイ・ストリート**周辺の小さな路地にはギャラリーやアンティーク店、雑貨店、インテリアショップなどが軒を連ねる。

地図

ファーマーズ・マーケット Farmers Market
鉄道駅
スーパーマーケット Jempsons
ランドゲート Landgate
Regent
Rope Walk
Tower St.
Hilders Cliff
Fishmarket Rd.
Ferry Rd.
Cinque Ports St.
オールド・グラマー・ハウス Old Glammer House
ライ・アート・ギャラリー Rye Art Gallery
ライ・キャッスル博物館 Rye Castle Museum
East St.
Rye Windmill
Market Rd.
High St.
Wish St.
Cobbles Tea Room
Wish Ward
West St.
Lion St.
Market St.
タウンホール Town Hall
Simon the Pieman
Mermaid Inn
Fletcher's House
聖メアリー教会 Church of St Mary
Rye Pottery
ライ・ヘリテージ・センター Rye Heritage Centre
ラム・ハウス Lamb House
Mermaid St.
Church Sq.
イプラ・タワー Ypres Tower
Strand Quay
The Strand
River Tillingham
The Hope Anchor
Watchbell St.
South Undercliff
0　100m

聖メアリー教会
Church of St Mary

イギリス最古という時計塔

教会の最も古い部分は1150年頃のもの。教会に入って視線を上に移せば、巨大な振り子が揺れているのがわかるが、これは1377年のフランスの侵略の際にももちこたえた、イギリス最古の時計だそうだ。塔に上ることもでき、ここからライの町並みを見下ろせる。ステンドグラスも見事。

🏠Church Sq., TN31 7HF
☎(01797)224 935
URL www.ryeparishchurch.org.uk
🕐9:00〜17:30（冬期9:00〜16:30）
休1/1 料無料 塔£4

イプラ・タワー
Ypres Tower

フランスの侵略に備えて1230〜50年頃に建設された城塞の一部。近くのイースト・ストリートには関連の遺物や資料を展示するライ・キャッスル博物館がある。

☎(01797)226 728 URL www.ryemuseum.co.uk
🕐4〜10月10:30〜17:00　11〜3月10:30〜15:30
休無休 料£5

　重厚な造りのイプラ・タワー

ファーマーズ・マーケット
Farmers' Market

駅近くの広場で開催されるマーケット。地元の野菜やチーズなどの乳製品、パンやケーキなどが販売される。

圏水10:00〜12:00頃

フレッチャーズ・ハウス
The Fletcher's House Tea Room

17世紀の劇作家、ジョン・フレッチャーの生家を利用したファインダイニング。新鮮な食材を使った料理で好評を博している。

住2 Lion St., TN31 7LB　TEL(01797)222 227
URL www.fletchershouse.co.uk
圏12:00〜15:00 18:00〜22:30（日12:00〜17:00）
休月・火、冬期に不定期　MV

マーメイド・イン
The Mermaid Inn

1420年に建てられたという、木組みの趣ある建物。バスタブがない部屋も9室ある。天蓋付きベッドのある部屋は8室。併設のパブはいつもにぎわっている。

住Marmaid St., TN31 7EY
TEL(01797)223 065　URL www.mermaidinn.com
£119〜 £210〜 AMV

TV ／ ／ 全室 全室 全室 なし 無料 Wi-Fi 無料

■ライへの行き方
●ロンドンから
■チャリング・クロス駅からヘイスティングズ経由、またはアシュフォード経由で行く
所要:1時間15分〜2時間10分
●ドーヴァーから
■アシュフォード経由、所要約1時間
■102番がLydd Camp経由で1時間に1便程度
所要:約2時間20分
●ヘイスティングズから
■1時間に1便程度。所要約20分
■100、101番（The Wave）のバスが1時間に1便程度
所要:約50分
■ライの❓
ライ・ヘリテージ・センター内にインフォメーションセンターがあり、パンフレットなどはここで手に入る。

ライ・ヘリテージ・センター
Rye Heritage Centre

ライの町並みを再現した模型を使ったサウンド＆ライト・ショーを行っている。これは1973年にリサイクル素材を使って作製されたもの。現在は慈善団体に引き継がれ、ボランティアでの運営なので不定期に休業することがある。

住Strand Quay, TN31 7AY　TEL(01797)226 696
URL www.ryeheritage.co.uk　圏10:30〜16:30（日13:00〜16:30）　休月　料サウンド＆ライト・ショー £4.50

コブルズ・ティー・ルーム
Cobbles Tea Room

路地の奥にある小さな隠れ家カフェ。食器はチャーチル社のものを使用するなど食器やインテリアにこだわり、スコーンやケーキも素朴な味でおいしい。小さくてかわいらしいライの町ならではのカフェで、休憩におすすめ。

住1 Hylands Yard, TN31 7EP　07485 437 893
圏10:00〜17:00　休無休　AMV

ライ・ポッタリー
Rye Pottery

18世紀には既に瓦の産地として有名だったライ。第2次世界大戦後から再び陶器造りが始められた。人気があるのはカンタベリー物語をテーマにした陶器、動物や植物をテーマにした陶器など。

住Wish Ward, TN31 7DH
TEL(01797)223 038　URL www.ryepottery.co.uk
圏10:00〜17:00（日・祝11:00〜16:00）
休無休　AMV

ライ・ウィンドミル
Rye Windmill

小麦をひくために使われてきた風車小屋を利用したB&B。天蓋付きベッドの部屋はれんが造りで風情たっぷり。基本的に週末は2泊以上から。

住Off Ferry Rd., TN31 7DW
TEL(01797)224 027　URL www.ryewindmill.co.uk
£90〜 £105〜250
MV

TV ／ ／ 全室 全室 全室 なし 無料 Wi-Fi 無料

イギリス史にその名を残す古戦場

ヘイスティングズ
Hastings

人口	市外局番
9万1100人	01424

イースト・サセックス州
East Sussex

丘の上から眺めたヘイスティングズの町並み

　1066年、当時のイングランド王ハロルド2世はここヘイスティングズ近郊でフランスのノルマンディー公ウィリアム（ギヨーム2世）を迎え撃った。ウィリアムはこの戦いに勝利し、ノルマン朝の初代国王、ウィリアム1世☞ P.605として即位した。この結果イングランドはノルマン人に支配されることとなり、あらゆる面においてフランスの影響を受けることになる。

　現在は、ウィリアムが建てたといわれるヘイスティングズ城の廃墟が残るのみだが、新市街の中心から小高い丘陵に城壁跡がはっきりと眺められ、新旧入り交じった独特の魅力があふれる町だ。

ⓘ ヘイスティングズ
Tourist Information Centre
Map P.212-A
🏠Muriel Matters House, TN34 3UY
☎(01424) 451 111
URL www.visit1066country.com
※2023年6月現在閉鎖中

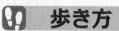
👣 **歩き方**

城のある丘と市街を結ぶケーブルカー

　町の南部には長いビーチが続き、海岸線に沿って東側に旧市街、西側に新市街と分かれている。
　鉄道駅から中心街へ続く道が**ハブロック・ロード** Havelock Rd.。新市街の目抜き通りが遊歩道の**ケ**

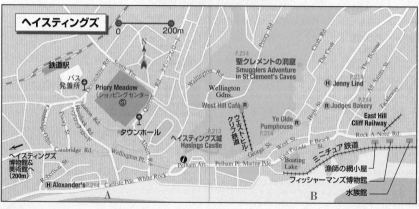

ンブリッジ・ロードCambridge Rd.。旧市街の中心は**ジョージ・ストリート**George St.と**ハイ・ストリート**High St.。ジョージ・ストリートには、ヘイスティングズ城へ上るためのケーブルカー、ウエスト・ヒル・クリフ鉄道の乗り場がある。

交通情報
鉄道駅 鉄道駅は町の北西にある。鉄道駅から新市街へは徒歩約5分、旧市街へは約15分。

頂上の眺望から11世紀の戦いをしのぶ　**Map P.212-A・B**
ヘイスティングズ城 Hastings Castle

朽ち果てた廃墟が歴史を語る

ウィリアム1世 **P.605** が建設したとされる城。13世紀の嵐で城の本丸部分が滑落し海に沈んだため、今ではわずかな城壁跡と教会の跡が残るだけ。敷地内にある中世テント風の小屋では、町の歴史を説明する映画を上映している。

南海岸地方

Access Guide
ヘイスティングズ
ロンドンから
所要:約1時間45分

| 月・土 | チャリング・クロス駅から6:00〜23:45の1時間に1〜2便 |
| 日 | 8:46〜23:16の1時間に1〜2便 |

乗り換え情報
●ドーヴァーから
アシュフォード・インターナショナル駅で乗り換え。所要1時間40分

■**ヘイスティングズ城**
住Castle Hill Rd., TN34 3HY
TEL (01424) 422 964
URL www.visit1066country.com
開10:00〜17:00（土・日11:00〜16:00）
休11〜3月
料£6.25　学生£5.75

---

history
"天（10）下取り、ロロ（66）の子孫がウィリアム"
1066 ヘイスティングズの戦い

1066年、ロロを始祖とするノルマンディー公ウィリアムが、サクソン人最後の王ハロルド2世を破った戦い。ヘイスティングズに上陸したウィリアムはいち早く攻撃することでハロルドの陣形を崩し、自軍を勝利に導いた。戦後ウィリアムはイングランド王に即位し、現在に続くイギリス王家の祖となった。

実際の戦場となったのが、ヘイスティングズ近郊のバトル。戦場とウィリアム1世が建てた修道院跡はオーディオガイド（日本語あり）で説明を聞きながら見学ができる。

■**バトルフィールド＆アビー**
ヘイスティングズ駅前のバス停から304、305番のバスが1時間に1便（日曜運休）、所要約30分
ヘイスティングズ駅から、ロンドン・チャリング・クロス駅方面への列車に乗り、所要15分のバトル駅Battleで下車、徒歩10分
住High St., Battle, TN33 0AE
TEL 0370 333 1181
URL www.english-heritage.org.uk
開4〜8月10:00〜18:00　9・10月10:00〜17:00
11〜3月10:00〜16:00
休11/4〜2/11の月〜金、2/11〜3/31の月・火、12/24・25
料£12.70〜16　学生£11.30〜14.50

修道院の入口にあるゲート・ハウス

イングランド征服を描いたバイユーのタペストリー

■聖クレメントの洞窟

St Clement's Caves, TN34 3HY

☎(01424)422 964

URL www.smugglersadventure.co.uk

⏰10:00〜17:00　休11/2〜4/5

料£11.25　学生£10.75

人形を使った洞窟内の展示

聖クレメントの洞窟 St Clement's Caves

　ヘイスティングズ城の北端にある洞窟で、18世紀には密輸品の保存場所として利用され、第2次世界大戦中は防空壕にも使われていた。自然にできた洞窟に何世紀にもわたって人の手が加わり、5157㎡もの広さに拡大された。現在は音楽やビジュアル効果を駆使し、イングランド南海岸の密輸の歴史を学ぶことができるスマグラーズ・アドベンチャー Smugglers Adventureというアトラクションとして利用されている。

HOTEL   RESTAURANT

　ヘイスティングズのホテルは、海沿いのホワイト・ロックや、鉄道駅近くのケンブリッジ・ガーデンズCambridge Gdns.周辺、旧市街ならハイ・ストリート沿いに多い。レストランはジョージ・ストリート周辺に多い。

ゲストハウス　13室　Map P.212-A

アレクサンダーズ Alexander's

TV 全室　🍴 全室　📞 全室　🔒 なし　🅿 なし　📶 Wi-Fi 無料

住2 Carlisle Pde., TN34 1JG

☎(01424)717 329

URL www.alexandershotelhastings.co.uk

🛏£55〜

🛏🛏£95〜

━AMV

　町の中心から徒歩5分ほどの便利な立地。海が見える部屋も6室あり、白を基調としたさわやかな内装で掃除も行き届いている。朝食は別料金でフルイングリッシュブレックファストは£9。

イン　6室　Map P.212-B

ジェニー・リンド Jenny Lind

TV 全室　🍴 全室　📞 全室　🔒 全室　🅿 なし　📶 Wi-Fi 無料

住69 High St., TN34 3EW

☎(01424)421 392

URL www.jennylindhastings.co.uk

🛏£60〜

🛏🛏£84〜

━AMV

　1階は地元の人でにぎわうダイニングパブになっているが、全6室中5室は3階にあり、パブの騒音が届きにくい。年中無休のパブでは5〜10種類のローカルエールが楽しめる。

Map P.212-B

イー・オールド・パンプハウス Ye Olde Pumphouse

パブ

　レストランやパブが並ぶジョージ・ストリート沿いのなかで、ひときわ目立つハーフティンバー様式の建物を利用したパブ。天井が低く、木骨が剥き出しになった店内は古きよきパブの雰囲気がよく出ている。料理は£6.50〜22。名物バーガーのロング・ジョンは£9。

住64 George St., TN34 3EE　☎(01424)422 016　URL www.yeoldepumphouse.com　⏰11:00〜23:00（金11:00〜翌0:30、土11:00〜翌1:00）　休1/1、12/25　━MV　📶店内可

Map P.212-B

ジャッジズ・ベーカリー Judges Bakery

ベーカリー
デリカテッセン

　1826年創業の老舗ベーカリー。毎朝30種類以上のパンが焼かれ、食パンやバゲットのほか具だくさんのツナサンドやスコッチエッグなどの総菜パンが揃う。最高品質のオーガニック小麦粉のほか、厳選素材を使用。テイクアウエイして、海岸でランチを取るのもおすすめ。

住51 High St., TN34 3EN　☎(01424)722 588

URL www.judgesbakery.com　⏰7:45〜17:00（土7:45〜17:30、日・祝8:30〜17:00）　休12/25　━MV　📶不可

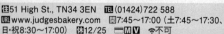

海峡の陽光を浴びて光り輝く白亜の壁
セブン・シスターズ
Seven Sisters

セブン・シスターズは人気のウオーキングコースのひとつ

非居住地域	市外局番 01323
イースト・サセックス州 East Sussex	

　7つの頂をもつ白亜の断崖、セブン・シスターズは、イーストボーンとシーフォードの間、カックミア川の河口付近にある。この周辺はサウス・ダウンSouth Downと呼ばれ、海岸線には白亜の断崖がところどころ見られるが、そのなかでも絶景として知られているのがセブン・シスターズだ。また、断崖の周辺は手つかずの自然が残る地域として、セブン・シスターズ・カントリー・パークに指定されており、野鳥や植物も保護の対象となっている。

セブン・シスターズ
起点となる町

　セブン・シスターズの断崖への最寄りの町は**イーストボーン**。鉄道とバスを乗り継げば**ロンドン** P.61 や**ブライトン** P.218 からの日帰りも可能。

起点の町
イーストボーン
Eastbourne

　イーストボーンはロンドンや周辺の町からのアクセスもよく、観光の起点としてピッタリ。

交通情報　ブライトン方面行きの12、12A、12Xのバスがセブン・シスターズ・カントリーパーク・ビジターセンターへ行く。日曜、祝日を中心に運行する13Xは、これに加えてビーチー・ヘッド、バーリング・ギャップ、セブン・シスターズ・シープ・センターも経由する。ブライトン＆ホーヴ社Brighton &

イーストボーン

Access Guide
イーストボーン
ロンドンから
🚆 所要約1時間30分
月〜土　ヴィクトリア駅から5:32〜22:46の1時間に2便程度
日　8:46〜22:46の1時間に1便

ヘイスティングズから
🚆 所要約30分
月〜土　5:07（土5:53）〜23:30の1時間に2〜3便
日　8:19〜23:25の1時間に2便

🚌 99番　所要約1時間10分
月〜土　6:12〜21:00、1時間に1〜3便程度運行。98番バスもあるが所要2時間
日　8:17〜18:17の1時間に1〜2便

ブライトンから
🚆 所要35〜45分
月〜土　5:00（土5:10）〜23:32の1時間に1〜3便
日　7:05〜23:32の1時間に1〜3便

🚌 12、12A、12X、13X番　所要約1時間15分
時刻表→P.216

215

日・祝は13Xのバス利用がおすすめ

Hoveの運行で、片道、往復券のほか、1日券もある。

おすすめは、イーストボーンから12系のバスでセブン・シスターズ・カントリー・パーク・ビジターセンター下車。そこから徒歩で南へ進み、セブン・シスターズの崖の上を歩いてバーリング・ギャップまで行く。所要2～3時間。その後、徒歩で北のイースト・ディーンまで行き、バスでイーストボーンに戻る。バス13Xの運行日なら、バーリング・ギャップからビーチー・ヘッドまで行き、その後イーストボーンに戻る。

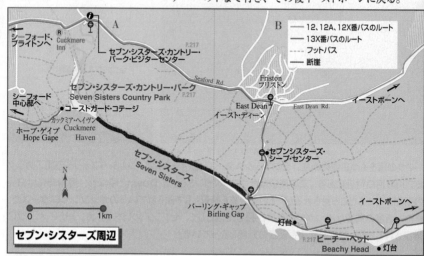

セブン・シスターズ周辺

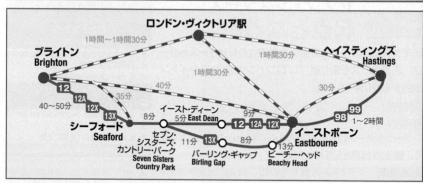

バス路線番号	路線詳細・運行頻度
12/12A /12X	**ブライトン→シーフォード→セブン・シスターズ・カントリー・パーク→イーストボーン** **ブライトン**5:04（土5:20）～翌0:17の5～30分毎、日6:02～23:52の10～50分毎 **イーストボーン**5:33（土6:33）～23:25の10～30分毎、日7:23～23:25の10～40分毎
13X	ブライトン→シーフォード→セブン・シスターズ・カントリー・パーク→ビーチー・ヘッド→イーストボーン 6月中旬～8月の月～金 **ブライトン**9:10、12:40、16:10発　**イーストボーン**11:00、14:30、18:00発 6月中旬～8月の土 **ブライトン**9:40～17:40の毎時40分発　**イーストボーン**10:30～18:30の毎時30分発 4月中旬～9月中旬の日・祝 **ブライトン**9:40～17:40の毎時10・40分発　**イーストボーン**10:30～18:30の毎時00・30分発

7人の姉妹の7人岬　　Map P.216-A

セブン・シスターズ・カントリー・パーク
Seven Sisters Country Park

バーリング・ギャップで階段を下り、白い断崖を下から眺める

■セブン・シスターズ・カントリー・パーク・ビジターセンター
📮Seven Sisters Country Park, Seaford, BN25 4AD
TEL (01730) 814 810
URL www.sevensisters.org.uk
開10:00～17:00
休12/25

Information
セブン・シスターズ周囲の動植物

セブン・シスターズの断崖周辺ではアジサシTernや、フルマカモメFulmar、タヒバリなどの野鳥を見ることができる。また、砂利の浜にも、キャベツの野生種や黄色い花がきれいなツノゲシといった貴重な植物が見られる。

動植物の観察も楽しい

バス停から断崖へ　バスが到着するのはセブン・シスターズ・カントリー・パークの駐車場付近のバス停。この周囲にはビジターセンター、レストランなどが完備されている。ここからセブン・シスターズの断崖へはさらに30分ほど歩かなければならない。

絶景のフットパス　断崖の上のフットパスは結構起伏がある。断崖には遮るものはないので、端には近づきすぎないように。バーリング・ギャップからは、階段で崖の下に降りることができる。

起伏に富んだフットパス

誤って落ちないように

チョークの断崖　垂直に切り立ったセブン・シスターズの断崖は白亜（英語でチョークChalk）でできている崖。白亜とは泥質の石灰岩の一種。日本では白墨として知られ、以前はチョークの原材料に使用されていた。この白亜の崖は毎年30～40cmというスピードで後退している。これは波が崖の根元部分を浸食し、アンバランスになった崖の上部が、豪雨のあとなどに崩れ落ちることが原因とされている。

■ビーチー・ヘッド
🚌イーストボーンから13X番のバスで行く。徒歩で行けば1時間ほど

迫力満点の断崖　　Map P.216-B
ビーチー・ヘッド Beachy Head

イーストボーンの南西約5kmにあるビーチー・ヘッドBeachy Headの岬にも白亜の絶壁があり、高さは約175m。セブンシスターズの約2倍の高さを誇るイングランド南岸最大の断崖だ。沖合には小さな灯台も見える。

ビーチー・ヘッド

華やかなリゾートライフを満喫

ブライトン
Brighton

人口	市外局番
27万7100人	01273

イースト・サセックス州
East Sussex

ブライトンi360から眺めるブライトンのビーチと町並み

　ロンドンからわずか85km、イギリス海峡に面した人気のリゾートタウン。リゾート地としての歴史はイギリスで最も古く、1750年代頃からすでにロンドンの上流階級の人々の保養地としてにぎわっていた。ビーチ沿いにはプロムナード（遊歩道）が続き、瀟洒なリゾートホテルが軒を連ねる。とりわけロンドンの人々にとっては幼少の頃から慣れ親しんだ海辺の町として特別の思い入れがあるようで、夏の週末ともなると太陽と海を求めて多くの人が集まる。

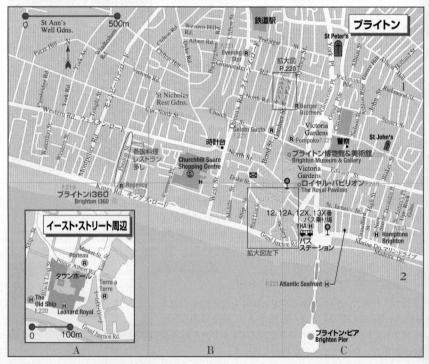

歩き方

町の中心は鉄道駅から南へ延びる目抜き通りの**クイーンズ・ロード**Queen's Rd.から海にかけての東側一帯。タウンホールの北側にある**マーケット・ストリート**Market St.や、**イースト・ストリート**East St.周辺に雰囲気のいいレストランやパブが集まる。

ブライトン・ピア周辺 ブライトン・ピアBrighton Pierは長さ536mの桟橋。小さな遊園地やゲームセンター、カフェテリアがある。ブライトン・ピアから東側にかけては手頃なゲストハウスが並び、マリン・ドライブと並行して北側にあるセント・ジェイムズ・ストリートSt James's St.は、安いレストランや雑貨店などが並ぶ庶民的な地域。ブライトン・ピアからプロムナードを東へ約2kmほど行くとヨットが停泊するブライトン・マリーナがあり、ビストロやパブ、ブティックなどが並ぶ。

贅を尽くしたきらびやかな豪邸　**Map P.218-C1·2**

ロイヤル・パビリオン The Royal Pavilion

洋の東西の様式が融合した建物

国王ジョージ4世が40年の歳月をかけて建てた離宮。1783年、まだ皇太子だったジョージ4世は初めて訪問したブライトンの町をいたく気に入り、小さな農家の屋敷を買い取って古典様式の離宮建設を計画した。1802年、最初にできあがった離宮は中国風の装飾を施したものだったが、1815年から22年にかけて建築家ジョン・ナッシュに依頼し、増築を行って今の離宮が完成した。

外観にはインドの様式を取り入れていて、バンケットホール（宴会場）、大厨房、音楽の間、寝室などオリエンタル趣味とヨーロッパ建築が融合したユニークな造り。特にバンケットホールの内装は一見の価値あり。中央の食卓に飾られた食器類、竜が体をくねらせるシャンデリア、壁面に描かれた中国画や彫刻など、贅を尽くした徹底ぶりだ。

ブライトンの新たなランドマーク　**Map P.218-A2**

ブライトンi360
Brighton i360

海岸沿いに建つブライトンの展望塔。巨大なポッドがポールにそってゆっくり上昇し、162mの高さまで登る。展望ポッドは直径18m、200人収容と広く、自由に動き回れるのがうれしい。ブライトンの町並みおよびイギリス海峡を360°見渡すことができる。

Access Guide
ブライトン
ロンドンから

	所要:1時間〜1時間30分
毎日	ヴィクトリア駅から5:14〜23:25の1時間に1〜2便 ブラックフライアーズ駅から24時間運行。1時間に1〜2便

ポーツマスから

	所要:1時間20〜40分
月〜土	4:30〜23:24に1時間に1便程度 7:19〜23:05に1時間に1便程度

---

i **ブライトン**
Tourist Information Centre

URL www.visitbrighton.com
2023年6月現在、ブライトンに公営の❶はない。

■**シティ・サイトシーイング**
URL city-sightseeing.com
4〜10月10:00〜17:00に1時間毎
1日有効 £15　学生£11
2日有効 £21　学生£16
ブライトン・ピア、ロイヤル・パビリオン、鉄道駅、ブライトン・マリーナなど12ヶ所を回る。1周約50分。

■**ロイヤル・パビリオン**
⽴The Royal Pavilion, BN1 1EE
URL brightonmuseums.org.uk
4〜9月9:30〜17:45
10〜3月10:00〜17:15
※最終入場は閉館の45分前
12/25·26　£18

Information
ブライトン博物館&美術館
Brighton Museum&Art Gallery

ロイヤル・パビリオンの敷地内にある。アールヌーボー&アールデコ様式の家具のほか、ブライトンの町の人々が使っていた生活道具など多数を展示している。

Map P.218-C1
⽴Royal Pavilion Gdns., BN1 1FN
URL brightonmuseums.org.uk
10:00〜17:00　月、12/25·26
£9
企画展撮影不可

■**ブライトンi360**
⽴King's Rd., BN1 2LN
TEL 0333 772 0360
URL brightoni360.co.uk
夏期10:00〜21:00
冬期10:30〜17:00
※日よって変動するので要確認
12/25　£17.95

ケンジントン・ガーデンズ

ブライトンで一番のお洒落通り

Kensinton Gardens

駅からロイヤル・パビリオンへのルートはさまざまなお店が集まる楽しいエリア。なかでも、ケンジントン・ガーデンズにはお洒落なカフェやパブが集まる人気の通り。

（地図）
Gloucester Rd.
中東料理とイタリアンがメイン
White Rabbit Ⓡ
本格的なナポリピッツァ
Fatto a Mano Ⓡ
ファッジ専門店
Roly's Fudge Pantry
Upr. Gardens St.
Kensington Gdns.
Kensington St.
Snoopers Paradise Ⓢ
インテリア用品の店
Abode Ⓢ
Family Store Ⓢ
日本にも展開するコスメブランド
Neal's Yard Remedies
イタリア人職人による焙煎
Trading Post Coffee Roasters
North Rd.
Infnity Foods Ⓢ
Robert St.
N
50m
P.221
Dowse

スヌーパーズ・パラダイス
Snoopers Paradise

創業30年を超える、ケンジントン・ガーデンズを象徴するようなアンティークショップ。2フロアの広い店内に古着、陶器、おもちゃ、レコードなどが雑多に置かれている。

住7-8 Kensington Gdns, BN1 4AL
TEL (01273) 602 558　URL snoopersparadise.co.uk
営 10:15〜17:45（日・祝11:15〜16:45）
休無休　MV

ファミリー・ストア
Family Store

こだわりの音楽が流れる店内に、Tシャツや本、レコードなどが並ぶ。特にTシャツはオリジナルから輸入物までユニークなデザインのものが揃い人気。すぐそばでレコード店も経営している。

住33 Kensington Gdns, BN1 4AL
URL familystoreuk.com
営 10:00〜18:00（日10:30〜17:30）　休無休
AMV

インフィニティ・フーズ
Infinity Foods

オーガニック食品を中心としたスーパーマーケット。野菜と自家製のパンはすべてオーガニック。小麦粉やナッツ類、シリアルなどは独自ブランドのものを制作・販売している。

住25 North Rd., BN1 1YA
TEL (01273) 603 563　URL infinityfoodsretail.coop
営 9:30〜18:00（日・祝11:00〜17:00）　休12/25・26
ADJMV

HOTEL　　RESTAURANT　　SHOP

宿の数は多いが、夏期はどこも満室になるので早めの予約を。海辺沿いのキングズ・ロードKings Rd.とマリン・ドライブMarine Dri.には、リゾートホテルが集中。B&Bはニュー・スタインNew Steineに多い。レストランはマーケット・ストリート周辺に集中している。

高級　154室　Map P.218-A2

オールド・シップ　The Old Ship Hotel

住King's Rd., BN1 1NR
TEL (01273) 329 001
URL www.oldshipbrighton.co.uk
🛁/👥🔽□£90〜
AMV

TV　🛏　📶　💰　📺　P　📶Wi-Fi
全室　全室　全室　なし　有料　無料

16世紀から続く町で最古の宿。客室の家具や調度品も歴史を感じる。シービューの客室は47室ある。海沿いのテラスはレストランとバー。

ブライトン

中級 9室 Map P.218-C2
アトランティック・シーフロント Atlantic Seafront

住16 Marine Pde., BN2 1TL
TEL (01273)695 944
♦⬛£50〜75
♦♦⬛£100〜150
━MV

TV 全室 / 🍴 全室 / 🧴 全室 / 📺 なし / Ｐ なし / 🛜Wi-Fi 無料

小さな宿ながらも常に清潔に保たれていて、海沿いのホテルのなかではおすすめ。5部屋がシービューで海の眺めもすばらしい。朝食は£8.50。

ゲストハウス 13室 Map P.218-C2
ハンプトンズ・ブライトン Hamptons Brighton

住3 New Steine, BN2 1PB
TEL (01273)675 436
URL www.hamptonsbrighton.com
♦⬛£40〜 ♦⬛£55〜
♦♦⬛£60〜 ♦♦⬛£65〜
━DMV

TV 全室 / 🍴 一部 / 🧴 全室 / 📺 なし / Ｐ なし / 🛜Wi-Fi 無料

ニュー・ステインにあるゲストハウス。町の中心だが、周辺はわりと静か。内装は白を基調に、赤と黒をあしらい、ヨーロッパモダンの雰囲気を醸し出している。

Map P.218-A2
リージェンシー The Regency Restaurant

シーフード

1930年創業の伝統あるシーフードレストラン。海岸沿いにあり、テラス席が気持ちいい。ドーヴァー・ソールは£27。カキ12個£34、フィッシュ・アンド・チップス£12.95など。
住131 King's Rd., BN1 2HH TEL (01273)325 014
URL www.theregencyrestaurant.co.uk
営8:00〜22:30 休無休 ━AMV 📶不可

Map P.218-C1
ぽんぽこ食堂 Pompoko

日本料理

地元の人や外国人留学生に人気の食堂。メニューは親子丼やうな丼(写真)などの丼ものやカレー、焼きそばが中心で£7.80〜12。注文は先払い方式。
住110 Church St., BN1 1UD 📞077 9600 1927
URL www.pompoko.co.uk 営11:30〜23:00
休無休 ━不可 📶不可

Map P.218-B1
イブニング・スター Evening Star

パブ
クラフトビール

ブライトン駅のすぐ近くにある。ローカルのビール各種がサーバーで飲めるほか、世界各地の瓶ビールの品揃えも豊富。スリランカ人シェフが作るつまみ£5〜10も評判。
住55-56 Surrey St., BN1 3PB TEL (01273)328 931
営12:00〜23:00(金12:00〜24:00、土11:00〜24:00)
休12/25 ━AMV 📶店内可

Map P.218-B1
ジェラート・グスト Gelato Gusto

ジェラート
カフェ

イタリアで修業したオーナーがオープンしたジェラート専門店。ジェラートは大中小サイズが選べるほか、ワッフルなどと組み合わせることもできる。
住2 Gardner St., BN1 1UP URL www.gelatogusto.com
営11:00〜19:00(金・土11:00〜20:00)
休1/1、12/25・26 ━MV 📶店内可

Map P.220
ダウス Dowse

ジュエリー
雑貨

英国全土から集めたおしゃれな雑貨を取り扱うショップ。オーナー自身もアルミを使ったジュエリーを製作するデザイナーで、自身の作品も並べられている。
住37 Gardner St., BN1 1UN TEL (01273)253 933
URL dowsedesign.co.uk 営11:00〜17:00
休1/1、12/25・26 ━MV

ロンドン

ポーツマス●

人口	市外局番
20万8000人	023
ハンプシャー州 Hampshire	

英国海軍の拠点となる町
ポーツマス
Portsmouth

スピンネーカー・タワーが印象的なポーツマス・ハーバー

15世紀末に王立造船所ができて以来、イギリスの軍港として発展してきた町。広大な海軍基地はポーツマス・ヒストリック・ドックヤードPortsmouth Historic Dockyardと呼ばれるアトラクションとしても利用されている。ウォーターフロントは再開発がされており、複合型商業施設ガンワーフ・キーズGunwharf Quaysは、連日多くの人でにぎわっている。

Access Guide
ポーツマス
ロンドンから

🚄 所要:2時間20分
月～土 ウォータールー駅から5:00～23:35の30分に1便程度
日 7:54～23:35の30分に1便程度

🚌 所要:1時間46分～2時間20分
毎日 8:30～23:59の1時間に1便程度

サウサンプトンから

🚄 所要:約50分
月～土 5:47～23:09の1時間に2～4便
日 11:05～23:56の1時間に1～2便

🚌 所要:約45分～1時間15分
毎日 10:35～22:00に9便程度

ℹ ポーツマス
Tourist Information Centre

Map P.222-1
🏠 The Hard, Portsmouth, PO1 3PA
☎ (023)9282 6722
🌐 www.visitportsmouth.co.uk
🕐 9:45～16:15
休 10～3月の月～水、12/25

ポーツマス

① ゴスポート(対岸の町)行き渡し船
② ワイト島行き高速フェリーターミナル(Fast Cat)
③ ワイト島行きカーフェリー乗場(ワイトリンク)
④ ワイト島行きホヴァークラフトターミナル

👣 歩き方

旅行者が移動するメインのエリアは、大きく分けると、**海軍基地**周辺と、古い港やビーチがある**オールド・ポーツマス**周辺、ショッピング街が広がる**ポーツマス&サウスシー駅**周辺の3つ。

オールド・ポーツマス 港町としての風情を楽しむなら、オールド・ポーツマスの**ブロード・ストリート**Broad St.から海沿いに南へ続く遊歩道を歩こう。その先には小さな遊園地やワイト島行きホヴァークラフトターミナルがある。

サウスシー 水族館やサウスシー城などがあり、ホテルもたくさんあるリゾートエリア。**オズボーン・ロード**Osborne Rd.周辺には雰囲気のあるバーやレストランも多い。

海側から見たオールド・ポーツマス

🚃 交通情報

ポーツマスの鉄道駅はふたつ。終点のメインターミナルは、ヒストリック・ドックヤードや港に近い**ポーツマス・ハーバー駅**Portsmouth Harbour。そのひとつ手前は中心街に位置する**ポーツマス&サウスシー駅**Portsmouth & Southsea。ポーツマス&サウスシー駅からはオールド・ポーツマスを経由してサウスシーへと行く23番のバスが便利。

ワイト島とポーツマスを結ぶカーフェリー

ポーツマス&サウスシー駅

ポーツマスのランドマーク 　Map P.222-1

 スピンネーカー・タワー
Spinnaker Tower

アウトレット・ショッピング・センターのガンワーフ・キーズ内にある、高さ170mの塔。高さ100〜110mの場所は、3階にわたる展望デッキになっており、ポーツマスの町を一望することができる。1番下の階にあるデッキの中央は、ガラス張りの床になっていて真下が見とおせる。また、ガンワーフ・キーズには90店以上のアパレルブランドや、30店以上の飲食店が出店している。

その外見通り、スピンネーカーとは帆船における帆を意味する

■スピンネーカー・タワー
🏠Gunwharf Quays, PO1 3TT
☎TEL (023)9285 7520
🌐URL www.spinnakertower.co.uk
🕐10:30〜18:00
　（金〜日10:00〜18:00）
※最終入場17:30
休12/25 料£14.75 学生£13.50

偉大な文豪が生を授かった 　Map P.222-1

🏛 チャールズ・ディケンズの生家
Charles Dickens' Birthplace Museum

イギリスを代表する文豪チャールズ・ディケンズ ☞ P.608の生家。1812年にディケンズはこの家で生まれ、3歳になるまで住んでいた。現在は博物館になっており、部屋の装飾や家具はディケンズが生まれた当時のものを再現している。ディケンズが執筆中に利用していたインク入れやペーパーナイフ、筆記具類ほか、生活道具が展示されている。

■チャールズ・ディケンズの生家
🏠393 Old Commercial Rd., PO1 4QL
☎TEL (023)9282 1879
🌐URL www.charlesdickensbirthplace.co.uk
🕐おもに土・日10:00〜16:30
※最終入場は閉館の30分前
休月〜金、10〜3月
料£4.60 学生£3.50
　フラッシュ不可

生家にある天蓋付きのベッド

詳細ガイド

華々しい英国海軍の歴史を語る海軍基地
ポーツマス・ヒストリック・ドックヤード

　イギリス海軍基地内にあるポーツマス・ヒストリック・ドックヤードは、イギリス海軍の歴史に触れられる、さまざまな展示やアトラクションが整っている。なかでも、ネルソン提督 P.609 がトラファルガーの海戦で乗船したHMSヴィクトリー号や、世界初の鉄製甲板戦艦HMSウォーリアー1860号など、海軍史にその名を残す名艦は必見。ほかにカフェや海軍グッズが手に入るショップもあり、見どころが充実している。

⚓ ネルソン提督の旗艦
HMSヴィクトリー号
HMS Victory

　1805年10月21日に行われたトラファルガーの戦いは、ナポレオン戦争最大の海戦である。イギリスはこの海戦の勝利によって、フランス軍の英国本土侵攻を不可能にした。HMSヴィクトリー号は、この戦いを指揮したネルソン提督 P.609 の旗艦として使われた軍艦で、ネルソンが戦闘の途中、フランス軍に狙撃され、後に亡くなったのももちろんこの船の上でだ。2023年6月現在改装中だが、入場可能。

HMS M.33号
HMS M.33 ③

⑨ メアリー・ローズ博物館
The Mary Rose Museum

HMSヴィクトリー号
HMS Victory ①

④

王立海軍博物館
National Museum
Royal Navy Portsmouth

ドックヤード・アプレンティス
The Dockyard Apprentice

アクション・ステーションズ
Action Stations

ボートハウス4
Boathouse 4

Boathouse 4 ⑤
P.226

ハーバー・ツアー
Harbour Tours ⑥

チケット売り場 ●

HMSウォーリアー1860号
HMS Warrior 1860 ②

N

0 　　100m

DATA

■ポーツマス・ヒストリック・ドックヤード
住Victory Gate, HM Naval Base, PO1 3LJ
TEL (023) 9283 9766　URL www.historicdockyard.co.uk
開10:00～17:00（夏期10:00～17:30）
※最終入場は閉場の1時間前
休12/25・26、海軍行事の日（❼やウェブサイトで確認）
料1アトラクション（アクション・ステーションズ、ハーバーツアー除く）£34、3アトラクション（ハーバーツアーを除く）£44、全アトラクション£44～49
館内撮影一部不可　フラッシュ部不可

② 近代的軍艦の元祖
HMSウォーリアー1860号
HMS Warrior 1860

ドックヤードの切符売り場の奥にある。1859年に建造されたフランスの装甲艦グロワール号に対抗して1860年に造られた。グロワール号が木造に鉄板の装甲を施したのに対して船全体が鉄製で、大きさ、スピードともに、当時世界最高を誇った。近代的な軍艦の元祖ともいわれている名艦だ。

③ ガリポリの戦いを生き抜いた軍艦
HMS M.33号
HMS M. 33

激戦のガリポリの戦いで死者を出さなかったため奇跡の船と呼ばれた

Mとはモニター艦Monitorの略称。対陸砲撃用の軍艦で、6インチ砲を2門備えている。1915年に7週間というわずかな期間で造られ、直後にガリポリの戦いに参加するためにトルコへと派遣された。ガリポリの戦いに参加したなかで現存する唯一の軍艦。

④ イギリス屈指の海事博物館
王立海軍博物館
National Museum of Royal Navy Portsmouth

ナポレオン戦争の英雄ネルソン提督に関する展示

1911年に建てられた博物館で、イギリスにある多くの海洋博物館のなかでも、特に充実した展示物がある。博物館は3つの建物からなっており、幅広い展示物が並ぶ。特にネルソン提督に関する展示が秀逸で、マルチメディアショーでトラファルガーの戦いの追体験ができる。

⑤ 高度な造船技術を目の当たりにできる
ボートハウス4
Boathouse 4

広大な建物を埋め尽くすように小型船が展示されている

小型船の造船技術に関する展示を行っているほか、マスト登りを体験できるアトラクションなどを備えている。建物は1939年、第2次世界大戦直前に建てられたもの。

⑥ 間近で軍艦が見られる
ハーバー・ツアー
Harbour Tours

ハーバー・ツアーの出発場所。時刻表は入口で確認できる

ボートに乗ってポーツマス湾を巡る45分間のツアー。ポーツマスは現在も英国海軍の重要な拠点であることから、ツアーの途中で、現役の軍艦なども見ることができる。

⑦ 海軍のテクノロジーを体感できる
アクション・ステーションズ
Action Stations

現在の英国海軍のもつ技術を紹介するとともに、旅行者も体験できるアトラクション。

⑨ 400年間沈んでいた軍艦
メアリー・ローズ博物館
The Mary Rose Museum

木材を集めてメアリー・ローズ号を再現している

メアリー・ローズ号は16世紀にヘンリー8世 P.610の時代に造られた軍艦。長い間海底に沈んでいたが、1982年に引き上げられ、緻密な復元作業の後、2013年に博物館として公開された。人気があるので並ぶこともある。

⑧ ボート作りの技術を知る
ドックヤード・アプレンティス
The Dockyard Apprentice

200年にわたる造船技術に関する解説を聞くことができる。

　ホテルの数はそれほど多くないので、宿泊するなら早めに予約をしよう。食事は、ガンワーフ・キーズ内や、サウスシーのオズボーン・ロードOsborne Rd.、エルム・グローブElm Grove沿いに各国の料理店が軒を連ねている。

`高級` `75室` **Map P.222-2** サウスシー
クイーンズ Queen's Hotel

`TV` `🍴` `🧴` `📦` `P` `📶Wi-Fi`
全室　全室　全室　なし　無料　無料

住Clarence Pde., PO5 3LJ
TEL(023)9282 2466
URLwww.queenshotelportsmouth.com
👤/👥🛏💴£94〜
💳AMV

エントランスホールは宮殿のような造り。客室は広めに設計されており、シービューの部屋は£10プラス。眺めのいいバーもある。

`中級` `100室` **Map P.222-1**
ロイヤル・マリタイム・クラブ Royal Maritime Club

`TV` `🍴` `🧴` `📦` `P` `📶Wi-Fi`
全室　全室　全室　なし　無料　無料

住75-80 Queen St., PO1 3HS
TEL(023)9282 4231
URLwww.royalmaritimeclub.co.uk
👤🛏💴£82〜
👥🛏💴£98〜
💳AMV

ポーツマス・ハーバー駅から徒歩7〜8分にある3つ星ホテル。立地の良さに加え、客室も広い。レストランも併設しており、メインが£12.50〜。建物は1856年に建てられたもの。

`中級` `130室` **Map P.222-1**
エクスプレス・ガンワーフ・キーズ Holiday Inn Express Gunwharf Quays

`TV` `🍴` `🧴` `📦` `P` `📶Wi-Fi`
全室　全室　全室　なし　なし　無料

住The Plaza, Gunwharf Quays, PO1 3FD
TEL(023)9289 4240
●予約0120-455-655
URLwww.hiexportsmouth.co.uk
👤/👥🛏💴£58〜
💳ADJMV

ガンワーフ・キーズ内にあるホリデイ・イン系列のホテル。客室は広々として機能的。レストランは朝食しか出さないが、周囲にはレストランやパブが多いので困らない。

Map P.222-2 サウスシー　　　ステーキ
ランチョ Rancho

アルゼンチン産牛肉を使用したステーキは部位別に4種類（225g、300g、400g、600g）から選ぶことができ、£12.50〜。Tボーンステーキは450gで£19.95。ワインはチリやアルゼンチン産も豊富に揃う。

住61 Osborne Rd., PO5 3LS　　TEL(023)9273 7235
URLwww.ranchosteakhouseportsmouth.com　圏12:00〜14:00 17:00〜23:00（火17:00〜23:00、土12:00〜23:00、日12:00〜21:00）　休無休　💳AMV　🚬不可

Map P.222-2　オールド・ポーツマス　　ダイニングパブ
スパイス・アイランド・イン
The Spice Island Inn

1階がカジュアルなパブで、2階がレストラン。港を行き来するフェリーを眺めながらくつろげる。メインは£10〜20。サンデー・ロースト£14.50も好評だ。料理のオーダーは21:00まで。地元産のエールも置いてある。

住1 Bath Sq., PO1 2JL　　TEL(023)9287 0543
URLwww.greeneking.co.uk　圏11:00〜23:30（土・日12:00〜23:30）　休無休　💳AMV　🚬店内可

Map P.224　ヒストリック・ドックヤード　　英国料理
ボートハウス4 Boat House 4

ドックヤード内、ボートハウス4の2階にある同名のレストランで、見た目も美しいコンテンポラルな英国料理を提供している。HMSウォーリアー1860号を眺めながら、ゆったりしたランチタイムを過ごすことができる。

住Boathouse 4, PO1 3LJ　　TEL(023)9282 6077
URLwww.boathouse4.org　圏10:00〜16:30（冬期10:00〜15:00）　休無休　💳MV　🚬店内可

ソレント海峡に浮かぶリゾートアイランド

ワイト島

Isle of Wight

21の色を持つというアラン・ベイの断崖

ロンドン

ワイト島

人口	市外局番
14万400人	01983
ワイト島 Isle of Wight	

　緑豊かな自然に囲まれ、夏ともなれば多くの観光客でにぎわうリゾートの島。サンダウンやシャンクリンといった海沿いの町にはホテルが並ぶ。島の西部には石灰岩の尖塔が突出した景勝地のニードルズがある。

ワイト島 起点となる町

　ワイト島へのアクセスがいいのは**ポーツマス** P.222 と**サウサンプトン** P.231。ポーツマスからの便はライドに、サウサンプトンからの船はカウズに着く。

交通の起点　ライド港　Ryde

　ポーツマスからの高速フェリーとホヴァークラフトが到着するのはライド。高速フェリーはライドのフェリー乗り場ピア・ヘッドPier Headに、ホヴァークラフトは直接ライドの町のエスプラネイド駅Esplanade Station前に到着する。ピ

サウサンプトンへ
ウエスト・カウズ West Cowes
イースト・カウズ East Cowes
ポーツマス
サウスシー
リミントン Lymington
P.229 オズボーン・ハウス Osborne House
フィッシュボーン Fishbourne
ピア・ヘッド Pier Head
ライド Ryde
ヤーマス Yarmouth
ウットン Wootton
スモールブルック・ジャンクション Smallbrook Junction
ニューポート Newport
ワイト島蒸気鉄道
P.229 カリスブルック城 Carisbrooke Castle
アラン・ベイ Alum Bay
トットランド Totland
チェッセル Chessell
フレッシュウォーター Freshwater
ニードルズ Needles P.230
ショーウェル Shorwell
サンダウン Sandown
シャンクリン Shanklin
チャール Chale
ブラックギャング Blackgang
ヴェントナー Ventnor
ナイトン Niton
N
0　　　10km

ワイト島

Access Guide　ライド港（ワイト島）

ポーツマスから

	所要：22分（高速フェリー）
月～土	ポーツマス・ハーバー発、5:15（土6:15）～22:45の1時間に1～2便
日	7:15～22:45の1時間に1～2便

	所要：10分（ホヴァークラフト）
月～金	サウスシー発、6:30～20:30の1時間に1～3便、冬期減便

Access Guide　イースト・カウズ港（ワイト島）

サウサンプトンから

	所要：約1時間（カーフェリー）
月～土	24時間運行 1～2時間に1便（日中は毎正時発）
日	5:45～23:59の1～2時間に1便

Access Guide　ウエスト・カウズ港（ワイト島）

サウサンプトンから

	所要：28分（フェリー）
月～土	5:30～23:10の1時間に1～2便
日	6:40～23:10の1時間に1～2便

乗り換え情報

●ロンドンから
起点となるのはウォータールー駅。ポーツマス・ハーバー→ライド、サウサンプトン中央駅→（シティリンクバス）→タウン・キー→ウエスト・カウズの2ルートがあり、いずれもチケットは通しで買える。いずれも1時間に1便出ており、2時間あまりでワイト島に着く。

ア・ヘッドからライドの町までは桟橋を歩いて10分ほど。

交通情報　ピア・ヘッドには鉄道駅があり、直接サンダウンやシャンクリンを目指すことができる。エスプラネイド駅前のバスターミナルからはワイト島各地にバスが出ている。

ピア・ヘッドに乗り入れる列車

カウズ港
Cowes
交通の起点

　サウサンプトンからの船便が着く。メディナ川River Medinaを挟んで**イースト・カウズ**East Cowesと**ウエスト・カウズ**West Cowesに分かれている。カウズの中心があるのはウエスト・カウズの港周辺で、レストランやショップはこの周辺に多い。

サンダウン
Sandown
起点の町

　町の中心はビーチ沿いのエスプラネイド通りEaplanadeで、リゾートホテルやカフェが並んでいる。ライドからのバスが到着するのは、ハイ・ストリートHigh St.。鉄道駅は約1km西へ離れた場所にある。

ニューポート
Newport
起点の町

　ワイト島の中心の町だけあって、規模は比較的大きいが、歩いて回れる範囲。町の中心はハイ・ストリートHigh St.とセント・ジェイムズ・ストリートSt James St.周辺。バスステーションはサウス・ストリートSouth St.にあり、

ニューポートのギルドホール

島の各地へとつなぐターミナルとなっている。

---

i **ワイト島**
Tourist Information Centre

住Newport Bus Station, South St., Newport, PO30 1LL
URLwww.visitisleofwight.co.uk
●イースト・カウズ（Valu 4 U）
住York Ave., East Cowes, PO32 6RU
●サンダウン（The Holiday Shop）
住37 High St., PO36 8DE
●ヤーマス（Yarmouth Harbour Office）
住The Quay, PO41 0NT

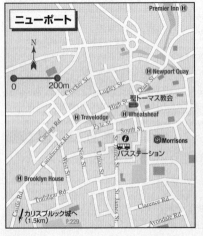

228

ワイト島 エリア内の交通

鉄道

ライドのピア・ヘッド～サンダウン～シャンクリン間には鉄道があり、かつてロンドン地下鉄で活躍した列車がいまも現役で活躍している。

バス

島内のおもな交通手段はサザン・ヴェクティス社Southern Vectisのバス。ニューポートを拠点に、各町へバスが出ている。ライドからも出ているが、ニューポートからのほうが便数が多い。ニューポートかライドのバス乗り場で、時刻表付きのルートマップを入手してから回るといい。

■サザン・ヴェクティス・バス
TEL 0330 0539 182
URL www.islandbuses.info
24時間券£14、48時間券£17.50があり、乗車時に購入する。以下のおもな路線の時刻はいずれも平日のもの。日曜減便。
●1番 (ニューポート～ウエスト・カウズ)
4:55～翌0:35に1時間に1～6便運行、所要20分
●2・3番 (ニューポート～シャンクリン～サンダウン～ライド)
5:30～23:10の1時間に2便程度、ライドまで1時間15～30分
●4番 (ライド～イースト・カウズ)
6:35～22:09の1時間に1便程度、所要約30分
●5番 (ニューポート～イースト・カウズ)
5:45～翌0:45の1時間に2～3便、所要20分
●7番 (ニューポート～ヤーマス～アラン・ベイ)
6:55～23:25の1時間に1～2便、所要1時間
●8番 (ニューポート～サンダウン～ライド)
6:25～23:40の1時間に1便、ライドまで約1時間40分
●9番 (ニューポート～ライド)
5:00～翌0:35の1時間に3～6便、所要20分
●ニードルズ・ブリーザー
Needles Breezer
(ヤーマス～アラン・ベイ～ニードルズ～アラン・ベイ～ヤーマス)
3月上旬～11月上旬、9:55～16:55の1時間に1～2便、所要約1時間20分

■オズボーン・ハウス
🚌 ライドから4番で23分、ニューポートから5番で13分のオズボーン・ハウス・ゲートでOsborne House Gate下車
TEL 0370 333 1181
URL www.english-heritage.org.uk
開 7・8月10:00～18:00
　4～6・9・10月10:00～17:00
　11～3月10:00～16:00
休 1月～2月中旬の月～金、2月下旬～3月末・11・12月の月・火、12/24・25
料 £18.10～23.60
　学生£16.30～20.90

■カリスブルック城
🚌 ニューポートから、6、7、12番で約5分。シーダ・ヒルCedar Hillで下車し、徒歩約12分。
TEL (01983)522 107
URL www.english-heritage.org.uk
開 7・8月10:00～18:00
　4～6・9・10月10:00～17:00
　11～3月10:00～16:00
休 11月～2月中旬の月～金、2月下旬～3月下旬の月・火、12/24・25
料 £11.30～14.50　学生£10～12.70

カリスブルック城

ヴィクトリア女王の別荘　　Map P.227
オズボーン・ハウス Osborne House

ヴィクトリア女王 P.605 と夫アルバート公の別荘だった建物。王室の保養地となっており、ヴィクトリア女王はここで82年の生涯を終えた。居間やダイニングルームは豪華な内装や調度品がすばらしく、ロイヤルファミリーの写真や肖像画が収蔵されている。

美しい庭園が広がる

美しい田園風景のなかにある　　Map P.227
カリスブルック城 Carisbrooke Castle

12世紀にイザベラ・ド・レドバーズIsabella de Redversが所有していたが、ピューリタン革命後にチャールズ1世 P.608が幽閉されていた場所として有名になった。広大な敷地内の庭園には、チャールズ1世没後250年を記念して1904年に建てられた聖ニコラス教会や、チャールズ1世に関する歴史を紹介する博物館などがある。城壁の見張り台からは田園風景が眺められる。

■ワイト島蒸気鉄道
TEL (01983) 882 204
URL www.iwsteamrailway.co.uk
開1日5〜9便（7〜9月はほぼ毎日運行）
料1等£27.50　スタンダード£19.50

■ニードルズ・ランドマーク・アトラクション
🚌ニューポートから7番で終点のアラン・ベイAlum Bay下車
住The Needles, Alum Bay, PO39 0JD
TEL (01983) 752 401
URL www.theneedles.co.uk
開10:00〜16:00　休無休
料チェアリフト往復£8

チェアリフトで崖を下りビーチへ

■ニードルズ・プレジャー・クルーズ
TEL (01983) 761 587
URL needlespleasurecruises.co.uk
開20〜40分おきの運行
休11〜3月　料£8

■ニードルズ・オールド・アンド・ニュー・バッテリー
🚌3月中旬から10月下旬のみヤーマスからアラン・ベイを経由して、ニュー・バッテリーまで行くオープントップのバス、ニードルズ・ブリーザーが運行している。
TEL (01983) 754 772
URL www.nationaltrust.org.uk
●オールド・バッテリー
開10:30〜17:00　休1〜3月、11月 第2週〜12月の平日（12/26〜29はオープン）
料無料
●ニュー・バッテリー
開10:30〜16:00
（4〜8月の土曜のみ運行）　料£7.50

🚂 島を駆け巡る古きよき保存鉄道　　Map P.227
ワイト島蒸気鉄道 Isle of Wight Steam Railway

　ワイト島蒸気鉄道は1971年以来、有志によって運営されている保存鉄道。スモールブルック・ジャンクション駅Smallbrook Junctionからワットン駅Woottonまでの約8kmを約1時間で結んでいる。スモールブルック・ジャンクション駅まではライ

車窓からののんびりとした島の風景を楽しもう

ドからの鉄道で行くことが可能。途中のヘイヴンストリート駅Havenstreetには小さな博物館も併設されている。

🌲 ワイト島最西端の絶景スポット　　Map P.227
ニードルズ The Needles

イギリス屈指の景勝地

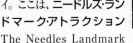

　ニードルズとは、ワイト島の西端にある3つの石灰岩の岩礁で、イギリス屈指の景勝地。ニードルズのビューポイントとして人気なのはアラン・ベイ。ここは、**ニードルズ・ランドマーク・アトラクション** The Needles Landmark

クルーズ船で間近にニードルズを見学

Attractionsというレジャーセンターになっており、徒歩またはチェアリフトで崖を下った先にあるビーチからは、ニードルズまで行くクルーズ船が夏期に運行されている。

絶景ポイントの砲台　アラン・ベイからさらに西に約1.5km、ニードルズの間近にある半島の付け根部分には、**オールド・バッテリー** Old Batteryと**ニュー・バッテリー** New Batteryという、19世紀に建てられた砲台がある。いずれもニードルズを見下ろすことができる絶景ポイントだが、特にオールド・バッテリーはニードルズに近く、迫力満点。大きな窓からの眺めがすてきなティールームも併設している。

HOTEL

　観光の起点にするならニューポート、ビーチでマリンスポーツを楽しむならサンダウンやシャンクリンのホテルに。西部には小さなB&Bが点在しており、家庭的なもてなしが受けられる。

中級　70室　Map P.228 上　ライド
ロイヤル・エスプラネイド Royal Esplanade

住16 Esplanade, Ryde, PO33 2ED
TEL (01983) 562 549
URL www.royalesplanadehotel.co.uk
🛏📺🍴🚿£75〜
🛏🛏📺🍴🚿£92〜
──AMV

TV 📶 📷 📺 P 🛜Wi-Fi
全室 全室 全室 なし なし ロビー周辺

ホヴァークラフト乗り場のすぐ向かい。ヴィクトリアン様式の重要建造物なので建物は古いが、客室は全面改装されておりきれい。

タイタニック号が出港した港町

サウサンプトン
Southampton

旧市街への入口バーゲート

ロンドン

サウサンプトン

人口	市外局番
24万8900人	023
ハンプシャー州 Hampshire	

　イギリス最古の貿易港であり、現在でも巨大な商船が行き来する活気のある港町。中世には貿易で潤い、外敵に備えて市街地を囲む城壁が築かれた。現在でもバーゲートBargateと呼ばれる大きな門が中世の姿のまま残されている。また、1912年4月10日に豪華客船タイタニック号がニューヨークへ向けて出港した港としても知られている。

👣 歩き方

中世の城壁と最新のショッピングセンター。歴史と現在が混じり合った町並み

　サウサンプトンの町は、バーゲートを挟んで北側が**新市街**、南側で港周辺の地域が**旧市街**に分かれている。

新市街　アバブ・バー・ストリートAbove Bar St.が新市街のメイン・ストリート。レストランやパブなどが並ぶが、ショッピングセンター内のほうが店舗も多く、にぎやかだ。

旧市街　バーゲートを南に抜けると旧市街に入る。新旧の建築物が混在し、ときおり城壁跡が姿を現す。ハイ・ストリートHigh St.と交差するバーナード・ストリートBernard St.からオックスフォード・ストリートOxford St.に入ると、しゃれたレストランやパブが集中している。

タウン・キー・マリーナ
　ワイト島からの船のほか、大型客船なども発着するターミナル。かつてはタイタニック号も出航した。再開発地区でもあり、クラフトブリュワリーもある。

タイタニック号記念碑は港の入口にある

Access Guide
サウサンプトン

ロンドンから

	所要：約1時間30分
🚃 月〜土	ウォータールー駅から5:30〜翌1:05の30分〜1時間に1便程度
日	7:54〜翌00:10の30分に1便程度

ウィンチェスターから

	所要：約25分
🚃 月〜土	6:38〜翌0:51（土5:26〜翌1:16）の1時間に2〜4便程度
日	8:07〜翌0:37の1時間に1〜3便程度

旧市街を取り囲む城壁も一部残っている

ℹ️ サウサンプトン
Tourist Information Centre
🔗 www.discoversouthampton.co.uk
2023年6月現在、サウサンプトンには公営の❶はない。

TEL0344 481 7777
URLwww.southamptonairport.com
空港と中心部は列車で結ばれている。
サウサンプトン・エアポート・パークウェイ
駅Southampton Airport Parkwayから
サウサンプトン・セントラル駅への列車は
頻発しており、所要約10分。

交通情報

鉄道駅 サウサンプトン・セントラル駅にはロンドンやウィンチェスター、ブライトンなどからの便が発着。旧市街へは徒歩10分ほど。

フェリーターミナル ワイト島のイースト・カウズやウエスト・カウズへの便はタウン・キーにあるレッド・ファンネル・ターミナルが起点。ターミナルはふたつあるので、自分がどちらのターミナルから出るのか確認しておこう。鉄道駅とはキー・コネクトQuay Connectというバスで結ばれている。

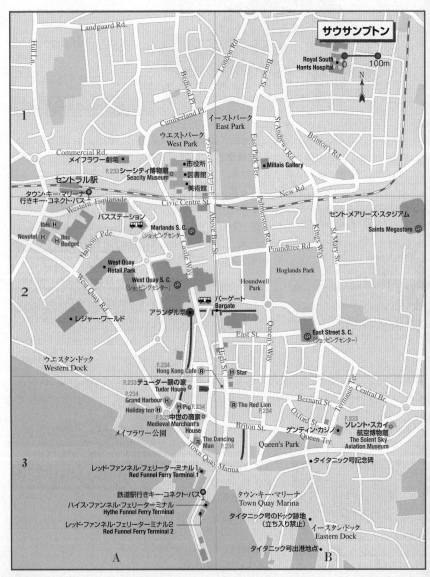

サウサンプトン

232

シーシティ博物館 Seacity Museum

タイタニック関連の展示が充実　Map P.232-A1

タイタニック号の客室を人形を使って再現

2012年にオープンした博物館。展示は、タイタニック関連、サウサンプトンの歴史、企画展の3つに分かれている。

注目の展示品は、タイタニック関連に集中している。1/25スケールのタイタニック号やタイタニック号とともに海へと消えていったエドワード・ジョン・スミスEdward John Simth船長の英国海軍軍刀、沈没事故の生存者だったシドニー・セドゥナリー Sidney Sedunary乗務員が航行時に携帯していた懐中時計などが人気。

サウサンプトンの歴史コーナーでは、石器時代、ローマ時代、中世にサウサンプトン周辺で発掘されたものを中心とする展示になっている。

テューダー朝の家 Tudor House

サウサンプトンの歴史に触れられる　Map P.232-A3

1492年に建てられた、サウサンプトンを代表する歴史的建築物。館内には当時の旧市街の模型や、テューダー朝から現在にいたるまでの生活道具が展示されている。ガーデンビューのカフェも人気。

旧市街に残る中世の商家

また、この近くには中世の商家Medieval Marchant's Houseも残されており、こちらにも展示がある。昔ながらのサウサンプトンの風情を味わうことができる。

ソレント・スカイ航空博物館
The Solent Sky Aviation Musuem

かつての空の英雄が一堂に会する　Map P.232-B3

飛行機がところ狭しと並ぶ

サウサンプトンは航空機産業も盛んで、昔から多くの航空機や軍用機が開発されてきた。その歴史を紹介するのがここ。

第2次世界大戦で活躍し、今でも絶大な人気を誇る伝説の名機スピットファイアSpitfireの展示をはじめ、飛行艇S25 Sandringham（1943年型）など、20以上の航空機が展示されている。

■シーシティ博物館
住Havelock Rd., SO14 7FY
TEL(023)8083 4536
URLseacitymuseum.co.uk ▨
圓10:00～17:00 ※最終入場16:00
休12/25・26、1/1
料£10.50 学生9

シーシティ博物館。時計塔が目印

■テューダー朝の家
住Bugle St., SO14 2AD
TEL(023)8083 4242
URLtudorhouseandgarden.com ▨
圓10:00～15:00（土・日・祝～17:00）
※最終入場は閉館の45分前
休金　料£7　学生£6.50
　フラッシュ不可

典型的なテューダー様式の木組みの家

■中世の商家
Map P.232-A3
住58 French St., SO14 2AT
TEL(023)8022 1503
URLwww.english-heritage.org.uk
圓4～9月の土・日11:00～16:00
休4～9月の月～金、10～3月
料£5.90～6.80　学生£5～5.90

■ソレント・スカイ航空博物館
住Albert Rd. South, SO14 3FR
TEL(023)8063 5830
URLwww.solentsky.org
圓10:00～17:00（日12:00～17:00）
※最終入場16:00
休1/1、12/25・26・31
料£12

大きな港町のわりにホテルが少ない。ヒル・レーンHill Ln.周辺にはB&Bがいくつかあるが満室のことが多い。旧市街の中級ホテルなら比較的空室を見つけやすい。オックスフォード・ストリートにはしゃれたレストランやカフェが多い。

高級　12室
Map P.232-A3　タウン・キー

センスのいいインテリアが光るプチホテル
ピッグ The Pig-in the Wall

住8 Western Esplanade, SO14 2AZ
TEL0345 225 9494
URLwww.thepighotel.com
£215～
MV

城壁沿いに位置するホテル。カントリー風の内装にこだわっており、客室のアンティークもセンス抜群。
デリ・バー　落ち着いた空間で味わえる自然派食材を使った料理が人気。12:00～20:00の営業。

中級　173室　Map P.232-A3　タウン・キー

グランド・ハーバー Grand Harbour

住West Quay Rd., SO15 1AG
TEL(023)8063 3033
URLwww.leonardo-hotels.com
£71～
AMV

モダンな外観が印象的な町を代表するホテル。旧市街の城壁のすぐ外側に位置し、観光に便利。客室からの眺めも美しい。屋内プールのあるスパ施設や、テラス席のあるレストランもある。

Map P.232-B3　旧市街　　香港料理
九龍冰室 Hong Kong Cafe

香港人オーナーが2022年9月にオープンした、いわゆる茶餐廳（チャーチャンテーン、香港式カフェ）。本格的な香港料理が食べられ、ミルクティーも人気。食事は£8.80～と比較的リーズナブルなのもうれしい。

住134 High St., SO14 2BR
TEL(023)8057 0670
11:30～21:30　休水　MV　店内可

Map P.232-B3　旧市街　　パブ
レッド・ライオン The Red Lion

14世紀後半に建てられたといわれており、ヘンリー5世が法廷として使ったとの言い伝えがあるパブ。地元の人の憩いの場となっている。高い天井と古めかしいインテリアが印象的。地元のエールも揃う。

住55 High St., SO14 2NS　TEL(023)8033 3595
11:00～23:00（日12:00～22:30）　食事12:00～14:30 17:30～21:00（日12:00～17:00）　休無休　MV　店内可

Map P.232-A3　旧市街　　パブ
ダンシング・マン The Dancing Man

14世紀に建てられてた羊毛の貯蔵庫を利用したパブ。店内で醸造もしているパブで、できたてのビールを飲むことができる。IPAとペール・エールが人気。食事は手作りのパイが名物。月曜はフードの提供なし。

住Town Quay, SO14 2AR　TEL(023)8083 6666
URLwww.dancingmanbrewery.co.uk　12:00～23:00（金・土12:00～24:00）　休無休　MV　店内可

小川の流れるのどかな古都
ウィンチェスター
Winchester

ロンドン

ウィンチェスター

人口	市外局番
12万7400人	01962
ハンプシャー州 Hampshire	

ハイ・ストリート沿いは木～土曜にかけてマーケットが開かれる

　ウィンチェスターはアングロ・サクソン時代には、ウェセックス王国の都としてロンドンと肩を並べるほど栄えた町。1554年には、英国女王メアリー1世と後のスペイン王フェリペ2世の結婚式が行われている。中世の雰囲気が漂うこの町には、ウィンチェスター大聖堂やウィンチェスター・カレッジなど歴史的建造物が数多く残っている。

歩き方

　ウィンチェスターは、町の中心ハイ・ストリートHigh St.から南側に広がるウィンチェスター大聖堂Winchester Cathedralとウィンチェスター・カレッジ周辺、北側の市街地の3つに分けられる。

ウィンチェスター

0　　　　200m
N

鉄道駅
ロイヤル劇場
ウエストゲート博物館
グレート・ホール P.237
Great Hall & Round Table
ロイヤル・グリーン・ジャケット博物館
P.238 Cafemonde
P.238 市立博物館 City Museum
P.238 The Wessex H
ウィンチェスター大聖堂 P.238
Winchester Cathedral
The Close
P.238 Kings Gate
The Wykeham Arms H
ジェーン・オースティンの家 P.236
ウィンチェスター・カレッジ P.238
Winchester College
Winchester Royal P.238
High St.
バスステーション
Broadway
St Johns
ギルドホール
アルフレッド大王の像
ウルブジー城跡
Wolvesey Castle
聖十字救貧院へ P.237
St John's
ウィンチェスター・シティ・ミル
Winchester City Mill
Chesil Rectory
St Giles Hill

Access Guide ウィンチェスター

ロンドンから

	所要：約1時間10分
月～土	ウォータールー駅から5:30～23:40の30分に1便程度
日	7:53～23:10の30分に1便程度
	所要：1時間45分～3時間
毎日	7:00～23:59の1～2時間に1便程度

サウサンプトンから

	所要：15～30分
月～土	4:52～23:00（土5:12～23:59）の1時間に2～4便程度
日	6:55～23:02の1時間に1～2便程度

ウィンチェスター Tourist Information Centre

Map P.235-B2
住 Guildhall, High St., SO23 9GH
TEL (01962)840 500
URL www.visitwinchester.co.uk
開10:00～17:00（日・祝～15:00）
休9～4月の日曜、12/24～1/1

■ウィンチェスター大聖堂
住9 The Close, SO23 9LS
TEL(01962)857 200
URLwww.winchester-cathedral.org.uk ⬚
閉9:00〜17:00（日12:30〜15:00）
休無休 料£12.50 学生£6.50
塔ツアー（12歳以上）£15

大聖堂の聖歌隊席と身廊

ジェーン・オースティンが最晩年を過ごした家

■ウィンチェスター・カレッジ
住College St., SO23 9NA
TEL(01962)621 428
URLwww.winchestercollege.org ⬚
●見学ツアー
毎日14:15、15:30（冬期は14:15のみ）
休12/24〜1/2
料£10 学生£8.50
館内撮影不可

ハイ・ストリートからイッチン川へ

❼はハイ・ストリートから東のイッチン川方向へ進んだブロードウェイBroadwayにある。その向かいにバスステーション、さらに東へ進むとロータリーの手前にアルフレッド大王 P.605 の像が立つ。イッチン川へ出て手前を右に曲がると、遊歩道が続き、ウルブジー城跡、ウィンチェスター・カレッジへと続く。

イギリス屈指の巡礼地だった　　　　　　　　　　Map P.235-A2·B2
ウィンチェスター大聖堂 Winchester Cathedral

アングロ・サクソン時代の648年に建設されたが、1079〜1404年と長い年月をかけて現在の形に再建された。奥行きが約170mと、ヨーロッパでも最長の身廊をもつ大聖堂である。

映画『ダ・ヴィンチ・コード』の撮影にも使われた

内装はゴシック様式だが、北翼廊と南翼廊、地下祭室はゴシック以前の建築様式であるノルマン様式になっており、建築の途中で様式を変更したことがうかがえる。

身廊の北側には『高慢と偏見』、『エマ』の作者として知られる作家ジェーン・オースティン P.607 の墓がある。南側には、彫刻家ウイリアム・ウォーカーの彫像や『釣魚大全』を著した作家アイザック・ウォルトンの墓などもある。

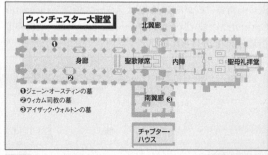

ウィンチェスター大聖堂

北翼廊

身廊　聖歌隊席　内陣　聖母礼拝堂

❶ジェーン・オースティンの墓
❷ウィカム司教の墓
❸アイザック・ウォルトンの墓

南翼廊 ❸

チャプター・ハウス

スナク首相の母校　　　　　　　　　　Map P.235-A2·B2
ウィンチェスター・カレッジ Winchester College

イートン校 P.189 に60年ほど先行し、1382年に開校したイギリスで最も歴史あるパブリックスクール。イートン校設立時には、ウィンチェスター・カレッジから職員が招かれた。見学はガイド付きのツアーでのみ可能。ツアーでは、食堂や礼拝堂、クリストファー・レン P.606 が設計した多目的ホールなどを回る。

クリストファー・レン設計の多目的ホール

かつてのウィンチェスター司教の居城　Map P.235-B2

ウルブジー城跡　Wolvesey Castle

　ウィンチェスター大聖堂とウィンチェスター・カレッジの間にある城跡。もともと12世紀に建てられたノルマン様式の城だったが、現在では破損がひどく、当時の雰囲気は、ところどころに置かれたプレートの解説でわずかに知ることができるくらい。

　エリザベス1世 P.606 の異母姉であるメアリー1世と、後のスペイン王フェリペ2世は結婚のときの朝食を城内のイースト・ホールEast Hallでとったという記録が残っている。

■ウルブジー城跡
住College St., SO23 9NB
URL www.english-heritage.org.uk
開4〜9月10:00〜17:00
　10〜3月10:00〜16:00
休無休　料無料

現在はわずかに残った遺構が点在している

アーサー王ゆかりの円卓がある　Map P.235-A1

グレート・ホール　Great Hall & Round Table

円卓は壁に飾られている

　ウエストゲート近くに、ウィンチェスター城の一部が残されており、その中にアーサー王 P.605 ゆかりの円卓がある。とはいってもアーサー王は実在したかどうかも不明な人物。円卓は実際のところ13世紀に造られたもので、16世紀のテューダー朝時代に彩色された。直径6m弱の円卓は、ダーツ板のように白と緑に色分けされ、中央には赤と白のテューダー・ローズが描かれている。

■グレート・ホール
住Castle Av., SO23 8UJ
TEL (01962)846 476
URL www.hants.gov.uk/greathall
開10:00〜17:00　※最終入場16:30
休1/1、12/25·26　料£4　学生£3.50

グレート・ホールの奥にある展示室では歴代のイングランド王を紹介している

12世紀以来現在まで続く貧救院　Map P.235-B2外

聖十字救貧院　The Hospital of St Cross

　イッチン川沿いのフットパスを約1.5kmほど歩いた所にある。12世紀に建設された英国最初の慈善施設で、貧しい人々に食事と宿を提供しており、現在でもここで生活している人がいる。居住区域には入れないが、12世紀創建の教会や庭園、大広間などが見学できる。

■聖十字救貧院
住St Cross Rd., SO23 9SD
TEL (01962)851 375
URL hospitalofstcross.co.uk
開4〜10月9:30〜17:00
　（日13:00〜17:00）
　11〜3月10:30〜15:30
休11〜3月の日曜　料£7.50　学生£5

敷地内にある12世紀に建てられた教会

アングロ・サクソン時代の作品もある　Map P.235-A2

市立博物館　City Museum

大聖堂のすぐ脇にある市立博物館

　大聖堂の中庭にある博物館。ローマ時代からアルフレッド大王 P.605 の時代、ノルマン時代から現在までのウィンチェスターの歴史を紹介。上階から時代順に展示されている。

　最上階では見事なモザイクをはじめ、ローマ時代の遺物を見ることができる。1階には1870年のウィンチェスターの町の巨大な模型が展示されており、当時の町の様子がよくわかる。

■市立博物館
住The Square, SO23 9ES
TEL (01962)863 064
URL www.hampshireculture.org.uk
開4〜10月10:00〜17:00
　（日11:00〜17:00）
　11〜3月10:00〜16:00
　（日11:00〜16:00）
休11〜3月の月曜、1/1、12/25·26
料£6.50　学生£5.50

■ウィンチェスター・シティ・ミル
住 Bridge St., SO23 9BH
TEL (01962)870 057
URL www.nationaltrust.org.uk
開 10:00～17:00（11～2月頃 ～16:00）
※最終入場は閉館の30分前
休 月・火、12/25・26
料 寄付歓迎

ひきたて小麦の実演販売が見られる　　　Map P.235-B2

ウィンチェスター・シティ・ミル Winchester City Mill

イッチン川の水運を利用し、17世紀に作られた粉ひき所。現在も稼働しており、併設のショップではここで精製された小麦粉も販売している。イッチン川にはカワウソが暮らしており、映像を館内で見ることができる。

川沿いに建つ粉ひき所

HOTEL　　　　　　　　　　　　　　　RESTAURANT

小さな町なので、どこに泊まっても移動には困らない。レストランとショップはハイ・ストリートをはじめ、市立博物館近くの通りなどのエリアに集中している。

中級 94室 Map P.235-B2
ウェセックス Mercure Winchester Wessex Hotel

住 Paternoster Row, SO23 9LQ
TEL (01962)861 611
● 予約 (03)4578-4077
URL all.accor.com
♦/♦♦🖥📶🚗💺 £66～
━ A D J M V

	TV	🌀	🧺	🔳	P	📶Wi-Fi
	全室	全室	一部	一部	有料	無料

多くのスーペリアルームからは大聖堂が見渡せる。ソファ、ベッド、リネン類などすべて上質でセンスよくまとめられている。レストランのほか、眺めのいいバーも併設されている。

中級 81室 Map P.235-A1
ウィンチェスター・ロイヤル Winchester Royal Hotel

住 St Peter's St., SO23 8BS
TEL 0330 102 7242
URL winchesterroyalhotel.com
♦/♦♦🖥📶🚗💺 £99～
━ D M V

	TV	🌀	🧺	🔳	P	📶Wi-Fi
	全室	全室	全室	一部	有料	無料

16世紀創建の館を利用し、1870年の創業。敷地内には、季節の花で彩られた庭がある。レストランは受賞歴があり、結婚式場として地元の人に利用されている。

イン 14室 Map P.235-A2
ウィカム・アームズ The Wykeham Arms

住 75 Kingsgate St., SO23 9PE
TEL (01962)853 834
URL www.wykehamarmswinchester.co.uk
♦🖥📶💺 £84～　**♦♦**🖥📶💺 £120～
━ A M V
※17歳未満宿泊不可

	TV	🌀	🧺	🔳	P	📶Wi-Fi
	全室	全室	全室	なし	無料	一部無料

1755年の創業の宿で、各部屋で異なる装飾がされている。地元のエールを楽しめるパブとレストランも兼ねる。朝食は食器にもこだわりがある。

Map P.235-B2
チェシル・レクトリー Chesil Rectory

モダン・ブリティッシュフュージョン

1450年に建てられた歴史的建物を利用したレストラン。メニューは季節の素材を使い随時変わっていくが、フレンチやイタリアンの素材も使った英国料理。コースメニューは2品で£23.95、3品で£28.95。

住 1 Chesil St., SO23 0HU　**TEL** (01962)851 555　**URL** www.chesilrectory.co.uk　**開** 12:00～14:30 17:30～21:00（金・土12:00～14:30 17:30～21:30、日12:00～15:00 18:00～20:30）**休** 無休 ━ A M V 📶店内可

Map P.235-A1・2
カフェモンド Cafemonde

カフェ

カラフルな食器に盛られたメニューは、パニーニやバゲット、オーガニックの素材を使ったスイーツなど。朝食セット£12も評判。スタッフも気さくで陽気な雰囲気。

住 22 The Square, SO23 9EX　**TEL** (01962)877 177
開 8:30～15:30（金・土8:30～17:00、日9:30～17:00）
休 無休 ━ M V 📶店内可

エクセ川沿いに広がる町

エクセター

Exeter

芝生に囲まれたエクセター大聖堂

ロンドン

エクセター

人口	市外局番
13万700人	01392
デヴォンシャー州 Devonshire	

　エクセターはデヴォンシャー州の州都。エクセ川のほとりに広がるのどかな雰囲気の町だ。町の歴史は古く、2世紀頃にローマ軍の駐屯地として築かれ、イスカIscaと呼ばれた。中心部はローマ時代の城壁跡に囲まれている。エクセ川沿いのヒストリック・キーサイドは運河交易の港として18世紀に最も栄え、当時の面影を残す商館や家屋が続いており、川には野鳥が戯れ美しい川の景色を堪能できる。

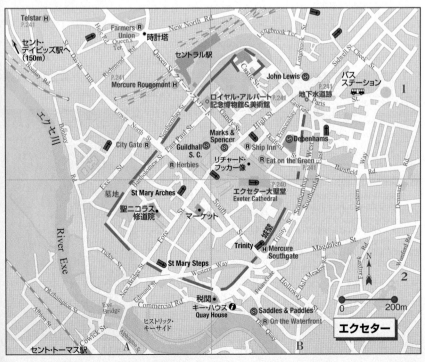

エクセター

■エクセター空港
URL www.exeter-airport.co.uk
空港から市の中心部へは4A番のバスが1時間に1〜3便の運行。エクセター・セント・デイビッズ駅まで約30分。

■エクセター・セントラル駅
ロンドンのウォータールー駅を出発し、ソールズベリを経由する列車は、セント・デイビッズ駅に着く前に中心街に近いセントラル駅に到着する。町の中心部に出るにはこちらで降りるほうが便利。このほか、エクスマス方面からの列車もセントラル駅を通る。

i エクセター Tourist Information Centre
Map P.239-B2
🏠 The Quay, EX2 4AN
TEL (01392)271 611
URL www.visitexeter.com
開 夏期10:00〜17:00　冬期11:00〜16:00　休 冬期の月〜水

Information
無料の市内ウオーキングツアー
Red Coat Guided Tours
テーマに沿って町を歩くツアー。予約不要で、ほとんどのツアーは大聖堂近くのリチャード・フッカー像前からの出発。
URL exeter.gov.uk/leisure-and-culture/
毎日2〜4回催行。所要90分。

■エクセター大聖堂
🏠 1 The Cloisters, EX1 1HS
TEL (01392)255 573
URL www.exeter-cathedral.org.uk
開 10:30〜16:30(土9:00〜16:30、日11:30〜15:00)
休 無休　料 £7.50　学生£6

👣 歩き方

中心街　町の中心は、**エクセター大聖堂**。大聖堂を取り囲むように美しい芝生の広場と遊歩道が広がり、しゃれたカフェやレストランも並ぶ、市民の憩いの場となっている。おもな見どころは**ハイ・ストリート**High St.付近に集中。

ヒストリック・キーサイド

ヒストリック・キーサイド

中心街から南へ下ると、エクセ川の両岸に広がる**ヒストリック・キーサイド** Historic Quaysideへ出る。エクセ川に運河が築かれたのはローマ時代。その後、18世紀には毛織物の輸出拠点として、おおいに繁栄した。当時の面影を残すのがこのエリアで、その中心となったキーハウスQuay Houseは❼も兼ねており、運河の歴史をビデオで学べる。川沿いには白鳥などの水鳥が数多く、のんびりとしている。

🚃 交通情報

セント・デイビッズ駅

エクセターの町には全部で3つの鉄道駅があるが、多くの列車は町の北西にある**セント・デイビッズ駅**に停まる。

町の中心へは徒歩15分。駅を背にしてまっすぐ進むと、セント・デイビッズ・ヒルSt Davids Hillに出るので、右折。そのまま道なりに進み、ギルドホール・ショッピング・センター Guildhall Shopping Centreの先を左折すると、エクセター大聖堂がある広場に出る。

世界一長いアーチ型天井は必見　　`Map P.239-B2`

⛪ エクセター大聖堂 Exeter Cathedral

12〜15世紀に建設され、850年以上も地元の人々に親しまれている大聖堂。

一歩中に入ると、まず丸天井の美しさに目を見張る。14世紀の装飾ゴシック様式で、左右対称の調和も見事だ。ひと続きになったアーチ天井としては世界一の長さを誇る。中央にある聖歌隊席の仕切りや、側面に施された楽人天使たちの緻密な彫刻、色鮮やかなステンドグラスなども見逃せない。

連なるアーチ型装飾は息をのむ美しさ

ロイヤル・アルバート記念博物館＆美術館
エクスターの歴史を体感　Map P.239-A1

Royal Albert Memorial Museum & Art Gallery

町の模型も展示されている

デヴォンシャーの自然史や、ローマ時代から現在にいたるエクスターの歴史を時代ごとに展示している。2階は地元アーティストの作品と、アジア、南米、南太平洋、エジプトなど世界中から集めた美術品が展示されている。

■ロイヤル・アルバート
記念博物館＆美術館
住Queen St., EX4 3RX
TEL(01392)265 858
URL www.rammuseum.org.uk
開10:00～17:00
休月・祝　料無料
館内撮影一部不可　フラッシュ一部不可

地下水道跡 Exeter's Underground Passages
14世紀の原型をとどめる　Map P.239-B1

エクスターの地下には水道跡が残されている。これは14世紀頃にエクスターの町に飲料水を供給する目的で造られたものだ。水道跡は人がやっと通れるくらいの狭さで、ガイドとともに見学する。入口でチケットを購入して、地下へ下りると、まずは地下水道の歴史や当時のエクスターの様子を紹介する展示がされているので、ガイドツアーが始まるまで各自で見学をし、その後ツアー（所要時間約35分）に参加する。

■地下水道跡
住2 Paris St., EX1 1GA
TEL(01392)265 887
URL exeter.gov.uk/passages
開学期内11:00～16:00
　学期外10:00～16:00
※最終ツアーは15:00
休学期内の月～水、学期外の月・火、
12/24・25
料£7.50　学生£6
フラッシュ不可

地下水道跡の入口はビルの1階にある

HOTEL　　　　　RESTAURANT

エクスターの町には宿泊施設がそれほど多くないので、夏期は必ず予約を入れよう。レストランはハイ・ストリート周辺に多い。ベジタリアン料理店ハービーズHerbiesも地元客でにぎわう人気の店。

ルージュモント Mercure Rougemont
高級　98室　Map P.239-A1

住Queen St., EX4 3SP
TEL(01392)410 237
● 予約 (03)4578-4077
URL all.accor.com
i/ii£103～
ADMV

TV			なし	有料	Wi-Fi
全室	全室	全室	なし	有料	無料

セントラル駅のすぐ向かいにある4つ星ホテル。客室はモダンで機能的だが、公共エリアは伝統と格式を感じさせる重厚な装飾がなされている。

テルスター Telstar Hotel
ゲストハウス　21室　Map P.239-A1

住75-77 St Davids Hill, EX4 4DW
TEL(01392)272 466
URL www.telstar-hotel.co.uk
i£45～　i£72～
£76～　ii£98～
AJMV

TV			なし	無料	Wi-Fi
全室	全室	全室	なし	無料	無料

セント・デイビッズ駅から徒歩5分の所にある。周囲はゲストハウスが並ぶエリアでその中では規模が大きい。朝食はベジタリアンメニューも選べる。

イート・オン・ザ・グリーン Eat on the Green
Map P.239-B1　カフェ

エクスター大聖堂のすぐ脇にあり、テラス席の人気が高い。コーヒーや紅茶、チーズやアルコール類など、すべて地元産にこだわったカフェ。

住2 Cathedral Close, EX1 1EZ　TEL(01392)276 913
URL eatonthegreenexeter.com　開9:00～17:00
（土9:00～18:00）　休12/25　AMV　店内可

詳細 ガイド

恐竜が生息していた時代の地層が残る
世界遺産 ジュラシック・コースト

ジュラシック・コーストは「ドーセットと東デヴォン海岸」としてユネスコの世界遺産に登録されている。世界遺産のエリアは海沿いの153kmにもわたり、非常に広い。断崖は地層になっており、中生代に生息していた恐竜の化石が多く発見されている。この海岸で化石採集をしていた少女、メアリー・アニング（1799～1847年）は後に古生物学者になり、ロンドン地質学会の名誉会員になっている。

最も古い地層
スイドマス
Sidmouth

ジュラシック・コーストにはリゾートタウンが多いが、ここもそのひとつ。人々がのんびり休暇を過ごしている。町の両脇には美しい海岸が続く。このあたりの地層はジュラシック・コーストのなかでも最も古い三畳紀のもので、恐竜が生まれたのはこの時代。

複雑な海岸線
ラドラン・ベイ
Ladram Bay

スイドマスから続く三畳紀の海岸線のなかでも最も複雑で奇怪な景色が見られるのがここラドラン・ベイ。化石が埋もれているやわらかい砂岩が潮の満ち引きなどによって削り取られ、複雑な海岸線となっている。

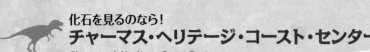

化石を見るのなら！
チャーマス・ヘリテージ・コースト・センター
Charmouth Heritage Coast Centre

ジュラシック・コーストで発掘された化石を展示するビジターセンター。化石発掘ツアーなどのウオーキングツアーやイベントも行っている。

岩全体が恐竜のよう
ダードル・ドア
Durdle Door

　恐竜が首を海の中に突っ込んでいるように見えるダードル・ドアのナチュラル・アーチは、まさにジュラシック・コーストという名を象徴するかのように見事だ。その近くにあるステイヤー・ホールは、浸食によって柔らかい石だけが削られて周辺の石灰岩だけが残り、お椀のような地形を造り出している。

🅳🅰🆃🅰

■ジュラシック・コースト
URL jurassiccoast.org
ジュラシック・コーストは、東西153kmにもおよび、歩いて回るのは難しい。バスをうまく利用しよう。
■ジュラシック・コースター（ファースト社）
X50〜X54のバスはジュラシック・コースターと総称される。X50とX52は晴天時はオープントップバスでの運行。アクスミンスター〜ブリッドポート間は1時間に1便、ブリッドポード〜ウェイマス間は2時間に1便、ウェイマス〜ウール間は1時間に1便程度の運行。冬期減便。
■バス（ステージコーチ社）
●エクセター→アクスミンス（57）
🚌5:30〜翌0:15の1時間に1〜4便程度。日曜8:00〜23:00の1時間に1〜2便。所要約35分。
●エクセター→アクスミンスター（44A）
🚌6:55 9:20 13:20 16:20 17:20。日曜運休。所要約1時間40分。
●エクセター→スィドマス（9、9A）
🚌6:16（土7:50）〜20:35の1時間に1〜3便程度、22:05 23:35、日曜10:00〜18:05の1時間に1便、19:40

21:10 22:40。所要約35分。
●スィドマス→ラドラン・ベイ（157）
🚌7:35〜19:15の1時間に1便程度、日10:30 12:30 15:30 17:30。所要約30分のオッタートンOtterttonで下車。ここから海岸へ向かい、徒歩約30分。
■エクスマスからのジュラシック・コーストクルーズ
エクスマスから2〜3時間のクルーズ。夏期の不定期に催行。詳しいスケジュールは以下のウェブサイトで。
URL www.stuartlinecruises.co.uk
■ダードル・ドア
🚌X50番がウール駅9:39〜18:39の1時間に1便、所要20分
■チャーマス・ヘリテージ・コーストセンター
🚌X51、53番でチャーマス下車、ロウアー・シー・レーンを海側へ10分ほど直進、海岸へ出たところにある。
🏠Lwr. Sea Ln., Charmouth, Dorset, DT6 6LL
☎(01297) 560 772 URL www.charmouth.org/chcc ✉
🕐10:30〜16:30（11〜2月10:30〜16:00）
🚫11〜2月の火〜木 💰寄付歓迎
化石ツアーは4〜11月に週末を中心に不定期催行。上記ウェブサイトで日程の確認、予約が可能。£13.50

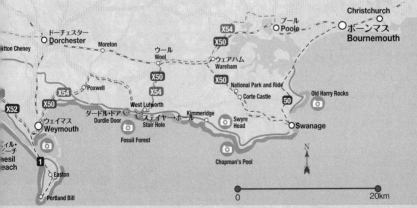

イギリス屈指の保養地
イングリッシュ・リヴィエラ
English Riviera

ロンドン

イングリッシュ・リヴィエラ

人口（トーベイ）	市外局番
13万9300人	01803
デヴォンシャー州 Devonshire	

ずらりと船が並んだマリーナから眺めるトーキーの町並み

　イギリス南西部、デヴォンシャー州の南岸は19世紀以来、貴族や富裕層が競って別荘を建てた人気の避暑地。ニースやカンヌ、モナコといった地中海のリゾート地リヴィエラにならい、イングリッシュ・リヴィエラとたたえられている。

イングリッシュ・リヴィエラ
エリアガイド

　観光のメインはトー湾Tor Bayやダート川River Dart。滞在の中心であるトーキーからブリクサムへは12番のバスが頻発しているほか、クルーズ船でも行くことができる。ダートマスへはペイントン経由でバスと蒸気鉄道がある。

高台に瀟洒な建物が並ぶトーキーの町並み

トーキーの浜辺

アガサ・クリスティゆかりの町であることを示す看板をあちこちで見かける

イングリッシュ・リヴィエラ
起点となる町

中心となる町はトーキーだが、**エクセター** P.239 から日帰りが可能。ダートムーアからも遠くないので、一緒に回るのも悪くはない。

起点の町
トーキー
Torquay

トーキーは「イングリッシュ・リヴィエラの女王」と呼ばれたこの地域の中心地。海岸に沿ってそそり立つ崖の上には、白亜のヴィラが建ち並び、どこか町全体に品のよさが感じられる。

歩き方 鉄道駅は町の西に位置している。駅を出てしばらく進むと、海沿いの道に出るので、東へと進んでいこう。プリンセス・シアター Princess Theatreから南に延びている埠頭が、プリンセス・ピアPrincess Pier。町の中心はプリンセス・ガーデンズを過ぎたあたりで、❶もここにある。

12世紀に建てられた修道院跡 Map P.245-A1
トア・アビー Torre Abbey Historic House & Gallery

修道院の跡を中心に、歴史的な建物が並ぶ。庭園の一部は「アガサ・クリスティ庭園Agatha Christie Potent Plants Garden」として、作品に登場する毒草を含む植物が見られる。ティールームでのアフタヌーンティーが人気。

南海岸地方

Access Guide
トーキー
エクセターから
所要：35分〜1時間
月〜金 セント・デイビッズ駅から4:58〜22:46の1時間に1〜5便
土 5:00〜20:16の1時間に1〜3便
日 8:25〜21:38の1時間に1〜3便

乗り換え情報
●プリマスから
ニュートン・アボットで乗り換え、所要約1時間

i トーキー Tourist Information Centre
Map P.245-B2
5 Vaughan Pde., TQ2 5JG
TEL (01803)211 211
URL www.englishriviera.co.uk
9:30〜17:00（日・祝10:00〜14:00）
1/1・2

トア・アビー
The King's Dri., TQ2 5JE
TEL (01803)293 593
URL www.torre-abbey.org.uk
10:00〜17:00 ※最終入場16:00
月（バンクホリデーを除く）、クリスマス期間
£10.50
フラッシュ不可

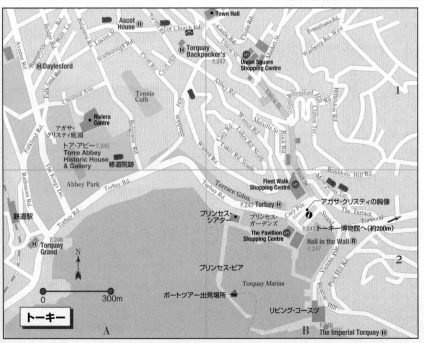

多くの人に愛されるミステリーの女王

アガサ・クリスティ
ゆかりの地を訪ねて

ミステリーの女王アガサ・クリスティ P.605 は1890年9月15日、フレデリック・アルバー・ミラー氏とクラリサ夫人の次女として、トーキーで生まれた。彼女は『邪悪の家』『書斎の死体』『五匹の子豚』など数々の小説で、町の名前を変えながらもトーキーとその周辺を舞台に選んでいる。『ABC殺人事件』では「なぜイギリス人が海を渡ってリヴィエラまで行くのか理解できない。世界中を旅したが、こんな美しいところはほかにない」と登場人物のひとりにこの地の魅力を語らせている。

小説に登場するホテルのモデルとなった
インペリアル・トーキー
The Imperial Torquay

設備も調ったリゾート・ホテル

『邪悪の家』と『書斎の死体』ではマジェスティック・ホテルという名前で、『スリーピング・マーダー』ではインペリアル・ホテルという実名のままで登場している。『邪悪の家』の記述通り海を見下ろしており、建物と海の間に庭園がある。

Map P.245-B2
住Park Hill Rd., TQ1 2DG
TEL(01803)294 301
URL www.theimperialtorquay.co.uk
£90〜 AMV

結婚式の日に泊まった
トーキー・グランド・ホテル
Torquay Grand Hotel

1914年12月24日、アガサ・クリスティが最初の夫アーチボルド・クリスティと結婚した日に宿泊したホテル。ふたりは式をブリストル郊外のクリフトンで挙げた後、トーキーへ移動し、このホテルで1泊。翌日はアガサの親族とクリスマスを過ごした。

Map P.245-A2
住Seafront, TQ2 6NT TEL0800 005 2244
URL www.grandtorquay.co.uk
£71.10〜 £75.60〜
MV(現金払い不可)

トーキー駅のすぐ横にある老舗ホテル

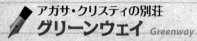
アガサ・クリスティの別荘
グリーンウェイ *Greenway*

イギリス屈指の美しさともいわれる別荘

1938年から1959年までアガサ・クリスティと、夫で考古学者のマックス・マローワンの夏の別荘として利用されていた建物。　内部は当時の様子を再現する主旨で装飾がされており、アガサ・クリスティと家族の私物などを中心とした展示になっている。広大な庭園も見応えがある。

Map P.244-2
ダートマスDartmouthからフェリーが開館日に1日5〜6便運航されている。
住Greenway Rd., Galmpton, TQ5 0ES
TEL(01803)843 235
URL www.nationaltrust.org.uk
開10:30〜17:00　11月〜2月中旬の土・日11:00〜15:00　休10月下旬〜2月中旬の月〜金、クリスマス期間
料£14　館内撮影不可

トーキー博物館 Torquay Museum

トーキーのことを知ろう　Map P.244-1

トーキーの総合博物館。自然史部門、アガサ・クリスティ P.605、エジプト関連などのコーナーに分かれている。最上階のエジプト展示の下の中2階にアガサ・クリスティ・エキシビジョンがあり、彼女の生涯や作品を紹介している。そのほか約4億年前のデヴォン紀の地層から発掘された化石や、19世紀の民家の復元なども見どころ。

イングリッシュ・リヴィエラを走る保存鉄道　Map P.244-2

ペイントン・ダートマス蒸気鉄道
Paington and Dartmouth Steam Railway

トーキーから鉄道で南へ5kmほど行くと、ペイントンと呼ばれる小さなリゾートタウンに着く。ここから港町ダートマスまで蒸気機関車が走っている。この路線は海岸に沿って走ることで有名で、車窓から眺める海もまた格別だ。

入線した蒸気機関車

■トーキー博物館
住529 Babbacombe Rd., TQ1 1HG
TEL (01803)293 975
URL www.torquaymuseum.org
開10:00～16:45　※最終入場16:15
休月、1/1、12/24～26
料£11　学生£9

幅広いジャンルの展示が自慢

■ペイントン・ダートマス蒸気鉄道
TEL (01803)555 872
URL www.dartmouthrailriver.co.uk
開4～10月下旬は毎日運行。2月中旬～3月は週2～3日の運行。1日4～11便。
料往復£21

窓が広いので存分に景色が楽しめる

HOTEL　　RESTAURANT

人気のリゾート地だけあり、B&B、ホテルともに充実。B&B街は駅から北へ行ったアヴェニュー・ロードAvenue Rd.、ベルグレイヴ・ロードBelgrave Rd.周辺にあり、中・高級のホテルの多くは海沿いにある。レストランは町の中心部に多く、別料金で夕食を出すB&Bも多い。

高級　111室　Map P.245-B2
トーベイ Torbay Hotel

住Torbay Rd., TQ2 5EY
TEL (01803)295 218
URL www.bayhotels.co.uk
i/ii £66～
MV

TV P Wi-Fi
全室 全室 全室 なし 有料 無料

プロムナードからマリーナへと向かう出口にある。町の中心で便利な立地。部屋も清潔で過ごしやすい。駐車場はホテル近くになく、数も限られている。

ホステル　8室　Map P.245-A1
トーキー・インターナショナル・バックパッカーズ Torquay International Backpacker's

住119 Abbey Rd., TQ2 5NP
TEL (01803)299 924
URL www.torquaybackpackers.co.uk
DOM £20
i/ii £40
不可

TV Wi-Fi
なし なし なし なし なし 無料

リゾートエリアでは珍しいホステル。一部シャワー、トイレ付きの部屋もある。朝食はないが、キッチンが自由に使える。ランドリーもある。要予約。

Map P.245-B2
ホール・イン・ザ・ウォール Hall in the wall
ヴィクトリア・パレードから一本入った場所にある、1540年創業のトーキー最古のパブ。テーブル席が多く、料理は魚介類のメニューも豊富。ビールはダートムーアIPAやジャイルエールJail Aleなど、地元産を多く取り揃えている。
住6 Park Ln., TQ1 2AU　TEL (01803)200 755
URL www.holeinthewalltorquay.co.uk　開11:30～24:00
休無休　AMV　店内可

パブ

ロンドン

ダートムーア
国立公園

人口	市外局番
3万4124人	01364 など

デヴォンシャー州
Devonshire

イギリス南部の大自然に触れる
ダートムーア国立公園
Dartmoor National Park

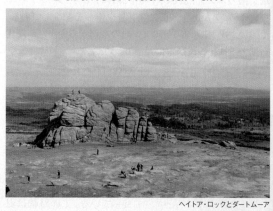

ヘイトア・ロックとダートムーア

　ダートムーア国立公園は、エクセターとプリマスの間に位置し、広さ約954km²、標高は高い所で600mを超える。ムーアとは、木々がほとんど茂らず、岩肌がむき出しになった荒野のこと。ダートムーア国立公園内は、平坦な荒野から深い谷、沼地とたいへん起伏に富んでおり、さらにトアTorと呼ばれる奇岩や岩山が点在していて独特の景観を添える。シャーロック・ホームズ・シリーズ人気No.1の作品『バスカヴィル家の犬』や、アガサ・クリスティ ☞ P.605 の『シタフォードの秘密』など、多くの小説の舞台にもなっている。

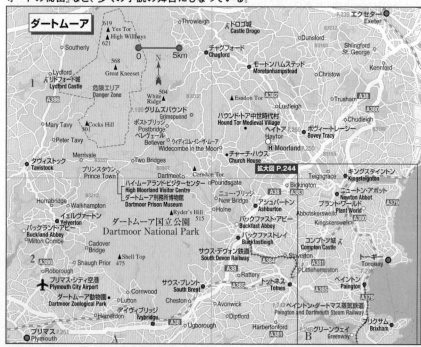

ダートムーア国立公園 エリアガイド

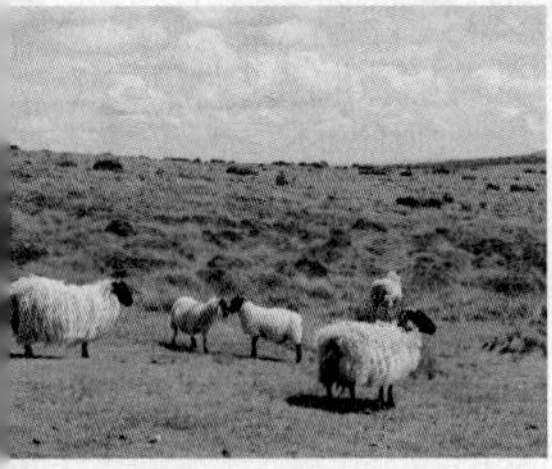
のどかな風景を眺めながら歩くのも楽しい

広いダートムーアのハイライトは、ニュートン・アボットの西側、**ヘイトアやウィディコム・イン・ザ・ムーア**の周辺と、プリマスの北東、**プリンスタウン、ポストブリッジ**方面。ウィディコムの村とポストブリッジは公共交通機関では結ばれていないが、8kmほどの距離なので、ダートムーアの景色を楽しみながら歩くのもいいかも。

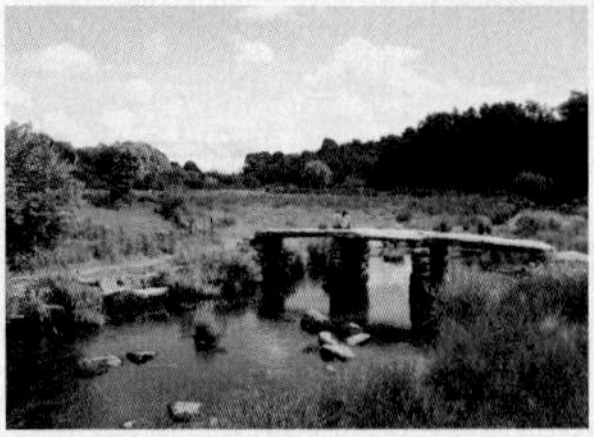
ダートムーアにはクラッパ・ブリッジと呼ばれるスタイルの橋がたくさん残されている。これはポストブリッジにあるクラッパ・ブリッジ

ダートムーア国立公園 起点となる町

国立公園の入口となるのは**ニュートン・アボット**。夏の土曜にはヘイトア方面にバスが出ている(下記参照)ほか、タクシーもいるので起点として便利。ニュートン・アボットは**トーキー**P.245や**エクセター**P.239、**プリマス**P.251のいずれからもアクセスしやすい。ポストブリッジやプリンスタウンへは**タヴィストック**Tavistockからアクセスできる。

ダートムーア国立公園 エリア内の交通

人気のある国立公園だが、交通の便はよくない。どうしてもバスで回りたいなら、夏にスケジュールを合わせよう。ダートムーア・エクスプローラー Darmoor Explorerはエクスターとプリマス間を1日3往復し、途中プリンスタウンやポストブリッジなどに停車する。また、ニュートン・アボットからヘイトア、ウィディコム・イン・ザ・ムーアへと走る271番ヘイトア・ホッパHaytor Hoppaも使い勝手がよい。通年では、タヴィストックからポストブリッジへ行く98番のバスが月〜土に1日1便運行している程度。

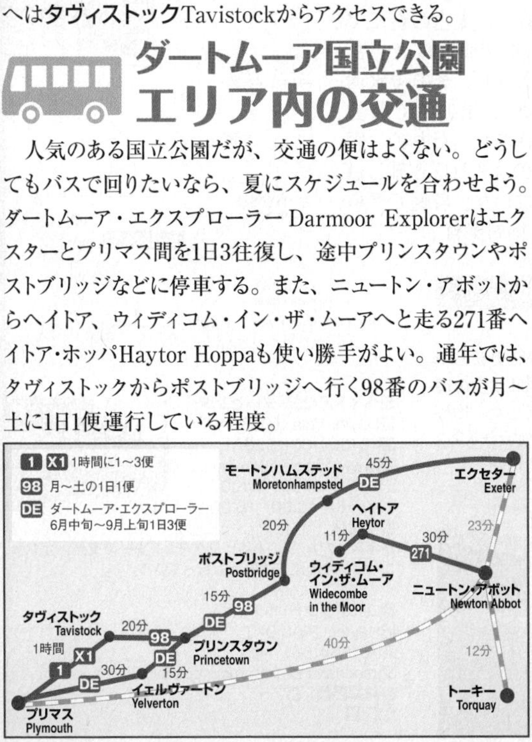
1 X1 1時間に1〜3便
98 月〜土の1日1便
DE ダートムーア・エクスプローラー 6月中旬〜9月上旬1日3便
モートンハムステッド Moretonhampsted
45分
エクセター Exeter
ヘイトア Heytor
20分
11分
30分
23分
271
ポストブリッジ Postbridge
ウィディコム・イン・ザ・ムーア Widecombe in the Moor
ニュートン・アボット Newton Abbot
15分
98
DE
タヴィストック Tavistock
20分
98
プリンスタウン Princetown
1時間
X1
DE
40分
12分
1
30分
15分
DE
イェルヴァートン Yelverton
トーキー Torquay
プリマス Plymouth

Access Guide ニュートン・アボット

ロンドンから
所要:2時間30分〜3時間
月〜金 6:00〜21:07の1時間に1〜2便
土 7:03〜20:03の1時間に1〜2便
日 7:51〜20:03の1時間に1〜2便

トーキーから
所要:10〜20分
月〜金 6:09〜23:25の1時間に1〜3便
土 6:15〜21:26の1時間に1〜3便
日 9:36〜22:45の1時間に1〜3便

プリマスから
所要:40〜45分
月〜金 4:54〜23:54の1時間に1〜3便
土 5:27〜21:50の1時間に1〜3便
日 8:25〜23:20の1時間に1〜3便

エクセターから
所要:20〜45分
月〜金 4:29〜23:40の1時間に1〜3便
土 4:10〜22:49の1時間に1〜3便
日 8:25〜22:46の1時間に1〜3便

■ステージコーチ
URL www.countrybusdevon.co.uk
●271番(ニュートン・アボット〜ヘイトア)
夏期の土曜のみ運行
ニュートン・アボット発
8:50、10:50、15:50発
ヘイトア発
9:30、11:30、14:00、16:30発

ヘイトア・ロックから
ダートムーアを眺めてみよう！

左：ヘイトア・ロックを登ると、すばらしい風景が広がる　右上：見る場所によってさまざまな表情を見せる
右下：ロープを使わないと上がれないルートもあり、ロッククライミングを楽しめる場所としても人気

ムーアに咲く美しい花

ダートムーア特有のトアと呼ばれる奇岩は、太古の昔にマグマがゆっくり固まってできた花崗岩が隆起し、その後氷河期など温度変化の中で亀裂が入りできあがったもの。岩山を上るのはそれほど難しいことではないが、身軽で滑らない靴は絶対条件。

ムーアランド・ホテル
Moorland Hotel

　ヘイトアの麓にある100年以上の歴史をもつホテル。アガサ・クリスティ 🔍 P.605 は幼少の頃から家族でダートムーアを何度か訪れていた。1917年に母親の強いすすめでここに滞在し、処女作『スタイルズ荘の怪事件』（1920年）を書き上げた。

ハウンド・トアへ
廃線
採石場跡 Quarry
ニュートン・アボットへ
Moorland H
ヘイトア・ロック Haytor Rock
ヘイトア・ビジターセンター
ウィディコム・イン・ザ・ムーアへ
N
0　　　　　500m

■ヘイトア・ビジターセンター
🏠Haytor Vale, TQ13 9XT
☎(01364)661 520
URLwww.dartmoor.gov.uk
🕐7〜9月 10:00〜17:00
　10〜6月 10:00〜16:00
休不定休
※ポストブリッジにあるビジターセンターの支局。ポストブリッジの本局では展示も行っている。

■ムーアランド・ホテル
🏠Haytor, TQ13 9XT
☎(01364)661 142
URLmoorlandhoteldartmoor.co.uk
i/👫👫👫 £77〜
—MV

瀟洒な港町でリゾート気分に浸る
プリマス
Plymouth

クルーズ船に乗り、海の上から町並みを眺める

ロンドン

プリマス

人口	市外局番
26万4700人	01752
デヴォンシャー州 **Devonshire**	

プリマスはコーンウォール半島最大の港町。1577年にドレーク船長が世界周遊に出航、1588年のアルマダの海戦 ☞ P.605 ではイングランド海軍がスペイン無敵艦隊を撃退するために出航、17世紀には清教徒を乗せたメイフラワー号がアメリカ大陸を目指してプリマスの港から船出した。

歩き方

観光エリアを大きく分けると、旧市街の**バービカ**ン、町の南側に広がる**ホーの丘**、鉄道駅から南へ続くショッピング街の**アルマダ・ウェイ**Armada Wayの3つ。❶はメイフラワー号出港記念碑の斜め向かいにある。

交通情報

鉄道駅 プリマス駅は町の北に位置している。中心部へは歩道を南に進み、アルマダ・ウェイに入って徒歩10分ほど。
市内バス 町なかと周辺の町へはプリマス・シティ・バスとステージコーチ社が運行している。鉄道駅のバス停は駅を出た道路の斜め向かいにあるが、バービカンへ直行のバスはなく、ロイヤル・パレードで乗り換えるか歩く。

地元の人々に親しまれている散歩道　　　Map P.252-A2
ホーの丘 Plymouth Hoe

プリマスのランドマークである赤と白の**スミートンズ・タワー** Smeaton's Towerが立つ、芝生の美しい公園。町の南端の高台にあり、プリマス海峡を一望できる。タワーのそばにはドレーク船長の銅像が立っている。フラン

ホーの丘から見たロイヤル・シタデル

シス・ドレークはイギリス人で初めて世界一周を果たした人

Access Guide プリマス
ロンドンから

所要:3時間～3時間40分	
月～金	パディントン駅から6:00～21:04の1時間に1～2便程度 23:45
土	7:03～20:03の1時間に1便程度
日	7:52～20:03の1時間に1便程度 23:50

エクセターから

所要:約1時間	
月～金	セント・デイビッズ駅から 6:25～23:35の1時間に1～3便程度
土	6:28～22:49の1時間に1～3便程度
日	8:36～22:46 1時間に1～3便程度

ペンザンスから

所要:約2時間	
月～金	5:03～21:00の1時間に1～3便程度
土	5:40～21:30の1時間に1～3便程度
日	8:15～21:28の1時間に1～2便程度

i プリマス Tourist Information Centre
Map P.253
住3-5 The Barbican, PL1 2LR
TEL (01752)306 330
URL www.visitplymouth.co.uk
開4～10月9:00～17:00
　　(日10:00～16:00)
　　11～3月9:00～17:00
　　(土10:00～16:00)
休11～3月の日曜、12/22～27

物で、プリマスはその航海の発着地だった。また、その後はプリマスの市長になっており、プリマスとのゆかりが深かった。

ホーの丘の東側には、1670年にチャールズ2世が建てた要塞、ロイヤル・シタデルRoyal Citadelがある。

プリマスの文化の殿堂
ボックス The BOX

Map P.252-B1

アルマダ・ウェイから東へ300mほどにある市立博物館兼美術館。2020年にリニューアルオープンしたもので、博物館展示は考古学や歴史、民俗学、自然科学など幅広い。美術部門は地元出身の芸

£4600万かけて改装された

術家の作品のほか、装飾美術展示も充実。

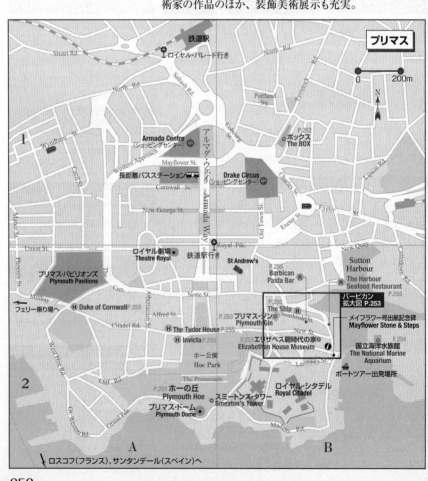

プリマス

プリマス

16〜17世紀の繁栄をしのぶ歴史地区
バービカン
Barbican

バービカン・ハーバー

メイフラワー号出航記念碑が立つ、旧市街のバービカンは、風情のある街並みが続く。また、ハーバー沿いには、新鮮な魚料理を出すレストランやカフェ、ブティック、雑貨店などが軒を連ねていて散策には絶好の場所。

プリマス・ジン
Plymouth Gin

P.255 The Ship Ⓡ
Barbican Pasty Ⓡ

Quay Rd.

Southside St.

メイフラワー博物館の展示

P.255
Barbican Pasta Bar Ⓡ

Harbourside
Ⓡ Fish & Chips

The Harbour P.255
Ⓡ Seafood Restaurant

Friars Ln.

Pin Ln.

Stokes Ln.

New St.

エリザベス朝時代の家
Elizabethan House Museum

デヴォンシャー・クリームティーが人気
Tudor Rose Tea Room

さまざまな骨董が並ぶ Ⓢ
Parade Antiques Collector's Market

メイフラワー博物館
❶ Meyflower Museum

メイフラワー号・
出航記念碑
**Meyflower Stone
& Steps**

雰囲気のいい店が多い

エリザベス朝時代の家
Elizabethan House Museum

1500年代後半に建てられた船長の家。奥には庭園も残っている。決して広くはない家だが、古い調度品などが残されており、当時の人々の暮らしぶりがうかがえる。

路地のなかにひっそりとたたずむ

🏠32 New St., The Barbican, PL1 2NA
🕐10:00〜17:00 　休月、10〜3月　💷£5　学生£2.50

メイフラワー博物館
Mayflower Museum

❶ の上階にある。メイフラワー号をはじめ、アメリカ移民の歴史資料を展示している。

🏠3-5 The Barbican, PL1 2LR
☎(01752)306 330
🕐4〜10月9:00〜17:00（日10:00〜16:00）
11〜3月9:00〜17:00（土10:00〜16:00）
休11〜3月の日曜、クリスマス期間
💷£5　学生£3.50

プリマス・ジン
Plymouth Gin

イングランド最古で現役のジン蒸溜所。プリマス・ジンは、プリマスを拠点とする英国海軍に支持されたこともあって、かつては圧倒的なシェアを誇った。

煙突が蒸溜所のシンボル

蒸溜所では1時間の見学ツアー£15、1時間30分のロングツアー£35、ジンの配合ができるツアー£55を行っている。

2階のバー、リフェクトリー The Refectory では25種類以上のカクテルを提供しているほか、希少銘柄のジンもある。

🏠60 Southside St., PL1 2LQ
☎(01752)828 967　URLplymouthdistillery.com
●ツアー
🕐11:00〜16:30　1時間のツアー以外は予約が必須。
1時間のツアーも予約しておくことが望ましい。
休1/1、12/24〜26・31　💷£15〜
館内撮影不可
●リフェクトリー（2階のバー）
🕐15:00〜23:30（火〜22:30、金〜24:00、土〜翌0:30）
休日・月、クリスマス期間

■国立海洋水族館

住Rope Walk, Coxside, PL4 0LF
TEL0844 893 7938
URLwww.national-aquarium.co.uk
開10:00～17:00　※最終入場16:00
休12/25・26
料£22.50～25　学生£17.50～20
　フラッシュ不可

🚢 シーニック・ハーバー・クルーズ

1 hour Sceinic Harbour Cruise

4～10月毎日11:00 12:30 14:00 15:30発
11～3月木曜11:00 12:30、土12:30 14:00発
所要：1時間　料£11
途中ホーの丘、ドレーク島などを通過して、軍艦や海軍造船所を間近に見ていくクルーズ。

プリマス・ボート・トリップス
Plymouth Boat Trips
TEL(01752)253 153
URLonline.plymouthboattrips.co.uk

■エデン・プロジェクト

🚃🚌エデン・プロジェクトの最寄り駅はセント・オーステルSt Austell。そこから28か31番のバスに乗り換えて約20分。プリマスからセント・オーステルへは1時間に1～2便程度、所要約1時間。ペンザンスからセント・オーステルへは1時間に1～3便程度、所要約1時間。
住Bodelva, St Austell, PL24 2SG
TEL(01726)811 972
URLwww.edenproject.com
開夏期9:00～18:00頃
　冬期10:00～16:00頃
※最終入場は閉館の1時間30分前
休12/24・25
料£33～38　学生£28～32.50
　フラッシュ不可

夏にはライブが開催され、冬にはアイスリンクが設置されるなど、さまざまなイベントが開かれており、季節に応じて違った楽しみを提供してくれる

国立海洋水族館 The National Marine Aquarium

ムーア（荒野）を流れる小川から海へと、順を追って淡水魚や海の生物を観察できる学習型の水族館。イギリス最大の水族館で、ヨーロッパ最深を誇る巨大な水槽はまるで深海を潜っているような気分にさせてくれる。近海に生息する魚たちを中心に、南太平洋のコーラルリーフフィッシュをはじめ、世界の海の魚や珍種ほか全4000種以上を飼育している。特に珍しいタツノオトシゴの水槽は必見。グッズショップも充実している。

近郊の見どころ

自然との共存を考える

エデン・プロジェクト
Eden Project

エデン・プロジェクト（英語ではイーデン・プロジェクト）はプリマスとペンザンスのちょうど中間あたり、かつて陶土採掘場があった場所を利用した21世紀型の植物園。

陶土採掘場跡に造られたかつてないスケールの植物園

バイオーム　広大な敷地には、まるでゴルフボールをつなぎ合わせたような形をしたバイオームBiomeと呼ばれる巨大ドームが建つ。これらドームはふたつあり、大きいほうは熱帯雨林の温室。もうひとつは、地中海をはじめ、アフリカ、カリフォルニアなど、温帯性気候の温室になっている。

イギリスで最も温暖な気候であるコーンウォール半島にあるので、ドームの外にも多様な植物が育てられており、季節に応じてまったく違った印象を受ける。

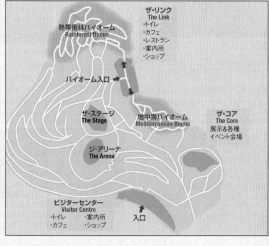

HOTEL　　　　　　　RESTAURANT

ホテル街はホー公園西側のシタデル・ロードやアシニーアム・ストリートAthenaeum St.周辺。駅からシタデル・ロードへは1km以上離れている。歩いていくこともできるが、駅の西南側にあるバス停からホテルエリアの北にあるロイヤル・パレード行きのバスが頻発しているので、荷物が重いなら乗ってしまうのも手だ。レストランはバービカン周辺やロイヤル・パレード周辺に多い。

高級　73室 Map P.252-A2
デューク・オブ・コーンウォール The Duke of Cornwall

住Millbay Rd., PL1 3LG
TEL(01752)275 850
URL www.thedukeofcornwall.co.uk
♦🚪🛁🌊🕐£75〜
♦♦🚪🛁🌊🕐£90〜
━A M V

19世紀に造られた重厚な建物を改装したホテル。150年前から使用されている舞踏室が自慢。客室はゆったりとした造り。ラグジュアリールームには天蓋付きベッドがある部屋も。

中級　23室 Map P.252-A2
インヴィクタ Invicta Hotel

住11-12 Osborne Pl., Lockyer St., PL1 2PU
TEL(01752)664 997
URL www.invictahotel.co.uk
♦🚪🛁🌊🕐£79〜
♦♦🚪🛁🌊🕐£100〜
━A J M V

ホテルが並ぶエリアにある。ヴィクトリア朝時代の建築を利用している。部屋によって色は違うがシックな装い。レストランの評判もよい。

B&B　8室 Map P.252-A2
テューダー・ハウス The Tudor House Hotel

住105 Citadel Rd., PL1 2RN
TEL(01752)661 557
URL www.tudorhouseplymouth.co.uk
♦🚪🛁🕐£48〜
♦♦🚪🛁🕐£60〜　━M V

シタデル・ロードで20年以上続く老舗。料金も安くて、部屋も清潔で人気。地元素材にこだわった朝食はアレンジ可能。2泊以上で予約可。

Map P.252-B2
ハーバー The Harbour Seafood Restaurant

シーフード

バービカンにあるシーフード・レストラン。プリマスの魚市場から直送された新鮮なシーフードを提供しており、メインは£16〜26。テイクアウェイも可能。
住21 The Barbican, PL1 2LS　TEL(01752)228 556
URL harbourbarbican.co.uk　開11:30〜21:30（金・土11:30〜22:00、日11:30〜21:00）　休無休　━M V　令店内可

Map P.252-B2
バービカン・パスタ・バー Barbican Pasta Bar

イタリア料理

プリマスのベスト・レストランに選ばれたこともある人気店。パスタとピザが中心で、各種グリル類なども出す。人気メニューはペンネのコルドンブルー（ランチ£11、ディナー£12.90）。2品のランチセットは£13.50〜14.50。
住40 Southside St., PL1 2LE　TEL(01752)671 299
URL www.barbicanpastabar.co.uk　開11:30〜22:30
休無休　━M V　令店内可

Map P.252-B2
シップ The Ship

パブ

バービカンのハーバー沿い。1階がパブ、2階がレストランになっているが、1階でも2階と同じメニューを注文できる。メインディッシュはフィッシュ&フライズ£14.50、チリコンカン£13など。料理のラストオーダーは21:00（日20:00）
住The Barbican, PL1 2JZ　TEL(01752)667 604
URL www.theshipplymouth.co.uk　開11:00〜23:00（金・土11:00〜24:00）　休無休　━M V　令店内可

陽光あふれる古の聖地

ペンザンス
Penzance

人口	市外局番
2万732人	01736
コーンウォール州 **Cornwall**	

荒々しい断崖が続くランズエンド

　ペンザンスはコーンウォール半島の先端、マイケル湾に面した小さな港町。ランズ・エンドやセント・アイヴズへもこの町が起点となる。年間をとおして温暖な気候に恵まれており、国内でも屈指のリゾート地として人気が高い。数日間の滞在であっても土地の暮らしが感じられ、何といっても人々があたたかい。ペンザンスとはコーンウォール語で「聖なる岬」を意味する。この地域は古くは聖地だったのだろうか、先史時代の遺跡も発見され、考古学者の注目を集めた。

Access Guide ペンザンス	
ロンドンから	
🚆	所要:5〜9時間
月〜金	パディントン駅から6:00〜19:04の1〜2時間に1便、所要5時間 ナイト・リビエラ・スリーパー23:45発、所要8時間15分
土	7:03〜18:03の1時間に1便程度
日	7:52〜18:03の1〜2時間に1便 ナイト・リビエラ・スリーパー 23:50発、所要約9時間
プリマスから	
🚆	所要:約2時間
月〜土	5:33〜22:38(土5:15〜21:21)の1時間に1〜3便
日	8:45〜21:15の1時間に1〜3便程度

歩き方

　町は港の西側に広がっている。メインストリートは、町の北側の**マーケット・ジュー・ストリート**Market Jew St.。鉄道駅方面からこの通りを歩いていくと、緩やかな坂道が続き5分もすると道路中央にマーケット・ビルデ

_i_	ペンザンス **Tourist Information Centre**
Map P.256-B1	
住	Station Approach, TR18 2NF
TEL	(01736)335 530
URL	www.visitcornwall.com
開	夏期10:00〜16:00(土〜14:00) 冬期10:00〜16:00
休	日、冬期の土、12月下旬〜1月上旬

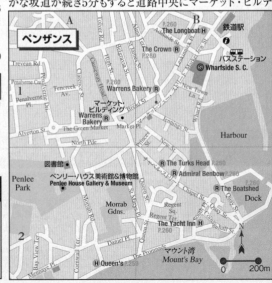

ィングMarket Buildingが見えてくる。そこから北へ延びるコーズウェイ・ヘッドCauseway Headは庶民的な商店街。一方南へ下っていくと、13世紀から続くチャペル・ストリートChapel St.に出る。この周辺には由緒ある建物が多く残されていて散策には最適。3世代にわたって愛される老舗パブや、すてきなアンティーク店などが軒を連ねる。

イギリス版モン・サン・ミッシェル　地図外

セント・マイケルズ・マウント
St Michael's Mount

　ペンザンスから東へ約5km、マラザイアンMarazionから約350m離れた沖合に浮かぶ小さな島。本土と島とは普段はボートでなければ行けないが、潮が引いたときには徒歩で渡ることもできる。

　山状の小島に建つ城は、フランスの世界遺産モン・サン・ミッシェルを彷彿させるが、実際にセント・マイケルズ・マウントとモン・サン・ミッシェルとはつながりが深く、12世紀から15世紀までの間、島はモン・サン・ミッシェル修道院の管理下におかれ、修道院として利用されてきた。15世紀以降は島の所有者がたびたび変わり、清教徒革命時のイングランド内乱では、王党派の要塞として、議会派を相手に戦闘が繰り広げられた。17世紀の中頃にセント・オーバン家に売却されると、要塞として利用されていた城は、住居として改装され、敷地内には海外からの珍しい植物を植えた庭園が造られるようになった。城へ上るときは岩道が続くので、履き慣れた靴で行こう。

■セント・マイケルズ・マウント
🚌バスステーションからU4番のバスが1時間に1便。所要約10分。マラザイアン・スクエアMarazion Squareで下車。
🚢マラザイアンの町から島までは満潮時のみボートが運航。片道£2.80。ボート乗り場は3ヵ所あり、潮の高さによって利用する乗り場が異なる。干潮時には島まで歩いて行ける。
TEL (01736)887 822
URL www.stmichaelsmount.co.uk
料城と庭園の共通券£26
◎予約必須
●城
開9:30～17:00
休土、11～4月　料£15
フラッシュ不可
●庭園
開9:30～17:00　休土・日、10～4月
料£11

マラザイアンへ
潮が引いているときのみ渡れる道
ナショナル・トラストのショップ
映画館
チケット・チェックポイント
庭園入口
乳牛舎
城入口
0　100m
セント・マイケルズ・マウント

干潮時は歩いて渡れる

上:満潮時はボートで島へ渡る
左:初夏のセント・マイケルズ・マウント

英国の産業革命を支えた

コーンウォールと西デヴォンの鉱業景観
Cornwall and West Devon Mining Landscape

16世紀からコーンウォール地方では錫が採掘されていたが、銅の採掘が本格的に始まったのは18世紀になってから。そして、蒸気機関の発明によって、作業効率は格段に上がり、最盛期には世界で供給される銅の3分の2がここで採掘されていたという。

世界遺産に登録された物件は、ダートムーアから西の広大なエリアに広がり、構成遺産も数多い。

セント・ジャスト鉱山

モアウェラム・キー Morwellham Quay
プリマスからバスでタヴィストック（→P.249）へ行き、タクシーで約10分。西デヴォン銅鉱の中核的な施設として産業の近代化を牽引した。

グウェンナップ・ピット Gwennap Pit
ペンザンスからレドルースへ行き、駅から2kmほど東へ歩く。メソジスト運動の創始者ジョン・ウェスレーが造った円形劇場。

タヴィストック
Tavistock

プリマス
Plymouth

② レドルース
Redruth

① ペンザンス
Penzance

ポルダーク鉱山 Poldark Mine
ペンザンスからレドルースに行き、34番バスで所要約20分。コーンウォール地方で唯一完全な形で公開している鉱山。

ウェール・マーティン博物館 Wheal Martyn Museum
ペンザンスまたはプリマスからセント・オーステルSt Austellへ行き、北へ3kmほど歩く。磁器の原料にもなるカオリナイト鉱の博物館として英国で唯一、いまでも採掘が行われている。

❶セント・ジャスト鉱山
St Just Ming District

ランズ・エンドの北側のセント・ジャスト周辺には鉱山や産業遺産が集中している。ナショナル・トラストによって遊歩道が整備され、美しい海岸と鉱山が同時に楽しめる。

❷カムボーン＆レドルース
Camborne & Redruth Mining District

レドルースの町の西側にある産業遺産群。ハートランズHeartlands、キング・エドワードKing Edward、イーストプールEast Poolといった鉱山が整備されている。

ｄａｔａ

■鉱業景観のウェブサイト
🔗 www.cornishmining.org.uk
産業遺産の情報がひと通りまとまっており便利。ペンザンスやレドルースなどの❓では地図付きの資料を配布している。
■セント・ジャスト鉱山（レヴァント鉱山）
🚌中心となるレヴァント鉱山へはペンザンスのバスステーションから18番のバスを利用。Trewellardで下車し徒歩15分。
■カムボーン＆レドルース
🚃🚌ペンザンスから鉄道でレドルースへ、ここからハートランズへはT2のバスで約20分のPool Cornwall Collegeで下車し徒歩2分。

近郊の見どころ

Days out from Penzance　折込地図 **A7**

アートが息づく美しいリゾートタウン

セント・アイヴズ
St Ives

　彫刻家のバーバラ・ヘップワースや陶芸家のバーナード・リーチ、作家のヴァージニア・ウルフなど、多くの芸術家たちを魅了してきた美しい町。町は3つのビーチに囲まれ、美しい路地には小さなギャラリーやショップが並んでいる。ロンドンのテート・ギャラリーの分館、テート・セント・アイヴズTate St Ivesもある。

近郊の見どころ

Days out from Penzance　折込地図 **A7**

目の前には壮大な大海原と地平線が広がる

ランズ・エンド Land's End

　ペンザンスからさらに西へ約16km、コーンウォール半島の先端に位置するランズ・エンドは、断崖絶壁の海岸に絶えず強風が吹き付け、まさに名のとおり「地の果て」を思わせる風景が広がっている。

ランズ・エンド・ファミリー・アトラクションズ Land's End Family Atractions　ランズ・エンドにあるテーマパーク。マルチスクリーンのスペクタクルショーや牧場などがあり、家族みんなで楽しめる。

ミナック・シアター Minack Theatre　ランズ・エンドから南東へ約5kmほど行った海岸沿いにある石造りの野外劇場。大海原をバックに周辺の断崖と溶け合う様は一見の価値がある。この劇場は、何とロウィーナ・ケイドRowena Cadeという女性が、断崖絶壁の岩を切り砕き50年もの歳月をかけて造り上げた。

夏期は旅行者でにぎわう

■ペンザンスからセント・アイヴズへ

🚃1時間に1便程度。通常はセント・アースSt Erthで乗り換える。
所要:25~50分
🚌16、17番が1時間に1~3便。
所要:約30分

■ペンザンスからランズ・エンドへ

🚌ペンザンスのバスステーションからランズ・エンド・コースターのバスが夏期1時間に1便、冬期2時間に1便
所要:約1時間

■ランズ・エンド・ファミリー・アトラクションズ

住Lands End, TR19 7AA
TEL(01736)871 501
URLwww.landsend-landmark.co.uk
開10:00~　※閉館時間は時期により異なるので要確認
休12/24·25
料アトラクションにより異なる
館内撮影一部不可　フラッシュ一部不可

■ミナック・シアター

🚌ペンザンスのバスステーションからランズ・エンズ・コースターのバスが夏期1時間に1便、冬期2時間に1便。ポースクァーノPorthcurno下車。所要:約45分
住Porthcurno, TR19 6JU
TEL(01736)810 181
URLwww.minack.com ✉
開 10:00~17:00
※日によって入場時間は変更される。
休無休　料入場料£10
観劇チケットは演目と座席によって異なる。
フラッシュ不可

ミナック・シアター

ランズ・エンドに沈む夕陽

HOTEL   RESTAURANT

　ホテルが集まるのは、チャペル・ストリートChapel St.など。部屋数が少なく、すぐに満室になるので早めに予約しよう。

　コーンウォールの名物といえばコーニッシュ・パスティ。町のあちこちで看板が見られる。パブやレストランでは手作りのものが食べられ、地元の人もそれぞれお気に入りの店があるそうだ。

中級　**70室**　**Map P.256-A2**

クイーンズ Queen's Hotel

住The Promenade, TR18 4HG
TEL(01736)362 371
URLwww.queens-hotel.com
🛏£95~
👫£135~
MV

📺 TV	🍴	🧖	🔌	🅿 P	📶 WI-FI
全室	全室	全室	なし	無料	無料

　マウント湾に向かい合うように建つ、1862年創業の老舗。レストラン・プロムナードPromenadeは、地元産の厳選食材を使った料理に定評がある。

イン　7室　Map P.256-B2

ヨット・イン The Yacht Inn

🏠Green St., TR18 4AU
☎(01736)362 787
URL www.yachtinn.co.uk
🍴🛁🧺🔋💳£107〜
━MV

📺全室　🚿全室　🧺全室　なし　🅿️なし　📶Wi-Fi無料

港を見渡せる絶好の位置に建つ。海が見える部屋は若干高め。1階のレストランではシーフードが楽しめるほか、地元産ビールSt Austellも各種ある。

イン　17室　Map P.256-B1

ロングボート・イン The Longboat Inn

🏠Market Jew St., TR18 2HZ
☎(01736)364 137
URL www.longboatinn.co.uk
🛁🔋💳£70〜
🛁🔋💳£124〜
━AMV

📺全室　🚿全室　🧺全室　なし　🅿️なし　📶Wi-Fi無料

ペンザンス駅前にある。客室はコンパクトにまとめられ、標準的な設備。1階のパブでは食事メニューが充実しており、地元のエールも取り扱っている。

Map P.256-B2

ボートシェド The Boatshed

シーフード
ステーキ

地元で取れたシーフードとイングランド南西部のビーフを提供するレストラン。ピザやパスタもあるなど、メニューの幅が広い。

🏠Wharf Rd., TR18 4AA　☎(01736)368 845
URL www.boatshedpz.co.uk　🕐11:30〜15:30 18:30〜22:00
🚫冬期のランチ、12/25・26、1/1・2　━MV　📶店内可

Map P.256-B1

クラウン The Crown

パブ
ドリンクのみ

自社で醸造しているオリジナル・エール「Cornish Crown」が自慢のパブ。旦那さんがビールを造り、奥さんがお店を切り盛りする。ドリンクのみの営業だが、テイクアウエイの料理を持ち込むこともできる。

🏠1 Victoria Sq., TR18 2EP　☎(01736)351 070
URL www.thecrownpenzance.co.uk　🕐12:00〜22:00（金・土12:00〜23:00、日12:00〜18:00）　🚫無休　━MV　📶店内可

Map P.256-B2

タークス・ヘッド The Turks Head

パブ

1382年創業で現在の建物は1660年に改装したというペンザンス最古のパブ。料理にも定評があり、月〜木のランチはソフトドリンクが付いて小皿が£10.50、大皿が£14.50。メニューは季節ごとに変更される。

🏠49 Chapel St., TR18 4AF　☎(01736)332 757
URL www.theturkshead.pub　🕐12:00〜23:00（土12:00〜24:00）　🚫無休　━MV　📶店内可

Map P.256-B2

アドミラル・ベンボウ Admiral Benbow

パブ

スティーブンソンの『宝島』冒頭に出てくるベンボウ提督亭と同名のパブで、そのモデルともいわれる。店内は先代のオーナーが海底から引き上げた様々な品が装飾として利用されており、雑然としてにぎやかな雰囲気。

🏠46 Chapel St., TR18 4AF　☎(01736)363 448
URL thebenbow.com　🕐12:00〜23:00（火17:00〜23:00）
🚫月　━AMV　📶店内可

Map P.256-B1

ウォーレンズ Warrens Bakery

ベーカリー
パスティ

ペンザンスを中心に、南海岸地方に広がるコーニッシュ・パスティのチェーン店。創業は1860年といい、「世界最古のコーニッシュ・パスティのベーカリー」を名乗っている。グリーン・マーケットにも支店がある。

🏠10-11 Market Jew St., TR18 2HN　☎(01736)362 746
🕐8:30〜17:00（日10:00〜15:00）　🚫無休　━MV　📶店内可

イングランド中央部

Central England

 見どころビジュアルガイド

 町歩きガイド

写真：ボートン・オン・ザ・ウォーター（P.298）で町歩きを楽しむ人々

ストーンヘンジ P.266
巨石が円を描くように並ぶ遺跡。建造方法
など、多くが謎に満ちている

ローマ・バス P.272
ローマ人によって作られた大浴場。古代の
一大保養地として栄えた

穏やかな自然と歴史ある町々

イングランド**中央部**

　イギリス中央部は、大きく3つに分けられる。ロンドンの南西に位置する**ソールズベリ** P.264 と**バース** P.270 周辺エリア、**コッツウォルズ** P.281 や**バーミンガム** P.338 周辺のミッドランド、ロンドンの北東に広がる**ケンブリッジ** P.359 周辺のイースト・アングリアだ。

コッツウォルズ　イングランド中央部の最大の見どころはなんといっても**コッツウォルズ** P.281。バース、ストラトフォード・アポン・エイヴォン、オックスフォードに囲まれた広大な丘陵地帯に小さい村が点在する。

学園都市　イギリスには世界に名だたる2つの大学、**ケンブリッジ** P.359 と**オックスフォード** P.317 がある。どちらも世界中から学生がやってくる町だが、立派な外観をもつカレッジが多く、内部の装飾も美しい。

主要鉄道路線

湖水地方、カーライル、グラスゴーへ　カーライルへ　ニューキャッスル・アポン・タイン、エディンバラへ

プレストン
Preston

スキップトン
Skipton

ハロゲート
Harrogate

スカーボロ
Scarborough

1'10

リヴァプール
Liverpool

'45

チェスター
Chester

'30

ホーリーヘッド
Holyhead

バンガー
Bangor

1'15

シュルーズベリー
Shrewsbury

マンチェスター
Manchester

'55

クルー
Crewe

ストーク・オン・トレント
Stoke-on-Trent

'25

'45

スタッフォード
Stafford

'25

ダービー
Derby

'30

リーズ
Leeds

ヨーク
York

1'

キングストン・アポン・ハル
Kingston upon Hull

ドンカスター
Doncaster

'35

リンカン
Lincoln

シェフィールド
Sheffield

'55

ノッティンガム
Nottingham

'30

バーミンガム
Birmingham

'55

レスター
Leicester

'55

ピーターバラ
Peterborough

イーリー
Ely

1'

ノーリッジ
Norwich

'40

Great
Yarmouth

'40

イプスウィッチ
Ipswich

ケンブリッジ
Cambridge

'20

'30

ヘレフォード
Hereford

ウスター
Worcester

チェルトナム
Cheltenham

'45

'45

コヴェントリー
Coventry

ラグビー
Rugby

1'15

スティーブニジ
Stevenage

'50

ワトフォード
Watford

'25

ハリッジ
Harwich

'30

コルチェスター
Colchester

グロスター
Gloucester

'45

ブリストル・パークウェイ
Bristol Parkway

オックスフォード
Oxford

ディドコット
Didcot

Eu

'40

SP KX

Mb

ロンドン
London

LS

FS

サウスエンド
Southend

スウォンジー
Swansea

1'

カーディフ
Cardiff

ニューポート
Newport

'20

'55

'45

Pd

Vi

CX

WL

チャタム
Chatham

ラムズゲート
Ramsgate

ブリストル・テンプル・ミーズ
Bristol Temple Meads

バース
Bath

'15

ベイジングストーク
Basingstoke

1'

カンタベリー
Canterbury

'30

ドーヴァー
Dover

'20

ソールズベリ
Salisbury

ウィンチェスター
Winchester

2'20

1'

エクセター
Exeter

2'

ペンザンス
Penzance

プリマス
Plymouth

1'

トーキー
Torquay

'45

ウェイマス
Weymouth

サザンプトン
Southampton

1'45

'40

ポーツマス
Portsmouth

4'30

ブライトン
Brighton

'40

イーストボーン
Eastbourne

ヘイスティングス
Hastings

'36

アシュフォード
Ashford

'15

パリ、ブリュッセルへ

ロンドンのターミナル駅
SP セント・パンクラス駅	**FS** フェンチャーチ・ストリート駅	**Vi** ヴィクトリア駅	**Mb** マリルボン駅
KX キングス・クロス駅	**CX** チャリング・クロス駅	**Pd** パディントン駅	**Eu** ユーストン駅
LS リヴァプール・ストリート駅	**WL** ウォータールー駅		

所要時間の見方
'45　約45分
1'15　約1時間15分
※時間は目安です

名産品・工芸品

handcraft 工場見学ができる
ボーンチャイナ Bone china
詳細記事 P.350

英国陶磁器の中でも人気があるのがボーンチャイナ。半透明で乳白色の輝く磁器のことを指し、ストーク・オン・トレントには世界を代表する工房が多く点在する。陶磁器が好きなら直営店やアウトレットをぜひ訪ねてみよう。

ご当地グルメ

gourmet 英国発祥のカレー料理
バルティ
詳細記事 P.340

中華鍋に似た丸い鉄鍋で炒めるように煮たカレー料理。今ではイギリス中で食されているが、バーミンガムはバルティ発祥の地。バルティの店が多く集まるバルティ・トライアングルは人気スポット。

クライスト・チャーチ P.320
大聖堂とカレッジを併せ持つ。映画『ハリー・ポッター』シリーズのロケ地としても有名

シェイクスピアの生家 P.330
英国を代表する文豪の生まれた家。内部は16世紀当時のまま残されている

グラッドストーン・ポッタリー博物館 P.353
陶器作りも体験できる

バルティ P.340
バーミンガム名物のカレー料理

263

そびえ立つ大聖堂に見守られる町

ソールズベリ
Salisbury

ストーンヘンジ　●ロンドン
ソールズベリ●

人口	市外局番
4万1820人	01722
ウィルトシャー州 Wiltshire	

町のどこからでも見ることができる大聖堂

　中世の雰囲気が漂うソールズベリの町のシンボルは天に向かってスッと伸びるソールズベリ大聖堂だ。この大聖堂は英国最高の高さを誇り、チャプター・ハウスにはマグナ・カルタの4つの原本のうちのひとつが保管されている。また、ソールズベリは世界遺産ストーンヘンジへの起点ともなっている。

歩き方

　町の中心は**マーケット・スクエア**Market Sq.で、**❶**はこのすぐ近くにある。観光の中心となっている地域は、マーケット・スクエアから南へ5分ほど歩いたソールズベリ大聖堂周辺の**クロース**Closeと呼ばれている場所。

　また、マーケット・スクエアからキャサリン・ストリートCatherine St.を南下し、セント・アンズ・ゲートSt Ann's Gate

Access Guide ソールズベリ	
ロンドンから	
🚃	所要:約1時間30分
月〜土	ウォータールー駅から6:35〜23:40（土22:00）の1時間に1便
日	ウォータールー駅から8:15〜23:35の1時間に1便
🚌	所要:約3時間
毎日	17:30　18:45
バースから	
🚌	所要:約1時間10分
月〜土	5:15〜22:41（土6:04〜）の1時間に1便
日	7:58〜22:44の1時間に1便
サウサンプトンから	
🚌	所要:30〜40分
月〜土	5:33〜23:42（土6:26〜）の1時間に1便
日	9:13〜23:11の1時間に1便

ℹ️ ソールズベリ
Tourist Information Centre

Map P.264
🏠 Fish Row, SP1 1EJ
☎ (01722) 342 860
🌐 www.salisburycitycouncil.gov.uk
🕐 9:00〜17:00（土10:00〜16:00、日・祝10:00〜14:00）
🚫 1/1、12/25・26

ソールズベリ

から大聖堂のほうへ入っていく道は、まるで中世にタイムスリップしたような雰囲気だ。

🚃 交通情報

鉄道駅 中心部から少し離れており、中心部へ行くには駅を出てすぐ右折し、5分ほど真っすぐ進む。

ストーンヘンジへのツアーバス 鉄道駅からニュー・カナル・ストリート経由でストーンヘンジやオールド・セーラムを結ぶバス。通常ストーンヘンジの見学は予約が必要だが、入場料込みのチケットもあるので便利。

町のランドマーク　　　　　　　　　　　**Map P.264**

ソールズベリ大聖堂 Salisbury Cathedral

壮麗な大聖堂の身廊と聖歌隊席

天に向かってそびえるソールズベリ大聖堂は、イギリスを代表する大聖堂のひとつ。塔の高さは123mあり、英国最高を誇る。

中世イギリスの大聖堂は、100年以上の年月をかけて建てられたり、改装工事を行ったりと、複数の建築様式が交ざってしまっているものがほとんど。そのなかでソールズベリ大聖堂は1220年から1258年と比較的短期間で完成されたため、建築のスタイルはイングランド初期ゴシック様式で統一されている。

最大の見どころは**チャプター・ハウス**Chapter House。ここにはマグナ・カルタ P.610 の4冊ある原本のうちの1冊が納められているほか、教会所有のさまざまな宝物が展示されている。また、チャプター・ハウスの壁に施された彫刻は、アダムとイブ、カインとアベル、ノアの箱船など、旧約聖書に題材を取っており、非常に完成度が高い。

■ストーンヘンジ・ツアー・バス
TEL (01202)338 420
URL www.thestonehengetour.info
運行:5/27～9/3
　　10:00～16:00の毎正時
　　9/4～5/26
　　10:00～14:00の毎正時
所要:約30分
運賃:£36～43.50 (ストーンヘンジとオールド・セーラムの入場料込)
※ツアーなしでバス往復のみは£18.50

バスはソールズベリ駅を出発し、ニュー・カナル・ストリートNew Canal St.を経由する

■ソールズベリ大聖堂
住6 The Close, SP1 2EF
TEL (01722)555 120
URL www.salisburycathedral.org.uk
開9:30～17:00 (日12:30～16:00)
休無休　料£9～11　学生£6.50～7.50
フラッシュ不可
●チャプター・ハウス
開10:00～17:00 (日13:00～16:00)
マグナカルタ撮影不可
●塔
開1日2～5回ほどツアーでのみ見学可
(時間については要確認)　料£18

特設ボックスの中にマグナ・カルタの原本が展示されている

ソールズベリ博物館
Salisbury Museum

ストーンヘンジの模型

周辺地域における歴史と考古学に焦点を当てた博物館。ローマ時代や中世に関する展示もあるが、特にストーンヘンジとその周辺での発掘物も豊富に収蔵している。

Map P.264
住The King's House, 65 The Close, SP1 2EN
TEL (01722)332 151
URL www.salisburymuseum.org.uk
開10:00～17:00　休1/1、12/24～26
料£9　フラッシュ不可

モンペッソン・ハウス
Mompesson House

チャールズ・モンペッソンが建てた

1701年に建てられた美しい屋敷で、映画『いつか晴れた日に』の舞台ともなった。館内は美しい家具で装飾されており、グラスの展示が充実。

Map P.264
住The Close, SP1 2EL　TEL (01722)335 659
URL www.nationaltrust.org.uk
開11:00～16:00 (冬期11:00～15:00)
休10/30～11/22、12/24～3/9、3/10～10/29の水・木、11/23～12/23の月～水　料£8.50
フラッシュ不可

謎に満ちた石柱群
世界遺産 ストーンヘンジ

ストーンヘンジは多くの謎を秘めた新石器時代の巨大環状列柱石。1986年には世界遺産に登録されており、年間1000万人が訪れるイギリスを代表する見どころだ。

ストーンヘンジ見学の流れ

① ソールズベリ駅前から出発するツアーバス（→ P.265）に乗る

② ビジターセンターに到着したら駐車場で運転手からチケットを受け取る

③ ここから先は個人で見学可能。ビジターセンターでオーディオガイドを受け取ろう

④ ビジターセンターのショップ横からランドトレインに乗って出発（混雑状況により時間指定があることがある）

⑤ オーディオガイドでストーンヘンジを見学（30 〜 40 分）

⑥ ビジターセンターに戻ったら好きな時間にバスでソールズベリに戻る

ストーンヘンジはオーディオガイドを聞きながら順路に沿って見学する。日本語のオーディオガイドもある

ランドトレイン

ビジターセンター

駐車場

ソールズベリへ

ビジターセンター *Visitor Centre*

併設のカフェでは食事もできる

総工費はなんと約46億円。ビジターセンター最大のウリは360°スクリーンで楽しむストーンヘンジ。長い年月を経てストーンヘンジが変化してゆく過程や、日の出や日没の様子も見ることができる。

また、周辺の古代遺跡の展示のほか、ビジターセンター横の敷地では新石器時代の家屋を再現。さらにストーンヘンジに使われているものと同質の石材の展示や、石を運ぶ様子などを最新の研究成果のもとで再現している。

ビジターセンターにある360度スクリーンは臨場感にあふれる

新石器時代の人々の技術力に感動！

ビジターセンターとストーンヘンジを結ぶランドトレインには入場券を提示して乗る

ストーンヘンジ *Stonehenge*

最も高い巨石は高さ7.3mある

ストーンヘンジは紀元前3000年からいくつかの段階をかけて建造されており、年代が下るごとに、だんだんとその規模が大きくなっていった。もともとは、円形の堀と塚という構造だったが、紀元前2900年頃には塚に沿って56本の木の杭が立てられ、現在巨石が置かれている位置にも木の祭壇が造られていたという。

ストーンヘンジの謎
何のために作られた？

祭壇として使われたというのが一般的な説。現在のように石柱が並ぶ前は動物の骨が置かれていたり、環濠墓地として使われていたりと、時代によって用途はさまざまだったと言われている。しかし、神聖な場所として人々から崇められていたという点では共通だった。

ストーンヘンジ

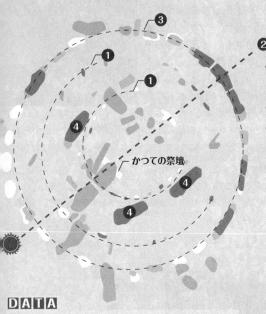

③

②

①

①

④

かつての祭壇

④

④

④

◯ **まぐさ石（リンテル）**
…2つの支柱の上に水平に置かれた石のこと

◯ **現在も直立している石柱**

◯ **現在は倒れてしまっている石柱**

① ブルー・ストーンの石柱
…紀元前2600年頃、中央に穴が掘られており、その周囲に火成岩を中心とした80の石柱が置かれたというのが始まり。その後、位置や石の種類が変更され、現在のような蹄鉄型になった。ウェールズから運ばれてきたという説もある

② ヒール・ストーン
…夏至の日に直線の延長線上に太陽が昇り、ストーンサークルの中央に光が当たるようになっている。天文台として使用していたという説も残る

③ 巨大な大砂岩（サーセン）
…40km北にあるマルボロー・ダウンズから運ばれた巨大な石柱が円状に置かれている

④ 組石（トリリトン）
…上記の大砂岩が置かれた時期に造られたもので、3つの巨石を門のように並べている

DATA

■ストーンヘンジ
🏠Near Amesbury, Wiltshire, SP4 7DE
☎0370 333 1181
🌐www.english-heritage.org.uk
🕐5/29～9/3 9:30～19:00
　9/4～5/28 9:30～17:00　※最終入場は閉場の2時間前
休12/25　料£20.90～26.30　学生£18.10～23.60
※オンライン予約推奨。時間ごとに入場できる人数が決まっているので、予約なしだと混雑時は待たされることや入場できないこともありうる。駐車場が限られるので、特に夏期の観光シーズンに車で訪れる場合も予約しておいた方がいい。入場料が含まれたバスツアー参加の場合は、予約は必要ない。

オールド・セーラム

🚌ストーンヘンジ・ツアー・バスがソール
ズブリに戻る際に遺跡の入口を通る。1
時間に1～2便。帰りはツアー・バスが市
内バス（ストーンヘンジ・ツアー・バスの
チケットで乗車可能）で戻る。
☎0370 333 1181
URLwww.english-heritage.org.uk ⚠
開4/1～10/29 10:00～17:00
　　10/30～3/31 10:00～16:00
休12/24～26
料£5.90～11　学生£5～9.80

かつての繁栄の跡が残る

■エーヴベリー
🚌スウィンドンSwindonから49番のバス
で約30分
URLwww.nationaltrust.org.uk
開随時　休無休　料無料
●アレキサンダー・ケイラー博物館
開4/1～10/29 10:00～17:00
　　10/30～3/31 10:00～16:00
休12/24～26
料£5.50　フラッシュ不可

🏛 かつての町の中心　　　　　　　　　Map P.264外
オールド・セーラム　Old Sarum

　オールド・セーラムは、かつてこの地域の中心だった場所。
ソールズブリが別名ニュー・セーラムと呼ばれるのは、オー
ルド・セーラムの新市街であったことを示している。

　オールド・セーラムには旧石器時代から人が住んでいた
ことが発掘などからわかっているが、小高い丘の上という
立地のため、町の発展が限界を迎え、ソールズブリ大聖
堂が建築された13世紀頃に平地でより広いソールズブリへ
と集団移住した。現在廃墟となっているオールド・セーラム
には、城塞や大聖堂、宮殿など、往時をしのぶ遺跡が残
されている。また、丘の上にあるため、ここからソールズブ
リを一望できる。

| 世界遺産 | もうひとつのストーンサークル | Map P.285-C4 |
エーヴベリー
Avebury

　ストーンヘンジと並んで
世界遺産に登録されている
ストーンサークル。紀元前
2850年から紀元前2200年
の間に建設されたとされる
が、青銅器時代には廃墟と
なってしまった。近くには発
掘品を展示するアレキサン

のどかな風景に石柱が並ぶ

ダー・ケイラー博物館Alexander Keiller Museumがある。

HOTEL　　　　　　　　　　　　　　　　RESTAURANT

　B&Bは町の中心からちょっと外れた所に多い。特に北に延びるキャッスル・ロードCastle
Rd.沿いには多くのB&Bが並ぶ。レストランやパブはマーケット・スクエア周辺に多い。

13世紀の建築物を改装したホテル
ローズ・アンド・クラウン
The Legacy Rose & Crown Hotel

| | 高級 | 34室 |
Map P.264

📺🍴📞🖥️🅿️🛜Wi-Fi
全室　全室　全室　受付　無料　無料

🏠Harnham Rd., SP2 8JQ
☎(01722) 328 615
URLlegacy-hotels.co.uk
🛏️/🛏️🛏️📺📶£83～
💳AMV
レストラン開7:00～21:30

　ソールズブリ大聖堂から南下し、エ
イヴォン川を越えてすぐの所にある。
伝統感あふれる本館と近年建てられ
た新館から成る。バラの咲く美しい庭
があり、川越しに大聖堂を眺めること
ができる。

レストラン　温室風のレストランで
は、エイヴォン川を眺めながらゆっく
りと食事が楽しめる。アフタヌーンティー £17.95も好評だ。

ソールズベリ

recommended

川のせせらぎを聞きながら過ごす
オールド・ミル The Old Mill Hotel

高級 　　　11室
Map P.264 外

📺全室 🚿全室 🧴全室 なし P車無料 📶Wi-Fi 無料

🏠Town Path, SP2 8EU
☎(01722)656 999
🌐oldmillsalisbury.co.uk
🛏🔥📶💳£87～ 🛏🛏🔥📶💳£120～
💳AMV
レストラン 圏8:00～21:00

　中心部からは遊歩道を使って約30分ほど。12世紀に建てられ、16世紀に英国初の製紙工場として利用されていた建物を改装したホテルで、エイヴォン川の上に建つ。
レストラン 建物の最も古い部分を利用しており、レストランの中央には水路が残る。ウィルトシャー産のハムなど、地元の素材を使った料理が中心。

中級 60室 **Map P.264**

レッド・ライオン The Red Lion Hotel

📺全室 🚿全室 🧴全室 受付 P車有料 📶Wi-Fi 無料

🏠4 Milford St., SP1 2AN
☎(01722)323 334
🌐the-redlion.co.uk
🛏🛏🔥📶💳£73～
💳AJMV

　13世紀にソールズベリ大聖堂の設計者を宿泊させるために建てられたという。ホテル内はアンティークな家具や置き時計などで装飾され、雰囲気は抜群。

中級 37室 **Map P.264**

マーチャンツ・ハウス The Merchant's House

📺全室 🚿全室 🧴全室 受付 なし 📶Wi-Fi 無料

🏠29-33 Milford St., SP1 2AP
☎(01722)326 600
🌐themerchantshousehotel.co.uk
🛏🛏🔥💳£63～
💳AMV

　好立地にあるハイセンスなブティックホテル。15世紀に建てられた商人の邸宅だった建物で、かつてネルソン提督が宿泊したネルソンルームがある。

イン 33室 **Map P.264**

キングズ・ヘッド・イン The Kings Head Inn

📺全室 🚿全室 🧴全室 一部 P車なし 📶Wi-Fi 無料

🏠1 Bridge St., SP1 2ND
☎(01722)438 400
🌐www.jdwetherspoon.com
🛏🛏🔥📶💳£60～
💳AMV

　ウェザースプーン系列のイン。3階建ての歴史を感じる建物は1874年に建てられたもの。1階は大勢の人でにぎわう人気のパブでなにかと便利。

タイ料理

Map P.264
タイ・オーキッド Thai Orchid

　タイ人シェフによる本格的な料理と親切な接客で評判。ランチ1品が£8.95、2品のコースだと£10.95とリーズナブルなのもうれしい。ワインを含めメニューも豊富。
🏠58A Fisherton St., SP2 7RB ☎(01722)414 778
🌐www.thaiorchid-salisbury.co.uk
圏12:00～14:30 17:30～22:30 休月 💳MV 📶不可

パブ
英国料理

Map P.264
ホーンチ・オブ・ヴェニソン Haunch of Venison

　1320年創業。ソールズベリ最古のとされるパブで、長い歴史を感じさせる作り。鹿肉（ヴェニソン）を使った料理もある。メインは£14.95～29.95。
🏠1 Minster St., SP1 1TB ☎(01722)411 313
🌐haunchpub.co.uk 圏11:00～23:00（金・土11:00～24:00、日11:00～22:00） 休無休 💳AMV 📶不可

優雅な建築物に囲まれた温泉の町

バース

Bath

三日月のように建物が並ぶ、ロイヤル・クレッセント

人口	市外局番
19万3400人	01225
バース&ノース・イースト・サマセット州	
Bath and North East Somerset	

　ローマ時代に温泉の町として栄えたバースは、イギリス有数の観光都市。18世紀には上流階級が集う高級リゾート地として栄え、数多くの有名人、著名人がこの町を訪れた。町は、この地域で採れたハチミツ色の石材で建てられた建築で埋め尽くされ、優雅なジョージ王朝の時代を現在に伝えている。

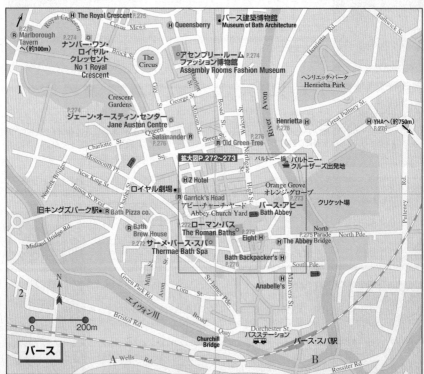

バース

歩き方

人々でにぎわうアビー・チャーチ・ヤード。左がバース・アビーで右がローマン・バス

町の中心はバース・アビー、ローマン・バスなどの見どころが集中する**アビー・チャーチ・ヤード**Abbey Church Yard。レストランやカフェもこの周辺に多く点在している。

アセンブリー・ルームやロイヤル・クレッセントは町の北のほうに位置している。観光エリアは徒歩圏内だが、観光バスの利用も便利。

交通情報

バース・スパ駅。バースはコッツウォルズ南部を回る拠点でもある

バース・スパ駅 バースの鉄道駅はバース・スパ駅という。バスステーションも隣接しており、チッペナムやブリストル行きのバスが発着している。アビー・チャーチ・ヤードまでは徒歩で8分ほど。

観光バス シティ・サイトシーイングのバスはシティ・ルートとスカイライン・ルートのふたつのルートがあり、チケットは共通。シティ・ルートは町の中心を50分かけて1周し、中心部やアセンブリー・ルーム、ロイヤル・クレッセントなど17のバス停に停まる。スカイライン・ルートは郊外の見どころなど21ヵ所のバス停を45分かけて回る。

Access Guide バース

ロンドンから

	所要：約1時間30分
月〜土	パディントン駅から5:23（土6:30）〜23:40の1時間に1〜2便
日	パディントン駅から8:13〜23:33の1時間に1便程度
	所要：2時間40分〜3時間
毎日	7:30 9:30 11:30 13:30 15:30 17:00 19:00 20:30 22:30

ソールズベリーから

	所要：約1時間
月〜土	6:05〜23:00（土22:13）の1時間に1便
日	10:27〜22:28の2時間に1便

ブリストルから

	所要：約15分
月〜土	テンプル・ミーズ駅から5:00〜23:45（土5:30〜23:30）に頻発
日	7:45〜23:30に頻発

i バース Bath World Heritage Centre

Map P.272
🏠 10 York St., BA1 1NH
🔗 www.bathworldheritage.org.uk
🕙 10:00〜17:00 休無休
公営の世界遺産センター。おもに世界遺産「バース市街」についての❶で、パンフレットももらえる。
※2023年6月現在、バースに公営の観光情報センターはない。

■シティ・サイトシーイング City Sightseeing
●シティ・ルート（15分おき）
10:00〜17:00
●スカイライン・ルート（30分おき）
10:30〜16:00
🔗 www.city-sightseeing.com
休 1/1、12/25・26
料 24時間有効 £22.50 学生£21

スカイライン・ルートは市街地南西の郊外を巡る

現地発着ツアー
（コッツウォルズへのツアーは P.295 参照）

🚶 無料ウオーキングツアー Free Walking Tours of Bath

10:30、14:00（土は10:30のみ、5/4〜10/31は火・木18:00も催行）
所要：2時間 料無料
バースの町を巡る無料のウオーキングツアー。観光を始める前に参加してみるのもおすすめ。2000年にわたるバースの歴史をボランティアのガイドが説明してくれる。集合場所はローマン・バス前。チップ不要。
🔗 www.bathguides.org.uk

🚶 ゴースト・ウオーク Ghost Walks of Bath

毎日20:00発（3・4月は水〜日のみ、11〜2月は要確認）
所要：1時間30分 料£16 学生£11 ⊘予約必須
夜のバースを巡りながら、怪談を聞くというウオーキングツアー。集合場所はバース・アビーのメインエントランス前。
📞 07972 372 809 🔗 www.bathghosttours.com

🚶 ビザール・バース Bizarre Bath

4/4〜11/4 20:00発 所要：1時間30分
料£15 学生£10 ⊘予約必須
町の知られざる歴史を冗談交じりに語ってくれる夜のウオーキングツアー。サリー・ランズ（→P.273）横のパブ、ハンツマンThe Huntsman集合。
🔗 www.bizarrebath.co.uk

🚤 パルトニー・クルーザーズ Pulteney Cruisers

10:00〜17:20に40分ごとに出発
所要：1時間
休11〜2月 料£12
パルトニー橋横から出発し、エイヴォン川を1時間かけて遊覧するボートツアー。
🔗 pulteneycruisers.com

271

世界遺産「バース市街」の中枢
アビー・チャーチ・ヤード
Abbey Church Yard

バースはローマ時代から温泉町として知られている。中心部には温泉にまつわる見どころやレストランなどが多く集まっている。

今でも温泉水を飲むことができる

世界遺産
ローマ・バス
The Roman Baths

ローマ・バスの装飾にも注目

1世紀にローマ人によって建てられたこの大浴場は、アルプス以北で最も保存状態のよいローマ遺跡といわれている。中には、ミネルヴァ神（ギリシア神話のアテナと同一視される知恵と工芸、戦いの女神）の神殿もあるが、これはローマ時代には、温泉の効力が神の力と考えられていたことによる。ローマ人たちは各地で公共浴場を建設したが、中にプールまであるようなものは非常に珍しい。中世の間に大浴場の大部分は埋もれてしまったが、19世紀末の発見によって再び日の目を見るようになった。博物館内には、ミネルヴァの胸像やゴルゴンのレリーフ、人々が祈りを込めて温泉に投げ込んだ数々のコインなど、実にさまざまなものが保管されている。

🏠Abbey Church Yard., BA1 1LZ
☎(01225) 477 785
URL www.romanbaths.co.uk ▣
🕐9:00〜18:00（冬期〜17:00）
※最終入場は閉館の1時間前
休12/25・26
料£18〜28　学生£17〜27

パンプ・ルーム
Pump Room

18世紀にこの町が上流階級の保養地として栄えていた頃の社交場。現在ではレストランとして使用されており、朝食からティータイムまで利用できる。

🏠Stall St., BA1 1LZ　☎(01225) 444 477
🕐10:00〜16:00（夏期やイースター、クリスマスのみディナーも営業。ウェブサイトから要予約）
休12/25・26　🅰🅼Ⅴ　🚭不可

サーメ・バース・スパ
Thermae Bath Spa

古いバースの町並みを一望しながら泳ぐ

伝統的な英国式スパ。地下にあるロイヤル・バスは天然温泉を利用したモダンな空間。屋上にあるルーフ・スパではバースの町を一望しながらくつろぐことができる。各種マッサージも取り扱っている。

🏠Hot Bath St., BA1 1SJ　☎(01225) 331 234
URL www.thermaebathspa.com
🕐9:00〜21:30　休1/1、12/25・26
料2時間£40（土・日£45）、1時間延長£10
※マッサージは時間やコースによって料金が異なる
内部撮影不可

アビー・チャーチ・ヤードはいつも人でいっぱい！

Pump Room

ローマン・バ
The Roman Ba

Bath St.

サーメ・バース・スパ
Thermae Bath Spa

世界遺産セ
P.271

P.275　Beau St.
Gainsborough Bath Spa Ⓗ

世界遺産

バース・アビー
Bath Abbey

アングロ・サクソン時代に起源をもつ歴史ある教会で973年にはイングランド王エドガーが戴冠式を行ったと伝わっている。現在の教会は、1499年に建てられたもので、ヘンリー8世 P.610 の修道院解散直前に建てられた貴重なもの。内部は、柱から扇が広がるような形のアーチが天井を埋め尽くしており、非常に美しい。

アーチが並ぶ天井

また、壁の80%は窓で覆われており、「イングランド西部の灯火」とたたえられるほどだ。西壁のファサードには「天国への梯子」が彫られている。

住Bath Abbey, BA1 1LT　TEL(01225)422 462
URL www.bathabbey.org
開月〜金10:00〜17:30
　土10:00〜18:00
　日13:15〜14:30、16:30〜18:30
休不定期　料£6.50　学生£5.50
●塔
開随時　※ウェブサイトで要確認、ツアーでのみ見学可
料£15（アビーの入場料込み）

パルトニー橋
パルトニー・クルーザーズ出発地
Grand Parade
High St.
バース・アビー
Bath Abbey
チャーチ・ヤード
Church Yard
Pierrepont St.
ly Lunn's R　York St.
P.275 eight H　R Huntsman
R Bath Bun
H The Abbey P.275
S Charlotte Brunswick
0　50m
ew Orchard St.

サリー・ランズ
Sally Lunn's

1680年に建てられた、バースで最も古い建物を利用したティーハウス。サリー・ラン・バン（写真）の元祖として、バースの観光地のひとつにもなっている。朝食セットやハイティー、コースディナーなど幅広い食事を出す。地下は博物館も兼ねている。

住4 North Parade Passage, BA1 1NX
TEL(01225)461 634　URL sallylunns.co.uk
開10:00〜21:00
休12/25·26　－MV　🛜店内可

バース名物サリー・ラン・バン

ブリオッシュ生地の大きなパン。17世紀にフランスからバースにやってきたサリー・ランという女性によって伝えられたとされているが、歴史的証拠は割と少ないようだ。とはいえ、19世紀初期にはサリー・ラン・バンを売り歩く行商人がいたという記録もあり、古くからバースの名物として知られていたようだ。

バース・バン
The Bath Bun

キャラウェイの実をのせてミルクと砂糖を使って焼き上げたバース・バンは18世紀にオリバー博士によって考案されたバースのもうひとつの名物。このティー・ルームではバース・バンと一緒にアフタヌーンティーを楽しめる。

住2 Abbey Green, BA1 1NW
TEL(01225)463 928　URL www.thebathbun.com
開9:30〜17:00（日·月11:00〜17:00）
休無休　－AMV　🛜不可

シャーロット・ブランズウィック
Charlotte Brunswick

シャーロット・ブランズウィックは17世紀にバースに住んでいたショコラティエール。彼女のレシピを受け継いだチョコレートを販売しており、貝殻などユニークな形のものも多い。

住3 Church St., BA1 1NL　TEL(01225)287 669
URL www.charlottebrunswick.co.uk
開11:00〜18:00（日12:00〜17:00）
休無休　－AJMV

ファッション博物館では各年代のドレスを展示

アセンブリー・ルーム
世界遺産 華やかだったバース社交界の象徴　Map P.270-A1
アセンブリー・ルーム
Assembly Rooms

社交の場であったアセンブリー・ルーム

　アセンブリー・ルームとは集会場のこと。1771年にジョン・ウッド（息子）P.607の設計によって建てられ、以来バースの社交界の中心地として、舞踏会やお茶会などが催された。第2次世界大戦の戦禍によって一度焼失したが、忠実に復元された。地下にはファッション博物館があり、ここでは16世紀後半から現代までのさまざまな衣装、アクセサリーが展示されている。

世界遺産 美しい曲線を描く建築物　Map P.270-A1
ロイヤル・クレッセント
Royal Crescent

東側の端の邸宅を博物館としている

曲線を描くように建物が並ぶ

　クレッセントとは三日月の意味で、三日月のようにきれいな曲線を描いた建物が建ち並んでいる。1767年から1774年にかけてジョン・ウッド（息子）P.607によって建てられたもので、バースを代表するパッラーディオ様式の建築物。家のなかのひとつは、**ナンバー・ワン・ロイヤル・クレッセント**No.1 Royal Crescentとして博物館になっている。内装は、建物が造られたジョージ王朝時代のもので統一されており、当時の生活をうかがい知ることができる。

info　偉大な女性作家が過ごした5年間
ジェーン・オースティンとバース

ファン必見の博物館

　ジェーン・オースティンP.607は『高慢と偏見』『エマ』などの作品で知られる英国を代表する小説家。18世紀後半の中流社会に生きる女性をテーマにした作品は日本でもファンが多い。

　彼女は1801年から5年間バースに滞在していた。中心部にあるジェーン・オースティン・センターでは、バースでの彼女の生活やバースが彼女に与えた影響などについての展示がされている。

HOTEL   RESTAURANT

　観光地だけあって宿の数は多いが、旧市街地区には大型ホテルやB&Bが少ない。夏の観光シーズンにはそれを上回る観光客が訪れるため、宿がいっぱいになってしまうことも多いので早めに予約を。レストランやカフェはアビー・チャーチ・ヤード周辺に多い。

バース

最高級 **45室**

Map P.270-A1

全室　全室　あり　全室　無料　無料

世界遺産の優雅な建物に泊まる
ロイヤル・クレッセント
The Royal Crescent Hotel

住16 Royal Cres., BA1 2LS
TEL (01225) 823 333
URL www.royalcrescent.co.uk
i/ii 📶 🍴 💳 £250〜
━ADMV
レストラン圖7:00〜21:00
　ロイヤル・クレッセントの建物を利用したバース屈指の高級ホテル。館内は建設された18世紀当時のインテリアでまとめられ、バースゆかりの人物の肖像画が飾られている。
レストラン　モンタギューズ・ミューズ Montagu's Mewsは素材の味を最大限に活かしたメニューを提供する。晴れた日は、ぜひ庭園の緑を楽しめるテラス席でいただきたい。
スパ　館内にはサウナやハマム、スチーム・ルームなどが併設しており、トリートメントのメニューも豊富。

高級 **99室**

Map P.272

全室　全室　全室　全室　有料　無料

イギリス唯一の天然温泉を使ったスパ・ホテル
ゲインズバラ・バース・スパ
The Gainsborough Bath Spa

住Beau St., BA1 1QY
TEL (01225) 358 888
URL www.thegainsboroughbathspa.co.uk
i/ii 📶 🍴 💳 £170〜
━AMV
　全世界で高級リゾートやホテルを展開しているYTLグループの系列ホテル。客室とスパが繋がっている部屋もあり、温泉を十分に楽しむことができる。一部バスタブなしの部屋もある。

中級 **20室** **Map P.273**

エイト eight

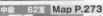

住3 North Parade, BA1 1NX
TEL (01225) 724 111
URL eightinbath.co.uk
i/ii 📶 🍴 💳 £140〜
━AMV

全室　全室　全室　なし　なし　無料

　バース中心部という好立地にある洗練されたブティックホテル。エスプレッソマシーンやスマートTVなど設備も最新だ。すぐそばにある別館はジョージ王朝時代の2級指定建築物。

中級 **62室** **Map P.273**

アビー The Abbey Hotel

住North Parade, BA1 1LF
TEL (01225) 461 603
URL www.abbeyhotelbath.co.uk
i/ii 📶 🍴 💳 £97〜
━AMV

全室　全室　全室　なし　なし　無料

　マリオット系列の独立したデザイナーズホテルコレクション「トリビュートポートフォリオ」の一員で、ハイセンスな内装が魅力。ロケーションも抜群。

中級　66室　Map P.270-B1

ヘンリエッタ・ハウス Henrietta House

📺 全室　🛁 全室　🍴 全室　🗄 全室　🅿 なし　📶Wi-Fi 無料

住27-29 Henrietta St., BA2 6LR
TEL (01225) 632 632
URL www.radissonhotels.com
🛏£71～
🛏🛁£94～
🛏🛁£125～
━AMV

1780年代に建てられたジョージアン様式の建物を利用したホテル。パルトニー橋からすぐで、中心部までも徒歩でアクセス可能。トラディショナル棟と改装済みのブティック棟がある。

ユース　24室　Map P.270-B1 外

YHAバース YHA Bath

📺 なし　🛁 希望者　🍴 なし　🗄 全室　🅿 なし　📶Wi-Fi 個室無料

住Bathwick Hill, BA2 6LA
TEL 0345 371 9303
URL www.yha.org.uk
DOM £15～45
🛏£35～155　🛏🛁£40～165
※YH会員は10%割引　━MV

町の中心から1kmほど東の坂の上にある。重い荷物のある人はU1のバスを使えば約8分で到着する。レストランではピザなどが頼める。

ホステル　7室　Map P.270-B2

バース・バックパッカーズ Bath Backpacker's

📺 なし　🛁 なし　🍴 なし　🗄 全室　🅿 なし　📶Wi-Fi 無料

住13 Pierrepont St., BA1 1LA
TEL 07462 791 235
URL www.hostels.co.uk
DOM £18～
━AMV

駅から徒歩5分ほどの便利な立地にあるホステル。宿泊費の高いバースではありがたい存在。キッチンがあるので自炊派におすすめ。地下に洞窟のようなラウンジスペースがある。

Map P.270-A1 外

ガストロ・パブ

マールバラ・タヴァーン The Marlborough Tavern

ロイヤル・クレッセントの裏に位置する人気のガストロ・パブ。地元でとれる季節の食材を使った家庭料理に定評があり、サービスも洗練されている。日曜はサンデーロースト£17.50～が食べられる。

住35 Marlborough Buildings., BA1 2LY　TEL (01225) 423 731　URL www.marlborough-tavern.com　開11:30～23:00 (木・日～22:00、金～21:30)　休無休　━AMV　令店内可

Map P.270-B1

パブ

オールド・グリーン・ツリー Old Green Tree

オーク材などを用いたクラシカルな装飾で、英国らしさにあふれた正統派パブ。各種地元産ビールをサーバーで飲むことができ、店名を冠したオリジナル・エールもある。食事を出すのは土曜のみで、つまみは£6～。

住12 Green St., BA1 2JZ　TEL (01225) 448 259　開12:00～21:30 (水～土12:00～23:00、日12:00～16:30)　休無休　━不可　令不可

バースの地ビールを楽しもう！

サラマンダー The Salamander

パブ　英国料理

Map P.270-A1

住3 John St., BA1 2JL
TEL (01225) 428 889
URL www.salamanderbath.co.uk
開パブ12:00～23:00
（金12:00～24:00、土11:00～24:00）
レストラン12:00～21:00
（日12:00～18:00）
休無休　━ADJMV　令店内可

ビールとよく合う食事が楽しめるダイニング・パブで、バースのグッドフードアワードにも輝いた経歴もある。バース・エール社のビールを各種揃えており、特にGEMという銘柄が人気。

古さと新しさが交錯する貿易港
ブリストル
Bristol

英国を代表するエンジニア、ブルネルが設計したグレート・ブリテン号

人口	市外局番
47万2400人	0117
ブリストル市	
City of Bristol	

エイヴォン川の河口に位置するブリストルは、かつては「ヨーロッパ中の船が集まる」、とうたわれたほどの港。1497年、ジョン・キャボットがこの港から出帆し、ニューファンドランド島を見つけて以来、北アメリカとの取引で大いに富を蓄えた。19世初頭には産業革命と奴隷貿易の廃止によりいっとき衰退したが、1841年にグレート・ウエスタン鉄道が開通すると、かつての勢いを取り戻し、現在でも英国を代表する港町である。

歩き方

町の中心は、センター・プロムナードCentre Promenade周辺。鉄道駅、バスステーションともに町の中心部からは少し離れている。

i	ブリストル Tourist Information Centre
	2023年6月現在、ブリストルに公営の❸はない。

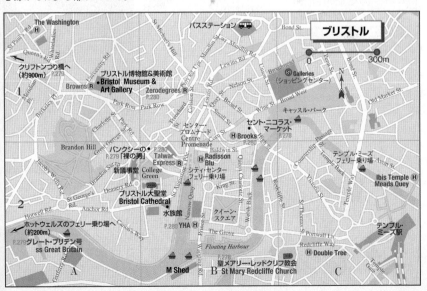

<table>
<tr><td colspan="2">Access Guide
ブリストル</td></tr>
<tr><td colspan="2">ロンドンから</td></tr>
<tr><td>🚆</td><td>所要:約1時間30分～2時間</td></tr>
<tr><td>月
｜
土</td><td>パディントン駅から6:00～23:32 (土6:30～23:30)の1時間に2便</td></tr>
<tr><td>日</td><td>8:13～23:33の1時間に1便</td></tr>
<tr><td>🚌</td><td>所要:2時間30分～45分</td></tr>
<tr><td>毎日</td><td>7:00～23:30の1時間に1～2便</td></tr>
<tr><td colspan="2">バースから</td></tr>
<tr><td>🚌</td><td>所要:約15分</td></tr>
<tr><td>月
｜
土</td><td>6:28 (土7:08)～翌1:01に頻発</td></tr>
<tr><td>日</td><td>9:35～23:35に頻発</td></tr>
<tr><td colspan="2">チェルトナムから</td></tr>
<tr><td>🚆</td><td>所要:40分～1時間</td></tr>
<tr><td>月
｜
土</td><td>6:14～23:03 (土6:55～22:12) の1時間に2便</td></tr>
<tr><td>日</td><td>10:10～22:52の1時間に1便</td></tr>
<tr><td colspan="2">カーディフから</td></tr>
<tr><td>🚆</td><td>所要:約50分～1時間30分</td></tr>
<tr><td>月
｜
土</td><td>5:07～21:45 (土6:40～21:10) の1時間に2便</td></tr>
<tr><td>日</td><td>9:36～20:45の1時間に1便</td></tr>
</table>

■**トゥート・バス Toot Bus**
TEL (01255)330 444
URL www.tootbus.com
🕙10:00～17:00 (9・10月は16:00)
※30分ごとの運行 (9・10月の平日は1時間ごと)。
休11～3月 料£17 (48時間有効)

■**聖メアリー・レッドクリフ教会**
住12 Colston Pde., BS1 6RA
TEL (0117) 231 0060
URL www.stmaryredcliffe.co.uk
🕗8:00～17:00 (日12:00～16:30)
休なし 料寄付歓迎

Information
セント・ニコラス・マーケット
St Nicholas Market

ブリストルの中心部には1743年創業という老舗のマーケットがある。一帯にさまざまなマーケットが展開し、屋内マーケット (日曜休み) やインディーズマーケット (金・土曜のみ) では各種ハンディクラフトを販売。毎週土曜にはコーン・ストリートでフリーマーケットも開催する。ワイン・ストリートには火・金曜にはストリートフードの屋台が並ぶ。常設の屋台もあり、ペルシアやカリブ、中国、イタリアなど世界の味を楽しめる。 Map P.277-B1

土曜に開催されるフリーマーケット

🚆 交通情報

空港 ブリストル空港はおもにイージージェットeasyJetやライアンエアRyanairなど格安航空会社の便が欧州各地とを結んでいる。空港から市内へは、エアポート・フライヤー Airport Flyerというバスが頻発している。テンプル・ミーズ駅まで約30分。

鉄道駅 イングランド中西部のメインターミナルでもあるテンプル・ミーズ駅Temple Meadsは町の東にある。町の中心までは約1km。徒歩で行くこともできるが、バスの便も多い。テンプル・ミーズ駅から徒歩で5分ほど西に行くと、聖メアリー・レッドクリフ教会がある。

バスステーション バスステーションは、町の北に位置している。鉄道駅同様、徒歩でも、市内バスでも町の中心へ行くことができる。市内バスは、8・9番がテンプル・ミーズ駅とバスステーション、センター・プロムナードを結び、さらに町の西にあるクリフトンつり橋付近まで行く。

観光バス トゥート・バスが中心部の見どころのほか、クリフトンつり橋など、中心から少し離れた見どころに行ってくれるので便利。

 「イングランドで最も美しく魅力的な教会」 Map P.277-C2
聖メアリー・レッドクリフ教会
St Mary Redcliffe Church

テンプル・ミーズ駅から町の中心部へ向かう途中にある。空に向かって伸びる尖塔が印象的な教会で、教区教会Parish Churchとしては国内最大の大きさを誇る。市内各地からそびえ立つ尖塔が見え、1574年にブリストルを訪れたエリザベス1世 ▶P.606は、この教会を「イングランドで最も美しく、魅力的な教区教会」と表現している。それを記念してか、教会内にはエリザベス1世の像も置かれている。

空に向かって伸びる尖塔が美しい

エイヴォン川クルーズ
🚢 **テンプル・ミーズ～シティ・センター～ホットウェルズ**
Temple Meads-City Centre-Hotwells
10:00～16:40の40分に1便程度 所要:1周80分
料10分£2 20分£4 30分£6 1日券£12
テンプル・ミーズからから西へ向かい、シティ・センター、グレート・ブリテン号、ブリストル・マリーナを経由し、マーチャンツ・ブリッジの手前、ホットウェルズまで行き、折り返してくる。途中下船可能。

ブリストル・フェリー・ボート Bristol Ferry Boat Co.
TEL (0117)927 3416 URL www.bristolferry.com

史上初の鉄製外洋航行船

Map P.277-A2

グレート・ブリテン号 ss Great Britain

ブリテン号は1843年にブルネルによって製作された史上初の鋼鉄製かつスクリュープロペラを備えた外洋航行船。

下から船を眺めることができる

近代的な船の先駆的、記念碑的な存在であった。見学は船内はもちろん、本来は水につかっているスクリュー部分も可能。敷地内にはブルネルをテーマにした博物館ビーイング・ブルネル Being Brunelもある。

ブリストルのシンボル

Map P.277-A1外

クリフトンつり橋 Clifton Suspension Bridge

グレート・ブリテン号と同じブルネルにより設計され、1864年に完成したエイヴォン渓谷に架かる橋。町の中心部からはやや離れているが、その美しい姿を見に訪れる人

エイヴォン渓谷に架かるクリフトンつり橋

は絶えない。夜はライトアップされ、さらに美しい。橋の西側には、ビジターセンターがあり、ここでは橋の建造までの様子を説明したパネルの展示やDVDの上映が行われている。

近郊の見どころ

Day out from Bristol

大地のエネルギーがあふれる小さな村

地図外

グラストンベリー
Glastonbury

グラストンベリーはストーンヘンジと並び、イギリスを代表するパワースポットとして知られている。古来から大地のエネルギーがあふれる場所とされ、伝説の王、アーサー王 P.605もこの地で埋葬されたという言い伝えが残る。数々の不思議な伝説から、村には神秘的な雰囲気が漂う。

グラストンベリー・アビー Glastonbury Abbey

町の中心部にあるグラストンベリー・アビーには1191年にアーサー王 P.605とその妻グィネヴィアの墓が発見された

という伝説が残っている。7世紀にはすでに宗教施設があったという記録があり、その後キリスト教会が建てられたが、16世紀に修道院は解散 P.608。現在は遺構があるのみだが、敷地内には博物館がある。

16世紀に解散したが保存状態はいい

■グレート・ブリテン号
住Great Western Dockyard,
Gas Ferry Rd., BS1 6TY
TEL (0117) 926 0680
URL www.ssgreatbritain.org
開3〜10月10:00〜17:00
　11〜2月10:00〜16:00
※最終入場は閉館の1時間前
休月
料£22　学生£18.50

Information

覆面芸術家バンクシーの「裸の男」

カレッジグリーン沿いのビルにはバスルームの窓からぶら下がる裸の男が描かれているが、これはブリストル出身のグラフィティ・アーティスト、バンクシーによるもの。無断で描かれた作品だが、市から特別に許可が下り、今では観光地となっている。

男の苦痛な表情がユニーク

Map P.277-B2

■クリフトンつり橋
交センター・プロムナードから8・9番で20〜40分
TEL (0117) 974 4664
URL www.cliftonbridge.org.uk
開随時　休無休
料歩行者と自転車は無料、自動車とバイクは£1
●ビジターセンター
開10:00〜17:00
休1/1、12/24・25　料無料

■グラストンベリーへの行き方
バステンプル・ミーズ駅から376番バス。1時間に1〜2便程度で、所要約1時間30分。途中ウェルズWellsで乗り換えになることもある。

i グラストンベリー
Tourist Information Centre

Map P.279
住St Dunstan's House,
1 Magdalene St., BA6 9EW
TEL (01458) 333 144
URL glastonburyinformationcentre.co.uk
開10:00〜15:00
休無休

グラストンベリー

Church of St John the Baptist
グラストンベリー・アビー
Glastonbury Abbey
ウェルズ行きバス
Chalice Well
Rural Life Museum
トールの丘
Tor
0　　400m

■グラストンベリー・アビー
住Gatehouse, Magdalene St., BA6 9EL
TEL(01458)832 267
URL www.glastonburyabbey.com
開10:00〜18:00
休無休
料£11〜12.10　学生£9.90〜11

トールの丘 Tor　村の南東にあるトールの丘はかつては海に浮かぶ島であったと伝えられており、不思議な力が秘められていると信じられてきた。丘の頂上にあるセント・マイケルの塔St Michael's Towerは14世紀に建てられたもの。標高は158mだが周囲には何もないので、頂上からの眺めはすばらしい。

丘の頂上にあるセント・マイケルの塔

HOTEL　　　　　　　　　　　RESTAURANT

　ブリストルの町の中心部には、高級ホテルやチェーン系ビジネスホテルは多いが、手頃なゲストハウスやB&Bは少ない。レストランやパブは町の中心、センター・プロムナードやパーク・ロウPark Row周辺に多い。

中級　23室　Map P.277-B1
ブルックス Brooks Guesthouse Bristol

住St Nicholas St., BS1 1UB
TEL0345 371 9726
URL www.brooksguesthousebristol.com
♣/♣♣🛏📶🔌🅿£93〜
━MV

全室	全室	全室	なし	なし	無料

　セント・ニコラス・マーケットのすぐ近く。基本的にシンプルな内装だが、屋上にはキャンピング・カーを改装したレトロ・ロケットという個性的な部屋もある。

ユース　37室　Map P.277-B2
YHAブリストル YHA Bristol

住14 Narrow Quay, BS1 4QA
TEL0345 371 9726
URL www.yha.org.uk
DOM 📶🔌£20〜
♣🛏📶🔌£45〜　♣♣🛏📶🔌£50〜
━MV

なし	希望者	なし	全室	なし	一部無料

　町の中心部にある絶好の立地。ひと部屋当たりのベッド数は4〜6で、男女別。カフェバーやキッチンなど設備は調っていて、掃除も行き届いている。

Map P.277-B2　　　　　　　　　　　　インド料理
タルワー・エクスプレス Talwar Express

　チェンナイ出身のオーナーが2023年にオープン。気軽なストリートフードがコンセプトだが、時間をかけてていねいに作られた料理はどれも絶品。ターリー（定食）はベジが£12.50、ノンベジが£14.50。ビルヤーニは日替わりで£15。
住7 St Augustine's Pde., BS1 4XG　TEL(0117)403 0250
URL www.talwarexpress.com　開17:00〜22:00（土・日12:00〜15:00 17:00〜22:00）　休月　━AMV　🛜店内可

自家製ビールと窯焼きピザが絶品
ゼロディグリーズ Zerodegrees

ダイニングバー　　　　ピザ
Map P.277-B1
住53 Colston St., BS1 5BA
TEL(0117)925 2706
URL www.zerodegrees.co.uk
開12:00〜23:00（金・土〜24:00、日〜22:00）　休無休　━AMV　🛜店内可
ビール醸造設備のあるレストラン。店内で醸造されたビールと、窯焼きのピザを楽しむことができる。食事はパスタが£12.95〜、ピザが£11.50〜。ビールは1パイント£5.95〜。不定期で割引キャンペーンを行っているので、ウェブサイトをチェック。

かわいらしい村が点在する
コッツウォルズ
Cotswolds

毛織物取引で栄えたストウ・オン・ザ・ウォルド

チェルトナム
サイレンセスター
コッツウォルズ
ロンドン

人口	市外局番
9万8000人	01242（チェルトナム）
グロスターシャー州ほか	
Gloucestershire	

　イングランドでも屈指の美しさを誇るカントリーサイド、それがコッツウォルズ地方だ。淡い緑のなかで点々と白い羊たちが草を食む、のどかな風景が続く。

　コッツウォルズの町を彩るのは、この地方で採れる石灰岩、ライムストーンLimestoneだ。北東部ではハチミツ色をしたこのライムストーンは、中部では黄金色となり、さらに南西に下るに従って真珠のような柔らかい白色へと変化してゆく。茅葺きの帽子をかぶった民家を眺めながら、のんびりとした時間を過ごすことこそが、コッツウォルズを旅する楽しみのひとつである。

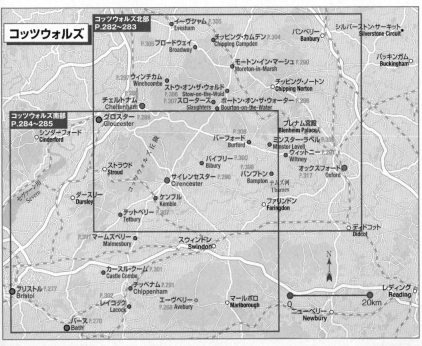

コッツウォルズ

セヴァーン川 Severn
テムズ河 Thames
コッツウォルズ丘陵
0　　　20km

281

コッツウォルズ北部

0 ━━━ A38 5km

A4104

A4538

バーショア
Pershore

Fladbury

Offenham

Middle Littleton

South Littleton

Bretforton

A44

イーヴシャム
Evesham

Hanley Swan
B4211
Hanley Castle

Defford

Birlingham

A4080

Bricklehampton

Eckington

Great Comberton

Netherton

Wickhamford

Weston sub Edge

チッピング・カム
Chipping Cam

Naunton
Uckinghall
Stratford
Ripple

Bredon's Norton

Hinton on the Green

Saintbury
Willersey

A4081

Little Welland

Longdon
M50
A38

Bredon

Kemerton

Sedgeberrow

Dumbleton

Laverton
Buckland

ブロードウェイ
Broadway

Sledge Green

The Myth

Beckford

Great Washbourne

B4078

Stanton
スノウズヒル
Snowshill

A44

コッツウォルド・ラベンダー
Cotswald Lavender

テュークスベリー
Tewkesbury

Walton Cardiff

Alderton

Corse Lawn

Fiddington

P.309 グロスターシャー・ウォーリックシャー鉄道
Gloucestershire Warwickshire Railway

Cutsdean

Ford

Dourton-ori

B4211
B4213
Tirley

Tredington

Stoke Orchard

A435

ウィンチカム
Winchcombe

シュードリー城
Sudeley Castle

Temple Guiting

Hasfield
Hardwicke
A38

ビショップス・クリーヴ
Bishop's Cleeve

P.297

コッツウォルド・ワイルドライフ・パーク
Cotswold Wildlife Park

White End

Boddington

M5

チェルトナム競馬場
Cheltenham Racecourse

ギティング・パワー
Guiting Power

Barton
P.307

アッパー・スローター
Upper Slaughter

Norton

A4019

ノーントン
Naunton

Sandhurst

チェルトナム P.268
Cheltenham

Hawling

P.307 ロウアー・スロータ
Lower Slaug

Longford
A40

チャールトン・キングス
Charlton Kings

A436

P.298 ボートン・オン・ザ・ウォーター
Bourton-on-the-Water

グロスター P.289
Gloucester

レックハンプトン
Leckhampton

Salperton

Cold Aston

A429

Brockworth

Foxcote

Shipton

Hazleton

クラプトン・オン・ザ・ヒ
Clapton-on-the-+

A38

Seven Springs

A436

Compton Abdale

A40

Farmingt
She

Brookthorpe

Coberley

Withington

Hampnett

ノースリーチ
Northleach

Eastington

B4080

M5

Cranham

Cowley

A417

Colesbourne

Yanworth

A46

Elkstone

A435

Chedworth

Coln St Dennis

Haresfield
A4173
Painswick
Edge

Sheepscombe
The Camp

Syde

Winstone

Rendcomb

Woodmancote

Foss Cross

Winson

Pitchcombe
Slad

B4070

Sudgrove

North Cerney

ストラウド
Stroud

Edgeworth

Daglingworth

Bagendon

A429

アーリントン
Arlington

バイブリー
Bibury

Stroud Green
Randwick

Bisley

Baunton

Statton

バーンズリー・ハウス
Barnsley House

Eastcombe

B4070

サイレンセスター P.290
Cirencester

Sunhill

Amberley

Hyde

A419

Coates

Preston

Fairford

Nympsfield
A46

ネイルズワース
Nailsworth

Cherington

Tarlton

Siddington

Driffield

Meysey Hampton

Horsley

Avening

Rodmarton

テムズ河水源
Source of The Thames

ケンブル
Kemble

Down Ampney

Tiltups End

B4014

A433

A429

Poole Keynes

コッツウォルド・ウォーター・パーク
Cotswold Water Park

Kingscote

テットベリー
Tetbury

Crudwell

Somerford Keynes

Ashton Keynes

A419

Beverstone
Lasborough

A4135

Crudwell

Oakseys

Seven Bridges

A46
Leighterton

Doughton

Long Newnton

Eastcourt

Leigh
スウィンドン＆クリックレイド鉄道
Swindon & Cricklade Railway

Purton Stoke

Blundso
St Andr

A433
Westonbirt

Brokenborough

Upper Minety

Hankerton

Minety

B4040

コッツウォルズ南部

0 Upper Lydbrook Brierley 5km

N

Kerne Bridge
Hope Mansell
Glasshouse Hill
Bulley
Highham
Huntley
Birdwood
Oakle Street
グロスター
Gloucester
レックハンプトン
Leckhampto

Edge End
シンダーフォード
Cinderford
Blaisdon
Northwood Green
Minsterworth
Brockworth

Mile End
Cannop
Ruspidge
Boxbush
Longney
Hardwicke
Cranham
Rodley
Brookthorpe

Milkwall
Parkend
Arlingham
Saul
Haresfield
Painswick
Sheepscombe
The Camp

Ellwood
Yorkley
Awre
Whitminster
Edge
Pitchcombe
Slad
Sudgrove

Bream
Nibley
Blakeney
ストラウド
Stroud
Stroud Green
Randwick
Bisley

ディーン・フォレスト鉄道
Dean Forest Railway
Eastington
Eastcombe

Aylburton
Alvington
Sharpness
Wanswell
Cambridge
Slimbridge
Frocester
Hyde
Amberley
Nympsfield
ネイルズワース
Nailsworth
Cherington

Brookend
Berkeley
Lower Cam
Cam
ダースリー
Dursley
Horsley
Avening
Rodmarte

Bevington
Newport
Woodford
Stinchcombe
North Nibley
Kingscote
Tiltups End
Cr

Shepperdine
Hill
Stone
Fakfield
Torworth
Wotton-under-Edge
Lasborough
Beverstone
テットベリー
Tetbury

Oldbury Naite
Oldbury-on-Severn
Whitfield
Wortley
Tresham
Leighterton
Doughton
Long Newnto

Littleton-on-Severn
Elberton
ソーンベリー
Thornbury
Cromhall
Alderley
Hillesley
Westonbirt
マームズベリー
Malmesbury
Brokenborou

Olveston
Tockington
Alveston
Tytherington
Wickwar
Knockdown
Didmarton
Easton Grey
Foxley

Earthcott Green
Itchington
Hawkesbury
Sopworth
Sherston
Norton
Corston

バッチウェイ
Patchway
Iron Acton
Horton
Little Badminton
Luckington
Alderton
Startle
Lower

フィルトン
Filton
フランプトン・コットレル
Frampton Cotterell
イェート
Yate
チッピング・ソドベリー
Chipping Sodbury
Badminton
Upp Seag

Horfield
Stoke Gifford
Hambrook
Wapley
Dodington
Dodington Ash
Burton
Castle Combe
Kingt Lang

マンゴッツフィールド
Mangotsfield
Hinton
Tormarton
West Kington
Keynell

ブリストル
Bristol
キングズウッド
Kingswood
Hanham
Abson
Wick
Dyrham
North Wraxall
The Shoe
Ford
Hardenhuish
チッペ
Chippe

Brislington
Oldland
エイヴォン・バレー鉄道
Avon Valley Railway
Nimlet
Pennsylvania
Cold Ashton
Thickwood
Cross Keys

Langridge
Lansdown
Box
コーシャム
Corsham
レイコック
Lacock

Whitchurch
Queen Charlton
Saltford
Kelston
Charlcombe
Weston
Batheaston
Bathford
Neston
Bowo Hill

Burnett
Corston
Bathampton
バース
Bath
Monkton Farleigh
Atworth
メルクシャム
Melksham

Belluton
グラストンベリーへ40km
Publow
Hunstrete
Marksbury
ブラッドフォード・オン・エイヴォン
Bradford-on-Avon
Norrington Common

284

コッツウォルズ
観光ハイライトとエリアガイド

コッツウォルズは広いエリアに小さな町や村が点在している。ハチミツ色のコッツウォルズ・ストーンで作られた家々が並ぶ。時間があれば村のフットパスを歩いてみよう。美しい風景を眺めながら歩くというのもコッツウォルズの醍醐味。

スノウズヒル（→ P.306）

バーフォード
（→ P.308）

スローターズ
（→ P.307）

ウィットニー（→ P.291）

ブロード・カムデン（→ P.304）

コッツウォルズ北部

コッツウォルズ丘陵に小さな町や村が多く点在している。ハチミツ色の家が並ぶ町並みを見るのなら北部がおすすめ。

ウィンチカム
Winchcombe P.297

バラ庭園で有名なシュードリー城があることで知られている

モートン・イン・マーシュ
Morton-in-Marsh P.290

ロンドンからの列車が到着するコッツウォルズ北部の玄関口

チェルトナム
Cheltenham P.288

コッツウォルズ北中部のバス路線が発着する交通の起点

ストラトフォード・アポン・エイヴォン

イーヴシャム

ブロードウェイ

モートン・イン・マーシュ

ウィンチカム

ストウ・オン・ザ・ウォルド

チェルトナム

ボートン・オン・ザ・ウォーター

グロスター

ボートン・オン・ザ・ウォーター
Bourton-on-the Water P.298

「コッツウォルズのヴェネツィア」と称され、川と橋とが織りなす町並みが美しい

サイレンセスター
Cirencester P.290

コッツウォルズの中央部に位置しており、町にはホテルやB&Bが多い

バイブリー

サイレンセスター

テットベリー

バイブリー
Bibury P.300

伝統的な家屋が多く並び、コッツウォルズらしい風景が楽しめる村

スウィンドン

カースル・クーム
Castle Combe P.301

可愛らしい家々が並ぶ小さな村。マナーハウスがあることでも知られる

コッツウォルズ南部

石造りの古い家々が並ぶ村が多い。北部に比べて交通の便がよくないので、ツアーやレンタカーなどを利用するのも手。

レイコック
Lacock P.302

村はずれのレイコック・アビーは映画やテレビ番組でよく使用される

チェルトナム Tourist Information Centre

2023年6月現在、チェルトナムに公営の🛈はない。

ロイヤル・ウェル・バスステーション

チェルトナムの見どころ

ホルスト・ヴィクトリアン・ハウス➡ **P.308**
グロスターシャー・ウォーリックシャー鉄道 ➡ **P.309**

コッツウォルズ 起点となる町

起点となる町は多いが、北部を巡るなら**チェルトナム**と**ストラトフォード・アポン・エイヴォン** P.328 が交通の便がいい。南部を訪れるのなら**バース** P.270 も起点となる。

起点の町 チェルトナム
Cheltenham

華やかな雰囲気のモンペリエ・ストリート

かつては羊毛の取引が主産業の小さな村だったが、1715年に温泉が発見されると、チェルトナムは保養地として発展する。町にはギリシア・ローマ風の建物や並木通り、劇場などが次々と造られ、独特の雰囲気を醸し出している。

歩き方 町の中心を南北に走るのは**プロムナード**Promenade Map P.288左-1・2 。プロムナードに面したインペリアル・ガーデンズImperial Gdns.に建つ大きな建物はタウンホールTown Hall。

南西に延びる**モンペリエ・ストリート**Montpellier St.を中心としたモンペリエ地区は、おしゃれな界隈で、雰囲気のよい店やカフェ、レストランが多い。

交通情報　鉄道駅 駅から中心街まで歩くと20分ほどかかる。重い荷物を持っている場合は、バスで行こう。駅前からステージコーチ社の市内バスDに乗ると、5～10分でハイ・ストリートHigh St.のバス停に到着する。逆に、町の中心からチェルトナム・スパ駅へは、ハイ・ストリートからDのバスに乗る。

バスステーション　ロイヤル・ウェル・バスステーション Royal Well Bus Station Map P.288左-1 には、ナショナル・エ

クスプレスの長距離バスをはじめ、ウィンチカムやモートン・イン・マーシュなどコッツウォルズ中部へのバスも発着する。

ホテル　チェルトナムの市内にはホテルやB&Bも多く、コッツウォルズ観光の起点としても便利な町。町の北、ピットヴィル公園周辺にB&Bやゲストハウスは多い。

グロスター
Gloucester

グロスター・ドック。奥には大聖堂が見える

　ローマ時代以来の歴史をもつ町で、中世に聖ピーター修道院として建てられたグロスター大聖堂とともに発展し、産業革命期には鉄道や運河を使った物流の要衝でもあった。ピーターラビットを生んだビアトリクス・ポター P.609 の童話『グロスターの仕立屋』の舞台としても知られ、映画『ハリー・ポッターと賢者の石』では多くのシーンがグロスター大聖堂で撮影された。

歩き方　駅やバスステーションは町の東側にあり、町の中心部の**ザ・クロス**The Crossまでは歩いて10分弱。ザ・クロスのあたりでは毎週金曜の午前中からファーマーズ・マーケットFarmers Marketsが開かれる。

　ザ・クロスからサウスゲート・ストリートSouthgate St.を南西に歩くとおしゃれに生まれ変わった船着場、**グロスター・ドック**Gloucester Docksに達し、グロスター運河博物館Gloucester Waterways Museumやショッピングセンターなどがある。

ホテル　チェルトナムに比べるとホテルの数は少なめ。中心部に中級ホテルが数軒ある程度。

グロスター

P.309 グロスター大聖堂 Gloucester Cathedral

キングスホルム・スタジアムへ

Westgate St.

Comfy Pew R

P.309 『グロスターの仕立屋』の家 House of the Tailor of Gloucester

The Quay

London Rd.

チェルトナムへ

New Inn P.311

Station H

鉄道駅

聖マイケル・タワー St Michael's Tower

ザ・クロス The Cross

Kings Sq.

P.311 New County

ギルドホール Guildhall

Kings Walk S.C.

Eastgate S.C.

グロスター・ドック Gloucester Docks

グロスター美術館&博物館

P.289 グロスター運河博物館 Gloucester Waterways Museum

Tank Bar P.316

0　　200m

A　　　　B

イングランド中央部

コッツウォルズ

Information

チェルトナム美術館&博物館
Cheltenham Art Gallery & Museum: The Wilson

チェルトナム内外の美術品や町の歴史、地誌の資料などが展示され、企画展も行われている。

Map P.288左-1
住Clarence St., GL50 3JT
TEL(01242)387 492
URLwww.cheltenhammuseum.org.uk
開10:00〜18:00（日〜16:00）
休月、1/1、イースター、12/25
料寄付歓迎
館内撮影一部不可　フラッシュ不可

Access Guide
グロスター

ロンドンから

🚃 所要：約1時間50分

月〜土 パディントン駅から5:23〜22:28（土6:30〜21:30）の1時間に2便
日 8:23〜22:15の1時間に1便

🚌 所要：3時間〜3時間30分

毎日 7:30〜23:59の1〜2時間に1便

チェルトナムから

🚃 所要：約10分

月〜土 チェルトナム・スパ駅から5:37〜23:03の1時間に1〜3便
日 9:21〜22:45の1時間に1〜3便

🚌 所要：約40分

毎日 プロムナードのバス停から94番のバスが24時間頻発している

バーミンガムから

🚃 所要：約1時間

月〜土 ニュー・ストリート駅から5:00〜22:12（土〜21:12）の1時間に3便
日 9:30〜21:12の1時間に1便程度

i グロスター
Tourist Information Centre

2023年6月現在、グロスターに公営の❸はない。

グロスターの見どころ

グロスター大聖堂 ➡ P.309
「グロスターの仕立屋」の家 ➡ P.309

Information

グロスター運河博物館
Gloucester Waterways Museum

ヴィクトリアン・ドックの倉庫として使われていた建物を改装した博物館。運河の歴史を学んだり、かつて使用されたボートなども展示されている。

Map P.289-A2
住Llanthony Warehouse, The Docks, GL1 2EH　**TEL**(01452)915 676
URLcanalrivertrust.org.uk
開2〜10月10:00〜16:00
11〜1月11:00〜16:00
休月（7・8月はオープン）・日、1/1、12/23〜29　**料**£8.50　学生£7.50

289

Access Guide
モートン・イン・マーシュ
ロンドンから

| | 所要:約1時間40分 |

月〜土　パディントン駅から5:53〜22:51 (土 5:52〜21:52)の1時間に1便程度

日　7:36〜21:49の1時間に1便程度

乗り換え情報

●チェルトナムから
🚃ウスターシャー・パークウェイ駅
Worcestershire Parkway経由で約1時間

---

i **モートン・イン・マーシュ**
Tourist Information Centre

Map P.290上
🏠High St., GL56 0AZ
☎(01608)650 881
🕐8:45〜17:00
　(夏期の土10:00〜13:00)
休土・日・祝、1/1、12/25・26

北部周遊の起点となるモートン・イン・マーシュ

Access Guide
サイレンセスター
ロンドンから

| | 所要:2時間5分〜3時間10分 |

毎日　9:00 10:30 12:00 14:00 16:30 19:00 20:30 23:30

チェルトナムから

| | 所要:約40分 |

プロムナードのバス停から51番
(時刻表→P.293)

---

i **サイレンセスター**
Visitor Information Centre

Map P.290下-A
🏠Park St., GL7 2BX
☎(01285)654 180
🕐4〜10月10:00〜17:00
　(日14:00〜17:00)
　11〜3月10:00〜16:00
　(日14:00〜16:00)
休1/1、12/24〜26

サイレンセスターの見どころ
パリッシュ・チャーチ➡ P.310
コリニウム博物館➡ P.309

起点の町 # モートン・イン・マーシュ
Moreton-in-Marsh

13世紀以来商業の町として発達してきた。毎週火曜にはコッツウォルズ最大級の青空市場が開かれる。

交通情報　鉄道がロンドン、オックスフォード方面とを結んでいる。イースト・ストリートのバス停は多くのバスが停車する。

ホテル　小さい町だが宿は多い。バス停周辺には高級感のあるホテルがあり、B&Bはハイ・ストリートからストウ・ロードStow Rd.にかけてと、東のロンドン・ロードLondon Rd.に集中している。

起点の町 # サイレンセスター
Cirencester

ローマ時代に「コリニウム・ドブンノルムCorinium Dobunnorum」と呼ばれていた頃まで遡る。町の歴史は、コリニウム博物館で学ぶことができ、*i*もコリニウム博物館内に設置されている。

マーケット・プレイスではコッツウォルズで最も規模の大きなマーケットが開かれる

歩き方　マーケット・プレイスMarket Pl.が町の中心で、商店やレストランはこの周囲に集まっている。

交通情報　バス停はマーケット・プレイスからノースウェイNorthwayを入った所にある。ここからはチェルトナム行き

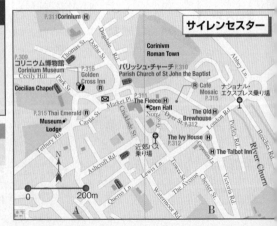

のバスやバイブリーなどの近郊へ行くバスが発着する。ナショナル・エクスプレスの長距離バスは町の東、ロンドン・ロードLondon Rd.沿いのバス停に停車するので要注意。

ホテル　ホテルはパリッシュ・チャーチ周辺に数軒並び、B&Bは町の東のヴィクトリア・ロードVictoria Rd.沿いに集中している。

起点の町
チッペナム
Chippenham

　この地域では比較的大きな町で、1000年以上の歴史をもつ。中心には聖アンドリュー教会St Andrew's Churchをはじめ、歴史的な建物も残る。

歩き方　町の中心はハイ・ストリートHigh St.。この通りから南に続くマーケット・プレイスMarket Pl.には商店が多い。さらに坂を上るとバスステーションがあり、カースル・クームやレイコック、バースへのバスが発着する。

ホテル　マーケット・プレイス周辺に数軒ある。B&Bは鉄道駅の北側、マーシュフィールド・ロードMarshfield Rd.と、それに続くブリストル・ロードBristol Rd.沿いに多い。

起点の町
ウィットニー
Witney

　オックスフォードから約20kmほど西に位置する町で、バーフォードやバンプトンなど、オックスフォードシャーに位置する村々を巡る起点となる。ウィットニーは古くから羊毛業で栄えた町であったが、近年はホブゴブリンなど、地ビール産業でもよく知られている。

歩き方　町の中心はマーケット・スクエアMarket Sq.。周辺には商店や銀行、バス停などが並ぶ。

ホテル　中心部にはホテルが数件あるが、B&Bは周辺に点在している。

Access Guide
チッペナム
ロンドンから

	所要：約1時間10分
月〜土	パディントン駅から5:23（土6:30）〜23:30の1時間に1〜2便
日	8:13〜23:37の1時間に1〜2便

バースから

	所要：約15分
月〜土	5:35〜22:53（土5:43〜22:44）の1時間に2便
日	7:58〜22:43の1時間に1〜2便

i **チッペナム**
Community & Visitor Information Centre

2023年6月現在、チッペナムに公営の❶はないが、コミュニティ・センターでバスの時刻表がもらえる。

町の中心にある聖アンドリュー教会

Access Guide
ウィットニー
オックスフォードから

	所要：30〜50分
月〜土	S1、S2などのバスが5:50〜翌0:45（土6:05〜）の15〜30分に1便
日	7:25〜翌0:15の1時間に1〜2便

チェルトナムから

	所要：約1時間

バスS2番（時刻表→P.293）

i **ウィットニー**
Tourist Information Centre

2023年6月現在、ウィットニーに公営の❶はない

ウィットニーのマーケット・スクエア

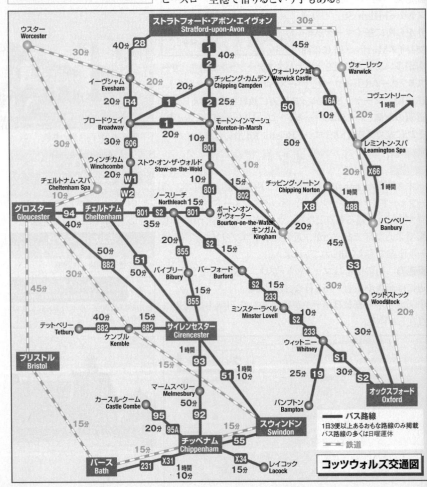

コッツウォルズ エリア内の交通

Information

コッツウォルズを公共交通機関で周遊

プルハム・アンド・サンズPulham & Sons社がエクスプローラー・チケットExplorer Ticketを販売。チェルトナムやサイレンセスターなどのバスが乗り放題で、ボートン・オン・ザ・ウォーターやバイブリーを訪問できる。購入は乗車時に運転手から。価格は£10。

また、コッツウォルズ・ディスカバラー・パスCotswolds Discoverer Passは、特定の路線の鉄道とバスを1日無制限で乗ることができるパス。下記マップのすべてが乗り放題になるわけではなく、鉄道はスウィンドン〜グロスター〜チェルトナム・スパ間とオックスフォード〜モートン・イン・マーシュ間のみで、平日8:50以前の利用は不可。バスは、ステージコーチ・ウエスト社のバスが乗り放題になるが、S2番は利用できず、下記マップで乗り放題になる路線は94、51、233、882番。主要鉄道駅の有人チケット売り場、あるいはバスの運転手から購入可。価格は£13。

鉄道

コッツウォルズ丘陵を迂回するように鉄道路線が走っているため、あまり便利ではないが、日曜にも運行しているのは強みだ。

バス

コッツウォルズを巡るバスの便は決して多くはないが、うまく利用すれば小さな町や村を訪ねながら回ることができる。

レンタカー

交通の便が悪い村も多いので、レンタカーの利用が便利。しかし、レンタカー会社は多くなく、チェルトナムやグロスターなどに数軒あるくらい。ロンドンから近いので、ヒースロー空港で借りるという手もある。

コッツウォルズ交通図

コッツウォルズ

バス路線番号	路線詳細・運行頻度

1
日曜運休
ストラトフォード・アポン・エイヴォン→チッピング・カムデン→ブロードウェイ→モートン・イン・マーシュ
ストラトフォード・アポン・エイヴォン発 7:55 (学校の休暇期間を除く) 9:05 13:05 16:50
モートン・イン・マーシュ発9:23 12:26 17:25

2
日曜運休
ストラトフォード・アポン・エイヴォン→チッピング・カムデン→モートン・イン・マーシュ
ストラトフォード・アポン・エイヴォン発7:45 (学校の休暇期間を除く) 11:05 15:45
モートン・イン・マーシュ発 10:45 15:05 18:45

28
ストラトフォード・アポン・エイヴォン→イーヴシャム
ストラトフォード・アポン・エイヴォン発5:35〜18:15 (土6:54〜18:08) の1時間に1〜2便、日8:55 11:25 13:25 15:25 17:30
イーヴシャム発6:18〜19:24 (土7:52〜19:08)の1時間に1〜2便、日10:12 12:11 14:11 16:11 18:46

801
モートン・イン・マーシュ→ストウ・オン・ザ・ウォルド→ロウアー・スローター(最寄りのバス停)→ボートン・オン・ザ・ウォーター→ノースリーチ(一部便通過)→チェルトナム ※日曜は夏期のみ運行 (2便程度)
モートン・イン・マーシュ発7:00 8:00 9:20 10:50 12:20 13:50 15:05 16:30 17:40 18:40 19:40
チェルトナム発7:30 (土曜運休) 8:45 10:15 11:45 13:15 14:55 16:15 17:15 18:15

606
(チェルトナム→)ウィンチカム→ブロードウェイ (→チッピング・カムデン)
ウィンチカム発9:30 16:10 18:50
ブロードウェイ発7:06 11:34 17:39

802
日曜運休
キンガム→ストウ・オン・ザ・ウォルド (→ボートン・オン・ザ・ウォーター)
キンガム発7:18 8:40 10:48 12:55 13:50 17:20 19:25 (土11:15 13:15 16:15 18:15)
ストウ・オン・ザ・ウォルド発5:58 7:00 7:59 10:28 12:33 13:35 18:58 (土10:33 12:33 15:33 17:33)

19
日曜運休
ウィットニー→バンプトン
ウィットニー発6:30 (土曜運休) 8:30 10:30 12:30 13:30 15:30 17:45 18:55
バンプトン発6:46 (土曜運休) 7:41 9:51 11:51 13:51 14:51 16:51 18:56

233/234
日曜運休
ウィットニー→ミンスター・ラベル→バーフォード
ウィットニー発6:20〜19:05 (土6:35〜) の1時間に2便
バーフォード発6:10〜19:37 (土6:25〜19:47) の1時間に2便

S2
オックスフォード→ウィットニー→バーフォード→ノースリーチ→チェルトナム
オックスフォード発7:00 9:05 11:05 13:05 15:05 17:15 (土7:05 9:05 11:05 13:05 15:05 17:05 日11:10 16:10)
チェルトナム発6:45 9:05 11:05 13:05 15:50 17:15 19:20 (土7:05 9:05 11:05 13:05 15:05 17:05 日9:15 14:15)

W1/W2
日曜運休
チェルトナム (ピットヴィル・ストリート)→ウィンチカム (オールド・ポリス・ステーション)
チェルトナム発6:10〜18:00の1時間に1便
ウィンチカム発6:42〜18:37の1時間に1便

51
チェルトナム (プロムナード)→サイレンセスター (→スウィンドン)
チェルトナム発6:50〜19:20 (土8:05〜19:05)の1時間に1便 (日9:05 11:05 13:05 15:05 17:05)
サイレンセスター発6:00〜18:30 (土7:15〜18:15)の1時間に1便 (日8:15 10:15 12:15 14:15 16:15)

882
日曜運休
(グロスター→)サイレンセスター→ケンブル→テットベリー (Ⓚ=ケンブル止まり)
サイレンセスター発6:25 8:32Ⓚ 10:53 12:05 14:05Ⓚ 15:52 17:40 (土8:00 11:15 14:40)
テットベリー発7:30 11:35 12:40 17:00 18:43 (土9:00 12:30 15:15)

855
日曜運休
サイレンセスター→バイブリー→ノースリーチ (→ボートン・オン・ザ・ウォーター、モートン・イン・マーシュ)
サイレンセスター発9:00 11:00 13:15 15:00 17:30
ノースリーチ発7:15 (土、学校の休暇中は7:40) 10:15 11:55 (バイブリーには寄らない) 14:00 16:30

95/95A
日曜運休
チッペナム→カースル・クーム
チッペナム発10:25 12:25 14:25 16:30 17:40 (土11:25 14:25 17:05)
カースル・クーム発10:50 12:53 16:58 (土8:56 11:56 14:56 17:31)

X34
日曜運休
チッペナム→レイコック
チッペナム発6:30〜17:30 (土8:00〜17:30) の1時間に1〜2便
レイコック発7:11〜18:33 (土7:38〜18:09) の1時間に1〜2便

92
日曜運休
チッペナム→マームズベリー
チッペナム発7:20〜18:45 (土8:42〜18:05)の1時間に1便
マームズベリー発7:13〜18:00 (土7:30〜17:10)の1時間に1便

※2023年6月現在。最新の情報は🔗www.traveline.infoなどで確認を

コッツウォルズ モデルルート

公共交通機関の便が悪いのでロンドンやバース発のツアー（→P.295）が便利。バスで回るならチェルトナムやバースが起点となる。

チェルトナム発 公共交通機関で巡る
コッツウォルズ北部 1 日コース

07:35 チェルトナム ➡ 🚌 ➡ 08:40 サイレンセスター 11:00 🚌 ➡ **51番**
11:17 バイブリー **855番**

午前

プロムナード発のサイレンセスター行き51番のバスで終点下車。バイブリーへ行く前までに、コリニウム博物館とパリッシュ・チャーチを見学しよう。11:00発、855番のバイブリー行きのバスに乗り、スワン・ホテル前で下車。バイブリーはアーツ＆クラフツ運動の旗手ウィリアム・モリスが絶賛したという、緑に包まれた美しい村。アーリントン・ロウで記念撮影したり、バイブリー・トラウト・ファーム内を散策したり思いおもいに過ごそう。バス停前のスワン・ホテルのカフェで昼食を取るのもおすすめ。

歴史あるサイレンセスターは街歩きも楽しめる

13:32 バイブリー ➡ 🚌 ➡ 13:51 ノースリーチ 13:55 ➡ 🚌 ➡ **855番** **801番**
14:12 ボートン・オン・ザ・ウォーター 15:40 ➡ 🚌 ➡ 16:45 チェルトナム **801番**

午後

855番のバスと801番のバスを乗り継いで、ボートン・オン・ザ・ウォーターへ向かう。真ん中にウィンドラッシュ川が流れるボートン・オン・ザ・ウォーターは水辺の美しい村。川岸の緑に座り、あたりを見ているだけでも癒やされる心地がする。加えて村にはモデルヴィレッジやコッツウォルド自動車博物館、バードランドなどの見どころが数多くある。

水路に囲まれた美しい村

バース発公共交通機関で巡る
コッツウォルズ南部 1 日コース

09:36 バース ➡ 🚃 ➡ 09:55 チッペナム 10:25 ➡ 🚌 ➡ 10:50 カースルクーム **95番**

午前

バース・スパ駅から鉄道でチッペナムへ。35番のバスに乗り、終点のマーケット・クロスMarket Crossで下車。カースル・クーム行きのバスは便数が少ないので遅れないように。カースル・クームは、昔ながらの家並みが美しい村。次のバスまで2時間あるので、のんびり過ごそう。時間に余裕があればフットパスでアッパー・カースル・クーム方面へウオーキングもおすすめ。

小さな村なのですぐに一周できる

12:53 カースルクーム ➡ 🚌 ➡ 13:38 チッペナム 14:05 ➡ 🚌 ➡ **95番** **X34番**
14:25 レイコック 16:59 ➡ 🚌 ➡ 17:12 チッペナム ➡ 17:36 🚃 18:46 バース **X34番**

午後

午後はチッペナム行きのバスに乗り、バスステーションへ。チッペナムで軽い昼食をとって、チッペナムからフロムFrome行きX34番のバスに乗り、レイコックのジョージ・インGeorge Inn前で下車。レイコック最大の見どころのレイコック・アビーを見学しよう。帰りのバスは18時台まであるので、時間をとっての見学もできる。

レイコック・アビー

コッツウォルズ 現地発着ツアー

近隣のバースやオックスフォードなどからツアーが出ているが、ロンドンからの日帰りツアーも人気。

バース発着

ザ・コッツウォルズ・ビレッジ・エクスペリエンス

3～10月の月・水・金8:30発　所要8時間45分　图£70

ミニバスで回る少人数限定1日ツアー。行き先はその日によって変わるが、カースル・クームやバイブリー、ボートン・オン・ザ・ウオーターなどへ行くことが多い。

ストーンヘンジとコッツウォルズの村々

夏期毎日8:30発　所要8～9時間　图£70～

まずストーンヘンジを見学し、次いでカースル・クーム、エーヴベリーのストーンサークルを訪れる。いくつかのフォトストップを経て、レイコックへ。ツアー料金にストーンヘンジの入場料は含まれていない。

ストーンヘンジ・スペシャル

6～8月の水18:45発　所要5時間　图£99

人のいなくなる日暮れ時に訪れ、静かで神秘的なストーンヘンジを体験できるツアー。

マッド・マックス・ツアーズ Mad Max Tours
☎079 9050 5970
URL www.madmaxtours.co.uk 🚌 ◎予約必須

北コッツウォルズ発着

クラシック・コッツウォルズ・プライベートツアー

10:00発　所要7時間　图£450～（グループ）

ストウ・オン・ザ・ウォルドやボートン・オン・ザ・ウォーター、チッピング・カムデンなどを訪れる。グループは8人までで、北コッツウォルズ内のホテルに無料送迎してくれる。

コッツウォルズ半日観光ツアー

希望時間発　所要5時間　图£350～（グループ）

スローターズやボートン・オン・ザ・ウォーター、ブロードウェイ・タワー、チッピング・カムデン、ストウ・オン・ザ・ウォルドなどから自由に選んで旅程を組むことができる。8人乗りの専用車とガイドが含まれる。

コッツウォルズ・アドベンチャーズ
Cotswolds Advemtures
☎074 6841 2201
URL www.cotswoldsadventures.jp 🚌 ◎予約必須

レイコック・アビーが有名なレイコックの村は、歩いて30分もあれば1周できるような小さな村

ロンドン発着

憧れのコッツウォルズ周遊1日観光ツアー

毎日8:40発　所要10時間20分　图£81～89

コッツウォルズのハイライトともいうべき、バーフォード、バイブリー、ボートン・オン・ザ・ウォーター、ストウ・オン・ザ・ウォルドの4つの村を日本語アシスタントと一緒に巡る。それぞれ1時間程度の自由時間が設けられている。

「ダウントン・アビー」ロケ地の村とブレナム宮殿、コッツウォルズ1日観光

月・水・金・土・日8:30発（11～3月は月・金・日）　所要10時間　图£89～99

世界遺産のブレナム宮殿に立ち寄った後、コッツウォルズの車窓を楽しみつつ、村々の中でも人気の高いボートン・オン・ザ・ウォーターで下車。最後に日本でも人気の英国テレビドラマ『ダウントン・アビー』のロケ地、バンプトンの村を訪れる盛りだくさんのツアー。

[みゅう]MYU
☎(020)7630 5666（日本語可）　　◎予約必須
URL www.myushop.net
出発10分前にロンドンのヴィクトリア駅かヴィクトリア・コーチステーション集合。ヴィクトリア駅周辺で解散。

コッツウォルズのよくばり村巡り1日観光ツアー

火・木8:30発　所要10時間　图£100

バイブリー、ボートン・オン・ザ・ウォーター、ストウ・オン・ザ・ウォルド、チッピング・カムデンの4つの村を巡る欲張りなツアー。各村で自由散策時間が設けてあるので、雑貨店でのショッピングや散歩を楽しむことができる。昼食別。出発15分前に地下鉄グロスター・ロード駅横グロスター・アーケード入口集合。

マイバスツアー My Bus Tour
☎(020)3167 9197（日本語可）
URL www.mybus-europe.jp 🚌 ◎予約必須

ストラトフォード、ウォーリック城、オックスフォード&コッツウォルズ

火（夏期のみ催行）　8:15発
所要10時間45分　图£139　学生£136

シェイクスピアの故郷であるストラトフォード・アポン・エイヴォンで彼が通ったとされる学校を訪れ、町のレストランでランチタイム。1000年以上の歴史をもつウォーリック城を訪問した後は、学問の都オックスフォードに立ち寄り、コッツウォルズをドライブして終了。

ランチ付きコッツウォルズ1日

火・日（夏期は水～金曜も催行）　8:15発
所要10時間15分　图£131　学生£128

午前中はバーフォードを訪れ、お昼はバイブリーでランチ。ウイリアム・モリスが「英国で最も美しい町」と評したバイブリーを散策した後、午後は北部で人気のふたつの村、ボートン・オン・ザ・ウォーターとストウ・オン・ザ・ウォルドを訪れる。ヴィクトリア・コーチステーション集合。

プレミアム・ツアーズ Premium Tours
☎(020)7713 1311
URL www.premiumtours.co.uk 🚌 ◎予約必須

ロンドン発 憧れのコッツウォルズ 周遊1日観光ツアー

ロンドン出発

8:30にヴィクトリア駅構内にある1番線の改札口前に集合する。全員集合したら、駅の裏側にあるバスの停留所まで行く。8:40頃出発し、ロンドンからコッツウォルズまでは道路状況にもよるが、約2時間ほどで到着。

観光バスが待機している

1番線改札口は駅構内の一番端にある

バーフォード

コッツウォルズに到着したら、まずは骨董店など色々なお店が並ぶバーフォードへ。かつて羊毛業で栄えたコッツウォルズの町並みをよく残している。ここでは50分間の自由行動なので、お店巡りを満喫しよう。

パブで休憩するのもいい

坂に沿ってパブやショップが並ぶ

バイブリー

アーツ・アンド・クラフツ運動で知られるデザイナー、ウィリアム・モリスが称えたバイブリー。村にはトラウト・ファームがあり、マス（トラウト）料理は、この村の名物になっている。川の周辺を一周しながらゆっくりと景色を眺めよう。

スワン・ホテル（→P.300）

アーリントン・ロウがハイライト

ボートン・オン・ザ・ウォーター

村の中心をウインドラッシュ川が流れるボートン・オン・ザ・ウォーターは、「コッツウォルズのヴェネツィア」とも呼ばれている。約90分ほどの自由行動なので、ここで昼食をとる。

水遊びも気持ちいい

川沿いでのんびりとしよう

ストウ・オン・ザ・ウォルド

15:10頃にストウ・オン・ザ・ウォルドに到着。羊毛の取引で栄えた小さなマーケットタウンで、アンティークショップをはじめ、数々の店が建ち並ぶ。ロンドンへ到着するのは18:50頃。

イングランド最古のホテルに認定されている「ポーチハウス」

町の中心マーケット・スクエア

協力[みゅう]MYU(→P.295)

コッツウォルズ

バラに囲まれた美しい城がある
ウィンチカム
Winchcombe

チェルトナムから北東へ約8kmの丘の上にある小さな町。近郊にヘンリー8世の最後の妻、キャサリン・パーが住んでいたシュードリー城があることで知られる。町からシュードリー城までは気軽に楽しめるウォーキング・コースになっている。

町外れにのどかな風景が広がる小さな村

民俗・警察博物館 ℹ Folk & Police Museum
鉄道駅へ
White Heart Inn Ⓡ
聖ピーター教会 St Peter's Church
Back Ln.
North St.
High St.
Castle St.
Gloucester St.
村の全景が撮れる 📷
イズボーン川
運がよければ、白鳥などが撮れるかも？ 📷
N 0 100m
シュードリー城 Sudeley Castle

おすすめルート
シュードリー城
↓
ホワイト・ハート・イン

シュードリー城
Sudeley Castle

ウィンチカムの町から東へ1kmほど歩いた先にある美しい城。建設は12世紀に遡るとされるが、現在見られる姿になったのは15世紀。ヘンリー8世 ☞ P.610最後の妻キャサリン・パー ☞ P.606が住んでいた城であり、彼女が埋葬された礼拝堂もシュードリー城にある。

シュードリー城の周りには、手入れのよく行き届いた庭園がある。イチイの生け垣に囲まれたクイーンズ・ガーデンには、800種類以上のバラが植わっており、城内で最大の見どころとなっている。

ウィンチカムのシンボル、シュードリー城

☎(01242)604 244　URL www.sudeleycastle.co.uk
開11:00〜16:00（ガーデン10:00〜）　※最終入場15:00
休11/5〜3月中旬　料£19.50

ホワイト・ハート・イン
The White Hart Inn

ワインショップを併設したバーで、グラスワインの種類が豊富。レストランのメニューは日替わりで前菜とメインで£16〜25前後。上階はホテルになっており、シャワー付きで👥£100〜。

住High St., GL54 5LJ　☎(01242)602 359
URL whitehartwinchcombe.co.uk
開8:00〜21:30（レストランは要予約）
休無休　━ AMV　📶店内可

■ウィンチカムへの行き方
チェルトナムからバスW1、W2番（時刻表→P.293）
■ウィンチカムのℹ
住High St., GL54 5LJ　☎(01242)602 925
開10:00〜16:00
休11月〜イースターの月〜金

コッツウォルズのヴェネツィア
ボートン・オン・ザ・ウォーター
Bourton-on-the-Water

　ボートン・オン・ザ・ウォーターは、ウィンドラッシュ川のほとりの小さな町。川と橋と町並みがマッチしており、コッツウォルズでも屈指の人気を誇る。美しい風景を眺めながら、パブやカフェでのんびりしたい。時間があれば、コッツウォルド自動車博物館や古い家並みを再現したモデル・ヴィレッジ、バードランドといった小さな見どころも訪れてみよう。

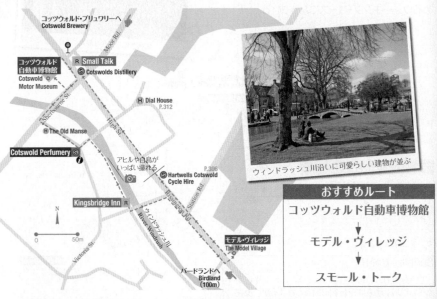

コッツウォルド・ブリュワリーへ
Cotswold Brewery

Moor Rd.

R Small Talk
S Cotswolds Distillery

コッツウォルド
自動車博物館
Cotswold
Motor Museum

H Dial House
P.312

Sherbourne St.

High St.

H The Old Manse

Cotswold Perfumery S

アヒルや白鳥が
いっぱい撮れる

S Hartwells Cotswold
Cycle Hire
P.306

Kingsbridge Inn R

Station Rd.

N

0　　50m

River Windrush

ウィンドラッシュ川

Victoria St.

モデル・ヴィレッジ
The Model Village

バードランドへ
Birdland
(100m)

ウィンドラッシュ川沿いに可愛らしい建物が並ぶ

おすすめルート
コッツウォルド自動車博物館
↓
モデル・ヴィレッジ
↓
スモール・トーク

スモール・トーク
Small Talk

　バス停に近く、待ち時間に便利。店内は磁器などが飾られていてかわいらしい内装。クリームティー£6.40が人気。テイクアウエイも可。

住The Forge, High St., Bourton-on-the-Water, GL54 2AP　TEL(01451)822 678　開10:00～16:00　休無休　─MV　令不可

■ボートン・オン・ザ・ウォーターへの行き方
チェルトナム、モートン・イン・マーシュからバス801番(時刻表→P.293)
■ボートン・オン・ザ・ウォーターの❶
住Victoria St., GL54 2BU　TEL(01451)820 211
開夏期10:00～17:00 (日10:00～14:00)
　冬期10:00～16:00
休冬期の日曜

モデル・ヴィレッジ
Model Village

　1/9サイズのボートン・オン・ザ・ウォーターの家屋のレプリカが並べられている。まるで空中からボートンの町を眺めているよう。巨人になったつもりで写真撮影を楽しむのがここでの醍醐味。

　このレプリカを作ったのはすぐ前にあるイン、オールド・ニュー・インの店主。5年の歳月をかけて作り上げ、1937年にオープンした由緒正しき観光名所。

家のミニチュアが並ぶ

TEL(01451)820 467
URL www.themodelvillage.com
開4～9月10:00～17:45　10～3月10:00～15:45
休12/25・26　料£4.50

コッツウォルド自動車博物館
Cotswold Motoring Museum

レトロな雰囲気が溢れる博物館

1960年代のクラシック・カーや懐かしいおもちゃなどを展示している小さな博物館。7つのギャラリーに分かれており、スポーツ・カーや自転車のコーナーなど、テーマが異なっている。ショップには少年心をくすぐるグッズが多く並ぶ。

TEL(01451)821 255
URL www.cotswoldmotoringmuseum.co.uk
開10:00〜18:00 休12月中旬〜2月中旬 £7.50

バードランド
Birdland Park and Gardens

オウサマペンギンがいっぱい！

ウィンドラッシュ川沿いにある小さな動物園。鳥類を専門としており、その数は50種類以上。人気はフラミンゴとペンギンのコーナー。毎日14:30にはスタッフによるペンギンの餌付けが行われ、人気となっている。かなり間近で見られるのが魅力。

TEL(01451)820 480 URL www.birdland.co.uk ✉
開4〜10月10:00〜17:00 11〜3月10:00〜16:00
休12/25 £11.95〜12.95 学生£10.95〜11.95

キングズブリッジ・イン
Kingsbridge Inn

橋のすぐそばにあるパブ。バーにはホブゴブリンの生ビールが置かれており、ウィンドラッシュ川を眺めながらエールが楽しめる。パブフードも充実しており、特にハンバーガーやグリル系料理（£11.95〜）の種類が豊富。

住Riverside, GL54 2BS TEL(01451)824 119
URL www.kingsbridgepub.co.uk
開10:00〜21:00（木〜土10:00〜23:00、日10:00〜22:00） 休無休 ━AMV ✿店内可

コッツウォルド・パフューマリー
Cotswold Perfumery

1966年に香水職人であるジョン・スティーブン氏が設立した専門店。敷地内には工房や学校なども併設しており、1〜3日間のコースで香水作りを学ぶことができる。館内では独自に編み出した12種のオリジナル香水を販売している。

住Victoria St., GL54 2BU TEL(01451)820 698
URL www.cotswold-perfumery.co.uk
開9:30〜17:00（日・祝10:30〜17:00）
休1/1・2、12/25・26 ━MV

---

walk

川と緑が織りなす美しいフットパス
ボートン・オン・ザ・ウォーターの水辺を歩く

水路を中心としたボートン周辺を歩くコース。フットパスは水辺の道が多いので、野鳥類も多く見られる。

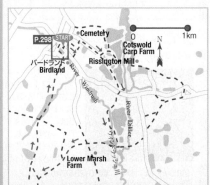

起点となるのはウィンドラッシュ川

■コース詳細
スタート地点：ハイ・ストリート
往復所要時間：2時間30分〜3時間
総延長：8km

コッツウォルズ屈指の人気
バイブリー
Bibury

14世紀に建てられたアーリントン・ロウ

　芸術家であり思想家でもあったウィリアム・モリスは、バイブリーを「イングランドで最も美しい村」と評した。その魅力は変わらず、今も多くの人が訪れる。周辺の牧草地を眺めながらのショートウォークも楽しい。

時間があればショートウォークを楽しもう！

バイブリー・トラウト・ファーム
Bibury Trout Farm

HR The Swan P.312

River Coln

The Street

アーリントン・ロウを撮るならここがベスト

アーリントン・ロウ
Arlington Row

聖メアリー教会
St Mary's Church

N

0　　　100m

バイブリー・トラウト・ファーム
Bibury Trout Farm

マス製品は種類豊富

　村の中心にある大きな養鱒場。4～10月にはマスが放流され、そばに流れるコーン川 River Coln に泳ぎ出していく。入口はおみやげコーナーになっており、ここで飼育されたマスの切り身や燻製なども売られている。レジの隣の扉からトラウト・ファームへと入れるのだが、必ずチケットを購入してから入場するように。

住Bibury, GL7 5NL　**TEL**(01285)740 212
URLwww.biburytroutfarm.co.uk
開3～5・9月9:00～17:00　6～8月9:00～18:00
10～2月9:00～16:00　**休**12/25　**料**£7.50

■バイブリーへの行き方
サイレンセスター、ノースリーチからバス855番（時刻表→P.293）
■バイブリーの❶
バイブリーには❶がないので、サイレンセスターの❶で情報を得ておこう

おすすめルート

バイブリー・トラウト・ファーム
↓
アーリントン・ロウ
↓
聖メアリー教会
↓
スワン・ホテル

スワン・ホテル （ホテルの詳細→ P.312）
The Swan Hotel

　バイブリー・トラウト・ファームの前にある人気のホテル。併設のカフェでは、アフタヌーンティーが出され、バスツアーなどでもよく利用されている。

住Bibury, GL7 5NW　**TEL**(01285)740 695
URLwww.cotswold-inns-hotels.co.uk
開11:00～22:30　**休**無休　**■A M V**　**⌂**店内可

最も古い家並みが保存されている村

カースル・クーム
Castle Combe

コッツウォルズ

カースル・クームは「最も古い家並みが保存されている村」として広く知られている。中心は14世紀に建てられたマーケット・クロスMarket Cross前。背後にあるのが、聖アンドリュー教会St Andrew's Church。ここからザ・ストリートThe Street沿いに美しい家が並ぶ。川沿いの道は緑豊かな丘を登る人気のピクニックルート。

カースル・クームは丘に囲まれた静かな村

春や夏なら、マナーハウスの庭園を撮ってみよう！

Park Ln.

アッパー・カースル・クームへ

P.312 The Castle Inn HR

H The Manor House P.313

聖アンドリュー教会 St Andrew's Church

マーケット・クロス Market Cross

R The White Hart

The Street

おすすめルート

マーケット・クロス
↓
マナー・ハウス
↓
ホワイト・ハート

バイ・ザ・ブルック川

かわいらしい家々を撮影するのなら、このあたりから

N

0　　　50m

ホワイト・ハート
The White Hart

マーケット・クロスにあるイン。バスの待ち時間に使えて便利。ボードには日替わりメニューが書かれている。地ビールの種類も豊富。

🏠Castle Combe, SN14 7HS
☎(01249)782 295
🕐12:00〜15:00 18:00〜20:30
🚫無休 💳MV
📶店内可

■カースル・クームへの行き方
チッペナムからバス 95、95A番（時刻表→ P.293）
■カースル・クームの❶
村には❶がないのでチッペナムで情報を得ておこう

キャッスル・イン（ホテルの詳細→ P.312）
The Castle Inn

村の入口、マーケット・クロスに面しており、バスも目の前に停車するイン。上階に現代的な12室の客室があり、1階がダイニングパブとなっている。英

国のガストロパブトップ50にも選ばれている名店だ。メインディッシュは£12〜30。

🏠Castle Combe, SN14 7HN
☎(01249)783 030
🌐www.exclusive.co.uk/the-castle-inn
🕐12:00〜20:30
🚫無休 💳AMV 📶店内可

多くの映画の舞台になった村
レイコック
Lacock

古い建物が残るウエスト・ストリート

村の象徴、レイコック・アビー Lacock Abbeyは、『ハリー・ポッターと賢者の石』のロケ地としても有名だ。

バス停があるウエスト・ストリートWest St.から、ハイ・ストリートHigh St.を直進すればレイコック・アビーの入口が見える。ハイ・ストリートに戻る途中でイースト・ストリートEast St.に入り、チャーチ・ストリートChurch St.で右折し、直進すれば聖シリアク教会St Cyriac's Churchが右側に見える。

アビーは修道院解散後に邸宅として改装さ

The Lacock Bakery R
Sign of Angel H P.313
Church St.
聖シリアク教会
● **St Cyriac's Church**
R King John's Hunting Lodge
S **Quintessentially English**
R **George Inn**
East St.
S **Coco Chemistry**
West St.
The National Trust Shop S
High St. P.313
Red Lion H
フォックス・タルボット博物館
Fox Talbot Museum
N
レイコック・アビー
Lacock Abbey
0 ――― 100m

■レイコックへの行き方
チッペナムからバス X34 番 (時刻表→ P.293)
■レイコックの ❶
村には ❶ がないのでチッペナムで情報を得ておこう

レイコック・アビー
Lacock Abbey

映画『ハリー・ポッター』ではホグワーツ魔法学校の回廊としてしばしば登場する

レイコック・アビーはもともと13世紀に女子修道院として建てられた。その後16世紀の修道院解散 P.608後は邸宅として改装されたが、南東の回廊Cloistersなどには修道院として使用されていた名残が現在でも残っている。また、この回廊は映画『ハリー・ポッター』のロケ地として使用されたこともある。

19世紀に写真技術の黎明期に活躍したフォックス・タルボットがこの地を購入した。邸宅は現在、アビー・ルームとして一般開放されており、当時使用されていた家具などが展示されている。そのほか敷地内には美しい庭園やフォックス・タルボットに関する展示が並ぶ博物館がある。

🏠High St., SN15 2LG ☎(01249)730 459 URLwww.nationaltrust.org.uk
開3〜10月10:00〜17:00 11〜2月10:00〜16:00 休1/1、12/25・26
料タルボット博物館との共通券£17 ※入場券はフォックス・タルボット博物館で販売 フラッシュ不可
●アビー・ルーム
開10:30〜16:30 ※最終入場は閉館の45分前
休11〜2月 (11/26〜12/24はオープン) 料共通券に含まれている フラッシュ不可

コッツウォルズ

レイコック・ベーカリー
The Lacock Bakery

チャーチ・ストリート沿いにあるパン屋さん。店内にはテーブルがあり、ここで買ったパンを食べることもできるので軽い食事や休憩に便利。総菜パンであるコーニッシュ・パスティや自家製のケーキやパン、スコーンなどがあり、各種ジャムやソースなども販売している。

🏠8 Church St., SN15 2LB
☎(01249)730457
URL www.lacockbakery.com
🕐10:30〜17:00　休月　━M V　⊗不可

ココ・ケミストリー
Coco Chemistry

小さな店だが、賞を受賞したこともあるチョコレート・ショップ。伝統的技法を使いつつも、ロボットや唇など、個性的なチョコレートを作りだしている。夏に訪れた時にはアイスクリーム、冬はホットチョコレートもおすすめ。

🏠West St., SN15 2LH
☎(01380)860 768
URL www.cocochemistry.co.uk
🕐10:30〜16:30　休12/25　━A M V

ジョージ・イン
The George Inn

レイコックで最も古いパブ。創業は14世紀にまで遡るという。食事ができるのは12:00〜20:00（日12:00〜19:00）。メインはパブフードが中心で£14.50〜。カウンターには地元産のエールも並んでいる。バス停が目の前にあるので、待ち時間にも便利。

🏠4 West St., SN15 2LH
☎(01249)730 263　URL www.georgeinnlacock.co.uk
🕐11:00〜22:00（金11:00〜23:00、土11:30〜23:00、日12:00〜20:00）
休無休　━A M V　⊗店内可

クィンテセンシャリー・イングリッシュ
Quintessentially English

ハンドメイドのオーガニック石けん専門店。伝統的な技法で作られた石鹸はデザインも可愛らしく、花や植物などが調合されている。ショップ内にはほかにもオーガニックの化粧品や香水などが並ぶ。

🏠West St., SN15 2LH　☎(01249)730 898
URL quintessentially-english.co.uk
🕐10:30〜17:00（11〜3月11:00〜16:00）
休12/25　━A D J M V

🚶walk　アビーを眺めながらゆっくりとお散歩
レイコックから川沿いの渓谷を歩く

聖シリアク教会を起点にレイコックの周辺を歩くコース。全体的に起伏の少ない緩やかな道を行くので初心者でも安心。

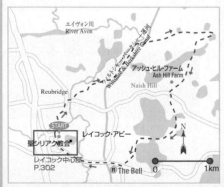

村の東に位置する聖シリアク教会

■コース詳細
スタート地点:聖シリアク教会
往復所要時間:2時間30分〜3時間
総延長:8.8km

Access Guide
チッピング・カムデン
ストラトフォード・アポン・エイヴォンから
🚌 所要：約30分

バス1、2番（時刻表→P.293）

モートン・イン・マーシュから
🚌 所要：1時間～1時間40分

バス1、2番（時刻表→P.293）

ℹ️ チッピング・カムデン
Tourist Information Centre

Map P.304
🏠The Old Police Station, High St.,
GL55 6HB
☎(01386) 841 206
🌐www.chippingcampdenonline.org
🕐9:30～13:00（水・土9:30～16:00、日
10:30～16:00）
休1/1、12/25・26

History
コッツウォルズのオリンピック
Cotswold Olympic Games

チッピング・カムデンで最も有名なイベントはロバート・ドーヴァーズ・オリンピック・ゲームズ'Robert Dover's Olympic Games。近代オリンピックにヒントを与えたとされるロバート・ドーヴァーズによって1612年に初めて行われた。その後、約200年ほど続けられたが賭けと酒飲みのイベントに変化してしまい、1852年にその歴史は幕を閉じる。

1963年にロバート・ドーヴァーズ・ゲームズ協会が発足すると、1966年に復活。毎年スプリング・バンク・ホリデイ後の金曜（2024年は5月31日）に開催。

Map P.282-B1

コッツウォルズの小さな村
ハチミツ色の家が並ぶ
チッピング・カムデン
Chipping Campden

中世に毛織物の町として栄えたチッピング・カムデンは「王冠の中の宝石」にたとえられる。ハチミツ色のコッツウォルド・ストーンの家々がハイ・ストリートHigh St.沿いに続く。

マーケット・ホール界隈

歩き方 バスは、乳製品の取引所として1627年に建てられた、マーケット・ホールMarket Hallの横に停車する。その正面にはℹ️があり、東へ進むと聖ジェイムズ教会St James' Churchが見えてくる。シープ・ストリートSheep St.から南へ約1.5kmほど歩くと、茅葺き屋根のかわいらしい家々が並ぶブロード・カムデンBroad Campdenへとたどり着く。コッツウォルズらしい風景と出合いたい人にはおすすめ。

ブロード・カムデン

🚶
近代オリンピック発祥の地を歩く
チッピング・カムデンからドーヴァーズ・ヒルへ
walk

町の北西にはコッツウォルズの大パノラマが楽しめるドーヴァーズ・ヒルがあり、かわいらしいハチミツ色の家を眺めることができる。

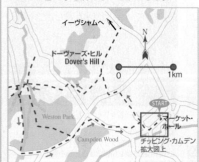

広大なドーヴァーズ・ヒルを歩くのがハイライト

■コース詳細
スタート地点：マーケット・ホール
往復所要時間：2時間～2時間30分
総延長：8km

コッツウォルズの小さな村 | Map P.282-B1

エイヴォン川のほとりにある小さな町
イーヴシャム
Evesham

イーヴシャムはコッツウォルズの北西側の入口にあたる町。ロンドンからモートン・イン・マーシュを経由して多くの列車が発着している。エイヴォン川ではボートや釣りなど多彩なレジャーが楽しめる。コッツウォルズ巡りの途中にぶらりと立ち寄るのにぴったりの町だ。

コッツウォルズの小さな村 | Map P.282-B1

コッツウォルズの宝石
ブロードウェイ
Broadway

ハイ・ストリート沿いに小さな店が並ぶ

ブロードウェイは、あたたかい色のコッツウォルド・ストーンで建てられた家並みがハイ・ストリート沿いに続く、典型的なコッツウォルズの町のひとつ。コッツウォルド・ウェイCotswold Wayを町から東南へ2km余り上った丘の上には、ブロードウェイ・タワー Broadway Towerがそびえている。ここからはイーヴシャム渓谷が一望できる。

Access Guide
イーヴシャム
ストラトフォード・アポン・エイヴォンから
🚌 所要:約40分

バス28番（時刻表→P.293）

アルモニーは8世紀にベネディクト会の修道院として作られ、14世紀に邸宅に改装された

Access Guide
ブロードウェイ
ストラトフォード・アポン・エイヴォンから
🚌 所要:2時間50分〜3時間10分

バス1番（時刻表→P.293）

ウィンチカムから
🚌 所要:約30分

バス606番（時刻表→P.293）

ⓘ **ブロードウェイ**
Tourist Information Centre

Map P.305下
🏠Unit 14, Russell Sq., WR12 7AP
☎(01386) 852 937
URL www.broadway-cotswolds.co.uk
🕙10:00〜13:30
休日、1月

---

walk

塔を目指して丘を進む!
渓谷を見下ろすブロードウェイ・タワーへ

ハチミツ色の家並みが続くブロードウェイ。ここでは村の近くにある丘を歩いてみよう。丘の頂上にあるブロードウェイ・タワーからはイーヴシャム渓谷全体を眺めることができる。

ブロードウェイ・タワーの内部はショップと展示コーナーになっている

■コース詳細
スタート地点:リゴン・アームズ・ホテル
　　　　　　Lygon Arms Hotel
往復所要時間:2時間30分
総延長:8km

Access Guide
ストウ・オン・ザ・ウォルド
モートン・イン・マーシュから

🚌 所要:約10分

801番（時刻表→P.293）

チェルトナムから

🚌 所要:約50分

801番（時刻表→P.293）

ホテルやインが並ぶマーケット・スクエア

コッツウォルズの小さな村
アンティーク・マーケットの中心地
ストウ・オン・ザ・ウォルド
Stow-on-the-Wold

町の歴史は先史時代にまで遡るが、12世紀には既にこの地でマーケットが開かれていたという。骨董品店の数はコッツウォルズの中でも最も多いことから、アンティークを求めて訪れる観光客もかなりいる。14世紀から続く伝統の馬市は年に1度開かれる。

Cycling
バスでは通らない細い道をきままにサイクリング
ボートン・オン・ザ・ウォーターからかわいい村巡り

ボートン・オン・ザ・ウォーター→スローターズ ボートンからストウ・オン・ザ・ウォルド方面に進むと、ロウアー・スローターへの分岐道が現れる。「The Slaughters」の標識に沿って行こう。

スローターズ→ノーントン→ギティング・パワー アッパー・スローターから「Cheltenham」の標識に従って細い道を進む。しばらく進むと2車線の道に出るので、再び「Cheltenham」のほうへ左折。すぐに4つ角に出るが「Naunton」のほうに直進。ノーントン村はこの道沿いに広がっている。村を抜けると、ギティング・パワー Guiting Power との分岐点に出るので、そこを右折。3km弱で村に着く。両方とも典型的なコッツウォルズの田舎の村だ。ランチを取れる店もある。

ギティング・パワー→スノウズヒル ギティング・パワーからテンプル・ギティング Temple Guiting を抜け、さらに北へとのどかな細い道をまっすぐ進む。コッツウォルド・ラヴェンダー Cotswald Lavender の看板が見えたらスノウズヒル Snowshill はもうすぐだ。

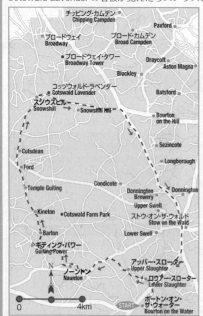

ギティング・パワーの丘を眺めながらのサイクリング

ノーントンのメインストリート　　スノウズヒルの家並み

■レンタサイクル Hartwells Cotswold Cycle Hire
Map P.298（ボートン・オン・ザ・ウォーター）
🏠High St., GL54 2AJ 📞(01451)820 405
🌐www.hartwellscotswoldcyclehire.uk
開夏期10:00～18:00（日10:30～17:30）
冬期10:00～17:00（日11:00～17:00）
休無休 料1日（当日内返却）£18
■コース詳細
スタート・ゴール地点:ボートン・オン・ザ・ウォーター
所要時間:8時間　総延長:45km

スローターズ
The Slaughters
コッツウォルズの小さな村 Map P.282-B2

アイ川沿いに並ぶふたつの村

小川が流れるアッパー・スローター

村の名の由来は沼地 (Slough) からという説もあるが、現在は沼地はなく、アイ川沿いにかわいらしい家々が並ぶのどかな村となっている。東南側に位置するのが**ロウアー・スロータ ー** Lower Slaughter。水車やマナー・ハウスなど、絵葉書のような美しい風景が広がっている。**アッパー・スローター** Upper Slaughterへの小径を歩くのもまた楽しい。

テットベリー
Tetbury
コッツウォルズの小さな村 Map P.284-B2

チャールズ3世のお気に入り

サイレンセスターとバースを結ぶ道の途中にある。テットベリーの起源は、サクソン人が7世紀の後半にこの地に修道院を建てたことに始まる。中世をとおして羊毛の取引で栄え、ロンドンやバースから多くの人々がよい商品を求めて町にやってきたという。

現在のテットベリーは、アン王女、チャールズ3世などが別邸を構えていることでもよく知られている。ゴシック様式で建てられた聖メアリー教会、ロング・ストリートLong St.を中心とした古い町並みなど、小さいながらも歩いていて楽しい町だ。

マームズベリー
Malmesbury
コッツウォルズの小さな村 Map P.284-B3

ダイソンの本社がある、小さな村

7世紀創設のマームズベリー・アビー Malmesbury Abbeyを中心に栄えた宗教都市。マーケット・クロス Market Crossには中世の名残が今でも残っている。また、日本でも人気の高いダイソン社の本社があることでも知られている。

町の中心に残るマームズベリー・アビー

Access Guide スローターズ
モートン・イン・マーシュから
所要:約15分

801番（時刻表→P.293）。アッパー・スローターへは徒歩30分ほど。

ボートン・オン・ザ・ウォーターから
所要:約5分

801番（時刻表→P.293）。アッパー・スローターへは徒歩30分ほど。

ロウアー・スローター

Access Guide テットベリー
サイレンセスターから
所要:約55分

バス882番（時刻表→P.293）

i テットベリー Visitor Information Centre
Map P.307上
33 Church St., GL8 8JG
(01666) 503 552
www.visittetbury.co.uk
9:00～15:00
土・日、12/25～1/1

マーケット・プレイスが町の中心

Access Guide マームズベリー
サイレンセスターから
93番 所要:約50分
月～土 8:11～17:01（土～17:06）の2時間に1便 ※日曜運休

チッペナムから
所要:約50分

バス92番（時刻表→P.293）

Access Guide
バーフォード
チェルトナムから
🚌 所要：約45分
バスS2番（時刻表→P.293）

オックスフォードから
🚌 所要：約45分
バスS2番（時刻表→P.293）

ウィットニーから
🚌 所要：約20分
バス233番（時刻表→P.293）

坂に沿ってパブやホテルが並んでいる

Access Guide
ミンスター・ラベル
ウィットニーから
🚌 所要：約10分
バス233番（時刻表→P.293）

バーフォードから
🚌 所要：約15分
バスS2番（時刻表→P.293）

Access Guide
バンプトン
ウィットニーから
🚌 所要：約25分
バス19番（時刻表→P.293）

■ホルスト・ヴィクトリアン・ハウス
🏠4 Clarence Rd., GL52 2AY
☎(01242)524 846
🔗holstvictorianhouse.org.uk
🕐10:00〜16:00
休月・日
料£10
フラッシュ部不可

『惑星』を作曲する際に使用したピアノ

コッツウォルズの小さな村　Map P.283-C3
坂道にかわいらしいお店が並ぶ
バーフォード
Burford

ハチミツ色の家が段々状に並ぶ風景が印象的なバーフォード。14世紀から17世紀頃まで毛織物取引で栄え、ハイ・ストリートHigh St.沿いには今でも当時の雰囲気を残した建物を見ることができる。現在はカフェやみやげ物店が並ぶ小さな町で、特に骨董品店が多いことでも知られる。

コッツウォルズの小さな村　Map P.283-C3
藁葺きやスレート葺きの屋根が織りなす美しい風景
ミンスター・ラベル
Minster Lovell

かつては教会を中心とした村だったことからミンスターと呼ばれるようになったと伝わっている。村には「ホールHall」と呼ばれるマナー・ハウスの跡もある。メインストリートは藁葺きや石葺き屋根の家々が連なる、コッツウォルズらしい光景だ。

ミンスター・ラベルの家並み

コッツウォルズの小さな村　Map P.283-C4
『ダウントン・アビー』の撮影に使用された
バンプトン
Bampton

英国の人気ドラマ『ダウントン・アビー』のロケ地として使用され、一躍有名になった村。かつてはマーケット・タウンとして栄えた村で、中心部にあるパリッシュ・チャーチの最も古い箇所は13世紀に建造されたという。図書館では『ダウントン・アビー』のグッズを扱っている。

グスタフ・ホルストが生まれた　Map P.288左-1
ホルスト・ヴィクトリアン・ハウス
Holst Victorian House
チェルトナム

グスタフ・ホルストは組曲『惑星』で有名な作曲家。彼の家は数代続いた音楽家の家系だった。彼はこの家に1874年に生まれ、7歳になるまで過ごした。1882年母クララが死に、家族は引っ越すことになった。現在、ここはホルストの資料を集めた博物館として公開されている。また、生活していた当時のものを使って部屋を再現しており、19世紀後半の生活スタイルがわかるようになっている。

コッツウォルズ北部を走る保存鉄道 **Map P.282-A2〜B1**

グロスターシャー・ウォーリックシャー鉄道
Gloucestershire Warwickshire Railway
チェルトナム

週末は観光客でいっぱいになる

　30年以上前までは現役で使用されていた、コッツウォルズを走る蒸気機関車。チェルトナムのレース・コース駅からウィンチカムの鉄道駅を経由してブロードウェイ駅を55分で結ぶ。現在はバスで移動することが多いコッツウォルズだが、のんびりと汽車に揺られながら美しい風景を眺めるというのもまたひと味違うはず。

服を縫うネズミのお話でおなじみ **Map P.289-A1**

「グロスターの仕立屋」の家
House of the Tailor of Gloucester
グロスター

　ビアトリクス・ポター☞P.609が滞在し、『グロスターの仕立屋』の舞台となった「グロスターの仕立屋」の家はグロスター大聖堂のすぐ脇にある。館内はみやげ物屋になっていて、奥には物語を再現した部屋がある。

ハリー・ポッターで一躍有名に **Map P.289-A1**

グロスター大聖堂
Gloucester Cathedral
グロスター

塔の高さは130mほど

　映画『ハリー・ポッターと賢者の石』でホグワーツ魔法学校のロケ地に使われた。もともと聖ピーター修道院の教会として11世紀後半に建てられたノルマン様式の建物だったが、後に何度も改築されて現在の形になった。16世紀の修道院解散☞P.608後に大聖堂となる。数々のステンドグラスや大聖堂ゆかりの人物を記念した彫像など、じっくり見学したい。

「コッツウォルズの至宝」を発見しよう！ **Map P.290下-A**

コリニウム博物館
Corinium Museum
サイレンセスター

　「コッツウォルズの至宝の発見」がテーマ。サイレンセスターはローマ時代、イギリス第2の都市だっただけあって、当時の遺構が多く発見されている。館内の展示は先史時代から19世紀までのコッツウォルズの歴史をたどっており、人形などを使ってわかりやすく解説している。特にモザイクのコレクションは優美で当時の繁栄をうかがわせるようだ。

コッツウォルズ

■グロスターシャー・ウォーリックシャー鉄道
住The Rail Station, Toddington, GL54 5DT
TEL(01242)621 405
URLwww.gwsr.com
運行3月土・日曜1日5便
　4〜10月火・水・木・土・日など1日5便〜
※冬期も運行されることもあるので、事前にウェブサイトでスケジュールを確認しよう
休11〜2月
料1区間£4〜15 1日券£25

■「グロスターの仕立屋」の家
住9 College Court, GL1 2NJ
TEL(01452)422 856
URLwww.tailor-of-gloucester.org.uk
開10:00〜16:00
休日・祝、1/1、12/25・26
料無料

「グロスターの仕立屋」の家にはグッズがいっぱい

■グロスター大聖堂
住12 College Green, GL1 2LX
TEL(01452)528 095
URLwww.gloucestercathedral.org.uk
開10:00〜17:00（日12:00〜17:00）
休無休
料寄付歓迎
　ハイライト・ツアー£6
　クリプト・ツアー£4　タワー・ツアー£10

■コリニウム博物館
住Park St., GL7 2BX
TEL(01285)655 611
URLcoriniummuseum.org
開4〜10月10:00〜17:00（日14:00〜）
　11〜3月10:00〜16:00（日14:00〜）
休1/1、12/24〜26
料£7.40　学生£4.70

ローマ時代のモザイク

パリッシュ・チャーチ

■パリッシュ・チャーチ
住Market Sq., GL7 2NX
TEL(01285)659 317
※2023年6月現在閉鎖中

「コッツウォルズの大聖堂」とたたえられる　Map P.290下-A

パリッシュ・チャーチ
Parish Church of St John the Baptist

サイレンセスター

天井を彩る扇状ヴォールトが美しい

町のどこからでもよく目立つサイレンセスターのシンボル的な存在。中世に毛織物産業で潤ったコッツウォルズの村々では、その経済力を反映して、人口をはるかに上回る人を収容できる大きな教会が造られており、羊毛の教会を意味するウール・チャーチと呼ばれている。サイレンセスターの教会はそのなかでも最大のもので、内部には4つのチャペルがある。

■コッツウォルズ蒸溜所
🚃最寄りの駅はモートン・イン・マーシュ。しかし、駅からは10km以上離れているため、レンタカーかタクシーで。
住Phillip's Field, Whichford Rd., Stourton, Shipston-on-Stour, CV36 5EX
TEL(01608)238 533
URL www.cotswoldsdistillery.com
開ショップ
9:00～17:00（日10:00～）
ツアー＆テイスティング　◉予約必須
10:30 13:30 15:00
所要:1時間30分
休12/25・26
料ツアー＆テイスティング　£20

豊かな自然の中で造られているウイスキー　Map P.283-C1

コッツウォルズ蒸溜所
The Cotswolds Distillery

ストートン

イングランドのウイスキー蒸溜所は数少ないが、そのうちのひとつがコッツウォルズにある。2014年の創業で、2017年10月に最初のウイスキーが出荷された。ほかにもコッツウォルズのラベンダーを使ったジンの製造をしている。

ビジターセンターでは試飲も可能

HOTEL

Recommended

高級　36室
Map P.288 左-2　チェルトナム

ハイセンスなインテリアで囲まれた
ナンバー131 No.131

📺 全室　🛁 全室　📞 全室　なし　P 有料　🛜Wi-Fi 無料

住131 The Promenade, GL50 1NW
TEL(01242)822 939
URL www.no131.com
🛏/👫🛏 ▶ 97～
—ＡＭＶ

ジョージ王朝時代の建物を改装したホテル。部屋もそれぞれテーマがあり、家具のセンスも秀逸。1階は独特の雰囲気の寿司レストラン「Yoku」になっている。

高級　84室　Map P.288 左-2　チェルトナム

クイーンズ Queens Hotel

住The Promenade, GL50 1NN
TEL(01242)514 754
URL www.queenshotelcheltenham.co.uk
🛏/👫🛏 £99～
—ＡＤＪＭＶ

📺 全室　🛁 全室　📞 全室　P 全室　🚗 有料　🛜Wi-Fi 無料

中心部で最も大きく、町のシンボル的な存在。古い建物のため、館内の構造はややわかりにくいが、吹き抜けの階段を取り囲むように部屋がある。

中級　59室　Map P.288 左-2　チェルトナム

シトラス Citrus Cheltenham

住Wellington St., GL50 1XZ
TEL(01242)696 999
URL www.citrushotelcheltenham.co.uk
🛏/👫🛏 ▶ £42～
—ＡＤＭＶ

📺 全室　🛁 全室　📞 全室　P 全室　🚗 有料　🛜Wi-Fi 無料

中心部に位置する3つ星大型ホテル。以前はビッグ・スリープという名前だった。客室はシンプルかつモダンで、広さも充分。

コッツウォルズ

中級　23室　Map P.288 左-1　チェルトナム

セントラル　Central Hotel

TV / 全室　🍴 全室　🧴 全室　📶 なし　🅿 無料　📶 Wi-Fi 無料

- 住 7 Portland St., GL52 2NZ
- TEL (01242)582 172
- £40～
- £45～
- ―ADJMV

町の中心にあり、電子レンジや冷蔵庫など、客室設備が充実している中級ホテル。系列のアパートメントはチェルトナム市内に点在している。

ゲストハウス　13室　Map P.288 左-2　チェルトナム

アビー・タウン・ハウス　The Abbey Town House

TV / 全室　🍴 全室　🧴 全室　📶 なし　🅿 有料　📶 Wi-Fi 無料

- 住 14-16 Bath Pde., GL53 7HN
- TEL (01242)384 437
- URL www.theabbeytownhouse.co.uk
- £85～　£120～
- ―AMV

ハイ・ストリートの近くにある。周囲にはバーやショップが並び、何かと便利な立地。部屋によってファブリックの柄が異なる。

中級　36室　Map P.289-B1　グロスター

ニュー・イン　The New Inn Hotel Gloucester

TV / 全室　🍴 全室　🧴 全室　📶 なし　🅿 なし　📶 Wi-Fi 無料

- 住 16 Northgate St., GL1 1SF
- TEL (01452)522 177
- URL www.thenewinngloucester.co.uk
- £87.95～　£103.95～
- ―MV

15世紀に巡礼団の宿泊施設として建造。典型的な白壁に黒をあしらった外観が美しい。天蓋付きベッドが置かれた部屋もある。朝食は£9.95。

中級　54室　Map P.289-A2　グロスター

ニュー・カウンティー　The New County Hotel

TV / 全室　🍴 全室　🧴 全室　📶 なし　🅿 なし　📶 Wi-Fi 無料

- 住 44 Southgate St., GL1 2DP
- TEL (01452)307 000
- £65～
- ―AMV

中心部にある設備の調ったホテル。立地の割に良心的な価格設定。客室は落ち着いたトーンの内装。レストラン・バーも併設している。

高級　28室　Map P.290 上　モートン・イン・マーシュ

ホワイト・ハート・ロイヤル　White Hart Royal

TV / 全室　🍴 全室　🧴 全室　📶 受付　🅿 なし　📶 Wi-Fi 無料

- 住 High St., GL56 0BA
- TEL (01608)650 731
- URL www.whitehartroyal.co.uk
- £130～
- £150～
- ―AMV

17世紀のピューリタン革命時に、国王チャールズ1世が宿泊したとされる歴史あるホテル。客室は改装済みで快適。併設のレストランではクリームティーも楽しめる。

イン　34室　Map P.290 上　モートン・イン・マーシュ

リーデスデイル・アームズ　Redesdale Arms

TV / 全室　🍴 全室　🧴 全室　📶 なし　🅿 無料　📶 Wi-Fi 無料

- 住 High St., GL56 0AW
- TEL (01608)650 308
- URL www.redesdalearms.com
- £130～
- £150～
- ―AMV

コッツウォルズらしいインで、ハチミツ色の外観に伝統的なパブが併設されている。ベッドやカーテンの色や柄など、各部屋は異なる装飾が施されており、細かい所まで配慮されている。

中級　28室　Map P.290 下-B　サイレンセスター

フリース　The Fleece Hotel

TV / 全室　🍴 全室　🧴 全室　📶 なし　🅿 無料　📶 Wi-Fi 無料

- 住 Market Pl., GL7 2NZ
- TEL (01285)658 507
- URL thefleececirencester.co.uk
- £110～
- ―ADJMV

木組みの建物が印象的な外観。ふたつの建物を連結してホテルとしている。古い建物のため広さにはかなり差があるが、バスタブ付きの部屋もある。

中級　15室　Map P.290 下-A　サイレンセスター

コリニウム　Corinium Hotel

TV / 全室　🍴 全室　🧴 全室　📶 受付　🅿 無料　📶 Wi-Fi 無料

- 住 12 Gloucester St., GL7 2DG
- TEL (01285)659 711
- URL www.coriniumhotel.com
- £73～
- £88～　―AMV

16世紀の商家を利用しており、外観はコッツウォルズ独自の家造りを思わせるが、内装はモダンで落ち着いた感じ。1階にはレストラン&バーも併設。

B&B　4室　Map P.290 下 -B　サイレンセスター

アイヴィ・ハウス　The Ivy House

TV 全室／全室／全室／なし／無料／Wi-Fi 無料

住2 Victoria Rd., GL7 1EN
TEL (01285)656 626
URL www.ivyhousecotswolds.com
†□□£100〜　††□□£120〜
—MV

外観は石造りでややいかめしい感じを受けるが、部屋の内装はシンプルで清潔にまとまっている。全体的にアットホームな雰囲気。オーナーも親切で旅の相談にものってくれる。

B&B　9室　Map P.290 下 -B　サイレンセスター

オールド・ブリューハウス　The Old Brewhouse B&B

TV 全室／全室／全室／なし／無料／Wi-Fi 一部無料

住5-7 London Rd., GL7 2PU
TEL (01285)656 099
URL www.theoldbrewhouse.com
†/††□□£135〜
—AJMV

17世紀のタウンハウスを利用したB&B。大きめの入口は当時の名残だ。部屋の内装はとてもかわいらしく、朝食もおいしいと評判。おしゃれなパティオでリラックスできる。

高級　50室　Map P.291 上　チッペナム

エンジェル　Angel Hotel

TV 全室／全室／全室／全室／無料／Wi-Fi 無料

住Market Pl., SN15 3HD
TEL (01249)652 615
URL www.angel-hotel-chippenham.com
†/††□□£108〜
—AMV

町の中心にある、ベストウエスタン系列のホテル。外観は古風で小さいながらも室内プールとフィットネスルームを備えている。別棟の35室はモダンなな内装。

高級　13室　Map P.298　ボートン・オン・ザ・ウォーター

ダイアル・ハウス　Dial House Hotel

TV 全室／全室／全室／なし／無料／Wi-Fi 一部無料

住High St., Bourton-on-the-Water, GL54 2AN
TEL (01451)822 244
URL www.dialhousehotel.com
†/††□□£126〜
—MV

コッツウォルズ・ストーンで造られた17世紀の建物を利用している。外観は古風だがインテリアはモダンで、アンティーク家具のセンスも秀逸。広い庭園があるのも魅力。

Recommended

自然に囲まれた伝統的ホテル
スワン　The Swan Hotel

高級　22室
Map P.300　バイブリー

TV 全室／全室／全室／全室／無料／Wi-Fi 無料

住Bibury, GL7 5NW
TEL (01285)740 695
URL www.cotswold-inns-hotels.co.uk
†/††□□£190〜
—AMV

自然に囲まれた伝統ホテルで、バイブリーのシンボル的な存在。併設のカフェ（→P.300）はツアーでもよく利用されており、アフタヌーンティーも楽しめる。ほかにバーやレストランなどの設備も充実していて便利。

イン　9室　Map P.301　カースル・クーム

キャッスル・イン　The Castle Inn Hotel

TV 全室／全室／全室／受付／有料／Wi-Fi 無料

住Castle Combe, SN14 7HN
TEL (01249)783 030
URL www.exclusive.co.uk/the-castle-inn
†□□£90〜
††□□£145〜
—AMV

村の入口にあり、バスも目の前に停まる。昔ながらのインの雰囲気を大事にしており、天蓋付きのベッドが置かれている部屋もある。1階はレストラン（→P.301）となっている。

コッツウォルズ

recommended

貴族の気分が味わえる
マナー・ハウス The Manor House Hotel & Golf Club

マナーハウス　48室

Map P.301　カースル・クーム

TV｜🍴｜👜｜🔲｜P｜📶Wi-Fi
全室｜全室｜全室｜受付｜無料｜無料

住Castle Combe, SN14 7HX
TEL (01249) 782 206
URL www.exclusive.co.uk/
the-manor-house
🛏/🛏🛏🔲🚪💶£311〜
━A M V

レストラン 圏水〜日18:00〜20:30
　カースル・クームにある、比較的大型のマナーハウス。部屋の内装は重厚ながら明るい。庭は非常に広大で、村外れにはゴルフ場も所有している。
レストラン ザ・バイブルックThe Bybrookは数々の受賞歴のある名店。洗練されたモダン・ブリティッシュが味わえる高級店。7品のコースで£145。ラウンジではアフタヌーンティー（13:00〜16:00）が£45で楽しめる。

イン　5室　Map P.302　レイコック

レッド・ライオン
The Red Lion

住1 High St., SN15 2LQ
TEL (01249) 730 456
URL www.redlionlacock.co.uk
🛏/🛏🔲🚪💶£125〜
━A M V

TV｜🍴｜👜｜🔲｜P｜📶Wi-Fi
全室｜全室｜全室｜なし｜無料｜無料

　200年ほど前の建物を利用しており、赤れんがのファサードが印象的。1階のパブは食事も充実しており、受賞歴のある朝食も自慢。

---

recommended

羊毛商人の家を改装した
サイン・オブ・ジ・エンジェル Sign of the Angel

中級　5室

Map P.302　レイコック

TV｜🍴｜👜｜🔲｜P｜📶Wi-Fi
なし｜全室｜全室｜なし｜なし｜無料

住6 Church St., SN15 2LB
TEL (01249) 730 230
URL www.signoftheangel.co.uk
🛏🔲🚪💶£95〜
🛏🛏🔲🚪💶£130〜　━A J M V

　15世紀の羊毛商人の家をホテルとして利用している。客室はアンティークの調度品がところどころに使われており、古風な雰囲気。1階にはレストランも併設されている。

イン　10室　Map P.304　チッピング・カムデン

リゴン・アームズ (チッピング・カムデン) Lygon Arms

住High St., GL55 6HB
TEL (01386) 840 318
URL www.lygonarms.co.uk
🛏🔲🚪💶£90〜
🛏🛏🔲🚪💶£130〜
━A M V

TV｜🍴｜👜｜🔲｜P｜📶Wi-Fi
全室｜全室｜全室｜なし｜無料｜無料

　ハイ・ストリートに面したイン。通り沿いの建物にはパブも併設しているが、ほとんどの客室は裏の別館にあり、騒音は気にならない。

高級　28室　Map P.304　チッピング・カムデン

コッツウォルド・ハウス
The Cotswold House Hotel & Spa

住The Square, GL55 6AN
TEL (01386) 840 330
URL www.cotswoldhouse.com
🛏🔲🚪💶£139〜　🛏🛏🔲🚪💶£149〜
━A M V

TV｜🍴｜👜｜🔲｜P｜📶Wi-Fi
全室｜全室｜全室｜受付｜無料｜一部

　外観は周囲の建物と同じようにあたたかみのある風情だが、内装はスマートにまとめられている。併設のスパは受賞歴あり。バーはジンの銘柄が豊富。

歴代の王族もここに宿泊した
リゴン・アームズ（ブロードウェイ）The Lygon Arms

高級　77室
Map P.305（コラム内地図）ブロードウェイ

TV				P	Wi-Fi
全室	全室	全室	受付	無料	無料

住High St., WR12 7DU
TEL(01386)852 255
URL www.lygonarmshotel.co.uk
♦/♦♦🖥🛁🔲£275～
━ＡＭＶ
レストラン圖12:00～21:00

コッツウォルズの中でも歴史の深い宿で、テューダー朝時代には既に駅馬車宿（コーチング・イン）として使用されていたという。客室、ラウンジ、パブともに当時の雰囲気が残されており、ホテル全体が博物館のようだ。
レストラン メインレストランのグリル・バイ・ジェイムズ・マーティンGrill by James Martinでは地元の素材を使った伝統的な料理を居心地のよい空間で味わうことができる。

中級　22室　Map P.306上　ストウ・オン・ザ・ウォルド
ストウ・ロッジ Stow Lodge Hotel

住The Square, GL54 1AB
TEL(01451)830 485
URL www.stowlodge.co.uk
♦🖥🛁🔲£81～128
♦♦🖥🛁🔲£107～161
━ＭＶ

TV				P	Wi-Fi
全室	全室	全室	なし	無料	無料

中心に位置する伝統的ホテル。牧師館として造られた建物を18世紀にマナーハウス・ホテルとして作り替えており、現在でもその名残が見られる。

イン　13室　Map P.306上　ストウ・オン・ザ・ウォルド
ポーチ・ハウス The Porch House

住Digbeth St., GL54 1BN
TEL(01451)870 048
URL www.porch-house.co.uk
♦/♦♦🖥🔲£120～
━ＭＶ

TV				P	Wi-Fi
全室	全室	全室	なし	無料	無料

947年創業のイングランド最古のイン。客室は一つひとつ大きさ、内装が異なるが、どれも歴史的雰囲気と現代的快適さを両立させている。一階部分のパブ（→P.316）も内装がすばらしい。

『ダウントン・アビー』のロケ地ともなった
スワン The Swan Inn

イン　6室
Map P.283-C3　スウィンブルック

TV				P	Wi-Fi
全室	全室	全室	なし	無料	無料

住Swinbrook, Near Burford, OX18 4DY
TEL(01993)823 339
URL www.theswanswinbrook.co.uk
♦/♦♦🖥🛁🔲£150～　━ＡＭＶ
パブ圖12:00～23:00

バーフォードとミンスター・ラベルのほぼ中間にあり、どちらからも徒歩40分ほど。いかにもコッツウォルズらしいインで、『ダウントン・アビー』の舞台にもなった。シーズン2でシビルとブランソンが駆け落ちした宿がここだ。
パブ 1階はパブになっており、ワインの種類が豊富。季節の食材を使った料理も人気があり、熟成ヘレフォード牛などを出すことも。食事は閉店の2時間前まで。

RESTAURANT

Map P.290 下 -B　サイレンセスター カフェ

カフェ・モザイク　Café Mosaic

かつて羊毛が取引されたサイレンセスターの市場にある。12:00〜14:30のランチタイムにはパスタやバーガーなどを出す。アフタヌーンティーはスコーンがふたつ付いて£6.95。

🏠12 The Woolmarket, GL7 2PR　☎(01285)656 362
🌐www.cafemosaic.co.uk　🕐9:00〜17:00
🚫無休　💳AMV　📶不可

Map P.305 (コラム内地図)　ブロードウェイ モダン・ブリティッシュ

ラッセルズ　Russell's

地元の素材を使った料理で人気の店。メニューはコース料理£30〜40が中心でアラカルトもある。

🏠20 High St., WR12 7DT　☎(01386)853 555
🌐russellsofbroadway.co.uk　🕐8:30〜10:00 12:00〜14:15
17:30〜21:00 (月・火8:30〜10:00 12:00〜14:00、日12:00〜
18:15)　🚫無休　💳MV　📶店内可

Map P.288 左 -1　チェルトナム 多国籍料理

ウッドクラフト　Woodkraft

カフェ風のおしゃれな店内で地元の素材と手作りにこだわった料理を提供。世界各国の料理を取り入れた興味深いメニューが目白押しだ。朝食£7〜、ランチ£12〜。

🏠13 Regent St., GL50 1HE　☎(01242)580 585
🌐woodkraftcheltenham.com　🕐9:00〜16:00 (土9:00〜17:00)
🚫無休　💳AMV　📶店内可

Map P.288 左 -1　チェルトナム スリランカ料理

カラピンチャ　Karapincha

中心部で人気のスリランカ料理店。現地向けにややマイルドにアレンジされているが、味は本格的。店内はモダンで天井が高く、スタッフもフレンドリー。カレーは£5.50〜。

🏠9 Clarence St., GL50 3JL　☎(01242)701 369
🌐www.karapinchacheltenham.com
🕐17:00〜23:00　🚫無休　💳MV　📶店内可

Map P.290 下 -A　サイレンセスター タイ料理

タイ・エメラルド　Thai Emerald

人気メニューは本格タイカレー£11.50〜18.95。店内はタイの伝統工芸品が飾られている。6品のコース (2人より) は£25.95〜29.50。チェルトナムやイーヴシャムに支店あり。

🏠36 Castle St., GL7 1QH　☎(01285)654 444
🌐www.thai-emerald.co.uk　🕐12:00〜14:30 17:00〜22:00
🚫月のランチ　💳ADJMV　📶不可

Map P.288 右 -2　チェルトナム インド料理

カリー・コーナー　Curry Corner

数々の受賞歴を誇る、1977年創業の名店。バングラデシュ系の料理を得意としており、カレーは£10.95〜。中心部から少し離れているが、週末は予約でいっぱい。

🏠133 Fairview Rd., GL52 2EX　☎(01242)528 449
🌐thecurrycorner.com　🕐17:00〜22:00 (金・土〜22:30)
🚫月、12/25　💳AMV　📶店内可

Map P.288 右 -2　チェルトナム ガストロパブ
英国料理

モーランズ　Moran's Eating House

40年以上地元で愛されている家族経営のガストロ・パブ。朝食からランチ、ディナーに至るまでいつでも利用したくなるアットホームな雰囲気で、なんといっても料理の味が抜群。値段も比較的リーズナブルだ。コーヒーやケーキもおいしい。

🏠123-129 Bath Rd., GL53 7LS　☎(01242)581 411
🌐www.moranseatinghouse.co.uk　🕐9:00〜23:00
🚫日、祝日の月曜　💳MV　📶不可

Map P.289-A2　グロスター
タンク・バー Tank Bar

近くにあるグロスター・ブリュワリー直営のパブ。地ビールは6種類ほど置いており、フードメニューはチーズとシャルキュトリ（加工肉）の盛り合わせがおすすめ。

住12-14 Llanthony Rd., GL1 2EH　TEL (01452) 690 541
URL www.tankgloucester.com　圖12:00〜23:00（金・土12:00〜24:00、日12:00〜22:00）　休無休　=MV　令店内可

Map P.290 下-A　サイレンセスター
ゴールデン・クロス・イン Golden Cross Inn

コッツウォルズ産牛肉など地元産の食材を利用した料理が評判の人気店。週末のランチなどは大変混み合う。メニューは季節ごとに変わるメインが£14〜。上階には宿泊施設もあり、 £85〜、 £150〜。

住20 Black Jack St., GL7 2AA　TEL (01285) 652 137
URL thegoldencrossinn.com　圖11:30〜22:30（金・土〜23:30、日12:00〜21:30）　休無休　=AMV　令店内可

Map P.290 上　モートン・イン・マーシュ
ブラック・ベア・イン The Black Bear Inn

ストウ・オン・ザ・ウォルドの地ビール、ドニントンDonningtonを提供するパブ。地元食材を使用した食事も評判。

住High St., GL56 0AX　TEL (01608) 652 992
URL www.blackbearinnmoreton.co.uk
圖11:30〜23:00（日〜18:00）　食事12:00〜14:30 17:45〜20:30（日12:00〜14:45）　休無休　=MV　令店内可

Map P.304　チッピング・カムデン
エイト・ベルズ・イン Eight Bells Inn

ハイ・ストリートからチャーチ・ストリートに入って左側。14世紀に建てられた家を改装したパブ。メニューは季節ごとに変わり、前菜とメインを頼んで£25〜30。奥には宿泊施設（全6室）もあり、 / £99〜。

住Church St., GL55 6JG　TEL (01386) 840 371　URL www.eightbellsinn.co.uk　圖12:00〜14:00（土〜14:30）18:00〜21:00（日12:00〜19:30）　休無休　=MV　令店内可

Map P.306 上　ストウ・オン・ザ・ウォルド
ポーチ・ハウス The Porch House

現在の建物は10世紀にホスピスとして造られたというパブ。内装はまるで博物館のよう。メニューは地元の素材を使ったモダン・ブリティッシュが中心で、メインは£12.45〜32.95。盛りつけも洗練されている。

住Digbeth St., GL54 1BN　TEL (01451) 870 048
URL www.porch-house.co.uk　圖10:00〜22:00（日〜21:00）
休無休　=AMV　令店内可

Map P.288 左-1　チェルトナム
ハフキンズ Huffkins Cheltenham

1890年にコッツウォルズで創業したベーカリーカフェ。焼きたてのパンを買い求める地元の人でいつもにぎわっている。バーフォードやストウ・オン・ザ・ウォルドにも支店がある。

住25 Promenade, GL50 1LE　TEL (01242) 513 476
URL www.huffkins.com　圖9:00〜16:30（土〜17:00、日10:00〜16:00）　休無休　=AMV　令店内可

Map P.290 上　モートン・イン・マーシュ
リクシーズ・コッツウォルド・ティールーム Rixy's Cotswold Tearoom

店内にはカラフルな絵皿が多く飾られ、かわいらしい雰囲気。グルテンフリーの手作りケーキやスコーンを提供している。アフタヌーンティー£19.50（2名以上から）が人気。

住4 High St., GL56 0AH　TEL (01608) 651 799
URL www.rixyscotswoldtearoom.co.uk　圖9:00〜16:00（月・日9:30〜15:30、火9:00〜15:30）　休水　=AMV　令店内可

世界中から学生が集う学問の町

オックスフォード
Oxford

円筒形の外観が印象的なラドクリフ・カメラ。カメラとはラテン語で部屋の意味

オックスフォード　●ロンドン

人口	市外局番
16万2000人	01865
オックスフォードシャー州	
Oxfordshire	

　伝説によれば、8世紀初頭にサクソンの王女、フライズワイドFrideswideがこの地に修道院を建てた。これが現在のクライスト・チャーチのもとになっているという。彼女を追ってきた好色な王は雷に打たれて失明するが、フライズワイドの祈りにより視力が回復したという。

　13世紀には大学の町としての側面を備えていったが、学生が住民と対立して悪評が立った時代もあった。現在は英国を代表する学府として、世界中から学生が集う国際的な雰囲気と、歴史の重みを伝えるように建つ重厚な学舎とが不思議な調和を生み出す町となっている。

👣 歩き方

カーファックス・タワー

　町の中心に建つのはカーファックス・タワーCarfax Tower。町が一望できる眺望ポイントだ。ここより東側にさまざまなカレッジが点在しており、塔の西側にはバスステーションやショッピングセンターなどがある。さらに運河を越えると鉄道駅。これらはすべて歩いて行ける。
ハイ・ストリート　カーファックス・タワーからハイ・ストリートHigh St沿いに東へ向かうと、リンカン・カレッジやクイーンズ・カレッジなどさまざまな**カレッジ** P.320 が並んでいる。
ブロード・ストリート　クイーンズ・レーンQueen's Ln.を入ると、ニュー・カレッジ沿いに道はくねり、ボドリアン図書館の前に出る。カーファックス・タワーのほうへと戻るコーン

Access Guide
オックスフォード

ロンドンから

🚇	所要:約1時間10分
月〜土	パディントン駅から5:05〜翌0:31 (土5:22〜23:33)の1時間に1〜2便程度
日	7:36〜21:44の1時間に1便程度

🚌	所要:約1時間40分
毎日	ヴィクトリア・コーチ・ステーションからOxford Tubeが24時間運行

ヒースロー空港 (セントラル・バスステーション) から

🚌	所要:約1時間30分
毎日	1時間に6便程度、深夜は減便

ガトウィック空港 (南ターミナル) から

🚌	所要:2時間30分
	1時間に1便、深夜は2時間に1便

チェルトナムから

🚌	所要:約1時間35分
月〜土	6:45〜17:15に6便運行
日	9:15 14:15

モートン・イン・マーシュから

🚇	所要:約35分
月〜土	5:54〜23:31 (土6:54〜22:01)の1時間に1便程度
日	8:56〜21:46の1時間に1便程度

317

<table>
<tr>
<td>

i オックスフォード
Tourist Information Centre

2023年6月現在、オックスフォードに公営の**i**はない。

川沿いをゆっくりと散策

Information

スクリプタム
Scriptum

老舗が並ぶトゥール・ストリートにある、イギリスやイタリアの高級文具を扱う店。シーリングワックスや羽ペンなど、ヨーロッパならではの文具が並び、見ているだけでも楽しい。

大切な人へのおみやげにもおすすめ

Map P.319-C2
🏠3 Turl St., OX1 3DQ
☎(01865)200 042
🔗www.scriptum.co.uk
🕐9:00～18:00（日9:00～17:30）
休無休 ━Ａ M V

ウオーキングツアー

🚶 **町と大学巡り**
University and City Tour
10:30、13:00（夏期の金・土は15:30も）発
所要:2時間
💷£22～25 学生£19～22
訪れるカレッジは、ツアーによって異なるが、一般公開されていないカレッジを見学できることも。人気が高いので予約が望ましい。

🚶 **主任警部モースツアー**
Inspector Morse Tour
土曜13:30発
所要:2時間 💷£27 学生£25
オックスフォードを舞台にしたテレビ番組の人気シリーズ『主任警部モース』の舞台を巡るツアー。

☎(01865)686 442
🔗experienceoxfordshire.org 🚩
どのツアーもベイリオル・カレッジの向かいにあるみやげ物店「クール・ブリタニア」の前から出発。このほか不定期だがハリー・ポッターのロケ地を回るツアーなども行っている。

</td>
<td>

マーケット・ストリートCornmarket St.はたくさんの人でいつもにぎわっている。

クライスト・チャーチ周辺 カーファックス・タワーから南へ行くとオックスフォード博物館があり、そこからさらに南下するとクライスト・チャーチや、パント（平底の小さな船）がレンタルできるフォリー・ブリッジFolly Br.と続いていく。

 交通情報 **鉄道駅** 鉄道駅は町の西にある。カーファックス・タワーまでは徒歩10分ほど。

バスステーション ヒースロー空港をはじめガトウィック空港、ロンドンからのバス（オックスフォード・チューブ）は、

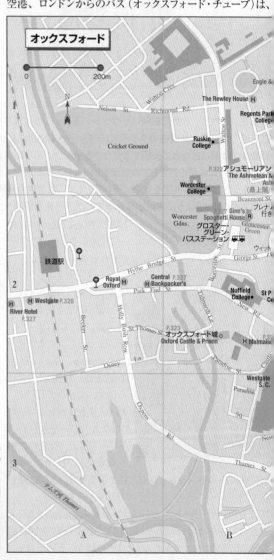

</td>
</tr>
</table>

町の中心にある**グロスター・グリーン・バスステーション**
Gloucester Green Bus Stationに到着する。近郊の見どこ
ろへのバスもここに発着する。

市内バス　市内を走るバスの多くは鉄道駅前に発着。町
の中心からは、ハイ・ストリート沿いのバス停が近い。

観光バス　シティ・サイトシーイ
ング社のバスが鉄道駅からバス
ステーションを経由し、おもな見
どころやカレッジに寄りつつ、
約1時間かけて町を1周する。乗
り降り自由でイヤホンを通して聞く案内には日本語もある。

シティ・サイトシーイング社のバス

■**シティ・サイトシーイング**
　City Sightseeing
TEL(01865)790 522
URL www.citysightseeingoxford.com
9:30〜18:00の15分おきに運行
休1/1、12/24·25
料24時間有効 £18　学生£16
　48時間有効 £22　学生£18

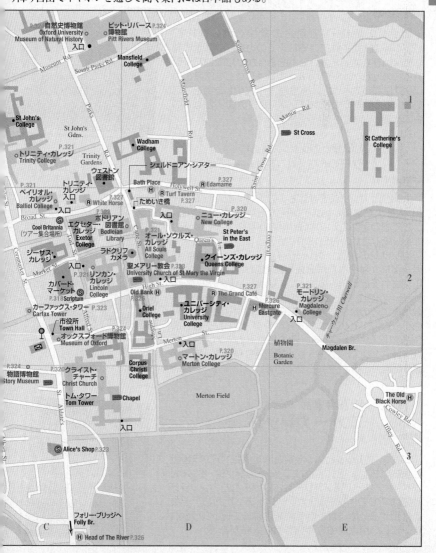

319

詳細ガイド

オックスフォードの
カレッジ巡り

オックスフォードの見どころは、何といってもカレッジ。「大学の中に町がある」といわれるほど、数多く点在している。内部を見学させてくれるところも多いが、午後にならないと一般に開放しないところも多い。

最古の常設大学
マートン・カレッジ
Merton College

オックスフォードで最古の常設のカレッジで、1264年に設立された。それまでのカレッジは土地をもたない存在だったが、これをきっかけにユニバーシティ・カレッジやベイリオル・カレッジなども常設のカレッジになっていった。天皇陛下が在学したのもここだ。1370年設立のイングランド最古の図書館はこの中にある。

大聖堂とカレッジをもつ
クライスト・チャーチ
Christ Church

大聖堂とカレッジを併せもつのがクライスト・チャーチ。大聖堂には美しいステンドグラスが飾られている。ここでぜひ聴きたいのは聖歌隊の歌声で、その実力は折り紙つきだ。毎日18:00から。

カレッジの食堂、グレート・ホールGreat Hallは、壁一面にかけられた肖像画や壮麗な天井の細工など、圧倒されるほど美しいホール。映画『ハリー・ポッター』シリーズに出てくる魔法学校の食堂のモデルにもなった。そのほか、カレッジの中には美術館Picture Galleryがあり、ファン・ダイクやダ・ヴィンチなどの作品が収蔵されている。表の塔はトム・タワー Tom Tower。クリストファー・レン 🔖 P.606 の作品で、塔内の鐘Great Bellが時を知らせている。

1379年創設
ニュー・カレッジ
New College

ニュー・カレッジという名前とは裏腹に1379年創設と歴史は古い。正式名称はニュー・カレッジ・オブ・セント・メアリー。聖メアリーにささげられたカレッジとしてはすでにオリオル・カレッジがあったため、それと区別するため、新しいを意味するニューがつけられた。ここの聖歌隊の歌声も非常に人気がある。

ダラム・カレッジを起源にもつ
トリニティ・カレッジ
Trinity College

かつてダラム（→P.456）の修道士によって設立されたダラム・カレッジがあった場所に建つ。1555年に所有が代わってトリニティ・カレッジとなったが、構内にはダラム・カレッジ時代の15世紀に建てられた図書館が残っている。すぐ隣にあるベイリオル・カレッジとは熾烈なライバル関係にあった。

大学エリアの最も東にある
モードリン・カレッジ
Magadlen College

1458年に、ウィンチェスター主教のウィリアム・ワインフリートによって創立された。イギリス国王エドワード8世やオスカー・ワイルドなどを輩出している。オックスフォードのカレッジとしては広い敷地があり、チャーウェル川沿いの庭園の散策も楽しめる。

学生がいない大学
オール・ソウルズ・カレッジ
All Souls College

1438年創立のカレッジ。学生はおらず、フェローという研究員が非常に限られた数のみ在籍している。建築家のクリストファー・レン P.606はここの研究員として在籍していた。コドリントン図書館Codrington Libraryの名で知られるオール・ソウルズ図書館の建築は有名。

政治家を多数輩出
ベイリオル・カレッジ
Balliol College

1263年の創設以来、オックスフォード屈指の人気カレッジであり、エドワード・ヒースらイギリス首相やドイツのヴァイツゼッカー元大統領など、卒業生からは政治家が数多く生まれている。哲学者アダム・スミスも卒業生。外務省時代の皇后陛下もここで学んだ。

1427年創設
リンカン・カレッジ
Loncoln College

メソジスト派の祖として知られるジョン・ウェスレーを輩出したのがこのリンカン・カレッジ。大学エリアのほぼ中央に位置する。建物の古い部分には17世紀のものもある。カレッジの図書館は18世紀に全聖人教会として建てられたもの。1975年から図書館となった。

DATA

■マートン・カレッジ　Map P.319-D2
🏠Merton St., OX1 4JD
☎(01865)276 310　URLwww.merton.ox.ac.uk
🕐14:00～17:00（土10:00～、日12:00～）
※最終入場16:30　休不定期　料£5

■クライスト・チャーチ　Map P.319-C3
🏠Christ Church, OX1 1DP
☎(01865)276 150　URLwww.chch.ox.ac.uk
●カレッジ
🕐10:00～17:00（日13:30～17:00）
休12/25、不定期
料£16～19　学生£15～18　ガイドツアー £10～14
※グレート・ホールと大聖堂は学校行事などで使用されている時は見学できない。ウェブサイトで要確認
●美術館
🕐11:00～17:00（日14:00～）
休火・水、不定期　料£6　学生£3　内部撮影不可

■ニュー・カレッジ　Map P.319-D2
🏠Holywell St., OX1 3BN　☎(01865)279500
URLwww.new.ox.ac.uk
🕐10:30～17:00（冬期短縮）
休12/25、そのほかウェブサイト参照　料£8

■トリニティ・カレッジ　Map P.319-C1
🏠Broad St., OX1 3BH
☎(01865)279 900　URLwww.trinity.ox.ac.uk
🕐10:00～12:00 14:00（学期外13:00）～17:00
休不定期　料£4　学生£3

■モードリン・カレッジ　Map P.319-E2
🏠High St., OX1 4AU
☎(01865)276 000
URLwww.magd.ox.ac.uk
🕐10:00～18:30
休12/23～1/2、不定期
料£9.50　学生£8.50

■オール・ソウルズ・カレッジ　Map P.319-D2
🏠High St., OX1 4AL
☎(01865)279 379
URLwww.asc.ox.ac.uk
🕐14:00～16:00
休土、イースター、8月、クリスマス、不定期　料無料

■ベイリオル・カレッジ　Map P.319-C2
🏠Broad St., OX1 3BJ
☎(01865)277 777
URLwww.balliol.ox.ac.uk
🕐10:00～17:00
休不定期　料£5　学生£2

■リンカン・カレッジ　Map P.319-C2
🏠Turl St., OX1 3DR
☎(01865)279 800
URLwww.lincoln.ox.ac.uk
開要電話確認
休クリスマス休暇　料無料
※各カレッジとも、開館時間中でも日没に合わせて閉めることが多いので、特に冬期は注意しよう。

アシュモーリアン博物館

住 Beaumont St., OX1 2PH
TEL (01865)278 000
URL www.ashmolean.org
開 10:00〜17:00　**休** 1/1、12/24〜26
料 希望寄付額£10
一部撮影不可　　フラッシュ不可

明治以前と以降に分け日本に関する品も展示

英国有数の博物館　　　　　　　　　Map P.318-B1

アシュモーリアン博物館
The Ashmolean Museum

1683年創設という歴史ある博物館。大学の運営する博物館としては、世界一のコレクションを誇る。北キプロスのサラミス遺跡、エジプトのハワーラ遺跡など考古学に関する展示が充実しており、なかでもアーサー・

クノッソス遺跡に関する展示

エヴァンズが発掘したクノッソス遺跡の発掘物を収蔵していることで名高い。

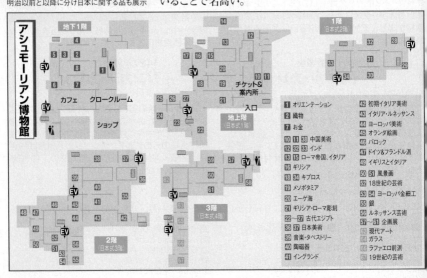

アシュモーリアン博物館

地下1階
カフェ　クロークルーム
ショップ

地上階（日本式1階）
チケット&案内所
入口

1階（日本式2階）

2階（日本式3階）

3階（日本式4階）

- **1** オリエンテーション
- **2** 織物
- **7** お金
- **10 11 38** 中国美術
- **12 32 33** インド
- **13 15** ローマ帝国、イタリア
- **16** ギリシア
- **18 34** キプロス
- **19** メソポタミア
- **20** エーゲ海
- **21** ギリシア・ローマ彫刻
- **22〜27** 古代エジプト
- **38 37** 日本美術
- **39** 音楽・タペストリー
- **40** 陶磁器
- **41** イングランド
- **42** 初期イタリア美術
- **43** イタリア・ルネッサンス
- **44** ヨーロッパ美術
- **45** オランダ絵画
- **46** バロック
- **47** ドイツ&フランドル派
- **48** イギリスとイタリア
- **50 51** 風景画
- **52** 18世紀の芸術
- **53 54** ヨーロッパ金細工
- **55** 銀
- **56** ルネッサンス芸術
- **57〜61** 企画展
- **62** 現代アート
- **63** ガラス
- **66** ラファエロ前派
- **67** 19世紀の芸術

ボドリアン図書館

住 Broad St., OX1 3BG
TEL (01865)277 094
URL www.bodleian.ox.ac.uk
開 9:00〜17:00(土10:00〜、日11:00〜)
休 1/1、イースター、12/24〜26
料 無料(神学校£2.50)　オーディオガイド£5
●ガイドツアー
開 日によって開催時間が異なる
料 30分£10　1時間£15　1時間30分£20

ボドリアン図書館の本館

大学の町が誇る図書館　　　　　　　Map P.319-C 〜 D2

ボドリアン図書館 Bodleian Library

ロンドンの大英図書館に次ぐ1300万冊もの蔵書を誇る図書館。本館のほかに、ラドクリフ・カメラRadcliffe Camera、クラレンドン・ビルディングClarendon Building、新館New Bodleian Libraryなどの中に、膨大な量の書物が収められている。建物としてひときわ目を引くのは1749年に建てられたラドクリフ・カメラだ。このドーム型の建物は科学関係の書物を収める図書館として建てられたそうだ。

会議室は、17世紀のイングランド内乱時代、ロンドンを追放されたチャールズ1世 **▶** P.608 の王宮がおかれていたときに英国議会として使われていた部屋。2階の閲覧室はジャコビアン様式(17世紀前半)の内装の部屋で、映画『ハリー・ポッター』シリーズの撮影にも使われた。

オックスフォード

カーファックス・タワー Carfax Tower
塔に上って眺めてみよう Map P.319-C2

カーファックス・タワーからの眺め

「カーファックス」とは「交差点」の意味で、その名のとおり、塔に上れば交差点の真上からの眺めが楽しめる。塔の上までは階段約100段、高さは約23m。もとは聖マーティン教会の塔として建てられたもので、いまは塔だけが残されている。毎正時には時計の鐘の音が町に鳴り響く。

■カーファックス・タワー
TEL (01865)792 653
圃4〜9月10:00〜16:30
3・10月10:00〜16:00
11〜2月10:00〜15:00
圏1/1、12/25・26　圉£3

カーファックス・タワーの仕掛け人形

聖メアリー教会
町が一望できる Map P.319-D2
University Church of St Mary the Virgin

塔からは多くのカレッジが見渡せる

聖メアリー教会の起源はよくわかっていないが、サクソン人の時代に建てられたものだといわれている。

教会の中で現存する最古の建物は、1280年に建てられた塔。ここからの景色はすばらしく、多くの人がひとめ見ようと訪れる。眼下にラドクリフ・カメラをはじめ、オックスフォードの名建築を収める気分は爽快だ。

■聖メアリー教会
住High St., OX1 4BJ
TEL (01865)279 111
URL www.universitychurch.ox.ac.uk
圃9〜6月9:30〜17:00（日12:00〜）
7・8月9:30〜18:00（日12:00〜）
圏12/25
圉無料、塔は£5

Information
アリス・ショップ
クライスト・チャーチの目の前にある。『鏡の国のアリス』で、アリスが機嫌の悪い羊と出合うのはこの店。現在はさまざまなアリスのグッズを販売している。入口にある小さな赤い看板が目印だ。

Map P.319-C3
住83 St Aldates, OX1 1RA
TEL (01865)240338
URL aliceinwonderlandshop.com
圃7・8月9:30〜18:00
9〜6月10:00〜17:00
圏12/25・26　■AMV

オックスフォード城 Oxford Castle & Prison
牢獄として使われ続けた城 Map P.318-B2

オックスフォード城の城壁

1071年のノルマン征服の直後に建てられた城。12世紀には、ウィリアム征服王 ☞P.605 の孫娘であるマティルダ（モード皇后）が幽閉された記録が残る。城のほとんどは17世紀の内乱時代に破壊されたが、ノルマン様式の地下室が残ってい

■オックスフォード城
住44-46 Oxford Castle, OX1 1AY
TEL (01865)260 663
URL www.oxfordcastleandprison.co.uk 圉
圃10:00〜17:00
圏12/24〜26
圉£15.50〜17.50
学生£14.50〜16.50
※ガイドツアーに要参加

る。1700年頃から1996年までは牢獄として利用された。見学はまず城の歴史を解説する映画を観てから、塔、地下室、牢獄という順に看守の衣装を着たガイドと一緒に回る。

■オックスフォード博物館
- 住St Aldates, OX1 1BK
- TEL(01865)252 334
- URLmuseumofoxford.org
- 開10:00〜17:00
- 休日、1/1、12/24〜26、12/31
- 料寄付歓迎

Information
物語博物館
Story Museum
大規模な改装を経て2020年に再開した、さまざまな物語に触れることができる博物館。イギリスの有名な物語を交えてオックスフォードの歴史を学んだり、本の読み聞かせを聞いたり、子供が楽しめるプログラムが盛りだくさん。

Map P.319-C3
- 住42 Pembroke St., OX1 1BP
- TEL(01865)790 050
- URLwww.storymuseum.org.uk
- 開学期内 9:30〜16:30
  （土・日 9:30〜17:30）
  学期外 9:30〜17:30
- 休学期内の月曜　料£12

■自然史博物館
- 住Parks Rd., OX1 3PW
- TEL(01865)272 950
- URLwww.oum.ox.ac.uk
- 開10:00〜17:00
- 休12/24〜26　料希望寄付額£5

■ピット・リバース博物館
- 住South Parks Rd., OX1 3PP
- TEL(01865)613 000
- URLprm.ox.ac.uk
- 開10:00〜17:00（月12:00〜）
- 休12/24〜26　料希望寄付額£5

■ミニの工場
- 交市役所前のバス停から10番のバスに乗りホースパス・ロードHorspath Rd.下車、徒歩約10分
- 住Eastern By-Pass Rd., Cowley, OX4 6NL
- URLwww.mini.co.uk
  www.visit-bmwgroup.com
- ●見学ツアー（約1時間40分）
- 開9:30 13:30など1日1〜2回
  ※催行日はウェブサイト参照　休不定期
- 料£21　学生£17　◎予約必須
  内部撮影不可
  ※13歳未満は参加不可

オックスフォードの歴史に触れる　Map P.319-C2
オックスフォード博物館 Museum of Oxford

オックスフォード市役所内にあり、小さな博物館の印象を受けるが、意外に展示は充実しており、先史時代以来のオックスフォードの歴史を解き明かしている。アートギャラリーも併設されている。

建物は1897年に建てられたもの

ネオ・ゴシック様式の建物も必見　Map P.319-C1
自然史博物館
Oxford University Museum of Natural History

世界的にみても極めて珍しい、幻の鳥ドードー（17世紀に絶滅）の剥製や恐竜の骨格標本などの生物に関する展示をはじめ、鉱物や地質学など自然科学全般にわたるコレクションが一堂に会する博物館。

展示と同様に注目したいのは、博物館の建築。自然科学の大聖堂を標榜して建てられたヴィクトリア朝期のネオ・ゴシック様式で、鉄とガラスという当時としては最先端をいく建築資材を用いている。

膨大なコレクションが自慢　Map P.319-C1
ピット・リバース博物館 Pitt Rivers Museum

自然史博物館に隣接した博物館。入口は自然史博物館内にあり、専用通路から入場する。50万点以上あるコレクションは、世界各地から年代を問わずに集められ、展示されているのは全体の3割ほど。展示は各カテゴリーごとに分けられており、展示品は陳列棚にところ狭しと並べられている。

膨大な展示品数を誇る

イギリスを代表する自動車工場　地図なし
ミニの工場 MINI Plant Oxford

イギリス最大規模の自動車工場。この工場では2001年より「ミニMINI」を組み立てており、実際の組み立て工程を所要約1時間40分のツアー（要予約）で見学する。

工場内では500体のロボットが稼動し、新車は68秒に1台のペースで製造ラインから産出される。また、この工場は2012年のロンドンオリンピックの際、聖火リレーのコースにもなった。

工場の入口には各国語で「Welcome」が記されている

首相チャーチルが生まれた
ブレナム宮殿 *Blenheim Palace*

戦功の宮殿 スペイン継承戦争時の1704年にドイツのドナウ河畔の町、ブリントハイムBlindheimで行われた戦いで、公爵ジョン・チャーチルがフランス軍を破った。この宮殿はその功労をたたえてアン女王からジョン・チャーチルに贈られたもので、ブリントハイムの英名ブレナムと名づけられた。以来チャーチル家の居城となり、後に名首相とたたえられたウィンストン・チャーチル P.606 も1873年にここで生まれている。

オックスフォードからはバスで30分ほど。ヘンジントン・ゲートのそばに到着する。ゲートからひたすら直進するとチケット売り場があり、さらにひたすら歩くと建物の入口に到着する。まず驚かされるのはその広さだ。

広大な庭園でのんびり ウィンストン・チャーチルが生まれた部屋はもちろん、英国公爵の豪華な生活がうかがえる調度品の数々、花が咲き誇る手入れの行き届いた庭園もじっくり堪能したい。ほかにもバタフライファームやバラ園、迷路などもあり、1日楽しめる。

湖がある美しい庭園を散策してみよう

公園内には小さな機関車も走っている

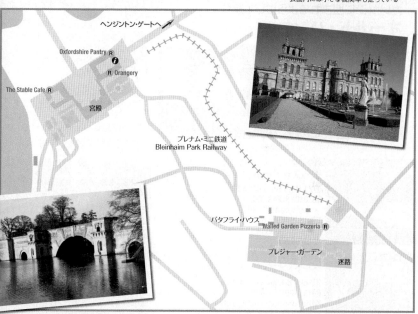

ヘンジントン・ゲートへ

Oxfordshire Pantry
Orangery
The Stable Cafe
宮殿

ブレナム・ミニ鉄道
Bleinhaim Park Railway

バタフライ・ハウス
Walled Garden Pizzeria

プレジャー・ガーデン
迷路

DATA

■ブレナム宮殿

🚌 マグダレン・ストリートMagdalen St.のバス停からS3かS7のバスでBlenheim Palace下車。5:10〜翌0:30の1時間に3便程度、所要約40分。

🏠 Woodstock, OX20 1PP　☎ (01993) 810 530

URL blenheimpalace.com　🚌　予約必須

●宮殿
🕐 10:30〜16:45

🚫 11/13〜1/2、不定期

💴 £43　学生£37.50（宮殿、庭園、公園共通券）

宮殿内部撮影不可　フラッシュ不可

●庭園と公園
🕐 庭園10:00〜17:30
　　公園9:00〜18:00

🚫 宮殿と同じ

💴 £22.50　学生£19（庭園と公園共通券）

　世界中から多くの人が訪れるオックスフォードだが、町の中心にホテルの数はそれほど多くはない。学生寮など大学施設の一部を観光客にも開放するところもある。比較的手頃なB&Bもあるのは鉄道駅の西側やチャーウェル川の東側。世界中から学生の集まる町だけあり、レストランやカフェも国際色豊かだ。

かつての牢獄がおしゃれなホテルに
マルメゾン Malmaison Oxford

高級　　95室
Map P.318-B2

TV 全室 / 全室 / 全室 / 全室 / £28.50 / Wi-Fi 無料

住3 New Rd., OX1 1AY
TEL(01865)689 944
URL www.malmaison.com
♦/♦♦ £167〜
ADJMV

　かつての牢獄を利用したブティックホテル。客室は独房2.5〜3つぶんをひと部屋にしているので広く、設備やインテリアも非常におしゃれ。当時のまま保存された部屋もある。

カレッジに囲まれるようにして建つ
オールド・バンク Old Bank Hotel

高級　　43室
Map P.319-D2

TV 全室 / 全室 / 全室 / 全室 / 無料 / Wi-Fi 無料

住92-94 High St., OX1 4BJ
TEL(01865)799 599
URL www.oldbank-hotel.co.uk
♦/♦♦ £200〜
AMV

　ラウンジなど公共スペースはゆったりとした造り。客室は落ち着いたトーンの内装で統一されている。バスタブがない部屋もある。朝食は£25。アフタヌーンティーも楽しめる。

高級　81室　**Map P.319-D2**

イーストゲート Mercure Oxford Eastgate

住73 High St., OX1 4BE
TEL(01865)248 332
●予約 (03)4578-4077
URL all.accor.com
♦/♦♦ £116〜
ADMV

TV 全室 / 全室 / 全室 / 全室 / 有料 / Wi-Fi 無料

　かつての駅馬車宿(コーチング・イン)を利用したホテル。客室は改装済み。リクエストすれば、表通りやバーから遠い静かな部屋にしてくれる。

イン　19室　**Map P.319-C3**

ヘッド・オブ・ザ・リバー Head of The River

住Folly Bridge, OX1 4LB
TEL(01865)721 600
URL headoftheriveroxford.co.uk
♦/♦♦ £130〜
AMV

TV 全室 / 全室 / 全室 / なし / Wi-Fi 無料

　テムズ河に架かるフォリー・ブリッジ横にある。チェックインは1階のバーで行う。バーの営業時間は7:00〜23:00(土8:00〜23:00、日8:00〜22:00)

中級　20室　**Map P.318-A2**

ウエストゲート Westgate Hotel

住1 Botley Rd., OX2 0AA
TEL(01865)726 721
URL www.westgatehoteloxford.co.uk
♦□□□□£80〜 ♦□□□£90〜
♦♦□□□£105〜
AMV

TV 全室 / 希望者 / 全室 / なし / 無料 / Wi-Fi 無料

　家族経営の老舗ホテル。建物は古いが味があり、部屋も清潔でスタッフも親切だ。道を挟んで少し北に離れた場所に8室をもつ別棟もある。

中級　20室　Map P.318-A2

リバー・ホテル　River Hotel

TV / シャワー / アメニティ / 冷蔵庫 / P / Wi-Fi
全室 / 全室 / 全室 / なし / 有料 / 無料

住17 Botley Rd., OX2 0AA
TEL (01865) 243 475
URL www.riverhotel.co.uk
♦/♦♦ £140〜
— A M V

駅を出て、中心部とは反対側に線路を渡ったテムズ河のすぐそばにある。スタッフが親切で掃除も行き届き、朝食の評判もよい。

ホステル　8室　Map P.318-A2

セントラル・バックパッカーズ　Central Backpacker's

TV / シャワー / アメニティ / 冷蔵庫 / P / Wi-Fi
なし / なし / なし / なし / なし / 無料

住13 Park End St., OX1 1HH
TEL (01865) 242 288
URL www.centralbackpackers.co.uk
DOM £23〜
— A M V

駅と中心部の間に位置するので便利。部屋、共用スペースともにとても清潔で過ごしやすい。オックスフォードでは数少ないホステルのため重宝する。

Map P.318-B2

ジーノス　Gino's Spaghetti House

イタリア料理

グロスター・グリーン・バスステーションの前にある。パスタは各種£12.35〜14.95、ピザ£10.10〜13.60、メインは£16.50〜。店内は明るい雰囲気。

住94 Gloucester Green, OX1 2BU　TEL (01865) 794 446
URL www.ginos-oxford.com　🕐12:00〜21:30 (日12:00〜17:00)　休12/25　— A J M V　🛜不可

Map P.319-D1

エダマメ　Edamame

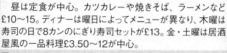

日本料理

昼は定食が中心。カツカレーや焼きそば、ラーメンなど£10〜15。ディナーは曜日によってメニューが異なり、木曜は寿司の日で8カンのにぎり寿司セットが£13。金・土曜は居酒屋風の一品料理£3.50〜12が中心。

住15 Holywell St., OX1 3SA　TEL (01865) 246 916
URL www.edamame.co.uk　🕐11:30〜14:30　17:00〜20:30 (日12:00〜15:30)　休水・日のディナー、月・火
— M V　🛜不可

Map P.319-D2

グランド・カフェ　The Grand Café

カフェ

1650年創業の英国で最も古いコーヒーハウスがあった場所に建つ。ランチは£9.95〜16.50で、サンドイッチなどの軽食もある。アフタヌーンティーは£13.95〜33.45。

住84 High St., OX1 4BG　TEL (01865) 204 463
URL www.thegrandcafe.co.uk　🕐9:00〜18:30 (金〜日9:00〜19:00)　休無休　— A M V　🛜不可

Map P.319-C2

ホワイト・ホース　White Horse

老舗パブ

数世紀の伝統をもち、少なくとも15世紀にはホワイト・マーメイドという名のパブだった。店内は狭く、夕方になるとひしめき合うように人が集まる。メインは£13〜、つまみは£1〜5。地元のエールは常にある。

住52 Broad St., OX1 3BB　TEL (01865) 294 413
🕐12:00〜23:00 (月15:00〜22:00、日12:00〜21:00)
休1/1、12/25　— M V　🛜不可

Map P.319-D2

ターフ・タヴァーン　Turf Tavern

老舗パブ

ためいき橋近くにある細い路を少し入った所にある隠れ家的パブ。ビル・クリントン元大統領をはじめ、数多くの著名人が訪れたことでも知られる。料理はバーガー類やフィッシュ・アンド・チップスなどで£9.95〜18.95。

住4-5 Bath Pl., OX1 3SU　TEL (01865) 243 235
URL www.greeneking-pubs.co.uk
🕐11:00〜23:00　休無休　— A M V　🛜店内可

シェイクスピアの生まれた町
ストラトフォード・アポン・エイヴォン
Stratford-upon-Avon

人口	市外局番
13万4700人	01789

ウォリックシャー州
Warwickshire

シェイクスピアの生家

　ウィリアム・シェイクスピア 🔗 P.605 は、商人だったジョン・シェイクスピアの長男として1564年にこの町で生まれた。彼はやがて偉大な劇作家として世界中にその名を知られることとなる。彼が生まれ、そしてその骨を埋めた、「エイヴォン川のほとりのストラトフォード」という町にも注目が集まり、それがこの町の運命を変えた。ロンドンでの活躍後、シェイクスピアが引退し、この町に戻ってきたのは1613年頃のこと。そして3年後の1616年に亡くなった。町には生家や埋葬された教会など、シェイクスピアとその家族にまつわる建物がいくつも残っている。シェイクスピア劇も連日行われており、現在でもこの町は400年も前に亡くなったシェイクスピアを中心として動いているといっても過言ではない。

ストラトフォード・アポン・エイヴォン

歩き方

観光客でにぎわうヘンリー・ストリート

交通情報

町の西に位置する鉄道駅

見どころのほとんどは町の中心部に集まっている。ウッド・ストリートWood St.とブリッジ・ストリートBridge St.周辺にレストランやショップ、銀行などが多い。シェイスクピアの生家があるヘンリー・ストリートHenley St.は観光客が多く、みやげ物店もこの通りに多い。

鉄道駅 町の西側にある。駅の出口から延びる1本道を直進すると町の中心部に出られる。

バスステーション 長距離バスは**リバーサイド・バスステーション**Riverside Bus Stationに到着する。また、チッピング・カムデンやコヴェントリーなど近中距離バスは、**ブリッジ・ストリート**Bridge St.のバス停に到着する。

市内バス 市内や近郊を走るバスはブリッジ・ストリートのバス停から出る。

観光バス シティ・サイトシーイング社のバスが市内の見どころや公共交通で行くのが難しいアン・ハサウェイの家とメアリー・アーデンの家などを巡回している。1周約1時間。チケットを提示すれば、入場料が割引になる見どころもある。

郊外の見どころへ行く際に便利

Access Guide
ストラトフォード・アポン・エイヴォン

ロンドンから

🚃 所要:約2時間10分

月～金 マリルボン駅から6:04～翌0:05の1～2時間に1便程度

土 7:02～19:02の1～2時間に1便程度。レミントン・スパLeamington Spa乗り換え

日 9:00～18:00の2時間に1便程度。レミントン・スパLeamington Spa乗り換え
※バーミンガム乗り換えの便もある

バーミンガムから

🚃 所要:45分～1時間

月～土 ムーア・ストリート駅から5:15（土6:29）～22:25の1時間に1便

日 8:39～18:29の1時間に1便

乗り換え情報

●オックスフォードから
🚃バーミンガムあるいはレミントン・スパLeamington Spa経由で所要約1時間30分

●チェルトナムから
🚃バーミンガム経由で約2時間10分

ⓘ ストラトフォード・アポン・エイヴォン
　 Tourist Information Centre

Map P.328-B1
🏠Bridgefoot, CV37 6GW
☎(01789)264 293
🔗www.stratford.org.uk
🕐9:00～12:30　13:30～17:00
（日10:00～16:00）
🚫1/1、12/25・26

■ シティ・サイトシーイング
　 City Sightseeing
☎(01789)412 680
🔗www.city-sightseeing.com
4/1～11/5 10:00～16:00の1時間毎
🚫11/6～3/31
💰24時間有効 £15　学生£13
　 48時間有効 £23　学生£20

現地発着ツアー

🚶 ストラトフォード・タウン・ウオーク
Stratford Town Walk

日～金11:00 土11:00、14:00発
所要:2時間 💰£10 学生£5

いくつもの賞を獲得している人気のウオーキングツアー。シェイクスピアの生家、ホーリー・トリニティ教会など、ウィリアム・シェイクスピアの生誕地から墓まで彼の足跡をたどりながら、また、町の歴史に関する話を交えつつガイドが案内してくれる。ほかにシェイクスピアの学校や歴史的建造物、エイヴォン川、ギルド・チャペルなどにも立ち寄る。各見どころへの入場はしないが、参加するとレストランやショップ、パブ、アトラクションの割引がきくので、町をひととおりまわった後に活用したい。

📞078 5576 0377 🔗www.stratfordtownwalk.co.uk

🚶 ストラトフォード・タウン・ゴースト・ウオーク
The Stratford Town Ghost Walk

土19:30発 所要:1時間30分 💰£10

夜の街を黒装束のガイドに案内されながら幽霊や魔女、殺人といった話をテーマに進むツアー。

📞078 5576 0377 🔗www.stratfordtownwalk.co.uk

🚢 カナル＆リバー・ツアーズ
Canal & River Tours

11:00～16:10の1時間おき 所要:40分 🚫無休 💰£12

エイヴォン川を眺めながらのんびりと移動するツアー。ブリッジフットの南側のボート乗り場から出発する。

📞(01789)608 001 🔗www.canalandrivertours.com

シェイクスピアゆかりの見どころ巡り

英文学史上最も偉大な作家と言われるウィリアム・シェイクスピア。1564年にストラトフォードで生まれ、18歳でアン・ハサウェイと結婚し、3人の子供を儲けた後、1592年頃からロンドンの演劇界でその才能を開花させる。1613年までの間に史劇、悲劇、喜劇など、多くの戯曲（作品数に関しては諸説ある）と詩を残した。その後は故郷であるストラトフォードに戻り、隠居生活を送り、1616年にこの地で亡くなった。

メアリー・アーデンの家へ
（約7km）

シェイクスピアの生家
Shakespeare's Birthplace

Henry St.

大文豪はここで生まれた
シェイクスピアの生家
Shakespeare's Birthplace

ウィリアム・シェイクスピアは、1564年4月23日にこの家で生まれたといわれている。入口は、隣接するシェイクスピア・センターにあり、まずここでシェイクスピアの生涯と彼の活躍した時代についての展示を見学してから、生家へと入っていく。内部にはシェイクスピアが誕生した当時の生活の様子が、実物とレプリカの両方を用いて再現されている。シェイクスピアが誕生したとされる部屋には立派な天蓋付きのベッドが置かれ、彼の家がかなり裕福だったことがうかがえる。

ナッシュの家
Nash's House

ニュー・プレイス
New Place

シェイクスピアの学校
＆ギルドホール
Shakespeare's
Schoolroom & Guildhall

ロイヤル・
シェイクスピア・
シアター

アン・ハサウェイの家へ
（約1.5km）

ホーリー・トリニティ教会
Holy Trinity Church

シェイクスピアの謎①
ほんとに卒業生？

町の中心部に残っている「シェイクスピアの学校」で学んだとされているが確固たる記録がないことから疑問視されている。しかし彼のラテン語の知識などはこの時代に培ったと見られることが多い。

孫娘夫婦の家
ナッシュの家
Nash's House

チャペル・ストリート沿いに建つ

シェイクスピアの孫娘エリザベスが夫トーマス・ナッシュと一緒に住んだ所。トーマス・ナッシュはシェイクスピアの親友の息子で、州長官の補佐官だった。家の中ではストラトフォードの歴史に関する展示が見られる。

終の棲家
ニュー・プレイス
New Place

現在は庭園となっている

シェイクスピアが引退後没するまで過ごした家はナッシュの家の庭園にある。見物客への煩わしさから1759年に当時の家主が取り壊したため、現在は土台しか残っていない。跡地のノット庭園 Knott Garden には、春になると美しい花が咲き乱れる。

シェイクスピアの墓がある
ホーリー・トリニティ教会
Holy Trinity Church

13世紀に建てられたシェイクスピアとその身内が埋葬されている教会。シェイクスピアの墓は内陣にあり、近くには彼の胸像もある。

シェクスピアの胸像の下が彼の墓

母の実家
メアリー・アーデンの家
Mary Arden's House

母メアリー・アーデンが育った家。エドワーディアン様式の建物に改修されたため、2000年までは、同敷地内にあるパーマー農園がメアリー・アーデンの家だと考えられていた。敷地内には納屋や牛小屋もあり、古い石造りの鳩舎には600もの巣穴がある。シェイクスピア・カントリーサイド博物館Shakespeare Coutryside Museumも併設されている。

> #### シェイクスピアの謎②
> ### そもそも実在の人？
> 彼自身の手紙や日記が発見されていないことから別人説が唱えられることもあり、中にはシェイクスピアという名はペンネームであって匿名作家の代理でしかかったという説もある。

妻の実家
アン・ハサウェイの家
Anne Hathaway's Cottage

妻アン・ハサウェイが結婚前に家族と住んだ家。ふたりが結婚したのは1582年、シェイクスピアが18歳でアンが26歳のときだった。ハサウェイ家はかなり

茅葺き屋根が印象的

大きな農家で、立派な茅葺き屋根とテューダー朝建築を代表する見事な外観をもつ。家屋の内部には12部屋あり、それぞれに16世紀のアンティーク家具が置かれている。キッチンの大きな暖炉やパン焼きオーブンなども当時のまま残されていて興味深い。

テューダー様式の歴史的建造物
シェイクスピアの学校＆ギルドホール
Shakespear's Schoolroom & Guildhall

1570年代にシェイクスピアが学び、最初の作品を描いた部屋が保存されている。彼は7歳で入学し、ここで14歳まで教育を受けたとい

ファンなら見逃せない見どころ

う。建物は1420年にギルドホールとして建てられたもので、そこに校舎や礼拝堂、救貧院などが増築されていった。ガイドがさまざまな話をしてくれる。

DATA

■シェイクスピア関連の見どころ共通券
URL www.shakespeare.org.uk
シェイクスピアの生家、ナッシュの家とニュー・プレイス、アン・ハサウェイの家はいずれもシェイクスピア・バースプレイス・トラストによって管理されており、3ヵ所すべての共通券が各窓口で購入できる。1年間有効。
●3ヵ所共通券 The Full Story Ticket
料£25　学生£20

■シェイクスピアの生家 Map P.328-A1
住Henley St., CV37 6QW
TEL (01789)204 016
開10:00～17:00（冬期10:00～16:00）
休12/25·26　料£20　学生£16
　フラッシュ不可

■ナッシュの家とニュー・プレイス Map P.328-A·B1
住22 Chapel St., CV37 6EP
TEL (01789)338 536
開10:00～17:00
休11/6～3/24、12/25·26　料£14.50　学生£12
　フラッシュ不可

■アン・ハサウェイの家 Map P.328-A2外
住22 Cottage Ln., CV37 9HH
TEL (01789)338 532
開10:00～17:00

休11/6～3/24、12/25·26
料£14.50　学生£12　フラッシュ不可

■シェイクスピアの学校＆ギルドホール Map P.328-A2
住Church St., CV37 6HB
TEL (01789)868 262
URL www.shakespearesschoolroom.org
開11:00～17:00
休12/25·26
料£12.50　学生£11

■メアリー・アーデンの家 Map P.328-A1外
鉄ウィルムコート駅Wilmcoteで下車、徒歩10分
住Station Rd., Wilmcote, CV37 9UN
TEL (01789)338 535
※2023年6月現在閉鎖中

■ホーリー・トリニティ教会 Map P.328-A2
住Old Town, CV37 6BG
TEL (01789)266 316
URL www.stratford-upon-avon.org
開10:00～17:00
　（日13:00～15:30、10～1月は時間短縮）
※最終入場は閉館の20分前
休1/1、聖金曜、12/25·26
料無料、内陣は£4

■MAD博物館
住 4-5 Henley St., CV37 6PT
TEL (01789)269 356
URL themadmuseum.co.uk
開 4～9月10:00～17:00 (土・日～17:30)
10～3月10:30～16:30
(土・日10:00～17:30)
※最終入場は閉館の45分前
休 1/1、12/24～26、メンテナンスの日
料 £8.80　学生£7

■テューダー・ワールド
住 40 Sheep St., CV37 6EE
TEL (01789)298 070
URL www.tudorworld.com
開 10:30～17:30　**休** 12/25
料 £7　学生£6
●ウォーキング・ツアー
開 土14:00
料 £7　学生£6

人形などを使って分かりやすく展示している

■バタフライ・ファーム
住 Swan's Nest Ln., CV37 7LS
TEL (01789)299 288
URL www.butterflyfarm.co.uk
開 4～9月10:00～18:00
3・10月10:00～17:30
11～2月10:00～17:00
※最終入場は開館の45分前
休 12/25　**料** £8.95　学生£8.45

Access Guide
ウォーリック

ストラトフォード・アポン・エイヴォンから

🚌	所要:X18番で40分
月～土	7:15(土7:48)～19:30の1時間に2便程度
日	8:57 10:57 12:57 14:57 17:27 19:05

バーミンガムから

🚆	所要:約35分
月～土	ムーア・ストリート駅から5:15～23:45(土6:13～23:39)の1時間に1～2便程度
日	8:28～21:18の1時間に2便

■ウォーリック城
TEL (01926)495 421
URL www.warwick-castle.co.uk
開 10:00～16:00 (8月や週末、イベント時は17:00までオープンすることもある)
休 12/25　**料** £26～39
フラッシュ不可

ユニークな機械と出合える　Map P.328-B1
🏛 MAD博物館　MAD (Mechanical Art & Design) Museum

館内には不思議な機械が並んでいる

世界中から集めたキネティック・アート(動く芸術作品)やオートマタ(機械人形)などが展示されている少し不思議な博物館。機械そのものを芸術品としてとらえ、どの作品もボタンなどを押すとユニークな動きをしてくれる。子供はもちろん、大人が見ても十分楽しめる内容だ。ショップでは博物館オリジナルのパズルや立体迷路なども販売している。

シェイクスピアの生きた時代を知る　Map P.328-B1
🏛 テューダー・ワールド　Tudor World

シェイクスピア 📖P.605 が活躍したテューダー朝時代のストラトフォードの生活などを紹介する博物館。テューダー朝時代の建物を利用しており、建物としても見応えがある。当時の衣装を着たガイドさんがシェイクスピアについて解説するガイドツアーなども行っている。

美しいチョウが飛び回る　Map P.328-B2
🕊 バタフライ・ファーム　Butterfly Farm

熱帯の森を再現した巨大な温室にたくさんのチョウを放し飼いにしている。その種類はなんと150種以上! 館内には人工の川なども造られており、家族連れに人気のスポット。

近づいて観察できるのが魅力

Day out from Stratford-upon-Avon　Map P.333- 右
エイヴォン河畔に建つ中世の城
近郊の見どころ
ウォーリック城
Warwick Castle

ウォーリックはストラトフォード・アポン・エイヴォンとコヴェントリーの間にある小さな町。この小さな町が有名なのは、その名を冠した立派な城があるからだ。
城の起源は914年まで遡る。アルフレッド大王 📖P.605 の娘がウォーリックの町を守るために要塞を造った。以降、歴史の流れと

要塞として造られたために外壁は堅固な造りとなっている

どっしりとした城門

ともに増改築が繰り返され、現在のようなすばらしい城ができあがった。現在は時代ごとに変遷を追いながら見学できる。中世の武器から貴族の豪華な生活がうかがえるような展示物まで、その歴史の長さを理解させられる。また、14世紀に建てられたガイズ・タワー Guy's Towerからの景色は、見応えたっぷりだ。城内にはキャッスル・ダンジョンThe Castle Dungeonというお化け屋敷もある。

ウォーリック城ではジョストという馬上槍試合が行われることもある

ウォーリック城

- クラレンス・タワー Clarence Tower
- ベア・タワー Bear Tower
- ガイズ・タワー Guy's Tower
- ノーザン・タワー Northern Tower
- インナー・コート Inner Court
- ゲートハウス Gatehouse
- ヒル・タワー Hill Tower
- キャッスル・ダンジョン The Castle Dungeon
- ❶ 大広間 Great Hall
- シーザーズ・タワー Caesar's Tower
- ❶ 食堂 Dining Room
- ❷ 礼拝堂 Chapel
- ❸ レッドルーム Red Room
- ❹ シーダ・ルーム Cedar Room
- ❺ 応接間 Drawing Room
- ❻ 寝室 Bed Room
- 水車小屋 Mill

ウォーリック

0　200m

- ウォーリック駅 Warwick駅
- X16、X17
- プライオリー・パーク Priory Park
- Castle Balti
- Priory Rd.
- The Butts
- Chapel St.
- Smith St.
- Church St.
- 聖メアリー参事会教会 Collegiate Church of St Mary
- X18
- Swan St.
- バスステーション Bus Station
- Warwick Arms
- H
- 入り口
- High St.
- Castle Ln.
- Bunbury Rd.
- ウォーリック城 P.332 Warwick Castle
- Stratford Rd.
- Coventry Rd.

THEATRE

RSC（ロイヤル・シェイクスピア・カンパニー）の地元はストラトフォード・アポン・エイヴォン。以下で紹介する3つの劇場で公演を行っている。

ロイヤル・シェイクスピア・シアター
Royal Shakespeare Theatre

RSC（ロイヤル・シェイクスピア・カンパニー）のメイン会場。レストランも備えており、観劇の前やあとには多くの人でにぎわう。
館内にはRSCのグッズを売るショップや町を一望できる塔など、観劇以外にも楽しめる要素がいっぱいある。

スワン・シアター
Swan Theatre

古い劇場だが、現在の建物は1928年の火災のあとに再建されたもので、1986年にオープンした。しかし、舞台や客席には伝統の重みが感じられる。

ジ・アザー・プレイス
The Other Place

リハーサルスタジオを改装した200席の小劇場だったが、2005年に閉鎖された。2016年3月のシェイクスピア没後400年の命日に再オープンした。

■**ロイヤル・シェイクスピア・シアター**
Map P.328-B2
URL www.rsc.org.uk
●ボックスオフィス
TEL (01789)331 111
圓10:00〜17:00
休無休
●塔
圓12:00〜16:00
※公演日は終演時間まで
休無休　圓無料
■**スワン・シアター**
Map P.328-B2
■**ジ・アザー・プレイス**
Map P.328-B2

ロイヤル・シェイクスピア・シアター

HOTEL

ストラトフォード・アポン・エイヴォンはホテル、B&Bとも充実している。ホテルは町の中心部に、B&Bはグローヴ・ロードGrove Rd.やイーヴシャム・プレイスEvesham Pl.、あるいは東のシップストン・ロードShipston Rd.沿いに集中している。

町の中心部にあるマナーハウス
アルヴェストン・マナー
Alveston Manor

マナーハウス　113室
Map P.328-B2

📺 全室　🔌 全室　🧼 全室　受付　P 有料　🛜Wi-Fi 無料

🏠 Clopton Bridge, CV37 7HP
☎ (01789) 205 478
URL www.macdonaldhotels.co.uk
🛏 £100～
🛏🛏 £200～
━ A M V
レストラン圖17:30～21:00

マナーハウスとしては珍しく町の中心からすぐ。一般の客室は近代的な別棟にある。本館のマナーハウスはスイートやエグゼクティブルームなどに利用されている。ドライサウナなどのスパ施設や屋内のスイミングプールなども完備。
レストラン　マナー・レストランManor RestaurantはAAロゼットを受賞したこともある。伝統的な英国料理がメイン。プレシアター（17:30～）は要予約。

戯曲にちなんだ名前の部屋が並ぶ
シェイクスピア
Shakespeare Hotel

高級　78室
Map P.328-B1

👤 全室　📺 全室　🔌 全室　🧼 全室　P 有料　🛜Wi-Fi 無料

🏠 Chapel St., CV37 6ER
☎ (01789) 294 997
● 予約 (03) 4578-4077
URL www.mercure.com
🛏/🛏🛏 £89～　━ A D M V
レストラン圖17:00～21:00

ストラトフォード・アポン・エイヴォンらしい木組みの大きな建物が印象的。シェイクスピアという名前だけあって、各部屋は戯曲のタイトルにちなんだ名前がつけられている。内装もアンティークの家具を配し、シックな雰囲気でまとめられている。
レストラン　暖炉のある温かな雰囲気のクィル・バー＆ラウンジQuill Bar & Loungeではトラディショナルアフタヌーンティーが楽しめる。

高級　45室　**Map P.328-B2**
アーデン **The Arden Hotel**

🏠 Waterside, CV37 6BA
☎ (01789) 298 682
URL www.theardenhotelstratford.com
🛏 £165～
🛏🛏 £270～
━ A M V

📺 全室　🔌 全室　🧼 全室　全室　P 無料　🛜Wi-Fi 無料

ロイヤル・シェイクスピア劇場の目の前に位置する小さなホテル。客室のタイプは5つあり、ディナー付きのプランなども用意している。館内にはエイヴォン川を眺めながら食事ができるブラッスリーとバーが併設。

17世紀から続く老舗
スワンズ・ネスト Swan's Nest Hotel

高級 72室
Map P.328-B2

📺 全室　🚿 全室　🧴 全室　📦 なし　🅿️ 有料　📶 Wi-Fi 無料

住Bridgefoot, CV37 7LT
TEL(01789)266 804
URL swansnesthotel.co.uk
†/††🛏　🔲🔲£80～
━AMV

　エイヴォン川のほとりにある。創業は17世紀に遡るという。新館と旧館があり、部屋の雰囲気は大きく異なる。館内にはフランス料理を専門としたビストロと伝統的な英国料理を出すパブを併設している。

ゲストハウス 7室　Map P.328-A1 外
ムーンレイカー・ハウス Moonraker House

住40 Alcester Rd., CV37 9DB
TEL(01789)268 774
URL www.moonrakerhouse.com
†🛏　🔲🔲£70～
††🛏　🔲🔲£90～
━MV

📺 全室　🚿 全室　🧴 全室　📦 なし　🅿️ 無料　📶 Wi-Fi 無料

　鉄道駅から町の中心部とは反対の方向に進み、徒歩約5分弱。設備が調った4つ星ゲストハウスで、日本人オーナーが経営している。自慢の朝食は、イングリッシュ、ベジタリアン、コンチネンタルなど各種あり。

B&B 4室　Map P.328-A1
ハムレット・ハウス Hamlet House

住52 Grove Rd., CV37 6PB
TEL(01789)204 386
†/††🛏　🔲🔲£65～
━AMV

📺 全室　🚿 全室　🧴 全室　📦 なし　🅿️ 無料　📶 Wi-Fi 無料

　B&Bが多く集まるグローヴ・ロード沿いにある。オーナーのポールさんも親切と評判。客室は少しずつ内装が異なるが、かわいらしくまとめられている。

B&B 8室　Map P.328-A2
トゥエルフス・ナイト Twelfth Night B&B

住13 Evesham Pl., CV37 6HT
TEL(01789)414 595
URL www.twelfthnight.co.uk
†🛏　🔲🔲£80～210
††🛏　🔲🔲£110～240
━MV

📺 全室　🚿 全室　🧴 全室　📦 なし　🅿️ 無料　📶 Wi-Fi 無料

　名前はシェイクスピアの戯曲『十二夜』から取られている。客室はキュートな内装。朝食は前日の17:30までに、用紙にメニューを書き込んでおく。

Map P.328-B1　76室	**グロヴナー** The Grosvenor Hotel 住12-14 Warwick Rd., CV37 6YW TEL(01789)269 213 URL grosvenor-hotel.co.uk	📺 全室　🚿 全室　🧴 全室　📦 全室　🅿️ 有料　📶 Wi-Fi 無料 †/††£137～　朝食別　━MV
Map P.328-B1　259室	**クラウンプラザ** Crowne Plaza Stratford-upon-Avon 住Bridgefoot, CV37 6YR TEL(01789)279 988　●予約0120-455-655 URL www.ihg.com	📺 全室　🚿 全室　🧴 全室　📦 全室　🅿️ 有料　📶 Wi-Fi 無料 †/††£85～　朝食別　━ADMV
Map P.328-A1　102室	**ダブルツリー** DoubleTree by Hilton Stratford-upon-Avon 住Arden St., CV37 6QQ TEL(01789)271 000　●予約(03)6864-1633 URL www.hilton.com	📺 全室　🚿 全室　🧴 全室　📦 全室　🅿️ 有料　📶 Wi-Fi 無料 †/††£117～　朝食別　━AMV
Map P.328-A1　93室	**インディゴ** Hotel Indigo Stratford upon Avon 住4 Chapel St., CV37 6HA TEL(01789)279 953　●予約0120-455-655 URL stratford.hotelindigo.com	📺 全室　🚿 全室　🧴 全室　📦 全室　🅿️ 有料　📶 Wi-Fi 無料 †/††£113～　朝食別　━ADJMV

ユース 32室 Map P.328-B1 外

YHAストラトフォード・アポン・エイヴォン YHA Stratford-upon-Avon

住Hemmingford House,
Alveston, CV37 7RG
TEL0345 371 9661
URLwww.yha.org.uk
DOM £15～
†††🛏£30～
—MV

TV なし 🍳なし ✂なし 🔒なし P無料 🛜Wi-Fi 一部無料

中心部からは3kmほど離れており、ブリッジ・ストリートからレミントン・スパ、コヴェントリー行きの18、X18番のバスで10分。改装済なので設備は比較的新しい。ドミトリーは男女別。レストランやバーも併設。

RESTAURANT 🎁 **SHOP**

それほど大きな町ではないが、レストランやパブは多い。シープ・ストリートSheep St.周辺には木組みの建物を生かしたカフェやパブが集中している。シェイクスピア関連のグッズを手に入れるなら、ヘンリー・ストリートHenley St.沿いのショップで。

Map P.328-A1 インド料理

バルティ・キッチン Balti Kitchen

グリーン・ヒル通り沿いにある。ティッカ・マサラやコルマ、サグなど10種類以上のカレーやバルティがあり£8～11前後。ビルヤーニは各種£10前後。テイクアウエイやデリバリーも可能。

住3 Greenhill St., CV37 6LF　TEL(01789)415 600
圏17:30～23:00 休無休 —MV 🛜不可

Map P.328-B1 ダイニング・パブ イタリア料理

アンコール The Encore

川沿いに建つパブ。1階がダイニングパブ、2階がレストランになっているがメニューは同じで、パスタなどイタリア料理が中心だ。フィッシュ＆チップスなどのパブフードもある。メインは£15.95～23.75。

住1 Bridge St., CV37 6AB　TEL(01789)269 462　URLwww.
theencorestratford.co.uk 圏12:00～23:00（金12:00～24:00、土·9:00～24:00、日9:00～22:30）休無休 —AMV 🛜店内可

Map P.328-B1 イン 英国料理

ギャリック・イン The Garrick Inn

ハーヴァード・ハウスの南隣にある。1594年に建てられた、ストラトフォード・アポン・エイヴォン最古のイン。18世紀の名優、デイヴィッド・ギャリックDavid Garrickにちなんでつけられている。

住25 High St., CV37 6AU　TEL(01789)292 186
URLwww.greeneking-pubs.co.uk 圏12:00～23:00（土·日11:00～23:00）休無休 —AMV 🛜店内可

Map P.328-B1 カフェ

ホブソンズ Hobsons

地元の人や旅行者に人気のカフェ。名物のクリームティー£6.95（写真）が人気で、コーヒーセットにもできる。キッシュやサンドイッチ、パイのほかケーキも種類豊富。

住1 Henley St., CV37 6PT　TEL(01789)293 330
圏9:00～16:00（土·9:00～17:00）
休12/24～26 —MV 🛜不可

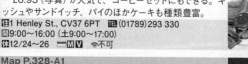

Map P.328-A1 書籍 雑貨・みやげ品

シェイクスピア・ブックショップ
The Shakespeare Bookshop

シェイクスピア関連のアイテムが充実し、漫画も取り扱う。マグカップやコースターはポップなデザインで仕上げられ、シェイクスピアの名言入りのものもある。

住Hornby Cottage, 37 Henley St., CV37 6QW
TEL(01789)292 176　圏10:00～17:00（冬期10:00～16:00）
休12/25 —AMV

ナローボートの旅
のんびりと運河を進む

activity

運河はあなたのすぐ近くにある

イギリスの運河ネットワークは約3000kmにも及ぶ。その中心は、工業地帯として発展した中部イングランド、特にバーミンガム、マンチェスターだ。バーミンガムの中心街を流れる水路は、実はウスター＆バーミンガム運河の一部であり、ロンドンのリトル・ヴェニス～カムデン・マーケットの観光船がとおるリージェント運河も、ロンドン～バーミンガムを結ぶ全長250kmのグランドユニオン運河の一部なのだ。

この大ネットワークをもつイギリスの運河は、自分たちでボートを駆って旅することができるのである。

住みながら旅をするナローボート

イギリス運河の旅は「ナローボート」という独特のボートが活躍する。幅約2.1m。まさにナロー（狭い）ボートだ。その短い幅とは対照的に長さは、短いもので5m、長いもので25m近くにもなり、産業革命時代には石炭運搬船として利用されていた。

現在のナローボートは、かつて石炭を山積み

バーミンガムの運河

運河に架かる橋を手動で上げて通行することも

していたデッキに居心地のよいキャビン（船室）を置き、その中にテレビ、ソファ、食堂、キッチン、トイレなどを備えつけている。キッチンには冷蔵庫、ガスグリルに加えて、皿、鍋、ナイフ＆フォークといった什器もすべて揃っている。また、温水シャワー、ベッド、クローゼットなどももちろんある。一軒の家がそのまま水の上を移動するものだと考えればいいだろう。

自分で運転してみよう

ナローボートは、レンタカーと同じように、自分で運転する。しかも、免許や経験は一切不要。運河だけではなく、ほぼすべての水路で、免許不要で運転が許可されている。その理由は、操船のシンプルさとスピードにある。ボートを借りるときには30分ほどの講習があり、それだけで簡単に運転できるようになるので安心だ。

■ボートを借りるには？

ボートを貸し出す会社ハイヤー・カンパニー Hire Companyは、イギリスに100社以上ある。ウェブサイトをもっている会社も多く、サイトから直接予約もできる。料金は、ボートのサイズ、シーズンにより異なる。乗船人数が多くて大きいボートほど高く、同じボートでも8月中旬が一番高い。ハイヤー・カンパニーは毎年3月から11月頃までの営業で、シーズンの初めと終わりが一番安い。

また、ナローボートは1週間単位（7泊8日）で借りるのが基本で、土曜の15:00前後に借りて、翌週の土曜の9:00前後に返却するのが一般的だ。しかし1週間の時間が取れない人向けに『ショートブレイクス』という3泊4日～4泊5日のプランも用意されている。

■運河の情報

●ナローボート・ガイド

URL www.narrowboatguide.co.uk

日本人の淳子（あつこ）さんとイギリス人のアンディ Andy さん夫妻がナローボートのクルーズを運航していたが、2020年にナローボート業務を終了。現在はウェブサイトでナローボートに関する情報を提供している。

●英国運河をナローボートで旅するには？

URL narrowboat.exblog.jp

イギリスの運河をナローボートで旅することに魅せられた秋山岳志さんが運営するブログ。

●Canal Holidays

URL www.canalholidays.com

イギリス第2の大都会
バーミンガム
Birmingham

再開発が進む運河沿いはバーミンガムで最もホットなスポット

人口	市外局番
114万4900人	0121
ウエスト・ミッドランズ州	
West Midlands	

　バーミンガムは産業革命で大きな役割を果たしたイギリス第2の都市。産業革命時に町には多くの運河が引かれ、水の都の顔ももつ。第2次世界大戦の空爆により、古い建物はほとんど破壊されたが、被害を免れたルネッサンス様式のカウンシル・ハウスなどに加え、ショッピングが楽しめるブル・リングBull RingやメイルボックスMailboxなどの近代建築が並び、新旧の顔が混在している。

Access Guide
バーミンガム

ロンドンから

🚄 所要:1時間15分〜2時間30分
月〜土 ユーストン駅から5:31〜22:30の1時間に2〜5便。ニュー・ストリート駅着
日 7:24〜23:24の1時間に1〜4便

🚌 所要:2時間30分〜3時間
6:00〜23:30の1時間に1〜2便

ストラトフォード・アポン・エイヴォンから

🚄 所要:35分〜1時間
月〜土 6:08（土6:43）〜23:30の1時間に1〜3便。ムーア・ストリート駅着
日 9:26〜19:26の毎時29分

ケンブリッジから

🚄 所要:2時間40分
月〜土 5:15、5:57、6:57、8:00〜21:00（ 20:00)の毎正時。ニュー・ストリート駅着
日 10:59〜19:59に1時間に1便

ブリストルから

🚄 所要:約1時間20分
月〜土 テンプル・ミーズ駅から6:25〜22:00(土6:15〜21:00)に1時間に2便程度 ニュー・ストリート駅着
日 9:15〜21:30の1時間に1〜2便程度 22:10

👣 歩き方

ブル・リングの前に立つ雄牛の像

　バーミンガムは大きな町だが市街の中心部は徒歩で移動できる大きさだ。

ニュー・ストリート　バーミンガムで最もにぎやかなエリアはニュー・ストリートNew St.周辺。デパートやブティックが建ち並び、いつでも人でごった返している。この通りの東端に雄牛の像があり、その横には巨大な**ブル・リング・ショッピングセンター**がある。ブル・リング横の坂から見える聖マーティン教会St Martin's Churchの歴史は13世紀にまで遡るが、現在の建物は19世紀に再建されたものだ。

ヴィクトリア・スクエア

ヴィクトリア・スクエア
ニュー・ストリートの西端にあるヴィクトリア・スクエアVictoria Sq.には、ルネッサンス様式のカウンシル・ハウスCouncil Houseや、フランス・ルネッサンス様式

の中央郵便局、ローマ神殿を模して造られた**タウン・ホール**Town Hallなど壮麗な建物が並ぶ。

運河周辺 ヴィクトリア・スクエアからブロード・ストリートBroad St.を進むと、バーミンガム図書館とシンフォニー・ホールがある。さらに進むと運河に出る。運河巡りの船も出ており、運河下りが楽しめる(→P.342欄外)。

中華街 ニュー・ストリート駅の南側には、中華街Chinese Quarterが広がる。中華料理店が軒を連ね、中華食材を専門に扱うスーパーマーケットや中国雑貨の店もある。

🚆 交通情報

空港 バーミンガム国際空港にはヨーロッパ各地からの便が発着。鉄道駅(バーミンガム・インターナショナル駅)も隣接しており、ニュー・ストリート駅まで10~20分。

ニュー・ストリート駅 ロンドンのユーストン駅発など多くの便が発着するバーミンガムのメインターミナル。非常に大きな駅で、2階はフードコートになっている。

ムーア・ストリート駅 ストラトフォード・アポン・エイヴォンのほかロンドンのマリルボン駅発の列車が発着する。

バスステーション ナショナル・エクスプレスの長距離バスは町の南東のディグベス・コーチステーションに発着する。近郊行きのバスはムーア・ストリート駅前にも発着している。

ウエスト・ミッドランズ・メトロ ニュー・ストリート駅やブル・ストリートBull St.、スノウ・ヒル駅、宝石屋街、バーミンガム近郊を結ぶ路面電車。運賃は距離や乗車時間帯によって異なり£2~4.50(片道)。

ℹ️ **バーミンガム Tourist Information Centre**

URL visitbirmingham.com

2023年7月現在、バーミンガムに公営のℹ️はない。

Information

シェイクスピア記念図書室

バーミンガム図書館の最上階はシェイクスピア記念図書室となっており、関連資料が展示されている。この図書室は1881年創設で、新図書館建設にともない、ここに移設された。展望台もあり、町の眺めを楽しむことができる。

Map P.339-A1

■**バーミンガム国際空港**

TEL 0871 222 0072
URL www.birminghamairport.co.uk

巨大なニュー・ストリート駅

バーミンガム

339

イギリス屈指のインド料理激戦区
バルティ・トライアングル
balti triangle

バルティとカラヒ　いずれも鍋で調理したカレーのことで、イギリスのインド料理店でよく見られる。カラヒは鉄鍋で、バルティはそれよりもひと回り大きいステンレス製の鍋で調理する。両者にはトマトの使い方など、材料や味付け方に違いもある。
　バルティは1980年代にバーミンガムに住むパキスタン人によって広められたという説が一般的。おもにバーミンガムの南にあるバルティ・トライアングル（三角帯）と呼ばれる地域にバルティの専門店、バルティ・ハウスが何軒も並んでいる。

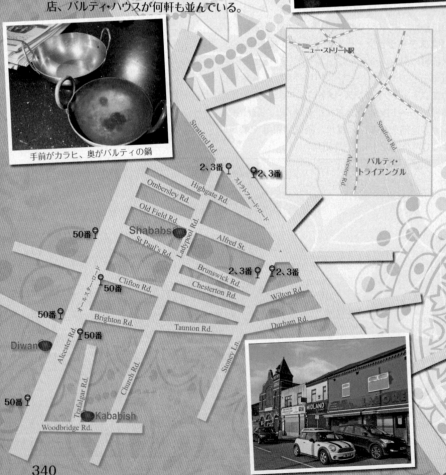

手前がカラヒ、奥がバルティの鍋

ニュー・ストリート駅

Stratford Rd.

Alcester Rd.

バルティ・トライアングル

Ombersley Rd.

Highgate Rd.

2, 3番　　2, 3番

ストラトフォード・ロード

Old Field Rd.

Shababs

50番

Ladypool Rd.

Alfred St.

St Paul's Rd.

Clifton Rd.

Brunswick Rd.

2, 3番　　2, 3番

オールドスター・ロード

Chesterton Rd.

50番

Wilton Rd.

50番

Brighton Rd.

Taunton Rd.

Durham Rd.

Alcester Rd.

Church Rd.

Stoney Ln.

Diwan

50番

50番

Trafalgar Rd.

Kababish

Woodbridge Rd.

エリアを代表する老舗
シャバブス
Shababs

1987年に開業した老舗。毎日早朝6:00まで営業し、スタッフの士気も高く、エネルギーを感じさせてくれる名店だ。余分な油を燃焼させるために強火で調理されたバルティ£10〜は激アツで、スパイスの香りが漂い最高にうまい。ひとりであればナンは小サイズ£2.50でも十分。

🏠163-165 Ladypool Rd., Sparkbrook, B12 8LQ
☎(0121)440 2893 URL www.shababs.co.uk
🕐12:00〜翌6:00 休無休 ━A M V

洗練された名店
ディワン
Diwan

オールスター・ロードにある、キャメロン元首相も訪れた名店。店内は落ち着いた雰囲気で、スタッフのサービスも洗練されている。コンビネーション・オブ・バルティ£12.15〜は2種類のバルティが食べられるのでおすすめ。ほかにビルヤーニやケバブなどのメニューも充実。

🏠3A Alcester Rd., Balsall Heath, B13 8AR
☎(0121)442 4920
🕐17:30〜23:30(金・土17:30〜24:00) 休火 ━A M V

パンジャーブ料理の老舗
カバビッシュ
Kababish

パキスタンのパンジャーブ地方の料理をベースにして、1983年に創業されたバルティの老舗のひとつで、高い評価を受けてきた。定番のバルティ・チキンのほか、バルティ・ミックス・マサラなども人気。バルティやカラヒはさまざまなカスタマイズにも応じてくれる。

🏠29 Woodbridge Rd., B13 8EH ☎(0121)449 5556
URL www.kababish.co.uk 🕐17:00〜22:30(金・土17:00〜23:00、日16:00〜21:00) 休無休 ━M V

バルティ・トライアングルのへの行き方　ムーア・ストリート・クイーンズ・ウエイのバス乗り場から2、3番のバスに乗りストラトフォード・ロードで下車、または50番のバスでオールスター・ロード下車。
バルティ・トライアングルの歩き方　店はレディプール・ロードLadypool Rd.、オールスター・ロード沿いに並んでいる。レストランやファストフード店のほか、イスラム寺院やファッション、小物などのショップもあり、のぞいてみるのも楽しい。

■バーミンガム博物館&美術館

住 Chamberlain Sq., B3 3DH
TEL (0121) 348 8038
URL www.birminghammuseums.org.uk
※2023年6月現在、改修工事のため閉鎖中。2024年に再開予定。

■ラウンドハウス　Map P.339-A2

住 1 Sheepcote St., B16 8AE
TEL (0121) 716 4077
URL www.nationaltrust.org.uk
開 9:30～16:30　休 月・火・祝（イースターと夏期休暇中は火曜オープン）、12/20～12/31　— A M V

■キャドバリー・ワールド

鉄 ニュー・ストリート駅発ボーンビル駅Bournville下車。所要約15分。駅から入口までは徒歩で15分ほど。
住 Linden Rd., Bournville, B30 1JR
TEL 0844 880 7667
URL www.cadburyworld.co.uk
開 9～7月10:00～15:00（土・日9:30～16:00）
8月9:00～16:30
※イースターなどの連休時は延長する
休 12/24～26、12/31～1/24
料 £18.95～21
※定員制限で入れない可能性があるので、ウェブサイトでの予約が望ましい

バラエティあふれる展示内容

バーミンガム博物館&美術館
Birmingham Museum & Art Gallery

ヴィクトリア・スクエアに面したカウンシル・ハウスの裏側にある。バーミンガムの郷土史や自然史、考古学、民族史学など、展示内容は幅広い。な

美しい美術品で埋め尽くされたホール

かでも、エジプト、アフリカ、南米やインドなど、世界中から収集した美術品の展示スペースには、高さ2.3mの仏像があるなど、荘厳な雰囲気に包まれている。絵画はラファエロ前派のコレクションが充実。

2009年にスタッフォードシャーで発見された、アングロ・サクソン7王国時代☞ P.607 の金の装飾品、スタッフォードシャー・ホードStaffordshire hoardの展示も人気を集めている。スタッフォードシャー・ホードは、ストーク・オン・トレントのポッタリー博物館&美術館（→P.353）と共同購入したため、両博物館で展示がされている。

館内にはエドワード王朝風のティールームEdwardian Tearoomが併設されており、鑑賞後にひと休みできる。

近郊の見どころ

チョコレート好きは必見！
キャドバリー・ワールド
Cadbury World

英国王室御用達のチョコレート『キャドバリー』の発祥はバーミンガム。バーミンガム郊外のボーンビルBournvilleにあるキャドバリー・ワールドは、週末になると多くの人でにぎわう。

ここでは、チョコレートやキャドバリーの歴史紹介

キャドバリーのゆるキャラがお出迎え

のほか、チョコレート細工の実演も行われ、できたてのチョコレートを試食することもできる。「ビーンモバイル」に乗っておとぎの国を巡るという屋内アトラクションは家族連れに大人気。

アウトレットショップもある

近郊の見どころ

Days out from Birmingham　Map P.343 上
産業革命時代のバーミンガムを再現
ブラック・カントリー生活博物館
Black Country Living Museum

伝統的家屋では女性が編み物をしている

バーミンガム郊外にある屋外博物館。26エーカーという広大な敷地内では運河の町として栄えた、産業革命時代のバーミンガムの町並みを忠実に再現している。館内では伝統的衣装を来たスタッフが当時の生活を紹介してくれる。

運河トンネルツアー　19世紀に、物資の搬送のために丘陵部をくり抜いて造られた運河トンネルでは、照明付きのナローボートでトンネルを巡るツアー（別料金）が行われている。

近郊の見どころ

Days out from Birmingham　Map P.343 下 -1
レオフリック伯爵ゆかりの
コヴェントリー大聖堂
Coventry Cathedral

もともとはレオフリック伯爵とゴダイヴァ夫人が建てた大聖堂。その後建て直された14世紀以来、長い間コヴェントリーの発展を見守ってきたが、第2次世界大戦中の1940年に、激しい空爆により建物は破壊された。現在の建物は戦後新たに建てられたもの。前の建物の残骸は、ルーインズ（廃墟）と呼ばれ、現在の大聖堂の横に残されている。

近郊の見どころ

Days out from Birmingham　Map P.343 下 -1
クラッシックカーから最先端の自動車まで
コヴェントリー交通博物館
Coventry Transport Museum

コヴェントリーは自動車産業が盛んで、世界的な自動車メーカーであるジャガー社の本部があることでも有名。ここではコヴェントリーの産業史とともに、自動車に関するさまざまな展示がされている。特にジェットエンジンを積んだスラスト2Thrust2やスラストSSC ThrustSSCの展示が人気を集めている。

左：空爆によって廃墟と化したコヴェントリー大聖堂　上：コヴェントリー交通博物館収蔵のスラストSSC。最高時速1227.985kmを記録した

■ブラック・カントリー生活博物館
🚇ニュー・ストリート駅からティプトンTipton駅下車。所要 約20分。229番のバスでも行ける。
🏠Discovery Way, Dudley, DY1 4AL
☎(0121)557 9643
URL bclm.co.uk
🕙10:00〜17:00（冬期〜16:00）
🚫11/6〜26と12/4〜24の月・火、11/27〜12/3の 月〜金、1/8〜3/31、12/25・26
💷£22.95　学生£19.50
館内撮影一部不可　フラッシュ一部不可

ティプトン駅
229番
Tipton S.C.
Owen St
High St
Tipton Rd
バーミンガムへ
ヴィクトリア・パーク
Victoria Park
バーミンガム運河
Britannia
ブラック・カントリー生活博物館
Black Country Living Museum
229番 ●入口
N
0　　500m

コヴェントリー交通博物館●
Coventry Transport Museum
バスステーション
Campbell Way
Smithford Way
Fairfax St.
Britannia
ルーインズ（廃墟）
Ruins
コヴェントリー大聖堂
Coventry Cathedral
ゴダイヴァの像
Holy Trinity
ハーバート美術館＆博物館
Herbert Art Gallery & Museum
Gate High St.
ショッピング街
The Undercroft at St Mary's
（ギルドホール内）P.344
Whitefriars
New Union St.
Christ Church
Little Park St.
Much Park St.
1
Hertford Precinct
Greyfriars Green
Greyfriars Rd.
Friars Rd.
New Union St.
Ringway (St John's)
Park Side
Ibis
St. Patrick Rd.
Stoney Rd.
N
0　　200m
2
鉄道駅
コヴェントリー

■バーミンガムからコヴェントリーへ
🚃ニュー・ストリート駅から所要30分
🚌ディグベス・コーチステーションから1時間に1〜4便。所要40分。
■コヴェントリー大聖堂
🏠Priory St., CV1 5FB
☎(024)7652 1200
URL coventrycathedral.org.uk
🕙10:00〜16:00（日12:00〜15:30）
🚫無休　🎫寄付歓迎
■コヴェントリー交通博物館
🏠Millennium Pl., Hales St., CV1 1JD
☎(024)7623 4270
URL transport-museum.com
🕙10:00〜17:00　※最終入館15:00
🚫1/1、12/24〜26　🎫£14〜15.50

■シンフォニー・ホール

Map P.339-A1
住CBSO Centre, Berkley St., B1 2LF
TEL(0121)616 6500
URLcbso.co.uk

■バーミンガム・ヒッポドローム

Map P.339-B2
住Hurst St., B5 4TB
TEL0844 338 5000
URLwww.birminghamhippodrome.com

♫ シンフォニー・ホール
Symphony Hall

　世界的に有名なバーミンガム市交響楽団（CBSO）の本拠地。ホールの音響がすばらしいことでも知られており、クラシックファンならぜひ訪れてみたい。

🎭 バーミンガム・ヒッポドローム
Birmingham Hippodrome

　中華街の近くにある劇場。ロンドンのウエストエンドで上演された人気のミュージカルのほか、バーミンガム王立バレエ団の公演もよく行われている。

HOTEL　　　　　　　RESTAURANT

　中心部にはチェーン系のビジネスホテルが数多く点在しており、週末の方が安い料金を設定していることも多い。B&Bは町の郊外に点在している。ニュー・ストリート駅の南には中華街が広がり、リーズナブルな中華料理レストランが並ぶ。

高級　36室　Map P.339-B1

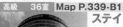

ステイング・クール Staying Cool

住150 New St., B2 4PA
TEL(0121)285 1290
URLwww.stayingcool.com
🚹/🚹🚹📶🅿🛗£129〜
━ADMV

TV 全室　全室　全室　なし　有料　無料 Wi-Fi

　ニュー・ストリート駅の裏側にあるロトンダ・ビルの最上階を利用したアパートメントホテル。眺めはすばらしく、全室キッチン設備付き。

中級　163室　Map P.339-B1 外

カンファレンス・アストン Conference Aston

住Aston University, Aston St., B4 7ET
TEL(0121)204 3011
URLwww.conferenceaston.co.uk
🚹📶🛗£59〜
🚹🚹📶🛗£77〜
━AMV

TV 全室　全室　全室　なし　有料　無料 Wi-Fi

　アストン大学のキャンパス内にある大型ホテル。設備は十分に整っており部屋も清潔。朝食ビュッフェは種類が多くて満足度が高い。

Map P.339-B2　131室

ペンタ Pentahotel Birmingham

住Ernest St., B1 1NS
TEL(0121)622 8800
URLwww.pentahotels.com

TV 全室　全室　全室　なし　有料　無料 Wi-Fi
🚹/🚹🚹£70〜　朝食別　━AMV

Map P.339-B2　250室

アイビス・バジェット Ibis Budget Birmingham Centre

住1 Great Colmore St., B15 2AP
TEL(0121)622 7575
URLall.accor.com

TV 全室　希望者　なし　なし　有料　無料 Wi-Fi
🚹/🚹🚹£40〜　朝食別　━AMV

Map P.339-B2　ユエ・シン・フイ Yue Xin Hui

広東料理

　飲茶を出す広東料理店はいくつかあるが、こちらは現地の中国系の人々に支持される人気店。店内は中国語が飛び交い、混んでいることが多い。飲茶は1品£5〜、チャーハンは£10〜。英語が通じないスタッフもいる。

住59-61 Station St., Birmingham, B5 4DY
TEL(0121)633 9396　🕐10:30〜22:00
休水　━AMV　📶店内可

Map P.343 下-1　コヴェントリー

アンダークロフト The Undercroft at St Mary's

カフェ

　1340〜1460年に建てられたセント・メアリー・ギルドホール内にあるカフェ。アフタヌーンティーはサンドイッチやスコーン、ケーキが付いて£8.95〜。土曜の夜はコースディナーもいただける。ギルドホールの見学は夏期の10:00〜17:00。

住St Mary's Guildhall, Bayley Ln., Coventry, CV1 5RN
TEL(024)7643 0545　URLstmarysguildhall.co.uk
🕐10:00〜17:00　休無休　━MV　📶店内可

テューダー様式の家並みが美しい
シュルーズベリー
Shrewsbury

シュルーズベリー

町の中心、ザ・スクエアとオールド・マーケット・ホール

シュルーズベリー
アイアンブリッジ
●ロンドン

人口	市外局番
7万6782人	01743
シュロプシャー州 **Shropshire**	

　ウェールズにほど近いシュルーズベリーは、白い壁と黒い梁をもつ15世紀のテューダー様式の家々が多く残り、中世の町並みが美しい町。馬蹄形に蛇行するセヴァーン川のほとりにできたサクソン人の集落がこの町の始まりで、世界初の鉄橋があるアイアンブリッジ峡谷への起点となる。

　また、毎年8月に催されるシュルーズベリー・フラワー・ショー Shrewsbury Flower Show（2023年は8月11・12日）は2日間で約5万もの人が訪れる華やかなイベントだ。

👣 歩き方

セヴァーン川沿いの遊歩道

　鉄道駅から出ると、正面には11世紀に造られたシュルーズベリー城がそびえ、内部はシュロプシャー連隊博物館Shropshire Regimental Museumになっている。城の横のキャッスル・ストリートCastle St.沿いから、美しい伝統家屋が並ぶ。中世の街区がそのまま残された旧市街はバッチャー・ロウBucher Rowとフィッシュ・ストリートFish St.周辺にある。

シュルーズベリー

鉄道駅
バスステーション
Welsh Br.
Sabrina Boat P.348
Shrewsbury P.349
Curry House P.349
Lucroft H
ダーウィン像
The Darwin S.C.
Pride Hill S.C.
St Mary's
Prince Rupert H
シュルーズベリー城（シュロプシャー連隊博物館）
Shrewsbury Castle
(Shropshire Regimental Museum)
The Square
マーケット
Old Market Hall
Camellias P.349
シュルーズベリー博物館&美術館
Shrewsbury Museum & Art Gallery P.348
Three Fishes P.349
The Old Post Office
Lion P.349
コルハム・パンピング・ステーション
Coleham Pumping Station
シュルーズベリー・アビー
Shrewsbury Abbey P.348
English Br.
Old Potts Way
Greyfriars Footbridge
River Severn
Kingsland Br.
0　100m

Access Guide
シュルーズベリー
バーミンガムから
🚆 所要：約1時間
月〜土　ニュー・ストリート駅から5:56〜23:34の1時間に1〜3便
日　8:23〜22:00の1時間に1便程度

チェスターから
🚆 所要：約1時間
月〜土　5:33〜22:32（土6:11〜22:34）の1時間に1便程度
日　9:20〜23:02の1時間に1便程度

レクサムから
🚆 所要：約40分
月〜土　ジェネラル駅から5:48〜22:47（土6:32〜22:49）の1時間に1便
日　9:35〜21:42の1時間に1〜2便程度

産業革命が残した巨大テーマパーク

世界遺産 アイアンブリッジ峡谷

産業革命にスポットを当てた一大テーマパークとも呼ぶべきアイアンブリッジ峡谷Ironbridge Gorge。セヴァーン川の峡谷に鉄橋が架けられたのは1779年のことだ。当時ここは製鉄産業で栄え、いくつもの工場が林立する産業革命の中心地であった。20世紀に入るとこの地における産業は衰退していったが、廃墟となった工場群は博物館やアトラクションとなり、観光地として生まれ変わった。

現存する世界最古の鉄橋
アイアンブリッジ
Ironbridge

世界で初めて造られた鋳鉄製の鉄橋で、現存する最古の鉄橋でもある。珍しくアーチ型を採用しているが、当時は鉄の素材を生かした建築技術がなかったため、木造橋の手法を採って建てられたといわれている。

セヴァーン川に架かる世界最古の鉄橋

まずはここで鉄と峡谷について学ぼう
鉄博物館
Coalbrookdale Museum of Iron

アイアンブリッジのおもな産業である製鉄に関する資料を集めた博物館。人形や模型などを使ってわかりやすく解説している。まずはここでアイアンブリッジ峡谷の歴史について学んでおこう。

↖ チェスターへ

ダービー・ハウス
Darby House

Museum Library &
Ironbridge Institute

鉄博物館
Coalbrookdale
Museum of Iron

Enginuity

Ⓗ YHA Coalbrookdale

Madeiy Rd.

Dale Rd.

シュルーズベリー方面
バス停

シュルーズベリー方面
バス停

シュルーズベリーへ →

Bedlam
Furnaces

Merrythought
Teddy Bear Shop Ⓢ

峡谷博物館
Museum of the Gorge
The Wharage

アイアンブリッジ
Ironbridge & Toll House   Ironbridge

18世紀末の暮らしを再現した
峡谷博物館
Museum of the Gorge

展示物の吹き出しコメントに当時の人々の気持ちがこもっている

アイアンブリッジ峡谷での産業や当時の暮らしぶりを映像や模型を使って分かりやすく解説している。1796年当時の模型はリアルな造りで見応えがある。

※2023年6月現在閉鎖中。2024年に再開予定

アイアンブリッジの生みの親
ダービー・ハウス
Darby House

ダービー3世が住んでいた当時の暮らしを再現している

アイアンブリッジの建設を指示したダービー3世の館。現在は衣服や家具などが展示されており、ダービー一家に関する資料が多く並んでいる。

ヴィクトリア朝の時代村
ブリスツ・ヒル・ヴィクトリアン・タウン

Blists Hill Victorian Town

ヴィクトリア朝時代の町並みや生活、人々の衣装が再現された屋外博物館。接客してくれる店員も当時の衣装を着ているので、ヴィクトリア朝時代へタイムスリップしたようだ。お店に並んでいる商品は実際にその場で購入できる物もある。

キャンドル工房

産業革命以前の時代はアイアンブリッジの町には多くのろうそく職人が住んでいた。ヴィクトリアン・タウンではスタッフが伝統的なろうそくの作り方を教えてくれる。自分で作れるのでチャレンジしてみよう！

フォード、バーミンガムへ

ブリスツ・ヒル・ヴィクトリアン・タウン
Blists Hill Victorian Town

Shropshire Canal

Coalport Rd.

N

e Lloyds

500m

ジャックフィールド・タイル博物館
Jackfield Tile Museum

Maws Craft Centre　　Tar Tunnel

YHA Coalport H

コールポート陶器博物館
Coalport China Museum

DATA
■アイアンブリッジへの行き方
🚌バスステーションからテルフォードTelford行きの96A番。8:50、10:50、12:45、14:45、15:45、16:45、17:45発、所要35分。日曜運休。テルフォードからも便はあるが日曜運休。
■アイアンブリッジ
🏠Ironbridge, Telford
☎(01952)433 424
URLwww.ironbridge.org.uk 🏴
🕐10:00〜17:00（季節や博物館によって変更、冬期閉鎖あり。ダービーハウスは7/3〜9/10のみオープン）
📅12/24〜26
💷博物館共通年間パスポート£33
　峡谷博物館 無料
　鉄博物館£10.50
　ダービー・ハウス£6.50
　ブリスツ・ヒル£23.50

セヴァーン川45分クルーズ
45 Minuite Cruise

3～10月11:00～16:00の1時間毎
所要:45分　料 £10.50　学生£9.50
　ウェルシュ・ブリッジ近くのヴィクトリア・キー Victoria Quay発。セヴァーン川の中州にあるシュルーズベリーの周囲をゆっくりと半周し、シュルーズベリー・アビーの手前まで行く。

サブリナ・ボート Sabrina Boat
TEL (01743) 369 741
URL www.sabrinaboat.co.uk

■シュルーズベリー城
（シュロプシャー連隊博物館）
住 Castle St., SY1 2AT
TEL (01743)358 516
URL www.shropshiremuseums.org.uk
開 9月中旬～12月、2月中旬～5月中旬
　10:30～16:00
　5月中旬～9月中旬
　10:30～17:00（日10:30～16:00）
休 木、9月中旬～12月と2月中旬～5月中旬の日曜、1月～2月中旬
料 £5.50　学生£4.50
内部撮影不可

■シュルーズベリー博物館&美術館
住 The Music Hall, The Square, SY1 1LH
TEL (01743)258 885
URL www.shrewsburymuseum.org.uk
開 10:00～16:00（日11:00～16:00）
※最終入場は15:00
休 10～3月の月曜、1/1 、12/25·26
料 無料
フラッシュ部不可

■シュルーズベリー・アビー
住 Abbey Foregate, SY2 6BS
TEL (01743)232 723
URL www.shrewsburyabbey.com
開 4～10月10:00～16:00
　11～3月10:30～15:00
※最終入場は閉館の15分前
休 12/25·26
料 寄付歓迎

現在は博物館となっている　**Map P.345-B1**

🏰 シュルーズベリー城（シュロプシャー連隊博物館）
Shrewsbury Castle (Shropshire Regimental Museum)

　1067年、ウェールズに対する最前線基地として建設された。その後さまざまな施設が増設され、現在の形になった。入口奥にある大きな建物は軍事博物館となっている。

城というよりも要塞に近い

シュロプシャーの歴史を紹介　**Map P.345-A2**

🏛 シュルーズベリー博物館&美術館
Shrewsbury Museum & Art Gallery

　2014年にミュージックホール内に移転した博物館。博物館ではシュロプシャーの歴史を紹介しており、先史時代とローマ時代の発掘物や、テューダー朝以降の絵画や装飾美術などを展示している。

『修道士カドフェル』の舞台　**Map P.345-C2**

⛪ シュルーズベリー・アビー　Shrewsbury Abbey

　12世紀のシュルーズベリー・アビーを舞台とした、エリス・ピーターズEllis Peters作の推理小説『修道士カドフェルBrother Cadfael』シリーズによって一躍有名になった。修道院は16世紀に解散したが、11世紀に建てられた教会は現在でも使われている。

カドフェルゆかりの修道院

毎年2月に生誕祭が行われる

ダーウィンの故郷
history

　著書『種の起原』で、自然選択説による進化論を提唱したチャールズ・ロバート・ダーウィンは1809年2月にシュルーズベリーで生まれた。彼が通っていた学校は、現在シュルーズベリー図書館になっており、銅像が建てられている。
　彼が生まれた2月12日とその前後に毎年ダーウィン・フェスティバルが行われるほか、2月を通してダーウィンにちなんださまざまなイベントがある。
URL www.originalshrewsbury.co.uk/darwin-shrewsbury-festival

シュルーズベリーの図書館の前にあるチャールズ・ダーウィン像

HOTEL　　　　　　　　　RESTAURANT

小さな町なのでホテルの数はそう多くはない。旧市街のほか、鉄道駅周辺にも数軒ある。アイアンブリッジにもホテルやレストランがあるので、1泊2日で見てくるのもよいだろう。

立地と設備は町一番
プリンス・ルパート Prince Rupert Hotel

高級　70室
Map P.345-B1

📺 全室　🍴 全室　🧹 全室　なし　🅿 有料　🚗　📶 Wi-Fi 無料

住Butcher Row, SY1 1UQ
TEL(01743)499 955
URL www.princeruperthotel.co.uk
🛏♿🅿£70～
♛♿🅿£125～ ─ADJMV

サウナ、フィットネスセンターなど、充実した設備を誇る。併設したレストランのロイヤリストRoyalistも人気。地元産のオーガニック食材にこだわった朝食も自慢。

中級　22室　Map P.345-A1
シュルーズベリー Shrewsbury Hotel

📺 全室　🍴 全室　🧹 全室　受付　なし　📶 Wi-Fi 無料

住Bridge Pl., SY1 1PU
TEL(01743)236 203
URL www.jdwetherspoon.co.uk
🛏♿🅿£62.50～
─ADMV

ウェルシュ・ブリッジのたもとにあり、大手チェーン系パブ、ウェザースプーンが経営するホテル。1階がパブになっており、7:00～24:00の営業。

イン　6室　Map P.345-B2
オールド・ポスト・オフィス Old Post Office

📺 全室　🍴 全室　🧹 全室　なし　なし　📶 Wi-Fi 無料・一部

住1 Milk St., SY1 1SZ
TEL(01743)236 019
URL www.oldpostofficepub.co.uk
🛏♿🅿£44～　　🛏♿🅿£49～
♛♿🅿£59～　　♛♿🅿£69～
─MV

町の中心部にあり観光に便利。シュルーズベリーらしい木組みの建物に泊まることができる。バスルームがない部屋でも洗面台はある。

Map P.345-B1　　　　　　　ティールーム
カミーリアズ Camellias Tea Rooms

プリンス・ルパート・ホテルのすぐ隣にある落ち着いた雰囲気のティールーム。アフタヌーンティーが楽しめるほか、日本茶やホットチョコレートなど豊富なメニューが揃う。

住St Alkmonds Pl., SY1 1UJ　TEL(01743)369 037
URL www.princeruperthotel.co.uk
🕐9:15～18:00　休月・日 ─ADJMV　📶店内可

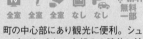

Map P.345-A1　　　　　　　インド料理
カリー・ハウス Curry House

スタイリッシュな雰囲気のインド料理店。メニューには3段階の辛さが表記され、「2」でもなかなかの辛さ。カレーは£13～15程度で、提供される際に目の前で追い加熱をしてくれる。

住29 Mardol, SY1 1PU
TEL(01743)249 909
🕐17:00～23:00　休無休 ─MV　📶不可

Map P.345-B2　　　　　　　パブ
スリー・フィッシズ Three Fishes

15世紀の建物を利用しているパブで、B&Bのテューダー・ハウスに隣接している。常にイギリス各地のエールを4種類用意しているので、飲み比べをしてみるのも楽しい。地元産のエールもある。

住4-5 Fish St., SY1 1UR　TEL(01743)344 793
🕐11:30～23:00（火11:30～21:30、水11:30～22:30、木11:30～22:00、日12:00～22:00）　休月 ─AMV　📶不可

英国陶磁器のふるさと

ストーク・オン・トレント
Stoke-on-Trent

人口	市外局番
25万8400人	01782

スタッフォードシャー州
Staffordshire

陶磁器工場で職人の手作業を見学しよう

　ストーク・オン・トレントはイギリスを代表する磁器、ボーンチャイナの発祥地。ボーンチャイナとは牛の骨灰や骨リンを陶石に混ぜることによってできた、半透明で乳白色に輝く磁器。ウェッジウッドをはじめとした陶磁器工場では、工場見学や直営店でのショッピングを楽しむことができる。

Access Guide
ストーク・オン・トレント
ロンドンから

🚄 所要:1時間30分〜2時間

月〜土　ユーストン駅から6:10〜22:03（土 6:46〜20:16）の1時間に2便程度

日　8:16〜21:25の1時間に1便程度

🚌 所要:約5時間

毎日　16:00　23:30

バーミンガムから

🚄 所要:45分〜1時間

月〜土　ニュー・ストリート駅5:52〜22:01（土 6:00〜22:00）の1時間に2〜3便

日　8:23〜22:00の1時間に1便

マンチェスターから

🚄 所要:1時間〜1時間30分

月〜土　ピカデリー駅から5:11〜22:46（土 21:46）の1時間に5便程度

日　8:20〜22:04の1時間に2〜5便

広大なヘンリーのバスステーション

👣 歩き方

にぎやかなヘンリー中心部

　ストーク・オン・トレントは、北から順に**タンストール**Tunstall、**バースレム**Burslem、**ヘンリー**Hanley、**ストーク**Stoke、**フェントン**Fenton、**ロングトン**Longtonの6つの地区に分かれている。

中心はヘンリー　中心となる地区はヘンリーで、❼やバスステーションなどがある。ストーク・オン・トレントの鉄道駅からはヘンリー行きの市内バスが頻繁に運行されている。ストーク・オン・トレントに到着したら、まずはヘンリーに向かうのがよいだろう。

🚈 交通情報

鉄道駅　鉄道駅はヘンリーの南、ストークにある。ヘンリーへ向かうには駅前のバス停から出るバスを利用する。どのバスもだいたいヘンリーを経由する。所要10分。

バスステーション　各地からのバスは、ヘンリーにあるバスステーションに到着する。ロングトンやウェッジウッドなど周辺地区へのバスも発着する。地区によって発着地が異なるので、❼やバスステーションの案内所で乗り降りの場所を確認しておこう。

ストーク・オン・トレント

ヘンリー

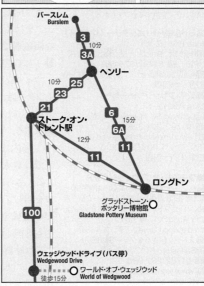

バス路線番号	路線詳細・運行頻度
6/6A	**ヘンリー→ロングトン** **ヘンリー**6:30（土7:35）〜21:00の1時間に1〜3便、日曜8:35〜18:30の1時間に1〜2便 **ロングトン**6:02（土7:05）〜21:42の1時間に1〜3便、日曜7:50〜18:42の1時間に1〜2便
11	ヘンリー→ロングトン→ストーク駅（チャーチ・ストリートのバス停） **ヘンリー**6:50〜20:35（土7:10〜19:10）の20分〜1時間に1便、日曜8:40〜18:15の1時間に1便程度 **ストーク駅**6:47〜19:27（土7:27〜18:57）の20分〜1時間に1便、日曜9:45〜17:45の1時間毎
3/3A	ヘンリー→バースレム **ヘンリー**5:25（土6:25）〜21:30の1時間に2〜6便、日曜8:30〜21:30の1時間に1〜2便 **バースレム**5:19（土6:54）〜22:45の1時間に2〜6便、日曜8:18〜22:45の1時間に1〜2便
100	ヘンリー→ウェッジウッド・ドライブ（バーラストン・オールド・ロード）※土日運休 **ヘンリー**6:25 7:35 9:25 11:25 12:55 14:45 17:00 **ウェッジウッド・ドライブ**7:13 8:58 10:13 12:13 13:43 17:48

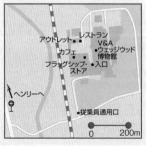
i 情報収集

窓元巡りをしたい人はヘンリーにある🛈へ。各窓元の場所が掲載された無料の地図なども置いているので、ポッタリー博物館＆美術館を見学する際に立ち寄ってぜひ手に入れよう。

小規模な窓元の見学は、予約が必要な場合も多いので注意。また、基本的に見学はファクトリー・ホリデイ（工場の休業日）の日には行われない。

ウェッジウッドで陶芸体験ができる
ワールド・オブ・ウェッジウッド
World of Wedgwood
Map P.351左-3
バーラストン

イギリス陶工の父といわれるジョサイア・ウェッジウッド🔖P.607が設立したウェッジウッドは、ジャスパー・ウェアをはじめとする独創的な陶磁器で、多くのファンを魅了してやまない。

ウェッジウッドのビジターセンターは、ストーク・オン・

実演コーナーでは間近で製作過程を見ることができる

トレントにある6つの地区より南に位置し、やや遠いが敷地は広く、レストランやショップも併設されている。

工場内はひとつの大きなフロアになっており、見学ツアーでは職人たちの陶器作りや絵付けなどを間近で見学できる。さらに自ら陶器作りに参加することもでき、電動ロクロを回して形を仕上げるところまで行う。後日、係員が窓での焼成を行い、発送してもらう。もちろん、日本への発送も可能（別料金）。敷地内にあるショップではウェッジウッドの最新ラインアップが購入できるほか、アウトレットのショップは品揃えも充実。レストランやカフェではここの工場で造られた陶器を使用している。

V&Aウェッジウッド博物館　ビジターセンターに併設された博物館で、18世紀から21世紀までの代表的な作品が展示されている。作品以外にもジョサイア・ウェッジウッドがジャスパーウェアを作る際に実験として焼いた陶片のサンプルや、家族の肖像画といった貴重な品が並ぶ。

フラッグシップ・ストア　その名に恥じない豊富な品揃えを誇るショップ。スタイリッシュなディスプレイも見ごたえたっぷり。

ビジターセンターに隣接する博物館

陶磁器のことがよくわかる
グラッドストーン・ポッタリー博物館
Gladstone Pottery Museum

Map P.351左-2　ロングトン

ボトルオーブンの内部も見学できる

ボトルオーブン（ボトルの形をした窯）が建ち並ぶ博物館。イギリスでは1956年に空気清浄法が制定され、制定後は電気やガスで陶磁器を焼成するようになったので、ストーク・オン・トレントの町に建ち並んでいたほとんどのボトルオーブンは取り壊された。

博物館はヴィクトリア朝時代の陶磁器工場を再現しており、当時の窯に入ったり、粘土を延ばして型造りをする職人の作業を目にすることができる。館内では動力源となっているエンジンハウスも公開されているほか、ポットやチャイナフラワー作りを体験できるコーナー（要予約）もある。ギフトショップやティールームも併設されている。

1枚の絵画のような陶器
モークロフト・ヘリテージ・ビジターセンター
Moorcroft Heritage Visitor Centre

Map P.351左-1　バーズレム

「王妃の陶工」と称されたモークロフトは、世界中に多くのコレクターを抱えている。現在もストーク・オン・トレントの工場で製造を行っており、工場見学ツアーに参加すれば製造工程を見学することができる。また、直営店の横には小さな博物館が併設。博物館では過去から現在までの作品を鑑賞することができる。

陶磁器の展示が充実している
ポッタリー博物館＆美術館
The Potteries Museum & Art Gallery

Map P.351右上　ヘンリー

先史時代から現代にいたるまでの町の歴史を人形や遺物を使って紹介している。**スタッフォードシャー・ホード**Staffordshire Hoardと呼ばれるアングロ・サクソン7王国時代 P.607 の金銀の装飾品が目玉。また、陶器の町だけに陶器や陶磁器に関する展示コーナーのコレクションは圧巻で、ウェッジウッドやミントンなど世界的に有名なブランドのコーナーもある。盛りだくさんなのでたっぷりと時間をとりたい。

ミントン社が提供したクジャクの像。陶器とは思えないほどの完成度の高さ

■グラッドストーン・ポッタリー博物館
🚌ヘンリーからファースト社のバス6Aなどがロングトンへ行くほか、ストーク・オン・トレント駅から列車も出ている。鉄道駅から徒歩約10分、バスターミナルから徒歩約7分。
🏠Uttoxeter Rd., Longston, ST3 1PQ
☎(01782)237 777
URL www.stokemuseums.org.uk
🕐10:00～17:00（日11:00～16:00）
休月・火、11～3月
料£8.50　学生£6.95
入館時に地図と日本語のガイドをもらえるので、日本語のビデオ上映後は、地図の番号に沿って見学しよう。

チャイナフラワー作りに挑戦！

■モークロフト・ヘリテージ・ビジターセンター
🚌ヘンリーからファースト社のバス3、3Aなどがバーズレム方面へ行く。グレイハウンド・ウェイGreyhound Way下車、徒歩約15分。
🏠Sandbach Rd., ST6 2DQ
☎(01782)820 500
URL www.moorcroft.com
🕐10:30～16:30
休日～火、イースター、12/21～30
料無料
内部撮影不可
●工場ツアー（約1時間）
🕐水・木・金10:45
（48時間前までに要予約）
休木～火、イースター、12/21～30、ファクトリー・ホリデー　料£7.50

■ポッタリー博物館＆美術館
🏠Bethesda St., Hanley, ST1 3DW
☎(01782)232 323
URL www.stokemuseums.org.uk
🕐10:00～17:00（日11:00～16:00）
休月・火、12/24～1/1　料寄付歓迎

スタッフォードシャー・ホードの展示コーナー

HOTEL　　　　　　　　　RESTAURANT

　ストーク・オン・トレントは、宿泊施設の数が少ない。ストークの駅周辺とヘンリーにそれぞれ数軒あるだけだ。シーズン中の週末にはどこも満室になるので、早めの予約が必要だ。チェーン系のホテルは郊外にある。

　レストランはヘンリーの中心部に多いが、窯元のビジターセンターではカフェを併設しているところも多く、そのブランドの器でティータイムが楽しめる。

高級　147室
Map P.351 左-1　フェスティバル・パーク

閑静な公園の中にある
ダブルツリー
DoubleTree by Hilton Stoke on Trent

住Festival Way, Eturia, ST1 5BQ
TEL(01782)609 988
●予約(03)6864-1633
URL www.hilton.com
i/ii/iii £85〜　AMV
レストラン　11:00〜21:30

　ヘンリーからは4、4Aのバスで約5分。大きな駐車場も用意しており、レンタカーで訪れる場合も便利。館内にあるジム、スイミングプールやジャクージは宿泊料金に含まれている。

中級　80室　Map P.351 左-2　ストーク
ノース・スタッフォード　North Stafford Hotel

住Station Rd., ST4 2AE
TEL0871 222 0097
URL www.britanniahotels.com
i £110〜
ii £115〜
AMV
※2023年6月現在閉鎖中。2023年11月再開予定

　ストークの鉄道駅を出てすぐ目の前にあり、早朝出発や夜遅く着いても安心。1849年に鉄道会社所有のホテルとして建てられた。建物は古いが部屋は改装済み。

Map P.351 右上 ヘンリー
140室
ヒルトン・ガーデン・イン　Hilton Garden Inn
住Potteries Way, Hanley, ST1 4QA
TEL(01782)485 960　●予約(03)6864-1633
URL www.hilton.com
i/ii£82〜　朝食別　AMV

Map P.351 左-1 ヘンリー
140室
プレミア・イン　Premier Inn Stoke on Trent Hanley
住Etruria Rd., Hanley, ST1 5NH
TEL0871 527 9476
URL www.premierinn.com
i/ii£69〜　朝食別　AMV

Map P.351 右上　ヘンリー
ポルトフィーノ　Portofino
イタリア料理
　地元の人々でにぎわう本格派イタリア料理店。明るい店内にスタッフの対応も気持ちいい。ランチは£11.95。パスタは£9.95〜19.95、ピザ£10.95〜12.45。グリルは£16.95〜。
住38 Marsh St., Hanley, ST1 1JD　TEL(01782)209 444
URL www.portofino-hanley.co.uk　12:00〜14:30 17:30〜22:00（土12:00〜22:00、日12:00〜21:30）　休無休
ADJMV　店内可

Map P.351 右上　ヘンリー
ピーターズ・タヴァーン　Peter's Tavern
カフェ
中欧料理
　中欧料理を出す珍しいカフェ。ハルシュキ（ジャガイモと小麦粉の団子）やグヤーシュなどチェコとスロヴァキア、ハンガリーの料理を各種取り揃えている。スロヴァキアのビールも置いている。スープとメインで£15〜。
住43 Piccadilly St., ST1 1EN　075 9472 0682　URL peterstavern.co.uk　月11:30〜22:00、木17:00〜21:00、金13:00〜22:00、土13:00〜23:00、日13:00〜21:00　休火・水　AMV　店内可

ロビン・フッドの故郷
ノッティンガム
Nottingham

多くの人でにぎわう町の中心、オールド・マーケット・スクエア

ノッティンガム ●リンカン

●ロンドン

人口	市外局番
32万3600人	0115
ノッティンガムシャー州 Nottinghamshire	

ノッティンガムはロビン・フッド P.610 ゆかりの地。伝説の義賊、ロビン・フッドが立ち上がったのは、この町の近くにあるシャーウッド・フォレストとされている。また、産業革命で重要な役割を果たした町としても世界的に知られ、現在もイギリス有数の工業都市である。

歩き方

町の中心は、カウンシルハウスCouncil Houseのあるオールド・マーケット・スクエアOld Market Sq.。周辺は華やかなショッピングエリアだ。路面電車の駅もあり、鉄道駅とも接続されている。

ノッティンガム

Access Guide ノッティンガム

ロンドンから

所要:1時間40分～2時間50分

月～土 セント・パンクラス駅から5:27～23:35(土5:30～22:32)の1時間に1～3便

日 9:00～22:00の1時間に1便程度

バーミンガムから

所要:約1時間10分

月～土 ニュー・ストリート駅から6:49～23:09(土6:19～22:49)の1時間に1便

日 11:49～20:49の毎時49分

マンチェスターから

所要:約1時間50分

月～土 ピカデリー駅から7:43～20:43の毎時43分、21:41、22:30

日 12:44～22:13の1時間に1便程度

i ノッティンガム Tourist Information Centre

Map P.355-B1
1-4 Smithy Row, NG1 2BY
(0115)876 2970
www.visit-nottinghamshire.co.uk
9:30～17:30(祝10:00～15:00)
※冬期短縮、土曜はカウンター閉鎖
日・祝、1/1、12/25・26

交通情報

鉄道駅は町の南にあり、橋を渡ると**ブロードマーシュ・バスステーション**Broadmarsh Bus Stationがある。長距離バスや一部の近距離バスはここに発着。近郊へのバスは町の北の**ヴィクトリア・バスステーション**Victoria Bus Stationに発着する。また、鉄道駅からは**路面電車**が市内を縦断しているので、どこにアクセスするにもとても便利だ。

町を見下ろすようにそびえる　Map P.355-A2

ノッティンガム城 Nottingham Castle

ロビン・フッド P.610 が戦いを挑んだのがこのノッティンガム城だったとされている。1068年に征服王ウィリアム P.605 によって建てられたこの城に、ロビン・フッドの敵役、州長官フィリップ・マークが入ったのは13世紀初め

現在は多くの展示物を収蔵する博物館

のことだ。19世紀にはこの地域初の博物館として公開された。現在はノッティンガムの歴史をはじめ、さまざまな事物を紹介する博物館となっている。

Days out from Nottingham　地図外
近郊の見どころ　バイロン一家代々の屋敷
ニューステッド・アビー Newstead Abbey

大詩人バイロン P.609 も、ノッティンガムにゆかりのある人物。このニューステッド・アビーはバイロンの一家が住んでいた館として知られている。もともと12世紀以来修道院として使われてきたが、1539年の修道院解散によって、バイロン家の所有となった。

16世紀までは修道院として使用されていた

Days out from Nottingham　地図外
近郊の見どころ　伝説に彩られた
シャーウッド・フォレスト Sherwood Forest

ロビン・フッド P.610 が隠れ住んだ森として知られる伝説の舞台。敷地内はウオーキングコースが整っており、週末を中心に多くの人でにぎわう。きれいなビジターセンターもある。

イギリスで一番古いといわれる樫の木

近郊の見どころ

Days out from Notingham | **Map P.357-1**

マグナ・カルタの保管場所のひとつ
リンカン大聖堂
Lincoln Cathedral

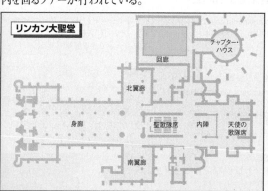
大聖堂内の身廊

リンカンの町の高台に建つ、イギリスを代表するゴシック建築。その歴史は古く、ウィリアム1世 P.605 の命により1072年に建設されるが、その後、火事や地震によって崩れてしまう。現在のような形になったのは12世紀から。中世のリンカンは羊毛の交易地として栄え、リンカン司教はイングランドの中でも強大な権力をもっていた。

リンカン・インプ リンカン大聖堂の壁面には数多くのレリーフがあるが、なかでも天使の聖歌隊席The Angel Choirにある「リンカン・インプLincoln Imp」は必見。このレリーフにまつわる話は数多いが、特に有名なのは、インプ（小悪魔）が天使の聖歌隊席でいたずらをしていたとき、注意しに現れた天使を挑発したため、天使によって石に変えられてしまったというもの。また、インプのアクセサリーはラッキー・アイテムとしても人気がある。大聖堂内では屋根や塔、大聖堂内を回るツアーが行われている。

リンカン大聖堂（平面図）

- チャプター・ハウス
- 回廊
- 北翼廊
- 身廊
- 聖歌隊席
- 内陣
- 天使の歌隊席
- 南翼廊

近郊の見どころ

Days out from Notingham | **Map P.357-1**

人気ドラマ『ダウントン・アビー』でも有名
リンカン城 Lincoln Castle

リンカン城入口前の広場

元々あったローマ時代の砦の跡に、ウィリアム1世 P.605 によって建てられた。

マグナ・カルタ P.610
2015年で締結800年を迎えたマグナ・カルタ。その写本のひとつがここで展示されている。

地図（リンカン）

リンカン
0　200m
Drury Ln.
Church Ln.
East Bight
Westgate
リンカン大聖堂 Lincoln Cathedral
リンカン城 Lincoln Castle
司教宮殿 Bishop's Palace
H Poplars P.358
Spring Hill
リンカン博物館 The Collection
Lincoln University
City Hall
Chiselgate
Mint St.
St Benedict
Waterside N
Waterside S
St Mary
鉄道駅
Oxford St.
High St.

1

2

迫力のあるエントランス

■リンカンへの行き方
🚆1時間に1便程度。所要1時間10分ほど。リンカン駅から徒歩約30分。

■リンカン大聖堂
TEL (01522)561 600
URL lincolncathedral.com
開10:00〜16:00（日11:30〜14:30）
休無休　料£11（日曜£7）

■リンカン城
TEL (01522)554 559
URL www.lincolncastle.com
開4〜10月10:00〜17:00
　11〜3月10:00〜16:00
休1/1、12/24〜26
料£16（中世の城壁、刑務所、マグナ・カルタの共通チケット）

左のれんが造りの建物がヴィクトリア期の刑務所

旧刑務所と城壁　城門をくぐると、手前にあるのがヴィクトリア朝時代の刑務所。テレビドラマ『ダウントン・アビー』でロケが行われたのはここ。また、城壁は保存状態がよく、ぐるりと歩くことができる。最も高いところにあるので見晴らしもいい。

HOTEL　　　　　　　　　　RESTAURANT

ノッティンガムは国際チェーンの大手ホテルからゲストハウスまで、質、量ともに豊富。難をいえば町の中心に規模の小さなB&Bが少ないくらい。料金の安いホテルは駅周辺に、旧市街の周囲に大手ホテルが多い。パブやカフェは旧市街に集中している。

中級　87室　Map P.355-A2

セント・ジェイムズ　St James Hotel

住1 Rutland St., NG1 6FL
TEL (0115) 941 1114
URL www.stjames-hotel.com
♦/♦♦🛁🔲£57〜
═A M V

ノッティンガム城のすぐそばにある。客室は改装済みで、かわいらしい内装。天蓋付きベッドがある部屋も。スタイリッシュなバー No.6を併設。

中級　76室　Map P.355-B1

メルキュール　Mercure Nottingham

住2 George St., Lace Market, NG1 3BP
TEL (0115) 959 9777
●予約(03)4578-4077
URL www.mercurenottingham.com
♦/♦♦🛁🔲£64〜
═A D J M V

19世紀前半創業、ノッティンガムの象徴的建物だったジョージ・ホテルを大手チェーンが受け継いだ。部屋は明るく機能的で過ごしやすい。

ゲストハウス　9室　Map P.357-1　リンカン

ポプラーズ　Poplars

住Beaumont Fee, Lincoln, LN1 1EZ
TEL (0152) 251 0170
URL www.thepoplarslincoln.co.uk
♦/♦♦🛁🔲£150〜　※最低2泊〜
═M V

リンカン城へ至る急な坂の途中にある。背中合わせに建つふたつの建物からなっており、入口も異なるので注意。市内が一望できる部屋もある。

ホステル　17室　Map P.355-A2

イグルー・ハイブリッド　Igloo Hybrid Hostel

住4-6 Eldon Chambers, Wheeler Gate,
NG1 2NS　TEL (0115) 948 3822
URL www.igloohostel.co.uk
DOM £26〜
♦🛁£44〜　♦♦🛁£48〜
═A M V

ノッティンガムの老舗ホステルの新館。ドミトリーには各人用の電源とUSBのコンセント、ロッカーを完備している。

Map P.355-A2　　　　　　　　　　パブ

オールド・トリップ・トゥ・ジェルーサレム
Ye Olde Trip to Jerusalem

イングランド最古のパブとされている。1189年の日付がここに書かれていたからだが、調査の結果、少なくとも11世紀には醸造所があったことがわかったという。十字軍が立ち寄ったという当時に思いをはせながら、エールを飲んでみてはいかが。

住1 Brewhouse Yard, NG1 6AD　TEL (0115) 947 3171
URL www.greeneking-pubs.co.uk　営11:00〜23:00
休無休　═A M V　📶店内可

Map P.355-A2　　　　　　　　　　アジア料理

チノ・ラティノ　Chino Latino

日、中、東南アジアの料理を大胆かつモダンにアレンジ。ラテン風でカジュアルな店内。メイン料理は£15〜20。

住41 Maid Marian Way, NG1 6GD　TEL (0115) 947 7444
URL www.chinolatino.co.uk　営15:00〜22:00
休日〜火　═A M V　📶店内可

美しい建築物に彩られた学問の都
ケンブリッジ
Cambridge

セント・ジョンズ・カレッジのファースト・コート

ピーターバラ・
ケンブリッジ・ イーリー
●ロンドン

人口	市外局番
14万5700人	01223
ケンブリッジシャー州	
Cambridgeshire	

　ケンブリッジと聞いて頭に浮かぶのはケンブリッジ大学だろう。英国ではオックスフォードと並んで最も権威のある大学だ。英国首相を14人輩出したほか、アイザック・ニュートンやチャールズ・ダーウィンなど、特に自然科学の分野で突出した人材を輩出しており、ノーベル賞の受賞者数では121名を誇る。

　ケンブリッジの町に大学ができたのは13世紀のこと。オックスフォードで大学と町との対立が激しさを増し、逃れてきた学者たちによって創設された。以来ヘンリー6世 P.609 やその妻マーガレット・オブ・アンジューをはじめとする王族や貴族たちの援助により、ケンブリッジの町には、カレッジなどの大学の施設が次々と建てられていった。

👣 歩き方

　ケンブリッジ観光の中心となるのは、**ケム川**River Camと**キングズ・パレード**Kings Pde.という通り。両者は並行して南北に走っており、町を代表する**カレッジ** P.362 群はこの間に位置する。また、ケム川の西岸部は、**ザ・バックス**The Backsと呼ばれる緑あふれる公園になっている。

🚃 交通情報

鉄道駅から市内へ向かうバス

鉄道駅　鉄道駅は町の南東にあり、中心部まで徒歩なら20〜30分ほどかかる。駅を出てすぐ左側にあるバス乗り場から、1、3、7番のバスに乗れば、5分ほどで町の中心に着く。

バスステーション　バスは町の中心にあるバスステーションに発着する。

観光バス　シティ・サイトシーイング社の観光バスが鉄道駅を出発し、市内18ヵ所を1周1時間20分で巡回している。

Access Guide
ケンブリッジ
ロンドンから

🚃 所要:50分〜1時間30分

月〜土
キングズ・クロス駅から5:03〜翌0:32の1時間に3便程度
リヴァプール・ストリート駅から5:28（土5:20）〜23:58の1時間に2便

日
キングズ・クロス駅から7:54〜翌0:02の1時間に3便程度
リヴァプール・ストリート駅から8:57〜22:57の1時間に1〜2便

🚌 所要:1時間55分〜3時間

6:30〜22:30の1〜2時間に1便程度

バーミンガムから

🚃 所要:2時間48分

月〜土
ニューストリート駅から5:19〜20:22（土5:22〜）の1時間に1便

日
11:22〜20:22の毎時22分

ケンブリッジ
Tourist Information Centre

Map P.360下-A2
2023年6月現在、市役所内の**❼**はクローズしているが、市役所横の広場と駅前にデスクを出して情報を提供している。
URL www.visitcambridge.org
圃10:00～14:00（雨天休業）
休不定休

厳かな雰囲気のケンブリッジの町並み

■シティ・サイトシーイング
City Sightseeing

URL www.city-sightseeing.com ⬛
4月上旬～9月10:10～18:10の40分おき
10月～4月上旬10:10～15:40の40分おき
休1/1、12/25・26
圏24時間有効 £16.50　学生£13.50

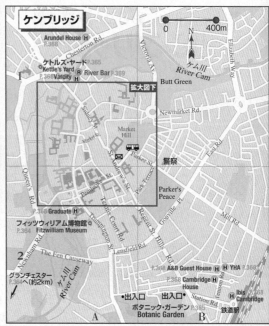

ケンブリッジ

- Arundel House **H** P.368
- ケトルズ・ヤード Kettle's Yard P.365
- Varcity P.368　River Bar P.369
- 拡大図下
- Butt Green
- River Cam
- ケム川
- Victoria Av.
- Elizabeth Way
- Chesterton Rd.
- Newmarket Rd.
- Market Hill
- 警察
- Parker's Peace
- Graduate **H** P.368
- フィッツウィリアム博物館 Fitzwilliam Museum P.364
- The Fen Causeway
- グランチェスターへ（約2km）P.364
- ケム川 River Cam
- A&B Guest House **H** P.368　YHA **H** P.368
- Cambridge House **H** P.368
- Ibis Cambridge P.365
- 出入口　出入口
- ボタニック・ガーデン Botanic Garden P.365
- 鉄道駅

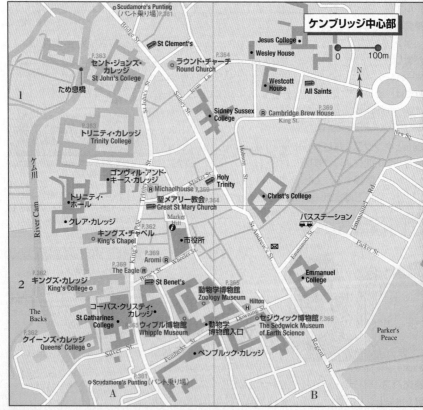

ケンブリッジ中心部

- Scudamore's Punting（パント乗り場）P.361
- St Clement's
- Jesus College
- Wesley House
- セント・ジョンズ・カレッジ P.363 St John's College
- ため息橋
- ラウンド・チャーチ Round Church P.364
- Westcott House
- All Saints
- トリニティ・カレッジ P.363 Trinity College
- Sidney Sussex College
- Cambridge Brew House **R** P.369
- King St.
- ゴンヴィル・アンド・キース・カレッジ
- Michaelhouse **R** P.369
- Holy Trinity
- Christ's College
- トリニティ・ホール
- 聖メアリー教会 Great St Mary Church P.364
- クレア・カレッジ
- Market Hill
- キングズ・チャペル King's Chapel P.362
- ❼
- 市役所
- バスステーション
- Aromi **R** P.369
- The Eagle **R** P.369
- St Benet's
- キングズ・カレッジ King's College P.362
- 動物学博物館 Zoology Museum P.365
- Emmanuel College
- The Backs
- コーパス・クリスティ・カレッジ Corpus Christi
- St Catharines College
- ウィプル博物館 Whipple Museum P.365
- 動物学博物館入口
- Hilton **H**
- セジウィック博物館 The Sedgwick Museum of Earth Science P.365
- クイーンズ・カレッジ Queens' College P.362
- ペンブルック・カレッジ
- Parker's Peace
- Scudamore's Punting（パント乗り場）P.361

ケンブリッジ観光のハイライト
パントに乗ってケム川下り

平底の小船、パントでの川下りはケンブリッジの風物詩だ。西には緑豊かなバックスが広がり、東には壮麗なカレッジ群。南から乗れば、数学橋、クレア橋、ためいき橋とくぐっていく。そんな美しい風景を提供するパントを、ケンブリッジでぜひ試してみたい。

パント乗り場 ★

Bridge St.

セント・ジョンズ・カレッジ
St John's College

ためいき橋

セント・ジョンズ・カレッジ

ためいき橋

トリニティ・カレッジ
Trinity College

クレア・カレッジ
Clare College

クレア橋

キングズ・カレッジ
King's College

キングズ・カレッジ

クイーンズ・カレッジの数学橋

カヌーやカヤックの
レンタルもできます

クイーンズ・カレッジ
Queens' College

数学橋

パント乗り場 ★

■ケム川下りツアー
●スクダモアズ・パンティング
Scudamore's Punting
Map P.360下-A1・A2
TEL (01223) 359 750　URL www.scudamores.co.uk
開9:00〜日没 (冬期〜17:00)　休無休
料45分のこぎ手付きツアー £32

ケム川沿いに点在する
ケンブリッジのカレッジ巡り

　ケンブリッジの名は、ケム川にかかる橋を意味する。歴史あるカレッジはケム川に沿うように建てられており、学生が行き交う敷地のなかを川がゆっくりと流れていくさまを見るのも楽しい。ケンブリッジ大学のカレッジは時期（学期内は9〜12月と1〜5月）により見学できない場合があるので、❶でどのカレッジが見学可能なのかをチェックしておこう。

イートン校出身者しか入学できなかった
キングズ・カレッジ
King's College

　キングズ・カレッジは、イートン校（→P.189）の卒業生たちの受け入れのために1441年、ヘンリー6世 P.609 によって建てられた。以来400年の間、イートン校出身者のみがこのカレッジで学ぶことが許された。

　立派な門楼をくぐって右側にあるのが、このカレッジ最大の見どころ**キングズ・チャペル** Kings Chapel。この礼拝堂の建設は1446年に始まったが、バラ戦争の勃発とそれにともなうヘンリー6世の廃位により工事は中断し、完成したのはバラ戦争が終わったテューダー朝期だった。

ヘンリー6世の像

キングズ・チャペルのステンドグラス

数学橋で結ばれた
クイーンズ・カレッジ
Queens' College

15世紀に建てられたオールド・ライブラリーには古い蔵書が残る

　1446年に建てられ、その後ヘンリー6世 P.609 の妻マーガレット・オブ・アンジューとエドワード4世の妻エリザベス・ウッドヴィルというふたりの王妃の援助により再建されたため、この名がついている。

　ケム川の両岸にまたがって数々の建物が建てられており、両岸を**数学橋**がつないでいる。トラス構造をうまく利用しながら美しいフォルムを描いていることから、この名が付けられたといわれている。ニュートンが設計したともいわれているが、現在ではその説は否定されている。

首相とノーベル賞受賞者を輩出する
トリニティ・カレッジ
Trinity College

ヘンリー8世 P.610 によって1546年に創設されたカレッジ。これまでに6人の英国首相と34人のノーベル賞受賞者を輩出しており、フランシス・ベーコン、アイザック・ニュートン、ジョージ・ゴードン・バイロン P.609

トリニティ・カレッジの門

スティーヴン・ホーキングもこのカレッジ出身。カレッジ内にはクリストファー・レン P.606 が設計した図書館、レン・ライブラリーがある。

チャペルのコーラスも有名
セント・ジョンズ・カレッジ
St John's College

1511年の創設以降、何度も増築を重ね、ケム川を越え西へと拡大していった。ケム川に架かるためいき橋は、屋根付きの美しい橋。ヴェネツィアにある同名の橋の名を取ったもの。隣にあるセント・ジョンズ・チャペルも美しい。

トリニティ・カレッジのチャペル

セント・ジョンズ・チャペル

紋章が美しいグレート・ゲート

DATA

■キングズ・カレッジ
Map P.360下-A2
住King's Pde., CB2 1ST
TEL(01223)331 212
URL www.kings.cam.ac.uk ■ ●予約必須
開日によって異なるのでウェブサイト参照
料£12.50〜14 学生£10.50〜11
フラッシュ一部不可

■クイーンズ・カレッジ
Map P.360下-A2
住Silver St., CB3 9ET
TEL(01223)335 511
URL www.queens.cam.ac.uk
開10:00〜16:30
休4/17〜6/30、7/6〜7、12/22〜1/3
料£5

■トリニティ・カレッジ
Map P.360下-A1
住Trinity St., CB2 1TQ
TEL(01223)338 400
URL www.trin.cam.ac.uk
開10:00〜17:00 休不定期 料£3.50
●レン・ライブラリー
開12:00〜14:00
休土・日
料カレッジ入場料に含まれる
　館内撮影不可

■セント・ジョンズ・カレッジ
Map P.360下-A1
住St John's St., CB2 1TP
TEL(01223)338 606 URL www.joh.cam.ac.uk
開10:00〜17:00 休12/24〜1/2、ほか不定期
料£12 学生£6

■フィッツウィリアム博物館

🏠 Trumpington St., CB2 IRB
📞 (01223)332 900
🌐 www.fitzmuseum.cam.ac.uk
🕐 10:00〜17:00（日・祝12:00〜17:00）
休 月、1/1、聖金曜、12/24〜26・31
料 寄付歓迎
　フラッシュ不可

新古典主義の建築

■聖メアリー教会

🏠 St Mary's Passage, CB2 3PQ
📞 (01223)747 272
🌐 www.gsm.cam.ac.uk
🕐 夏期10:00〜17:30（日12:15〜17:00）
　冬期10:00〜16:00（日12:15〜16:00）
休 12/25・26、聖金曜日
料 無料　塔£6

聖メアリー教会の塔からの眺め

■ラウンド・チャーチ

🏠 Bridge St., CB2 1UB
📞 (01223)311 602
🌐 roundchurchcambridge.org
🕐 10:00〜17:00
休 月・日・祝
料 £3.50　学生£1
　ガイドツアー£12　学生£10

Information

グランチェスター Grantchester

ケンブリッジの南西4kmに位置する閑静な村。昔はバイロンやミルトンなど文人が思索にふけったという。ケンブリッジからのフットパスもあり、週末になると学生たちがピクニックに出かけたりもする。

Map P.360上-A2外
🚌 ステージコーチの18番が1時間に1便。日曜休み。所要約15分。

多彩なコレクション　　　　　Map P.360上-A2
フィッツウィリアム博物館 Fitzwilliam Museum

　ケンブリッジ大学が運営する博物館。世界各地から集められた収蔵品の数は50万点以上を数え、収蔵品もエジプトのミイラから陶磁器、貨幣コレクション、ファン・ダイクやピカソの絵画と多種多様。随時特別展なども行われているので、チェックしてから訪れよう。

古代エジプトに関する展示も充実

塔からの眺めは抜群　　　　　Map P.360下-A1・2
聖メアリー教会 Great St Mary Church

　ケンブリッジ大学全体の公式の教会。この地には13世紀から教会があったが、大学の規模が大きくなるに従って、幾度かの改築を行っており、現在のものは15世紀に建てられたものだ。1608年に完成した塔からは町の全景を見渡すことがで

聖メアリー教会の裏はマーケット

きる。しかし、かなりきつい階段を上らなくてはならないので覚悟しよう。

イギリスでは珍しい円形の教会　　　Map P.360下-A1
ラウンド・チャーチ Round Church

　1130年に創建されたノルマン様式の教会。イギリスのほとんどの教会が十字架の形をしているのに対し、この教会は円形をしている。これは、この教会を建てた宗教団体が十字軍と深い関わりがあり、円形であったエルサレムの聖墳墓教会

珍しい形のラウンド・チャーチ

の影響を受けたからだと考えられている。

　イギリスでほかに円形をしている教会といえば、『ダ・ヴィンチ・コード』☞P.608の舞台として注目を浴びたロンドンのテンプル教会が挙げられるが、テンプル教会も、十字軍で生まれたテンプル騎士団☞P.608によって建てられた教会だ。内部では『ケンブリッジ・ストーリー The Cambridge Story』という町の歴史を説明するビデオを流している。

ケンブリッジの南にある静かな植物園　Map P.360上-B2

ボタニック・ガーデン　Botanic Garden

園内でくつろぐ人も多い

ケンブリッジの中心から約1km南に位置する大きな植物公園。週末は多くの人でにぎわっている。ケンブリッジ大学が管理しており、園内で生育している植物の種類は8000種以上もある。園内には温室もあり、オオオニバスやランなど、熱帯雨林地方の植物も観賞できる。

■ボタニック・ガーデン
住 1 Brookside, CB2 1JE
TEL (01223)336 265
URL www.botanic.cam.ac.uk
開 4～9月10:00～18:00
　2・3・10月10:00～17:00
　11～1月10:00～16:00
※最終入場は閉園の30分前
休 12/24～1/1
料 £7.20　学生£5.50

世界中の動物に関する資料がいっぱい　Map P.360下-A2

動物学博物館　Zoology Museum

動物の骨格標本や剥製が並ぶ

動物の剥製や骨格標本などを集めた博物館。1階は哺乳類、昆虫、海洋生物の剥製やホルマリン漬けなどが、地下1階には哺乳類の骨格標本が置いてある。博物館のある建物の上階には巨大なクジラの骨格標本も展示している。

■動物学博物館
住 Downing St., CB2 3EJ
TEL (01223)336 650
URL www.museum.zoo.cam.ac.uk
開 10:00～16:30（日12:00～16:30）
休 月・祝
料 無料
　フラッシュ不可

科学者たちの道具を集めた　Map P.360下-A2

ウィプル博物館　Whipple Museum

科学者たちが愛用した道具が並んでいる

1944年にロバート・ウィプルRobert Whippleにより設立された。科学者たちが愛用した道具に焦点を当てた博物館。現在までに寄付された2000点以上の道具を展示している。

■ウィプル博物館
住 Free school Ln., CB2 3RH
TEL (01223)330 906
URL www.hps.cam.ac.uk/whipple
開 12:30～16:30
休 土・日・祝、12月上旬～1月上旬
料 寄付歓迎
　フラッシュ不可

地球について学ぼう　Map P.360下-B2

セジウィック博物館
The Sedgwick Museum of Earth Science

ケンブリッジ大学内にある博物館。テーマは「地球科学」で、55億年の地球の歴史を化石標本や鉱石などを用いて詳しく解説している。規模は小さいが、動物の化石や剥製などが多く並んでおり、見ごたえは抜群。特に入口近くにあるイグアノドンの化石標本は大迫力だ。

■セジウィック博物館
住 Downing St., CB2 3EQ
TEL (01223)333 456
URL www.sedgwickmuseum.org
開 10:00～17:00（土10:00～16:00）
休 日、聖金曜、クリスマス～新年
料 寄付歓迎

展示の目玉はイグアノドンの化石

現代美術を展示する　Map P.360上-A1

ケトルズ・ヤード　Kettle's Yard

20世紀の現代芸術を集めた美術館。ギャラリーとハウスとに分かれており、ハウスにはおもに20世紀前半の美術品が、ギャラリーにはより新しい作品が展示されている。

■ケトルズ・ヤード
住 Castle St., CB3 0AQ
TEL (01223)748 100
URL www.kettlesyard.co.uk
開 11:00～17:00
　（ハウスは12:00オープン）
休 月　料 寄付歓迎（企画展有料）

■ニューマーケットへの行き方

🚉6:42～22:47 (日9:00～22:50)の1
時間に1便程度
🚌ステージコーチの11、12番のバスが
頻発、日・祝運休

■国立競馬博物館

🏠Palace House, Palace St., CB8 8EP
☎(01638)667 314
URL www.nhrm.co.uk
🕐10:00～17:00 (11～3月 ～16:00)
🚫月 (祝日の月曜はオープン)
💷£15 学生£12

内部撮影不可

■ナショナル・スタッド

出発15分前に集合
🚌ステージコーチの12番でジュライ・ロッ
ジJuly Lodge下車
🏠The National Stud, Newmarket,
CB8 0XE ☎(01638)663 464
URL www.nationalstud.co.uk
discovernewmarket.co.uk
🕐金～日10:30発 (土・日・祝は13:00も
あり)
🚫11月～2月中旬
💷£15 ⏰予約必須

■イーリーへの行き方

ケンブリッジとイーリーの駅はともに中心
部からやや距離があるので、それぞれの
町の中心を結ぶバスを使ったほうが乗り
換えなしで便利
🚉5:15～ 翌0:05に頻発 (日8:51～ 翌
0:06の1時間に1便程度)
所要:20分
🚌ステージコーチ9番が6:36～18:36に
1時間に1便程度 (所要約1時間)。日曜
運休。

■イーリー大聖堂

🏠The College, CB7 4DL
☎(01353)667 735
URL www.elycathedral.org
🕐10:00～16:00 (日12:00～15:00)
🚫無休 💷£9～10
オクタゴン£10、ウエスト・タワー £10、
ステンドグラス博物館£5

近郊の
見どころ

Days out from Cambridge   折込地図 D6

英国競馬界の中心地

ニューマーケット
Newmarket

ケンブリッジの北西に位
置するニューマーケットは、
馬好きには見逃せない町。
ここは、ジェイムズ1世が競
馬の中心地に定め、現在
では30以上もの競馬場や
牧場が点在する。

パレス・ハウスPalace
House内にある、**国立競馬**

競走馬が飼育されているナショナル・スタッド

博物館National Horseracing Museumでは映像やシミュレ
ーターを用いて競馬の歴史をわかりやすく説明している。
また、レースに出走する競走馬が飼育されている**ナショナル・
スタッド**The Natonal Studへもバスで行くことができる。

近郊の
見どころ

Days out from Cambridge   Map P.366

王女エセルドリーダが築いた

イーリー大聖堂
Ely Cathedral

ケンブリッジから北へ
約20km。丘の上に建つ
小さな町、イーリーにそ
びえる大聖堂。7世紀、
政略結婚から逃れたイー
スト・アングリアの王女
エセルドリーダによって
創建された。10世紀には
ベネディクト会修道会に
よって再建され、1351年
に現在の形となったが、

高さ約66mのウエストタワー

ヘンリー8世 P.610による修道院解散 P.608のときには
多くの影像や礼拝堂が破壊された。19世紀から修復
が始まり、2000年に完了した。

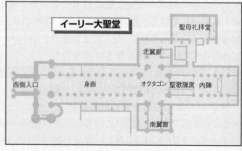

大聖堂内部 美しい装飾が施された入口を入ると、12世紀に造られた長さ約76mの身廊が続く。天井には天地創造からキリストの昇天までの絵が描かれている。身廊の奥、大聖堂の中心部分には八角形の塔オクタゴンThe Octagonがある。完成に12年を要したという八角形の天井装飾が美しい。最奥部の内陣The Presbyteryは13世紀に造られた。聖エセルドリーダを祀っており、中世は多くの巡礼客が訪れたが、残念ながら宗教改革により破壊されてしまった。

聖母礼拝堂 大聖堂の南側にある聖母礼拝堂The Lady Chapelは1349年に完成し、大聖堂に付属する礼拝堂としてはイギリス最大の規模を誇る。

大聖堂の天井画は必見

Days out from Cambridge **Map P.367**

悲劇の女性が葬られた

近郊の見どころ

ピーターバラ大聖堂
Peterborough Cathedral

ピーターバラ大聖堂は、中世には巡礼地として、数多くの人々を集めてきた。キャサリン・オブ・アラゴン☞ P.606、メアリー・ステュアート☞ P.608というテューダー朝時代の悲劇の女性ふたりが埋葬された教会としてもよく知られている。

大聖堂のウエスト・ゲートは3つの巨大なアーチがかけられた非常に珍しいもので、内部も長い身廊の屋根に施された装飾、主祭壇のさらに東に増設されたゴシック様式の扇状の天井部など、見どころが多い。

ヘンリー8世の最初の妻で後に離縁されることになるキャサリン・オブ・アラゴンの墓があるのは北側廊部分。そして南側廊部分にメアリー・ステュアートが埋葬されていた。メアリーの遺骸は、エリザベス1世☞ P.606が亡くなり、メアリーの息子ジェイムズ1世の即位後、ウェストミンスター寺院に移されたが、彼女がかつて埋葬された場所はわかるようにプレートが置かれている。

■**ピーターバラへの行き方**
●ケンブリッジから
🚂5:15～20:00（日10:59～19:59）の1時間に1便程度　所要:50分
●イーリーから
🚂5:30～21:17（日8:53～21:46）の1時間に1～3便　所要:40分
●リンカンから
🚂6:12～21:37の1時間に2便　所要:1時間10分

■**ピーターバラ大聖堂**
🏠Peterborough, PE1 1XS
☎(01733)355 315
🌐www.peterborough-cathedral.org.uk
🕐9:00～17:00（日12:00～15:00）
🚫イベント時など（ウェブサイトを確認）
💰寄付歓迎　ハイライトツアー（1時間）£5　タワーツアー（2時間）£15

ウエスト・ゲートの3つのアーチにはそれぞれ聖ポール、聖ピーター、聖アンドリューの像が飾られている

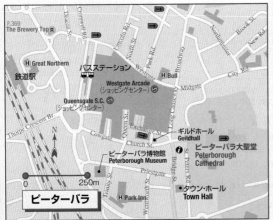

ピーターバラ

- P.369 The Brewery Tap R
- H Great Northern
- 鉄道駅
- バスステーション
- H Bull
- Westgate Arcade（ショッピングセンター）S
- Queensgate S.C.（ショッピングセンター）S
- ギルドホール Guildhall
- ピーターバラ博物館 Peterborough Museum
- ピーターバラ大聖堂 Peterborough Cathedral
- タウン・ホール Town Hall
- H Park Inn
- 0　250m

キャサリン・オブ・アラゴンの埋葬場所

HOTEL

ケンブリッジは町の中心に高級ホテルが多いが、B&Bや大型ホテルは周辺に多い。ケム川の北側や鉄道駅の周辺がB&Bが多いエリア。ロンドンからも近いので日帰りでも十分可能。イーリーやピーターバラにも宿があり、ケンブリッジよりやや料金は安い。

高級　44室 Map P.360 上 -A1

ヴァーシティ The Varsity Hotel & Spa, Cambridge

TV				P	Wi-Fi
全室	全室	全室	全室	有料	無料

🏠Thompson's Ln., CB5 8AQ
☎(01223) 306 030
URL www.thevarsityhotel.co.uk
👤🛏️🚿📶💷£139～
—ADMV

人気のブティックホテル。スパはマッサージやトリートメントの種類も豊富。テラスからはケンブリッジの町を一望できる。

中級　102室 Map P.360 上 -A1

アランダル・ハウス Arundel House Hotel

TV				P	Wi-Fi
全室	全室	全室	全室	有料	無料

🏠Chesterton Rd., CB4 3AN
☎(01223) 367 701
URL www.arundelhousehotels.co.uk
👤🛏️🚿💷£86～
👥🛏️🚿💷£167～
—AMV

やや外れた所にある静かで美しいホテル。浴室の設備は部屋によって異なる。レストランとバーも併設。別館Ashley Hotelあり。

中級　231室 Map P.360 上 -B2

アイビス・ケンブリッジ Ibis Cambridge

TV				P	Wi-Fi
全室	全室	全室	なし	なし	無料

🏠2 Station Sq., CB1 2GA
☎(01223) 320 960
URL all.accor.com
👤👥🛏️🚿💷£85～
—AJMV

鉄道駅を出てすぐ。便利な立地にあるチェーン系大型ホテル。レセプションは入口を入ったカフェが兼ねている。機能的な客室には、ポップで現代的な内装が施されている。

ゲストハウス　11室 Map P.360 上 -B2

エー&ビー A&B Guest House

TV				P	Wi-Fi
全室	全室	希望者	なし	有料	無料

🏠124 Tenison Rd., CB1 2DP
📱079 0008 2379
URL aandbguesthousecambridge.com
👤🛏️🚿💷£50～
👥🛏️🚿💷£70～
—MV

駅から徒歩5分でユースホステルの向かいにある。館内は近年改装済みできれい。値段の割にお得感がある。直接予約した方が安くなる。

ユース　32室 Map P.360 上 -B2

YHAケンブリッジ YHA Cambridge

TV				P	Wi-Fi
なし	なし	なし	全室	なし	1階のみ 無料

🏠97 Tenison Rd., CB1 2DN
☎(01223) 354 601
URL www.yha.org.uk
DOM🛏️🚿💷£30～
👤👥🛏️🚿💷£50～
—MV

駅の近くにあるユースホステル。規模は小さいが、キッチン、ランドリーを備えている。ドミトリーは男女別で、ひと部屋4～6ベッド。カフェバーもある。

Map P.360上-A2	**グラデュエイト** Graduate Cambridge

🏠Granta Place Mill Ln., CB2 1RT
138室 ☎(01223) 259 988
URL www.graduatehotels.com

TV				P	Wi-Fi
全室	全室	全室	全室	有料	無料

👤👥£162～　朝食別　—ADJMV

Map P.360上-B2	**ケンブリッジ・ハウス** Cambridge House

🏠144-146 Tenison Rd., CB1 2DP
17室 ☎(01223) 360 246
URL cambridgehousehotel.co.uk

TV				P	Wi-Fi
なし	なし	なし	なし	なし	無料

👤👥£92～　—ADMV

ゲストハウス　10室 Map P.366 左　イーリー

イーリー Ely Guesthouse

TV				P	Wi-Fi
全室	希望者	全室	なし	なし	なし

🏠6 St Mary's St., Ely, CB7 4ES
☎(01353) 665 011
URL www.elyguesthouse.co.uk
👤🛏️🚿💷£50～
👥🛏️🚿💷£80～
—DMV

イーリー大聖堂の目の前というすばらしいロケーション。1階は地元でも評判のタイ料理店で、ここがレセプションも兼ねている。

世界中から学生が集まる町だけあって、レストランの種類も多彩。日本料理店もある。レストランやファストフード店が多いのはリージェント・ストリートRegent St.付近。大学周辺ではマーケット・ストリートMarket St.周辺に店が多い。

ステーキ

Map P.360 上-A1
リバー・バー The River Bar

ケム川沿いにあるステーキハウス。窓際の席からはリバーサイドの風景を眺めながらバーベキューが楽しめる。看板メニューのステーキは£23.50〜85。

住Quayside, CB5 8AQ　TEL(01223)307 030
URLriverbarsteakhouse.com
開17:30〜23:30（金17:30〜翌0:30、土12:00〜翌0:30、日12:00〜23:30）　休無休　━AMV　⊗店内可

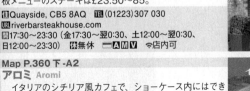

カフェ
イタリア料理

Map P.360 下-A2
アロミ Aromi

イタリアのシチリア風カフェで、ショーケース内にはできたてのカットピザ£6.50〜をはじめティラミス、タルトといったスイーツが並ぶ。地下にも席がある。持ち帰りも可能。食事時は学生をはじめ、多くの人でにぎわう。

住1 Bene't St., CB2 3QN　TEL(01223)300 117
URLwww.aromi.co.uk　開9:00〜22:00（金・土9:00〜22:30、日9:00〜21:00）　休無休　━AMV　⊗店内可

カフェ

Map P.360 下-A1
マイケルハウス Michaelhouse Café

教会を利用したカフェで、天井が高くて開放的。礼拝もちゃんと行われる。スコーンやケーキなどのスイーツが味わえる。朝食は9:00〜11:30で、ランチは12:00〜15:00。朝食メニューは6.50〜、サンドイッチプレート£10.50。

住St Michael's Church, Trinity St., CB2 1SU
TEL(01223)693 216　URLwww.michaelhousecafe.co.uk
開9:00〜17:00（日12:15〜16:00）　休日　━MV　⊗店内可

パブ
英国料理

Map P.360 下-A2
イーグル Eagle

もともとは旅館を兼ねたインで、中庭では1602年にシェイクスピアの劇団がハムレットを上演したという記録がある。1950年にはDNAの二重らせん構造を解明したJ.ワトソンとF.クリックが議論を行ったとか。メインは£11〜18前後。

住9 Bene't St., CB2 3QN　TEL(01223)505 020
URLwww.greeneking-pubs.co.uk　開11:00〜23:00（木〜土11:00〜24:00）　休無休　━MV　⊗店内可

ダイニングパブ
地ビール

Map P.360 下-B1
ケンブリッジ・ブリュー・ハウス The Cambridge Brew House

2013年にオープンの醸造所兼パブ。5種類のオリジナル・エールと伝統的英国料理やタパスなどが楽しめる。人気はハンバーガー£14〜18でトッピングも充実。

住1 King St., CB1 1LH　TEL(01223)855 185
URLwww.thecambridgebrewhouse.com　開12:00〜23:00（金・土〜24:00、日〜22:00）　休無休　━AMV　⊗店内可

ダイニングパブ
地ビール、タイ料理

Map P.367　ピーターバラ
ブリュワリー・タップ The Brewery Tap

ビール工場の設備があるパブ。常に8種類のビールを揃えている。メニューはタイ料理が中心で、持ち帰りも可能。食事のできる時間帯は12:00〜14:30 17:00〜22:30（金・土12:00〜22:30、日12:00〜15:30 17:00〜21:30）。

住80 Westgate, Peterborough, PE1 2AA　TEL(01733)358 500
URLwww.thebrewery-tap.com　開12:00〜23:00（金〜翌1:00、土〜翌3:00、日〜22:30）　休無休　━MV　⊗店内可

中世の面影を残す城塞都市

ノーリッジ
Norwich

さまざまな展示が行われているノーリッジ城

人口	市外局番
14万3900人	01603
ノーフォーク州	
Norfork	

町の起源はアングロ・サクソンが最初に造った町「ノースウィックNorthwic」。その後も発展を続け、中世にはイングランド最大の城塞都市となった。町にはノルマン朝からテューダー朝時代にかけての建物が多く残り、教会が多い町としても知られている。かつては城内に57もの教会があったというが、なかでも11世紀建造のノーリッジ大聖堂は町のシンボル的な存在。

Access Guide
ノーリッジ
ロンドンから

🚆 所要:約2時間

月〜土 リヴァプール・ストリート駅から6:00〜23:30の1時間に2便

日 8:30〜23:30の1時間に1〜2便

ケンブリッジから

🚆 所要:約1時間30分

月〜土 6:01〜22:57の1時間に1〜2便

日 8:50〜21:54の1〜2時間に1便

歩き方

石畳の道が続くエルム・ヒル

鉄道駅は町の東側に位置する。駅から橋を渡り直進して行くと、町のランドマーク、**ノーリッジ城**へとたどり着く。ノーリッジ城とノーリッジ大聖堂の間にはテューダー朝時代の建物が数多く残る石畳の美しい通り、**エルム・ヒル**Elm Hill

屋外マーケットとしてはイギリス最大規模

ノーリッジ
Tourist Information Centre
2023年6月現在、ノーリッジに公営の❶はない。

がある。城の西側は数々のショップが並ぶにぎやかな地域になっており、特にシティ・ホールとギルドホールの間に広がる**マーケット**はイギリスでも最大級の屋外マーケット。日曜を除く毎日開催されている。

町の中心にどっしりと構える
ノーリッジ城 Norwich Castle
Map P.370-B

館内は広大な展示スペースとなっている

この地に最初に城が建てられたのは、ノルマン征服の翌年である1067年、ウィリアム1世 P.605 の手によってのこと。もともと木造であった城は、12世紀になって石造りに改築され、以来町の歴史を見守ってきた。

現在は博物館となっており、アングロ・サクソン時代やヴァイキング時代を中心とした地域の歴史紹介をはじめ、ヨーロッパ絵画、郷土画家の作品の展示、動物の剥製の展示など、多様なコレクションを誇る。博物館以外の城内は3種類あるガイドツアーで見学できる。

■ノーリッジ城
住Castle Meadow, NR1 3JU
TEL(01603)493 625
URL www.museums.norfolk.gov.uk
開10～6月10:00～16:30（日13:00～）
　7～9月10:00～17:00（日13:00～）
※最終入場は閉館の30分前
休1/1、12/25・26
料£7.40　学生£7
　フラッシュ不可

高台の上に建つノーリッジ城

天井にちりばめられた彫刻は必見
ノーリッジ大聖堂 Norwich Cathedral
Map P.370-B

1096年に建てられた壮麗な大聖堂。高さ93mの尖塔はソールズベリ大聖堂に次いで英国第2位の高さで、回廊の大きさは英国最大を誇っている。天井は1000を超す中世の彫刻によって飾られており、その一つひとつが独創的で美しい。

北翼廊の2階は宝物室になっており、中世の銀製品などが展示されるほか、14世紀の壁画が見られる。

高い尖塔が印象的

■ノーリッジ大聖堂
住65 The Close, NR1 4DH
TEL(01603)218 300
URL www.cathedral.org.uk
開7:30～18:30
休無休　料寄付歓迎

ノーリッジの歴史を楽しく紹介
ブライドウェル博物館
The Museum of Norwich at the Bridewell
Map P.370-B

16世紀以降のノーリッジの歴史を紹介した博物館。20世紀前半の展示が充実しており、当時の雑貨店や薬局を再現したスペースもある。

■ブライドウェル博物館
住Bridewell Alley, NR2 1AQ
TEL(01603)629 127
URL www.museums.norfolk.gov.uk
開10:00～16:30
休月・日、1/1、12/24～26
料£7.40　学生£7
　フラッシュ不可

20世紀初頭の雑貨店の様子を再現

371

宿は中心部には少ない。比較的多いのは、駅から東へ行ったストレーシー・ロードStracey Rd.沿い。レストランはプリンス・オブ・ウェールズ・ロードPrince of Wales Rd.やギルドホール周辺に多い。ノーリッジ城周辺にはショッピングセンターやマーケットが建ち並ぶ。

中級　　**84室**

Map P.370-B

全室　全室　全室　なし　無料　無料　Wi-Fi

数百年もの前の建物を利用した
メイズ・ヘッド The Maids Head Hotel

住Tombland, NR3 1LB
TEL(01603)209 955
URLwww.maidsheadhotel.co.uk
♦□□□£95〜　♦♦□□□□£130〜
━AMV
レストラン圃12:00〜14:00 18:30〜21:45
　ノーリッジ大聖堂のすぐそばにある。13世紀の建造物を利用しており、内装も建物のもつ古さを生かしながらも、機能的な造り。
レストラン&バー　フランスワインを中心にイギリスや南米、アフリカなど世界中のワインを約40種揃えている。4種類ワインと合わせて楽しめる7皿のテイスティングメニューは£90。

ゲストハウス　17室　Map P.370-C
マールバラ Marlborough Guest House

TV　全室　希望者　全室　受付　無料　無料　Wi-Fi

住22 Stracey Rd., NR1 1EZ
TEL(01603)628 005
URLwww.marlboroughguesthouse.co.uk
♦□□□£50〜
♦□□□£75〜80
♦♦□□□£120〜
━MV

　駅から町の中心とは反対の方向に進み、大きな郵便局を過ぎた所で右折。さらに100mほど進んだ左側にある。B&Bが並ぶ通りの中の1軒で、客室数も多い。客室は改装済みできれい。

Map P.370-B
ウィグ・アンド・ペン Wig & Pen

パブ
客室あり

　地元で人気のパブで、エールは常時6種類ほど揃えている。自家製ハンバーガー£12やステーキエールパイ£16が人気。バゲットか白パンが選べるサンドイッチは各種£7前後。上階には客室が2室ある。
住6 St Martins at Palace Plain, NR3 1RN
TEL(01603)625 891　URLwww.thewigandpen.com
圃12:00〜22:00（日12:00〜18:00）
休無休　━MV　令店内可

Map P.370-B
アーバン・マンチ Urban Munch

ファストフード
英国料理

　行列ができるバゲットサンドイッチの名店をアルバニア人のニックさんが引き継いで営業。名物のホグ・ロースト(写真)£6はアップルソースの甘味が美味でボリュームも満点。
住Theatre St., NR2 1RQ
☎074 4918 1842　圃9:30〜15:00
休日　━DMV　令不可

Map P.370-A
アセンブリー・ハウス The Assembly House

アフタヌーンティー
英国料理

　1754年の建設以来、コンサートやダンスなどノーリッジの社交の中心として知られる。アフタヌーンティーはひとり£29.50。おしゃれなブティックホテルとしても営業。
住Theatre St., NR2 1RQ　TEL(01603)626 402
URLwww.assemblyhousenorwich.co.uk　圃8:00〜20:00（食事はランチのみ）休無休　━AMV　令店内可

イングランド北部

Northern England

写真：ビートルズ誕生の町リヴァプール（P.382）

リヴァプール P.382
ビートルズを生んだ港町。博物館や美術館などの文化施設が充実している

ヒルトップ P.424
ピーターラビットの作者であるビアトリクス・ポターが住んでいた家

ハドリアヌスの城壁 P.440
城壁の周囲はフットパスになっており、世界遺産を間近にウオーキングを楽しむことができる

ダラム大聖堂 P.456
11世紀から建造が始まり、現在は2つの大きな塔がシンボルとなっている

雄大な自然と牧歌的風景が広がる

イングランド北部

　北部は多くの地域に分かれている。まず、イギリスを代表する観光地である**湖水地方** P.407 が見どころだ。西側にはさらにビートルズの故郷**リヴァプール** P.382 や産業革命の代名詞的存在の**マンチェスター** P.394 といった大都市がある。マンチェスターから日帰りで行ける**ピーク・ディストリクト国立公園** P.399 にも足を伸ばしたい。スコットランドと接する北部は世界遺産の**ハドリアヌスの城壁** P.440 や**ダラム大聖堂** P.456 が残るノーザンバーランドが代表的な見どころ。そして、東側は古都**ヨーク** P.462 を中心とするヨークシャーがある。その西側に広がるのが荒涼とした大自然を満喫できる**ヨークシャー・デイルズ国立公園** P.470 だ。

主要都市＆見どころハイライト

P. 382
ビートルズの故郷
リヴァプール

P. 407
山と湖が織りなすカントリーサイド
湖水地方

P. 440
古代ローマの叡智がここに残る
ハドリアヌスの城壁

ヨーク・ミンスター P.464
イングランド北部を代表する大聖堂。世界最大級のステンドグラスは必見

おすすめアクティビティ

風を受けながら進む
ウィンダミア湖クルーズ
cruise 詳細記事 P.417

湖水地方を満喫するならクルーズがおすすめ。交通手段としてクルーズ船も利用できるが、夏期になるとそれぞれの湖には遊覧船も多く運行している。

ウィンダミア湖クルーズ P.417
湖水地方でも最大の湖。クルーズ船から美しい風景を楽しむことができる

幽霊に出会えるかも？
ヨークのゴースト・ツアー
walk 詳細記事 P.464

2000年以上の歴史を誇るヨークの町は、各地に怪談や恐怖談などが残っている。ゴースト・ツアーに参加すれば町に点在する怪奇スポットへと案内してくれる。

世界最高峰のクラブが集まる
サッカー観戦＆スタジアムツアー
football 関連記事 P.52、142、388

プレミアリーグの古豪マンチェスター・ユナイテッドやリヴァプールFC P.388 など、ビッグクラブのスタジアムがあるのがイングランド北部。本場でしか味わえない臨場感を体験しよう！

■スタジアム・ツアー（マンチェスター）
●オールド・トラフォード・スタジアム Map P.395下-A
マンチェスター・ユナイテッドの本拠地。ツアーではドレッシング・ルームを見学後、プレイヤーズトンネルを通ってピッチを見ることができる。通常ツアーのほか、元選手が解説してくれるレジェンド・ツアーが開かれることもある。下記ウェブサイトで予約が望ましい。
🚇メトロリンクAltrincham行でオールド・トラフォードOld Trafford下車
URL www.manutd.com
開試合日を除く10:00～15:30（金・土～16:30）　料£28～　学生£15～

●エティハド・スタジアム Map P.395下-C
2022～2023年シーズンにヨーロッパ・チャンピオンになったマンチェスター・シティの本拠地。ツアーでは歴史や戦績を詳しく解説。プレスルームやウォームアップルームを案内してくれる。予約が望ましい。
🚇メトロリンクAshton Under Lyne行きでエティハド・キャンパスEtihad Campus下車
URL www.mancity.com　開10:30～16:00の30分おきに出発　料£25～

オールド・トラフォード・スタジアム
マンチェスター・ユナイテッドのホームスタジアム

ご当地グルメ

パブで出される甘くないプリン
ヨークシャー・プディング
gourmet *Yorkshire Pudding*

イギリス全体で食べられる定番メニューだが、ヨークシャーが起源。シュー皮のような粉料理で、よくローストビーフのつけ合わせで出てくる。レストランではソーセージと温野菜をのせて、メインとして用意していることもある。

ヨークシャー・プディング

ローマ時代からの城塞都市
チェスター
Chester

チェスター旧市街の中心ザ・クロス

人口	市外局番
35万7200人	01789
チェシャー州	
Cheshire	

チェスターの歴史は古く、ローマ時代まで遡る。中世になるとヴァイキングの侵略を受けたが、アルフレッド大王 ☞ P.605 の娘であるエセルフレダEthelfledaが撃退に成功し、町の城壁をさらに堅固なものとした。以降、町を流れるディー川River Deeの水運を利用した通商都市としておおいに繁栄した。旧市街に軒を連ねる、白壁に黒い梁の家々もチェスターが繁栄していた証。チェスターはイングランドで最も中世の面影を残す町といわれている。

Access Guide
チェスター
ロンドンから
🚆	所要：約2時間
月〜金	ユーストン駅から9:02〜20:02の1時間に1便程度
土日	クルー Creweで乗り換え
🚌	約6時間
毎日	16:00 23:30

マンチェスターから
🚆	所要：1時間〜1時間30分
月〜土	ピカデリー駅から5:42〜23:37（土〜23:21）の1時間に2便程度
日	7:18〜23:25の1〜2時間に1便程度

リヴァプールから
🚆	所要：45分
月〜土	ライム・ストリート駅から5:38〜23:43に頻発
日	8:13〜23:43の30分に1便
🚌	所要：1時間10分〜1時間40分
月〜土	6:40（土7:05）〜22:40の1時間に1〜2便
日	8:34〜22:40の1時間に1〜2便

スランドゥドゥノから
🚆	所要：約1時間
月〜土	スランドゥドゥノ・ジャンクション駅発4:38〜21:56に頻発
日	8:53〜22:29の1時間に1便程度

👣 歩き方

城壁巡りが楽しい

チェスターの町は城壁に囲まれており、4つの門とメインストリート、それが交差する中心ザ・クロスを覚えれば、迷うことはない。

ザ・クロス 旧市街を取り囲む城壁に東のイーストゲートEastgate、西のウォーターゲートWatergate、南のブリッジゲートBridgegate、北のノースゲートNorthgateなど、おもな4つの城門からそれぞれの名のついた通りが中心部へ向かって延びている。それらの通りが交差するのがザ・クロスThe Crossといわれ、ここが町の中心地だ。ザ・クロスを中心にロウズRowsと呼ばれる商店街が東西南北に広がっている。

城壁 城壁へは城門の脇などに上る場所があり、美しい風景を見ることができるポイントがいくつかある。ノースゲートからイーストゲートへ下ると大聖堂の裏庭に出る。旧市街の美しい姿を見たければイーストゲートがよい。木組みの家並みを上から望める。ディー川を眺めるならニューゲートから城壁に上がり、ブリッジゲートへ歩くとよいだろう。

ディー川周辺　ニューゲートから旧市街を出た所にあるのがローマ円形闘技場跡だ。ディー川の河畔にはクルーズ船の乗り場がある。

🚆 交通情報

鉄道駅　チェスター駅は町の北東にあり、旧市街へは徒歩20分ほど。駅前のフール・ウェイHoole Wayを直進し、ロータリーを越えたフロッシャム・ストリートFrodsham St.を直進するとイーストゲートの前に出る。市内バス4番と40番が駅とイーストゲートの東のバス停を結ぶ。

バスステーション　旧市街の北東にチェスター・バス・インターチェンジChester Bus Interchangeがあり、市内バスをはじめ、リヴァプールやチェスター動物園などへ行く中距離・近郊路線、ナショナル・エクスプレスの長距離バスはすべてここに発着する。旧市街へは徒歩圏内。

観光バス　シティ・サイトシーイング社のバスはチェスター・バス・インターチェンジを出発後、鉄道駅を経由し、旧市街や城壁周辺を1周55分で回る。おもに4〜10月の運行。

ⓘ チェスター
Tourist Information Centre
Map P.377-A1
🏠 Town Hall, CH1 2HJ
☎ (01244)405 340
URL www.visitchester.com
🕐 9:00〜17:00
（日・祝10:00〜16:00）
🚫 クリスマス期間

チェスター・バス・インターチェンジ

■ シティ・サイトシーイング
City Sightseeing
☎ (01244)381 461
URL www.city-sightseeing.com
9:18〜17:48の30分おき
🚫 11〜3月頃
💷 24時間有効 £13　学生£10
48時間有効 £14.50　学生£12

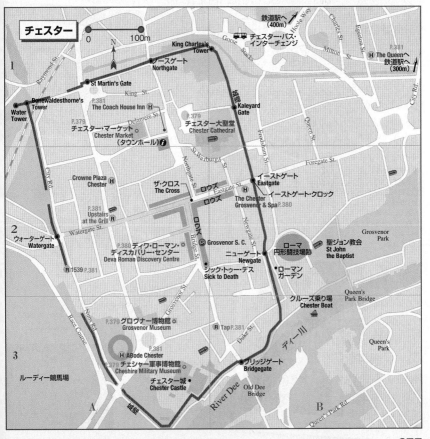

🚌 現地発ツアー

城壁巡りや旧市街散策などのウオーキングツアーのほか、ディー川の遊覧船もある。

🚶 ザ・チェスター・ツアー
The Chester Tour
毎日10:30発、イースター〜10月は14:00発も
所要:1時間30分　📧£10
チェスターの主要な見どころを巡る。❶の前から出発。

🚶 チェスター・ゴースト・ツアー
Chester Ghost Tour
土19:30発、5〜8月は金、9〜11月は木・金も
所要:1時間30分　📧£10　🕐 予約必須
怪談話や怪奇スポットを訪れる。❶の前から出発。

チェスター・ツアーズ　URL www.chestertours.org.uk

🚶 ローマン・ソルジャー・ツアー
Roman Soldier Tour
12:00、15:00発　所要:1時間30分　📧£9.50〜
ローマ兵の衣装に身を包んだガイドと一緒にローマ時代
にまつわる見どころを見て回る。❶の前から出発。

ローマン・ツアーズ　URL www.romantoursuk.com

⛴ シティ・クルーズ
Daily City Cruise
11:00〜16:00の1時間おき、繁忙期は30分おき
所要:約30分
📧£7.65〜　学生£7.20〜
グロヴナー・パークの吊り橋をくぐってディー川をクルー
ズ。のんびり外から町を眺めるのにおすすめ。チケット
は下記のウェブサイトで購入しておくと安い。

⛴ アイアンブリッジ・クルーズ
Ironbridge Cruise
7月は水〜日、8月はほぼ毎日運行され、5・6・9月は不
定期。出港の日時は下記ウェブサイトで確認できる
所要:約2時間　📧£16.65〜　学生£15.75〜
世界遺産アイアンブリッジへのクルーズ。野鳥にもしば
しば出合えるというルート。

チェスター・ボート Chester Boat
📞 (01244) 325 394　URL chesterboat.co.uk ✉
ブリッジゲートを出て左に行った埠頭から出発する。

Town
チェスター
Walk
①

木造の屋根付き商店街
ザ・ロウズ
The Rows

建物がつながっているので雨でも安心

　チェスターがチェスターたるゆえんはロウズThe Rowsと
呼ばれる木組みのかわいらしい商店街。中世から続くこの商
店街の伝統的な建物の上階部分がつながっているのは、傘
を使うことなく買い物を楽しめるようにと考えられたものだ。

ザ・ヴィクトリア
The Victoria
　上階にある。13世紀
には既にパブだったと
いう歴史ある店。天井
が低く、お客さんも身
を縮めてお店に入る。
ドリンクだけでなく食
事もできる。

階段を上って上階へ

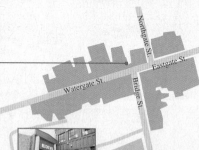

ディヴァ・ローマン・
ディスカバリー・センター
Deva Roman Discovery Centre

スリー・オールド・アーチズ
The Three Old Arches
1200年頃に造られたイングラ
ンドで最も古い店舗の正面だ
といわれている。

チェスター大聖堂 Chester Cathedral

町の中心に建つ大伽藍　Map P.377-A·B1

町のシンボルであるチェスター大聖堂

10世紀、デーン人の侵略を恐れて、聖ワーバラWerburghの聖骸がスタッフォードシャーからチェスターに運ばれて、教会が建てられたのが起源。その後、1092年にベネディクト会の修道院となった。数度の改築を経て、1250年に現在の姿となったが、ヘンリー8世 📖 P.610によって修道院が解散されたため、1541年に大聖堂として生まれ変わった。

大聖堂内にあるカフェは、かつての修道僧たちの食堂(Refectory)を改装したもの。天井が高く、客席数も多い。

ちなみに修道院解散前まで大聖堂だったのは、現在は教区教会となっている聖ジョン教会で、城壁を出た南東にある。689年のアングロ・サクソン時代に創建された由緒ある教会なので、こちらもぜひ見ておきたい。

■チェスター大聖堂
🏠9 Abbey Sq., CH1 2HU
☎(01244)324 756
URLwww.chestercathedral.com 📷
開9:30～18:00（日9:30～17:00）
休不定休、12/25　料地上階部分無料
●タワー・ツアー
開月～木11:00発、金11:00、13:00発、土11:00、13:00、15:00発　料£14
●大聖堂内のカフェ
開10:00～16:00（日11:00～16:00）
休12/25

赤茶色の外観が印象的

チェスター・マーケット Chester Market

名産のチーズを探してみよう　Map P.377-A1

古くより通商路の要地だったチェスターに初めて市場が設けられたのが12世紀。後にヘンリー3世によって承認され、おおいに繁栄した。

マーケットはタウンホールの西にあったが、2022年に現在の場所に移転された。マーケット内には名産のチェシャー・チーズをはじめとする生鮮食品からおもちゃなどのコレクターズアイテムまで、幅広い商品が揃っている。

■チェスター・マーケット
🏠Exchange Sq., Off Northgate St., CH1 2AR
URLnewchester.market
開8:00～22:00（日10:00～21:00）
休月

チェシャー・チーズが名産品で、レッド、ホワイト、ブルーの3種類がある

チェシャー軍事博物館
Cheshire Military Museum

チェスター城の横にある博物館。19世紀に建てられた兵舎を利用しており、おもにチェシャー連隊The Cheshire Regimentや、第5近衛イニシュキリング竜騎兵連隊The 5th Royal Iniskilling Dragoon Guardsなどの軍服や勲章などを展示している。ちなみにチェスター城は19世紀にトーマス・ハリソンによって設計され、1810年に完成した。

Map P.377-A3　🏠The Castle, CH1 2DN
☎(01244)327 617
URLwww.cheshiremilitarymuseum.co.uk 📷
開11:00～16:00 ※最終入場15:00　休月～水
料£5　学生£3　フラッシュ不可

グロヴナー博物館
Grosvenor Museum

ローマ時代から現在にいたるチェスターの長い歴史を、興味深い展示で紹介した博物館。時代を追って町の歴史を紹介するチェスター・タイムライン・ギャラリー Chester Time-line Galleryなどがある。ヴィクトリア朝時代の内装の部屋や楽器、銀製品に関する展示コーナーもある。

Map P.377-A3　🏠27 Grosvenor St., CH1 2DD
☎(01244)972 197
URLwestcheshiremuseums.co.uk
開10:30～17:00（日13:00～16:00）
休1/1、12/24～28
料無料

■ディワ・ローマン・ディスカバリー・センター

住Pierpoint Ln., off Bridge St., CH1 1NL
TEL(01244)343 407
URLdevaromancentre.co.uk ■
開日によって異なる。上記ウェブサイトでチケット予約する際に日時を確認できる。
休不定 **料**£10 学生£9

■チェスター動物園

交1番のバスで約15分
URLwww.chesterzoo.org ■
開開園は通年10:00
春・秋17:00閉園
夏18:00閉園
冬16:00閉園
※最終入場は閉園の30分前
休12/25・26 **料**£30〜

泳いでいるペンギンが眺められる

ローマ時代の遺物が展示されている　　Map P.377-A2

ディワ・ローマン・ディスカバリー・センター
Deva Roman Discovery Centre

　ディワDevaとは、ローマ時代のチェスターの名前。ローマ時代の町並みが再現されており、ローマ時代の鎧や盾を身に付けることもできる。

Day out from Chester　　Map P.499-C
英国最大級の動物園

近郊の見どころ
チェスター動物園
Chester Zoo

　広大な敷地に400種、7000以上の動物が見られる英国を代表する動物園。動物が檻の中ではなく放し飼いにされているところがユニークだ。すべてを見ようと思えば何時間あっても足りない。飼育している動

スマトラトラに会いに行こう

物の数は常に変わるので、何度訪れても楽しめる。動物に関するイベントは毎日行われているのでウェブサイトでチェックしておこう。チェスター動物園は「アジアのゾウを救おう」キャンペーンにも力を入れており、大型のゾウの飼育舎もある。ちなみに、ジャガーの展示館は英国の自動車メーカーであるジャガー・カーズ社が提供していることで有名。

HOTEL　　　　　　　　　　**RESTAURANT**

　チェスターは駅と旧市街が少し離れているので、1泊するだけなら駅周辺での宿泊がおすすめ。中級ホテルは鉄道駅から町の中心へ延びるシティ・ロードCity Rd.沿いに数軒ある。イーストゲートから東に行けば、ファストフード店が多く並ぶ。

Recommended

ロウズにある格調高いホテル
チェスター・グロヴナー
The Chester Grosvenor & Spa

高級　　　80室
Map P.377-B2

全室　全室　なし　全室　有料　無料

住Eastgate, CH1 1LT
TEL(01244)324 024
URLwww.chestergrosvenor.com
ϊ/ϊϊ£144〜
A M V
レストラン**圏**11:30〜21:00
　2015年に創立150年を迎えた格式あるホテル。木組みの立派な建物で、その外観にふさわしく、客室の内装も重厚感にあふれている。レストランLa Brasserieも併設。
アフタヌーンティー　1882年以来の人気メニューというアフタヌーンティーは、メニューも豊富で予約は必須。
スパ　エレミスELEMISのスキンケア用品を使い、30分£40から1日£250のコースまでメニューは充実。

イン 8室 Map P.377-A1
コーチ・ハウス・イン The Coach House Inn

📺 全室　🍴 全室　💊 全室　🖥 全室　Ｐ なし　📶 Wi-Fi 無料

住39 Northgate St., CH1 2HQ
TEL(01244)351 900
URL coachhousechester.co.uk
♦/♦♦🖼💳£80～
―ＡＭＶ

1840年に建てられたコーチ・ハウス（馬車小屋）を利用したホテル。ロウズも目と鼻の先にある。レストランも定評があり、看板メニューのハンバーガーは£11.50～。朝食は£13.95。

高級 84室 Map P.377-A3
アボード・チェスター ABode Chester

📺 全室　🍴 全室　💊 全室　🖥 全室　Ｐ 有料　📶 Wi-Fi 無料

住Grosvenor Rd., CH1 2DJ
TEL(01244)347 000
URL www.abodechester.co.uk
♦/♦♦🖼💳£84～
―ＡＭＶ

チェスター城の近くにあるスタジアムのような円形の建物。客室はナチュラル系の内装で広々とした機能的な造り。眺めのいいレストランやバーも併設。

中級 75室 Map P.377-B1 外
クイーン The Queen

🛗 全室　🍴 全室　💊 全室　🖥 なし　Ｐ 有料　📶 Wi-Fi 無料

住52 City Rd., CH1 3AH
TEL0330 028 3424
URL www.thequeenatchesterhotel.co.uk
♦🖼💳£63～
♦♦🖼💳£67～
―ＡＭＶ

チェスター駅を出てすぐ目の前にある中級ホテル。歴史を感じさせながらも、清潔感であふれている。レストランが併設されており、アフタヌーンティーも楽しめる。

Map P.377-A2
アップステアーズ・アット・ザ・グリル
Upstairs at the Grill

英国料理
グリル

洗練された雰囲気の店で数々の賞を受賞している。素材や盛りつけにこだわった肉や魚のグリルが専門。ランチメニューは£25～30、日曜限定のサンデーローストは£19.95～。

住70 Watergate St., CH1 2LA　TEL(01244)344 883
URL upstairsatthegrill.co.uk　圏12:00～22:00　休無休
―ＡＭＶ　☞店内可

Map P.377-A2
1539 1539

英国料理
バー

競馬場に面して建てられたレストラン・バー。料理はモダン・ブリティッシュを標榜し、伝統的な英国料理に現代的なアレンジを加えている。ランチの2品セットは£15.39～27.50。競馬開催時は予約が非常に難しい。

住Nuns Rd., CH1 2LY　TEL(01244) 304 660
URL www.restaurant1539.co.uk　圏11:30～21:00　休土・日
―ＡＤＭＶ　☞店内可

エールタイプのビールにこだわる
タップ The Brewery Tap Ale House

パブ　英国料理
Map P.377-B3

住52-54 Lwr. Bridge St., CH1 1RU
TEL(01244)340 999
URL spittingfeathers.co.uk
圏12:00～23:00 (日・月12:00～22:00)
　食事は21:00 (日20:00)ラストオーダー
休無休　―ＡＭＶ　☞店内可

16世紀から使用されていたという歴史ある建物を改装したパブ。チェスター近郊にあるスピッティング・フェザーズ・ブリュワリー Spitting Feathers Breweryで造られたクラフト・ビールを置いていることで有名。料理も地元産の食材にこだわっており、メインの料理が£13前後。

不滅のビートルズに出会える地

リヴァプール
Liverpool

リヴァプール●

ロンドン●

人口	市外局番
48万6100人	0151

マージーサイド州
Merseyside

リヴァプールのウォーターフロントに建つ3つの巨大な建物は、スリー・グレイシズ（三美神）と呼ばれている

　17世紀まで小さな港町に過ぎなかったリヴァプールは、アメリカのヴァージニア州や西インド諸島との貿易により、18世紀に大きく発展。大英帝国の発展に大きく貢献した。しかし第2次世界大戦以降、町には失業者があふれ、活気はどんどん失われていった。

　そんな町の再浮上のカギを握るのが観光業。もともと博物館や美術館などの文化資産が豊富なうえに2008年には欧州文化首都としてさらなる発展を遂げた。町の再開発も進み、大きくその姿を変えたリヴァプールは旅行者に優しい町であり続けている。

Access Guide
リヴァプール

ロンドンから

🚆 所要：2時間15分

月～金　ユーストン駅から6:36〜22:00の1時間に1便程度

土　6:33〜20:10の1時間に1便程度

日　8:20〜21:18の1時間に1便程度

🚌 所要：4時間40分〜6時間30分

月～土　7:30 9:00 13:00 16:00 18:30
20:30 23:30 1:00

日　7:30 12:30 13:00 16:00 18:30
20:30 23:30

マンチェスターから

🚌 所要：45分〜1時間30分

月～土　ピカデリー駅から5:54〜23:28に頻発

日　10:22〜23:36の1時間に1〜2便

ヨークから

🚆 所要：1時間55分〜2時間25分

月～金　5:37〜19:44の1時間に1便程度

土　6:49〜21:48の1時間に1便程度

日　9:04〜21:04の1〜2時間に1便

■リヴァプール・ジョン・レノン空港
URL www.liverpoolairport.com

👣 歩き方

博物館やショップ、レストランなどが集まっているアルバート・ドック

　リヴァプールの観光の中心となるのは**ライム・ストリート駅**周辺とマージー川沿いの**アルバート・ドック**Albert Dock。その間にあるのがビートルズ関係の見どころが多い**マシュー・ストリート**Mathew St.だ。このあたりを回るだけなら徒歩で十分。

アルバート・ドック　リヴァプールの再開発地域を代表する一大レジャー・コンプレックス。ショップやレストラン、ホテルをはじめ、さまざまな見どころがひしめいており、1日中いても飽きない。

🚊 交通情報

空港　リヴァプール・ジョン・レノン空港からリヴァプールONEバスステーションへは、アリーヴァ社の500番のバスが30分おきに運行している。所要時間約30分。

ライム・ストリート駅　ほとんどの列車が発着するリヴァプールのメインターミナル。

セントラル駅 近郊列車マージーレイルMerseyrailのノーザン・ラインNorthern Lineとウィラル・ラインWirral Lineの乗り換え駅。チェスターへの直通列車も出ている。

バスステーション ナショナル・エクスプレスの長距離バスはアルバート・ドック近くにあるリヴァプールONEバスステーションに発着する。

🚌 市内交通

クイーン・スクエアにある市内バスターミナル

市内バス おもなターミナルはクイーン・スクエアQueen Sq.と、長距離バスも発着するリヴァプールONEバスステーション。どちらも市内交通の🛈を併設している。利用する機会は少ないかもしれないが、郊外にあるビートルズ関連の見どころへ行くときに重宝する。

近郊列車 市内の移動には必要ないかもしれないが、郊外へ行くときは便利。チェスターへも直結している。

観光バス アルバート・ドック周辺からリヴァプール大聖堂などを経由しつつ町を一周する。坂が多いリヴァプールでは便利な存在。

現地発着ツアー

 マジカル・ミステリー・ツアー
Magical Mistery Tour

日により1日2〜6回催行される。詳しくは下記ウェブサイトで要確認。
所要2時間 **休**1/1、12/25・26 **料**£19.95

英語の解説を聞きながら、ペニー・レーンや、ストロベリー・フィールドなど、ミニバスでビートルズゆかりの場所を回るバスツアー。チケットは下記ウェブサイトやキャヴァーン・パブなどで購入可能。出発はアルバート・ドックから。

キャヴァーン・シティ・ツアーズ Cavern City Tours
TEL(0151)703 9100 **URL**www.cavernclub.org 🔁

🚢 **リバー・エクスプローラー・クルーズ**
River Explorer Cruises

10:00〜16:00(4〜9月の土・日10:00〜18:00)の毎正時発 所要50分
料£12 学生£10.50

マージー川を50分かけて周遊し、船の上からリヴァプールを観光する。ピアー・ヘッドのジェリー・マーズデン・ターミナルGerry Marsdenを出発し、対岸のシークーム・ターミナルSeacombeを経由する。

マージー・フェリーズ Mersey Ferries
住Pier Head **TEL**(0151)330 1003 **URL**www.merseyferries.co.uk 🔁

🚶 **ホープ・ストリート・シヴァーズ**
The Hope Street Shivers

時間は下記ウェブサイトが確認できる 所要:約1時間30分
休不定休 **料**£19.50 学生£17.50

リヴァプールの怪奇スポットを巡るウオーキングツアー。フィルハーモニック・ダイニング・ルームズPhilharmonic Dining Rooms(P.390)前から出発。

TEL(0151)709 2030 **URL**www.shiverpool.co.uk 🔁 **⊘予約必須**

リヴァプールの表玄関、ライム・ストリート駅

リヴァプール
Tourist Information Centre

●リヴァプールONEの🛈
Map P.384-C1
住5 Wall St., L1 8JQ
TEL(0151)2330090
URLwww.visitliverpool.com
開9:30〜17:30 **休**日

ショッピング街のなかにある

■**シティ・エクスプローラー・リヴァプール**
City Explorer Liverpool
TEL(0151)933 2324
URLcityexplorerliverpool.co.uk 🔁
夏期10:00〜16:30に15〜30分おき
冬期10:00〜15:30に30分おき
料£12 学生£9

車体には町の名物がペイントされている

Information
町のシンボル、ライヴァーバード

カワウをモデルにしているという

よくリヴァプールのおみやげなどでモチーフにされているのがライヴァーバード。鳥は14世紀頃から既にリヴァプールのシンボルだったようで、今でも屋根の上に鳥の像が設置されているビルもある。リヴァプールF.C.のマスコットももちろんライヴァーバード。

■アルバート・ドック
URLalbertdock.com
●テート・ギャラリー
TEL(0151) 702 7400
URLwww.tate.org.uk ◼
⏰10:00〜17:50
休12/24〜26
料寄付歓迎（特別展有料）
館内撮影一部不可　フラッシュ不可
●海洋博物館
TEL(0151) 478 4499
URLwww.liverpoolmuseums.org.uk
⏰10:00〜17:00
休月、1/1、12/25・26　料寄付歓迎
●ビートルズ・ストーリー
URLwww.beatlesstory.com ◼
⏰9:00〜17:00頃、季節や日によって変更される。詳しくは上記ウェブサイトで確認できる。
休クリスマス期間　料£19　学生£15

🏛 博物館、美術館が建ち並ぶ

アルバート・ドック　Albert Dock

テート・ギャラリー　Tate Gallery

　ロンドンのテート・ブリテンの分館。16世紀から現代の作家に関する常設展示のほか、企画展も話題性が高いものが多い。食事もできるカフェやショップも併設している。

海洋博物館　Maritime Museum

　かつて世界有数の港町として栄えたリヴァプールの歴史にスポットを当てた博物館。新世界へと旅立っていった何百万人もの移民やタイタニック号、ルシタニア号の海難事故など、興味深い展示がめじろ押し。3階は**国際奴隷制度博物館**International Slavery Museumになっており、奴隷貿易の拠点だった町の負の歴史についても伝えている。

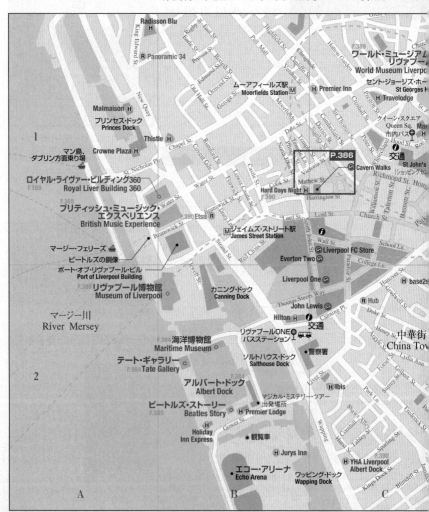

リヴァプール

ビートルズ・ストーリーでは当時の
キャヴァーン・クラブも再現

テート・ギャラリーでは、現代作家の作品が多
く展示されている

ビートルズ・ストーリー Beatles Story

　こぢんまりとしているが、ビートルズファンはもちろん、そうでない人も、ここは訪れておきたい。見学はオーディオガイドに従って進む形式で、ビートルズの結成から解散までを年代順に見ていく。ジョン・レノンの丸メガネなど展示品も充実している。

海洋博物館にあるタイタニック号のコーナー

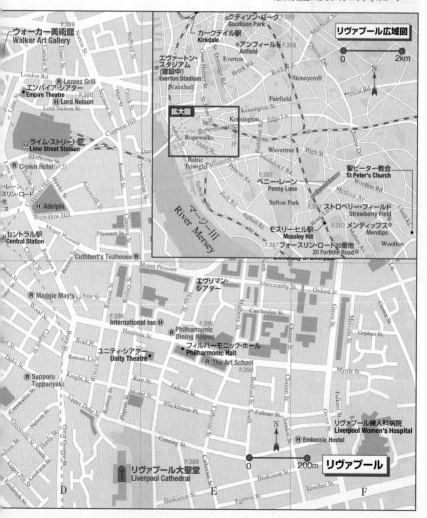

リヴァプール広域図

ウォーカー美術館 P.389
Walker Art Gallery

グディソン・パーク P.388
Goodison Park

カークデイル駅
Kirkdale

アンフィールド P.388
Anfield

エヴァートン・スタジアム（建設中）
Everton Stadium

Lazeez Grill

エンパイア・シアター P.390
Empire Theatre

Lord Nelson

ライム・ストリート駅
Lime Street Station

拡大図

Ropewalks

Baltic Triangle

Crown Hotel（パブ）

Adelphi

セントラル駅
Central Station

Cuthbert's Teahouse

River Mersey

マージー川

ペニー・レーン P.387
Penny Lane

聖ピーター教会
St Peter's Church

ストロベリー・フィールド P.387
Strawberry Field

メンディップス
Mendips

モスリー・ヒル駅
Mossley Hill

P.387 フォースリン・ロード20番地
20 Forthlin Road

Maggie May's

エヴリマン・シアター

International Inn P.390

Philharmonic Dining Rooms P.390

ユニティ・シアター
Unity Theatre

フィルハーモニック・ホール
Philharmonic Hall

The Art School P.390

Sapporo Teppanyaki

リヴァプール婦人科病院
Liverpool Women's Hospital

Embassie Hostel

リヴァプール大聖堂 P.388
Liverpool Cathedral

0　　200m　リヴァプール

385

ビートルズファンの聖地

マシュー・ストリート
Mathew Street

リヴァプール・サウンドの聖地だったマシュー・ストリートは、ビートルズ発祥の地として有名な通りで、リヴァプールを代表する観光スポットだ。

リヴァプール・ビートルズ・ミュージアム
Liverpool Beatles Museum

ビートルズがリヴァプールで活動を始めたばかりの初期の資料を中心に展示。実際に使われていたステージ衣装や楽器などコレクションのジャンルは幅広い。

住23 Mathew St., L2 6RE　TEL(0151)236 1337
URLmagicalbeatlesmuseum.com
開10:00～17:00　※最終入場16:00　休無休
料£17　学生£12

キャヴァーン・クラブ
Cavern Club

ビートルズがデビューを飾った伝説のパブ、キャヴァーン・クラブCavern Clubは1973年に閉店してしまったが、1984年にマシュー・ストリートのキャヴァーン・ウォークスの横に再建された。

住1 Mathew St., L2 6RE
TEL(0151)236 9091　URLwww.cavernclub.org
開11:00～24:00(木～翌1:00、金・土～翌2:00)
休12/25　料シングルエントリー £5　1日パス£7.50

キャヴァーン・パブ
Cavern Pub

キャヴァーン・クラブの斜め向かいにあるパブ。ここではビートルズの曲を生演奏することが多い。内装もビートルズ一色。

住5 Mathew St., L2 6RE　TEL(0151)236 4041
URLwww.cavernclub.org
開11:00～24:00(金・土～翌1:00)
休12/25　MV　店内可

すぐ近くにエリナー・リグビーの像もある

エリナー・リグビーの像
Statue of Eleanor Rigby

ジョン・レノンの像
Statue of John Lenon

The Beatles Shop S

R Cavern Pub

The Lennon's Bar

リヴァプール・ビートルズ・ミュージアム
Liverpool Beatles Museum

R Cavern Club　シラ・ブラックの像
Statue of Cilla Black

S Cavern Walks

P.390

H Hard Days Night

Victoria St.　Temple Ct.　Stanley St.

Mathew St マシュー・ストリート

North John St.　Rainford Sq.

Kaba
Live

ビートルズ・ショップ
The Beatles Shop

ビートルズグッズを取り扱う店のなかでも、最も有名なのがこの店。古いレコードなども置いている。品揃えが豊富なので、見ているだけでも楽しい。

住31 Mathew St., L2 6RE
TEL(0151)236 8066
開9:30～17:30(日10:30～16:30)
休1/1、12/25・26　AJMV

ジョン・レノンの像
Statue of John Lenon

マシュー・ストリートを入るとすぐに目に入るのは、若き日のジョン・レノンの像。その周辺のれんがにはひとつひとつミュージシャンの名前が刻まれているが、これはかつてキャヴァーン・クラブで演奏したことのあるバンド名。1800組以上刻まれているというから驚きだ。

info

ジョンとポールの思い出の地
ビートルズの足跡を訪ねて

ペニー・レーン
Penny Lane

ビートルズによって世界的に有名になった通り。かつてジョン・レノンがこの周辺に住んでいたという。

ペニー・レーンの標識

歌詞に出てくる床屋さんや銀行、ラウンドアバウトなどもちゃんとある。

ストロベリー・フィールド
Strawberry Field

ビートルズの名曲『ストロベリー・フィールズ・フォーエバー』のモデルとなった孤児院。ジョンが子どもの

『イマジン』を作曲したピアノ

頃ときどき訪れていたという。ジョンに関する展示が行われており、私物なども見られる。

メンディップス
Mendips

ジョン・レノンが1945年から1963年まで住んでいた家。現在はナショナル・トラストが管理している。

ジョンが少年時代を過ごした家

フォースリン・ロード20番地
20 Forthlin Road

ポールが家族と住んでいた家。ポールとジョンはこの家で頻繁に曲作りを行っていたそうだ。現在はメンディップスと同様にナショナル・トラストが管理している。

この家でポールとジョンが曲作りを行っていた

■ペニー・レーン
🚌クイーン・スクエア・バスステーションから86番のバス、リヴァプールONEバスステーションからは75、80、80A番のバスでプラッツヴィル・ロードPlattsville Roadで下車。所要:約25分
■ストロベリー・フィールド
🚌クイーン・スクエア・バスステーションから76番のバスでメンローヴ・アベニュー／ビーコンズフィールド・ロードMenlove Avenue/Beaconsfield Road下車。ビーコンズフィールド・ロードに入り約3分。所要:約30分
🏠Beaconsfield Rd., L25 6EJ
☎(0151)252 6130
URL www.strawberryfieldliverpool.com ▓
🕙10:00〜18:00　無休　£10.95　学生£7.95
■メンディップスとフォースリン・ロード20番地
🏠251 Menlove Av.(メンディップス)
🏠20 Forthlin Rd.(20フォースリン・ロード)
☎0344 249 1895
URL www.nationaltrust.org.uk ▓
🕙2月下旬〜11月下旬、ナショナル・トラストのツアーでのみ見学可能。ツアーのピックアップ・ポイントは2ヵ所あり、リヴァプール・サウス・パークウェイ駅Liverpool South Parkwayの2番バス停近くが便利。
🔒10月下旬〜11月下旬の月・火、11月下旬〜2月下旬
£32　⊙予約必須

キャヴァーン・クラブ
Cavern Club

クイーン・スクエア・バスステーション
Queen Square Bus Staiton

ビートルズ・ストーリー
Beatles Story

ペニー・レーン
Penny Lane

ストロベリー・フィールド
Strawberry Field

フォースリン・ロード20番地
20 Forthlin Road

メンディップス
Mendips

リヴァプール・サウス・パークウェイ駅
Liverpool South Parkway

― 76番バスのルート
― 86、86A番バスのルート

■リヴァプール大聖堂

住St James Mount, L1 7AZ
TEL(0151)709 6271
URL www.liverpoolcathedral.org.uk
開10:00～18:00（日12:00～18:00）
※最終入場は閉館の15分前
休12/25　料寄付歓迎
●大聖堂付属の塔
開10:00～17:00（日12:00～16:00）
※最終入場は閉館の30分前
休1/1、12/25・26
料£7　学生£6

大聖堂としては世界で5番目の大きさ

Map P.385-D2

英国国教会最大の大聖堂

リヴァプール大聖堂 Liverpool Cathedral

リヴァプールのランドマーク的存在。英国国教会系の大聖堂としては世界最大の大きさを誇り、見る者を圧倒する。1904年に着工され、1978年に完成した。大聖堂内にはイギリス国内で最大のパイプオルガンがある。また、高さ101mの塔からはリヴァプールの町並みを見渡すことができる。

Map P.384-A・B2

まずはここでリヴァプールを知ろう！

リヴァプール博物館 Museum of Liverpool

アルバート・ドックの北にある博物館。かつて世界の港湾都市として栄えたリヴァプールが体感できる仕掛けがいっぱい。

歴史から娯楽までジャンル豊かな博物館

展示はビートルズからリヴァプールFCやエヴァートンFCまでテーマも豊富。

Map P.384-B1

ブリティッシュ・ロックのテーマパーク

ブリティッシュ・ミュージック・エクスペリエンス
British Music Experience

スリー・グレイシズThree Gracesと呼ばれるリヴァプールのウォーターフロントを代表する3つの建物のひとつ、キュナード・ビルディングCunard Building内にある。1945年

■リヴァプール博物館

住Pier Head, L3 1DG
TEL(0151)478 4545
URL www.liverpoolmuseums.org.uk/mol
開10:00～17:00
休月、クリスマス期間　料寄付歓迎

マージーサイドダービーは60年以上同一リーグで続く伝統の一戦

リヴァプールのフットボールスタジアム

アンフィールド・スタジアム	グディソン・パーク・スタジアム
Anfield Stadium	Goodison Park Stadium
リヴァプールFC	エヴァートンFC

世界中のクラブのサポーターに歌われている「You'll Never Walk Alone」を応援歌として使い始めたのはリヴァプールFC。1970～80年代には国内外合わせて35個のタイトルを獲得した。

ツアーではプレスルームやドレッシング・ルームを見学しピッチレベルへ。クラブの歴史やトロフィーを展示する博物館もある。通常ツアーは70～90分だが、元選手に質問できるランチ付きの6時間ツアーも不定期で行われる。2023年からはスタジアムの屋上からロープを使って降りる体験ツアーが始まった。

元々アンフィールドがホームスタジアムだったが、1892年に移転。1894年以来、リヴァプールFCとのダービーマッチは200試合を超える。

ツアーではドレッシングルームやピッチに向かう通路も見学できる。2024～25年シーズンからエヴァートン・スタジアムに移転予定。

●アンフィールド・スタジアム　Map P.385-E1
クイーン・スクエアから17番でLiverpool F.C.下車。シティ・エクスプローラー・リヴァプール（→P.383）でも行ける
URL stadiumtours.liverpoolfc.com
開10:00～16:00　※最終入場15:00
料通常ツアー£23～
●グディソン・パーク・スタジアム　Map P.385-E1
クイーン・スクエアから19番でBullens Road下車
URL www.evertonfc.com
開11:30 13:00 14:30　料£22

388

から現在までのイギリスのポピュラー音楽をテーマにした博物館。ビートルズやクイーン、オアシス、スパイスガールズなど、時代を彩ったスターたちの衣装や楽器、手書き原稿など貴重な品々が展示されており、イギリスポピュラー音楽の殿堂

ギリス音楽ファンにはたまらない。ショップではさまざまなミュージシャンのグッズを取り揃えている。

リヴァプールの景色を上から満喫　Map P.384-A·B1
ロイヤル・ライヴァー・ビルディング360
Royal Liver Building 360

　ロイヤル・ライヴァー・ビルディングは、ブリティッシュ・ミュージック・エクスペリエンスが入っているキュナード・ビルディングの隣にあるビルで、スリー・グレイシズのひとつ。内部はガイドと回る70分のツアーで見学ができ、途中にはプロジェクションマップによるデジタルショーも見ることができる。マージー川とリヴァプール市内を360°見渡せるビューポイントにも訪れる。

ヨーロッパ絵画が充実　Map P.385-D1
ウォーカー美術館 Walker Art Gallery

おもに13世紀から20世紀にかけてのヨーロッパ絵画が集められており、特にイタリア絵画とオランダ絵画が充実している。レンブラントやルーベンス、ドガといった巨匠の作品も多数展示している。

豊富な絵画コレクション

世界中から収集した歴史的秘宝がいっぱい　Map P.384-C1
ワールド・ミュージアム・リヴァプール
World Museum Liverpool

ウォーカー美術館の隣にある総合博物館。考古学、民俗学、自然科学、物理学などさまざまな分野にわたるコレクションを誇り、特に古代エジプト関連ではイギリスでは大英博物館に次古代エジプトに関する展示

ぐ充実度。内部はただ眺める展示だけではなく、自ら参加できるようなプログラムも組まれており、訪問客を飽きさせない。

■ブリティッシュ・ミュージック・エクスペリエンス
🏠Cunard Building, L3 1HU
☎(0151)519 0915
🌐www.britishmusicexperience.com 🈟
🕐10:00～17:00
※最終入場は閉館の75分前
🈡9～3月の月・火　💷£19　学生£18
　フラッシュ不可

■ロイヤル・ライヴァー・ビルディング360
🏠The Royal Liver Building, L3 1HU
☎(0151)236 4753
🌐rlb360.com 🈟
🕐9:00～16:30頃
※季節によって変動あり
🈡クリスマス期間、12/31·1/1　💷£16

ビルのてっぺんにライヴァー・バードがのっているのが目印

■ウォーカー美術館
🏠William Brown St., L3 8EL
☎(0151)478 4199
🌐www.liverpoolmuseums.org.uk/walker-art-gallery
🕐10:00～17:00
🈡月、クリスマス期間　💷寄付歓迎
　フラッシュ不可

■ワールド・ミュージアム・リヴァプール
🏠William Brown St., L3 8EN
☎(0151)478 4393
🌐www.liverpoolmuseums.org.uk/wml
🕐10:00～17:00
🈡月、クリスマス期間
💷寄付歓迎
　プラネタリウム£3
一部フラッシュ不可

リヴァプールを代表する総合博物館

大型ホテルはライム・ストリート駅周辺と、アルバート・ドックの周辺に集中。ゲストハウスは中心部には少ないが、マウント・プレザントMount Pleasantに数軒ある。レストランはライム・ストリート駅南側に多く、アルバート・ドックとリヴァプール大聖堂の間には中華街がある。

高級　110室　**Map P.386**

ハードデイズ・ナイト　Hard Days Night

Central Buildings, North John St., L2 6RR
TEL (0151) 236 1964
URL www.harddaysnighthotel.com
♦/♦♦□□□£60～400
━AMV

ビートルズの曲名を冠したデザインホテル。マシュー・ストリートの近くにある。もちろんビートルズをテーマにしており、ロビーや階段、部屋などにはメンバーのポスターやグッズなどが飾られている。

ホステル　32室　**Map P.385-E2**

インターナショナル・イン
International Inn

ハードマン・ストリートから少し入った所にある。部屋はフローリングで、清潔かつ広々している。家具や内装もスタイリッシュ。

4 South Hunter St., L1 9JG
TEL (0151) 709 8135
URL www.internationalinn.co.uk
DOM □ □ £20～25
♦♦□ □ £50～82 ━MV

なし　なし　なし　全室　なし　無料

ユース　26室　**Map P.384-C2**

YHAリヴァプール・アルバート・ドック
YHA Liverpool Albert Dock

アルバート・ドックのすぐ近くにあるホステル。観光に便利な立地で、バーやキッチンも完備している。

25 Tabley St., off Wapping, L1 8EE
TEL 0345 371 9527
URL www.yha.org.uk
♦♦□□□£15～
♦♦□□□£30～ ━JMV

なし　なし　なし　全室　無料　無料

中級　55室　**Map P.385-D1**

ロード・ネルソン
Lord Nelson Hotel

ライム・ストリート駅の近くにある手頃な中級ホテル。客室はシンプルだが清潔にされており、バスタブ付きの部屋もある。

Hotham St., L3 5PD
TEL (0151) 709 5161
♦□□□£40～55
♦♦□□□£65～90
━MV

全室　希望者　全室　なし　なし　無料

Map P.384-B1
悦　Etsu

日本料理

観光エリアの近くにある本格日本料理店。寿司、刺身、丼、から揚げ、餃子、天ぷら、たこ焼き、カレーなど、豊富なメニューを取り揃えている。メインは£15～25ほど。日本のスナックやビールなどの販売もしている。

25 The Strand, L2 0XJ　TEL (0151) 236 7530
URL www.etsu-restaurant.co.uk　圏17:00～21:00 (金・土17:00～22:00、日16:00～21:00)　休無休 ━DJMV ⚡不可

Map P.385-E2
アート・スクール
The Art School

モダン・ブリティッシュ

厳選された地元食材を使用するリヴァプールを代表するレストラン。コース料理は3皿£45で最上級が£110。ワインも世界各地から集めた250種を取り揃えている。

1 Sugnall St., L7 7EB　TEL (0151) 230 8600
URL theartschoolrestaurant.co.uk　圏12:00～14:15 17:00～21:15　休日・月 ━AMV ⚡店内可

Map P.385-E2
フィルハーモニック・ダイニング・ルームズ
Philharmonic Dining Rooms

パブ

ヴィクトリア朝風の非常に凝った装飾で、足を踏み入れた瞬間に100年前に戻ったような錯覚に陥る。特に男性用トイレの装飾は観光名所といわれるほど。料理は£10～19。

36 Hope St., L1 9BX　TEL (0151) 707 2837
URL www.nicholsonspubs.co.uk　圏11:00～24:00 (日11:00～23:00)　休無休 ━AMV ⚡店内可

独自の伝統と文化が育まれた

マン島
Isle of Man

人口	市外局番
8万4069人	01624

マン島
Isle of Man

標高621m、マン島最高峰スネフェル山へはスネフェル登山鉄道で登ることができる

　マン島は、ケルトとヴァイキングの影響を受け、独自に発達した文化をもつ島。現在でもマン島は独自の法と議会を保持し、独自の貨幣や郵便システムなども有するなど、英国本国とは一線を画している。

マン島
起点となる町

　ヘイシャム発着のフェリーは中心都市ダグラスまで通年で営業している。**リヴァプール港**からの便は冬期は運休。空港はダグラスとキャッスルタウンの間にあり、両都市へは1、2、11番などのバスが頻発している。

交通の起点 ヘイシャム港
Heysham

　ブリテン島から最も近い港はヘイシャムHeysham。イギリス各地からヘイシャムへは列車でランカスター Lancasterを経由して行く。ランカスター～ヘイシャム間はフェリーの発着に合わせて運行。

起点の町 ダグラス
Douglas

　マン島で最大の都市、ダグラスはマン島観光の起点となる町。フェリーが発着する港には🛈がある。

歩き方　ブリテン島やアイルランドからの船は、ダグラスの南東端にある港に到着する。北に行けば海岸通りのプロムナードPromenade、西に行けばマン島各地へのバスが発着するバスステーションや鉄道駅がある。さらにプロムナードを北へ歩けば、ほどなく蒸気機関車が走る鉄道のダービー・キャッスル駅に着く。

Access Guide
ダグラス港（マン島）

ヘイシャムから
所要:約3時間45分

毎日　2:15　14:15

リヴァプールから
所要:約2時間45分

毎日　日によって運行時間が異なる、1日1～3便。冬期運休

ダグラス

P.393　マンクス博物館　Manx Museum
Cubbon House
Elan Vannin
Westmoreland Rd.
Peel Rd.
Lord St.
鉄道駅
The Sefton
P.393　ダグラス馬車鉄道　Douglas Horse Tramway
馬車鉄道駅
バスターミナル　フェリーターミナル
0　500m

i　ダグラス
Tourist Information Centre

Map P.391
🏠 Sea Terminal, Douglas, IM1 2BX
☎ (01624) 686 861
🔗 www.visitisleofman.com
🕐 8:00～18:00（日9:30～14:30）
🚫 10～5月の日、1/1、12/25・26

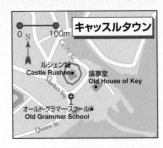

起点の町

キャッスルタウン
Castletown

　ダグラスからバスで約30分。マン島の南部にあるキャッスルタウンは19世紀中頃までマン島の首都だった港町。全体的にこぢんまりとしており、1時間ほどで町を一周できる。

　町のシンボルの**ルシェン城**Castle Rushenはイギリスでも最も保存状態のよい城のひとつで、マン島の君主の居城であった。このほかマン島の議事堂Old House of Keysや、13世紀に建てられたオールド・グラマー・スクールOld Grammar Schoolなどもおもな見どころ。

起点の町

ピール
Peel

　ピールは島の西岸にある港町。最大の見どころはセント・パトリック島にあるピール城で、中心部からは橋でつながっている。

港に面して建つルシェン城

マン島
エリア内の交通

鉄道

　北のラムズィからダグラスを経由してポート・エアリンまで線路が敷かれているが、路線はどれも保存鉄道ので冬期は運行していない。

バス

　島内のおもな交通手段はバス。ダグラスとキャッスルタウンを結ぶバスは便も多いが、それ以外の路線は便もあまり多くなく、日曜は運休する路線もあるので要注意。旅行者にとって便利なのはダグラスとピールを結ぶ5・6番系。ピールとキャッスルタウンの間は平日に直行の便がなく、途中で乗り換えなくてはならない。

■ゴー・エクスプロア・カード
Go Explore card
マン島のバス、路面馬車、路面電車を含むほぼ鉄道全線に乗れる。
圏1日券£19　3日券£39
5日券£45　7日券£56

マンクス博物館 Manx Museum

１万年以上にも及ぶ島の歴史を学ぼう

Map P.391 ダグラス

ダグラスの中心からプロムナードを北上した所にある、マン島の国立博物館。テーマはヴァイキングやマン島TTレースなど、マン島に関する文化や歴史の包括的な展示を行っている。

■マンクス博物館
住Kingswood Grove, IM1 3LY
TEL(01624)648 000
URLmanxnationalheritage.im
開9:30～16:30
休1/1、12/25・26　料希望寄付額£10

ティンウォルドの丘 Tynwald Hill

現存する最古の議会

Map P.392左下 セント・ジョン郊外

セント・ジョンの郊外にあるティンウォルドはマン島の議会。現在まで存続する議会としては世界最古。ちなみに世界最古の議会はアイスランドのシンクヴェトリルも主張しているのだが、ティンウォルドもシンクヴェトリルも語源は古ノルウェー語で「議会の平原」。マン島に残る北方文化の影響を実感させられる。

■ティンウォルドの丘
交ダグラスからセント・ジョンまでは5・5A・5C・5J・6・6A・6C番。

セント・パトリック島 St Patrick's Isle

かつての王家の城が残る

Map P.392中 ピール

ピールの西にあるセント・パトリック島は7000年以上も前から人々が生活していた痕跡が残されている。また、ここに建つ**ピール城**Peel Castleはキャッスルタウンの城に移るまでマン島の王の居城だった。町とセント・パトリック島を結ぶ橋のそばには、**マナナンの家**House of Manannanという博物館がある。ここでは、ケルト人やヴァイキング、マン島の海洋史全般に関する展示が見られる。

■セント・パトリック島
URLwww.manxnationalheritage.im
●ピール城
開11:00～15:00
休11～3月　料£9
●マナナンの家
開9:30～16:30
休1/1、12/25・26　料£13

セント・パトリック島に残るピール城

保存鉄道・蒸気機関車

マン島蒸気鉄道 Isle of Man Steam Railway

3月上旬～10月下旬の運行　1日4～6便
運休日：3・4・10月の火・水、5月の火
所要1時間　料往復£17
ダグラスから南のキャッスルタウンを経由し、南端のポート・エアリンPort Erinまで行く。

マンクス電気鉄道 Manx Electric Railway

3月中旬～10月下旬の運行　1日8～18便
運休日：運休日：3月の月・金、9月中旬～10月の月
所要1時間15分
料ダグラス～ラムズィ往復£17
ダグラスのダービー・キャッスル駅からラクシー駅を経由し、北のラムズィ Ramseyを結んでいる。

スネフェル登山鉄道 Snaefell Mountain Railway

3月中旬～10月下旬の運行　1日6～21便
運休日：3月の月・金、9月中旬～10月の月
所要30分　料往復£16
ラクシー駅からスネフェル山の頂上までを結ぶ。頂上駅の眺めは非常によく、天気がよければイングランド、スコットランド、ウェールズ、アイルランドを見渡せる。

■マン島交通局Isle of Man Public Transport
住Banks Circus, Douglas, IM1 5PT
TEL(01624)662 525
URLwww.rail.im

ダグラス馬車鉄道 Douglas Horse Tramway

4月上旬～10月下旬の15～30分に1便程度
運休日：4・5月の月～水、6・7・9・10月の月・火、8月の月、10月下旬～4月上旬　所要1時間
料片道£2.50　1日券£5
1876年開業の馬を使った鉄道路線。ダグラスのフェリーターミナルからダービー・キャッスル駅までプロムナード沿いの海岸をゆっくりと走る。

TEL(01624)662 525　URLwww.rail.im

ダグラス馬車鉄道

マンクス電気鉄道

スネフェル登山鉄道

産業革命の原動力となった町
マンチェスター
Manchester

古風なパブや最先端のビルなど、新旧入り交じった独特の景観をもつ町

人口	市外局番
55万2000人	01789
グレーター・マンチェスター	
Greater Manchester	

マンチェスターの歴史はローマ時代に造られた砦に遡り、町の名前はラテン語で「胸の形をした丘」マムシウムMamciumに由来する。マンチェスターの名を一躍高めたのは産業革命。綿工業の機械化により世界史の中心に躍り出た。

現在ではロンドンに次ぐ金融の中心であり、ポップカルチャーの発信基地。観光客にとっては湖水地方への入口であり、ピーク・ディストリクトへの起点になる町でもある。

Access Guide
マンチェスター

ロンドンから
所要:2〜3時間

🚃 月〜土　ユーストン駅から7:13〜22:03（土7:42〜20:31）の1時間に3便。ピカデリー駅着

日　8:07〜21:48の1時間に1〜2便

🚌 所要:4時間35分〜6時間25分
7:00〜19:30の1〜2時間に1便 23:30

リヴァプールから
所要:35分〜1時間

🚃 月〜土　ライム・ストリート駅発ピカデリー駅着が1時間に2便程度。ヴィクトリア駅着が1時間に1便程度

オックスフォード・ロード駅着が1時間に1〜4便程度。ピカデリー駅着が1時間に1〜3便程度、ヴィクトリア駅着が1時間に1便程度

ヨークから
所要:1〜2時間

🚃 月〜土　1時間に1〜2便。ヴィクトリア駅着

日　1時間に1便程度

バーミンガムから
所要:1時間30分〜1時間45分

🚃 月〜土　ニュー・ストリート駅から6:01〜22:01の1時間に2〜3便。ピカデリー駅着

日　9:00〜22:00の1時間に1〜2便

👣 歩き方

❶が入っている中央図書館

大都市のマンチェスターだが、アーウェル川River Irwellとロッチデイル運河Rochdale Canalに挟まれたエリアが中心部だ。市街には路面電車のメトロリンクMetrolinkや無料で乗降可能なフリーバスFree Busが2路線走っているが、中心部は徒歩でも移動可能。

ピカデリー駅周辺　ピカデリー駅から北西へ5分ほど歩くとコーチステーションがあり、その西に広がるのが中華街China Town。コーチステーションの北にはピカデリー・ガーデンズPiccadilly Gdns.がある。ここからヴィクトリア駅一帯はショッピングエリアで、マンチェスターの流行発信地となっている。

キャッスルフィールド　ロッチデイル運河沿いにあり、最も古いエリア。ローマ時代の城跡があり、科学産業博物館などがおもな見どころ。

サルフォード&トラフォード　中心部の西には、帝国戦争博物館やアウトレットモールのあるサルフォードSalfordとマ

ンチェスター・ユナイテッドのホームスタジアムがあるトラフォードTraffordがある。

マンチェスター大学周辺　大学内には市内最大の博物館があり、さらに南に行くとインド料理屋が並ぶカリー・マイルCurry Mileがある。ピカデリー・ガーデンズからは市内バス41、42、43、143番などで行くことができる。

i マンチェスター
Tourist Information Centre

Map P.395上-B3
住Manchester Central Library,
St Peters Sq., M2 5PD
URL www.visitmanchester.com
開9:30～17:00
休日・祝

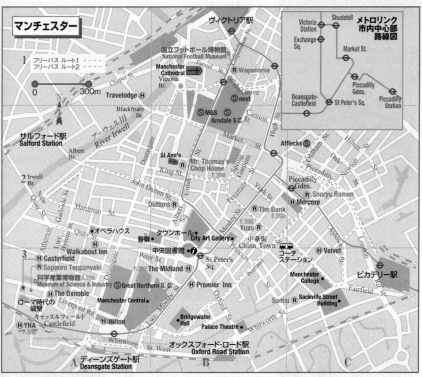

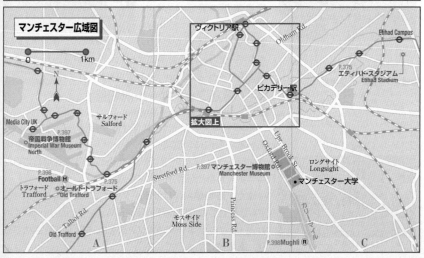

■マンチェスター国際空港
URL www.manchesterairport.co.uk

マンチェスター国際空港

■メトロリンク
運行は6:00頃～24:00頃（日7:00頃～
24:00頃）。運賃はゾーンにより異なる。
URL www.metrolink.co.uk

メトロリンク

■科学産業博物館
住Liverpool Rd., M3 4FP
TEL 033 0058 0058
URL www.scienceandindustrymuseum.org.uk
開10:00～17:00
休1/1、12/24～26　料寄付歓迎
館内撮影一部不可
※2023年6月現在、改装のため一部の
展示は見学不可。

飛行機も当時のまま置かれている

■国立フットボール博物館
住Urbis Building, Cathedral Gdns.,
M4 3BG　TEL(0161)605 8200
URL www.nationalfootballmuseum.com
開10:00～17:00　※最終入場16:00
休1/1・2、12/24～27
料£13～14　学生£11～12

テーマごとに分かれた展示

396

交通情報

マンチェスター国際空港

イギリスではロンドンのヒースロー空港とガトウィック空港に次ぐ3番目に大きな空港で、3つのターミナルがある。ヨーロッパの主要都市からの便も多く発着する。空港駅から鉄道で中心部のピカデリー駅まで15～30分。約15分間隔で運行している。

ピカデリー駅　マンチェスターのメインターミナルで、ロンドンやバーミンガム、リヴァプール、湖水地方、グラスゴー方面の便が発着する。

ヴィクトリア駅　ヨークやリーズ、リヴァプールなどへのローカル列車が発着する。

バスステーション　ナショナル・エクスプレスなどの長距離バスはピカデリー駅の北西にあるコーチステーションに発着。

市内交通

メトロリンク　マンチェスターと郊外を結ぶ路面電車で、ピカデリー駅～ヴィクトリア駅への移動や町の西側にあるオールド・トラフォードや帝国戦争博物館があるメディアシティに行くのに便利。

フリーバス　市内中心部を巡回する無料のバス。2路線あり、どちらも10～30分に1便の運行。市内をひと通り見て回るのに便利。

世界有数の質と量を誇るコレクション　Map P.395上-A3

科学産業博物館 Museum of Science & Industry

マンチェスター～リヴァプール間に1830年に開通した世界最初の旅客鉄道の駅舎を利用した博物館。鉄道関係の展示はもちろん、飛行機などの乗り物、水力やガス、電気などのエ

蒸気機関車の内部構造がわかる展示

ネルギーといった分野別にアトラクションが分かれている。

サッカー発祥の地ならではの展示　Map P.395上-B1

国立フットボール博物館
National Football Museum

イングランドのサッカーに関するアイテムを中心に展示している。館内には改築前のウェンブリースタジアムの座席やマラドーナが"神の手ゴール"を決めた際に着用していたユニホームなどが展示されている。

また、博物館内ではサポーターによる大歓声や、スタジアムで録音された「You'll Never Walk Alone」や「聖者の行進」などのサポーターズソングもBGMとして流されており、臨場感にあふれている。

ティラノサウルスの化石で有名な
Map P.395下-B

マンチェスター博物館 The Manchester Museum

マンチェスター大学によって管理・運営されている博物館。館内に並べられているコレクションはマンチェスターの資産家の遺産がもとになっており、現在は約450万点もの莫大なコレクションを誇る総合博物館へと発展した。展示のテーマは幅広いが、なかでも古代エジプトと化石のコレクションが充実している。改装工事を行い、2023年2月にリニューアルオープンした。

さまざまな角度から戦争に迫る
Map P.395下-A

帝国戦争博物館 Imperial War Museum North

現代的な建物が特徴のこの博物館は、ロンドンの帝国戦争博物館の姉妹館だ。戦争と科学、戦争と女性、戦争が残した遺産など、さまざまなテーマに分け、それぞれの視点から戦争を分析している。展示は第1次世界大戦前夜から第2次世界大戦、東西冷戦の時代を経て9.11同時多発テロ、現代のウクライナ情勢までを網羅し、見学者に戦争とは何なのかを問いかける。

近郊の見どころ

Day out from Manchester
地図外

英国王立園芸協会5番目の庭園

ブリッジウオーター・ガーデン
RHS Garden Bridgewater

池に張り出したテラス席

2021年にオープンしたばかりの英国王立園芸協会（RHS）が運営する庭園。かつてあった貴族の邸宅の庭園を生まれ変わらせたもので、近年ヨーロッパで行われたなかで、最大の作庭プロジェクトだ。ヴィクトリア朝期のウォールド・ガーデンにはペルシア式庭園の影響が強く見られる。

世界遺産

電波天文学の始まりを告げた天文台
地図外

ジョドレル・バンク
Jodrell Bank

マンチェスターの南約20kmにあるジョドレル・バンクは、第2次世界大戦後に急速に発展した電波天文学で主導的な役割を果たした天文台。2019年には世界遺産に登録されている。現役の天文台だが、ビジターセンターが充実しており、電波天文学や宇宙についてのさまざまな展示が行われている。1957年に完成したラヴェル望遠鏡は、当時世界最大の口径76mの電波望遠鏡。米ソの宇宙開発においては陣営にかかわらず活躍し、1957年のソ連による世界初の人工衛星スプートニク1号や、1958年のアメリカ初の人工衛星エクスプローラー1号の追跡を行った。

■マンチェスター博物館
🏠Oxford Rd., M13 9PL
☎(0161)275 2648
🌐www.museum.manchester.ac.uk
🕙10:00〜17:00（水10:00〜21:00）
※最終入場は閉館の30分前
🚫1/1、12/24〜26　💰寄付歓迎
館内撮影一部不可

■帝国戦争博物館
🚇メトロリンクでメディア・シティ UK駅 Media City UK下車、徒歩5分
🏠Trafford Wharf Rd., M17 1TZ
☎(0161)836 4000
🌐www.iwm.org.uk
🕙10:00〜17:00　🚫12/24〜26
💰寄付歓迎

船をかたどった帝国戦争博物館の建物

■ブリッジウオーター・ガーデン
🚌ピカデリー・ガーデンズPiccadilly Gardensのバス停Pから34番のバスで約45分。The Coppiceのバス停で下車し徒歩約15分。
🏠Occupation Rd., Off Leigh Rd., Worsley, M28 2LJ
☎(0161)503 6100
🌐www.rhs.org.uk/gardens/bridgewater 🈁
🕙10:00〜18:00　※最終入場17:00
🚫12/25
💰£13.85　予約必須
※車を利用しない場合£9.70。入場時にバスのチケットなどの提示が必要。

■ジョドレル・バンク
🚌🚆マンチェスター・ピカデリー駅から列車でウィルムスロウWilmslowかマクルズフィールドMacclesfiledへ行き、88番のバスに乗り換える。The Dog Innのバス停で下車し、徒歩約30分。
🏠Bomish Ln., Lower Withington, Cheshire, SK11 9DL
☎(01477)571 766
🌐www.jodrellbank.net 🈁
🕙10:00〜17:00　※最終入場15:30
🚫月　💰£12　学生£10

圧倒的な存在感のラヴェル望遠鏡

大型のチェーン系ビジネスホテルは市内中心部に、B&Bは中心部からオックスフォード・ロードを南東へ1.5kmほど進んだカリー・マイルCurry Mile周辺に多い。中華街周辺には中華料理店が、カリー・マイルにはインド料理店が集中。ほかのエリアにも中華やインド料理の店が多い。

高級 312室	Map P.395上-B3　タウンホール周辺

ミッドランド The Midland

住16 Peter St., M60 2DS
TEL (0161)774 7051
URL www.themidlandhotel.co.uk
♠/♥♥⚑➡£113.50～
■AMV

町の中心にある。現在は大手チェーン系列だがその歴史は古い。20世紀初頭に建てられたエドワーディアン様式の重厚感のある外観。

中級 133室	Map P.395下-A　トラフォード

フットボール Hotel Football

住99 Sir Matt Busby Way, M16 0SZ
TEL (0161)751 0430
URL hotelfootball.com
♠/♥♥⚑➡£74～
■AMV

スタジアムの向かいに建つ、サッカーをテーマにしたホテル。マンチェスター・ユナイテッドのレジェンド、ガリー・ネヴィル、ポール・スコールズらがオーナーを務める。

ユース 37室	Map P.395上-A3　キャッスルフィールド

YHAマンチェスター YHA Manchester

住Potato Wharf Castlefield, M3 4NB
TEL 0345 371 9647
URL www.yha.org.uk
DOM ⚑➡£20～40
♥♥⚑➡£49～159　■MV

運河沿いにある大型ホステル。キッチンや洗濯機、ゲームルームやカフェなど設備は充実。朝食は£5.75～9.95。

Map P.395上-B2　中華街周辺	日本料理

ゆず Yuzu

本格的な日本料理が食べられるレストラン。メニューは小皿と大皿のものがあり、小皿はから揚げや餃子、豆腐、てんぷらなど、大皿はカツ丼や天丼、うどんなど。

住39 Faulkner St., M1 4EE　TEL (0161)236 4159
URL yuzumanchester.co.uk　圓12:00～14:00 17:30～22:00
休日・月　■DJMV(£10以上)　⚲不可

Map P.395下-C　カリー・マイル	インド料理

ムグリ Mughli Charcoal Pit

カリー・マイルでも屈指の人気を誇る。炭火を使ったバーベキューやストリートフードなどバラエティ豊か。カレーは£6～13.80、ビルヤーニ£14。

住30 Wilmslow Rd., M14 5TQ　TEL (0161)248 0900
URL www.mughli.com　圓17:30～24:00（金17:30～翌0:30、土16:30～翌0:30、日14:30～22:30）休無休 ■MV ⚲不可

Map P.395上-B2　タウンホール周辺	パブ

バンク The Bank

タウンホールから徒歩約3分、地元で人気のあるパブ。建物は1803年に建てられた新古典様式の図書館を使用している。人気メニューは各種パイ£10.50～。

住57 Mosley St., M2 3FF　TEL (0161)228 7560
URL www.nicholsonspubs.co.uk　圓12:00～23:00（土10:00～23:00、日11:00～21:00）休12/25 ■MV ⚲店内可

Map P.395上-B2　タウンホール周辺	パブ / 英国料理

ミスター・トーマズ・チョップ・ハウス Mr. Thomas's Chop House

1867年創業のヴィクトリア朝風パブで、当時の様子がよく保存されている。料理は地元食材にこだわっており、ステーキなどのグリル類は£18.50～42.50。

住52 Cross St., M2 7AR　TEL (0161)832 2245
URL tomschophouse.com　圓12:00～23:00（金・土12:00～24:00、日12:00～21:00）休無休 ■AMV ⚲店内可

イングランド初の国立公園
ピーク・ディストリクト
Peak District

ハイツ・オブ・エイブラハムからの眺め

ピーク・ディストリクト国立公園
バクストン
●ロンドン

人口	市外局番
3万5900人	01629 (バクストン)
ダービーシャーほか	
Derbyshire	

　ピーク・ディストリクトは1951年にイングランドで初めて国立公園に指定された地域。山岳地帯といってもその標高は600m級と、われわれがイメージする山とずいぶんかけ離れたものだ。このあたりの自然は、北イングランド特有のムーア (荒れ地) とデイル (谷) の景観が広がっている。ジェーン・オースティン **P.607**の『高慢と偏見』や、シャーロット・ブロンテ **P.607**の『ジェーン・エア』など、英文学を題材とした映画のロケ地になることが多い。

ピーク・ディストリクト アクセスガイド

　ピーク・ディストリクト国立公園の周囲で交通の起点となる大都市は北部の**マンチェスター P.394**、南部のダービーなど。鉄道でアクセスできる町はバクストンやマトロックなど少ない。エリア内ではバクストン〜ダービー間を結ぶトランスピーク (TP) のバスをうまく活用しよう。マンチェスター空港とバクストンを結ぶ199番バスも便利。

Access Guide
ピークディストリクト

マンチェスターから
バクストンへ　　所要:1時間
月〜土　ピカデリー駅から6:20〜23:10の1時間に1〜2便程度
日　8:50〜22:48の1時間に1便

マンチェスター空港から
バクストンへ　所要:1時間20分
月〜土　5:15〜23:15の1時間に1〜2便
日　6:45〜22:45の1時間に1便

ノッティンガムから
マトロックへ　所要:1時間10分
月〜土　6:53 (土5:42) 〜21:55の1時間に1便
日　9:30〜21:22の1〜2時間に1便

乗り換え情報
バーミンガム、ストーク・オン・トレント方面からはダービー Derbyで乗り換えてマトロックまで35分

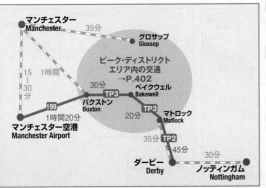

マンチェスター
Manchester
35分
グロサップ
Glossop
ピーク・ディストリクト
エリア内の交通
→P.402
15〜30分
1時間
ベイクウェル
Bakewell
30分
TP3
199
バクストン
Buxton
20分
TP3
マトロック
Matlock
1時間20分
マンチェスター空港
Manchester Airport
35分　TP2
45分
30分
ダービー
Derby
ノッティンガム
Nottingham

ピーク・ディストリクト 起点となる町

ピーク・ディストリクトは北部の**ダーク・ピーク**Dark Peakと南部の**ホワイト・ピーク**White Peakに分けられる。起点となる町はホワイト・ピークの**バクストン**Buxton、**ベイクウェル**Bekewell、**マトロック**Matlockなど、ダーク・ピークでは**グロサップ**Glossopも起点となりうる。

起点の町 バクストン Buxton

町の歴史は古く、ローマ時代から温泉が湧くことで注目されていた。良質な水で有名で、イギリスのミネラルウオーター、バクストンBuxtonはここに工場がある。郊外にはプール洞窟Poole's Cavernと呼ばれる鍾乳洞がある。

歩き方 TPのバスは鉄道駅の周辺とスロープス公園横に停車する。町の中心はスプリング・ガーデンズSpring Gdns.周辺。この通りがメインストリートになっており、ショピングモールやカフェもある。

ホテル ホテルは中心部に多いがB&Bは中心部からテラス・ロードTerrace Rd.沿いに500mほど歩いた、グリーン・レーンGleen Ln.沿いに並んでいる。

起点の町 ベイクウェル Bakewell

小さな村だが、ピーク・ディストリクトの中心部に位置しており、周辺にはチャッツワース・ハウスなど、見どころも多い。
歩き方 村の中心部は小さいが、バス停は行先別に分かれている。❶はブリッジ・ストリート沿いにある。

起点の町 マトロックとマトロック・バス Matlock & Matlock Bath

ダーウェント峡谷への観光の拠点として多くの人でにぎわう町。町の中心にはダーウェント川が流れている。観光の中心になるのは南の隣町マトロック・バスMatlock Bath。

---

i バクストン Tourist Information Centre

Map P.400左
🏠 The Pump Room, SK17 6BH
☎ (01298)214 577
🔗 buxtoncrescentexperience.com
🕐 10:00〜16:00　🚫冬期の月〜木
❶はパンプ・ルーム内にある。向かいにあるバクストン・クレッセントのガイドツアーを申し込むことができる。

i ベイクウェル Tourist Information Centre

Map P.400右
🏠 The Old Market Hall, Bridge St., DE45 1DS　☎ (01629)816558
🔗 www.peakdistrict.gov.uk
🕐 4〜10月9:30〜17:00
　11〜3月10:30〜16:30
🚫 12/25・26

地図や土産物も豊富に取り揃えている

ベイクウェルの見どころ

ハドン・ホール➡ P.403
チャッツワース・ハウス➡ P.403

i マトロック・バス Tourist Information Point

Map P.401右上
🏠 Peak District Mining Museum, DE4 3NR
☎ (01629)583 834
🔗 www.peakdistrictleadminingmuseum.co.uk
🕐 11:00〜16:00　🚫11〜3月の月〜金

マトロック・バスの見どころ

ハイツ・オブ・エイブラハム➡ P.405
ダーウェント峡谷➡ P.404

バクストン

ベイクウェル

歩き方　ベイクウェル同様バス停が分かれているが、多くのバスが止まるのが大型スーパー M&S Foodhall。マトロック・バスの**⑦**までは2.5kmほど離れている。

マトロック

マトロック・バス

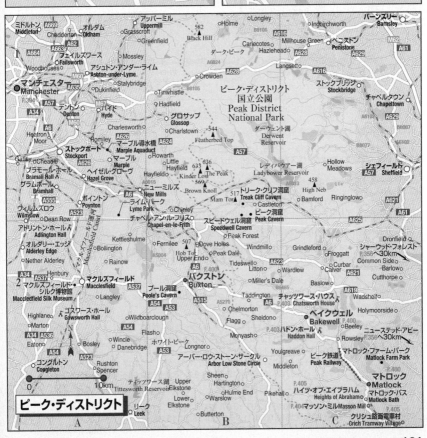

ピーク・ディストリクト

マトロックの鉄道駅

ピーク・ディストリクト
エリア内の交通

🚆 鉄道

マンチェスター・ピカデリー駅からグロサップやバクストン行きが発着する。ダービーからはダーウェント峡谷に沿ってマトロックへ向かう路線がある。

🚌 バス

■ハイ・ピーク・バス
TEL 0844 351 1120
URL www.highpeakbuses.com
■トレントバートン
TEL (01773) 712 265
URL www.trentbarton.co.uk

ハイ・ピーク・バス社の運行するトランスピーク Trans Peak（TP）というバスがバクストンとダービーを国立公園内の町を経由しながら結ぶ。TP2がマトロック～マトロックバス～ダービー、TP3がバクストン～ベイクウェル～マトロックを運行しており、使い勝手がよい。

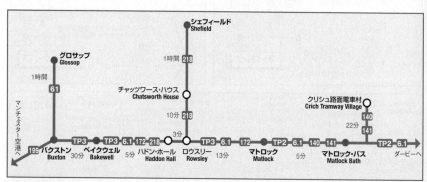

バス路線番号	路線詳細・運行頻度
TP2	**マトロック→マトロック・バス→（ダービー）** **マトロック**7:15～20:35（土・日7:25～18:00）の1時間に1便程度 **マトロック・バス**7:04～20:25（土7:52～18:55、日9:20～19:40）の1時間に1便程度
TP3	バクストン→ベイクウェル→マトロック **バクストン**7:15～18:00（土・日7:25～18:00）の1時間に1便程度 **マトロック**8:02～19:07（土8:05～19:07、日9:35～19:47）の1時間に1便程度
6.1	ベイクウェル→マトロック→マトロック・バス→（ダービー） **ベイクウェル**6:30～22:35の1時間に1便程度（日10:05～19:05の毎時5分） **マトロック・バス**7:50～23:08の1時間に1便程度（日9:03～18:03の毎時3分）
172 日曜運休	ベイクウェル→マトロック **ベイクウェル**7:30 9:00 11:00 12:40 15:00 16:00 17:10 **マトロック**7:40 9:50 11:50 13:50 16:05 17:40
218	ベイクウェル→チャッツワース・ハウス→（シェフィールド） **ベイクウェル**9:40～14:40の毎時40分 16:20（月～金）16:55 17:55 18:55（日9:47 10:50～16:50の毎時50分 18:05 19:05） **チャッツワース・ハウス**9:24 9:57～12:57の毎時57分 14:17 15:17 15:57 17:04 18:34（土9:24 9:57～15:57の毎時57分 17:04 18:34、日9:16 10:06～17:06の毎時6分 18:31）
140/141 日曜運休	マトロック→クリシュ路面電車村 **マトロック**6:28 10:07 12:07 15:07 17:07 19:03 **クリシュ路面電車村** 9:34 11:34 14:34 16:34 18:26

ピーク・ディストリクト

『ジェーン・エア』のロケ地で有名な
ハドン・ホール Haddon Hall

Map P.401下-C2
ベイクウェル周辺

中世の香りが漂う、11世紀に建てられた邸宅。『エリザベス』や『ジェーン・エア』など映画のロケ地として利用されたこともある。エリザベス朝風の庭園も必見。

ベイクウェルから片道約1時間30分のウオーキングコースはワイ川沿いを進み、美しい景観が楽しめる。

緑に囲まれた邸宅

広大な敷地をもつ豪華絢爛な大邸宅
チャッツワース・ハウス
Chatsworth House

Map P.401下-C2
ベイクウェル周辺

チャッツワース・ハウスは、イギリスを代表するマナー・ハウスで代々デヴォンシャー公爵の邸宅。現在は一般公開されており、映画『プライドと偏見』のロケ地としても有名。ダイニングルームや図書室、部屋いっぱいに彫刻が飾られた間、絢

現在も公爵家の邸宅として使われている

爛豪華な内装にはため息をつくばかりだ。庭園も広大なので、すべて見学するにはたっぷり1日かかる。

■ハドン・ホール
ベイクウェルからTP3、6.1、172番
住Haddon Hall, DE45 1LA
TEL(01629)812 855
URL www.haddonhall.co.uk
開10:30～16:30
※最終入場15:30
休11～3月、9月下旬
料£23.90 学生£20

■チャッツワース・ハウス
ベイクウェルから218番
住Chatsworth Bakewell, DE45 1PP
TEL(01246)565 300
URL www.chatsworth.org
開10:00～16:30
休1～3月頃、要確認
料£32（庭園、牧場、遊技場込み）
£28.50（庭園込み）
●庭園
開10:00～17:30（9・10月～17:00）
休1～3月頃、要確認 料£15.50
●牧場、遊技場
開10:00～17:30（9・10月～17:00）
休1～3月頃、要確認 料£19

---

walk

ピーク・ディストリクトの丘陵を見下ろすのフットパス
バクストン・カントリー・パーク

バクストンの中心部から1kmほど南に下ったところにある自然公園。プール洞窟と呼ばれる鍾乳洞の横をとおり、森に入っていくとウオーキングコースになっている。

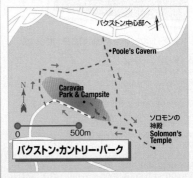

ソロモンの神殿からは町全体を眺めることができる

最大の見どころは丘の上にあるソロモンの神殿 Solomon's Temple と呼ばれる小さな塔。丘からはバクストンの町を一望できるので、ここでしばらく休憩してもいいかも。比較的傾斜も緩やかなので、初心者にはうってつけ。

■コース詳細
スタート地点:バクストン
往復所要時間:約1時間30分 総延長:3.2km

初期の産業革命を支えた工場群

ダーウェント峡谷の工場群 *Derwent Valley Mills*

1769年、発明家リチャード・アークライトRichard Arkwrightは水車を動力元とした紡績機を発明し、マトロック～ダービー間のダーウェント川沿いに多くの工場を建てた。やがて峡谷では工場を中心に労働者たちが定住し、住居や公共交通機関などが建設された。現在では800を超える工場やその関連施設が世界遺産に登録されている。美しい自然のなかに産業革命の名残が見られるのもまたピーク・ディストリクトの魅力のひとつだ。

マッソン・ミル
Masson Mill ❶

マッソン・ミルは1783年、大規模紡績機を発明したアークライトによって建てられ、1991年まで稼働していた紡績工場。現在はグループツアーのみ開催されている。

クロムフォード・ミル
Cromford Mill ❷

世界で最初に作られた水力による紡績工場。この工場もアークライトによって建てられた。現在、敷地内の見学は自由にできるが、建物内はガイドツアーのみ見学可能。

ストラッツ・ノース・ミル
Strutt's North Mill ❹

1776年、ジェディディアー・ストラットJedediah Struttによって建てられた綿糸紡績工場。ガイドツアーでのみ見学可能。

シルク・ミル
Silk Mill ❺

ダービー旧市街の北端に造られた生糸製糸工場。1721年に建てられ20世紀初頭まで稼働した。1974年からダービー産業博物館として利用され、2021年には大幅に改装され、名前もミュージアム・オブ・メイキングMuseum of Makingに変更された。

マトロック・バス駅
クロムフォード駅
Derby Rd.
River Derwent
ワットスタンデウェル駅
アンバーゲート駅
Derby Rd.
ベルパー駅
ダーフィールド駅
River Derwent
Derby Rd.
ダービー駅

❶ マッソン・ミル
  Masson Mill
❷ クロムフォード・ミル
  Cromford Mill
❸ リーウッド・パンプハウス
  Leawood Pumphouse
  ダーウェント川の水を
  クロフォード運河に
  汲み上げた施設
❹ ストラッツ・ノース・ミル
  Strutt's North Mill
❺ シルク・ミル
  The Silk Mill
  シルクの製糸工場。
  ミュージアム・オブ・メイキ
  ングとして営業している

DATA

■ダーウェント峡谷の工場群
URL www.derwentvalleymills.org
ベイクウェルやバクストンの ❼ で情報収集しておくと、効率よく回ることができる
●マッソン・ミル
🚉マトロック・バスまたはクロムフォード駅Cromford下車、徒歩約10分
🏠Derby Rd., Matlock Bath, DE4 3PY
TEL (01629)581 001　URL www.massonmills.co.uk
🕐見学は10人以上のグループのみ可　⚫予約必須
●クロムフォード・ミル
🚉クロムフォード駅下車、徒歩約5分
🏠Mill Ln. Cromford, DE4 3RQ
TEL (01629)823 256　URL cromfordmills.org.uk

🕐10:00～17:00　※冬期は時間短縮　休12/25
料オーディオツアー£7.50、ツアー£15
●ストラッツ・ノース・ミル
🚉ベルパー Belper駅下車、徒歩約10分
🏠Bridgefoot, Belper, DE56 1YD
TEL (01773)880 474
URL www.belpernorthmill.org.uk
🕐ガイドツアー水・土11:00～、13:00～
休月・火・木・金・日、冬期要確認　料£6.50
●ミュージアム・オブ・メイキング
🚉ダービー・バスステーションから徒歩約10分
🏠Silk Mill Ln., Derby, DE1 3AF
TEL (01332)641 901　URL www.derbymuseums.org
🕐10:00～17:00（日12:00～16:00）　休月　料無料

ハイツ・オブ・エイブラハム
The Hights of Abraham

ピーク・ディストリクトらしい風景が楽しめる　Map P.401右上　マトロック・バス

ピーク・ディストリクトの魅力のひとつは、何といっても起伏に富んだ峰々。できればトレッキングをゆっくり楽しみたいところではあるが、気軽に山からの風景を楽しみたいのなら、ロープウエイで行けるハイツ・オブ・エイブラハムがおすすめ。頂上には、塔や洞窟、レストランなどがあり、のんびりできる。眼下にはダーウェント峡谷の工場も広がる。

ロープウエイに乗り、一気に頂上へ

■ハイツ・オブ・エイブラハム
マトロック・バスMatlock Bath駅北側にロープウエイ乗り場がある。
Matlock Bath, DE4 3NT
(01629)582 365
www.heightsofabraham.com
10:00～16:00
2月下旬～3月下旬の火～木、11月上旬～2月中旬
£24.50～27.50

クリシュ路面電車村
Crich Tramway Village

路面電車に乗って古きよき風景に親しめる　Map P.401下-C2　マトロック周辺

アンティークな路面電車

マトロック近郊にあるのどかな村クリシュ。ここには世界でも珍しい路面電車を中心としたテーマパークがある。アンティークな路面電車にも乗車可能で、2階席からは周囲の美しい峡谷が眺められる。

■クリシュ路面電車村
マトロックから140、141番のバス
Near Matlock, DE4 5DP
(01773)854 321
www.tramway.co.uk
春・秋 10:00～16:30（日 10:00～17:30）
夏期 10:00～17:30
※最終入場は閉館の1時間
11月上旬～3月中旬
£22（1年間有効）
館内撮影一部不可　フラッシュ部不可

HOTEL　RESTAURANT　SHOP

高級　33室　Map P.400 右　ベイクウェル

ラトランド・アームズ　Rutland Arms

TV 全室　全室　全室　全室　無料　Wi-Fi 無料

The Square, Bakewell, DE45 1BT
(01629)812 812
www.rutlandarmsbakewell.co.uk
£109～
£128～
AMV

1804年創業の老舗。ジェーン・オースティン（→P.607）が代表作『高慢と偏見』をこのホテルで書き上げたと言われる。今でもその部屋に宿泊できる。

Recommended

16世紀創業の老舗ホテル
オールド・ホール　The Old Hall Hotel

高級　35室
P.400 左　バクストン

TV 全室　全室　全室　なし　なし　Wi-Fi 無料

The Square., Buxton, SK17 6BD
(01298) 22841
www.ensanahotels.com
£90～　AMV

建物は16世紀に建設され、メアリー・ステュアート（→P.608）の軟禁場所として利用された歴史をもっており、彼女が滞在したとされる部屋も宿泊可能。館内はクラシカルかつ落ち着いた雰囲気。

バクストン・クレッセント Buxton Crescent

TV 🍴 🛁 なし P有料 Wi-Fi無料
全室 全室 全室 なし 有料 無料

住The Crescent, Buxton, SK17 6BH
TEL(01298)808 999
URL www.ensanahotels.com
🛏🖼 ▶🖼£145〜
🛏🛏🖼 ▶🖼£160〜
━A M V

19世紀にスパタウンとして栄えたバクストンを象徴する瀟洒な建物。2020年に最新スパを備えた5つ星ホテルとしてリニューアルオープンした。施術をふくめた宿泊プランも用意されている。

ピーコック The Peacock

TV 🍴 🛁 なし なし Wi-Fi無料
全室 全室 全室 なし なし 無料

住Bridge St., Bakewell, DE45 1DS
TEL(01629)813 635
🚹/🛏🖼 ▶🖼£129〜
━M V

19世紀の古い建物を利用したイン。一部客室のベッドは天蓋付き。1階はパブになっており、地元のエール、ピーク・エールPeak Aleを使ったステーキパイ£16.95が人気。料理は£10〜24.50。

ウェストミンスター The Westminster Hotel

TV 🍴 🛁 なし P無料 Wi-Fi無料
全室 全室 全室 なし 無料 無料

住21 Broad Walk, Buxton, SK17 6JR
TEL(01298)23929
URL www.westminsterhotel.co.uk
🛏🖼 ▶🖼£69〜
🛏🛏🖼 ▶🖼£89〜
━J M V

パビリオン・ガーデンズに面するゲストハウス。宿の自慢は部屋から眺めるパビリオン・ガーデンズ。ラウンジの冷蔵庫にはビールやウイスキーなど(有料)が置かれている。

Map P.401 左上　マトロック　　モダンブリティッシュ

ストーンズ Stones

オープンテラスもあるダーウェント川河畔のレストラン。ランチセット£31〜、ディナーは£39.50〜。火〜土曜はワインとチーズのテイスティングメニュー£65もある。
住1C Dales Rd., Matlock, DE4 3LT　TEL(01629)56061
URL www.stones-restaurant.co.uk　圏12:00〜13:30 18:00〜20:30　休火のランチ、日・月　━A M V　🛜店内可

Map P.400 左　バクストン　　パブ

バクストン・タップ・ハウス Buxton Tap House

銘水の里として知られるバクストン発のクラフトビール、バクストン・ブリュワリーのアンテナショップ。24種の地元産ビールを置いている。ビール以外にもソフトドリンクやカクテル、ワインなどもある。
住George St., Buxton, SK17 6AY　TEL(01298)214 085
URL www.buxtonbrewery.co.uk　圏12:00〜23:00
休無休　━M V　🛜店内可

Map P.400 右　ベイクウェル　　カフェ ベーカリー

オールド・オリジナル・ベイクウェル・プディング
The Old Original Bakewell Pudding Shop

パイ生地にジャムを塗って卵と砂糖で焼き上げた名物、ベイクウェル・プディングの店。町には元祖を名乗る店がふたつあり、そのひとつ。レストランは2階で、1階はショップ。
住The Square, Bakewell, DE45 1BT　TEL(01629)812 193
URL www.bakewellpuddingshop.co.uk
圏9:00〜17:00　休無休　━J M V　🛜店内可

Map P.400 右　ベイクウェル　　ベーカリー

ブルーマーズ Bloomers

ベイクウェル・プディングの人気店。近くにあるクラフト・ベーカリーで作った焼きたてを提供し、ベイクウェル・タルトやパイ、ビスケットなどもある。イートインのスペースはない。
住Water Ln., Bakewell, DE45 1EU　TEL(01629)814 844
URL www.bloomersofbakewell.co.uk
圏9:00〜17:00 (日10:00〜17:00)　休無休　━M V

文人が愛した風景が今も残る
湖水地方
The English Lake District

ワーズワースゆかりのグラスミア湖

湖水地方 ● ウィンダミア

●ロンドン

カンブリア州 Cumbria	
人口 3万9000人	市外局番 015394 (ウィンダミア)

　湖水地方はその名が示すように多くの湖が点在する地域であり、高い山の少ないイングランドにおいて「山」と呼ばれる標高1000m近い山々が連なる、起伏に富んだ自然が見られる場所。イングランド最高峰スコーフェル・パイクScafell Pike(978m)やイギリス最深の湖、ワスト湖Wast Waterも、この国立公園内にある。これら水と緑の美しい競演は、イギリス国内はもちろん世界中から多くの観光客を引き寄せ続けている。

　これらの自然が与えた影響は大きい。その代表格が、イギリスを代表する文学者である詩人ワーズワース☞ P.610である。形にとらわれず自然体で書かれた作品が文学界にセンセーションを巻き起こしたのも、この自然が背景にあったからである。日本でもよく知られているピーターラビットの作者ビアトリクス・ポター☞ P.609もこの地方を愛した作家だ。ワーズワースやポターが愛した湖水地方の景観は、時が止まったように現在も200年前と変わっていない。

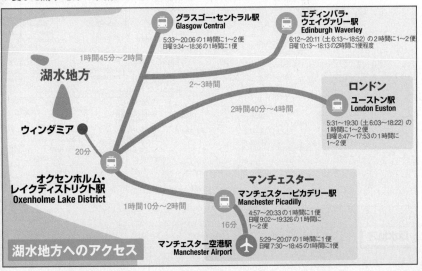

グラスゴー・セントラル駅
Glasgow Central
5:33〜20:06の1時間に1〜2便
日曜9:34〜18:36の1時間に1便

エディンバラ・
ウェイヴァリー駅
Edinburgh Waverley
6:12〜20:11 (土6:13〜18:52) の2時間に1〜2便
日曜10:13〜18:13の2時間に1便程度

湖水地方

1時間45分〜2時間

2〜3時間

ロンドン
ユーストン駅
London Euston
5:31〜19:30 (土6:03〜18:22) の
1時間に1〜2便
日曜8:47〜17:53の1時間に
1〜2便

2時間40分〜4時間

ウィンダミア

20分

オクセンホルム・
レイクディストリクト駅
Oxenholme Lake District

1時間10分〜2時間

マンチェスター
マンチェスター・ピカデリー駅
Manchester Picadilly
4:57〜20:33の1時間に1便
日曜9:02〜19:326の1時間に
1〜2便

16分

マンチェスター空港駅
Manchester Airport
5:29〜20:07の1時間に1便
日曜7:30〜18:45の1時間に1便

湖水地方へのアクセス

407

湖水地方

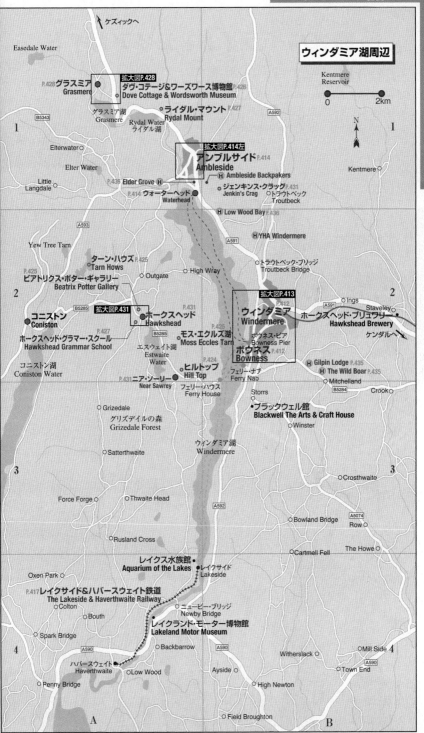

ケズィックへ

Easedale Water

拡大図 P.428
P.428 グラスミア
Grasmere
ダヴ・コテージ＆ワーズワース博物館 P.426
Dove Cottage & Wordsworth Museum

グラスミア湖
Grasmere

Rydal Water
ライダル・マウント P.427
Rydal Mount

ライダル湖

B5343

Kentmere
Reservoir

0   2km

N

A592

1

Elterwater

Elter Water

拡大図 P.414左
アンブルサイド P.414
Ambleside

P.436 Elder Grove H

H Ambleside Backpakers

Kentmere

Little
Langdale

P.414 ウォーターヘッド
Waterhead

ジェンキンス・クラッグ P.431
Jenkin's Crag

トラウトベック
Troutbeck

H Low Wood Bay P.436

Yew Tree Tarn

A593

A591

H YHA Windermere

ターン・ハウズ P.425
Tarn Hows

Outgate

High Wray

トラウトベック・ブリッジ
Troutbeck Bridge

P.425
ビアトリクス・ポター・ギャラリー
Beatrix Potter Gallery

B5285 拡大図 P.431

2

コニストン
Coniston

ホークスヘッド
Hawkshead

P.431

拡大図 P.413
ウィンダミア P.412
Windermere

A591 Ings

Staveley

ホークスヘッド・ブリュワリー
Hawkshead Brewery

2

P.427
ホークスヘッド・グラマー・スクール
Hawkshead Grammar School

B5285

P.425

モス・エクルズ湖
Moss Eccles Tarn

ボウネス・ピア P.412
Bowness Pier

ケンダルへ

コニストン湖
Coniston Water

エスウェイト湖
Estwaite
Water

P.424
ヒルトップ
Hill Top

ボウネス P.412
Bowness

Gilpin Lodge P.435

H The Wild Boar P.435

P.431 ニア・ソーリー
Near Sawrey

フェリー・ハウス
Ferry House

フェリー・ナブ
Ferry Nab

Mitchelland

B5284 Crook

Grizedale

グリズデイルの森
Grizedale Forest

Storrs

ブラックウェル館
Blackwell The Arts & Craft House

Satterthwaite

ウィンダミア湖
Windermere

Winster

3

Crosthwaite

3

Force Forge

Thwaite Head

A592

Rusland Cross

Bowland Bridge

A5074

Row

Cartmell Fell

The Howe

Oxen Park

レイクス水族館
Aquarium of the Lakes

レイクサイド
Lakeside

P.417 レイクサイド＆ハバースウェイト鉄道
The Lakeside & Haverthwaite Railway

Colton

Bouth

ニュービー・ブリッジ
Newby Bridge

レイクランド・モーター博物館
Lakeland Motor Museum

Spark Bridge

Backbarrow

A590

Witherslack

Mill Side

4

ハバースウェイト
Haverthwaite

Low Wood

A590

Ayside

A590

Town End

4

Penny Bridge

High Newton

A

Field Broughton

B

409

湖水地方
観光ハイライトとエリアガイド

湖水地方には広範囲にさまざまな見どころが点在する。「自然」「ワーズワース」「ピーターラビット」など、自分のテーマに沿って回るとよいだろう。時間があればウオーキングやレンタサイクルで巡るのも楽しい。

グラスミア湖 (→ P.428)

キャッスルリッグ・ストーンサークル (→ P.432)

ヒルトップ (→ P.424)

オレスト・ヘッド (→ P.412)

ライダル・マウント (→ P.427)

イングランド北部

湖水地方

ケズィック
Keswick
P.415

湖水地方北部の玄関口。各地域を
結ぶバスが発着する。

コッカーマス Cockermouth
P.430

ケズィックの北西13km、ダーウェン
ト川のほとりに栄えた町。ワーズワー
ス生誕の地。

● コッカーマス

● ケズィック

ダーウェント湖

グラスミア Grasmere
P.428

ワーズワースゆかりの見どころが多
く、フットパスが整備されている。ウ
オーキングの起点として最適。

アンブルサイド
Ambleside
P.414

ウィンダミア湖北岸の町。ウィンダミ
アと同様に観光の起点となる。

グラスミア

グラスミア湖

アンブルサイド ●

ホークスヘッド ●

コニストン湖

ニア・ソーリー ●

● ウィンダミア

● ボウネス

ウィンダミア湖

ホークスヘッド Hawkshead
P.431

ウィンダミア湖とコニストン湖の間に
ある村。ビアトリクス・ポターやワー
ズワースゆかりの見どころがある。

ウィンダミア Windermere
P.412

湖水地方南部の玄関口でバスや鉄
道の起点となる町。小さなホテルや
B&Bが多く集まる。

ニア・ソーリー
Near Sawrey
P.431

ビアトリクス・ポターが過ごした家、
ヒルトップがある小さな村。

ボウネス Bowness
P.412

ウィンダミアから徒歩で30分程度。
フェリーやクルーズ船の発着する埠
頭があり、観光にはかかせない。

Access Guide
ウィンダミア
オクセンホルム・レイク・ディストリクトから

🚂　　　　　所要:約20分

月〜土　6:16〜22:22の1時間に1便

日　　11:04〜21:21の1時間に1便

乗り換え情報
●ロンドンから
🚂ユーストン駅からオクセンホルム・レイク・ディストリクト経由で所要2時間40分〜4時間
●マンチェスターから
🚂ピカデリー駅からオクセンホルム・レイク・ディストリクト経由で所要1時間10分〜2時間

ウィンダミア
i **Tourist Information Centre**

Map P.413上-B1
🏠Victoria St., LA23 1AD
📞(015394)46499
URL www.windermereinfo.co.uk
🕐夏期9:30〜17:00
　冬期9:30〜16:30
🈡1/1、12/25·26
※荷物預かりは1日£8（要当日受け取り）

ボウネス
i **Tourist Information Centre**

Map P.413右下-2
🏠Glebe Rd., LA23 3HJ
URL www.lakedistrict.gov.uk
🕐4〜9月9:30〜17:30
　10〜3月10:00〜16:00　🈡12/25

ボウネスの見どころ
ピアトリクス・ポターの世界➡ P.424
ウィンダミア・ジェッティ博物館
➡ P.432

湖水地方
起点となる町

起点の町
ウィンダミア
Windermere

　湖水地方南部の玄関。鉄道やバスの便が多く、観光客でにぎわう町。

歩き方　❼は鉄道駅を出て左に下った所にある。町の中心部は、**ヴィクトリア・ストリート**Victoria St. Map P.413上-B1 からメイン・ロードMain Rd.、クレッセント・ロードCrescent Rd.にかけて。メイン・ロードとクレッセント・ロードは合流し、ニュー・ロードNew Rd.、レイク・ロードLake Rd.と名前を変え、ウィンダミア湖のほとりのボウネスへと続く。

ホテル　B&Bの数が多く、町なかにあふれているといっても過言ではない。ただしホテルの数は少ない。

起点の町
ボウネス
Bowness

　ボウネスは18世紀からリゾート地として発展してきた町。ウィンダミアからレイク・ロードを下って徒歩20〜30分。

歩き方　レストランやショップが軒を連ねるエリアは**クラッグ・ブロウ**Crag Brow Map P.413右下-1 から**プロムナード**Promenade Map P.413右下-2 にかけて。

交通情報　フェリーが発着する埠頭、**ボウネス・ピア**Bowness Pierが湖畔にあり、その南にはカーフェリーが発着する**フェリー・ナブ**Ferry Nabがある。

ホテル　ボウネスは高級ホテルからB&Bまで種類が豊富。

🚶 walk　ウィンダミア湖を見下ろす丘へは、到着してすぐ登ろう
ウィンダミアからオレスト・ヘッドへ

　オレスト・ヘッドはウィンダミアの背後にある標高239mの丘。❼の向かいから始まるフットパスをとおって簡単に登ることができる。道標にそって頂上まで行くと、そこは360°に広がる大パノラマ。上から眺めるウィンダミア湖や湖水地方の自然は感動間違いなし。鉄道でウィンダミアに夕方着いても、すぐに登れるので時間がない人にもおすすめ。

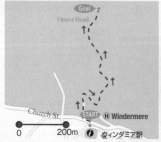

オレスト・ヘッドからの眺め

ベンチからパノラマを楽しもう

■コース詳細
スタート地点:ウィンダミアの*i*
往復所要時間:30分
総延長1km　高低差少ない

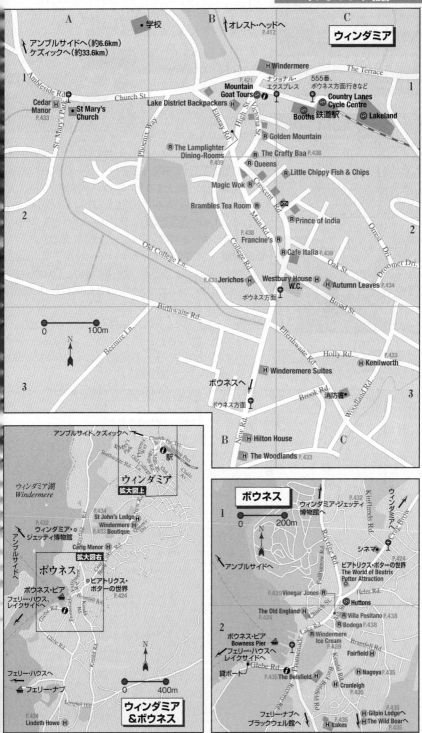

ウィンダミア

A | B | C

1

アンブルサイドへ（約6.6km）
ケズィックへ（約33.6km）

Ambleside Rd.

学校

オレスト・ヘッドへ
P.412

Windermere H

The Terrace

Church St.

Cedar
Manor
P.433

St Mary's
Church

St. Mary's Park.

Phoenix Way

Lake District Backpackers H

Elleray Rd.

High St.

Victoria St.

Mountain
Goat Tours S
P.421

ナショナル・
エクスプレス

Country Lanes
Cycle Centre

555番、
ボウネス方面行きなど

Booths S 鉄道駅 S Lakeland

Golden Mountain R

The Lamplighter
Dining-Rooms R
P.439

Crescent Rd.

The Crafty Baa P.438

Queens R

Little Chippy Fish & Chips R

2

Old College Ln.

Magic Wok R

Brambles Tea Room R

Main Rd.

College Rd.

Prince of India R

Francine's R
P.438

Cafe Italia P.439 R

Oak St.

Droomer Dri.

2

Jerichos P.433

Westbury House H
W.C.

ボウネス方面

Autumn Leaves H P.434

Broad St.

Ellerthwaite Rd.

3

100m
0

N

Beemire Ln.

Birthwaite Rd.

Holly Rd.

Woodland Rd.

Kenilworth H P.433

Winderemere Suites H

ボウネスへ

ボウネス方面

Brook Rd.

消防署

3

New Rd.

Hilton House H

The Woodlands H P.433

B | C

ウィンダミア&ボウネス（拡大図）

アンブルサイド、ケズィックへ

Church St.

The Terrace

駅

ウィンダミア
拡大図上

ウィンダミア湖
Windermere

St John's Lodge H
P.434

Windermere H
Boutique P.433

Carig Manor H

拡大図右

アンブル
サイド

ボウネス

ピアトリクス・
ポターの世界 P.424

ボウネス・ピア

フェリー・ハウス、
レイクサイドへ

Glebe Rd.

N

フェリー・ハウスへ

フェリー・ナブへ

Longtail Hill

400m
0

ウィンダミア
＆ボウネス

P.434
Lindeth Howe H

ボウネス

1

200m
0

N

アンブルサイドへ

Kirkland Rd.

Rayrigg Rd.

Fallbarrow Rd.

ウィンダミア・ジェッティ
博物館へ

P.432

Craig Brow

ウィンダミア

シネマ

P.424

ピアトリクス・ポターの世界
The World of Beatrix
Potter Attraction

Vinegar Jones R P.439

Huttons S

Helm Rd.

The Old England H
P.434

Villa Positano R P.438

Bodega R P.438

Church St.

Lake Rd.

Windermere
Ice Cream P.439

Brantfell Rd.

2

ボウネス・ピア
Bowness Pier

フェリー・ハウスへ
レイクサイドへ

貸ボート

Glebe Rd.

Promenade Rd.

The Belsfield H P.435

Kendal Rd.

Fairfield H

Nagoya H P.435

Cranleigh H P.435

フェリー・ナブへ
ブラックウェル館へ

Lakes H P.435

Gilpin Lodgeへ
The Wild Boarへ H P.435

アンブルサイド
Ambleside

ウィンダミア湖北岸に位置する町。19世紀からリゾート地として発展し、湖水地方独特の古い町並みが残っている。

川をまたぐように建つブリッジ・ハウス

歩き方 ボウネス・ピアを出発したフェリーは、ウィンダミア湖北岸にある**ウォーターヘッド・ピア** Map P.414右 に到着する。ウォーターヘッドからレイク・ロードLake Rd.を北上するとアンブルサイドの町に出る。パブやレストランが多い町の中心は❼がある**マーケット・クロス**Market Cross Map P.414左 周辺。中心部は一方通行が多いのでレンタカーを利用する人は標識に注意しよう。

交通情報 メインのバス停はケルジック・ロードKelsick Rd.沿いにある。ケルジック・ロードは一方通行になっており、ウィンダミア行きもケズィック行きもバスは同じ方向から来る。行き先を確かめてから乗車しよう。

ホテル 湖水地方観光の滞在拠点のなかでも人気が高い町。ホテルは町の中心部とウィンダミア湖畔のウォーターヘッドに多い。レストランが多く集まるのはマーケット・クロスやライダル・ロードRydal Rd.沿い。

Access Guide
アンブルサイド

ウィンダミアから
🚌 所要：約15分

バス555、599番（時刻表→P.419）

ケズィックから
🚌 所要：約40分

バス555（時刻表→P.419）

ℹ️ アンブルサイド
Tourist Information Centre

Map P.414左
🏠Central Buildings, Market Cross, LA22 9BS
☎(015394)32582
🕐夏期9:00～17:30（日10:00～16:00）
冬期10:00～16:00
休1/1、12/25・26

アンブルサイドの中心部

アンブルサイドの見どころ
ライダル・マウント➡ P.427

アンブルサイド

ブリッジ・ハウス
Bridge House
The Apple Pie Ⓡ
ライダル・マウントへ（約5km）
P.427

Peggy Hill
North Rd.
Rydal Rd.
ℹ️ Market Cross
Salutation Ⓗ

Millans Park
The Slack
Ⓢ Ghyllside Cycles（レンタサイクル）
W.C.●

Vicarage Rd.
Compston Rd.
Jintana Ⓡ P.436
Misto Ⓡ
Compston St.
St. Mary's Ln.
Market Pl.
Cheapside

P.439 Lucy's Ⓡ
P.438 Ⓡ The Old Stamp House

Ⓗ The Gables
Church St.
King St.
Lower Gale

Ⓗ Melrose P.436
N
メインのバス停 🚏
Ⓡ Ishaas
Luigi's Ⓡ
Kelsick Rd.

0   50m
Knott St.
ウォーターヘッド・ピアへ
Ⓗ Elder Groveへ P.436
Lake Rd.
Old Lake Rd.

ウォーターヘッド
アンブルサイドへ↑

0   100m
N

McIver Ln.

Borrans Rd.

ボランズ・パーク
Borrans Park

Borrans Rd.
Lake Rd.

Ⓗ The Waterhead
P.431
ジェンキンズ・クラッグへ

ウォーターヘッド・ピア
Waterhead Pier

Ⓗ YHA P.436

ウィンダミアへ
Ⓗ Low Wood Bayへ
P.436
ボウネスへ↓

起点の町

ケズィック
Keswick

マーケット・プレイス

湖水地方北部の中心なので町には活気もある。周辺の景勝地へ出かけるウオーキングの起点になっている。

歩き方 *i*は町の中心のマーケット・プレイスMarket Pl.にある時計塔の中。

ダーウェント湖へ 町からほど近いダーウェント湖畔にもビューポイントがたくさんある。ケズィックからダーウェント湖のほとりを歩き、フライヤーズ・クラッグFriars Cragを経て、小高い丘のキャッスルヘッドCastlehead、そしてケズィックへと戻る4.8kmのウオーキングコースは景色がすばらしい。

交通情報 各方面へのバスが発着するバスステーションは*i*からメイン・ストリートMain St.を進み、最初のロータリーを左折した所にある。

バスステーション

ホテル B&Bが多いのは町の東側、グレタ・ストリートGreta St.やセント・ジョンズ・ストリートSt John's St.界隈。パブやレストランが多いのはマーケット・プレイスMarket Pl.からメイン・ストリートにかけてのエリア。

Access Guide
ケズィック

カーライルから
🚌 所要:約1時間15分

月〜土	9:00 11:00 12:00 16:00
日	8:00 12:00 16:00

ウィンダミアから
🚌 約1時間

バス555(時刻表→P.419)

湖水地方

i **ケズィック**
Tourist Information Centre

Map P.415-B2
住 Moot Hall, Market Sq., CA12 5JR
TEL (01768) 780 613
URL www.keswick.org
開 4〜10月9:30〜17:30
　 11〜3月9:30〜16:30
休 1/1, 12/25・26

ケズィックの見どころ
キャッスルリッグ・ストーンサークル
➡ P.432
ケズィック博物館➡ P.432
鉛筆博物館➡ P.432
ダーウェント湖➡ P.425

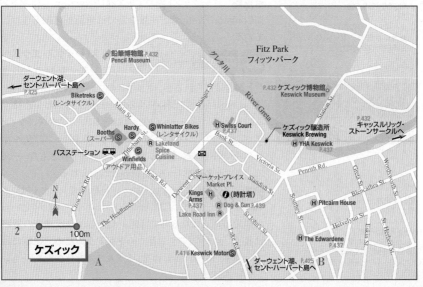

ケズィック

グラスミアに停車する599番のバス

フェリー・ナブにはカーフェリーが発着

湖水地方
エリア内の交通

鉄道

湖水線　湖水地方を走る湖水線はオクセンホルム・レイク・ディストリクトからウィンダミアまで。

カンブリア海岸線線　アイリッシュ海の沿岸を走るカンブリア海岸線は景勝路線としても名高い。

バス

主要な町を結ぶ**555番**のバスは利用価値が高い。❶やバスの車内で時刻表を手に入れておこう。夏期のみの路線もあるので、カンブリア全域の公共交通機関を網羅した時刻表があれば、スケジュールが立てやすい。**505番**のバスはウィンダミアからアンブルサイドを経由してホークスヘッドへと結ぶ便利な路線。

レンタカー

観光客の多い夏は駐車場がいっぱいになってしまうことも。ウィンダミアやケズィックにはレンタカー会社があるので手配が可能。山道やカーブが多いので、運転は慎重に。

遊覧船

クルーズ船　ウィンダミア湖のクルーズ船 P.417 は便数も多く、遊覧や交通手段としても湖水地方の観光には欠かせない。

フェリー　ボウネス・ピアの南にある**フェリー・ナブ**には対岸のフェリーハウスとを結ぶ**カーフェリー** 欄外参照 が発着している。

遊覧船　ダーウェント湖やアルズ湖Ullswater、コニストン湖Coniston Waterなど主要な湖では**遊覧船** P.417 も運行している。

船＋バス

クロス・レイクス・エクスペリエンス　夏期のみの運行と期間は限られるが、ボウネスのフェリー乗り場とホークスヘッドへ行くバスが停車するフェリー・ハウスとが連絡する観光客向けのルート（2023年は運休）。ボウネス、ウィンダミアからアンブルサイドを経由せずにヒルトップ P.424 やホークスヘッド P.431 に行くことができる。乗り継ぎもスムーズで、ウオーキングコースとも組み合わせられる。

レンタサイクル

自転車のレンタルはウィンダミアやケズィックといった観光の拠点になる町で可能。ただし、湖水地方の道路は狭く、サイクリング専用ロードも少ないため、運転には十分注意しよう。自転車をレンタルするならヘルメットもレンタルすること。

湖水地方

湖水地方の遊覧船

 レッド・クルーズ（ボウネス〜アンブルサイド）
Red Cruise- Bowness-Ambleside

3月下旬〜10/29
ボウネス発9:50〜17:50、アンブルサイド発10:25〜
18:30の1時間に1〜2便
10/30〜3月下旬
ボウネス発10:00〜15:45 16:30（2月中旬〜3月のみ）、
アンブルサイド発9:50〜15:50 16:30（2月中旬〜3月の
み）の1時間に1便
所要30〜35分　🎫往復£16.50

 イエロー・クルーズ（ボウネス〜レイクサイド）
Yellow Cruise- Bowness-Lakeside

3月下旬〜10/29
ボウネス発10:30〜17:50、レイクサイド発9:30〜16:55の
1時間に1便程度
10/30〜3月下旬（1月平日運休）
ボウネス発10:30、12:15、14:00、15:40、レイクサイド
発9:45、11:20、13:05、14:50
所要40分　🎫往復£17.30

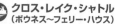 **アイランズ・クルーズ（ウィンダミア湖遊覧船）**
Islands Cruise

3月下旬〜10/29
ボウネス・ピア発10:15〜16:45の30分おき
10/30〜3月下旬
ボウネス・ピア発10:30 11:45 12:45
所要45分　🎫£12.70

クロス・レイク・シャトル
（ボウネス〜フェリー・ハウス）
Cross Lake Shuttle

4/1〜10/29
ボウネス・ピア発10:15 10:55 11:35 12:15 12:55 14:10
14:50 15:30 16:10 16:50*発
フェリー・ハウス発10:35 11:15 11:55 12:35 13:15
14:30 15:10 15:50 16:30 17:10*発
*4/1〜10/26の運航
冬期運休
所要10分　🎫£7.50

ウィンダミア・レイク・クルーズ
Windermere Lake Cruises
☎(015395) 43360
🌐www.windermere-lakecruises.co.uk ▓
全路線で24時間有効な乗り放題チケット、フリーダム・
オブ・ザ・レイクFreedom of the Lakeは£30。そのほか、
レイクサイドから出発するレイクランド＆ハバースウェイト
鉄道との共通チケットなども販売している。

 ダーウェント湖遊覧船
Keswick Launch

3/18〜10/28（7・8月除く） 10:00〜16:00の1時間おき
7・8月 10:00〜17:00のほぼ1時間おき
10/29〜11/6 10:00〜15:00のほぼ1時間おき
11/7〜12/10、2/1〜2/10 11:30 14:30
2/11〜3/17 11:30 14:30 15:30
🎫1日券£13.50
時計回りと反時計回りのコースがあり、湖を一周する（上
記の出発時刻は時計回りコース）。冬期は土・日のみの
運行の場合が多い。
☎(017687) 72263　🌐www.keswick-launch.co.uk ▓

 アルズ湖遊覧船
Ullswater 'Steamers'

春・秋期　9:45〜16:35の1〜2便程度
夏期　9:45〜16:35の1時間に1便程度
冬期　9:45 11:05 13:40 15:55
所要約1時間　🎫片道£13
蒸気船でグレンリディング〜プーリー・ブリッジを結ぶ。
☎(01768) 482 229　🌐www.ullswater-steamers.co.uk ▓

ノーザン・サービス（レッド・ルート）
Northern Service (Red Route)

3/12〜11/6　10:45〜15:55にほぼ1時間おき
（4〜9月は16:40の便もある）
11/7〜3/10　10:40〜14:40にほぼ1時間おき
所要45分　🎫1日券£14.75
コニストン湖の北側を周遊するクルーズ。

コニストン湖遊覧船Coniston Launch
☎(01768) 775 753　🌐www.conistonlaunch.co.uk ▓

クルーズ船が出発するボウネス・ピア

保存鉄道・蒸気機関車

 レイクサイド＆ハバースウェイト鉄道
The Lakeside & Haverthwaite Railway

4〜10月
ハバースウェイト発9:50 10:45 12:00 13:00 14:15 15:20 16:25
レイクサイド発10:20 11:20 12:30 13:35 14:40 15:55 16:55
所要20分　🎫片道£6　往復£10
ウィンダミア湖南端にあるレイクサイドLakesideからハ
バースウェイトHaverthwaiteを結ぶ蒸気機関車。

🏠Haverthwaite Station, Nr Ulverston, LA12 8AL
☎(015395) 31594　🌐www.lakesiderailway.co.uk ▓
ボウネス発のフェリーとのコンボチケットは往復£24.50、
アンブルサイドからだと往復£34.50。10月はやや減便
する。

 レイヴェングラス・エスクデイル鉄道
Ravenglass & Eskdale Railway

4〜10月 1日5〜10便
2/15〜22、3/18〜31 1日5便
12/26〜1/1 1日4便
所要40分　🎫片道£14〜19
漁業の町レイヴェングラスからエスクデイルまでの11km
を40分間で結ぶ保存鉄道。軌間15インチの小さなもの
としては世界最古の車両も残り、文化的価値も高い。緑
豊かな森を抜けると標高978mのスコーフェル・パイクの
荒々しい山岳風景も楽しめる。

☎(01229) 717 171
🌐ravenglass-railway.co.uk ▓

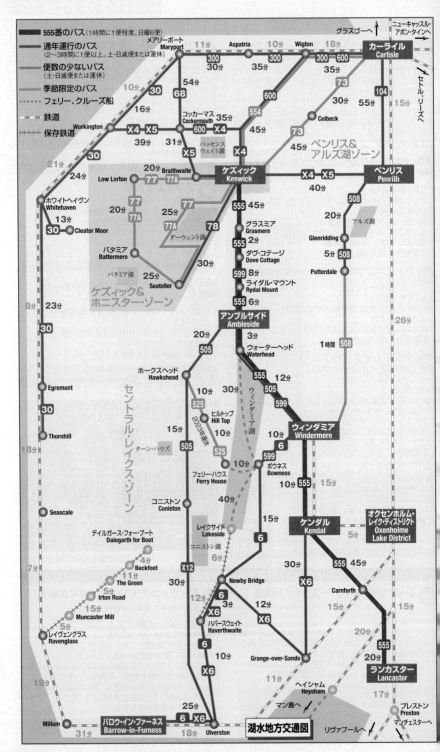
湖水地方交通図

湖水地方

バス路線番号	路線詳細・運行頻度（冬期は減便）
555	ウィンダミア→アンブルサイド→グラスミア→ケズィック **ウィンダミア発**6:06～22:31の1時間に1～2便（日7:59～18:09の1～2時間に1便程度） **ケズィック発**7:10～19:30の1時間に1～2便（日9:30～19:30の1～2時間に1便程度）
599	ボウネス→ウィンダミア→アンブルサイド→グラスミア **ボウネス発**8:42～19:00の1時間に1～3便程度 **グラスミア発**9:30～17:45の1時間に1～3便程度
505	アンブルサイド→ホークスヘッド→コニストン **アンブルサイド発**8:15（休校期間の土8:55）～19:05の1～2時間に1便程度 **コニストン発**9:35（日10:45）～19:45の1～2時間に1便程度
X4/5	ケズィック→コッカーマス **ケズィック発**7:42～翌00:15の1～2時間に1便、日10:10～20:10の1～2時間に1便程度 **コッカーマス発**5:36～23:40の1～2時間に1便、日7:41～17:41の1～2時間に1便程度

クロス・レイクス・エクスペリエンス Cross Lakes Experience
ボウネス・ピア～コニストンの連絡時刻表 ※2023年はフェリーハウス～ホークスヘッドのバスが運休

フェリー	**ボウネス・ピア 3** **Bowness Pier 3**		10:15発	10:55発	11:35発	12:15発	12:55発	14:10発	14:45発	15:30発	16:10発	16:50発
マウンテンゴート 525番	**フェリー・ハウス** **Ferry House**		10:25着	11:05着	11:45着	12:25着	13:05着	14:20着	14:55着	15:40着	16:20着	17:00着
			10:20発	11:00発	11:40発	12:20発	13:00発	14:20発	15:00発	15:40発	16:20発	17:00発
	ヒルトップ Hill Top		10:27	11:07	11:47	12:27	13:07	14:27	15:07	15:47	16:27	17:07
	ホークスヘッド **Hawkshead**		10:35着	11:15着	11:55着	12:35着	13:15着	14:35着	15:15着	15:55着	16:35着	17:15着
ステージコーチ 505番		9:55発	10:55発	11:55発		12:55発	13:55発	14:55発	15:55発		16:55発	17:55発
	ホークスヘッド・ヒル Hawkshead Hill	10:02	11:02	12:02		13:02	14:02	15:02	16:02		17:02	18:02
	モンク・コニストン Monk Coniston	10:28	11:28	12:28		13:28	14:28	15:28	16:28		17:28	18:28
	コニストン着 **Coniston**	10:33着	11:33着	12:33着		13:33着	14:33着	15:33着	16:33着		17:33着	19:33着

ステージコーチ 505番	**コニストン発** **Coniston**	9:35発	10:45発	11:45発	12:45発	13:45発	14:45発	15:45発		16:45発	17:45発	18:45発
	モンク・コニストン Monk Coniston	9:41	10:51	11:51	12:51	13:51	14:51	15:51		16:51	17:51	18:51
	ホークスヘッド・ヒル Hawkshead Hill	9:48	10:58	11:58	12:58	13:58	14:58	15:58		16:58	17:58	18:58
	ホークスヘッド **Hawkshead**	9:55着	11:05着	12:05着	13:05着	14:05着	13:05着	16:05着		17:05	18:05	19:05
マウンテンゴート 525番	ヒルトップ Hill Top	10:40発	11:20発	12:00発	12:40発	14:00発	14:40発	16:00発	16:40発			
		10:47	11:27	12:07	12:47	14:07	14:47	16:07	16:47			
	フェリー・ハウス **Ferry House**	10:55着	11:35着	12:15着	12:55着	14:15着	14:55着	16:15着	16:55着		アンブルサイド着 18:18	
フェリー		10:35発	11:15発	11:55発	12:35発	13:15発	14:30発	15:10発	15:50発			
	ボウネス・ピア 3 **Bowness Pier 3**	10:45着	11:25着	12:05着	12:45着	14:25着	14:40着	15:20着	16:00着	ウィンダミア17:35		ウィンダミア20:03

料金表

		目的地	片道	往復
ボウネス・ピアから		フェリー・ハウス	£4.50	£7.50
		ヒル・トップ	£6.65	£11.80
		ホークスヘッド	£8	£13.60
ホークスヘッドから		ヒル・トップ	£3.20	£5.40
		フェリー・ハウス	£6.65	£11.80
		ボウネス・ピア	£8	£13.60

※時刻表、料金表のグレーの文字は2019年のデータ。2024年以降の再開は未定だが参考として掲載。
コニストン9:35発の便は土・日・祝のみ運行。ボウネス・ピア～ホークスヘッド間は夏期のみの運行

湖水地方 モデルルート

湖水地方の見どころは広範囲にわたっているが、路線バスやフェリーで行くことができる場所も意外と多い。

ウィンダミア発 自然満喫1日コース

午前

`09:09` ウィンダミア➡🚌➡ `09:45` グラスミア（昼食）
555番

まずはウィンダミアからケズィック行きのバスに乗り、グラスミアで下車。ワーズワースゆかりのダヴ・コテージとワーズワース博物館を見学し、グラスミア湖をお昼までゆっくりと散策。グラスミア名物のセイラ・ネルソンのジンジャーブレッド（→P.428）も試してみたい。

セイラ・ネルソンのジンジャーブレッド

`12:45` グラスミア➡🚌➡ `13:14` ケズィック
555番

`15:30` ケズィック➡🚌➡ `16:22` ウォーターヘッド・ピア
555番

`17:15` ウォーターヘッド・ピア➡⛴➡ `17:45` ボウネス・ピア
レッド・クルーズ

午後

ケズィック行きのバスに乗り終点で下車。ケズィックでは博物館を見学したり、キャッスルリッグ・ストーンサークルまで歩いてみるのもいい。ケズィックからケンダル行きのバスに乗りウォーターヘッド・ピア下車。ウォーターヘッド・ピアからフェリーに乗ってボウネス・ピアへ。ただし、冬期になるとこの便は運休となる。

キャッスルリッグ・ストーンサークル

ボウネス発 ビアトリクス・ポターゆかりの地をめぐる1日

※2023年はフェリーハウス～ホークスヘッドの525番バスが運休のため徒歩で行く

`8:00` ボウネス・ピア➡ `8:30` フェリー・ナブ➡⛴➡
カーフェリー

`8:40` フェリー・ハウス➡ `10:00` ヒルトップ

午前

ボウネス・ピアのバス停からフェリー・ナブまでは徒歩20～30分。カーフェリーに乗って対岸のフェリー・ハウスへ。湖を渡ったら道標に従ってフットパスを進む。普通に歩けば約1時間、ゆっくり歩くと1時間15分ほどでニア・ソーリー村のヒルトップに到着する。ヒルトップ内の見学は入場制限があるので、早めに予約しておくこと。

指折りの人気を誇るヒルトップ

`12:00` ヒルトップ➡ `12:30` モス・エクルズ湖 ➡ `14:45` ホークスヘッド

`15:05` ➡🚌➡ `15:42` ウィンダミア駅 `16:02` ➡🚌➡
505番　　　　　　　　　　　　　　　599番

`16:10` ボウネス・ピア➡ `16:15` ビアトリクス・ポターの世界

午後

午後はモス・エクルズ湖を経由してフットパスを通りホークスヘッドへ。2023年ビアトリクス・ポター・ギャラリーは閉館中のため、外観のみ見学。その後はウィンダミア行きのバスに乗りアンブルサイドのウォーターヘッド・ピア下車。フェリーに乗ってボウネス・ピアへ移動。ボウネスではビアトリクス・ポターの世界を見学する。ただし、ビアトリクス・ポターの世界の開館時間は夏期は17:30までだが、冬期は16:30まで。冬期に訪れる人は、ホークスヘッドには行かず、モス・エクルズ湖で引き返してボウネスに戻る。

ビアトリクス・ポターの世界

湖水地方 現地発着ツアー

ウィンダミア発着のツアーなら予約すればホテルまで迎えに来てくれる。❼でも予約可能。

ウィンダミア発着

10の湖巡り
Ten Lakes Spectacular

4～10月 9:45発 所要7時間45分 闘£60
11～3月 9:30発 所要6時間30分 闘£48

湖水地方北部のハイライト。グラスミア湖、ダーウェント湖、バタミア湖、サルミア湖など10の湖を巡り、ダーウェント湖ではクルーズも楽しむ。そのほかキャスルリッグ・ストーンサークル、グラスミアなどにも訪れる。

ビアトリクス・ポターお気に入りの田舎
Beatrix Potter's Favourite Countryside Tour

4～10月 12:00発 所要4時間 闘£50

ピーターラビットゆかりの場所を巡る、午後からの半日ツアー。公共交通機関では行きづらいヒルトップ、ホークスヘッド、ターン・ハウズ、ウィンダミア湖（クルーズ）などを観光する。

ハイ・アドベンチャー
The High Adventure

4～10月 9:30発 所要8時間 闘£60

湖水地方西部の見どころを網羅した定番ツアー。エスクデイル、マンカスター城などを訪れ、レイヴェングラス・エスクデイル鉄道の保存鉄道にも乗車する。

マウンテン・ゴート・ツアーズ
Mountain Goat Tours
☎(015394)45161 URL www.mountain-goat.com
集合場所：ウィンダミアの❼（アンブルサイドやグラスミアなどからも送迎サービスがある） ◎予約必須

ロンドン発着

日本人ガイド付き 湖水地方1泊2日手ぶらの旅

4/24～10/12の日～水午前ロンドン発 所要2日
闘£450（1人部屋追加料金£100。延泊は1泊£130）

日本人ガイド付きのツアー。ロンドンのユーストン駅を出発し、昼頃湖水地方に到着。午後から湖水地方南部（ヒルトップに入場観光、ホークスヘッド、コニストン湖など）を半日観光。2日目の午前中は湖水地方北部を回る半日観光。午後はボウネスで自由時間。夕方発の列車でロンドンに戻る。

パーク・ツアーズ・ロンドン Park Tours London
☎(020)3589 5087
URL parktourslondon.com ◎予約必須

湖水地方日帰りツアー

月～土8:00 所要13時間30分 闘£259～

8:00にユーストン駅に集合し、列車で湖水地方のオクセンホルム・レイク・ディストリクト駅に。到着後、現地英語ガイドの案内でホークスヘッドで自由時間（夏期のみヒルトップに入場観光）。その後ウィンダミア湖クルーズでボウネスへ。最後にリンデス・ハウ・ホテルでのクリームティーを楽しむ。21:20にユーストン駅到着予定。ホテルに1泊（送迎なし）してロンドンに戻るプランもある。

エヴァン・エヴァンズ・ツアーズ Evan Evans Tours
☎(020)7932 8385
URL evanevanstours.com ◎予約必須

---

info

美しい自然や文化遺産を保存する
ナショナル・トラストって何？

イギリスを旅していてよく耳にするのが「ナショナル・トラストNational Trust」という言葉だ。ナショナル・トラストとは1895年に発足した民間非営利団体であり、イギリス国内の歴史的建造物や美しい庭園、国立公園などを守っていこうと活動している文化保護協会のことをいう。現在では歴史的建造物やイギリス式庭園をはじめ、自然保護区、産業遺構など、350以上の物件がナショナル・トラストの管理のもと、保存・運営されている。

ナショナル・トラストのおもしろいところは、歴史的遺産を博物館として保存するだけではなく、ホテルやカフェなどとして実際に利用しながら保存していること。例えば貴族が暮らしていたマナーハウスや、中世から続く醸造所などが、「生きた遺産」として守られているわけだ。

この章で紹介している湖水地方の多くの建物や自然はナショナル・トラストの管理下にある。もともとナショナル・トラストの創始者のひとりカノン・ローンズリーは湖水地方在住の牧師であった。『ピーターラビット』の作者ビアトリクス・ポター P.609は、絵本の収入で湖水地方の土地を買い取り、そのすべてを当時のままの姿で維持するという条件でナショナル・トラストに託した。すべてとは15の農場と16.19kmの土地（東京ドーム約344個ぶん）、そして数々のコテージである。それも自分が生涯愛してきた大自然が開発によって壊されることを防ぐためであった。そのために湖水地方は100年以上の時を経ても、当時と変わらぬ美しさを保っている。ナショナル・トラストが管理する遺産にはペンザンスのセント・マイケルズ・マウント、ヨークシャー・デイルズのファウンテンズ・アビーなどもある。

一日で湖水地方北部を網羅する
10の湖巡り

ウィンダミアを出発〜アルズ湖

湖水地方で最も美しい湖といわれている

ウィンダミアの **i** を出発。事前にツアー会社に予約しておけばホテルまで迎えにきてもらえる。ウィンダミアから北へカークダン峠を越え、ブラザーズ湖を通過すると、10:45ぐらいに湖水地方で2番目に大きいアルズ湖に到着。しばらく、アルズ湖を眺めたらケズィックの町へと移動する。

ダーウェント湖クルーズ〜ランチ

ワーズワースがハネムーンを過ごしたというホテル・ライダルを経由してケズィックへ。周辺にあるダーウェント湖のクルーズを楽しんだ後、約1時間のランチ休憩。その後ダーウェント湖西岸の絶景スポット、サプライズ・ビューへ。ここからはダーウェント湖とバッセンスウェイト湖を同時に見渡すことができる。

サプライズ・ビューからの眺めは壮大!

ホニスター峠〜ストーン・サークル

ダーウェント湖を楽しんだら、今度はバタミアへと移動する。途中にある標高356mのホニスター峠は湖水地方で最も険しい峠のひとつ。峠を越すと、バタミア湖とクローマック湖が広がっている。その後はケズィック方面に戻り、郊外のキャッスルリッグ・ストーンサークルへ。古代の人々が作ったとされる環状列石を見学しよう。その後サルミア湖を経由してグラスミアの村へ。

ホニスター峠は最大傾斜が25度もある

グラスミアの村を散策

最後はグラスミアの村を訪れる

グラスミアはワーズワース P.610 が愛した村として知られており、のんびりとした雰囲気があふれる。ここでは約20分のフリータイムとなっている。おみやげはセイラ・ネルソンのジンジャーブレッド（→P.428）がおすすめ。最後はグラスミア湖、ライダル湖の風景を楽しみながらウィンダミアへと戻る。

協力：マウンテン・ゴート・ツアーズ（→P.421）

湖水地方

湖水地方西部のスリリングな高山道を走る！
ハイ・アドベンチャー

ワイノーズはこのあたりでは最も標高の高い峠

出発～ワイノーズ峠

ウィンダミアの**❶**を出発して約1時間。牧場や小さな峠をいくつか越えて標高311mにあるワイノーズへ。頂上に到着したら壮大な景色を眺めながらティータイム。ドライバーさんが紅茶とクッキーを用意してくれる。風を受けながらのんびりと絶景を楽しもう。ここからはスリリングな山道を下っていく。

車は大地をへばりつくように進む

ハードノット峠～ブート

ワイノーズ峠からは狭くて起伏の激しい高山道を30分ほど走る。この周辺は最もスリリングで刺激的！　居眠りなんかできないだろう。峠を越えたらブートBootという小さな村でランチ。村にある小さなパブ、ブート・インで食べるのもいい。

おもちゃのようにかわいらしい車両

レイヴェングラス・
エスクデイル鉄道

昼食を終えたら、軌間15インチの小さな鉄道に乗る。屋根を付けていない車両もあるので、360°の壮大なパノラマを楽しむことができる。エスクデイルからアートン・ロードまでの30分間、のんびりと風景を楽しもう。

※2023年は旅程に含まれない。
2024年以降は未定。

神秘的な雰囲気がまた魅力

ワスト湖

アートン・ロードからイングランドで最も深い湖であるワスト湖へ。水深は79mほど。イギリスのテレビ番組でイギリス・ベスト・ビューに選ばれたこともある。しばらく滞在した後、マンカスター城へと移動。

中世の雰囲気を現在に残す

マンカスター城

マンカスター城は14世紀に建てられた美しい庭園をもつ。ここにはフクロウ保護で有名なワールド・アウル・トラストWorld Owl Trustも併設されている。ここでは1時間ほど滞在し、コニストン湖を経由してウィンダミアに戻る。

協力：マウンテン・ゴート・ツアーズ（→P.421）

423

詳細ガイド ビアトリクス・ポター ゆかりの見どころ巡り

1866年にロンドンの裕福な家庭に生まれ育ったビアトリクス・ポター ☞P.609は少女時代に家族とともに湖水地方を訪れた。その時にポターが飼っていたうさぎの名前がピーター。物語を読めば、挿し絵の背景が、ニア・ソーリー村に今なお残っていることに気づく。イラストに描かれた美しい風景を探しに湖水地方を巡ってみよう。

ケズィック
ダーウェント湖
絵本と同じ風景が見られる
セント・ハーバート島

ポターが愛した湖
モス・エクルズ湖

アンブルサイド

ポターが所有していた湖
ターン・ハウズ

コニストン　ホークスヘッド

ウィンダミア

ピーターラビットの世界を冒険!
ビアトリクス・ポターの世界

ポターの家
ヒルトップ

ウィンダミア湖　ボウネス

ファン必見のアトラクション
ビアトリクス・ポターの世界
The World of Beatrix Potter Attraction

ボウネス　Map P.413 右下 -1

ビアトリクス・ポターの描いた物語の登場人物や、物語のシーンがそのまま再現されている、ピーターラビットファン必見のアトラクション。絵本の舞台や物語の内容、ポター女史の生涯を紹介する情報端末もあり、日本語にも対応している。キャラクターグッズのショップも併設している。

ポターが過ごした小さな家
ヒルトップ　*Hill Top*

ニア・ソーリー　Map P.431 中

ポターが77歳で亡くなるまで住んでいた家。屋内はポターが生前使っていた様子のまま広間や寝室が保存されており、各部屋には絵本が置かれ、挿絵のモデルになった場所が確認できるようになっている。

ポター女史お気に入りの散歩道
モス・エクルズ湖 Moss Eccles Tarn
`コニストン周辺　Map P.409-A2`

モス・エクルズ湖はニア・ソーリー村とホークスヘッドの間にある小さな湖。ポターが「私の湖」と称したことでも有名。

ポターの夫の弁護士事務所
ビアトリクス・ポター・ギャラリー
Beatrix Potter Gallery
`ホークスヘッド　Map P.431上`

ビアトリクス・ポターの夫が弁護士事務所として使用していた家屋だが、現在はナショナル・トラストが管理し、ポターの遺品や原画・写真を収めるギャラリーとして使用している。

ポターが所有した湖
ターン・ハウズ Tarn Hows
`コニストン周辺　Map P.409-A2`

ターン・ハウズは映画『ミス・ポター』にも登場する、湖水地方でも屈指の美しさを誇る湖。ポターが購入したことでも知られる。

絵本と同じ風景が広がる
セント・ハーバート島
St Herbert's Island
`ダーウェント湖　Map P.408-B2`

ケズィックの南にあるダーウェント湖中央に浮かぶ小島セント・ハーバート島は、ピーターラビット・シリーズ『りすのナトキンのおはなし』の舞台になっている。
　遊覧船が停泊するホウズ・エンド Hawes End からの景色は、作品中にそのままの形で描かれているので、見比べてみるのも楽しい。

D A T A

■ビアトリクス・ポターの世界
🏠Crag Brow, LA23 3BX
☎(015394)40874　URL www.hop-skip-jump.com
🕐夏期10:00〜17:30　冬期10:00〜16:30
休1月下旬〜2月上旬、12/25　料£9
■ヒルトップ
🚢🚌ボウネス・ピア3番発のボート(夏期を中心に運航)か、ボウネス・ピアの南にあるフェリー・ナブ発のカーフェリー(通年運行)でフェリー・ハウスへ行き、525番のミニバス(2023年は運休。夏期を中心に運行)に乗り換えヒルトップ下車。フェリー・ハウスから徒歩なら約40分。
🚌ホークスヘッドから525番のバス(2023年は運休。夏期を中心に運行)でヒルトップ下車。ホークスヘッドから徒歩なら約45分。
🏠Near Sawrey, LA22 0LF　☎(015394)36269
URL www.nationaltrust.org.uk 🚻
🕐10:00〜17:00 (2/18〜3/26 10:00〜16:00)
※ショップと庭園は12/18〜2/17以外は通年営業
休3/27〜7/2と9/11〜10/29の金、2/18〜3/26の木・金、11/4〜2/17

料£15 (ショップ入館無料、ガーデンのみ£5)
※内部保存のため入場制限あり。夏期は混み合うので予約がベター。
　フラッシュ不可
■モス・エクルズ湖
ニア・ソーリー村から徒歩で行く。中心部からは往復で2時間30分〜3時間30分程度。
■ビアトリクス・ポター・ギャラリー
🏠Main St., LA22 0NS
☎(015394)36355
URL www.nationaltrust.org.uk 🚻
※2023年は改装のため閉鎖
　内部撮影不可
■ターン・ハウズ
コニストンから徒歩で行く。中心部からは往復で3時間30分〜4時間30分程度。
■セント・ハーバート島
🚢ダーウェント湖の遊覧船(→P.417)に乗れば、島全体を眺めることができる。

詳細ガイド ロマン派詩人ワーズワース ゆかりの見どころ巡り

ロマン派を代表する詩人ウィリアム・ワーズワース（1770 ～ 1850 年）🔎 P.610 がその生涯を送り、彼の作品に計り知れない影響を与えたのは湖水地方の美しい自然だった。

当時の文学界にセンセーションを巻き起こした彼の作品の魅力は、万物の真の姿を追求し、それを簡潔に表現している点にある。これは当時、あまりにも画期的な表現方法だった。彼は湖水地方についてこのようにたたえている。

「ものを見る目と楽しむ心があるすべての人は、この地に来て分かち合う権利がある」と。

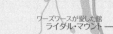

ワーズワースの生涯

ワーズワースはコッカーマスの裕福な家に生まれた。彼を生涯にわたり支え続けた妹ドロシーとともに、コッカーマスとペンリス、ホークスヘッドで少年時代を送った。長じてケンブリッジのセント・ジョンズ・カレッジに入学した彼は、1790 年の夏休みにフランスに旅行に行き、フランス革命におおいに影響を受けたという。その後、パブとして使われていたダヴ・コテージに引っ越し、ここで彼の創作活動は華の時代を迎えた。幼なじみのメアリーと結婚し、家族が増えたため、手狭になったダヴ・コテージを離れた。ワーズワースは 2 度の引っ越しを経て、ライダル・マウントに落ち着き、そこでその生涯を閉じた。彼はグラスミアのオズワルド教会裏側の墓地に、妻メアリー、妹ドロシーとともに葬られている。

オズワルド教会にはワーズワースとその家族が眠る墓がある

最盛期の作品が多く書かれた
ダヴ・コテージ＆ワーズワース博物館
Dove Cottage & Wordsworth Museum

グラスミア　Map P.428

この建物はもともとパブとして建てられ、現在は彼のパスポートやトランクケースなど、興味深い遺品が数多く展示されており、偉大な詩人の生活をのぞくようで楽しい。併設されたワーズワース博物館では彼の原稿や当時の絵画を見ることができる。ダヴ・コテージ内を巡る 25 分ほどのガイドツアー（英語）が行われており、チケット購入時にガイドツアーの開始時刻を教えてもらうことができる。また、このガイドツアーに参加すると日本語の解説シートを貸してくれるのでわかりやすい。ガイドなしの見学も可。

地図内ラベル：
コッカーマス
ウィリアムとドロシーの生家 ワーズワース・ハウス
ケズィック
ワーズワースが愛した館 ライダル・マウント
ワーズワースの仕事場 ダヴ・コテージ
直筆原稿がある グラスミア ワーズワース博物館
アンブルサイド
ホークスヘッド　ウィンダミア
ワーズワースが青春時代を過ごした ホークスヘッド・グラマー・スクール
ボウネス

終の棲家となった
ライダル・マウント *Rydal Mount*

アンブルサイド周辺　Map P.429

アンブルサイドとグラスミアの間にある館。ワーズ
ワースが1813年に家族とともにこの地に来てから、晩
年亡くなるまでの37年間をここで過ごした。館内には彼
の遺品や肖像画、彼自身が描いた絵などが置かれてい
る。テラスやシェルターは、晩年の多くの作品を生み出
した場所だ。庭はワーズワースが自らデザインしたもので
あり、彼の自然に対する思いがこの風景式庭園から垣間
見られる。勾配のきつい坂の上にあり、ライダル湖を望む
ことができる。

ワーズワースが通った中学校
ホークスヘッド・グラマー・スクール
Hawkshead Grammar School

ホークスヘッド　Map P.431上

ワーズワースゆかりのこの学校はヨーク大司教であるエド
ウィン・サンズ Edwin Sandys によって 1585 年に建てられた。
1 階の教室にある机にはワーズワースと弟のジョンが彫った落
書きが残っている。2 階は校長室と展示室がある。開館中でも
保存のために入口の大きなドアが閉められているので、ちょっ
とややこしい。

オレンジ色の大きな家
ワーズワース・ハウス *Wordsworth House*

コッカーマス　Map P.430

ワーズワース生誕の地、コッカーマスに残る生家。ワーズ
ワースと彼の妹ドロシーが生まれたジョージ王朝風の大きな
家では、彼の遺品を説明付きで展示している。公開している
のは夏期のみ。

DATA

■ダヴ・コテージ&ワーズワース博物館
住Dove Cottage, LA22 9SH
TEL(015394)35544　URLwordsworth.org.uk
開10:00～17:00 (冬期10:00～16:00)
休9月の月曜、10月～3月中旬の日・月、12/24～26、
1/1～15
料£14　学生£10.50 (博物館のみ£11、学生£9)
　フラッシュ不可

■ライダル・マウント
アンブルサイドとグラスミアの間にある。バス555、
599番でライダル・チャーチRydal Church下車、バス停
の前から延びる坂を200mほど上った左側。
住Rydal Mount, LA22 9LU
TEL(015394)33002　URLwww.rydalmount.co.uk
開10:30～16:00 (冬期短縮)
休金、12月末～1月
料£12.50　庭のみ£5　内部撮影不可

■ホークスヘッド・グラマー・スクール
住Hawkshead, LA22 0NT
TEL(015394)36674
URLwww.hawksheadgrammar.org.uk
開11:00～16:00
休火・水、11～3月
料£4

■ワーズワース・ハウス
住Main St., CA13 9RX
TEL(01900)824 805
URLwww.nationaltrust.org.uk
開10:00～16:00 (ガーデンは16:30まで)
休木・金、11/6～3/31
料£8.50
　フラッシュ不可

ワーズワースが生涯で最も愛した地
グラスミア
Grasmere

ワーズワース 📖 P.610 がその生涯のなかで最も愛したこの地は、彼の眠る場所でもある。彼が過ごしたダヴ・コテージは村の南側にあり、橋のたもとにあるオズワルド教会にはワーズワースと妻メアリー、彼の妹ドロシーが眠る墓地がある。教会内のイチイの木は彼が植えたものだ。オズワルド教会からイン・アット・グラスミアThe Inn at Grasmereがあるあたりが町の中心部で、みやげ物店が並ぶ。クルーズやウオータースポーツでにぎわうウィンダミア湖に比べ、ひっそり緑の中にたたずむグラスミア湖の静けさは格別だ。時間があれば湖畔の遊歩道を散歩したい。

村の南に広がるグラスミア湖

おすすめルート

ダヴ・コテージ
↓
ワーズワース博物館
↓
オズワルド教会
↓
セイラ・ネルソンの
ジンジャー・ブレッド

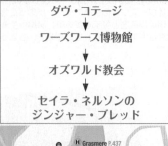

グラスミア湖

セイラ・ネルソンのジンジャーブレッド
Sarah Nelson's Grasmere Gingerbread

ワーズワースもお気に入りだったという、ほんのりショウガの香りがするジンジャーブレッド（パンというより黒糖菓子に近い）の名店。ここは1854年創業で、グラスミアの観光名所にもなっている。おみやげにもピッタリ。

🏠Church Cottage, LA22 9SW
☎(015394)35428
URL www.grasmeregingerbread.co.uk
📖イースター〜10月後半9:15〜17:30
　2月後半、10月後半〜12月
　　9:15〜17:00
　1月〜2月前半9:15〜16:30
休聖金曜、12/24〜26
━━A D J M V

グラスミア・ティー・ガーデンズ
Grasmere Tea Gardens

ロゼイ川River Rothayに面した好立地のカフェテリアで、川沿いのテラス席からは、横にあるオズワルド教会を眺めることができる。スコーンやケーキを食べながら、ひと休みするのに最適。食事はスープ、サンドイッチ£7.30やパニーニ£7.95といった軽食のみ。

🏠Stock Ln., LA22 9SN　☎(015394)35590
📖夏期10:00〜16:30　冬期10:00〜15:00
休12/25　━━M V　🌐店内可

ハーディー
Herdy

ハーディーとは「ハードウィック・シープ」の愛称で、湖水地方で飼われている羊のこと。ビアトリクス・ポター（P.424）らが絶滅の危機から救った種としても知られる。このショップではハーディーをモチーフとしたマグカップやキッチン用品など可愛らしいデザインのグッズが多く揃い、マフラーやバッグなどウール製品も扱う。売上の一部は寄付されている。

🏠College St., LA22 9SZ
☎(015394)35051　URLherdy.co.uk
🕐10:00〜17:30　休1/1、12/25
－ＡＭＶ

■グラスミアへの行き方
ウィンダミアから555番と599番、ケズィックから555番のバスが運行（時刻表→P.419）。

オズワルド教会
St Oswald's Church

村の中心に建つこの教会はワーズワースとその家族の墓があることで有名。この地に初めて教会が作られたのは7世紀頃で、その後何度か増改築され、現在の姿になったという。ワーズワースの墓があるのは墓地の東側。

ボールドリーズ
Baldry's

イン・アット・グラスミアの近くにある小さなティールーム。紅茶のフレーバーの数に関してはグラスミアでも一番。料理も提供しており、サンドイッチなど、軽食メニューが充実している。宿泊できる客室もある。

🏠Red Lion Sq., LA22 9SP　☎(015394)35301
URLbaldrysgrasmere.com　🕐10:00〜16:30　休1/1、1/5〜1/26、12/25・26　－ＡＭＶ　📶店内

🚶 walk

ワーズワースの愛した風景を求めて
グラスミアからライダルマウントへ

ライダル湖の南を進むルートは平地と丘、ふたつのフットパスが並行している。どちらでも好きなほうを進もう。

ロマン派の詩人ウィリアム・ワーズワース。彼が居を構えたダヴ・コテージとライダル・マウントの間はフットパスが整っており、幾とおりもの方法で行くことができる。ここではグラスミア湖とライダル湖沿いに進みながら、ワーズワースが賛美した湖水地方の自然をこころゆくまで楽しもう。

まず、ダヴ・コテージまでやってきたら、グラスミア湖を右に見ながら進む。グラスミア湖を過ぎたら小川を通り、ライダル湖へ。途中でフットパスが2つに分かれてしまうが、どちらでもライダル・マウントへと行けるのでご安心を。ライダル・マウントの前からはバスも出ている。

小川沿いの道をとおり、グラスミア湖からライダル湖へ移動。途中林を抜けるので、道標に従い迷わないように。

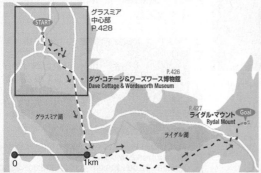

グラスミア
中心部
P.428

START

P.426
ダヴ・コテージ&ワーズワース博物館
Dave Cottage & Wordsworth Museum

P.427
ライダル・マウント　Goal
Rydal Mount

グラスミア湖

ライダル湖

0 ——— 1km

■コース詳細
スタート地点:グラスミア
往復所要時間:1.5〜2.5時間
総延長:5km　高低差少ない

湖水地方北部の商業都市

コッカーマス
Cockermouth

　ケズィックの北西13km、コッカーマスはワーズワース P.610 を生んだ歴史ある町。コッカーマスの語源はコッカー川に由来する。ローマ時代からここには町があったが、中世になるとマーケットが開かれるようになり、大きく発展した。

通りにはカラフルな家々が並ぶ

ダーウェント川
River Derwent

コッカー川

コッカーマス城
(個人宅)

J. B. バンクス＆サン
J. B. Banks & Son

パーシー・ハウス
Percy House

Castle Bar R

River Cocker

P.427
ワーズワース・ハウス
Wordsworth House

N

Main St.

Station St.

0　　100m

J. B. バンクス＆サン
J. B. Banks & Son

　1836年にジョン・バンクスによって設立された工具店で、いまなお営業を続けている老舗。店の奥がヘリテージ・ミュージアムになっており、観光客に無料で開放している。1階にはアンティークの工具や古い鍵のコレクション、2階にはジョン・バンクスの油絵や各時代のタイプライターなどが置かれている。現役の工具店なので、1階の店の様子を見てみるのもおもしろい。

アンティークの工具が並ぶ2階の展示室

🏠13-14 Market Pl., CA13 9NH
☎(01900)822 281
🌐www.jbbanks.co.uk
🕐ショップ9:00～17:00　展示室9:00～16:00
休日　料無料

■コッカーマスへの行き方
ケズィックからはX4、X5番のバス（時刻表→P.419）

パーシー・ハウス
Percy House

2階の天井に残る石膏細工

　1598年にノーザンバーランド公のヘンリー・パーシーによって建てられたとされるが、近年の研究によってその歴史は14世紀にまで遡ることがわかった。内部はショップ＆ギャラリーとして使用されており、2階に残る梁部分などは創建当時のものだそうだ。

🏠38-42 Market Pl., CA13 9NG
☎(01900)829 667　🌐www.percyhouse.co.uk
🕐10:00～17:00（祝11:30～15:00）
休日、12/25·26　料無料

キャッスル・バー
The Castle Bar

　16世紀頃は裕福な商人の邸宅、19世紀以降はホテルとして使われいた建物を改装したパブ。店内は広々で、6種の地ビールを楽しむことができる。

🏠14 Market Pl., CA13 9NQ　☎(01900)829 904
🌐www.castlebarcockermouth.co.uk
🕐16:00～22:00（金16:00～23:00、土13:00～23:00、日13:00～21:00）　休無休　—MV　📶不可

湖水地方の小さな村

Map P.409-A2

ポターとワーズワースゆかりの

ホークスヘッド
Hawkshead

ウィンダミア湖とコニストン湖の間にある小さな村。ビアトリクス・ポター・ギャラリーはホークスヘッドのバス停前からメイン・ストリートMain St.を北に進んだ右側。ワーズワースが通った学校は町の南側に位置する。

丘の上に立つ聖マイケル教会

ホークスヘッド

アンブルサイドへ
ビアトリクス・P.425
ポター・ギャラリー
Beatrix Potter Gallery

Red Lion Sq.

Market Sq.

タウン・ホール

Main St.

0　　200m

P.427
ホークスヘッド・グラマースクール
Hawkshead Grammar School
W.C

湖水地方の小さな村

Map P.409-A2

ピーターラビットの絵本の舞台

ニア・ソーリー
Near Sawrey

ビアトリクス・ポターの家、ヒルトップがあるニア・ソーリーは、世界中のピーターラビットのファンが集う場所。ヒルトップをはじめ、村のあちこちにはポターの描いた挿絵の数々の背景がそのままの形でいまも残っており、イラストに描かれた建物を利用したホテルやパブもある。ヒルトップ P.424 は入場制限があるので、なるべく早めに訪問するようにしよう。

『あひるのジマイマのおはなし』に登場するイン

ニア・ソーリー

P.425
モス・エクルズ湖へ

ホークスヘッドへ

0　　50m

フェリーハウスへ

ヒルトップの
チケット売り場

H Buckle Yeat

R Tower Bank Arms

P.424 ヒルトップ
Hill Top

ヒルトップ入口
みやげ物屋

🚶
walk

らくらくウォークで行く絶景ビュー

アンブルサイドからジェンキンズ・クラッグへ

　アンブルサイドのパノラマポイントとして挙げられるのが、ジェンキンズ・クラッグ。出発はアンブルサイドの南側ウォーターヘッドからだ。牧草地を越えると周囲は木々が生い茂る小径が続くが、ジェンキンズ・クラッグの周りだけは木々がなく、ウィンダミア湖を一望できる。見晴らしがすばらしい半面、岩の地面は滑りやすいので注意しよう。

アンブルサイドへ

ウォーターヘッド
P.414右

START
H
The Waterhead

ウォーターヘッド・ピア
Waterhead Pier

Goal

0　　500m

ジェンキンズ・クラッグからの眺め

■コース詳細
スタート地点:アンブルサイド
往復所要時間:30分
総延長:1Km　高低差:少ない

PUBLIC FOOTPATH
JENKINS CRAG

ウォーターヘッドからは標識があるので、それに従って進むこと

■ウィンダミア・ジェッティ博物館

住Rayrigg Rd., LA23 1BN
TEL(01539)637 940
URLlakelandarts.org.uk
開4~10月10:00~17:00
　11~3月10:00~16:00
休1月に2週間程度、12/25·26
料£9　学生£7
　ボートトリップ£10（夏期のみ）

湖沿岸では数少ない現代建築の建物

休憩に便利なレイクビューのカフェ

■キャッスルリッグ・ストーンサークル

ケズィックの町から徒歩約30分。見学も含めた2時間はみておこう。あるいは555番のバスでCastle Laneまで行き、そこから徒歩で約10分。　開随時　料無料

神秘的な環状列石

■ケズィック博物館

住Fitz Pk., Station Rd., CA12 4NF
TEL(017687)73263
URLkeswickmuseum.org.uk
開10:00~16:00　※最終入場15:30
休1/1、12/25·26、12/31~1/15
料£5　学生£3

■鉛筆博物館

住Southey Works, CA12 5NG
TEL(017687)73626
URLwww.derwentart.com
開9:30~17:00　※最終入場16:00
休1/1、12/25·26、11~3月の月·火
料£6.25　学生£5.45

黒い建物が目印

湖水地方のボートの歴史を垣間見る　**Map P.413左下**　ボウネス

ウィンダミア・ジェッティ博物館
Windermere Jetty Museum

　ウィンダミア湖畔にあった旧蒸気船博物館を改装し、2019年春にオープン。ボート産業が栄えた湖水地方の歴史を学ぶことができる。メインとなる展示は、1850年製の世界最古の機械動力ボート、SLドリー SL Dollyをはじめ、この地で使われてきた数々のボートのコレクションだ。そしてもうひとつの目玉が、ここで修復されたエドワード朝時代の蒸気船オスプレイOspreyでウィンダミア湖をのどかに遊覧するヘリテージボートトリップ。桟橋にはレッドクルーズのフェリーも発着するので、ボウネスからフェリーで訪れるのもいい。湖の美しい景色を眺めることができるカフェもある。

ボートのコレクションは40隻にも及ぶ

丘の上に立てられた環状列石　**Map P.408-B2**　ケズィック

キャッスルリッグ・ストーンサークル
Castlerigg Stone Circle

　キャッスルリッグは、卵形の石が48個並ぶストーンサークル。ストーンヘンジよりも規模は小さめ。このストーンサークルは3000~4000年前にスキッドウSkiddawとヘルブリンHelvellynの間にある丘に造られたといわれている。

ケズィックの産業から文化まで　**Map P.415-B1**　ケズィック

ケズィック博物館　Keswick Museum

　ヴィクトリア朝時代のケズィックの歴史や文化、湖水地方ゆかりの美術品を集めた博物館。湖水地方でも最も古い博物館のひとつ。200年にわたる観光地としての湖水地方の歴史と発展を解説している。

ヴィクトリア女王が演奏したこともあるミュージカル・ストーンズ

鉛筆の歴史がひとめでわかる　**Map P.415-A1**　ケズィック

鉛筆博物館　Pencil Museum

　ケズィックで150年以上前から鉛筆を造る、ダーウェント·ペンシル社の博物館。鉛筆の製作工程や珍しい鉛筆などが見られる。特に「世界一長い鉛筆」が展示の目玉。ギフトショップもあり、珍品を見つけることもできる。

HOTEL

湖水地方

緑に囲まれたマナーハウス
シダー・マナー Cedar Manor

マナーハウス　10室
Map P.413 上-A1　ウィンダミア

TV / 全室　ドライヤー 全室　冷蔵庫 全室　金庫 一部　駐車場 無料　Wi-Fi 無料

住Ambleside Rd., LA23 1AX
TEL (015394) 43192
URL www.cedarmanor.co.uk
♦/♦♦🛁 ➡📺£186〜
━MV
レストラン圖8:30〜10:00 13:30〜16:00
18:00〜20:00
　1854年に建てられた邸宅で、ホテル
の名前は庭にある大きなスギ（シダー）
にちなんでいる。客室は伝統的な装飾
で、使われている家具は地元のハンドメ
イド。ラウンジバーの雰囲気もよい。
レストラン　AAロゼット賞を獲得して
おり、季節ごとの新鮮な素材を使った
料理を楽しめる。メインメニューは£20
前後。朝食は宿泊客以外でも£15で出
している。

可愛らしいデザインが自慢
ウィンダミア・ブティック Windermere Boutique Hotel

高級　8室
Map P.413 左下　ウィンダミア

TV / 全室　ドライヤー 全室　冷蔵庫 全室　金庫 なし　駐車場 無料　Wi-Fi 無料

住Lake Rd., LA23 2EQ
TEL (015394) 44165
URL www.windermereboutiquehotel.co.uk
♦/♦♦🛁 ➡📺£250〜 ━MV
　部屋数は少ないが、ユニークな客
室でいつも人気の宿。すべての部屋
に名前が付けられており、色やテーマ
も異なっている。ジャクージやサウナ
を完備した客室もある。

ゲストハウス　14室　**Map P.413 上-B3**　ウィンダミア
ウッドランズ The Woodlands

住New Rd., LA23 2EE
TEL (015394) 43915
URL www.woodlands-windermere.co.uk
♦/♦♦🛁 ➡📺£100〜
━ADJMV

TV / 全室　ドライヤー 全室　冷蔵庫 全室　金庫 なし　駐車場 無料　Wi-Fi 無料

客室はクラシック風やタータン柄な
ど一つひとつが異なる装飾。朝食を取
る部屋は日当たりがよく、ラウンジもあ
ってくつろげる。

ゲストハウス　6室　**Map P.413 上-C3**　ウィンダミア
ケニルワース Kenilworth Guest House

住Holly Road, LA23 2AF
TEL (015394) 44004
URL www.kenilworthguesthouse.co.uk
♦🛁 ➡📺£67〜　♦♦🛁 ➡📺£100〜
━MV

TV / 全室　ドライヤー 一部　冷蔵庫 全室　金庫 全室　駐車場 無料　Wi-Fi 無料

親切な夫妻が経営。タオルやマット
などは上質なものを使用し、夫妻の細
やかな気遣いもすばらしい。朝食は
£7.50で、部屋に届けてくれる。

ゲストハウス　10室　**Map P.413 上-B2**　ウィンダミア
ジェリコズ Jerichos Boutique Accommodation

住College Rd., LA23 1BX
TEL (015394) 42522
URL www.jerichos.co.uk
🛁 ➡📺£75
♦♦🛁 ➡📺£120〜158 ━ADJMV

TV / 全室　ドライヤー 全室　冷蔵庫 全室　金庫 なし　駐車場 無料　Wi-Fi 無料

家族経営のアットホームなゲストハウ
ス。部屋数も多く、モダン・ブリティッシ
ュ風の内装。ブレックファスト・アワード
の受賞歴あり。週末は2泊以上。

ゲストハウス　10室　Map P.413 左下　ウィンダミア
セント・ジョンズ・ロッジ　St John's Lodge

TV　📶　🔑　📷　P　📶Wi-Fi
全室　全室　全室　全室　無料　無料

住Lake Rd., LA23 2EQ
☎078 2794 1669
URL hotelinwindermere.net
🛏♦♦🛏🖥£90〜180
━ＡＤＪＭＶ

寝具、調度品、備品などいずれも高い基準のものを使用し、客室のデザインにもこだわった高級ゲストハウス。25種類から選べる朝食はブレックファスト・アワードも受賞している。

ゲストハウス　6室　Map P.413 上-C2　ウィンダミア
オータム・リーブズ　Autumn Leaves Guest House

TV　📶　🔑　📷　P　📶Wi-Fi
全室　全室　全室　なし　無料　無料

住29 Broad St., LA23 2AB
TEL (015394) 48410
URL www.autumnleavesguesthouse.co.uk
🛏♦🛏🖥£45〜
🛏♦♦🛏🖥£75〜
━ＭＶ

閑静な立地の小さくてかわいらしいゲストハウス。柔らかな日差しが差し込む天窓付きファミリールームがおすすめ。地元スパを割引料金で利用できる。

Recommended

スパ施設が充実した湖畔の老舗
オールド・イングランド
The Old England Hotel & Spa

高級　106室
Map P.413 右下-2　ボウネス

TV　📶　🔑　📷　P　📶Wi-Fi
全室　全室　全室　全室　有料　無料

住23 Church St., LA23 3DF
TEL (015394) 87890
URL www.macdonaldhotels.co.uk
🛏♦♦🛏🖥£179〜
━ＡＤＭＶ
レストラン圏18:30〜20:00

ボウネス・ピアの北に建っており、すぐ横がウィンダミア湖という好立地。ヴィクトリア調の外観と、豪華な内装が長い歴史を感じさせる。プールとスパも併設しており、マッサージの種類も豊富。レイクビューや天蓋付きベッドの部屋は追加料金。

テラスラウンジ　ウィンダミア湖を一望しながらアフタヌーンティー£25（12:30〜21:00）が楽しめる。レストランもある。

Recommended

ポターお気に入りの場所を改装したホテル
リンデス・ハウ　Lindeth Howe

高級　34室
Map P.413 左下　ボウネス近郊

TV　📶　🔑　📷　P　📶Wi-Fi
全室　全室　全室　受付　無料　無料

住Lindeth Dri., Longtail Hill, LA23 3JF
TEL (015394) 45759
URL www.lindeth-howe.co.uk
🛏♦♦🛏🖥£122〜
━ＡＪＭＶ
レストラン圏12:00〜21:00

ボウネスの埠頭から徒歩15分。緑豊かな広大な敷地に建てられたカントリー・ハウス。ビアトリクス・ポターお気に入りの場所で、母親の住居として実際に所有していた。ジム、サウナ、スイミングプールなど設備も充実。週末は2泊以上滞在が必要。

レストラン　地元の食材を使った料理を味わえる。14:00〜17:00のアフタヌーンティーは£19.95。

湖水地方

ビールの醸造所があるホテル
ワイルド・ボア The Wild Boar

高級　34室
Map P.409-B2　ボウネス近郊

📺 全室　🚿 全室　🧴 全室　▢ なし　🅿 有料　📶Wi-Fi 無料

🏠Crook Rd., LA23 3NF
☎(015394)45225
URLenglishlakes.co.uk
🛏/🛏🛏🖥🔲📲▢£134〜
—ＡＭＶ
レストラン圏8:00〜10:00、12:00〜16:00、17:30〜20:30

　ボウネスの東5kmほど。町から離れているぶん、自然に囲まれた美しい環境で、広大な敷地はのんびりウオーキングするのにぴったり。併設するレストランは、日本人ツアー客が利用することも多い。
レストラン　自家製ビールや燻製小屋で作られたスモークサーモンなどが楽しめる。バーでは110種以上のウイスキーを揃える。

高級　30室　Map P.409-B2　ボウネス近郊
ギルピン・ロッジ Gilpin Lodge & Lake House

🏠Crook Rd., LA23 3NF
☎(015394)88818
URLthegilpin.co.uk
🛏/🛏🛏🖥🔲📲▢£305〜
—ＡＭＶ

📺 全室　🚿 全室　🧴 全室　▢ 受付　🅿 　📶Wi-Fi 有料

　ボウネスから車で5分。ルレ・エ・シャトー加盟の最高級カントリーハウス。ミシュランの星を獲得しているレストランでは周辺の農家から届く新鮮な素材を使っている。

高級　62室　Map P.413 右下-2　ボウネス
ベルズフィールド The Belsfields Hotel

🏠Kendal Rd., LA23 3EL
☎(015394)42448
URLthebelsfieldhotel.com
🛏/🛏🛏🖥🔲📲▢£219〜
—ＡＤＪＭＶ

📺 全室　🚿 全室　🧴 全室　▢ 全室　🅿 無料　📶Wi-Fi 無料

　手入れされた広い庭が自慢。併設のレストランからは湖が一望できる。客室の内装はデザイナーが手がけ、25室がレイクビューとなっている。

中級　17室　Map P.413 右下-2　ボウネス
クランリー The Cranleigh

🏠Kendal Rd., LA23 3EW
☎(015394)43293
URLwww.thecranleigh.com
🛏/🛏🛏🖥🔲📲▢£130〜570
—ＡＭＶ

📺 全室　🚿 全室　🧴 全室　▢ 全室　🅿 無料　📶Wi-Fi 無料

　中心から少し離れた位置にあるブティックホテルで、数々の受賞歴を誇る。客室の内装はそれぞれテーマカラーが異なる。素材にこだわった朝食も自慢。

中級　84室　Map P.413 右下-2　ボウネス
レイクス Lakes Hotel & Spa

🏠Lake Rd., LA23 3HH
☎(015394)42211
URLlakeshotel.co.uk
🛏/🛏🛏🖥🔲📲▢£200〜
—ＭＶ

📺 全室　🚿 全室　🧴 全室　▢ 全室　🅿 無料　📶Wi-Fi 無料

　温水プールやサウナ、スパ、会議室などさまざまな設備が揃う中規模のホテル。レストランやバー、パブなどの飲食施設も充実している。

B&B　3室　Map P.413 右下-2　ボウネス
ナゴヤ Nagoya

🏠N4 Brackenfield off Kendal Rd., LA23 3HL
☎(015394)44356
Mailnagoya@btclick.com
🛏🖥📲▢£55〜　🛏🛏🖥📲▢£70〜
—不可

📺 全室　🚿 全室　🧴 全室　▢ なし　🅿 　📶Wi-Fi 無料

　ウィンダミア湖を見下ろす高台に建つ。ナゴヤという名称だが、英国人による経営。湖を眺めながら朝食を取れる。11〜2月は休業。週末は2泊以上。

英国で最も美しいバス停の目の前に建つ
ロウ・ウッド・ベイ Low Wood Bay

高級　131室
Map P.409-B2　ウォーターヘッド郊外

TV 全室｜ドライヤー 全室｜冷蔵庫 全室｜金庫 全室｜駐車場 有料｜Wi-Fi 一部無料

住 Low Wood Bay, Windermere, LA23 1LP
TEL (015394)33338
URL englishlakes.co.uk
🚹/🚹🚹 £139〜
J M V

ウィンダミア湖東岸最大のホテル。2019年内に全面改装が終了し、客室やレストラン、スパ施設などすべてがグレードアップした。

ユース　64室　Map P.414 右　ウォーターヘッド
YHAアンブルサイド YHA Ambleside

TV なし｜ドライヤー なし｜冷蔵庫 なし｜金庫 なし｜駐車場 無料｜Wi-Fi 1階部分

住 Waterhead, LA22 0EU
TEL 0345 371 9620
URL www.yha.org.uk
DOM £15〜　🚹/🚹🚹 £39〜
🚹/🚹🚹 £49〜　M V

桟橋に面しており、眺めがすばらしい。レストランやカフェバー、洗濯用のドライルームも併設。朝食はコンチネンタル£5.95、ビュッフェ £9.95。

B&B　10室　Map P.409-A1　アンブルサイド
エルダー・グローヴ Elder Grove Bed & Breakfast

TV 全室｜ドライヤー 全室｜冷蔵庫 全室｜金庫 なし｜駐車場 無料｜Wi-Fi 無料

住 Lake Rd., LA22 0DB
TEL (015394)32504
URL www.eldergrove.co.uk
🚹 £53〜　🚹🚹 £106〜
J M V

町の中心からレイク・ロードを南に進んですぐ右側にある。数々の受賞歴を誇るB&Bで、客室は一つひとつ装飾が異なり、清潔感にあふれる。

ゲストハウス　8室　Map P.414 左　アンブルサイド
メルローズ Melrose Guest House

TV 全室｜ドライヤー 全室｜冷蔵庫 全室｜金庫 なし｜駐車場 無料｜Wi-Fi 無料

住 Church St., LA22 0BT
TEL (015394)32500
URL www.melrose-guesthouse.co.uk
🚹 £72〜　🚹🚹 £120〜
J M V

チャーチ・ストリート沿いにあり、その中でも高品質のサービスと設備を誇っている。客室はどの部屋も明るく、家具にもこだわりとセンスを感じる。

静かな環境と充実した設備
ワーズワース The Wordsworth Hotel & Spa

高級　38室
Map P.428　グラスミア

TV 全室｜ドライヤー 全室｜冷蔵庫 全室｜金庫 なし｜駐車場 無料｜Wi-Fi 無料

住 Grasmere, LA22 9SW
TEL (015394)35592
URL thewordsworthhotel.co.uk
🚹 £119〜　🚹🚹 £139〜
A M V

湖水地方を代表するホテルのひとつ。クラシカルな外観ながら2つのレストラン、サウナやジャクージを備えたスパ施設など設備の充実ぶりが際立つ。2023〜24年に改装予定。

ユース　20室　Map P.428　グラスミア
YHAグラスミア・ブーサーリップ・ハウ YHA Grasmere Butharlyp How

TV なし｜ドライヤー 受付｜冷蔵庫 なし｜金庫 なし｜駐車場 無料｜Wi-Fi 受付周辺

住 Easedale Rd., LA22 9QG
TEL 0345 371 9319
URL www.yha.org.uk
🚹/🚹🚹 £30〜
キャンプ£10
※2023年はドミトリー休止
M V

バス停前から延びるイースデール・ロードEasedale Rd.を150mほど行き、YHAの看板を右折した突き当たりにある。ヴィクトリア朝風の切石造りの建物は緑に囲まれており、環境はよい。

湖水地方

こぢんまりとした邸宅ホテル
グラスミア・ホテル Grasmere Hotel

中級　13室
Map P.428　グラスミア

📺 全室　🚿 全室　🍴 全室　なし　P 有料　📶 Wi-Fi 無料

🏠Broadgate, LA22 9TA
☎(015394)35277
URL www.grasmerehotel.co.uk
🛏️🍴💷£118〜　🛏️🍴💷£220〜
━MV

1871年に建てられた石造りの趣ある建物と、木々に囲まれた美しいガーデンが特徴。部屋はモダンな内装で、サービスの評判もいい。上記料金はコースディナーも含まれている。

ユース　26室　Map P.415-B2　ケズィック
YHAケズィック YHA Keswick

🏠Station Rd., CA12 5LH
☎0345 371 9746
URL www.yha.org.uk
DOM💷£35〜
3人部屋💷£50〜
━MV

📺 なし　🚿 なし　🍴 なし　なし　P なし　📶 Wi-Fi 一部

リバーサイドにありロケーションは抜群。レセプションのすぐ奥には川の見える気持ちのいいカフェもある。入口は橋の袂からグレタ川沿いに入っていった所にある。

300年以上前の建物を改装したホテル
キングズ・アームズ Kings Arms Hotel

中級　13室
Map P.415-B2　ケズィック

📺 全室　🚿 全室　🍴 全室　なし　P 有料　📶 Wi-Fi 無料

🏠Main St., CA12 5BL
☎(017687)72083
URL www.lakedistricthotels.net
🛏️/🛏️🍴💷£165〜
━ADMV
レストラン圏11:30〜14:30、17:00〜21:30

マーケット・プレイスにあり、立地条件は抜群。300年ほど前はコーチング・イン（馬車での旅行客の宿）だった。昔ながらのシックな英国調の調度品と造りが特徴。
レストラン　ダイニングレストランとラウンジバーがあり、レストランでは有名なビーフ＆ジェニングズ・エール・パイが食べられる。ラウンジバーでは、洗練された店内でカンブリアのエールやウイスキーを楽しめる。

ゲストハウス　11室　Map P.415-B2　ケズィック
エドワーディーン The Edwrdene

🏠26 Southey St., CA12 4EF
☎(017687)73586
URL edwardenekeswick.co.uk
🛏️💷£70〜
🛏️💷£120〜
━MV

📺 全室　🚿 全室　🍴 全室　なし　P なし　📶 Wi-Fi 無料

イングランド政府観光局が選ぶゴールド・アワードやブレックファスト・アワードを受賞。客室設備、朝食ともにクオリティが非常に高い。予約は原則2泊以上から。

ゲストハウス　5室　Map P.415-B1　ケズィック
スイス・コート Swiss Court Guest House

🏠25 Bank St., CA12 5JZ
☎(017687)72637
URL www.swisscourt.co.uk
🛏️/🛏️🍴💷£106〜
━MV

📺 全室　🚿 全室　🍴 全室　なし　P なし　📶 Wi-Fi 無料

B&Bが並ぶ通りの一角にある。ベッドリネンやタオルなど、使用するアメニティにもこだわりを感じさせる。上階の部屋は眺めもいい。原則2泊以上。

Map P.414 左　アンブルサイド

英国料理

オールド・スタンプ・ハウス　The Old Stamp House

地元の厳選された食材を調理するのは、カンブリア州の
ベストシェフにも選ばれたことがあるライアン氏。建物はかつ
ての切手販売所で、ワーズワースが切手分配事務官として
働いていたこともある。予算はディナーで£95〜（ドリンク
別）、ランチはコースが£55。

🏠Church St., LA22 0BU　☎(015394)32775　URLwww.
oldstamphouse.com　🕐12:30〜14:00 18:00〜21:00　休水の
ランチ、日・月・火、5/28〜6/6、7/29〜8/15　＝MV　令不可

Map P.413 上-C2　ウィンダミア

シーフード

フランシーヌズ　Francine's Restaurant

シーフードに定評があり、サーモン、ムール貝などを地中
海料理風の味つけで楽しむことができる。メインは£19.95
〜。メニューはパスタなどシーフード以外も豊富に揃うが、
ここではぜひシーフードをいただきたい。料理のラスト・オー
ダーは21:00。

🏠27 Main Rd., LA23 1DX　☎(015394)44088
URLwww.francinesrestaurantwindermere.co.uk
🕐18:00〜23:00　休月・日　＝MV　令不可

Map P.413 右下-2　ボウネス

イタリア料理

ヴィラ・ポジターノ　Villa Positano

入口は少し分かりづらいが、看板の奥に扉がある。イタリア
人シェフによる本格的な味は旅行者の間でも評判だ。前菜は
£5.50〜12.90、ピザは£10.50〜12。店のおすすめはパス
タ£11.50〜でスパゲッティ・マリナーラ£17.50が人気。

🏠Ash St., LA23 3EB　☎(015394)45663
🕐17:00〜20:30　休月・日
＝MV　令不可

Map P.413 右下-2　ボウネス

スペイン料理

ボデガ　Bodega

湖水地方では珍しいスパニッシュ・バー。小皿料理のタパ
スは50種類以上。1皿の量が少ないので日本の居酒屋のよ
うに注文できる。パエリャやチョリソ、カラマリなど、どれを
頼んでも納得の味。タパス1皿£3.25〜9.40。

🏠Ash St., LA23 3EB　☎(015394)46825
URLbodegabar.com　🕐12:00〜24:00　休無休
＝MV　令店内可

Map P.413 上-B1　ウィンダミア

クラフトビール
英国料理

クラフティ・バー　The Crafty Baa

クラフトビールやサイダー（シードル）を頼む人でいつもに
ぎわうバー。2018〜19年のパブ・オブ・ザ・イヤー（イング
ランド）にも輝いた。タップのほか、100種類ものクラフト
ビールのボトルを揃えている。つまみは£5〜。

🏠21 Victoria St., LA23 1AB　☎(015394)88002
URLthecraftybaa.business.site
🕐11:00〜23:00　休無休　＝MV　令店内可

Map P.414 左　アンブルサイド

タイ料理

ジンタナ　Jintana Thai Restaurant

町の中心にある本格タイ料理レストラン。コースメニュー
はふたりで£37.90〜で、メインは£11.50〜19.95。タイの
ビールも豊富に揃う。テイクアウエイも可能。ボウネスとケ
ンダルにも支店がある。

🏠Compston Rd., LA22 9DJ　☎(015394)33394
URLwww.jintanathaicuisine.com　🕐12:00〜22:00
休無休　＝AMV　令不可

湖水地方

イタリア料理

Map P.413 上 -C2　ウィンダミア
カフェ・イタリア　Cafe Italia

　ウィンダミア在住者にも評判のイタリア料理店。店内はモダンかつ落ち着いた雰囲気で、2階にも席がある。ピザやパスタはほとんどが£15.95。新鮮な素材を使い味付けもよく、何を食べてもおいしい。

住37 Main Rd., LA23 1DX
TEL(015394)46228　**圖**12:00〜21:00（月8:00〜21:00）
休水　**─**M V　**令**店内可

パブ

Map P.415-B2　ケズィック
ドッグ&ガン　Dog & Gun

　マーケット・プレイスに面したダイニング・パブ。町の地ビールであるケズィック・ブリュワリーのビールを置いている。フードメニューも豊富で、メインは£9.99〜14.29。人気はハンガリー名物グヤーシュ £11.49〜13.99。

住2 Lake Rd., CA12 5BT　**TEL**(017687)73463
URLwww.greeneking-pubs.co.uk　**圖**12:00〜23:00
休無休　**─**A M V　**令**店内可

バー
英国料理

Map P.413 上 -B1　ウィンダミア
ランプライター　The Lamplighter Dining-Rooms

　レストラン部門とバー部門に分かれており、客室があり宿泊も可能。レストラン部門では本格的な英国式ディナーが楽しめる。メインの料理は£15〜20。日曜はランチのみの営業となる。

住High St., LA23 1AF　**TEL**(015394)43547
URLwww.lamplighterdiningrooms.com
圖レストラン17:00〜21:00（日12:00〜17:00）
バー8:00〜23:00　**休**無休　**─**M V　**令**店内可

カフェ
創作料理

Map P.414 左　アンブルサイド
ルーシーズ　Lucy's

　人気のカフェテリア。食材は地元のものを中心に使用しているが、メニューは英国料理に限らず、世界各国の料理を出している。メインは£18〜34。ウィンダミア郊外のステーヴリー Staveleyには同経営の料理学校があり、1日体験コースもある。

住Church St., LA22 0BU　**TEL**(015394)32288
URLwww.lucysofambleside.co.uk　**圖**17:00〜21:30（火・金〜21:00）　**休**月、12/25·26　**─**M V　**令**店内可

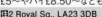

フィッシュ & チップス
ファストフード

Map P.413 右下 -2　ボウネス
ヴィネガー・ジョーンズ　Vinegar Jones

　ボウネス・ピアから100mほどにある英国風ファストフード店。テイクアウェイのほか、2階席で食事ができる。グルテンフリーのフィッシュ&チップスは£6.45。ハンバーガー£5〜やパイ£8.50〜などもある。

住2 Royal Sq., LA23 3DB
TEL(015394)44846　**URL**www.vinegarjones.co.uk
圖12:00〜16:00　16:45〜20:00
休火·水　**─**不可　**令**店内可

アイスクリーム

Map P.413 右下 -2　ボウネス
ウィンダミア・アイスクリーム　Windermere Ice Creme

　1920年創業の歴史あるアイスクリームショップで、地元で取れた牛乳を使用している。20〜36種類ものフレーバーがあり、いつも人だかりができている人気店。コーンはワッフルタイプ£3〜など、5種類から選ぶことができる。ミルクシェイクなども販売している。

住Promenade, LA23 3DE　**TEL**(015394)43047
圖夏期9:30〜18:00　冬期10:00〜16:30
休無休　**─**A M V　**令**不可

古代ローマ人の夢の跡

ハドリアヌスの城壁
Hadrian's Wall

ハウスステッズに残る城壁跡

ハドリアヌスの城壁
カーライル

●ロンドン

人口 2200人	市外局番 01434 (ヘクサム)
ノーザンバーランド州ほか Northumberland	

　世界遺産に登録されているハドリアヌスの城壁は、イングランドに現存するローマ遺跡のなかで最大のもの。城壁は、北からのピクト族やスコット族の侵入を防ぐためにローマ帝国によって122～126年に建設され、東はニューキャッスルから西のソルウェイ湾Solway Firthまで全長117kmの城壁が続いていた。しかし、ローマ帝国の国力の衰退にともない、5世紀頃にはここも打ち捨てられたという。

チェスターズ・ローマン・フォートに残るローマ式浴場跡

ハドリアヌスの城壁
起点となる町

　カーライル、ヘクサムのほか、**ニューキャッスル・アポン・タイン** P.446 からも日帰りが可能。鉄道のタイン・バレー線Tyne-Valley Lineで行きやすいのは、ヘクサムとハルトウィッスル。

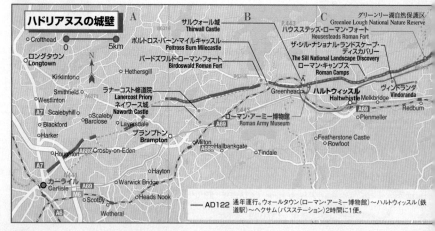

ハドリアヌスの城壁

ロングタウン Longtown
Crofthead
Kirklinton
Smithfield
Westlinton
Scaleyhill
Blackford
Harker
Houghton
カーライル Carlisle
Scotby
Wetheral
Heads Nook
Warwick Bridge
Hayton
Crosby-on-Eden
ブランプトン Brampton
Laversdale
Scaleby
Barclose
Hethersgill
Milton
Hallbankgate
Tindale
ラナーコスト修道院 Lanercost Priory
ネイワース城 Naworth Castle
サルウォール城 Thirwall Castle
ポルトロス・バーン・マイルキャッスル Poltross Burn Milecastle
バーズワールド・ローマン・フォート Birdoswald Roman Fort
Greenhead
ローマン・アーミー博物館 Roman Army Museum
グリーンリー湖自然保護区 Greenlee Lough National Nature Reserve
ハウスステッズ・ローマン・フォート Housesteads Roman Fort
ザ・シル・ナショナル・ランドスケープ・ディスカバリー The Sill National Landscape Discovery
ローマン・キャンプス Roman Camps
ハルトウィッスル Haltwhistle
Melkbridge
ヴィンドランダ Vindoranda
Redburn
Plenmeller
Featherstone Castle
Rowfoot

━━ AD122　通年運行。ウォールタウン(ローマン・アーミー博物館)～ハルトウィッスル(鉄道駅)～ヘクサム(バスステーション)2時間に1便。

440

起点の町

カーライル
Carlisle

スコットランドとの国境近くにあり、昔からボーダー・シティThe Border Cityと呼ばれていた。ハドリアヌスの城壁の最西端に位置しており、北方のピクト族やスコット族の侵入を防ぐ重要な軍事拠点であった。駅の近くにある**シタデル**Citadelや**カーライル城**Carlisle Castleなどの重厚な建築物は、国境の町としての重要性を物語っている。

歩き方 町の中心は**マーケット・プレイス**Market Pl.。ここからカーライル城にかけてが繁華街で、見どころも点在している。

交通情報 鉄道駅とバスステーション間は中心部から徒歩で行ける。カーライル駅は景勝路線がいくつも発着する鉄道ファン憧れの駅。

ホテル ホテルは駅前などに多く、ゲストハウスはウォーリック・ロードWarwick Rd.に何軒かある。

Access Guide
カーライル

ロンドンから

	所要:3時間20分～4時間45分
月〜金	ユーストン駅から5:31～19:30の1時間に1～2便
土	6:03～17:51の1時間に1～2便
日	8:47～19:03の1時間に1便程度

	所要:7時間～8時間30分
毎日	8:00 9:30 21:30

グラスゴーから

	所要:1時間10分～2時間
月〜金	セントラル駅から4:28～20:06の1時間に1～2便程度
土	4:26～18:40の1時間に1～2便程度
日	9:16～20:08の1～2時間に1便

ニュー・キャッスル・アポン・タインから

	所要:約1時間30分
月〜土	5:42～21:25の1時間に1～2便
日	8:45～21:00の1時間に1便

カーライル Tourist Information Centre

Map P.441上-A1
住 Old Town Hall, Green Market, CA3 8JE
TEL (01228)598 596
URL www.discovercarlisle.co.uk
開 3～5・9・10月9:30～17:00
6～8月9:30～17:00
(日10:30～15:00)
11～2月10:00～16:00
休 9～5月の日曜

カーライルの見どころ

カーライル城➡ P.444
カーライル大聖堂➡ P.444
テュリー・ハウス➡ P.444
ギルドホール➡ P.444

——685番	通年運行。カーライル(バスステーション)～ハルトウィッスル(マーケット・プレイス)～ヘクサム(バスステーション)～ニューキャッスル・アポン・タイン(エルダン・スクエア)1時間に1便程度(日曜は2時間に1便)。
——10番	通年運行。ニューキャッスル・アポン・タイン(エルダン・スクエア)～ヘクサム(バスステーション)1時間に1～2便程度。
----	フットパス(Hadrian's Wall Path、Penine Way)

Access Guide
ヘクサム
カーライルから

🚋	所要:約50分
月〜土	5:57〜22:04の1時間に1〜2便程度
日	8:44〜20:38の1時間に1便

🚌	所要:約1時間20分
バス685番 (時刻表→P.442)	

ニューキャッスル・アポン・タインから

🚋	所要:30〜45分
月〜土	5:42〜22:53の1時間に1〜3便程度
日	8:45〜21:00の1時間に1便

ⓘ ヘクサム
Tourist Information Centre

Map P.442
🏠Queens Hall, Beaumont St., NE46 3LS
☎(01670)620 450
🔗www.visitnorthumberland.com
🕐9:00〜17:00 (月・金9:00〜18:00、土9:30〜17:00) 休日

ハドリアヌスの城壁に行くAD122番バス

 起点の町

ヘクサム
Hexam

タイン川のほとりに位置するヘクサムは、7世紀にヨーク大司教によって建設が始まった修道院が町の起源。中世には通商の要地として栄えたが、15世紀のバラ戦争時には激戦が繰り広げられた。現在は人口1万1000人ほどの小さな町で、城壁巡りの起点となっている。

歩き方 小さな町でマーケット・プレイスMarket Pl.を中心に歩いて回っても1時間ほど。

 ホテル ホテル、B&Bともに中心部には宿泊施設は少ないので、夏期は予約しておこう。

🚌 ハドリアヌスの城壁
エリア内の交通

🚆 鉄道

ニューキャッスル・アポン・タインとカーライルを結ぶタインヴァレー鉄道は便数も多く便利だが、城壁の近くは通らない。

🚌 バス

城壁巡りなら、AD122番のバスが最も便利。タインヴァレー鉄道とは、ハルトウィッスル駅とヘクサム駅で接続している。

バス路線番号	路線詳細・運行頻度
AD122	ウォールタウン (ローマン・アーミー博物館)→ハルトウィッスル (鉄道駅)→ヴィンドランダ→ハウスステッズ・ローマン・フォート→チェスターズ・ローマン・フォート→ヘクサム (鉄道駅)→ヘクサム (バスステーション) **ウォールタウン (ローマン・アーミー博物館)発** 9:45 11:45 13:45 15:45 17:45 **ヘクサム (バスステーション)発** 8:30 10:30 12:30 14:30 16:30
685	カーライル→ハルトウィッスル→ヘクサム (バスステーション) ※ほぼすべての便がニューキャッスル直通 **カーライル発**5:05〜20:55の1時間に1便程度 (日9:05〜17:05の2時間おき) **ヘクサム発カーライル方面**6:26〜20:46の1時間に1便程度 (日10:26〜18:26の2時間おき) **ニューキャッスル発**6:30(土6:45)〜19:55の1時間に1便程度 (日9:35〜17:35の2時間おき)
10	ヘクサム (バスステーション)→ニューキャッスル・アポン・タイン **ヘクサム発**5:18 (土6:03) 〜22:24の1時間に1〜2便程度 (日7:14〜21:34の1時間に1便程度) **ニューキャッスル発**5:40 (土6:18) 〜23:20の1時間に1〜2便程度 (日6:00〜23:20の1時間に1便程度)
684/X85 日曜運休	ヘクサム (バスステーション)→ニューキャッスル・アポン・タイン **ヘクサム発**5:40 (土6:55) 〜19:10の1時間に1便程度 **ニューキャッスル発**7:05 (土8:15) 〜20:25の1時間に1便程度

世界遺産
詳細ガイド

ローマの技術力が今なお残る
ハドリアヌスの城壁 Hadrian's Wall

第14代ローマ皇帝ハドリアヌス 陸 P.609 の時代に建設された城壁で、全長約117km。1世紀にブリテン島を支配したローマ帝国が領域内に侵入するピクト人を防ぐために作った。ローマ兵は5世紀には撤退したが、現在でも城壁の一部は残っており、ハウスステッズやチェスターズでは当時の名残が残っている。

ハウスステッズ・ローマン・フォート
Housesteads Roman Fort

ハドリアヌスの城壁のなかでも、最も保存状態がよく、往時の面影をしのぶことができるのがハウスステッズだ。緑の田園風景とどこまでも続く城壁のコントラストがすばらしい。城壁以外にも共同トイレや石造りの病院などの遺跡があり、ここに駐留した兵士たち（多くはローマ帝国本土のヨーロッパ側からやってきた）の姿を容易に想像できる。併設の博物館では、城壁と周辺施設を復元した映像を見ることもできる。

ハウスステッズ・ローマン・フォート
Housesteads Roman Fort

ニューキャッスル・アポン・タイン

ローマン・アーミー博物館
The Roman Army Museum

チェスターズ・ローマン・フォート
Chesters Roman Fort

ハルトウィッスル

ヘクサム

カーライル ■

チェスターズ・ローマン・フォート
Chesters Roman Fort

ハウスステッズのように長々と続く城壁の跡はないが、駐留兵士たちのサウナや水風呂施設を整えた共同風呂跡がある。併設の博物館には彫刻や生活道具などが展示されている。

ローマ兵たちの共同風呂跡

ローマ・アーミー博物館
The Roman Army Museum

ノーザンバーランドに派遣されたローマ兵の生活に焦点を当てた博物館。復元されたローマ遺跡やローマ兵士の人形などが置かれている。人気があるのは大迫力の3D映像！

城壁巡りの前に勉強しておこう

DATA

■ハウスステッズ・ローマン・フォート
🚌AD122のバスでヘクサムから約30分、ハルトウィッスルから約30分
🏠Haydon Bridge, NE47 6NN
☎(01434)344 363
URL www.english-heritage.org.uk 🌐
🕐4月～10月下旬10:00～17:00
　10月下旬～3月10:00～16:00
※最終入場は閉場の45分前
休12/24・25
料£8.60～11.30　学生£7.70～10

■チェスターズ・ローマン・フォート
🚌AD122のバスでヘクサムから約15分、ハルトウィッスルから約40分
🏠Chollerford, NE46 4EU　☎(01434)681 379

URL www.english-heritage.org.uk 🌐
🕐4月～10月下旬10:00～17:00
　10月下旬～10:00～16:00
休11月上旬～2月中旬の月～金、2月中旬～3月の月・火
料£8.60～11.30　学生£7.70～10

■ローマ・アーミー博物館
🚌AD122のバスでヘクサムから約1時間10分、ハルトウィッスルから約15分
🏠Greenhead, Brampton, CA8 7JB
☎(01697)747 485
URL romanarmymuseum.com 🌐
🕐9:30～17:30
※最終入場は閉館の1時間前
休冬期の開館日は要確認
料£8　フラッシュ撮影不可

■カーライル城（国境部隊博物館）
住Castle Way, CA3 8UR
TEL(01228)591 922
URLwww.english-heritage.org.uk
開4月～10月下旬10:00～17:00
　10月下旬～3月10:00～16:00
休11月上旬～3月の月～金、1/1、12/24～26
料£11.30～14.50　学生£10～12.70

■カーライル大聖堂
住7 The Abbey, CA3 8TZ
TEL(01228)548 151
URLwww.carlislecathedral.org.uk
開7:30～18:30 (土・日7:30～17:00)
休無休　料寄付歓迎

堂々とした外観のカーライル大聖堂

東側の壁にはめられたステンドグラスは、上半分が14世紀のもので、下半分が19世紀のもの

■ヘクサム・アビー
住Beaumont St., NE46 3NB
TEL(01434)602 031
URLwww.hexhamabbey.org.uk
開10:00～16:00 (日11:00～15:00)
休12/25　料寄付歓迎
フラッシュ撮影不可

ローマ人から引き継がれてきた軍事要塞

カーライル城 Carlisle Castle

青々とした緑の芝生に包まれた質実剛健な造りのカーライル城。この城自体は1092年に建てられたものだが、それ以前にはケルト人、そしてローマ人の砦があった。この場所に最初に目をつけたケルト人は、ここ

英国で最も数多く包囲された要塞

をカール・ルエルCaer Luel（丘の砦）と呼び、これがカーライルの町の名前の由来だそうだ。城の中には軍事博物館もあり、カーライルの歴史を知ることができる。城へ行く地下道内には、オブジェが飾られている。

ステンドグラスは必見

カーライル大聖堂 Carlisle Cathedral

8世紀頃に造られたが、1122年の火事で焼失してしまい、その後新たに再建された。壮麗な外観もさることながら、内部に目を移すと、14世紀に東側の壁にはめられたステンドグラスに圧倒される。大聖堂の地下には宝物庫があり、かつて使用されていた食器や彫像などが、年代別に展示されている。かつての食堂を改装したレストランもある。

7世紀からこの地を見守ってきた

ヘクサム・アビー Hexham Abbey

7世紀にヨークの大司教であった聖ウィルフォードがノーザンブリアの女王から与えられた。その後、増改築を繰り返しながらも、常に人々の祈りの場となってきた。教会の地下には7世紀当時の遺構も残っている。

町の中心に位置する

カーライル

テュリー・ハウス
Tullie House

イングランドとスコットランドの攻防史を知る手がかりとなる品々が展示された博物館。1階はアート・ギャラリー、2階はローマ関連の展示室になっている。オールド・テュリー・ハウスでは19世紀の絵画や陶器、衣服などが並ぶ。

Map P.441上-A1　住Castle St., CA3 8TP
TEL(01228)618 718
URLwww.tulliehouse.co.uk
開10:00～16:00
休日、1/1、12/25・26　料£15 (1年間有効)
フラッシュ撮影不可

カーライル

ギルドホール
Guildhall Museum

マーケット・プレイスを散策していると、白壁と赤れんがで造られた古めかしい造りの建物に気づく。このギルドホールは1407年に造られた建物。ギルドとは中世ヨーロッパの同業者組合を指す。内部では当時の職人たちが作った品々や使った商売道具などを展示している。

Map P.441上-A1　住Fisher St., CA3 8JE
TEL(01228)618 718 (テュリー・ハウス事務所)
URLtullie.org.uk/the-guildhall-museum
※2023年7月現在、ギルドホールは閉館中。

HOTEL　　　　　　　　RESTAURANT

中級　70室　Map P.441上-B2　カーライル

カーライル・ステーション Carlisle Station

TV　全室　全室　全室　一部　有料　無料　Wi-Fi

住Court Sq., Carlisle, CA1 1QY
TEL03330 035 451
URLwww.bestwestern.co.uk
♦☐☐☐£80.10〜
♦♦☐☐☐£89.10〜
━AMV

カーライル駅のそばにあるベスト・ウェスタン系列のホテル。カーライルを拠点に周辺を回るのに理想的な立地。内部はヴィクトリア朝風のエレガントな造り。

中級　91室　Map P.441上-A1　カーライル

クラウン・アンド・マイター Crown & Mitre

TV　全室　全室　全室　なし　無料　無料　Wi-Fi

住English St., Carlisle, CA3 8HZ
TEL(01228) 525 491
URLwww.peelhotels.co.uk/crown-and-mitre-hotel
♦/♦♦☐☐☐£102〜
━AMV

カーライルの中心に建つ20世紀初頭に建てられたホテル。内装、外観ともに伝統と格式を感じさせる。ウィルソン米大統領が宿泊したこともある。

高級　34室　Map P.442　ヘクサム

ボーモント Beaumont Hotel

TV　全室　全室　全室　無料　無料　Wi-Fi

住Beaumont St., Hexham, NE46 3LT
TEL(01434) 602 331
URLwww.thebeaumonthexham.co.uk
♦/♦♦☐☐☐£120〜
━AMV

町の中心部に位置しており、部屋の窓からヘクサム・アビーを眺めることができるのが自慢。館内にはレストランとバーが併設されている。

イン　14室　Map P.442　ヘクサム

ステーション・イン The Station Inn

TV　全室　全室　全室　なし　なし　無料　Wi-Fi

住Staiton Rd., Hexham, NE46 1EZ
TEL(01434) 603 155
URLwww.stationinnhexham.co.uk
♦☐☐☐£45〜
♦♦☐☐☐£75〜
━AMV

ヘクサム駅の正面に位置するイン。部屋の設備は最低限だが、手頃な価格が魅力的。パブではグリルやシーフードなどを出す。

Map P.441上-A1　カーライル　　　　　　パブ

キングズ・ヘッド The Kings Head

リラックスした雰囲気の伝統的イングリッシュ・パブ。食事は月〜金の11:30〜15:00で、カンバーランド・ソーセージやフィッシュ&チップスなど伝統的パブフードが楽しめる。
住31 Fisher St., Carlisle, CA3 8RF　TEL(01228) 533 797
URLwww.kingsheadcarlisle.co.uk　開10:00〜23:00（金10:00〜24:00、土11:00〜24:00、日12:00〜23:00）
休無休　━AMV　令店内可

Map P.442　ヘクサム　　　　　　　カフェ・バー
　　　　　　　　　　　　　　　　　ファストフード

ミスター・アンツ Mr Ant's

店内は蟻のイラストが多く描かれており、ちょっと変わった内装。メニューはサンドイッチなど軽食が中心。金曜20:30からは地元ミュージシャンのライブが行われる。
住22 Priestpopple, Hexham, NE46 1PQ　TEL(01434) 606 465
開12:00〜23:00（木〜24:00、金〜翌0:30、土〜翌1:00、日15:00〜23:00）　休無休　━AMV　令店内可

Map P.441上-A1　カーライル　　　　　デリ
　　　　　　　　　　　　　　　　　肉製品

クランストンズ Cranstons

精肉店からスタートしたデリカテッセン。ハムなどの肉だけでなく、地元の食材をふんだんに使ったサラダバーや、チーズやパンなど充実の品揃え。
住44 Fisher St., Carlisle, CA3 8RF　TEL(01228) 521 345
URLwww.cranstons.net　開8:00〜17:00
休日　━MV

ニューキャッスル・アポン・タイン

Newcastle-upon-Tyne

ホーリーアイランド
アニック城
ニューキャッスル・
アポン・タイン　ダラム

●ロンドン

人口	市外局番
30万200人	0191
タイン・アンド・ウィア州 Tyne & Wear	

バルチックの展望台から眺めたニューキャッスルの町並み

　イングランド北部最大の町で、ローマ時代にはすでにタイン川に橋が架けられ、ハドリアヌスの城壁の最東端だった。ニューキャッスルと呼ばれるようになったのは11世紀。町の由来となった城跡は、現在でも鉄道駅の横にその姿をとどめている。イングランド北部の交易の中心として中世を通じて栄え、17世紀には石炭の輸出で大きな富を得た。そして産業革命後は製鉄や造船の町として大きく発展し、機関車の発明で有名なジョージ・スティーブンソンや、水圧機の発明で名高いアームストロングといった人材を輩出した。

Access Guide
ニューキャッスル・アポン・タイン

ロンドンから
🚆 所要：3～4時間
月～土 キングズ・クロス駅から5:48～22:00（土～21:00）の1時間に1～2便
日 8:48～20:00の1時間に1～3便

🚌 所要：7～8時間
毎日 7:30～23:00に7便程度

カーライルから
🚆 所要：約1時間40分
月～土 5:57～22:04の1時間に2便程度
日 8:44～20:38の1時間に1便程度

ヨークから
🚆 所要：約1時間
月～土 6:18～翌0:22（土6:16～22:57）の1時間に1～4便程度
日 9:00～翌0:12の1時間に1～4便程度

エディンバラから
🚆 所要：約1時間20分～2時間
月～金 ウェイヴァリー駅から5:29～22:00の1時間に1～3便
土 5:26～20:56の1時間に1～3便
日 9:00～21:00の1時間に1～4便

👣 歩き方

町の中心、グレイズ・モニュメント

　観光客が訪れるエリアは町の**中心部**、**キーサイド**、**ゲーツヘッド**の3つ。中心部からキーサイドは歩いて約20分。しかし、途中に傾斜のきつい坂があるため、行ったり来たりするのは楽ではない。

中心部　グレイズ・モニュメントGrey's Monumentのあたりが町のヘソ。ここから延びる繁華街のグレインジャー・ストリートGrainger St.を南に行くと鉄道駅に出る。

キーサイド　タイン河岸のエリア。中心部から来ると坂を下りなければいけない。タイン川にはタイン・ブリッジTyne Bridge、ハイ・レベル・ブリッジHigh Level Bridgeなど、多くの橋が架かっている。

ゲーツヘッド　タイン川南岸のゲーツヘッドGatesheadはニューキャッスルとは行政上別の町。現代美術ギャラリーのバルチックやコンサートホールのセージ・ゲーツヘッドThe Sage Gatesheadがある。

🚇 交通情報

空港 ニューキャッスル空港からセントラル・ステーションまでは地下鉄で約25分。早朝から深夜まで頻発。

セントラル駅 中心部の南側に位置しており、グレインジャー・ストリートで中心部と結ばれている。

長距離バス ナショナル・エクスプレスの長距離バスはコーチステーションに発着。

近郊バス ダラム、ヘクサム、カーライル方面のバスはエルダン・スクエア・バスステーション、ウィットリー・ベイ、タインマスなどの近郊路線は**ヘイマーケット・バスステーション**に発着。

i **ニューキャッスル・アポン・タイン**
Tourist Information Centre

URL www.newcastlegateshead.com
2023年6月現在、ニューキャッスル中心部に公営の❼はない。

■**ニューキャッスル空港**
Map P.441下-F
TEL 0871 882 1121
URL www.newcastleairport.com

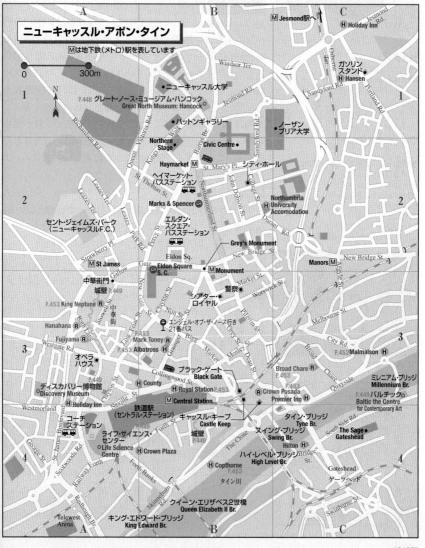

ニューキャッスル・アポン・タイン

Ⓜは地下鉄(メトロ)駅を表しています

0　300m　N

■地下鉄
URL nexus.org.uk
料 区間券Metro Single£2.60～4.30
1日券Metro Day Ticket
£4.10～6.20
チケットは駅の自動券売機で購入する。
行き先一覧のなかから目的地を探し、そ
こに書かれているアルファベットを画面か
ら選択。次に1回券、1日券、1週間券の
いずれかを選択し、画面をタッチする。

この看板が目印

■市内バス
TEL (0191)202 0747
URL www.nexus.org.uk

■グレート・ノース・ミュージアム・
ハンコック
住 Barras Bridge, NE2 4PT
TEL (0191)208 6765
URL greatnorthmuseum.org.uk
開 10:00～17:00
(土10:00～16:00、日11:00～16:00)
休 1/1、12/24～26　料 無料

ハドリアヌスの城壁が模型で再現されている

フェリー・ターミナル　オランダへのフェリーが発着するター
ミナルはタイン川の河口近くにある。近くに地下鉄イエロ
ー・ラインのメドウ・ウェルMeadow Well駅があり、町の中
心のモニュメントMonument駅に出ることができる。

市内交通

中心部を回るなら徒歩
で問題ないが、郊外へは
地下鉄などをうまく使おう。
地下鉄　ホテルやB&Bが
集まるジェスモンド
Jesmondやウエスト・ジェス
モンドWest Jesmond、空
港へ行くときに便利。**イエ
ロー・ラインとグリーン・ラ**

近郊にも行ける地下鉄

インのふたつの路線があり、イエロー・ラインは鉄道駅(セ
ントラル・ステーション)とウィットリー・ベイを回る環状線の
部分と、サッカー・スタジアムのあるセント・ジェイムズSt
Jamesとサウス・シールズSouth Shieldsを結ぶ往復路線か
らなり立つ。グリーン・ラインは空港と近郊の都市を結ぶ。
市内バス　エルダン・スクエアや鉄道駅前にバス停が集中
している。一方通行が多いため、行きと帰りのバス停の位
置が違うことが多く、使いこなすのは難しい。帰りのバス
停を運転手に聞いておこう。
フェリー　タイン川河口のノース・シールズNorth Shieldsと
サウス・シールズSouth Shields間をフェリーが往復している。
反対側の岸へは約5分間で到着。乗り場はノース・シールズ
とサウス・シールズの地下鉄駅からどちらも徒歩10分。

恐竜や城壁など、見どころ満載 Map P.447-B1
グレート・ノース・ミュージアム・ハンコック
Great North Museum: Hancock
　自然科学と考古学のコレクションが充実した総合博物
館。展示品は恐竜の化石や古代エジプト、古代ギリシア美
術など、多岐に渡っており、特にハドリアヌスの城壁につい
ては、城壁全体の模型があるなど、見応えがある。

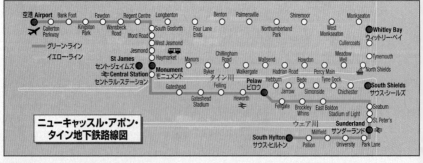

ニューキャッスル・アポン・
タイン地下鉄路線図

ライフ・サイエンス・センター
Life Science Centre
難しい科学もなるほど！とわかる　Map P.447-A4

斬新なデザインの建築

駅前のネヴィル・ストリートNeville St.を西に進んで徒歩5分。昆虫の不思議、心臓について、水の実験……などなど、堅苦しいテーマをおもしろおかしく、しかもわかりやすく見せてくれる科学アトラクションで、大人も楽しめる構成になっている。建物の中心にあるタイムズ・スクエアにはオープンテラスのカフェテリアがあり、若者たちにも人気のスポット。11月下旬から1月まではスケートリンクも開かれる。

バルチック
Baltic the Centre for Contemporary Art
モダンアートを集めたギャラリー　Map P.447-C3

川沿いのよく目立つ建物

ミレニアム・ブリッジの前にあるアートギャラリー。国内外問わず、多くの傑作を集めている。ショップでは優れたデザインのバルチックのオリジナルグッズも売られている。また、最上階にはミレニアム・ブリッジを眼下に見られるレストランもある。

ディスカバリー博物館 Discovery Museum
企画展もおもしろい　Map P.447-A3

コーチステーションの近くにある博物館。ここにはニューキャッスル・アポン・タイン周辺から出土した遺物や、歴史パネルなどが展示されている。

エンジェル・オブ・ザ・ノース
Angel of the North
ゲーツヘッドにたたずむ天使像　Map P.441下-F

前衛的な芸術作品

ゲーツヘッドの郊外に立つ天使像。ロンドン出身の彫刻家アントニー・ゴームリー Antony Gormleyによって、1994年から4年の歳月をかけて作られ、横54m、縦20mの巨大な像に仕上がった。その巨大さとインパクトの強さから訪れる観光客も多く、幹線道路の側ということもあってか、車を停めて像を眺めているドライバーも多い。

■ライフ・サイエンス・センター
🏠Times Sq., NE1 4EP
☎(0191)243 8210
🌐www.life.org.uk
🕐10:00～15:00
（土・日・祝、夏期休暇10:00～17:00）
休1/1、12/25・26
料£12.27　学生£11.36

History
ニューキャッスル中心部に残る城壁
スコットランドとの国境に近いニューキャッスルには、いまでも13～14世紀にスコットランドからの侵略に備えて造られた城壁跡が残る。それらはタウンウォール Town Wallと呼ばれ、中華街の裏と鉄道駅の裏の2ヵ所でみることができる。
Map P.447-A3、B4

中華街近くの城壁

■バルチック
🏠South Shore Rd., Gateshead, NE8 3BA
☎(0191)478 1810
🌐baltic.art
🕐10:00～18:00
休月・火、1/1、12/25・26
料寄付歓迎　フラッシュ撮影不可

■ディスカバリー博物館
🏠Blandford Sq., NE1 4JA
☎(0191)232 6789
🌐discoverymuseum.org.uk
🕐10:00～16:00（土・日11:00～16:00）
休祝、1/1、12/25・26　料寄付歓迎

人々の暮らしの変化を人形で再現している

■エンジェル・オブ・ザ・ノース
🚌エルダン・スクエアのバス停から21番のバスが像の横のバス停をとおる。1時間に2～8便（日曜は1時間に2～6便）の運行。Harlow Green BridgeかBirtley Station Laneで下車。
所要:25分

■ウェアマウスとジャローの双子修道院

●聖ピーター教会
🚇地下鉄でセント・ピーターズSt Peter's下車。徒歩約7分。
🏠St Peter's Way, Sunderland, SR6 0DY
☎(0191) 516 0135
🌐www.stpeters-wearmouth.org.uk
🕐9:00～12:00
休土・日　料寄付歓迎

●聖ポール教会
🚇地下鉄でビードBede下車。徒歩約15分。
🏠Church Bank, Jarrow, NE32 3DY
☎(0191) 489 7052
🌐www.english-heritage.org.uk
🕐10:30～15:30（日14:00～16:00）
休無休　料寄付歓迎

●ビード博物館
🚇地下鉄でビードBede下車。徒歩約20分。
🏠Chapel Rd., Jarrow, NE32 3DY
☎(0191) 489 7364
🌐jarrowhall.com
🕐10:00～16:00
休月～水、12月中旬～1月中旬
料£8　学生£5

■アニック城

🚌🚆ニューキャッスル・アポン・タインからエディンバラ方面行きで約25分のアルンマスAlnmouth(Alnmouth for Alnwick)下車。駅からX18、X20番のバスが1時間に1便、所要約12分。
🚌ヘイマーケット・バスステーションからX15番が7:23（土8:38）～19:58の1時間に1便、日曜9:48～17:53の2時間に1便、所要約1時間20分。
🏠Alnwick, NE66 1NQ
☎(01665) 511 100
🌐www.alnwickcastle.com 🈳
🕐10:00～17:30　※最終入場15:45
休10/28～3月
料£19.50～20.50　学生£15.75～16.50
館内撮影一部不可　フラッシュ不可

●アニック・ガーデン
🌐www.alnwickgarden.com
🕐10:00～17:00（祝、スクールホリデイ、イースター9:00～18:00）
※最終入場は閉園の45分前
休11/3～1/31　料£18　学生£17

威風堂々としたアニック城

アニック・ガーデンの迫力ある噴水

Map P.450

同じ方針で建てられた修道院

ウェアマウスとジャローの双子修道院
The Twin Monastery of Wearmouth Jarrow

聖ポール教会には古い修道院跡が残る

　ノーザンブリアの貴族出身の修道士ベネディクト・ビスコップBenedict Biscopによって建てられた2つの修道院。674年にはウェアマウスに聖ピーター修道院を、681年にはジャローに聖ポール修道院を建てた。それぞれの修道院は同じ方針の下で建てられたため「双子の修道院」ともいわれている。731年に『イングランド教会史』を書き上げた聖ビードSt Bedeもこれらの修道院で過ごしていた。それぞれの修道院は、教会の部分が現存している。また、聖ポール教会の北側のジャロウ・ホール内には、当時の様子を再現した模型や、発掘品を展示するビード博物館Bede Museumもある。

セント・ピーターズ
→スタジアム・オブ・ライトへ（約300m）
聖ピーター教会
St Peter's Church
M St Peter's
←スタジアム・オブ・ライトへ（約450m）
ウェア川 River Wear
Dame Dorothy St.
Charles St.
New Bridge St.
0　200m

ビード
ビード博物館
Bede Museum
聖ポール教会
St Paul's Church
River Don ドン川
Church Bank
Straker St.
Swinburne
Bede M
0　400m　Bede M

折込地図 C4

近郊の見どころ

北のウィンザー城とも称される名城

アニック城
Alnwick Castle

　「北のウィンザー城」とも称されるアニック城はイングランド北部を代表する名城。『ハリー・ポッター』や『ロビン・フッド』など数々の映画の舞台となった。居城のなかではイングランドでウィンザー城に続いて2番目の大きさを誇る。ノーザンバーランド公パーシー家によって14世紀に建造され、1750年にほぼ現在の形となった。

　アボッツ・タワー Abbot's Towerはノーザンバーランド・フュージリア連隊博物館となっており、ポスターン・タワー Postern Towerは古代エジプトの発掘品などちょっとした考古学博物館になっている。

アニック・ガーデン　アニック城に隣接したアニック・ガーデン The Alnwick Gardenはノーザンバーランド公爵夫人の意向で整備され、2002年にオープンした広大な庭園。大がかりな噴水やバラ園などがあり、四季折々の花が見られる。毒草を集めたポイズン・ガーデンも必見。

タイムトリップしてみよう
ラムレイ城の中世晩餐会

ニューキャッスル・アポン・タインから鉄道で10分のチェスター・ル・ストリートにあるラムレイ城はダラム司教の住居でもあった歴史ある建物。現在は古城ホテルとして営業しており、金曜の夜に行われる中世晩餐会が人気だ。

かつては司教の住居 ラムレイ城は、マナー・ハウスとして使用されていたが、14世紀後半にサー・ラルフ・ラムレイが司教とリチャード2世の許可を得、城に改築した。その後、ダラム司教の住居やダラム大学の学生寮を経て、1976年にホテルとして改装された。

エリザベス1世時代の晩餐会 サー・ジョン・ラムレイSir John Lumley(1533～1609年)が1595年当時のスタイルでお客様をもてなすという設定の晩餐会は、金・土曜の夜を中心に行われる人気イベント。晩餐会では着飾った女性たちによるコーラスや、バッグパイプの生演奏、コミカルなショーが行われている。

中世の料理を再現 スープやパン、ローストチキンなどの料理は当時のメニューを再現しており、ナイフと手づかみで食べるスタイル。また、ドリンクメニューには、ワインやエールだけでなく、「ミード」というハチミツでできたお酒も用意されている。

そのほかのイベント 殺人事件の謎を解く推理イベント「マーダー・ミステリー・ディナー」など、ゲスト参加型のイベントも催されている。

■ラムレイ城

🚃ニューキャッスル・アポン・タインからダラム方面の列車でチェスター・ル・ストリートChester-Le-Street駅まで所要約10分。駅からは徒歩30分。

🚌21番などのバスでチェスター・ル・ストリートまで所要約30分。78番のバスに乗り、チェスター・ル・ストリート・ゴルフ・クラブ下車。徒歩約10分。タクシーなら駅から約5分ほど。

🏠Lumley Castle Hotel, Chester le St., DH3 4NX

☎(0191)389 1111

URL www.lumleycastle.com

💰エリザベス1世時代の晩餐会£49(夕食付き)
　マーダー・ミステリー・ディナー £49(夕食付き)

上：サー・ジョン・ラムレイ氏による、晩餐会開会のあいさつ
左：歴代の王族も滞在したラムレイ城

■ビーミッシュ屋外博物館

🚌ニューキャッスル・アポン・タインのエルダン・スクエア・バスステーションから28、28Aのバスで約50分

🚌21番のバスでチェスター・ル・ストリートChester Le Streetへ（所要約30分）行き、8番のビーミッシュ行きのバスに乗り換える（所要約10分）。

☎(0191) 370 4000

URL www.beamish.org.uk

開4/1～11/5 10:00～17:00
11/6～3/31 10:00～16:00
※最終入場は閉館の1時間前

休11/6～11/24の月・火、12/25・26

料£22.50 学生£16.50

近郊の見どころ

イギリスの時代村
ビーミッシュ屋外博物館
Beamish Open Air Museum

のどかなビーミッシュ村にあるこの博物館は英国最大級の屋外博物館。19～20世紀初頭の町並みや農場、炭坑がそのまま移築、あるいは復元され、実際に触れて体験できる。スタッフも当時の衣装でお出迎え。スティーブンソンの蒸気機関車のレプリカや、20世紀初頭のクラシックなバス、路面電車などにも乗車することができる。

商店も当時の雰囲気を再現

HOTEL   RESTAURANT

中心街にホテルは多くはなく、駅前に数軒あるくらい。安宿は地下鉄ジェスモンド駅周辺から北に延びるオズボーン・ロードOsborn Rd.周辺に集中している。

レストランは中心部の大通りから1本入った通りなどに点在しており、キーサイドにはおしゃれなレストランやカフェが点在している。また、ストーウェル・ストリートStowell St.周辺はちょっとした中華街になっている。

中華街の門

静かな古城でリラックスした休日を
ラムレイ・キャッスル Lumley Castle

高級　　　73室
Map P.451　チェスター・ル・ストリート

📺TV 🍴 🧴 📻 P 🅿️📶Wi-Fi
全室 全室 全室 なし 無料 無料

住Chester Le St., DH3 4NX
☎(0191) 389 1111
URL www.lumleycastle.com
🛏/🛏🛏 £95～
ADMV

中世晩餐会（→P.451）が行われるお城。城内には歴代城主の肖像画やアンティーク家具、13世紀に造られた壁も現存しており、美術館のよう。晩餐会込みのパッケージ料金もある。

ゴージャス感あふれる
マルメゾン Malmaison Newcastle

高級　　　122室
Map P.447-C3　キーサイド

📺TV 🍴 🧴 📻 P 🅿️📶Wi-Fi
全室 全室 全室 全室 有料 無料

住104 Quayside, NE1 3DX
☎(0191) 389 8627
URL www.malmaison.com
🛏/🛏🛏 £79～
ADMV

ミレニアム・ブリッジのすぐそばにある。外観は白を基調としたシンプルな造りだが、客室はカラフルな家具を配しており、モダンな雰囲気。バーやブラッスリーも併設している。

中級　156室　Map P.447-B4　キーサイド

コプソーン Copthorne Hotel Newcastle

住The Close, Quayside, NE1 3RT
TEL(0191) 222 0333
URLwww.millenniumhotels.com
★/††🅿🌀🅰💳£83.70〜
━🅰Ⓜ🅅

TV				P	🛜Wi-Fi
全室	全室	全室	全室	有料	無料

ハイ・レベル・ブリッジとクイーン・エリザベス2世橋に挟まれ、眺めは最高。ロビーではタイン川を眺めつつお茶が楽しめる。

中級　145室　Map P.447-B3　中心部

ロイヤル・ステーション Royal Station Hotel

住Neville St., NE1 5DH
TEL(0191) 232 0781
URLwww.royalstationhotel.com
★/††🅿🌀🅰💳£54〜
━🅰ⒹⓂ🅅

TV				P	🛜Wi-Fi
全室	全室	全室	全室	有料	無料

駅の真横という抜群の立地条件。ホテルの建物も部屋もクラシカルな造り。室内プールやジムなども完備しており、宿泊者は無料。週末は料金が上がる。

ホステル　26室　Map P.447-B3　中心部

アルバトロス Arbatross Hostel

住51 Grainger St., NE1 5JE
TEL(0191) 233 1330
URLalbatrossnewcastle.co.uk
DOM🅰🅰£17〜
★/††🅰🅰£30〜
━Ⓜ🅅

TV				P	🛜Wi-Fi
なし	希望者	なし	なし	なし	一部無料

150年以上前の建物を改装したホステル。人気があり、ホステル予約サイトなどからの受賞歴もある。共同キッチンやビリヤードなど設備は充実。

Map P.447-C3　キーサイド

ブロード・チェア The Broad Chare

ガストロ・パブ
英国料理

ニューキャッスルのなかでも料理の評価が高いガストロ・パブ。2階がテーブル席になっており、落ち着いて料理が楽しめる。メインは£16〜。

住25 Broad Chare, NE1 3DQ　TEL(0191) 211 2144
URLthebroadchare.co.uk　開12:00〜14:30 17:30〜21:00（日〜22:00）　休無休　━🅰Ⓜ🅅　店内可

Map P.447-A3　中心部

キング・ネプチューン King Neptune

中華料理

中華街で一番おいしいと有名な店。海に近いこの町ならではの、クオリティが高いシーフードがおすすめ。ひとり当たりの予算は£20〜40が目安。ランチのセットメニューは£13.90。ランチは営業時間が短いので早めに入店しよう。

住34-36 Stowell St., NE1 4XQ　TEL(0191) 261 6657
開12:00〜13:45 18:00〜22:45（土12:00〜13:45 17:30〜23:00、日12:00〜14:00 18:00〜22:30）　休無休　━🅰Ⓜ🅅　不可

Map P.447-B3　キーサイド

クラウン・ポサダ Crown Posada

パブ

230年の歴史を誇る老舗パブで、内部を彩るステンドグラスや木製パネルは一見の価値あり。食事はサンドイッチやポテトチップスなど軽食のみ。ビールの75%を地元産が占めている。

住31 The Side, NE1 3JE　TEL(0191) 232 1269　URLsjf.co.uk
開12:00〜23:00（木・日11:00〜24:00、金・土11:00〜翌2:00）
休無休　━🅰Ⓜ🅅　店内可

Map P.447-B3　中心部

マーク・トニー Mark Toney

アイスクリーム
英国料理

イタリア出身のマーク・トニー氏が1902年に創業した老舗の名店。その味が受け継がれ、独自性の高いアイスクリーム£2.30〜となっている。フレーバーは30種以上。市内にもう1店舗支店がある。朝食セットなど軽食もある。

住53 Grainger St., NE1 5JE　TEL(0191) 232 7794
URLwww.marktoney.co.uk　開8:00〜18:00（日10:00〜17:00）
休無休　━Ⓜ🅅　店内可

453

巡礼地として栄えた聖なる島

ホーリーアイランド

海に浮かぶ丘の上に建つ城

ブリテン島本土から南東約2kmに浮かび、北海の波に洗われるホーリーアイランド Holy Island は、中世以来、巡礼地として栄えてきた。別名リンディスファーン島と呼ばれる、約5.2km²の小さな島。島へ渡れるかどうかは潮の満ち引きにより左右される。

ホーリーアイランドへの渡り方

本土とは約2kmの舗装道路で結ばれているが、道は満潮時には完全に姿を消してしまい、1日に数時間しか見学できない。干潮時刻はベーリック・アポン・ツイードの❶やリンディスファーン・ヘリテージセンターのウェブサイトで確認。車は集落内には入れないので、手前の駐車場に停める。駐車場より手前の道路は冠水することがあるので注意が必要。島内は、シャトルバス（運行時間は潮の干満により変わる）が20分ごとに出発するが、徒歩でも1時間程度で見て回ることができる。

ザ・
The

ベーリック・アポン・ツイードへ（約17k
Lindisfarne Causeway

N

0　　　　1km

キリスト教布教の中心地

リンディスファーン修道院

Lindisfarne Priory

リンディスファーン修道院は635年、スコットランドのアイオーナ・アビーから来た聖エイダンにより創設された修道院。北部イングランドにおけるキリスト教布教の中心として栄えた。7世紀に修道院長となった聖力スバートの時代以降巡礼地として栄えたが、ヴァイキングの襲来により、人々はダラム（→P.456）へと逃れ、廃墟となった。その後、1093年にベネディクト会修道院として再スタートし、巡礼地として繁栄した。13世紀に再建されたものが現在見られる廃墟だ。1536年、ヘンリー8世 P.610 による修道院解散令 P.608 によって破壊され、修道士たちはダラムへと移っていった。

聖力スバートの生涯

聖力スバートは7世紀末にリンディスファーン修道院長を務めた。彼の死後遺体は10年以上たっても朽ち果てず、奇蹟をもたらすと信じられ、聖者に列せられた。ホーリーアイランドは多くの人が訪れる巡礼地としても繁栄したが、793年からヴァイキングのたび重なる襲来を受け、875年に修道士たちは、聖力スバートの聖骸とともに、安住の地を求めて旅に出た。一行がダラムの町にやってくると、不思議なことに聖力スバートの遺骸の入った棺がピクとも動かなくなった。聖者の意思を感じ取った彼らは、995年に町を見下ろす高台の上に白い小さな教会を建て、聖力スバートを祀った。

リンディスファーン福音書

リンディスファーンの福音書とは、7〜8世紀にかけてリンディスファーン修道院でイードフリス司教によって作成された装飾写本で、アングロサクソン様式とケルト様式が融合した、イギリスを代表する宗教美術作品。オリジナルはヴァイキングの襲来時にダラムへと運ばれて保管されてきたが、ヘンリー8世の命によってロンドンに持ち去られ、現在は大英図書館（→P.152）で保管されている。

海に浮かぶ堅牢な城
リンディスファーン城
Lindisfarne Castle

島の南東部、ゴツゴツとした岩場の上に建つ城。リンディスファーン修道院が閉鎖された後、1549年に建造が始まった。築城に際しては、修道院の石材が利用された。1903年に建築家のエドウィン・ラッチェンスが城を購入し、エドワーディアン様式のカントリー・ハウスへと姿を変えた。

城に併設されている庭園は、20世紀初頭に活躍した女性造園家ジーキル・ガートルード設計のもので、自然の地形と城の借景を巧みに使った美しい庭園だ。

豊かな修道院文化を今に伝える
リンディスファーン・センター
Lindisfarne Centre

島の生活やヴァイキングによる侵略など、ホーリーアイランドに関するさまざまな展示を行う博物館。なかでも目玉はリンディスファーン福音書に関する展示。併設のショップでは福音書をモチーフにしたグッズも販売されている。

DATA

■ホーリーアイランドへの行き方
🚃ホーリーアイランドの最寄り駅はベーリック・アポン・ツイードBerwick upon Tweed。ニューキャッスルからベーリック・アポン・ツイードへは1時間に1〜3便、所要約45分。エディンバラからは1時間に1〜2便、所要約40分。

●ベーリック・アポン・ツイードからホーリーアイランドへ
🚃鉄道駅またはゴールデン・スクエア発で、夏期のみ477番のバスが1日7便程度運行。所要時間35分。冬期は水・土曜に運行されることが多い。運行日や時間は毎月変わるが、❼やウェブサイトで確認できる。
URL www.bordersbuses.co.uk

■リンディスファーン修道院
TEL (01289)389 200
URL www.english-heritage.org.uk 🏛
開 10:00〜17:00（日によって細かく変動する）
休 2/26〜3/26の月・火、11/4〜2/16の月〜金、1/1、12/24・25　料£7.70〜10　学生£6.80〜8.60

■リンディスファーン城
TEL (01289)389 244
URL www.nationaltrust.org.uk 🏛
開 10:00〜16:00（日によって細かく変動する）
休 金、11〜2月頃　料£8.50

■リンディスファーン・センター
TEL (01289)389 004
URL www.lindisfarnecentre.org
開 10:00〜16:30（満潮時刻によって変わる）
休 11〜2月　料£4　学生£3.50

聖者に選ばれた北イングランドの聖地
世界遺産 ダラム大聖堂とダラム城

ダラムを中心とする地域は、聖カスバートを祀った教会が10世紀に建てられたあと発展した。プリンス・ビショップと呼ばれる司教が代々この地域を治める自治領のような場所だった。ダラム城は映画『ハリー・ポッター』のロケ地として使われるなど、町の雰囲気は今も人々を魅了し続けている。

マーケット・プレイスに立つロンドンデリー公爵の像はダラムのシンボル。19世紀にダラムの炭坑開発に貢献した人物として知られている

パイプオルガンの音色が響く
ダラム大聖堂
Durham Cathedral

995年に小さな教会が建てられたのを母体とする。約100年後の1093年に大聖堂の建設が始まり、1133年に完成した。以来、多くの巡礼者を集め、町はおおいに繁栄した。

大聖堂内部にあるガリラヤ礼拝堂The Galilee Chapelは大聖堂内部の最も古い部分で後期ノルマン様式。12世紀の壁画が残る。身廊Naveには大きな石柱（直径6.6m、高さ6.6m）が並んでいる。聖カスバートの墓は大聖堂の最奥部にあり、Cuthberthusと名が刻まれている。また、僧坊は回廊Cloisterに面しており、現在は図書室になっている。

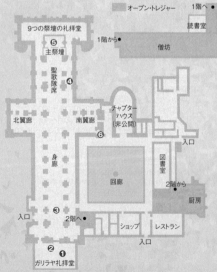

プリンス・ビショップ

ダラムの町は王侯貴族ではなくプリンス・ビショップPrince Bishopと呼ばれるダラム司教によって代々治められてきた。司教が地域の支配権をもつことは英国史のなかでも極めてまれである。プリンス・ビショップは独自の軍隊、裁判所をもち、硬貨を鋳造し、課税権を有した。プリンス・ビショップの繁栄は宗教改革の時代も生き抜き、19世紀まで続いた。

❶ 聖ビードの墓
❷ 聖カスバートとオズワルド王の肖像（12世紀）
❸ 黒大理石の十字架
❹ 大司教座
❺ 聖カスバートの棺
❻ 塔への階段

プリンス・ビショップの居城だった
ダラム城
Durham Castle

　ダラム城は大聖堂のすぐ横に建つ。11世紀にノルマンディー公によるブリテン島への上陸後建てられた城だという。その後はプリンス・ビショップの居城として長らく使われてきた。その後、1837年以来、学問の中心としてダラム大学がここに入ることとなった。創始者は、最後のプリンス・ビショップ、ウィリアム・ファン・ミルダートWillam Van Mildert。オックスフォード、ケンブリッジに次ぐ歴史ある大学として、その名を馳せている。

DATA

■ダラムへの行き方
●ニューキャッスル・アポン・タインから
🚃4:26〜22:45（土4:26〜22:23、日7:46〜21:44）の1時間に1〜4便、所要時間15分
🚌エルダン・スクエアから21番で5:15〜23:26（土6:10〜）の30分に1〜2便、所要:約1時間
●ヨークから
🚃6:18〜翌0:22（土6:16〜23:07、日9:00〜翌0:12）の1時間に1〜3便、所要約50分

マーケット・プレイスから延びるサドラー・ストリートを上っていくと大聖堂へと至る

■ダラム大聖堂
🏠The College, DH1 3EH
☎(0191) 338 7178
🌐www.durhamcathedral.co.uk
🕐10:00〜16:00（日12:00〜16:00）
休無休
💰希望寄付額£5、塔への入場£7.50
　内部撮影不可
●ミュージアムMuseum
僧坊The Monks' Dormitory、厨房Great Kitchenなどからなる展示スペース。
🕐10:00〜16:00 ※最終入場15:00
休日 💰£7.50

■ダラム城
🏠Palace Green, DH1 3RW
☎(0191) 334 2932
🌐www.durham.ac.uk
夏期はオーディオガイドを借りて自分で回ることができる。無料のガイドツアーの出発時間は、日によって異なるがおもに13:15〜16:15の毎時発。チケットはダラム城の近くの図書館およびダラム・ワールド・ヘリテージ・サイト・ビジター・センターで販売しており、大学入り口前から出発。また、学内行事が行われる際はツアーが行われないこともある。スケジュールはウェブサイトを確認のこと。
休不定期 💰£5 学生£4.50
　内部撮影不可

■ダラム・ワールド・ヘリテージ・サイト・ビジター・センター
🏠7 Owengate, DH1 3HB
☎(0191) 334 3805
🌐www.durhamworldheritagesite.com
🕐10:00〜17:00
休1/1、12/25・26
　ダラムには窓口対応の 🛈 はないが、ここで観光情報を得られるほか、ダラム城ツアーのチケット販売もしている。ダラムの町の見どころや歴史などを紹介する映画も無料で視聴できる。

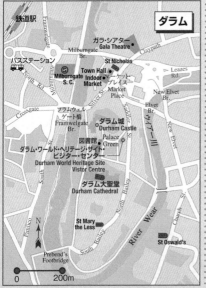

鉄道駅 / ダラム / ガラ・シアター Gala Theatre / Milburngate Br. / Claypath / バスステーション / St Nicholas / Town Hall / Milburngate S.C. / Indoor Market / マーケット・プレイス Market Place / Leazes Rd. / New Elvet Br. / フラムウェル・ゲート橋 Framwellgate Br. / ダラム城 Durham Castle / Palace Green / 図書館 / Elvet Br. / ダラム・ワールド・ヘリテージ・サイト・ビジター・センター Durham World Heritage Site Visitor Centre / ダラム大聖堂 Durham Cathedral / St Mary the Less / River Wear / St Oswald's / Prebend's Footbridge / 0 200m

パレス・グリーンのすぐそばにある

イギリスで最大の国立公園
ノース・ヨーク・ムーアズ国立公園
North York Moors National Park

夏になるとヒースが一面に生い茂る

人口	市外局番
2万2935人	01947（ウィットビー）

ノース・ヨークシャー州
North Yorkshire

　ヨークシャー西部のヨークシャー・デイルズは「デイル（谷）」の多い地域。一方、北に位置するノース・ヨーク・ムーアズは比較的平らな「ムーア（荒野）」が広がり、1436㎢という広大な面積を誇る。ウオーキングルートやサイクリングコースを合わせると2200km以上あり、多くのハイカーやサイクリストでにぎわう。

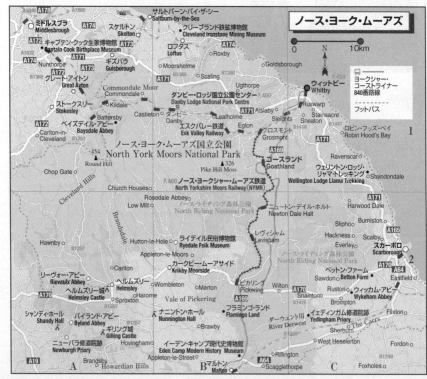

ノース・ヨーク・ムーアズ
起点となる町

ゆっくり歩くなら交通の要衝であるウィットビーが起点として最適。ヨーク P.462 やリーズ P.473 からも日帰りが可能。

起点の町
ウィットビー
Whitby

キャプテン・クック像がある高台

エスク川の河口に町は広がる

探検家キャプテン・クックことジェイムズ・クックJames Cookが大型帆船エンデバー号に乗って太平洋に出帆した港町。高台にある広場には彼の記念碑が立っている。また、作家ブラム・ストーカーは、アビー脇に建つ聖メアリー教会の墓場からヒントを得て、世界的に有名なドラキュラを生み出したといわれている。

リフト
North Promenade / Boating Lake / Royal H / North Ter. / Royal Cres. / Crescent Ave. / West Cliff Sports Ground / Lindale / Spring Vale / St. Hilda's Ter. / Skinner St. / Silver St. / Abbey Ter. / Hudson St. / Normanby Ter. / West Pier / East Pier / 北海 North Sea / キャプテン・クック記念碑 Captain Cook's Monument / ホエールボーン ウィットビー・ウォーク集合場所 / Royal H / Duke of York R / River Esk エスク川 / Henrietta St. / Church St. / 聖メアリー教会 St Mary's / P.459 ドラキュラ・エクスペリエンス Dracula Experience / P.460 ウィットビー・アビー Whitby Abbey / Hadleys R P.461 / H YHA P.461 / ◎ウィットビー博物館 P.461 Whitby Museum / Pannett Park / P.461 Trenchers R / Baxtergate / Flowergate / New Quay Rd. / オールド・ライフボート乗り場 / ◎キャプテン・クック記念博物館 P.460 Captain Cook Memorial Museum / H Arundel House / Downdinghill / Bagdale / Church St. / 駅 / ⊠ / ❼ / 250m

ウィットビー

ノース・ヨーク・ムーアズ
エリア内の交通

鉄道

ノース・ヨーク・ムーアズの魅力を車窓から気軽に楽しむなら、ウィットビーとミドルスブラを結ぶエスクバレー鉄道Esk Valley Railwayが便利。途中のダンビー駅Danbyから渓谷に沿って北東に30分ほど歩いたところに、ダンビー・ロッジ国立公園センター Danby Lodge National

Access Guide
ウィットビー

ヨークから

🚌 840番　所要:2時間20分

月〜土　8:16 10:23 12:23 14:23

リーズから

🚌 840番　所要:3時間30分〜45分

月〜土　6:55 9:15 11:15 13:15

i ウィットビー
Tourist Information Centre

Map P.459
🏠Langborne Rd., YO21 1DN
☎(01723)383 636
URL www.discoveryorkshirecoast.com
🕐4〜10月9:00〜16:00
　11〜3月10:30〜15:45
🚫11〜3月の月〜水、1/1、12/24〜26

ウィットビーの見どころ

ウィットビー・アビー➡ **P.460**
ウィットビー博物館➡ **P.461**
キャプテン・クック記念博物館➡ **P.460**

Information
ドラキュラゆかりの肝試し

ウィットビーは、小説『吸血鬼ドラキュラ』の中でドラキュラ伯爵がルーマニアからデメテル号で入港してきた港町。そんなこともあってドラキュラにちなんだ名所やアトラクションがいくつかある。
ウィットビーウォーク　黒マントに身を包んだ紳士が、ブラム・ストーカーゆかりの地やドラキュラ伯爵の足跡などをおもしろおかしく案内する英語のウオーキングツアー。
ドラキュラ・エクスペリエンス　ドラキュラにちなんだお化け屋敷。映像を駆使して小説ドラキュラの場面を再現。

■ウィットビー・ウォーク
Map P.459
📞07880 801 957
URL www.whitbywalks.com
出発:19:30(ホエールボーン集合)、夏期以外はおもに金・土に行われるが、事前に❼で確認を　料£7
■ドラキュラ・エクスペリエンス
Map P.459
🏠9 Marine Parade, YO21 3PR
☎(01947)601 923
URL www.draculaexperience.co.uk
🕐11:00〜17:00　🚫11月〜イースターの月〜金　料£5

■エスクバレー鉄道
URL www.eskvalleyrailway.co.uk
ウィットビー発
8:44 11:59 15:57 19:42 22:23
(日10:22 12:49 15:50 18:34)
ダンビーまで所要約40分
ミドルスブラ発
6:54 10:19 14:05 18:01 20:42
(日8:41 10:50 13:51 16:52)
ダンビーまで所要約50分

■ダンビー・ロッジ国立公園センター
Map P.458-B1
住Lodge Ln., Danby, YO21 2NB
TEL(01439)772 737
URL www.northyorkmoors.org.uk
開4〜10月10:00〜17:00
　11〜3月10:30〜16:00
休1/1〜2月中旬の月〜金、12/24·25
料無料

■ヨークシャー・コーストライナー
Yorkshire Coastliner
TEL(01653)692 556
URL www.yorkbus.co.uk
ウィットビー発リーズ方面
11:05 13:05 15:05 17:45
（日12:00 17:00）
マルトン発ウィットビー方面
9:20 11:20 13:20 15:20（日10:20 15:20）

■ノース・ヨークシャー・ムーアズ鉄道
TEL(01751)472 508
URL www.nymr.co.uk ■
運行：3月下旬〜10月に、イベントがある
日を除いて蒸気機関車またはディーゼル
機関車により運行される。8月は増便
ウィットビー発
10:00 12:35 14:10 17:15など
（日16:30など）
ピカリング発
9:20 12:00 15:10 など
（日12:00など）
このほかグロスモント〜ピカリング間を
走る便もある。
料乗り放題£45（1年間有効）

映画にも登場したゴースランド駅

■キャプテン・クック記念博物館
住Grape Ln., YO22 4BA
TEL(01947)601 900
開4月〜11月上旬 9:45〜17:00
　2月中旬〜3月 10:30〜15:00
※最終入場は閉館の30分前
休11月上旬〜2月上旬 料£8.50
館内撮影一部不可　フラッシュ不可

博物館は昔、クック船長を雇っていた大船主
の家だった

Park Centreがあり、ここから手軽なウオーキングが楽し
める。また、夏期ならウィットビーとピカリングPickeringを
結ぶノース・ヨークシャー・ムーアズ鉄道も毎日運行してい
る。ゴースランド駅Goathland周辺の滝へのルートはハイ
カーに人気のウオーキングコース。

🚌 バス

リーズ、ヨーク方面から
国立公園内を縦断する形
でウィットビーまで走る**ヨークシャー・コーストライナー
840番**のバスは、エリア内の重要な路線でもある。マルト
ンMaltonから国立公園に入り、ピカリング、ゴースランド
を経由する。2階建てバスからすばらしい車窓風景が望むこ
とができる。

ピークシーズンは混雑必至の保存鉄道 | Map P.458-B1
ノース・ヨークシャー・ムーアズ鉄道
North Yorkshire Moors Railway | ウィットビー〜ピカリング

ノース・ヨーク・ムーアズの
景観美を堪能できる保存
鉄道。『ハリーポッターと賢
者の石』に登場したホグズミ
ード駅は、ゴースランドで
撮影された。ほかにもこの
路線には風情のある景色
が多く、さまざまな映画や
ドラマの舞台となっている。

停車中のLNER 3442型蒸気機関車

偉大なクック船長を記念した | Map P.459
キャプテン・クック記念博物館
Captain Cook Memorial Museum | ウィットビー

　クック船長が10代の頃、見習いとして働いていた大船主
の家を利用した博物館で、クック船長が生活していた当時
の様子を再現している。
　また、ウィットビーには大型帆船エンデバー号のレプリカ
やミニ・エンデバー号によるクルーズ、エンデバー号が出港
したエンデバー波止場に臨むクック船長の記念碑など、彼
に関する見どころが多い。

丘の上に静かにたたずむ修道院跡 | Map P.459
✝ ウィットビー・アビー **Whitby Abbey** | ウィットビー

　657年にノーザンブリアの王
女、聖ヒルダによって設立され
た修道院。664年には、ここで
ウィットビー宗教会議が開か
れ、ノーザンブリア王国におい
ては、スコットランドのアイオー
ナ島を中心とするケルト的キリ

北海を望むウィットビー・アビー

スト教の典礼ではなく、大陸から伝わったローマ・カトリック式の典礼に従うことが決められた。

修道院は中世を通じて北東イングランドの宗教の拠点として栄えたが、16世紀になると解散 P.608 させられ廃墟となった。しかし、建物は大きな被害を免れており、往時の繁栄ぶりを十分感じさせてくれる。また、入口にある博物館ではウィットビー・アビーに関する調査の様子や発掘された装飾具などを展示している。

■ウィットビー・アビー
住Whitby Abbey, YO22 4JT
TEL (01947)603 568
URL www.english-heritage.org.uk
開4〜8月10:00〜17:00
　9〜3月10:00〜16:00
※最終入場は閉館の30分前
休11月上旬〜2月上旬の月・火、12/24〜25
料£10〜12.70　学生£8.60〜11.30

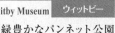
不思議なモノのオンパレード！
ウィットビー博物館 Whitby Museum
Map P.459　ウィットビー

ウィットビー博物館はパンネット公園の丘の上に位置している

緑豊かなパンネット公園の斜面に造られた博物館。1823年に地元の郷土史家らによって創設され、1923年に公園内に移転した。歴史上の遺物を扱うだけでなく、世界中の不思議なモノを集めたとしか思えない展示内容で興味深い。周辺で発掘された化石類も見応え十分。

■ウィットビー博物館
住Pannett Park, YO21 1RE
TEL (01947)602 908
URL www.whitbymuseum.org.uk
開9:30〜16:30
※最終入場は16:00
休月、クリスマス〜新年
料£7　学生£5（1年間有効）
館内撮影一部不可　　フラッシュ不可

HOTEL　　　　　RESTAURANT

ゲストハウス　12室　Map P.459　ウィットビー
アランダル・ハウス Arundel House

住Bagdale, YO21 1QJ
TEL (01947)603 645
URL www.arundelhousehotel.co.uk
DOM £65〜
†††£100〜
M V

TV 全室　♪全室　全室　なし　P無料　🛜Wi-Fi無料

パンネット公園の南側にある。天蓋付きベッドを備えた部屋のほか、バスタブ付きの部屋は1室。地元の食材を使用した朝食も自慢。

ユース　22室　Map P.459　ウィットビー
YHAウィットビー YHA Whitby

住East Cliff, YO22 4JT
TEL 0345 371 9049
URL www.yha.org.uk
DOM £15〜
†††£30〜
D M V

TV なし　♪なし　なし　なし　P夏期有料　🛜Wi-Fiロビー無料

ウィットビー・アビー入口の裏側にある。階段はきついが、町の高台に位置するので眺めは最高。ドミトリーはひと部屋あたり4〜10ベッドで男女別。

Map P.459　ウィットビー　　シーフード
トレンチャーズ Trenchers Restaurant & Takeawey

お昼には長い行列ができる人気店。お店のイチオシはシーフードグラタンFish Pie£15.95（写真）。フィッシュ&チップス£12.95〜18.95を頼んでいる人も多い。
住New Quay Rd., YO21 1DH　TEL (01947)603 212
URL www.trenchersrestaurant.co.uk
開11:30〜20:30　休12/25　A D M V　🛜不可

Map P.459　ウィットビー　　シーフード
ハドリーズ Hadleys

地元で人気のシーフードレストラン。フィッシュ&チップスは紅茶とパンが付いて、コッド（タラ）が小£11.50、大£16.50、ハドック（コダラ）は小£12.50、大£17.50。
住11 Bridge St., YO22 4BG　TEL (01947)604 153
URL www.hadleysfishandchips.co.uk
開11:00〜16:00（変更あり）　休12/25　M V　🛜不可

461

北部イングランドの古都
ヨーク
York

町を象徴する壮麗な建築物、ヨーク・ミンスター

人口	市外局番
20万2800人	01904
ノース・ヨークシャー州	
North Yorkshire	

イギリスで最大の大きさを誇るゴシック聖堂、ヨーク・ミンスターに見守られたヨークは、中世の雰囲気を現在に伝える古都。ヨークの名前は9世紀にこの地を制圧したヴァイキングによってつけられたヨーヴィックJorvikに由来する。「ヨークの歴史はイングランドの歴史である The history of York is the history of England.」とはジョージ6世の言葉だが、この言葉が表すように、ヨークは2000年の長きにわたり、ローマ、アングロ・サクソン、デーン、ノルマンと多くの民族の争いと交流を見続けてきた。

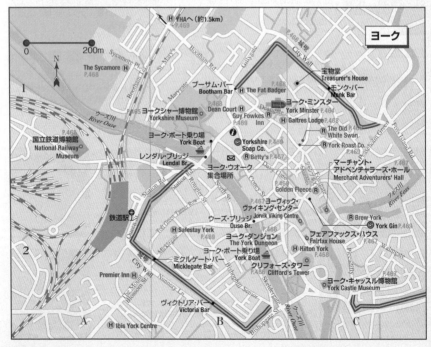

歩き方

城壁から眺めたヨーク・ミンスター

見どころが集まるのは城壁内。城壁には6つの門があり、バー Barと呼ばれている。❶の近くには**ブーサム・バー** Bootham Bar、鉄道駅の南東には**ミクルゲート・バー** Micklegate Barがある。イギリス最大のゴシック聖堂、ヨーク・ミンスターは城壁内の北隅にある。

城壁 ローマ時代にはヨーク・ミンスターを中心に周囲2kmの城壁が築かれたが、現在残っているのは、ほとんど中世に造られたもの。周囲は約4.5km。途中で3ヵ所切れているが、上って1周することができる。城壁の上からさまざまな角度で見るヨーク・ミンスターは格別だ。レンダル・ブリッジLendal Br.から城壁に上り、駅前をとおり、ミクルゲート・バーへ抜けるルートが人気。

交通情報

鉄道駅とバスステーションは隣接しており、町の中心部の南西に位置する。中心部へはステーション・ロード Station Rd.を進み、そのままウーズ川に架かるレンダル・ブリッジLendal Br.を越えると、間もなくヨーク・ミンスターの前に出る。

鉄道駅にはヨークシャー・デイルズなど、周辺への見どころに行く列車が多く停車する

近郊からのバス ウィットビーなどのノース・ヨーク・ムーアズ国立公園方面から来るバスは旧市街北東からウーズ・ブリッジOuse Br.を経由して鉄道駅前まで向かう。

観光バス シティ・サイトシーイング社のバスが城壁に沿って町を一周している。

現地発ツアー

イギリスを代表する観光地なのでツアーの種類も多い。なかでも人気が高いのが、いわゆるゴースト・ツアー。2000年もの歴史を誇るヨークの町には怪談や怪奇スポットも多く、毎晩いくつものゴースト・ツアーが催行されている。暗くなった古い町並みで聞かされる話は雰囲気たっぷりだ。

ゴースト・ツアーのガイドさん

Access Guide
ヨーク

ロンドンから

🚄 所要:1時間50分～2時間20分

月〜土 キングズ・クロス駅から6:15～23:00（土6:15～21:00）の1時間に1～3便

日 8:47～20:05の1時間に1～3便

🚌 所要:4時間45分～8時間20分

毎日 7:30（日8:00）～18:30の1～2時間に1便 23:30 23:59（月～土）

マンチェスターから

🚄 所要:1時間25～50分

月〜土 ヴィクトリア駅から4:55～23:20（土5:00～21:39）の1時間に1～2便

日 ピカデリー駅から8:31～21:59の1時間に1～2便

ニューキャッスル・アポン・タインから

🚄 所要:約1時間

月〜土 4:45～22:45（土～21:50）に頻発

日 7:44～21:44に頻発

ℹ️ **ヨーク**
Tourist Information Centre

Map P.462-B1
🏠1 Museum St., YO1 7DT
📞(01904) 555 670
🔗www.visityork.org
🕐9:00～17:00（日・祝10:00～16:00）
📅1/1, 12/25・26

❶はヨーク・ミンスターの近くにある

Information

ビジット・ヨーク・パス
The Visit York Passs

ヨークと周辺の25以上の見どころがフリーパスで入ることができるほか、ツアーやレストラン、ショッピングでも割引などの特典がある。下記のウェブサイトで購入することができ、電子メールでスマホにeチケットが送られてくる。ヨーク・ミンスターやヨークシャー博物館など一部の見どころでは、事前に訪問日時の指定が必要で、各見どころの公式ウェブサイトを通して指定を行う。

🔗www.yorkpass.com
💰1日券 £59、2日券 £75、3日券 £90

■**シティ・サイトシーイング**
City Sightseeing

🔗www.city-sightseeing.com
9:00～17:00頃の15～30分おき
📅12/25～27
💰24時間有効 £16 学生£13

無料ウオーキングツアー
Free Walking Tours of the City of York
10:30、13:15発　圏無料
ヨークボランティアガイド協会（AVG）による無料のウオーキングツアー。

AVGヨーク AVG York
☎(01904)949 942　URL avgyork.co.uk
集合場所：ブーザム・バー横のエキジビション・スクエア

ホワイトローズ無料ツアー
White Rose York Free Tours
11:00、15:00発　圏無料
ヨーク・ミンスター、城壁、旧市街などを巡る無料のツアーで予約の必要はない。ディーン・コート・ホテルの脇、ヨーク・ミンスターの敷地の西側に集合。

ホワイトローズ・ヨーク White Rose York
☎07792 207679　URL whiteroseyork.com

無料ウオーキングツアー
2 Hour Free York Walking Tours
金～日11:00、14:00発　所要2時間
休月～木　圏無料　⊙予約必須
ヨーク旧市街を巡りながら、建築や歴史上の人物などを解説してくれる。

フットプリンツ・ツアーズ Footprints Tours
☎(020)7558 8706　URL footprints-tours.com
集合場所：ストーンゲートStonegateにあるリンクス・オブ・ロンドンLinks of London向かい

オリジナル・ゴースト・ウオーク・オブ・ヨーク
The Original Ghost Walk of York
20:00発　所要:1時間15分～1時間30分
圏£7.50　学生£5
ゴースト・ツアーの草分け的存在。出発場所はウーズ・ブリッジOuse Br.たもとのキングズ・アームズ・パブThe King's Arms Pub。

☎(01759)373 090
URL www.theoriginalghostwalkofyork.co.uk

ヨーク・ゴースト・バス・ツアー
York Ghost Bus Tour
19:30発など　所要1時間15分
圏£20.50　学生£17.50　⊙予約必須
プロの俳優とバスに乗ってヨークの有名怪奇スポットを巡るコメディー・ホラー・ツアー。

ゴースト・バス・ツアーズ Ghost Bus Tours
☎0844 567 8666
URL www.theghostbustours.com/york
集合場所：ヨーク駅を出た先にあるREのバス停。予約必須だが、座席の指定はできず早い者勝ち。

シティ・ツアー
The City Tour (Inside and Outside the Walls)
10:30発　所要2時間　圏£26　⊙予約必須
ヨークの見どころや歴史などを解説しながら自転車でヨーク中心部を巡るツアー。ブリュー・ヨークBrew York前から出発

ヨーク・サイクリング・ツアーズ York Cycling Tours
☎07908 245 439　URL www.yorkcyclingtours.com

ヨーク・シティ・クルーズ
York City Cruise
10:30、12:00、13:30、15:00発
所要45分　圏片道£13　学生15
キングズ・ステイスKing's Staithを出発し、10分後にレンダル・ブリッジを経由。ウーズ川からヨークの見どころを見学するボートツアー。

アーリー・イブニング・クルーズ
Early Evening Cruise
2/12～3/31、10/2～11/29の毎日18:00発
4/1～10/1の毎日19:30発　囲4～6月の月～水、11/30～2/21　圏片道£14　学生£12.50
キングズ・ステイスKing's Staithを出発し、夕景を楽しむ約1時間のクルーズ。

シティ・クルージズ・ヨーク City Cruises York
☎(01904)628 324　URL www.citycruisesyork.com

■ヨーク・ミンスター
住Deangate, YO1 7HH
☎(01904)557 200
URL yorkminster.org
開9:30～16:00（日12:45～15:15）
休12/25
圏£16　学生£14　※12ヵ月間有効
●塔
開ツアーのみ見学可
（日によって開始時間は異なる）
休12/25　圏£22　学生£20
（大聖堂の入場料込み）
フラッシュ部不可

英国最大の大伽藍　　　　　　　　　　Map P.466
ヨーク・ミンスター York Minster

ヨーク・ミンスターは、13世紀の初めから約250年の歳月をかけ、1472年に完成したイギリス最大のゴシック建築。もともとローマ時代の要塞やノルマン朝時代の大聖堂があった場所に建てられた。カンタベリー大聖堂に次いで、イギリスでも2番目に格式があり、イングランド北部を代表する大聖堂といえる。

建物の大きさにはただ圧倒される

ステンドグラス　内部の美しいステンドグラスは必見。特に東の壁にあるグレート・イースト・ウィンドウは高さ24m、311枚のパネルからなる中世ヨーロッパ最大のもの。近くにタッチパネル式の情報端末が設置されており、一つひとつのパネルに描かれた内容を解説している。南翼廊のステンドグラスは、バラ戦争の終結を記念して作られ、テューダー朝のバラが描かれている。北翼廊にあるステンドグラスは、13世紀に作られたもの。

チャプター・ハウスと塔　北側にあるチャプター・ハウスは会議に使用された部屋。細かな装飾の天井にも注目したい。中央の聖歌隊席には、5300本のパイプからなるパイプオルガンがある。高さ60mの塔からはヨークの町を一望にできる。

ステンドグラスは時間をかけゆっくり鑑賞しよう

世界最大級の鉄道博物館　　　　　Map P.462-A1
国立鉄道博物館 National Railway Museum

日本の新幹線なども展示されている

ヨーク鉄道駅のすぐ裏にある。鉄道博物館としては世界最大級の規模を誇る。リヴァプール・マンチェスター鉄道の蒸気機関車であるロケット号の復元車両や、SLとしては世界最高速度（時速202km）のマラード号、さらにヴィクトリア女王 ☞ P.605 を乗せた車両など、鉄道ファンならずとも見入ってしまうコレクションはさすが。有料のアトラクション、マラード・エクスペリエンスでは、マラード号の世界最高速度達成の走行を体感できる。

■国立鉄道博物館
住Leeman Rd., YO26 4XJ
TEL0333 016 1010
URLwww.railwaymuseum.org.uk
開10:00～17:00　※最終入場16:30
休12/24～26
料寄付歓迎
　マラード・エクスペリエンス£3

かつて世界最速を誇ったマラード号

考古学ファン必見　　　　　　　Map P.462-B1
ヨークシャー博物館 Yorkshire Museum

ヨークシャーから出土したものを展示している博物館で、ミュージアム・ガーデンズMuseum Gdns.にある。ローマ時代の出土品、ヴァイキング時代や中世に王族が所有した財宝など貴重な品々が多いが、なかでもローマ時代のモザイクは必見だ。太古の化石から20世紀までの幅広い展示は、そのままこの地域の歴史的重要性を物語っている。博物館の左隣には、1294年に建てられ、1539年にヘンリー8世 ☞ P.610 の命によって取り壊された聖メアリー修道院跡がある。

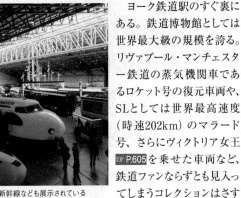
聖メアリー修道院跡から発掘された像

■ヨークシャー博物館
住Museum Gardens, YO1 7FR
TEL(01904)687 687
URLwww.yorkshiremuseum.org.uk
開10:00～17:00
休月、1/1、12/25・26
料£8～9.50　学生£7.20～8.55
館内撮影一部不可

刑務所だった建物を改装して造られた

中世の雰囲気溢れる
ヨーク旧市街
York City Centre

シャンブルズの石畳

ヨークの旧市街は今も町の中心として、多くのショップやレストランが並んでいる。中世から続く町並みを気ままに歩いてみよう。

シャンブルズShambles　通りの両側には木骨造りの店が並ぶ。1階よりも2階、2階より3階が前に突き出し、軒がくっつかんばかりに建っている。現在は美術品や工芸品などを売る店となっているが、昔は、この突き出した軒下に肉屋が肉をつり下げたという。

城壁
City Wall

ミクルゲート・バー内では展示が行われている

現在残る城壁はほとんどが中世のものだが、今でも一部の城壁を歩くことができる。ミクルゲート・バー内には小さな博物館があり、ここから専門のガイドと城壁を巡るツアーも催行されている。

■シティ・ウォールズ・エクスペリエンス
🏠Micklegate, YO1 6JU　TEL(01904)615 6505
URL www.yorkcitywalls.com 🈂
🕙10:00〜17:00　※最終入場16:00
　城壁ガイドツアー10:30、14:00発
🈺11月上旬〜2月中旬　🈹展示£3.50　ツアー£5

クリフォーズ・タワー
Clifford's Tower

ヨーク城の一部だった

13世紀にヨーク城の見張り台として造られた小さな塔。しかし、17世紀に屋根などが破壊されてしまい、現在残るのは外壁のみ。階段はかなり急だが、塔からは旧市街全体を見渡すことができる。

🏠Tower St., YO1 9SA
TEL0370 333 1181
URL www.english-heritage.org.uk 🈂
🕙10:00〜18:00（10月下旬〜3月10:00〜16:00）
🈺12/24・25　🈹£7.70〜10　学生£6.80〜8.60

クリフォーズ・タワーからの眺めた旧市街

地図上の表記
ブーザム・バー
Bootham Bar
🏠The Fat Badger
宝物堂
Treasurer's House
モンク・バー
Monk Bar　P.468
Dean Court　P.468
ヨーク・ミンスター P.464
York Minster　🏠Galtres Lodge　P.468
Guy
Fowkes
Inn　P.469
The Old White
Swan　P.469
🏠York Roast Co.
Ⓢ Yorkshire
Soap Co.　P.469
Ⓡ Betty's
ヨークス・チョコレート・
ストーリー
York's Chocolate Story
レンダル・ブリッジ
Lendal Br.
シャンブルズ
マーチャント・アドベンチャーズ・ホール
Merchant Adventurers' Hall
York Gin
P.469
Ⓡ Golden Fleece　P.469
鉄道駅前のレイルウェイ・アーチ
ウーズ・ブリッジ
Ouse Br.
ヴァイキング・センター
Jorvik Viking Centre
🏠Safestay York P.469
ヨーク・ダンジョン
The York Dungeon
フェアファックス・ハウス
Fairfax House
🏠Hilton York　P.468
ミクルゲート・バー
Micklegate Bar
クリフォーズ・タワー
Clifford's Tower
ヘンリー7世
エクスペリエンス
Henry VII Experience
ヨーク・キャッスル博物館
York Castle Museum
ヴィクトリア・バー
Victoria Bar
鉄道駅
レイルウェイ・アーチ

ヨーク・ダンジョン
The York Dungeon

絞首刑にされた強盗タービンや、魔女狩りなど、ヨークで実際に起きた恐ろしい話を再現するお化け屋敷。

🏠12 Clifford St., YO1 9RD
TEL(01904)632 599
URL www.thedungeons.com 🈂
🕙10:00〜16:00頃
※閉館時間は季節や曜日によって変動
🈺年末年始
🈹£21〜
　内部撮影不可

ヨーク

ベティズ
Betty's

1919年創業の老舗のカフェで、アール・デコ様式の店内で優雅なひとときを過ごすことができる。人気のアフタヌーンティーは£29.95〜。メインは1品£14.50〜18.75。スイス産ワインも豊富に取り揃えている。

住6-8 St Helen's Sq., YO1 8QP
TEL0800 456 1919　URLwww.bettys.co.uk
開9:00〜17:30 (土8:30〜18:00)　休無休 ━MV

マーチャント・アドベンチャラーズ・ホール
Merchant Adventurers' Hall

14世紀中頃に建てられたギルドホールで、ヨークにある中世の建造物のなかでも最も美しいといわれている。

当時のギルドは、ヨークにお

木材をふんだんに使用したグレート・ホール

ける海外貿易を独占しており、この建築物を見るだけでも、その財力をうかがい知ることができる。必見は木骨造りのグレート・ホールGreat Hallで、現在でも結婚式などに使われている。

横にある石造りの小さなチャペルは1411年に改築されたものだ。

住Fossgate, YO1 9XD　TEL(01904)654 818
URLwww.theyorkcompany.co.uk
開10:00〜16:30 (土10:00〜13:30)
休不定休、年末年始　料£6.50 学生£5.50

ヨーク・キャッスル博物館
York Castle Museum

再現されたカークゲート

17世紀終わりから19世紀まで、ヨークシャー地方で使われていた家具、衣服、装飾品、武具、農具などの膨大なコレクションを展示した博物館。各時代の部屋は、今でも人が住んでいるかのように再現されている。なかでもヴィクトリア時代の通りを再現したカークゲートKirkgateがすばらしい。ショーウインドーまできれいに飾られた店が並び、馬車もあり、まるで100年前の町に迷い込んだような気がしてくる。

住Castle Area, YO1 9RY　TEL(01904)687 687
URLwww.yorkcastlemuseum.org.uk
開10:00 (月11:00)〜17:00　休年末年始
料£14.50〜16 学生£13〜14.40 ※12ヵ月間有効
フラッシュ不可

ヨーヴィック・ヴァイキング・センター
Jorvik Viking Centre

ヴァイキングの交易網も紹介した展示

ヨーヴィックとは、ヴァイキングがこの地を支配していた時代のヨークの名前。前半はゴンドラに乗りながら、当時の様子を再現したヨーヴィックの町を日本語の解説を聞きながら巡り、後半では発掘品の展示を中心に、より詳しくヴァイキング時代について学ぶことができる。

住19 Coppergate, YO1 9WT　TEL(01904)615 505
URLwww.jorvikvikingcentre.co.uk
開夏期9:00〜17:00頃　11〜3月10:00〜16:00頃
休12/24〜26　料£15 学生£12.50
フラッシュ不可

フェアファックス・ハウス
Fairfax House

1760年代に建てられたジョージ王朝時代の美しい邸宅。1980年代初頭には廃墟寸前だったが、丹念に修復された。

客間のレッド・サルーンRed Saloonなど内部は、建物が建てられた当時の調度品によって美しく装飾

れんが造りの美しい邸宅

されており、ジョージ王朝時代に作られた時計のコレクションも見逃せない。

住Castlegate, YO1 9RN
TEL(01904)655 543　URLwww.fairfaxhouse.co.uk
開11:00〜 金曜は11:00、14:00発のガイドツアーのみ　休クリスマス期間　料£7.50 学生£6
※12ヵ月間有効　フラッシュ不可

ヨークス・チョコレート・ストーリー
York's Chocolate Story

ヨークは日本でもおなじみのチョコバー、キットカットの発祥の地として知られている(現在はスイスのネスレ社Nestléが製造・販売)。ここでは約3000年前に中央アメリカで始まったカカオ豆の栽培から

入口はカフェ兼ショップ

キットカットのようなチョコレートバーが製造されるまでの歴史を、映像やチョコレート製造の実演などを織り交ぜて紹介してくれる。

住King's Sq., YO1 7LD
URLwww.yorkschocolatestory.com
開10:00〜16:00 (見学はガイドツアーのみ。約30分おき)
休1/1、12/24〜26　料£17.50
館内撮影一部不可　フラッシュ一部不可

中級ホテルやB&Bは城壁の内側では少なめ。ブーサム・テラスBootham Ter.や町の南側に多いが、中心部から離れてしまうのが難点。レストランやパブはおもに旧市街に点在しているが、デイビー・ゲートDavy Gateやパーラメント・ストリートParliament St.周辺に多い。

高級　40室
Map P.462-B1

旧市街でも設備の整ったホテル
ディーン・コート Dean Court Hotel

住Duncombe Pl., YO1 7EF
TEL(01904)376 292
URL www.deancourt-york.co.uk
†/††🛏🎫💰£106〜
━AMV
レストラン圏7:00〜21:00

　ヨーク・ミンスターのすぐ近くにあるベスト・ウエスタン系列のホテル。毎年、各種評価機関から何らかの賞を受賞している。れんが造りの古風な外観だが、客室はモダンな内装で設備も申しぶんなし。
レストラン&バー　D.C.Hレストランド D.C.H-the Restaurantではアフタヌーンティーが楽しめる。

高級　131室　Map P.462-C2

ヒルトン・ヨーク Hilton York

住1 Tower St., YO1 9WD
TEL(01904)648 111
●予約(03)6864-1633
URL www.hilton.com
†/††🛏💰£102〜
━ADJMV

　クリフォーズ・タワーに向かい合うように建つ4つ星ホテルで、一部の部屋はタワービューになっている。旧市街内にあるので観光に便利。レストラン、バー、フィットネスセンターを併設。

イン　13室　Map P.462-B1

ファット・バジャー The Fat Badger

住2-4 High Petergate, YO1 7EH
TEL(01904)612 078
URL www.thefatbadgeryork.com
†🛏💰£99〜
††🛏💰£109〜
━AMV

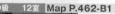

　ブーサム・バーに隣接している小さなイン。歴史ある建築物だが、客室はモダンな造りになっている。中庭にあるヨーク・ミンスターが眺められるビア・ガーデンが自慢。

中級　12室　Map P.462-B1

ギャルターズ・ロッジ Galtres Lodge

住54 Low Petergate, YO1 7HZ
TEL(01904)622 478
URL www.galtreslodge.uk
††🛏💰£110〜170
━AMV

　大聖堂やシャンブルズのすぐそばにある古い建物を利用。スモール・ホテル・オブ・ザ・イヤーを受賞しており、ヨーク旧市街の雰囲気に浸るのにぴったり。レストランとバーも併設している。

ゲストハウス　6室　Map P.462-A1

シカモー The Sycamore Guest House

住19 Sycamore Pl., YO30 7DW
TEL(01904)624 712
URL www.thesycamore.co.uk
†/††🛏💰£95〜135
━AJMV

　ギリシア人とイギリス人のフレンドリーな夫婦が経営。花柄を基調とした内装はとてもかわいらしい。シャワー・トイレが部屋の外にある部屋もある。

ヨーク

ユース 45室 Map P.462-B1 外

YHAヨーク YHA York

住Water End, Clifton, YO30 6LP
TEL 0345 371 9051
URL www.yha.org.uk
DOM £15〜
i/††📶🔌💷£30〜
—JMV

|📺|🍴|🧺|🖥|🅿|📶Wi-Fi|
|なし|なし|なし|なし|無料|一部無料|

ウーズ川沿いの静かな環境にある。駅前からパーク＆ライド・グリーン・ラインPark & Ride Green Lineの2番バスでClifton Green下車、徒歩約5分。

ホステル 21室 Map P.462-B2

セーフステイ・ヨーク Safestay York

住88-90 Micklegate, YO1 6JX
TEL (01904) 627 720
URL www.safestay.com
DOM 📶£12〜
i/††📶🔌💷£50〜
—JMV（現金払い不可）

|📺|🍴|🧺|🖥|🅿|📶Wi-Fi|
|一部|なし|一部|全室|なし|無料|

18世紀に建てられたジョージアン様式の建物を使用している。ドミトリーのベッド数はひと部屋4〜12。朝食はコンチネンタル式で£6.50。

Map P.462-C1 　　　　　英国料理

ヨーク・ロースト・コウ York Roast Co.

ヨークシャーの伝統料理、ヨークシャー・プディングのファストフード店。サンドイッチ、ラップ、ミールの3種があり、それぞれポーク、ターキー、ハム、ビーフから選ぶ。
住78 Low Petergate, YO1 7HZ　TEL (01904) 629 197
圏10:00〜20:00（金10:00〜翌1:00、土10:00〜翌2:00、日10:00〜22:00）　休無休　—MV　奈不可

Map P.462-C2 　　　　　　　　パブ

ゴールデン・フリース Golden Fleece

500年以上の歴史を誇る名物パブ。怪奇スポットとしてテレビ番組で紹介されたことも。上階で宿泊も可能。
住16 Pavement, YO1 9UP　TEL (01904) 620 491
URL www.greatukpubs.co.uk/the-golden-fleece-york
圏11:00〜24:00　休無休　—MV　奈店内可

Map P.462-C1 　　　　　パブ／英国料理

オールド・ホワイト・スワン Old White Swan

16世紀の建物を使用し、歴史を感じさせる雰囲気が人気のパブ。料理は季節に応じて異なる。レンティルコテージパイ£12.50、ハンバーガー£14.50〜。
住80 Goodramgate, YO1 7LF　TEL (01904) 540 911
URL www.nicholsonspubs.co.uk　圏10:00〜23:00
（金・土〜24:00、日〜22:30）　休無休　—AJMV　奈店内可

Map P.462-B1 　　　　　パブ／英国料理

ガイ・フォークス・イン Guy Fowkes Inn

1605年の火薬陰謀事件の犯人として知られるガイ・フォークスの生家を利用しているイン。料理のメインは£16.95〜28.95。宿泊も可能。
住25 High Petergate, YO1 7HP　TEL (01904) 466 674
URL www.guyfawkesinnyork.com　圏12:00〜20:45
（金・土12:00〜21:30）　休無休　—AMV　奈店内可

Map P.462-C2 　　　　　　　　ジン

ヨーク・ジン York Gin

旧市街の中心部にあるクラフト・ジンのショップ。スタイリッシュなボトルはお土産としても人気。金・土曜の18:30からは所要約1時間の試飲ツアーが行われる。
住12 Pavement, YO1 9UP　TEL (01904) 848 900
URL yorkgin.com　圏10:30〜17:30　休無休　—MV

Map P.462-B1 　　　　　　　コスメ

ヨークシャー・ソープ The Yorkshire Soap Co.

カップケーキなどスイーツの形をした手作り石鹸が人気。店内はまるでスイーツショップのよう。
住10 Blake St., YO1 8QG　TEL (01904) 655 820
URL yorkshiresoap.co.uk　圏10:00〜18:00（日10:00〜17:00）
休無休　—MV

美しきムーア（荒野）がここにある

ヨークシャー・デイルズ国立公園
Yorkshire Dales National Park

世界遺産に登録されているファウンテンズ・アビー

人口	市外局番
2万2798人	0113（リーズ）

ウエスト・ヨークシャー州ほか
West Yorkshire

　厳しい自然と独特な文化で知られるヨークシャー・デイルズ国立公園はノース・ヨークシャーとカンブリアの間に広がり、その面積は1769km²（大阪府よりやや狭い）。ヨークシャー・デイルズの「デイルDale」は「谷」を意味し、20を超えるデイルがある。景色の多くは、青々とした緑のデイルと、白い石灰岩のそびえ立つ峰々Peaksによって構成されている。湖水地方をあたたかい自然の母と形容するなら、ヨークシャー・デイルズ地方は厳しい父の姿にたとえられるだろう。

ヨークシャー・デイルズ国立公園
観光ハイライトとエリアガイド

　ヨークシャー・デイルズ国立公園は広大。セトル・カーライル鉄道がその西側を縦断しており、その沿線にハイライトとなる町や見どころが点在している。一方、リポンやハワースなど、周辺にも魅力的な場所があり、あわせて訪れてみたい。

ファウンテンズ・アビー
（→ P.479）

ソルテア
（→ P.478）

リブルヘッド陸橋
（→ P.482）

セトル・カーライル鉄道
（→ P.477）

セトル Settle P.475

セトル・カーライル鉄道の要となる駅。町は小さいがヨークシャー・デイルズらしいのどかな風情が漂う。

リポン Ripon P.475

ヨークシャー・デイルズ東部のエリアの起点となる町。世界遺産ファウンテンズ・アビーからも近い。

ブロフ ●

ダーリントン ●

湖水地方

● ウィンダミア

リッチモンド ●

ホウズ ●　　　レイバーン ●　　　ノーザラートン ●

カークビー・
ロンズデール ●　**ヨークシャー・デイルズ
国立公園**

リポン ●

● ランカスター　セトル ●　● マラム

ハロゲート ●

● スキップトン　　　　　　　　　　　ヨーク ●

● キースリー

● ハワース

ブラッドフォード ●　　　● リーズ

スキップトン Skipton P.474

リーズからのアクセスもよく、ヨークシャー・デイルズ南部の観光の起点。特産品のチーズでも有名。

ハワース Haworth P.480

ブロンテ姉妹ゆかりの小さな町。国立公園内ではないが、屈指の有名観光地。町並みや周囲の自然も美しい。

リーズ Leeds P.473

イングランド北部屈指の大都市なので、ノース・ヨーク・ムーアズやヨークとあわせて回るならここを起点に。

リーズの鉄道駅はヨークシャー・デイルズの玄関口とも言える

ヨークシャー・デイルズ国立公園
起点となる町

次ページ以降に登場する町のほか、**カーライル** P.441 や**ヨーク** P.462 、レンタカーがあれば**湖水地方** P.407 からも日帰りすることができる。

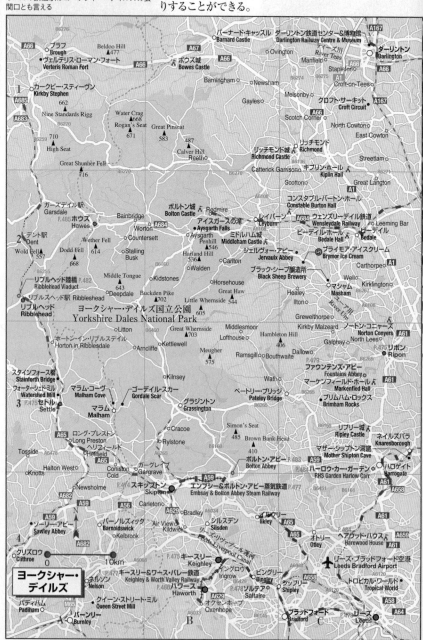

リーズ
Leeds

　リーズは19世紀に大きく発展した町。商業の伝統は今も生きていて、個性的なショッピングセンターがにぎわいを見せる。この地方の交通の要衝でもあり、ヨークシャー・デイルズ国立公園、ハワースへの起点にもなる。

歩き方　リーズは鉄道駅を中心に広がっている。メインストリートは鉄道駅前から北に延びる**パーク・ロウ**Park Rowと、美術館やタウンホールがある**ザ・ヘッドロウ**The Headrow。❼は美術館の中にある。

中心部　駅の北東が広い歩行者天国となっており、おもなショッピングセンターが点在している。特に**ブリゲイト**Briggateは多くのショップが並び、人どおりが絶えない。

交通情報　鉄道駅　鉄道駅は市街地の南にある。主要幹線をはじめ、セトル・カーライル鉄道など多くの路線の列車が発着する。ターミナルやプラットホームも近代的。

バスステーション　ナショナル・エクスプレスの長距離バスと中・近距離バスはどちらも**カークゲート・マーケット**Kirkgate Marketの横にあるバス＆コーチステーションに到着する。

市内バス　リーズ中心部を巡回する5番の電動バスは、鉄

Access Guide
リーズ

ロンドンから

	所要：2時間13分〜2時間30分
月〜土	キングズ・クロス駅から5:55〜23:33（土〜22:00）の1時間に2便程度
日	8:52〜22:35の1時間に1〜2便程度
	所要：4時間20分〜4時間45分
毎日	7:00〜23:30の1時間に1便程度

ヨークから

	所要：23〜39分
月〜土	5:06〜翌2:35（土5:03〜23:14）に頻発
日	8:18〜翌2:52の1時間に1〜5便

マンチェスターから

	所要：49〜57分
月〜土	ピカデリー駅から4:33〜翌0:56（土4:37〜22:54）に頻発
日	9:14〜23:59の1時間に1便程度 ヴィクトリア駅からも便あり

i **リーズ**
Tourist Information Centre
Map P.473-A1
🏠Art Gallery Shop, The Headrow, LS1 3AA
📞(0113)378 6977
🌐www.visitleeds.co.uk
🕙10:00〜17:00（日13:00〜17:00）
休1/1、12/25・26

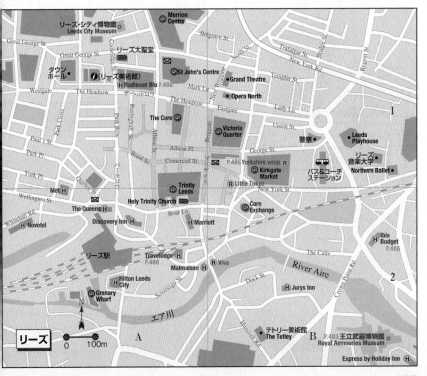

リーズ

0　　　100m

Access Guide
スキップトン

リーズから
	所要:45分
月・土	5:15 (土6:20) 〜23:20の1時間に2〜3便
日	8:30〜23:23の1時間に1〜2便

セトルから
	所要:25分
月〜金	7:27 10:02 12:37 15:06 16:30 17:58 20:02 21:46 21:59
土	7:27 9:33 11:06 12:37 15:06 16:30 17:58 20:02 21:46 21:59
日	11:04 14:02 16:58 17:34 19:06 20:51

	所要:40分
月・土	7:55〜17:45 (土7:55〜17:30) の1〜2時間に1便　※日曜運休

ソルテアから
	所要:28分
月・土	5:30 (土6:13) 〜23:38の1時間に2〜3便
日	8:47〜23:37の1時間に1〜2便

スキップトンの鉄道駅。リーズからの列車の多くはこの駅が終点となる

<table>
<tr><td>i</td><td>

スキップトン
Tourist Information Centre
</td></tr>
</table>

Map P.474
🏠 Skipton Town Hall, High St., BD23 1AH
☎ (01756) 706 397
🔗 www.welcometoskipton.com
🕐 9:30〜16:30　🚫 日、1/1、12/25
スキップトンのタウンホール内にある。タウンホールには、周辺の見どころや文化を紹介するクレイヴン博物館Craven Museumも併設している。

スキップトンの見どころ

道駅、タウンホール、バス&コーチステーションなどに停車する。運賃は£1。月〜土曜の約10分おきに運行される。ただし、ルートは時計回りのみの運行で、逆回りはないので注意が必要。

ホテル　リーズはビジネス都市なので中高級の大型ホテルは駅周辺に多く、週末割引があるホテルが多い。町の中心部には、大学周辺以外でゲストハウスはない。

起点の町 スキップトン
Skipton

唯一ともいえるヨークシャー・デイルズの玄関口。ローカルフードのショッピングも楽しい。

歩き方　町のメインストリートとなるのは、ハイ・ストリートHigh St.と、そこから続くキースリー・ロードKeighley Rd.。ハイ・ストリ

スキップトンのハイ・ストリート

ートを進むと、町のシンボル、スキップトン城がある。ショップやカフェはだいたいこの通りとその周辺にある。

交通情報　鉄道駅は町の西にあり、中心部まで徒歩5〜10分ほど。バスステーションは、町の中心からキースリー・ロードを南へ進んだ先にある。

ホテル　ホテルは中心部には少なく、バスステーションの先にあるキースリー・ロードの周辺に集中している。レストランは町中に点在しており、パブや手軽なレストランなど種類も多い。

スキップトン

セトル
Settle

起点の町

ヨークシャー・デイルズで一番美しい駅と評されるのが、セトルの駅。セトルはその駅に冠された評価に負けないくらい小さいながらも美しく穏やかな町。マーケット・プレイスの東にある丘、キャッスルバーグ・クラッグCastlebergh Cragからは、セトルの町と周囲の自然を見下ろすことができる。

歩き方 マーケット・プレイスの周辺が町の中心。小さな町なので10分もあれば端から端まで歩ける。

交通情報 鉄道駅を出てステーション・ロードStation Rd.を右手（東）へ3分ほど進むと、メインストリートであるデューク・ロードDuke Rd.に出る。

キースリー
Keighley

起点の町

キースリーはハワースへの起点となる町で、キースリー・ワースバレー保存鉄道もここから出発する。

歩き方 タウンホールTown Hallの周辺が町の中心で、ショップやレストランが多い。ホテルの数は少ない。

交通情報 キースリーの鉄道駅とバスステーションはやや離れている。駅を出たら左（南東）に出て、大型スーパー、セインズベリーSainsbury'sの前をまっすぐ進むとバスステーションに出る。タウンホールはその先にある。

リポン
Ripon

起点の町

町の起源はアングロ・サクソン7王国時代 P.607まで遡り、中世には羊毛業で栄えた。宗教都市としても有名で、古来多くの巡礼者がこの地を訪れており、町の東にあるリポン大聖堂の地下には7世紀当時の礼拝堂が今も残っている。世界遺産ファウンテンズ・アビーへの起点でもある。

交通情報 バスステーションはマーケット・プレイスに隣接している。この周辺が町の中心で、ノース・ストリートNorth Stやクイーン・ストリートQueen St.などにレストランやショップ、宿などが並んでいる。

Access Guide
セトル
カーライルから

所要：1時間40分

月～金 5:49 8:24 10:58 13:36 14:50 16:18 18:24 20:13

土 7:53 9:27 10:58 13:36 14:50 16:18 18:24 20:13

日 9:25 12:23 15:20 16:07 17:25 19:11

i セトル
Tourist Information Centre

Map P.475上
Town Hall, BD24 9EJ
TEL (01729)825 192
開9:30～15:00（木・土9:30～14:00）冬期短縮
休水・日、12/24～1/1

Access Guide
キースリー
ハワースから

所要：約20分

月～土 6:45～22:35の1時間に1～3便

日 10:05～22:35の1時間に1～2便

Access Guide
リポン
リーズから

所要：1時間37分

月～土 6:10～22:15（土7:00～23:15）の1時間に1～4便

日 8:25～23:15の1時間に1～3便

i リポン
Tourist Information Centre

Map P.475下
Town Hall, Market Pl., HG4 1DD
URL www.visitharrogate.co.uk
TEL (01765)604 625
開10:00～13:00 13:30～16:00
休日～水、12/24～1/1、不定期

リポンの見どころ
リポン大聖堂➡ P.485
ファウンテンズ・アビー➡ P.479

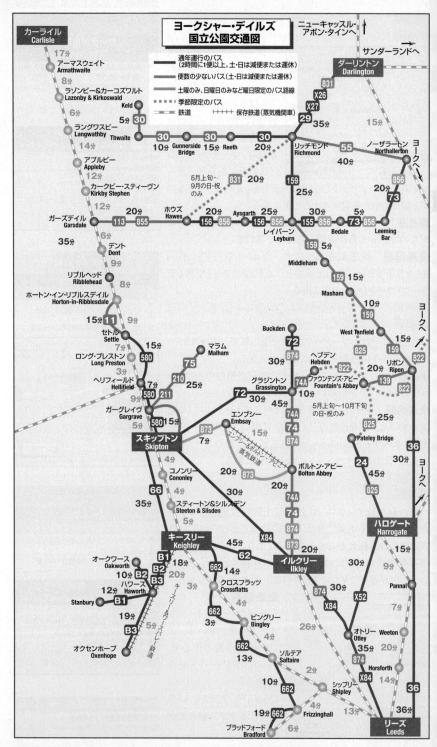

 ## ヨークシャー・デイルズ国立公園
エリア内の交通

鉄道

セトル・カーライル鉄道
　　　　19世紀にセトル～カーライル間に造られた路線。現在では、リーズ～カーライル間を結び、ヨークシャー・デイルズを縦断している。全長116kmの間に22の陸橋と14のトンネルがあり、その車窓から見る風景はすばらしい。ただし、スキップトンから北へは極端に便数が少なくなる。

セトル・カーライル鉄道

バス

　　　　リーズ、キースリー、スキップトンがおもなターミナルとなっている。バスの便は決して多くはなく、沿線以外の町や見どころへのバスの便は、ハイシーズン（おもに4月下旬～9月）でさえ日・祝しか運行しないことも多い。ネットで調べるか❼で時刻表をもらうなどして、計画を練ろう。

セトル駅は英国屈指の美しい駅といわれる

レンタカー

　　　　この地域の空港であるリーズ・ブラッドフォード空港をはじめ、リーズ駅など主要駅ではレンタカーショップがある。公共交通が必ずしもいいとはいえないこのエリアでは非常に便利。

■ヨークシャーデイルズのおもなバス会社
デイルズ・バスDalesBus
URL www.dalesbus.org
キースリー・バスKeighley Bus
URL www.keighleybus.co.uk
ハロゲイト・バスHarrogate Bus
URL www.harrogatebus.co.uk
リトルホワイト・バスLittle White Bus
URL www.littlewhitebus.co.uk
プロクターズProcters
URL www.procterscoaches.com

保存鉄道

キースリー＆ワース・バレー鉄道
Keighley & Worth Valley Railway

土・日は通年、イギリスの学校の夏休み（7・8月）に10:00頃～17:00頃に1時間に1便程度　所要25分
圏キースリー～ハワース往復£14　1日券£21（博物館含む）

ハワース駅

　　キースリーとオクセンホープOxenhopeとを25分で結んでいる。停車駅は全部で6つで、ハワースはオクセンホープのひとつ手前の駅になっている。デイムズ駅Damesはイギリスで最も小さい鉄道駅。蒸気機関車とディーゼル車で運行されているが、曜日や時期によっても運行形態が大きく異なるので時刻表を確認しよう。

TEL (01535)645 214　URL kwvr.co.uk

エンプシー＆ボルトン・アビー蒸気鉄道
Embsay & Bolton Abbey Steam Railway

4～7・9・10月のおもに火・土・日、8月（ほぼ毎日）、1～3月の日
10:30～15:45の1時間30分に1便程度
所要15分　圏£13.50
　　エンプシーとボルトン・アビーを結ぶ蒸気機関車。通常の便のほか、列車内でアフタヌーンティーや食事が楽しめる特別列車などもある。

TEL (01756)710 614
URL www.embsayboltonabbeyrailway.org.uk

リーズ・リヴァプール運河クルーズ

スキッパード・ボート・トリップス
Skippered Boat Trips

3～10月の11:30～（悪天候時は運休、夏期10:30～）
所要30分　圏£4

クルーズに使われるナローボート

　　　　リーズ・リヴァプール運河はもともとは石や石炭の搬送のために造られた水路で、イギリスで2番目に長く、全長は127マイル（204.4km）で、内陸に入り込んでいるのが特徴である。現在は運送用としては使われておらず、もっぱら観光客のクルーズ用運河となっている。
　　ペナイン・クルーザーズ社のスキッパード・ボート・トリップスなどのクルーズ船に乗って、19世紀の古い町並みを色濃く残すスキップトンの町、雄大なヨークシャーの荒野を優雅にクルーズで楽しむことができる。

住19 Coach St., Skipton, BD23 1LH
TEL (01756)795 478　URL www.penninecruisers.com

ペナイン・クルーザーズ社のオフィス

レトロなたたずまいのボルトン・アビー駅

477

ヴィクトリアン様式の美しい町並み
ソルテア *Saltaire*

モデルビレッジ　19世紀、産業革命の時代に地元の有力者、タイ
タス・ソルトによって造られたモデルビレッジ。ソルトが所有する織
物工場で働く労働者のため、住居や教会や学校を含めた総合的都
市設計で造られた。町全体にヴィクトリアン様式の建物が並ぶ独特
の景観が世界遺産に登録されている。

ソルテアの歩き方　ソルテア駅を出て目の前に見える建物がソルツ・
ミルSalts Mill。かつてはソルテアの中心をなす工場だった。現在
は閉鎖され、ギャラリーやカフェなどが並んでいる。ソルツ・ミルか
らヴィクトリア・ロードVictoria Rd.を南に行くと、学校や病院
などがある。

町のシンボル、ライオンの像

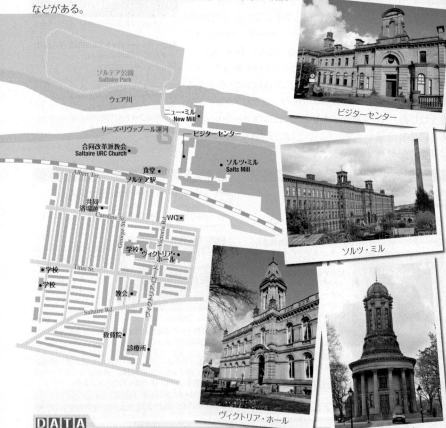
ビジターセンター

ソルツ・ミル

ヴィクトリア・ホール

合同改革派教会

ソルテア公園
Saltaire Park

ウェア川

ニュー・ミル
New Mill

リーズ・リヴァプール運河

ビジターセンター

合同改革派教会
Saltaire URC Church

食堂

ソルツ・ミル
Salts Mill

Albert Ter.
ソルテア駅

共同
浴場跡
Caroline St.

George St.

WC

Victoria Rd.

学校　ヴィクトリア・
ホール

学校
Titus St.

学校

教会

Saltaire Rd.

救貧院

診療所

DATA

■ソルテアへの行き方
🚆リーズ駅から5:15〜23:20（土6:20〜23:20、日8:31
〜23:23）に頻発。所要15分。

■ソルツ・ミル
🏠Salts Mill, BD18 3LA
☎(01274) 531 163　URL www.saltsmill.org.uk
🕐10:00〜17:00（土・日9:30〜17:00）
🈺月・火、1/1、12/25・26
💴無料　フラッシュ不可

■合同改革派教会
🏠Victoria Rd., BD18 3LF
URL saltaireurc.org.uk
🕐14:00〜16:00
🈺10月〜イースターの月〜土、12/25
💴寄付歓迎

世界遺産詳細ガイド

巨大な修道院の廃墟
ファウンテンズ・アビー Fountains Abbey

巨大なシトー会修道院　ファウンテンズ・アビーは12世紀に創建されたシトー会の修道院。敷地内に残る厨房や僧坊などから修道士たちの当時の生活を知ることができる。同会の修道院としてはイギリス最大で、広大な土地と莫大な富を誇ったが、16世紀に修道院が閉鎖されてからは廃墟になってしまった。

廃墟となった後に庭園へ　17世紀に引退した政治家ジョン・エイズラビーが周辺の土地を買い取り、庭園造りを始める。彼の息子であるウィリアム・エイズラビーがファウンテンズ・アビーなども買い取ると、廃墟だった修道院は美しい景観をもつ庭園へと変化した。

　庭園は1983年にナショナル・トラストの管理下におかれ、1986年には「ファウンテンズ修道院遺跡群を含むスタッドリー王立公園」として世界遺産に登録された。周囲の自然も美しく、ウオーキングにもぴったりだ。

チケットはビジターセンターで購入できる

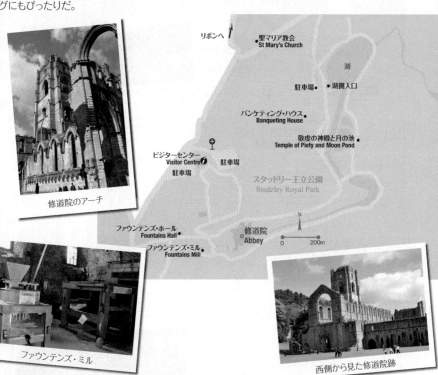

修道院のアーチ

リポンへ　聖マリア教会　St Mary's Church

湖

駐車場　湖側入口

バンケティング・ハウス　Banqueting House

敬虔の神殿と月の池　Temple of Piety and Moon Pond

ビジターセンター　Visitor Centre　駐車場

駐車場

スタッドリー王立公園　Studeley Royal Park

N

ファウンテンズ・ホール　Fountains Hall

ファウンテンズ・ミル　Fountains Mill

修道院　Abbey　0　200m

ファウンテンズ・ミル

西側から見た修道院跡

DATA

■ファウンテンズ・アビーへの行き方へ

🚌リポンのバスステーションから139番のバスがビジターセンター前まで行く。月・木・土9:45、11:15、16:25。所要10～15分。6～9月の第1日曜は825番がヨークから9:18、ハロゲートから10:20発、戻りの便は16:33発。

リポンとファウンテンズ・アビーを結ぶミニバス

■ファウンテンズ・アビー

🏠Fountains, Ripon, HG4 3DY
📞(01765)608 888
🌐www.nationaltrust.org.uk
🕐3月下旬～10月下旬10:00～16:30
　10月下旬～3月下旬10:00～16:00
※最終入場は閉園の1時間前
休11～1月の金、12/24・25　料£18

ヒースが生い茂る『嵐が丘』の舞台

ハワース
Haworth

『嵐が丘』『ジェーン・エア』など、英国文学史に偉大な足跡を残したブロンテ姉妹（エミリー・ブロンテ P.606、シャーロット・ブロンテ P.607）。果てしなく続く荒野に、吹きすさぶ風という『嵐が丘』の世界がそのまま広がる大地。ハワースの町には、彼女たちが住んでいた家をはじめとして、数々のゆかりの場所が残っている。

ハワースのメイン・ストリート

（地図）

H Ashmount
Mytholme Ln.
North St.
YHAへ H（約500m）
Mill Hey
Old White Lion H
Mrs Beightons
R Black Bull
ハワース駅
歩道橋
ハワース・パリッシュ・チャーチ
Haworth Parish Church
ブロンテ博物館
The Brontë Parsonage Museum
ウオーキング・コース
Fleece Inn H
Butt Ln.
Rawdon Rd.
Main Rd.
Haworth Central Park
Station Rd.
Victoria Rd.
N
0　　100m
Bridgehouse Ln.

ブロンテ博物館
The Brontë Parsonage Museum

　ブロンテ一家が1820年から1861年まで住んでいたこの家は、1779年に建てられた小さなジョージアン様式の建物。内部は、一家が住んでいた当時のように再現されている。アンが好きだったロッキングチェアーや、エミリーがその上で亡くなったというソファまでもが残され、ブロンテ姉妹の当時の暮らしぶりを知ることができる。当時の衣装もあり、これを着てムーアの中を走り回っていたのかと思うと、頭の中を『嵐が丘』の世界が駆け巡る。

　建物を少し拡張して展示室が設けてあり、姉妹やそれをとりまく人々の生い立ちなどがわかるようになっている。スケッチなど、数多くの遺品や遺稿もここに展示されている。

住Church St., BD22 8DR
TEL(01535)642 323
URL www.bronte.org.uk
開10:00～17:00　※最終入場16:00
休火、9～6月の月、12/24～27　料£12　学生£7.50
フラッシュ不可

ハワース・パリッシュ・チャーチ
Haworth Parish Church

この教会では、姉妹の父親で、牧師のパトリックが説教をしていた。塔以外は当時の建物ではないが、教会の外観や礼拝堂内部は静かで落ち着いている。

ここには、ブロンテ一族の没した年月日を印した石版もあり、一族と教会との深い結びつきを感じさせられる。この教会近くの地下納骨堂に、スカーボロの聖メアリー教会に眠るアン以外のブロンテ一族が安らかに眠っている。シーズン中は有志ガイドによる無料のガイドツアーが行われることもある。

住Church St., BD22 8DR
URLwww.haworthchurch.co.uk
開9:00～16:30　休12/25ほか葬儀などによる不定休
料寄付歓迎

フリース・イン
The Fleece Inn

室内はカントリー調で明るい感じにまとめられており、眺めのよい部屋も多い。キースリーで醸造している地ビール会社、ティモシー・テイラーが経営しており、1階のパブで直送のビールが飲める。料理は自家製パイやハンバーガーなど。全10室。

住67 Main St., BD22 8DA
TEL(01535)642 172　URLfleeceinnhaworth.co.uk
♠🛏 🛏£85～　♠♠🛏🛏£95～
━AMV
パブ12:00～24:00

全室　全室　全室　なし　有料　無料

■ハワースへの行き方
●キースリーから
🚌B1、B2、B3 番
🚃キースリー＆ワース・バレー鉄道（→ P.477）

●マンチェスターから
ヴィクトリア駅発リーズ行きに乗り、所要約 30 分のヘブデン・ブリッジ Hebden Bridge 下車。ここからB3 番のキースリー行きのバス で約 25 分。

ブラック・ブル
Black Bull

ハワース・パリッシュ・チャーチのすぐ横。パブは長い歴史をもっており、3姉妹の兄弟で、彼女たちの肖像画を描いたパトリック・ブランウェル・ブロンテも常連だったという。彼が座っていた椅子のレプリカが置かれている（写真）。

住119 Main St., BD22 8DP
TEL(01535)644 254
URLwww.theblackbullhaworth.co.uk
開12:00～23:30（金・土12:00～24:00）
休無休　━MV　🚭店内可

オールド・ホワイト・ライオン
The Old White Lion Hotel

18世紀の建物を改装しており、室内は明るめの内装で機能的な造り。1階は伝統的な内装のパブになっており、郷土料理を出している。メインの料理は£10.80～22.50。

住6-10 West Ln., BD22 8DU
TEL(01535)642 313
URLoldwhitelionhotel.com
♠🛏 🛏£85～　♠♠🛏🛏£115～
━AMV
パブ16:00～20:00（土・日13:00～23:00）

📺 🍴 🧴 🅿 🛜 Wi-Fi
全室　なし　全室　なし　無料　無料

ミセス・ビートンズ
Mrs Beightons Sweet Shop

17世紀の建物を利用したお菓子屋さん。店内は瓶に詰められたカラフルなキャンディ、キュートなチョコレートなど、お菓子でいっぱい！ 基本的に量り売りだが、お菓子の詰め合わせも売られているのでおみやげにもできる。

住127 Main St., BD22 8DP
TEL(01535)640 303
URLwww.mrsbeightons.co.uk
開10:00～17:00
休火、1月に不定休　━MV

リブルヘッド陸橋
Ribblehead Viaduct

■リブルヘッドへの行き方
🚂セトル 発6:22（土7:29）8:50 10:21
11:51 14:19 16:20 17:49 19:19 20:50
（日10:07 13:33 15:26 17:21 19:53）
リブルヘッド発7:13 9:48（土9:18）12:22
14:53 16:15 17:43 19:48 21:45
（日10:49 13:47 16:43 18:50 20:35）
所要14～17分
●リブルヘッド駅のビジターセンター
🏠Rydal Rd., LA22 9AN
🕐3～10月10:30～15:30
■館内撮影不可

24本の柱によって支えられる鉄道橋、リブルヘッド陸橋はセトル・カーライル鉄道のハイライト的存在。リブルヘッド駅からB6255の通りに出て、フットパスを左に進むと、巨大な鉄道橋が見え始める。

リブルヘッド駅は1876年に建てられた古い駅舎。2017年オープンのビジターセンターではセトル・カーライル鉄道の歴史をパネルなどを使って紹介されている。

荒涼とした大地の上に延びる陸橋

フットパスの看板

---

walk

『嵐が丘』の足跡を追う約10kmのフットパス

ハワースからブロンテ・ウェイを歩く

ハワースとその周辺はブロンテ・カントリー Brontë Country とも呼ばれている。ハワースの町から南西にかけては広大なムーア（荒野）が続いており、ここは、幼いブロンテ姉妹の遊び場だった。ブロンテ・ウェイは約69kmもある長距離フットパスだが、数日かけて踏破するのは一般の旅行者には大変。その一部を利用したハワース発着の約10kmルートがおすすめだ。

ブロンテの滝とブロンテ・ブリッジ パリッシュ・チャーチから西へ向かうとペニストン・ヒル Penistone Hill へ出る。この丘からフットパスを進んで行くと、ブロンテの滝とブロンテ・ブリッジに着く。この場所は姉妹のお気に入りだった所。小川に架かる小さな石造りの橋がブロンテ・ブリッジ、その奥には、雨上がりが最高に美しいといわれるブロンテの滝がある。

トップ・ウィズンズ 現在、建物はほとんど残っておらず、壁のみが一部残る廃墟。このあたりが、小説『嵐が丘』のモデルとなったといわれている。

遠くを流れゆく暗雲。ヒースで敷き詰められた荒涼とした丘を吹き抜ける強い風。大きな2本のカエデの木のもとで廃墟と化したトップ・ウィズンズ。まさにすべてが『嵐が丘』の世界。

■コース詳細
スタート地点：ハワース・パリッシュ・チャーチ
往復所要時間：2時間～3時間30分
総延長：10km
ブロンテの滝まで往復約8km、所要2時間～2時間30分ほど、トップ・ウィズンズまで往復約10km、所要3時間～3時間30分ほど。

■準備をしっかりと
ブロンテ・ウェイは、全体的に整備されていますが、歩きにくい場所もあります。私はスニーカーで行きましたが、登山靴があった方がよかったかも。6月下旬に行きましたが、晴れれば暑く、山らしく急に雨が降って寒くなります。レインウエア上下は必須です。あまり人もいないので、単独で行動する方は十分注意してください。　（りんごちゃん　'23春）

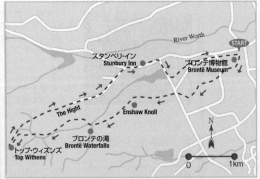

大自然のなかにある
ボルトン・アビー
Bolton Abbey

Map P.472-B3·4
イルクリー近郊

荒野にたたずむ廃墟

ボルトン・アビーをひと言で説明するのは難しい。歴史ある教会や廃墟があり、川が流れ、村があり、トレッキングルートが多数ある。言うなればボルトン・アビー自然公園。広大な敷地内をゆったりと流れるウォーフ川Wharfeでは、水浴びや釣りを楽しむ人々、シダの藪を訪れるライチョウを愛でるバードウオッチャー、12世紀に建てられた聖アウグスティヌスの修道院や古代の廃墟バーデン・タワー Barden Towerを訪れる人々が、思いおもいの休日を過ごしている。また、エンブシーとボルトン・アビー間には蒸気機関車（→P.477）も走っている。

ノルマン様式の堅固な城
スキップトン城
Skipton Castle

Map P.474
スキップトン

スキップトン城はイギリスで最も保存状態のよい中世の城のひとつ。スコットランドからの侵入に対して1090年に建てられた木製の砦が起源で、その後襲ってくる敵に対して守りを強化すべく、ノルマン様式の石の城に取り替えられ、900年以上スキップトンの町の高台に位置している。クロムウェル P.607によって破壊されたが、すぐに再建され、現在の姿になっている。

世界中の武器を展示
王立武器博物館
Royal Armouries Museum

Map P.473-B2
リーズ

7万点を超える武器や鎧などのコレクションから約5000点を展示している。代表的な展示はヘンリー8世 P.610が着用していた鎧や兜、「世界最大の動物用の鎧」としてギネスブックにも記載されているゾウの鎧、1610年に江戸幕府からジェイムズ1世に贈られた胴丸鎧など。

多彩な展示が目白押し
リーズ・シティ博物館
Leeds City Museum

Map P.473-A1
リーズ

生物、民俗、歴史など、多様な展示を行うリーズを代表する総合博物館。ローマ時代のモザイクやエジプト第20王朝の貴重なミイラなど特に古代文明に関する展示が見ごたえある。先史時代から現代までのリーズの歴史に関する展示も充実している。

■ボルトン・アビー
イルクリー駅から74A番のバスが月・水・金10:35、14:15。日曜は874番が10:15、14:10発。夏期の土曜は74番が10:15、12:15、15:45発。
ボルトン・アビー発は月・水・金9:45、13:45、17:35。日曜は874番が13:20、17:20発。夏期の土曜は74番が11:45、15:15、17:25発。
エンブシー＆ボルトン・アビー蒸気鉄道がエンブシー～ボルトン・アビー間を運行。エンブシーへはスキップトンからバス（日曜運休）で行ける。
TEL (01756)718 000
URL www.boltonabbey.com
夏期 10:00～19:00
冬期 9:00～18:00
休無休　料無料

スキップトン城は保存状態もよく、堅固な造り

■スキップトン城
住Skipton Castle, BD23 1AW
TEL (01756)792 442
URL www.skiptoncastle.co.uk
4～9月10:00～17:00
10～3月10:00～16:00
休12/23～25　料£9.50

■王立武器博物館
住Armouries Dri., LS10 1LT
TEL (0113)220 1916
URL www.royalarmouries.org
10:00～17:00　※最終入場16:30
休学期内の月、12/24～26
料無料　フラッシュ不可

迫力のあるゾウの鎧

■リーズ・シティ博物館
住Millennium Sq., LS2 8BH
TEL (0113) 378 5001
URL museumsandgalleries.leeds.gov.uk
10:00～17:00（土・日11:00～17:00）
休12/24～26
料無料　フラッシュ不可

■ヘアウッド・ハウス

🚌リーズとハロゲイトを結ぶ36番のバスでヘアウッド・アームズHarewood Armsのバス停下車し、徒歩約15分。バスはリーズから所要約25分、ハロゲイトからは約35分。

🏠Harewood, LS17 9LQ
☎(0113)218 1010
🌐harewood.org 📧
🕐10:00～18:00（邸宅11:00～16:00）
🈵冬期　💴£14～18　館内撮影不可

王女の住まいでもあった

ヘアウッド・ハウス
Harewood House

Map P.472-C4
リーズ近郊

美しい庭を備えた貴族の邸宅

1759年にヘアウッド伯エドウィン・ラッセルによって建てられた邸宅で、代々ラッセル家が継承してきた。ジョージ5世の娘のメアリー王女はヘンリー・ラッセルと結婚し、1965年にその死を迎えるまでここに35年暮らした。当時の調度品も保存、展示されている。広い庭園や池も非常に魅力的。

■ハーロウ・カー・ガーデン

🚌ハロゲイト駅からX6番のバスでOtley Roadのバス停まで約10分。バス停から徒歩約10分。

🏠Crag Ln., Beckwithshaw, Harrogate, HG3 1QB
☎(01423)565 418
🌐www.rhs.org.uk/gardens/harlow-carr 📧
🕐9:30～18:00　※最終入場17:00
🈵12/25　💴£13.85　※車を使わず、公共交通や徒歩で来園した人は£9.70

北イングランドを代表する庭園

ハーロウ・カー・ガーデン
RHS Garden Harlow Carr

Map P.472-C3
ハロゲイト近郊

ガーデニング好きならぜひ訪れたい

高級温泉保養地として知られるハロゲイトの郊外にある。英国王立園芸協会（RHS）が運営する5つ庭園のひとつ。季節の花が咲き乱れるボーダーガーデンや散策が楽しいウッドランドなど1日たっぷり楽しめる。

石灰岩群の大パノラマ広がる

walk

マラムからマラム・コーヴとゴーデイル・スカーへ

　マラムMalhamは小さな村だが、マラム・コーヴとゴーデイル・スカーの風景が、世界中からの旅行者を集めている。

マラム・コーヴ　マラム・コーヴはコーヴ・ロード沿いに進むとフットパス入り口があり、片道約30分ほど。マラム・コーヴは円形劇場型の石灰岩の壁が押し迫ってくるような迫力があり、削り取られた石灰岩が不気味な姿をさらしている。その形成は氷河期時代に始まり、長い年月をかけて現在の形になった。

マラム・コーヴへ続くフットパス

ゴーデイル・スカー　ゴーデイル・スカーは起伏に富んだ石灰岩の丘陵地帯。たどり着くまでの道程は厳しいが、緑の絨毯に敷き詰められたフットパスを進むと、ゴーデイル・スカーの景色が目の前に広がる。マラムから片道1時間強。

■マラムへの行き方
🚌スキップトンから所要約35分、月～金（210、211番）9:45、12:55発、土・日運休。マラムからの戻りは月～金10:35、13:35発、土・日曜運休

■コース詳細
スタート地点:マラムの🛈
往復所要時間:1～3時間　総延長:4～12km

マラム・コーヴ
Malham Cove

ゴーデイル・スカー
Gordale Scar

H YHA Malham

START

7世紀の礼拝堂が今も残る
リポン大聖堂 Ripon Cathedral

Map P.475下
リポン

アングロ・サクソン時代にノーザンブリア王国で活躍した聖ウィルフリッドが672年に建設した。現在の大聖堂は12世紀に建てられたゴシック様式のものが基盤となっているが、地下には7

ゴシック様式の大聖堂

世紀当時の礼拝堂が残っている。現在まで残るアングロ・サクソン時代の建築は非常に稀少。当時の様子を垣間見ることができる。

ヨークシャーデイルズの小さな村
素朴な村の生活風景が心を癒やす
ホウズ
Hawes

Map P.472-A2

小さな保養地、ホウズ。交通の便は極めて悪いが、苦労してでも訪れたい村だ。「チョコレート・ボックス」と形容される、絵はがきのような風景も多くの旅行者を魅了してやまない。端か

ホウズの町並み

ら端まで歩いて20分ほどと村の規模は小さいが、ここで生活するデイルズの人々は活気がある。

クリーミーな味
ウェンズリーデイル・チーズ工場
Wensleydale Creamery

Map P.485
ホウズ

イギリスのテレビ番組『ウォレス＆グルミット』で一躍有名になったホウズのウェンズリーデイル・チーズ。チーズ作りの過程を見学できるツアーやできたてのチーズを出すレストランもある。

地方の伝統を展示した
デイルズ・カントリーサイド博物館
Dales Countryside Museum

Map P.485
ホウズ

ヨークシャー・デイルズの人々の伝統的な暮らしぶりを模型で再現したり、歴史解説、ヨークシャー・デイルズの伝統工芸教室などがある。

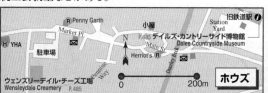

ウェンズリーデイル・チーズ工場
Wensleydale Creamery P.485
ホウズ

■リポン大聖堂
住Minster Rd., HG4 1QS
TEL(01765)603 462
URL www.riponcathedral.org.uk
開8:30〜18:00（日12:00〜17:00）
休無休
料寄付歓迎

Access Guide
ホウズ

●リポンから
🚌9:40、11:40、15:30発の159番（日曜運休）のバスで約1時間10分のレイバーンLeyburnに行き、11:40、14:35、15:55、17:22発の156番（日曜運休）のバスに乗り換えて約45分
●リーズから
🚌🚌日・祝のみ、このルートが利用できる。ノーザラートンNorthallertonまで約45〜50分。日中毎時2〜3便。ノーザラートンから9:33、12:43、16:03発の856番（日曜のみ運行）で約1時間15分

i | **ホウズ**
Tourist Information Centre

Map P.485
住Station Yard, DL8 3NT
URL www.yorkshiredales.org.uk
TEL(01969)666 210
開10:00〜17:00　休1月、12/24〜26

■ウェンズリーデイル・チーズ工場
住Gayle Ln., DL8 3RN
TEL(01969)667 664
URL www.wensleydale.co.uk ▓
開10:00〜16:00　休12/25・26
料£5.95

オリジナル・チーズを食べ比べ

■デイルズ・カントリーサイド博物館
住Station Yard, DL8 3NT
TEL(01969)666 210
URL www.dalescountrysidemuseum.org.uk ▓
開2〜10月10:00〜17:00
　11・12月10:00〜16:00
休1月、12/24〜26
料£4.90　学生£4.40

チェーン系の大型ホテルの数が多いのはリーズで、レストランも充実している。スキップトンは交通の便もよく、B&Bは中級ホテルが町に点在している。ハワースには雰囲気のいいB&Bが多く、料理や地ビールを楽しめるインも数軒ある。

中級	25室	Map P.474 外	スキップトン

ヘリオッツ Herriots

📍Broughton Rd., Skipton, BD23 1RT
☎(01756)792 781
URL www.herriotsforleisure.co.uk
🛏£90～
🛏£115～
💳ＡＭＶ

📺 全室　🍴 全室　🧴 全室　📦 なし　🅿 無料　📶 Wi-Fi 無料

鉄道駅のすぐ前で便利な立地。レセプションはバーの奥にある。客室は古風だが設備は新しい。レストランでは地元素材を使った料理も楽しめる。

イン	14室	Map P.475 上	セトル

ゴールデン・ライオン The Golden Lion

📍Duke St., Settle, BD24 9DU
☎(01729)822 203
URL goldenlionsettle.co.uk
🛏£130～
💳ＭＶ

📺 全室　🍴 全室　🧴 全室　📦 なし　🅿 なし　📶 Wi-Fi 無料

17世紀に建てられた古い建物を利用したイン。客室は3つのタイプがある。暖炉のあるパブでは食事も出しており、素材にこだわったメニューが自慢。

Map P.473-A2	トラベロッジ Travelodge Leeds Central
リーズ	📍Blayds Yard, Off Swingegate, Leeds, LS1 4AD
100室	☎0871 984 6155　URL www.travelodge.co.uk

📺 全室　希望者　全室　なし　なし　📶 無料
🛏£31.99～　朝食別　💳ＡＭＶ

Map P.473-B2	アイビス・バジェット Ibis Budget Leeds Centre
リーズ	📍2 The Gateway North, Crown Point Rd., Leeds, LS9 8BZ　☎(0113)245 0725
218室	URL www.ibis.com

📺 全室　希望者　なし　なし　なし　📶 一部無料
🛏£32.30～　朝食別　💳ＡＭＶ

Map P.473-A1	ラディソン・ブル Raddison Blu Leeds City Centre
リーズ	📍1 The Light, The Headrow, Leeds, LS1 8TL
147室	☎(0113) 236 6000　URL www.radissonhotels.com

📺 全室　全室　全室　全室　なし　📶 Wi-Fi
🛏£89～　朝食別　💳ＡＭＶ

Map P.473-B1　リーズ

ヨークシャー・ラップ・カンパニー The Yorkshire Wrap Company

ヨーロッパ最大級の屋内マーケット、カークゲート・マーケットKirkgate Marketのフードホール内にある。ローストビーフやローストポークなどをヨークシャー・プディングで包んだヨークシャー・プディング・ラップを食べることができる。

📍Cafe B, Kirkgate Market Food Hall, 34 George St., Leeds, LS2 7HY　📱07740 358 516　URL yorkshirewrapcompany.co.uk
🕘9:00～17:00　休日　💳ＭＶ　📶不可

英国料理 ファストフード

Map P.474　スキップトン

ビジー・リジーズ Bizzie Lizzies

リーズ・リヴァプール運河の近くにある。フィッシュ&チップスでは地元でも人気の店で、過去には受賞歴もある。テイクアウェイ部門もある。

📍36 Swadford St., Skipton, BD23 1QY　☎(01756)701 131
URL www.bizzielizzies.co.uk
🕘12:00～20:00　休無休　💳ＡＭＶ　📶不可

英国料理

Map P.475 上　セトル

トールボット・アームズ Talbot Arms

伝統的なパブを保護する団体カムラCAMRAに登録されている店で受賞歴もある。地ビールは5～6種類あり、季節ごとに銘柄を変更する。料理のラストオーダーは20:00。

📍Hight St., Settle, BD24 9EX　☎(01729)823 924
URL www.talbotsettle.co.uk　🕘12:00～23:00（月～水12:00～22:00、日12:00～21:00）　休12/25　💳ＡＭＶ　📶店内可

パブ

ウェールズ

Wales

写真上：ハーレック城（P.505）　写真左下：スノードン登山鉄道（P.503）　写真右下：ウェールズのシンボル、レッド・ドラゴン

カーディフ P.490
ウェールズ最大の都市。歴史的な建物と近代的なビルが見事に融合した町

ポントカサステの水道橋 P.502
橋の上をナローボートが進むという不思議な風景を望める

コンウィ城 P.505
8つの円柱型の塔が目印。保存状態がよいことで知られている

カナーヴォン城 P.504
プリンス・オブ・ウェールズの就任式が行われることで有名

数多くの古城が残る辺境の地
ウェールズ

　ウェールズはイギリスのほかの地域に比べると山がちの地形。おもだった町は南ウェールズと北ウェールズの海側に集中している。中央にはカンブリア山脈が南北に走り、その北にブレコン・ビーコンズ国立公園とスノードニア国立公園がある。

カーディフと周辺　南ウェールズには、首都の**カーディフ** P.490 と世界遺産に登録されているブレナヴォンといった町がある。**ブレナヴォン** P.495 には博物館や保存鉄道などがあるが、カーディフからのアクセスはあまりよくない。

北ウェールズ　**コンウィ** P.501、**カナーヴォン** P.501 など中世の香りが漂う町が多く集まり、世界遺産に登録されている**古城巡り** P.504 が楽しい。イングランドとの境界付近にある世界遺産の**ポントカサステの水道橋** P.502 も時間があれば訪れたい。

ケルト文化　ケルト人はアングロ・サクソンやノルマンの侵略を受け、現在のウェールズ付近に定住するようになった。彼らは独自の文化を育み、現在でも英語のほかにケルト語系のウェールズ語も公用語として使われている。

主要都市＆見どころハイライト

P.490　アーケードで買い物三昧
カーディフ

P.499　点在する古城と豊かな大自然
北ウェールズ

主要鉄道路線

所要時間の見方
'45　約45分
1'15　約1時間15分
※時間は目安です

リヴァプール Liverpool
マンチェスター Manchester
スランドゥドゥノ Llandudno
チェスター Chester
クルー Crewe
ストーク・オン・トレント Stoke-on-Trent
ホーリーヘッド Holyhead
バンガー Bangor
スランドゥドゥノ・ジャンクション Llandudno Junction
スタッフォード Stafford
シェフィールド Sheffield
ダービー Derby
ノッティンガムへ
エイベリストウィス Aberystwyth
シュルーズベリー Shrewsbury
バーミンガム Birmingham
レスター Leicester
ロンドン・セント・パンクラス駅へ
フィシュガード Fishguard
ウスター Worcester
コヴェントリー Coventry
ロンドン・ユーストン駅へ
Pembroke
ヘレフォード Hereford
チェルトナム Cheltenham
グロスター Gloucester
オックスフォード Oxford
ロンドン・マリルボン駅へ
スウォンジー Swansea
ニューポート Newport
ブリストル・パークウェイ Bristol Parkway
ディドコット Didcot
ロンドン・パディントン駅へ
カーディフ Cardiff
バース Bath
ベイジングストーク Basingstoke
ロンドン・ウォータールー駅へ
ブリストル・テンプル・ミーズ Bristol Temple Meads

ウェルシュ・ハイランド鉄道 P.506
カナーヴォンからポルスマドッグを結ぶ。スノードニアの絶景が楽しめる

おすすめアクティビティ

railway 車窓から壮大な自然を眺める
北ウェールズの保存鉄道
詳細記事 P.506

人気があるのがウェルシュ・ハイランド鉄道。険しい渓谷が織りなす壮大な風景を楽しめる。ほかにはスノードン山を走る登山鉄道などもある。

スノードン登山鉄道

名産品・工芸品

handcraft 恋人へのプレゼントに最適
ラブ・スプーン Love Spoon

一刀彫りの手作りの木製スプーンでウェールズでは定番のおみやげ。食事用のスプーンではなく、男性から女性への愛の告白のために作られたというのが通説。彫り方によって意味が違ってくるので、店員に尋ねるといろいろと教えてくれるだろう。カーディフだとカーディフ城前のみやげ物屋などで売られている。

ラブ・スプーン

ご当地グルメ

gourmet 大自然で作られるこだわりのチーズ
スノードニア・チーズ Snowdonia Cheese

北ウェールズの食材は豊かな土壌と水で造られるので品質もよく、チーズもまた格別。スノードニア国立公園周辺で造られるスノードニア・チーズはカラフルなワックスでコーティングをするのでおいしさも保たれる。種類も豊富。

スノードニア・チーズ

ご当地ビール・お酒

whisky ウェールズで造られる唯一のウイスキー
ペンデリン蒸溜所 Penderyn Distillery

ウェールズのウイスキー産業は19世紀末に衰退してしまったが、2000年にウェルシュ・ウイスキー社が設立され、再びウイスキー造りが始まった。ブレコン・ビーコンズの天然水を使用したシングルモルト・ウイスキーを造っている。

DATA
🚌🚃ブレコン・ビーコンズ国立公園近くのアバーディアAberdareが起点。カーディフ・セントラル駅からアバーディア駅までは鉄道で1時間に1～2便。所要約1時間。アバーディアのバスステーションから蒸溜所までは8番バスが日中の毎時10分発（日曜運休）。所要約30分。
折込地図表B6
🏠Pontpren, Penderyn, CF44 0SX
☎(01685)810 650　URLwww.penderyn.wales
🕐9:30～17:00（7・8月～18:00）　💷ガイドツアー £13.50～15　学生£10.50～11.50（1回20人までなので予約がおすすめ）

ペンデリン蒸溜所

ブレナヴォン
カーディフ ●
●ロンドン

人口	市外局番
36万2400人	029

カーディフ市
City of Cardiff

城下町と近未来ビルが見事に融合
カーディフ
Cardiff

カーディフ城（左）とノルマン・キープ（右）

　カーディフは、産業革命以降の19世紀には石炭の輸出港として繁栄し、その後も工業地として発展してきたウェールズの首都。西暦2000年を記念するミレニアムプロジェクトによって町は大きく様変わりし、ベイエリアの開発が盛んに進められ、各種レジャー施設、オフィスビルなどがオープンした。一方でカーディフ城をはじめとする歴史的な建造物が大切に保存され、中心部の町並みも美しく、先住民ケルトの文化が今なお息づいている。

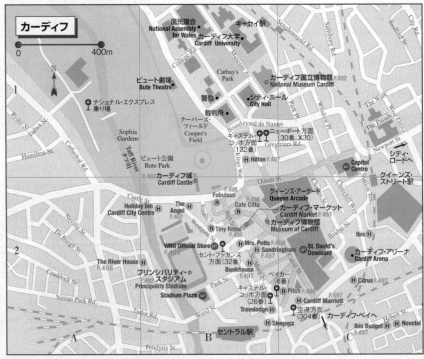

歩き方

カーディフ城からまっすぐ南に延びるセント・メアリー・ストリート

ウェールズ地方の首都とはいえ、中心部はコンパクトにまとまり、歩き回るにはちょうどいい大きさだ。町の中心となるカーディフ城をランドマークにして歩こう。

中心街　メインストリートは、カーディフ城から南東に延びる**ハイ・ストリート** High St.と**セント・メアリー・ストリート**St Mary St.。この通りの左右は店舗が集中する商業地区。一方、カーディフ城の北東側一帯はカーディフ大学をはじめ、シティ・ホールや裁判所などが集まる行政地区。

交通情報

カーディフ空港　国内線はほとんどなく、パリやアムステルダム、ダブリンなどとの国際便が発着する。空港からカーディフの中心、カスタム・ハウス・ストリートへは304番のバスで1時間20分。

鉄道駅とバスステーション　ロンドンから列車が到着するのはカーディフ・セントラル駅。目抜き通りであるセント・メアリー・ストリートへは歩いて5分もかからない。B&B街のカシードラル・ロードCathedral Rd.へは歩くと20分以上はかかるので、25番のバスに乗るかタクシーで移動しよう。ナショナル・エクスプレスのバスはカシードラル・ロードの近く、ビュート公園内にあるバスターミナルに停車する。

カーディフ・セントラル駅

公園内にあるナショナル・エクスプレス乗り場

市内交通

市内バス　カーディフ・ベイや郊外の見どころへは、バスを利用しよう。市内の中心は**カーディフ・バス**Cardiff Busで移動できる。運賃は£2。郊外への路線はステージコーチ社のバスなどが運行している。

観光バス　シティ・サイトシーイングの観光バスはカーディフ城前を出発し、カーディフ国立博物博物館＆美術館やカーディフ・ベイなど、市内の主要観光スポットを11ヵ所巡る。見どころやレストランの割引特典付き。

Access Guide
カーディフ

ロンドンから
🚆 所要：約2時間10分
月〜土　パディントン駅から5:23〜23:32（土6:48〜22:37）の1時間に1〜2便
日　8:33〜22:37の毎時33分

🚌 所要：3時間〜4時間
毎日　7:00〜24:00の1時間に1便程度

ブリストルから
🚆 所要：約1時間
月〜土　テンプル・ミーズ駅から5:20〜22:55（土6:28〜22:56）の1時間に2便
日　9:05〜22:47の1時間に1〜2便

バーミンガムから
🚆 所要：約2時間
月〜土　ニュー・ストリート駅から5:00（土7:30）〜20:30の1時間に1便
日　9:30〜19:30の1時間に1便

シュルーズベリーから
🚆 所要：約2時間10分
月〜土　6:10〜23:09（土〜22:01）の1時間に1便
日　11:05〜22:04の1時間に1便

i **カーディフ**
Tourist Information Centre
URL www.visitcardiff.com
2023年6月現在、カーディフに公営の **i** はない。

■**カーディフ博物館**　Map P.490-B2
🏠The Old Library, The Hayes, CF10 1BH
TEL (029)2034 6214
URL cardiffmuseum.com
開10:00〜16:00
休1/1、12/25・26　料無料
フラッシュ不可
　図書館内にある博物館。紀元前から現代までのカーディフの歴史を映像や模型などを使って、わかりやすく解説している。

情報収集のついでに立ち寄るのもいい

■**シティ・サイトシーイング**
City Sightseeing
URL www.city-sightseeing.com 🚌
10:00〜16:00の30分おき、1周約1時間
休1/1、12/25・26
料24時間有効 £17　学生£15.50

491

■カーディフ城

住 Castle St., CF10 3RB
TEL (029)2087 8100
URL www.cardiffcastle.com
開 3～10月10:00～18:00(土・日9:00～)
　11～2月10:00～17:00(土・日9:00～)
※最終入場は閉館の1時間前
休 1/1、12/25・26、1月の2週間
料 £14.50　学生£12
　日本語のオーディオガイド付き
●ハウス・ツアー
開 3～10月11:00～17:00の毎正時発
　11～2月11:00～16:00の毎正時発
　(土・日は通年10:00～)
料 £4

館内撮影一部不可　　フラッシュ不可

カーディフ城内のバンケティング・ルーム

■カーディフ国立博物館

住 Cathays Pk., CF10 3NP
TEL 0300 111 2333
URL museum.wales
開 10:00～17:00(第1木曜～21:00)
休 月・祝
料 寄付歓迎、企画展は有料のこともある

特別展撮影不可　　フラッシュ不可

ウェールズに生息していた恐竜の化石標本

■プリンシパリティ・スタジアム

住 Westgate St., CF10 1NS
URL www.principalitystadium.wales
●スタジアムツアー
TEL (029)2082 2432
開 10:00～16:00(日・祝10:15～16:00)
休 試合日、1/1、12/25・26
料 £16.50　学生£13.50
●ラグビー協会オフィシャルショップ
　WRU Official Store
開 9:30～17:30(日10:00～16:00)
休 1/1、12/25・26、イースター

ジャージやマスコットも販売

細部にわたる華麗な装飾が見もの　　`Map P.490-B2`

カーディフ城 Cardiff Castle

堀が巡らされたノルマン・キープ

　基礎は1世紀半ばのローマ時代に築かれたといわれるが、現在の建物は19世紀中頃に第3代ビュート侯爵が再建したもの。設計は当時の人気建築家ウィリアム・バージェス。ヴィクトリアン様式がベースになっており、金箔や大理石などをふんだんに使い、独創的な装飾が施されている。ハウス・ツアーに参加すれば通常の見学コースに加え、さらに多くの部屋を見学できる。カラフルな壁画に覆われ細密なステンドグラスが美しいウィンター・スモーキング・ルーム、有名な9つの童話が壁に描かれた子供部屋、モスクを模した天井が印象的なアラブルームなど、どれも目を見張るものばかりだ。城外の中庭に建つ12角形の要塞**ノルマン・キープ**は、12世紀のノルマン朝時代に建てられたもの。

自然史の展示や芸術品が充実　　`Map P.490-B1`

カーディフ国立博物館
National Museum Cardiff

　ネオクラシック様式の優雅な外観をもつ博物館。1階はウェールズの自然史と動植物に関する展示が中心。海洋生物の展示も充実しており、なかでも、クジラやカメ、サメなどの剥製はリアリティあふれるディスプレイで音響効果も抜群。2階は16～19世紀のヨーロッパ絵画コレクションが中心。写実主義や抽象主義、フランス印象派のモネやルノアールなどの名画もある。通路のガラスケースに収められたウェールズの陶磁器コレクションもお見逃しなく。

ウェールズ代表のホームスタジアム　　`Map P.490-B2`

プリンシパリティ・スタジアム Principality Stadium

　ラグビーとサッカーのウェールズ代表チームのホームグラウンドで、コンサートにも利用される、7万4500人収容のスタジアム。試合のない日にはスタジアムツアーが行われ、選手控え室からプレーヤーズ・トンネルをとおり、ピッチにまで行くことができる。

　スタジアムツアーはウエストゲート・ストリートWestgate St.にあるラグビー協会のオフィシャルショップで受け付けている。

2017年5月にはUEFAチャンピオンズ・リーグの決勝戦が行われた

Town Walk ①

カーディフ

質の高いカフェやショップが集まる
カーディフのアーケード
Arcades in Cardiff

カーディフは「アーケードの町City of Arcade」と称される
ほどに、アーケードの数が多い。1858年にカーディフ初の
屋内型のアーケードであるロイヤル・アーケードがオープン
してから、町の各地にアーケードが続々と作られ、現在はす
べてのアーケードを合わせると、なんと800m近くにもなる
という。雨の日でも気楽に買い物できることから旅行者に
も好評だ。

看板が特徴的なロイヤル・アーケード

カーディフ・マーケット
Cardiff Market

セント・メアリー・スト
リートに面した2階建て
のマーケット。1階には
生鮮品、ベーカリー、
駄菓子、食器などが売
られている。ハムやロ
ーストビーフ、ミートパ
イなどなじみの総菜も
並ぶ。カーディフ城外
の芝生でひと休みしな

地元の野菜も販売している

がら、地元の総菜の味を試してみるのもいい。時期
によっては入口横の鮮魚店で岩牡蠣を食べることも
できる。

住St Mary St., CF10 1AU
開8:00〜17:00
休日 料無料

ロイヤル・アーケード&モーガン・アーケード
Royal Arcade & Morgan Arcade

ロイヤル・アーケー
ドはカーディフで最も
古いアーケード。モー
ガン・アーケードには
世界で最も古いレコー
ド店、スピラーズ・レ
コードがあることで有
名。両アーケードは中

世界最古のレコード店、スピラー
ズ・レコード

でつながっており、周
囲のアーケードと合わせて、モーガン・クオーター
Morgan Quarterと呼ばれている。

■モーガン・クオーター Morgan Quarter
TEL (029) 2034 8881
■スピラーズ・レコード Spillers Records
住27 Morgan Arcade, CF10 1AF
TEL (029) 2022 4905
URL spillersrecords.co.uk
開10:30〜17:30 休月・日 カードMV

ウィンダム・アーケード
Wyndham Arcade

1887年にオープンした
アーケード。通りにはレ
ストランやカフェが多く、
オーガニックの紅茶を出
すウォータールー・ティー
が人気を集めている。店
内ではおみやげ用の茶葉
も販売。

紅茶の種類が豊富なウォー
タールー・ティー

■ウォータールー・ティー Waterloo Tea
住21-25 Wyndham Arcade, CF10 1FH
TEL (029) 2037 6249 URL waterlootea.com
開10:00〜15:00 (金9:00〜15:30、土9:00〜17:00、
日9:00〜16:00) 休無休 カードDJMV 電店内可

港町の風情が楽しめる

カーディフ・ベイ
Cardiff Bay

　中心部から3kmほど南に位置するカーディフ・ベイは、市街地から6番 (ベイカー baycarと呼ばれる) のバスで10分ほど。水上バスでもマーメイド・キー Mermaid Quayまで行くことができる。シーフードレストランやバー、各国料理のレストランなどがあるマーメイド・キーのほか、科学博物館テクニクエストTechniquestがあり、カップルやファミリーでも楽しめる。

カーディフ・ベイのマリーナ

カーディフ・ベイ駅
アトランティック・ウォーフ・
レジャー・ヴィレッジ
Atlantic Wharf Leisure Village

Ⓢ **Craft in the Bay**

ベイカーBaycar
乗り場

James St.

Jolynon's Boutique Ⓗ

ウェールズ・ミレニアム・センター
Wales Millennium Centre

マーメイド・キー
Mermaid Quay

ピアヘッド・ビル
Pierhead Building

テクニクエスト
Techniquest

カーディフ・ボート乗り場
Cardiff Boat

Stuart St.

Inner Harbour
内港

Ⓗ St. Davids

N

0　　50m

ウェールズ・ミレニアム・センター
Wales Millenium Centre

　2004年にオープンしたウェールズを代表する芸術施設で、ミュージカルやコンサート、オペラ、バレエ、ダンスといった幅広い芸術作品の上演を行っている。ひときわ

ショップも充実している

外観が印象的な建物は、地元ウェールズの建築家ジョナサン・アダムズのデザイン。

🏠Bute Pl, Cardiff Bay, CF10 5AL
☎(029)2063 6464　URLwww.wmc.org.uk
🕐9:00～23:00 (月・日～18:00)　🈺無休

クラフト・イン・ザ・ベイ
Craft in the Bay

　メイカーズ・ギルド・イン・ウェールズに登録している、地元アーティストの作品が並ぶギャラリー。作品のテーマはさまざまだが、おもにジュエリーや陶器、テキスタイルなどが多い。

ギャラリーは広く、置かれている
作品の数も多い

🏠Lloyd George Av., CF10 4QH
☎(029)2048 4611
URLwww.makersguildinwales.org.uk
🕐10:00～17:00　🈺1/1、12/25・26　ＡＭＶ

カーディフ・ボート
Cardiff Boat

プリンセス・キャサリン号

　マーメイド・キー前から出ている水上バス。最大90名まで乗車できるプリンセス・キャサリン号で、プリンシパリティ・スタジアムの脇をとおり、カーディフ中心部のビュート公園までゆっくりと進む。

📞074 4544 0874　URLwww.cardiffboat.com
10:00～16:00の1時間おき (夏期は17:00も増発)
所要:約25分　💷片道£7

世界遺産
詳細ガイド

ウェールズ南東部に残る産業遺産

ブレナヴォン *Blaenavon*

鉱業の中心として栄えた町　ウェールズの南東部はかつては鉱業がおもな産業で、その中心地がブレナヴォンだった。ここで採掘された石炭はカーディフやニューポートなどの港町まで運ばれていった。町は鉱業の発展により、最盛期には2万の人口を抱えるようになり、製鉄所や鉄道などが建設されていくこととなる。しかし、町を豊かにした鉱業も1900年代には衰退し、鉱山は1980年に閉鎖した。その後、1983年に坑道の周辺を「ビッグ・ピット国立石炭博物館」としてオープンすると、2000年に「ブレナヴォンの産業用地」として周辺の施設とともに世界遺産に登録された。

ビッグ・ピット国立石炭博物館

ビッグ・ピット国立石炭博物館
Big Pit National Coal Museum

　イギリス最大級の観光用坑道があることで知られており、坑道に入るツアーも行われている。博物館では、19〜20世紀の作業員たちの暮らしなどについて解説している。

ブレナヴォン製鉄所
Blaenavon Ironworks

　現在は煙突や溶鉱炉の跡が残るだけだが、展示コーナーでは鉄産業について学ぶことができる。BBCで放映された『コール・ハウスCoal House』の舞台としても使用された。

ウィッスル・インへ

ブレナヴォン製鉄所
Blaenavon Ironworks

ニューポート行きバス乗り場

ポンティプール＆ブレナヴォン保存鉄道
停車場

ビッグ・ピット国立石炭博物館
Big Pit National Coal Museum

ブレナヴォン・ハイ・レベル駅へ

ニューポートへ

0　　200m

N

DATA

■ブレナヴォンへの行き方
🚃🚌カーディフからニューポートNewportへ行き(列車で約15分、30またはX30のバスで40分)、マーケット・スクエアの17番乗り場から出発するX24番バス(日中ほぼ10分毎)で約1時間。中心部からビック・ピット国立石炭博物館までは徒歩20分ほど。

■ビッグ・ピット国立石炭博物館
🏠Blaenavon, Torfaen, NP4 9XP
☎0300 111 2333　🔗museum.wales
●博物館
🕐9:30〜17:00 (12・1月は要確認)　🈺無休　🈯無料
●炭坑ツアー
🕐10:00〜15:30の30分おき　🈺無休　🈯無料
フラッシュ不可

■ブレナヴォン製鉄所
🏠North St., Blaenavon, NP4 9RN
☎0300 025 2239　🔗cadw.gov.wales 🈂
🕐4〜10月10:00〜17:00
　11〜3月の金〜日10:00〜16:00
🈺11〜3月の月〜木、1/1、12/24〜26　🈯£6.90

■ポンティプール＆ブレナヴォン保存鉄道
☎(01495)792 263
🔗www.bhrailway.co.uk 🈂
運行:4〜10月の土・日ビッグ・ピット発11:04 12:49
14:34　🈯往復£11〜13
町の北西にあるウィッスル・インWhistle Innから南のブレナヴォン・ハイ・レベル駅Blaenavon High Level Stationを結ぶ保存鉄道。

■セント・ファガンズ国立歴史博物館

🚌ウエストゲート・ストリートのバス停から32番で約25分

🏠St Fagans, CF5 6XB

☎0300 111 2333

URL museum.wales

🕐10:00～17:00

休無休 料寄付歓迎

フラッシュ部不可

ヒースの咲き誇るエリアもある

■キャステル・コッホ

🚌セント・メアリー・ストリートのバス停から26番のバスで約1時間。あるいはグレイフライアーズ・ロードのバス停から132番のバスで約50分。

🏠Tongwynlais, CF15 7JS

☎0300 025 2239

URL cadw.gov.wales 🈺

🕐3～6・9・10月9:30～17:00

7・8月9:30～18:00

11～2月10:00～16:00

※最終入場は閉館の30分前

休1/1、1/3～2/3、12/24～26

料£8.70 学生£6.10

数あるウェールズの城のなかでもその美しさは群を抜く

■ケーフェリー城

🚌セント・メアリー・ストリートのバス停から26番のバスで約50分

🏠Caerphilly, CF83 1BD

☎0300 025 2239

URL cadw.gov.wales

🕐3～6・9・10月9:30～17:00

7・8月9:30～18:00

11～2月10:00～16:00

※最終入場は閉館の30分前

休1/1、12/24～26

料£10.60 学生£7.50

近郊の見どころ

昔の生活がリアルに伝わる

セント・ファガンズ国立歴史博物館

St Fagans National History Museum

カーディフの中心から西へ約6km、セント・ファガンズ公園St Fagans内にある。イギリス最大規模の野外博物館で、約500年にわたるウェールズの歴史を紹介する。約6万坪の敷地内

伝統的な暮らしを知ることができる

には、商家や農家の家屋、郵便局や小学校など40もの建築物が建っている。いずれも実際に使われていたものを移築してきたもので、ウェールズの伝統的な村を完全に再現。展示室には衣装や生活用具などが置かれ、ウェールズの伝統的生活がよくわかる。

近郊の見どころ

赤い名城

キャステル・コッホ

Castell Coch

カーディフ城主第3代ビュート侯爵が、中世の遺跡を19世紀後半に再建し別荘として使っていた城。コッホとはウェールズ語で赤を意味し、そのとおり柱や壁などが朱色に塗られている。カーディフ城と同じ建築家が設計し、華美な装飾が施され、城内にはきらびやかな調度品が置かれている。

豪華絢爛な内装

近郊の見どころ

濠に囲まれた

ケーフェリー城

Caerphilly Castle

1268年、ノルマン人の領主ギルバート・ド・クレアにより築かれた城。

約12万m²の敷地のなかには広い濠が造られ、重厚な城塞が水面に浮かび、美しい。クロムウェル P.607 から攻撃を受けたとき傾いてしまったという斜塔と、大広間が有名。

斜塔が印象的なケーフェリー城

HOTEL

カーディフ

大型、中級ホテルは町の南側やプリンシパリティ・スタジアム付近に集まり、安宿町は町の北外れのカシードラル・ロード沿いに軒を連ねている。ラグビーやサッカーの試合が開催される時期はカーディフや周辺の町のホテルも満室になるので注意。

高級　102室
Map P.490-B2

白亜の外観が美しい
エンジェル The Angel Hotel

全室　全室　全室　なし　有料　無料

🏠Castle St., CF10 1SZ
📞(029) 2064 9200
🌐www.angelhotelcardiffcity.co.uk
🚻/🚻🛁➡️ £61〜
💳AMV

　カーディフ城の真向かいに建つ4つ星ホテル。ヴィクトリアン様式のエントランスは美しく、ロビーに入ると、淡いクリーム色の壁に間接照明が照らされ、優雅な雰囲気に包まれる。スチームサウナなどの設備もある。

レストラン　カステル・レストランCastell's Restaurantはモダン・ブリティッシュ。コース料理3品£25。アフタヌーンティーも楽しめる。

大型　197室　Map P.490-B1

ヒルトン Hilton Cardiff

全室　全室　全室　全室　有料　無料

🏠Kingsway, Greyfriars Rd., CF10 3HH
📞(029) 2064 6300
●予約 (03) 6864-1633
🌐www.hilton.com
🚻/🚻🛁➡️ £93〜
💳ADJMV

　カーディフ城向かいのよく目立つ建物。温水プールやジム、スパ施設も完備。併設のGrey Restaurantはカジュアルな雰囲気でメニューも豊富。

中級　28室　Map P.490-B2

サンドリンガム Sandringham Hotel

全室　全室　全室　なし　なし　無料

🏠21 St Mary St., CF10 1PL
📞(029) 2023 2161
🌐www.sandringham-hotel.com
🚻/🚻🛁➡️ £37〜
💳AMV

　便利な立地なのでいつ行っても満室のことが多く、早めに予約した方がよい。朝食は週末のみの提供で£7。地下はカーディフでは有名なライブハウス。

ホステル　8室　Map P.490-B2

バンクハウス Bunkhouse Backpakers

なし　なし　なし　全室　なし　一部無料

🏠93 St Mary St., CF10 1DX
📞(029) 2022 8592
🌐www.bunkhouse-cardiff.co.uk
DOM 🛁➡️ £17〜
💳MV

　町の中心、セント・メアリー通り沿いにある。ドミトリーはほとんどが男女別でベッド数4〜25。女性用の部屋のみシャワーとトイレが室内に設置してある。

Map P.490-C2 184室	**カーディフ・マリオット** Cardiff Marriott Hotel 🏠Mill Ln., CF10 1EZ 📞(029) 2039 9944　●予約0120-925-659 🌐www.marriott.com 🚻/🚻£86〜　朝食別　💳ADJMV	全室　全室　全室　全室　有料　一部無料
Map P.490-C2 81室	**シトラス** The Citrus Hotel 🏠Bute Ter., CF10 2FE 📞(029) 2063 6363 🌐www.citrushotelcardiff.co.uk 🚻£60〜　朝食別　💳AMV	全室　全室　全室　一部　有料　無料
Map P.490-C2 157室	**アイビス・バジェット** Ibis Budget Cardiff Centre 🏠Tyndall St., CF10 4BE 📞(029) 2045 8131 🌐all.accor.com 🚻/🚻£37〜　朝食別　💳ADJMV	全室　全室　なし　なし　なし　無料

ホステル 12室 Map P.490-B2

リバー・ハウス The River House

住59 Fitzhamon Embankment, CF11 6AN
TEL(029) 2010 5590
URLwww.icardiff.co.uk/riverhouse
†/††£84〜
※時期により最低宿泊数あり
━AMV

TV なし／全室／なし／なし／P なし／Wi-Fi 無料

タフ川沿いにある、フレンドリーな兄妹が経営するホステル。ベッド数が3〜4の部屋が多いが、ドミトリーはない。キッチンなどの設備も充実しており、掃除も行き届いている。

ホステル 15室 Map P.490-B2

ミセス・ポッツ Mrs. Potts Backpackers

住109 St Mary St., CF10 1DX
☎079 4798 7779
DOM£20〜
━AMV

TV なし／共用／なし／全室／P なし／Wi-Fi 一部無料

安宿が集まるセント・メアリー・ストリートでおすすめのホステル。ドミトリーはパステルカラーでかわいらしく、キッチン（有料）や洗濯設備、ロッカーなど必要なものが揃う。コーヒー、紅茶無料。

RESTAURANT

レストランやパブはハイ・ストリートやセント・メアリー・ストリートに多い。市街地から東へ約3km、8、45番などのバスで約10分ほどのシティ・ロードCity Rd.は安い各国料理やテイクアウエイの店が集まるレストラン街。メキシコ、インド料理、ケバブなどさまざま。

Map P.490-B2

 イタリア料理

チッタ Cafe Citta

石窯で焼き上げるピザは17種あり、£11.90〜15。Citta（写真右）は生ハムとルッコラのトッピング。パスタ各種15£前後。食事時は満席になることも多い。

住4 Church St., CF10 1BG
TEL(029) 2022 4040　営12:00〜22:30
休月・日　━MV　令不可

Map P.490-B2

パブ

タイニー・レベル Tiny Rebel

同名の醸造所が直営しているパブ。醸造所から直送されたビールは常時8種類ほど置かれている。種類豊富なハンバーガー£12.50〜もビールとよく合う。

住25 Westgate St., CF10 1DD
☎073 7741 4204　URLwww.tinyrebel.co.uk
営12:00〜翌2:00　休無休　━AMV　令店内可

Map P.490-C2

ウェールズ料理

ピッチ Pitch Bar & Eatery

繁華街のレストランが密集するエリアに位置する。地元の素材にこだわったウェールズ料理が食べられる店として知られ、ラム・カウル£10.50（写真右）やウェルシュソーセージ£11などがおすすめ。インテリアも盛り付けもモダンだが、どこかホッとする味で人気。

住3 Mill Ln., CF10 1FL　TEL(029) 2022 8882
URLpitchcardiff.com　営11:00〜20:30
休無休　━MV　令店内可

Map P.490-B2

ウェールズ料理

ファビュラス Fabulous

キャッスル・アーケードの入口にあるウェルシュケーキの店。その場で焼いているので、アツアツのできたてを食べることができる。味はオリジナルのほか、常時3〜4種類を置いている。ひとつ£0.60で、12個だと£6とお得。店員も親切だ。現金は受け付けていない。

住44 Castle Arcade, CF10 1BW　TEL(029) 2022 7321
URLwww.fabulouswelshcakes.co.uk　営10:00〜17:30（日11:00〜17:00）　休無休　━AMV　令不可

名城が点在する
北ウェールズ
North Wales

人口 (6 州合計)	市外局番
54万 7500人	01492 など
コンウィ州など	
Conwy / Ynys Môn / Gwynedd	
Sir Ddinbych / Sir y Fflint / Wrecsam	

スノードン登山鉄道でウェールズ最高峰にラクラク登山

　北部ウェールズ地方は、ウェールズのなかでも特に色濃く固有の文化が残る地域。ウェールズ語を話す人々も少なくない。風光明媚な自然のなかに美しい古城や町が点在する、のんびりと旅したいエリアだ。

北ウェールズ
エリア&アクセスガイド

　エリアガイド　カナーヴォン城やコンウィ城など北ウェールズ西部には世界遺産の城が集まっている。その背後に広がるスノードニア国立公園も北ウェールズの人気の観光地だ。

アクセスガイド　北ウェールズへの列車はスランドゥドゥノ行きとバンガー経由ホーリーヘッド行きがある。乗り換え駅となるのはスランドゥドゥノ・ジャンクション。

北ウェールズへのアクセス

北ウェールズ

0　　　　　　20km

チェスターから

コンウィ 所要:約1時間

🚃 月〜土　7:21〜22:57（土7:25〜21:26）の1〜2時間に1便程度

🚃 日　9:51〜23:02の1〜3時間に1便程度

スランドゥドゥノ 所要:約1時間

🚃 月〜土　7:51 8:55 10:28 12:51〜17:51の1時間に1便、19:21

🚃 日　直通なし。スランドゥドゥノ・ジャンクション乗り換えが1〜2時間に1便程度

シュルーズベリーから

レクサム 所要:38分

🚃 月〜土　5:31〜23:40（土5:19〜23:44）の1時間に1〜2便程度。ジェネラル駅着

🚃 日　9:55〜23:48の1時間に1〜2便程度

---

i **スランドゥドゥノ**
Tourist Information Centre

Map P.500
🏠Mostyn St., LL30 2RP
☎(01492)577 577
🌐www.visitconwy.org.uk
🕐9:30〜17:00（日10:30〜16:30）
🚫10〜3月の日曜、1/1、イースター、12/25・26・31

🚋 **グレート・オーム路面鉄道**
Great Orme Tramway

4〜9月10:00〜18:00の10〜20分おき、3・10月10:00〜17:00の10〜20分おきに運行　🎫往復9.75〜10.90
スランドゥドゥノ市街から中間駅Half Way Stationを経由して、丘の上へ行く登山型の路面電車。1898年開業と、120年以上の歴史を誇っている。中間駅から徒歩5分の所にはグレート・オーム銅鉱があり、見学もできる。丘の頂上からの眺めもすばらしい。

☎(01492)577 877
🌐www.greatormetramway.co.uk

🚠 **スランドゥドゥノ・ロープウェイ**
Llandudno Cablecar

4〜10月10:00〜17:00　🎫往復13
丘の頂上まで行く英国最長のロープウェイ。路面鉄道のような中間駅はなく、頂上へ直行する。夏期のみの営業。

☎(01492)877 205

北ウェールズ
起点となる町

以下の町のほか、**チェスター** P.376 や**リヴァプール** P.382、**マンチェスター** P.394、**シュルーズベリー** P.345 などからの日帰りも可能。カーディフからの日帰りは現実的ではない。

起点の町　スランドゥドゥノ
Llandudno

白砂のビーチに沿ってホテルや別荘が建ち並ぶスランドゥドゥノは、北ウェールズを代表するリゾート地。『不思議の国のアリス』のモデルだったアリス・リデルの家族はよくスランドゥドゥノで休暇を楽しんでおり、町にはアリスにちなんだモニュメントがいくつも立っている。

スランドゥドゥノのプロムナード

歩き方　鉄道駅は町の南側にあり、コンウィ方面からのバスはモスティン・ストリートMostyn St.沿いのバス停を通過してゆく。🛈はこの通り沿いの図書館内にある。海岸沿いの通りは**プロムナード**Promenadeと呼ばれている。

ホテル　保養地だけあり、B&Bや中級ホテルなどの宿泊施設は町のいたる所にある。B&Bは特にチャペル・ストリートChapel St.周辺に多い。

コンウィ
Conwy

過去と現在が溶けあうコンウィの町並み

i コンウィ Tourist Information Centre

Map P.501上-B
住Muriau Buildings, Rose Hill St., LL32 8LD
TEL(01492)577 566
URL www.visitconwy.org.uk
開4〜10月9:30〜13:00 14:00〜17:00
（日10:00〜13:00 14:00〜16:00）
11〜3月9:30〜13:00 14:00〜16:00
休冬期の日曜、イースター、12/24〜1/1

コンウィはエドワード1世 P.606 がコンウィ城建設とともにその西側を城壁で囲み、イングランドから商人や職人を呼んで住まわせてできた歴史ある城下町。

歩き方 町の中心はコンウィ駅に近い**ランカスター・スクエア**Lancaster Sq.。そこから延びる**ハイ・ストリート**High St.にはデリカテッセンやテイクアウェイの店、みやげ物店が並ぶ。これに交差する**キャッスル・ストリート**Castle St.はレストランやホテルなどが軒を連ねている。

交通情報 コンウィ駅は城壁と隣り合う位置にある。乗り換え駅でもあるスランドゥドゥノ・ジャンクション駅は橋を渡った対岸にあり徒歩10分ほど。

ランカスター・スクエア

港沿いに建つブリテン島で最も小さい家、スモーレスト・ハウス

カナーヴォン
Caernarfon

ウェールズの北西端に位置し、メナイ海峡Menai Straitとセイオント川Seiont Riverに挟まれた小さな町。旧市街は中世の城壁に囲まれ、石畳の通りと古い建物が続く。

歩き方 町は城壁に囲まれた旧市街と、旧市街の東側に広がる旧市街に分かれる。最大の見どころであるカーナヴォン城は、旧市街の南側にある。カーナヴォン城のすぐ東側には町の中心となる広場**キャッスル・スクエア**Castle Sq.があり、銀行や郵便局のほか、カフェ、レストラン、パブなどが集中する。

交通情報 バスは旧市街の外側、ペンリン・ストリートPenllyn St.のバスステーションに到着する。

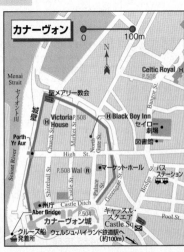

■お得なバス1日券 〝1bws ticket
スランドゥドゥノから西のエリアのほとんどのバスに乗り放題になる1日券で£6。バスの運転手から直接購入することができる。

ウェルシュ・ハイランド鉄道のカナーヴォン駅

■シティ・サイトシーイングのバス
3月上旬～10月の運行
スランドゥドゥノ・ピア発10:00～17:00（3/12～4/8 10:00～16:00）の1時間に1～3便。
URL city-sightseeing.com ▨
料24時間有効 £14　学生£12

■ポントカサステの水道橋
🚌レクサムのバスステーションから発着する5番（スランゴレンLlangollen行き）のバスでトレヴァー Trevorまで約30分。30分に1便程度の運行。トレヴァーから水道橋までは徒歩5分ほど。

北ウェールズ エリア内の交通

バスを中心に組み立てればひと通り回れる。バンガーBangorが交通の基点になっている。

保存鉄道　北ウェールズには保存鉄道が多いが、春～秋は景観を楽しんだり、蒸気機関車に乗ったりという体験としてだけではなく、移動手段としてもしっかり活用できる。利用価値が高いものをP.506で紹介しているが、それ以外にもさまざまな路線がある。

観光バス　シティ・サイトシーイングの乗り降り自由のバスはスランドゥドゥノ～スランドゥドゥノ・ジャンクション～コンウィ間のおもな見どころを、約1時間で循環する。

| 世界遺産 | 橋の上を船が進む | Map P.499-C |

ポントカサステの水道橋
Pontcysyllte Aquaduct

産業革命後、イギリスでは石炭を運ぶため、ナローボートと呼ばれる幅の狭い船が開発され、多くの運河が造られた。しかし、丘や谷など、高低差のある場所では運河を設置す

バス路線番号	路線詳細・運行頻度	バス路線番号	路線詳細・運行頻度
5	スランドゥドゥノ→コンウィ→バンガー **スランドゥドゥノ**6:25～21:40（日8:59～22:25）の1時間に1～3便 **バンガー**5:30～21:47（日7:25～22:40）の1時間に1～3便	**S2**	バンガー→スランベリス **バンガー**7:00（土・日6:56）～17:40の1時間に1便程度 **スランベリス**6:00（土7:25、日8:20）～19:20の1時間に1便程度
5C	バンガー→カナーヴォン **バンガー**5:25～22:45（日8:05～22:29）の1時間に1～3便 **カナーヴォン**6:00～23:15（日8:49～22:59）の1時間に1～3便	**S1**	カナーヴォン→スランベリス **カナーヴォン**6:42～18:42（日17:42）の毎時42分 **スランベリス**7:50～19:50の毎時50分
58	バンガー→ボーマリス **バンガー**6:00（土6:40）～20:13の1～2時間に1便程度 日9:00 10:25 12:11 13:50 15:35 17:45 **ボーマリス**7:07（土8:09）～21:25の1～2時間に1便程度、日9:49 11:16 13:13 14:55 16:55 18:50	**T2**	バンガー→カナーヴォン→ポルスマドック **バンガー**7:05～17:25の1～2時間に1便程度 19:40（日9:05 13:05 18:00） **ポルスマドック**8:52～18:25の1～2時間に1便程度 21:10（日7:12 11:05 16:05）

橋の上は船や人、自転車も通行できる

ることは難しい。そこで考案されたのが橋の上にボートをそのままとおす水道橋だ。

1805年にポントカサステに造られた橋は全長約300m、高さは約38mもあり、イギリスのなかでも最も長く、高さがある水道橋だ。これは"土木の父"と呼ばれるトーマス・テルフォード P.609 が設計したもの。運河の横には船引き道が設けられており、徒歩で渡ることもできる。

水道橋は毎年、1万台以上ものナローボートが通過する人気の観光地であり、橋の上を船で移動しながら眺める風景はまさに絶景だ。

■ Information
ナローボートで水道橋を渡る
高さ38mからの風景を眺めながらナローボートで水路を行く。詳しいスケジュールはウェブサイト参照。
■ アングロ・ウェルシュ
☎ 07545 894 327
URL www.anglowelsh.co.uk/little-star
開 4〜10月11:00 12:00 13:30 14:30 15:30発
休 11〜3月は不定期 料 £10

ウェールズ&イングランド最高峰へ
スノードン登山鉄道
Snowdon Mountain Railway

Map P.499-A·B
スランベリス

中間駅のクログウィーン駅

1896年に開業したラックレール型（急勾配に対応するため、線路の間に歯車を噛ませて運行する路線）の登山鉄道。車窓からは絶景が広がり、スノードニアの自然を堪能しながら頂上までゆっくりと上る。頂上で30分ほど停車しているので、帰りの列車に乗り遅れないように注意したい。また、頂上は天候が変わりやすく、夏でも肌寒いので、長袖を用意していこう。

■ スノードン登山鉄道
🚉 スランベリスのバス停で下車して、ハイ・ストリートを進行方向に歩いていくと、登山鉄道の駅が右側にある
TEL (01286)870 223
URL www.snowdonrailway.co.uk
4月中旬〜10月の運行で、出発時間は始発が9:00で、以降は日によって異なる。乗客が一定数に満たない場合や天候が悪いと運休になる。
所要往復2時間30分
料 往復£38〜50
■ スノードン山頂ビジターセンター
開 登山鉄道運行時10:00〜鉄道終発
休 土・日

■ スランベリス湖岸鉄道
Llanberis Lake Railway
6〜8月はほぼ毎日運行、4・5・9月の土と10月の金・土、3・11月の金〜月は運休が多い。1日に4〜10便
所要40分 料 往復£9
スランベリスからパダーン湖Llyn Padarnの湖畔を走る狭軌鉄道。駅はスノードン登山鉄道駅の川を挟んだ向かい側にある。
TEL (01286)870 549
URL www.lake-railway.co.uk

世界遺産　産業革命を支えた
国立スレート博物館
National Slate Museum

Map P.499-A

採石場跡と関連施設が見学できる

スレートとはこの地域で採れる粘板岩のこと。産業革命期に建築資材として重宝され、地域の景観が変わるほど大規模に採石された。関連施設は**ウェールズ北西部のスレートの景観**として2021年に世界遺産に登録されている。構成資産はウェールズ北西部各地に点在するが、ガイダンス施設として最も優れているのが、スランベリスにある国立スレート博物館。すぐ横には石切り場があり、採石に使われた機械なども数多く展示されている。

■ 国立スレート博物館
🚉 スランベリスのバス停で下車し、徒歩約10分。スランベリス湖岸鉄道のスランベリス駅からもすぐ
住 Llanberis, LL55 4TY
TEL 0300 111 2333
URL museum.wales/slate
開 4〜10月10:00〜17:00
　 11〜3月10:00〜16:00
休 11〜3月の土 料 無料

詳細
ガイド

エドワード1世の名城がずらり

世界遺産 **グウィネズの エドワード1世の城郭と市壁**

　イングランド王エドワード1世 P.606 がグウィネズ（北ウェールズ）に築いた10の城塞は、環状に散らばっていることから「アイアン・リング（鉄の環）」と呼ばれていた。そのうち4つの城郭建築が世界遺産に登録されている。

ウェールズで最も堅固かつ美しい
カナーヴォン城
Caernarfon Castle

　エドワード1世 P.606 が築いた城塞のうち、48年という長い年月と多額の資金を費やして造った最大かつ最強の城がカナーヴォン城だ。1284年にウェールズがイングランドに併合されたあと、王宮がカナーヴォンに移され、イギリスの中心地となった時期もある。

　設計は建築家ジェイムズ・オブ・セント・ジョージ・デスペランシェが担当。エドワード1世の指示で居城としての快適さも考慮されている。城塞の西側はメナイ海峡、南側はセイオント川に面しているが、これは船で物資や援軍を送りやすくするための計らいだ。

　正面玄関のキングズ・ゲートから入って左側はインナー・ウォード、右側がアウター・ウォードで、現在は芝生の中庭となっている。その周りを8つの塔が囲み、南側のチェンバレン・タワーからクイーンズ・タワーにかけてはビデオ上映もやっている立派な博物館だ。ここはエドワード1世の資料のほかにも、18世紀のアメリカ独立戦争についての展示も豊富。一番西側にあるイーグル・タワーからはカナーヴォンの町を一望できる。

プリンス・オブ・ウェールズ

ウェールズ陥落後、エドワード1世はカナーヴォン城で生まれたばかりのイングランド皇太子（後のエドワード2世）にウェールズ大公を意味する「プリンス・オブ・ウェールズPrince of Wales」という称号を授けた。これ以降、現在まで歴代の皇太子はこの称号で呼ばれており、1969年には現王チャールズ3世の皇太子就任式もカナーヴォン城で行われた。

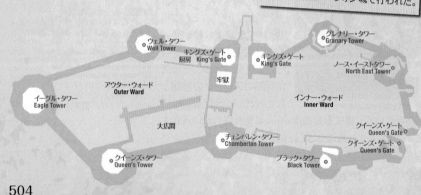

ウェル・タワー Well Tower／厨房／キングズ・ゲート King's Gate／牢獄／キングズ・ゲート King's Gate／グレナリー・タワー Granary Tower／ノース・イーストタワー North East Tower／アウター・ウォード Outer Ward／イーグル・タワー Eagle Tower／大広間／インナー・ウォード Inner Ward／クイーンズ・ゲート Queen's Gate／チェンバレン・タワー Chamberlan Tower／クイーンズ・ゲート Queen's Gate／クイーンズ・タワー Queen's Tower／ブラック・タワー Black Tower

難攻不落の堅固な城塞
コンウィ城
Conwy Castle

　1283年に建設が始まり、わずか4年半で完成した。イギリスの城塞のなかでも最も保存状態がよく、現在は建物の外壁と8つの円柱型の塔が残っており、いくつかは上ることができる。町側に一番近い塔に上ると、コンウィの町並みとコンウィ川、海が一望できて気持ちがいい。

　城内は、まず入口を入ってすぐの西外堡West Barbican、アウター・ウォード、城の中心となるインナー・ウォード、東外堡East Barbicanの4つに分かれている。アウター・ウォードには護衛所と馬屋、キッチン、大広間（グレート・ホール）、牢獄などがあった。インナー・ウォードはエドワード1世 P.606と妃エリノアEleanorの住まいだった所。2階には王の間、謁見の間、礼拝堂、1階には騎士の間の跡が残っている。

コンウィ城から見る夕景

コンウィ川の対岸からは城の全景が見渡せて美しい。特に夕景がすばらしいので、夕暮れ時に橋を渡って眺めてみるのもいい。ここから見るコンウィ城の夕景を画家ターナーが描いており、その作品はカーディフ国立博物館＆美術館に収蔵されている。

イギリスで最も美しい城
ボーマリス城
Beaumaris Castle

　エドワード1世 P.606が築いた10の城塞のうち、最後に建てられたもので、未完のままだが、イギリス内でも最も建築技術に優れ、最も美しい城といわれている。

　外は6角形、内は正方形の二重の城壁に囲まれており、外城壁まで攻められても内城壁から攻撃できるよう緻密な計算がなされている。城壁に上ると、周辺ののどかな田園風景とメナイ海峡が見渡せて美しい。

戦略上の重要拠点
ハーレック城
Harlech Castle

　1282〜89年にかけて建てられた。15世紀にはイングランドの支配に抵抗するオワイン・グリンドゥールにより占領された時期があるほか、バラ戦争でもヨーク、ランカスター軍により争奪戦になるなど、北ウェールズ支配の重要な拠点だった。

DATA

TEL 03000 252239　URL cadw.gov.wales

■カナーヴォン城
Map P.501下
住Castle Ditch, LL55 2AY
開3〜6・9・10月9:30〜17:00　7・8月9:30〜18:00
　11〜2月10:00〜16:00
休1/1、12/24〜26　料£12.50　学生£8.80

■コンウィ城
Map P.501上-B
住Conwy, LL32 8AY
開3〜6・9・10月9:30〜17:00　7・8月9:30〜18:00
　11〜2月10:00〜16:00
休1/1、12/24〜26　料£11.70　学生£8.20

■ボーマリス城　Map P.499-A
住Beaumaris, Anglesey, LL58 8AP
開3〜6・9・10月9:30〜17:00　7・8月9:30〜18:00
　11〜2月10:00〜16:00
休1/1、12/24〜26　料£8.70　学生£6.10

■ハーレック城　Map P.499-A
ポルスマドッグ駅から2時間に1便程度運行。所要23分
ポルスマドッグから39番のバスが1〜2時間に1便、日曜運休。所要20分
住Harlech, LL46 2YH
開3〜6・9・10月9:30〜17:00　7・8月9:30〜18:00
　11〜2月10:00〜16:00
休1/1、12/24〜26　料£8.70　学生£6.10

北ウェールズの
景観路線と保存鉄道の旅

スランドゥドゥノ
コンウィ渓谷鉄道
ブレナウ・フェスティンヨグ
フェスティンヨグ鉄道
ポルスマドッグ
ウェルシュ・ハイランド鉄道
カナーヴォン

左:リド・ジ駅に停車中の蒸気機関車　右上:フェスティンヨグ渓谷を進む蒸気機関車　右下:窓ガラスのない展望車も接続

1等車はあこがれのプルマンカー

北ウェールズの豊かな大地には、産業革命以降長い時間をかけて線路が張りめぐらされてきた。廃線になった路線もあるが、その多くは保存鉄道としていまも列車が運行されている。北ウェールズをぐるりと半周するように走る路線は、1日で回ることが可能。限られた時間でこの地域の雄大な自然を体感するのにもピッタリだ。

コンウィ渓谷鉄道
Conwy Valley Railway

かつてロンドンとホーリーヘッドを結んでいた国鉄路線の支線で、現在もナショナル・レイルにとどまりトランスポート・フォー・ウェールズにより運行されている。スランドゥドゥノから渓谷に沿ってブレナウ・フェスティンヨグまでを走る。

フェスティンヨグ鉄道
Ffestiniog Railway

ブレナウ・フェスティンヨグからドゥアルト・スパイラルと呼ばれるループ線を挟みながら少しずつ高度を下げ、ポルスマドッグへと走る保存鉄道。世界遺産「ウェールズ北西部のスレートの景観」の構成資産に登録されている。

ウェルシュ・ハイランド鉄道
Welsh Highland Railway

ポルスマドッグからスノードン山の裾野に広がる高原を駆け抜け、カナーヴォンに至る保存鉄道。ウアインヴァウル Waunfawr、ベズゲレト Beddgelert 発着の便もある。

■コンウィ渓谷鉄道
スランドゥドゥノ・ジャンクション発5:30 7:28 10:32 13:37 16:29 19:23（日10:29 13:40 16:15 19:15）所要1時間5分
■フェスティンヨグ鉄道／ウェルシュ・ハイランド鉄道
TEL(01766) 516 024　URL www.festrail.co.uk　3月下旬から11月上旬の運行。時刻表は日によって変わるので、上記ウェブサイトを要確認。チケットの購入はウェブサイトでは往復券のみ可能。片道券は電話や駅で直接購入する。売り切れもあるので事前購入が望ましい。
料ブレナウ・フェスティンヨグ～ポルスマドッグ　往復£44～
カナーヴォン～ポルスマドッグ　往復£62～

■ペンリン採石場

世界遺産 ペンリン採石場
Penrhyn Quarry

採石場の上をジップラインが疾走　**Map P.499-B**

ペンリン採石場は、19世紀に世界最大を誇ったスレートの採石場。**ウェールズ北西部のスレートの景観**の構成遺産として、世界遺産に登録されている。メインピットは全長

約1.6km、深さ約370mあり、巨大さに圧倒させられるほど。現在は**ジップ・ワールド**Zip Worldというアミューズメント施設になっており、採石場を巡る約1時間30

展望台からは巨大なピットを見下ろすことができる

分のバスツアーのほか、ピットの上空を滑走するジップライン、ヴェロシティ2Velocity 2も楽しむことができる。ジップラインのスピードは時速160kmを超える世界最速。世界遺産の採石場を疾走する、ここでしか味わえない体験だ。展望台やレストランなどもある。

ジップラインでピットの上を疾走する

■ペンリン採石場
🚌スランドゥドゥノ、コンウィ、カナーヴォンなどからバンガー Bangorへ行き、67番のバスに乗り換える。Glan Ffrydlasのバス停下車、徒歩約15分。
🏠Bethesda, LL57 4YG
🌐www.zipworld.co.uk ✉
バスツアー、ヴェロシティ2などのアトラクションは要予約。催行時間は上記のウェブサイトで確認することができる。

HOTEL　　　　　　　　　　　RESTAURANT

北ウェールズで最も宿がとりやすいのはスランドゥドゥノ。リゾート地だけあってゲストハウスから高級ホテル、大手チェーンホテルまでさまざまな宿がある。カナーヴォンやコンウィにはいずれも小さな町だが、中心部にも宿はいくつかある。

高級　29室　Map P.501 上 -A　コンウィ

キャッスル　Castle Hotel

🏠High St., Conwy, LL32 8DB
📞(01492) 582 800
🌐www.castlewales.co.uk
🛏💻🚿🛁£150〜
🛏🛏💻🚿🛁£180〜
💳AJMV

📺 全室　🌀 全室　🔧 全室　なし　P 無料　📶Wi-Fi 無料

15世紀に小さなインとして創業した老舗ホテル。典型的なヴィクトリアン様式の内装で、快適性も兼ねそろえている。併設のレストランも評判がいい。

ゲストハウス　9室　Map P.501 上 -A　コンウィ

キャッスルバンク　Castlebank Hotel

🏠Mount Pleasant, Conwy, LL32 8NY
📞(01492) 593 888
🌐castlebankhotel.co.uk
🛏💻🚿£60〜75
🛏🛏💻🚿£80〜100
💳MV

📺 全室　🌀 全室　🔧 全室　なし　P 無料　📶Wi-Fi 無料

親切なもてなしが評判の宿。ヴィクトリア朝の建物を利用しており、内装は部屋によって異なる。ボリュームたっぷりの朝食も自慢。週末は2泊以上。

大型　82室　Map P.500　スランドゥドゥノ

セント・ジョージ　St George's Hotel

🏠St George's Pl., Llandudno, LL30 2LG
📞(01492) 877 544
🌐www.stgeorgeswales.co.uk
🛏💻🚿🛁£140〜
🛏🛏💻🚿🛁£170〜
💳AMV

📺 全室　🌀 全室　🔧 全室　なし　P 無料　📶Wi-Fi 無料

海を望む絶好のロケーションの4つ星ホテル。落ち着いた色調の客室は広々としており、機能性も抜群。眺めのいいテラスレストランもある。

中級 38室 Map P.500 スランドゥドゥノ
アイリス Iris Hotel

	TV				P	🛜Wi-Fi
	全室	全室	全室	なし	なし	無料 受付周辺

🏠16 Central Promenade, Llandudno,
LL30 2XT
☎(01492)868 800
URLirishotel.co.uk
👤🛁🚾💶£65〜　👥🛁🚾💶£85〜
💳ADMV

プロムナード沿いにあり、鉄道駅からも徒歩約5分という絶好の立地。料金は控えめだが、設備はしっかりしており、レストランも併設している。

高級 110室 Map P.501下 カナーヴォン
ケルティック・ロイヤル Celtic Royal Hotel

	TV				P	🛜Wi-Fi
	全室	全室	全室	なし	無料	無料

🏠Bangor St., Caernarfon, LL55 1AY
☎(01286)674 477
URLceltic-royal.co.uk
👥🛁🚾💶£119〜
💳ADMV

ジョージアン様式の屋敷を利用したカナーヴォンで最も格式あるホテル。ジムやプールも備え、客室も広くて設備も充実。レストランは受賞歴もある。

B&B 4室 Map P.501下 カナーヴォン
ヴィクトリア・ハウス Victoria House

	TV				P	🛜Wi-Fi
	全室	全室	全室	なし	無料	無料

🏠13 Church St., Caernarfon, LL55 1SW
☎(01286)678 263
URLwww.victoriahouse.wales
👤🛁🚾💶£90〜　👥🛁🚾💶£120〜
💳MV

ホテル並みの設備が自慢のB&B。庭から城壁を利用したテラスへ行くことができ、セイオント川の眺めを楽しむこともできる。川が見える客室もある。

Map P.501上-B コンウィ
アンナズ ANNAS

英国料理
アフタヌーンティー

コンウィ旧市街にあるピンクを基調にしたクラシカルな雰囲気のカフェ・レストランで、入口から階段を上った2階にある。アフタヌーンティーの人気が高い。ランチのメインは£12.60〜17.20。ディナーは営業していない。
🏠9 Castle St., Conwy, LL32 8AY　☎(01492)580 908
URLwww.upstairsatannas.com　🕐9:30〜16:00（金・日9:30〜
17:00、土9:30〜18:00）　休無休　💳MV　🛜店内可

Map P.501上-A コンウィ
アルフレード Alfredo Restaurant

イタリア料理

新鮮な魚を使った料理が人気で、その日に仕入れるものによって異なるので注文時に確認しよう。自家製のパスタを使ったラザニアも人気。
🏠Lancaster Sq., Conwy, LL32 8DA
☎(01492)592 381　🕐17:45〜21:30
休冬期の日曜　💳MV　🛜不可

Map P.500 スランドゥドゥノ
シーホース The Seahorse

英国料理
シーフード

ヴィクトリア朝時代のテラスハウスを利用したレストランで、シーフードの評価が高い。店内の黒板にはその日に獲れた魚介類を使ったメニューが書かれる。コースメニューも日替わりで数種から選ぶことができる。1品が£22〜、2品が£30〜、3品が£36〜。夏期は要予約。
🏠7 Church Walk, Llandudno, LL30 2HD　☎(01492)875 315
URLwww.the-seahorse.co.uk　🕐17:30〜21:00（土・日16:30〜
21:00）　休冬期に不定休あり　💳MV　🛜不可

Map P.501下 カナーヴォン
ウォル Wal

ファストフード
イタリア料理

パレス・ストリート沿いにあるカフェ。城壁がインテリアとして利用されている。ハンバーガーやサンドイッチ、ピザなどを提供し、夜はウェールズ産牛肉を使ったステーキも出す。
🏠Palace St., Caernarfon, LL55 1RR　☎(01286)674 383
URLwww.walrestaurant.co.uk　🕐9:00〜15:00 17:30〜21:00
休日〜火のディナー　💳MV　🛜店内可

スコットランド

Scotland

 見どころビジュアルガイド

 町歩きガイド

写真上：ケルヴィングローヴ美術館＆博物館 (P.542)　写真左下：エディンバラ城 (P.519)　写真右下：フォース鉄橋のクルーズツアー (P.527)

ロイヤル・マイル P.520
エディンバラ城とホリルードハウス宮殿を結ぶ通り。博物館やパブなどが多く並ぶ

ミリタリー・タトゥー P.529
夏期にエディンバラ城の前で行われるスコットランド最大のイベント

オールド・コース P.536
数あるセント・アンドリューズのコースの中でも最も長い歴史を誇る

グラスゴー P.538
スコットランド最大の都市で、芸術の街としても知られている

古きよき伝統が息づく
スコットランド

スコットランド南部 スコットランドの中心都市**エディンバラ** P.512 は、**エディンバラ城** P.519 や**ホリルードハウス宮殿** P.522 など、イギリスの歴史を知るうえでも重要な見どころが多い。ポップカルチャーの発信基地**グラスゴー** P.538 は、スコットランドの交通の中心。大都市だけあってショップも充実し、見応えある博物館や、近代建築や現代美術などがめじろ押し。

スコットランド中部 中部には、かつてスコットランド王国の都だった**スターリング** P.546 や、ゴルフの聖地**セント・アンドリューズ** P.534 といった古都がある。

ハイランド 北部を占める広大な地域がハイランド。ネッシーで有名な**ネス湖** P.550 があることでも知られている。

見どころハイライト＆主要都市

P. **512** 「北のアテネ」と称される古き町並み
エディンバラ

P. **534** 全英オープンが開かれるゴルフの聖地
セント・アンドリューズ

主要鉄道路線

ウィック Wick
ヘルムズデイル Helmsdale
カイル・オブ・ロハルシュ Kyle of Lochalsh
インヴァネス Inverness
エルギン Elgin
マレイグ Mallaig
アヴィモア Aviemore
アバディーン Aberdeen
フォート・ウィリアム Fort William
パース Perth
ダンディー Dundee
クリアンラリヒ Crianlarich
オーバン Oban
ルーカス Leuchars
スターリング Stirling
カルカーディ Kirkcaldy
グラスゴー Glasgow
エディンバラ Edinburgh
ベーリック・アポン・ツィード Berwick-upon-Tweed
エア Ayr
アルンマス Alnmouth
ヘクサム Hexham
カーライル Carlisle
ストランラー Stranraer
ニューキャッスル・アポン・タイン Newcastle-upon-Tyne
ウィンダミア Windermere
ダラム Durham
サンダーランド Sunderland
オクセンホルム・レイク・ディストリクト Oxenholme Lake District
ダーリントン Darlington
ミドルズブラ Middlesbrough
リヴァプール、マンチェスターへ
リーズへ
ヨークへ

所要時間の見方
'45 約45分
1'15 約1時間15分
※時間は目安です

ネス湖 P.550
ネッシーの目撃談で有名な湖。周辺には古城やアトラクションが点在する

話題の見どころ

Topic
"マッサン"の妻、竹鶴リタの故郷
カーキンティロッホ Kirkintilloch

グラスゴー郊外にある小さな町、カーキンティロッホ。ここは日本のウイスキーの父とも呼ばれる竹鶴政孝の生涯の伴侶、竹鶴リタ（1896～1961年）の出生地。NHKの朝の連続テレビ小説『マッサン』が放映されたこともあり、日本人旅行者も訪れるようになった。オールド・カーク博物館ではリタにまつわる品々を展示したコーナーもある。

■**カーキンティロッホへの行き方**
🚌グラスゴーのブキャナン・バスステーションから72、88番などで35分～1時間。1時間に1～4便
■**オールド・カーク博物館Auld Kirk Museum**
🏠Cowgate, G66 1HN ☎(0141)777 3013 URL www.edlc.co.uk
🕐10:00～13:00　14:00～17:00
🈂日・月、イースター、12月下旬～1月上旬　料無料

オールド・カーク博物館
竹鶴夫妻に関する資料も収蔵されている

ご当地グルメ

ウイスキーとの組み合わせは最高！
ハギス
gourmet *Haggis*

羊の胃袋に、羊の内蔵やオートミール、たまねぎ、ハーブなどを詰めて茹でたもの。スコットランドの伝統料理で伝統的なパブでよく出されている。スーパーマーケットでは缶詰も売られている。

ハギスの缶詰
有名な食品会社のほか、スーパーのプライベートブランドのハギスも売られている。ハギス味のポテトチップスもスコットランドならではは

ご当地ビール・お酒

スコットランド国旗が入ったラベルが目印
ステュアート・ブリューイング
beer *Stewart Brewing* URL www.stewartbrewing.co.uk

2004年に開業したエディンバラのマイクロ・ブリュワリー。ホリルードHollyroodは代表的な銘柄で、アロマティックな風味と豊かな香りが楽しめる。

クリーミーな泡立ちにフルーティーな味
ベルヘイヴン
beer *Belhaven* URL www.belhaven.co.uk

エディンバラの南東にある、ダンバー Dunbarで醸造されているエール。スッキリとした飲みくちで、セント・アンドリューズのゴルフ場のラベルのボトルはおみやげにも最適。

ステュアート・ブリューイング
ブリュワリーへはエディンバラから37番のバスでハード・テラスHerd Terrace下車

リンリスゴー宮殿 ● **エディンバラ**

● ロンドン

スコットランドの首都
エディンバラ
Edinburgh

丘の上に位置するエディンバラ城

人口	市外局番
52万6470人	0131
エディンバラ市	
City of Edinburgh	

エディンバラはスコットランドの首都。歴史的建造物が集まるオールドタウンと、18世紀以降に計画的に造られたニュータウンが見事な対比を見せ、世界遺産にも登録されている町だ。丘の上にそびえる城や町のあちこちに建つモニュメントの美しさから、「北のアテネ」とも呼ばれている。フェスティバル・シティとしても名高く、夏のフェスティバルや、年末年始のホグマニーの時期には、世界中から観光客が集まってくる。

エディンバラ
観光ハイライトとエリアガイド

カールトン・ヒル (→ P.525)

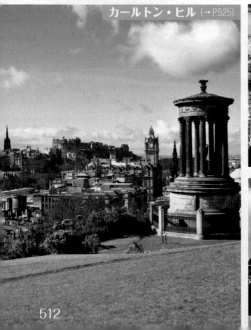

ロイヤル・マイル (→ P.520)

ホリルードハウス宮殿 (→ P.522)

ニュータウン Newtown

ニュータウンは、18世紀の**都市計画にのっとって造られた地域**。道路は全体的に広く、整然と区画されており、中世の混沌とした町並みを残したオールドタウンとは対照的である。このエリアの起点となる通りは東西600mほどに延びる**プリンスィズ・ストリート**Princes St.。南側をプリンスィズ・ストリート・ガーデンズに接し、さらにその南にあるエディンバラ城を望むエリアだ。この通りの北側にある**ローズ・ストリート**Rose St.、**ジョージ・ストリート**George St.、**クイーン・ストリート**Queen St.といった通りは、いずれもプリンスィズ・ストリートと並行して延びている。この周辺は、高級デパートや、数々のショップ、パブ、レストランが並ぶ繁華街。プリンスィズ・ストリートから東へと進んで行くと、数々のモニュメントが建っている丘、**カールトン・ヒル**にたどり着く

（地図）
カールトン・ヒル
クイーン・ストリート
ジョージ・ストリート
ニュータウン
ローズ・ストリート
プリンスィズ・ストリート
プリンスィズ・ストリート・ガーデンズ
ウェイヴァリー駅
ホリルードハウス宮殿
国立スコットランド美術館
ロイヤル・マイル
エディンバラ城
聖ジャイルズ大聖堂
グラスマーケット
スコットランド国立博物館
ヘイマーケット駅

ヘイマーケット
Haymarket

エディンバラの西に位置する**ヘイマーケット駅**を中心としたエリア。お手頃な**B&B**が多く点在するので、旅行者にはありがたい。空港行きのバスやトラムはヘイマーケットを経由して中心部へと行くので、何かと便利。鉄道もグラスゴー方面など、ヘイマーケットを経由する便もある。レストランは中心部に比べて少ないが、ファストフード店なら充実している。

グラスマーケット
Grassmarket

ロイヤル・マイルのローンマーケットから南側の**ヴィクトリア・ストリート**Victoria St.に入りそのまま少し進むと、**おしゃれなパブやレストラン、ちょっと風変わりなショップが建ち並ぶグラスマーケット**Grassmarketへ下りていく。また**ジョージ4世橋**George Ⅳ Br.を進んで行くと、スコットランド国立博物館のあるチェインバーズ・ストリートChambers St.と交差する。

ロイヤル・マイル
The Royal Mile

ニュータウンの南は中世の町並みが残る歴史地区のオールドタウン。エディンバラ観光のハイライトとも言えるエリアだ。**エディンバラ城からホリルードハウス宮殿までの通り**をロイヤル・マイルThe Royal Mileといい、城に近いほうから**キャッスル・ヒル**Castle Hill、**ローンマーケット**Lawnmarket、**ハイ・ストリート**High St.、**キャノンゲート**Canongateと名が変わる。

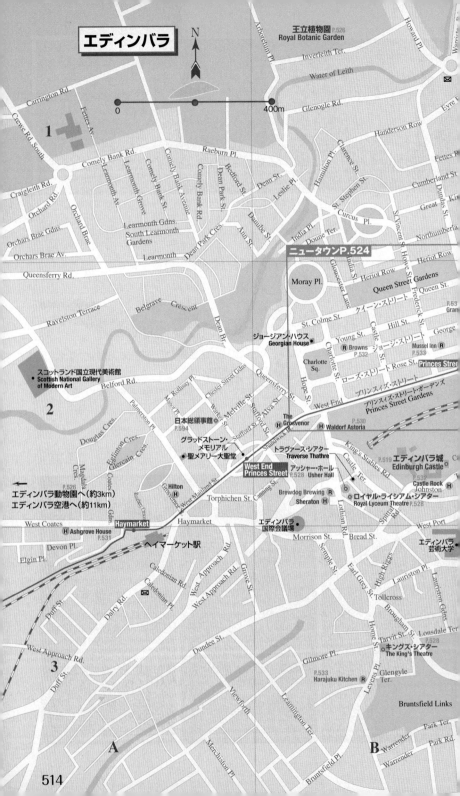

エディンバラ

N

王立植物園 P.526
Royal Botanic Garden

0 ────────── 400m

1

Carrington Rd.
Crewe Rd. South
Fettes Av.
Craigleith Rd.
Comely Bank Rd.
Comely Bank Av.
Learmonth Av.
Comely Bank Grove
Comely Bank St.
Comely Bank Avenue
Raeburn Pl.
Bedford St.
Dean Park St.
Dean St.
Leslie Pl.
Danube St.
Ann St.
St. Stephen St.
Clarence St.
Hamilton Pl.
Cumberland St.
Great St.
Dundas St.
Northumberla
Inverleith Ter.
Water of Leith
Glenogle Rd.
Handerson Row
Eyre Pl.
Howard Pl.
Arboretum Pl.

Orchard Brae Gdns.
Orchard Brae Av.
Orchard Brae
Learmonth Gdns.
South Learmonth Gardens
Learmonth
Dean Park Cres.
Curcus Pl.
India Pl.
Doune Ter.
India St.
Heriot Row
Queen Street Gardens
Queen St.
P.53
Gran

Queensferry Rd.
Ravelston Terrace
Belgrave Crescent
Dean Br.
Moray Pl.
Gloucester Lane
St. Colme St.
Hill St.
クイーン・ストリート

ニュータウン P.524

スコットランド国立現代美術館
Scottish National Gallery
of Modern Art

2

Belford Rd.
Palmerston Pl.
Douglas Cres.
Eglinton Cres.
Glencairn Cres.
Magdala Cres.
Coates Gdns.
Grosvenor St.
West Maitland St.
Chester Street Gdns.
Queensferry St.
Manor Pl.
Rothesay Pl.
Walker St.
Melville St.
Stafford St.
Alva St.
Hope St.
West End
Princes Street Gardens

日本総領事館 P.594
ジョージアン・ハウス
Georgian House
Charlotte Sq.
Young St.
Castle St.
Rose St.
ローズ・ストリート
ジョージ・ストリート
George
Princes Stree
プリンスィズ・ストリート・ガーデンズ
R Browns P.532
Mussel Inn P.533
The Grosvenor P.530
Waldorf Astoria
King's Stables Rd.
P.519 **エディンバラ城**
Edinburgh Castle
Castle Rock
Johnston

グラッドストーン・
メモリアル
聖メアリー大聖堂
トラヴァース・シアター
Traverse Thathre
West End
Princes Street
アッシャー・ホール P.558
Usher Hall
Castle Ter.
Castle St.
ロイヤル・ライシアム・シアター
Royal Lyceum Theatre P.528
Spittal St.

Hilton H
Torphichen St.
Canning St.
Brewdog Brewing
Sheraton H
Lothian Rd.
West Port

← エディンバラ動物園へ(約3km)
エディンバラ空港へ(約11km)

West Coates
H Ashgrove House P.531
Devon Pl.
Haymarket
Haymarket
ヘイマーケット駅
エディンバラ
国際会議場
Morrison St.
Bread St.
West Port
エディンバラ
芸術大学

Elgin Pl.
Duff St.
Dalry Rd.
Caledonian Rd.
Caledonian Pl.
West Approach Rd.
Grove St.
Semple St.
Earl Grey St.
High Riggs
Lauriston Pl.
Lauriston Gdns.
Tollcross
Lonsdale Ter.

3

West Approach Rd.
Duff St.
Dundee St.
Viewforth
Leamington Ter.
Gilmore Pl.
Glengyle Ter.
Lewis Ter.
Tarvit St.
Home St.
Brougham St.
P.528
キングズ・シアター
The King's Theatre
P.533
Harajuku Kitchen

Bruntsfield Links

A
Merchiston Pl.
Bruntsfield Pl.
Leamington Ter.
B
Warrender
Warrender
Park Ter.
Park Rd.

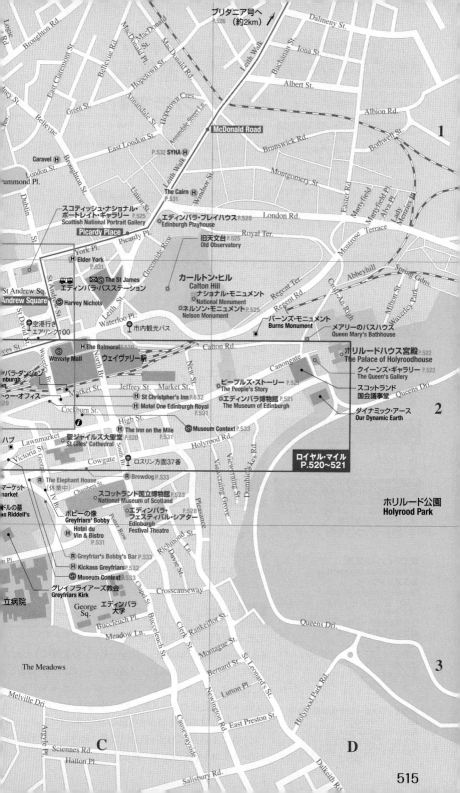

■**エディンバラ空港**
🔗 www.edinburghairport.com
■**エアリンク**
🔗 left.lothianbuses.com
4:30〜翌0:01の10分おき、0:30〜4:00の30分おき
🎫 片道£5.50　往復£8
■**エディンバラ・トラム**
🔗 edinburghtrams.com
出発:6:18〜22:48の3〜10分おき
🎫 空港からセント・アンドリュー・スクエアまで片道£7.50　往復£9.50

■**ウェイヴァリー駅の荷物預かり所**
☎ (0131)516 9834
🔗 left-baggage.co.uk
🕐 7:00〜23:00　休 12/25·26
🎫 3時間まで£7.50　24時間£15

エディンバラ交通情報

✈ エディンバラ空港 Edinburgh Airport

　国内便、国際便とも多い、グラスゴー空港と並ぶスコットランドの主要空港。町の中心から西へ約13kmに位置している。エアリンク100番バスのほか、路面電車のエディンバラ・トラムでもアクセス可能。

空港から市内への移動

エアリンク100 Airlink100　空港からヘイマーケット駅を経由してセント・アンドリュー・スクエアSt Andrew Sq.の南側まで行く。所要約30分。

エディンバラ・トラム Edinburgh Tram　ヘイマーケット駅、セント・アンドリュー・スクエアを経由して、ブリタニア号（→P.526）のあるオーシャン・ターミナルOcean Terminal、ニュー・ヘイヴンNew Havenまで行く。セント・アンドリュー・スクエアまで約35分。

タクシー　市内までの料金は£25〜。所要約25分。

🚉 エディンバラの鉄道駅

　エディンバラには、ウェイヴァリー駅とヘイマーケット駅というふたつの鉄道駅がある。

ウェイヴァリー駅 Waverley Station　エディンバラのメ

多くの旅行者が行き交うウェイヴァリー駅

インターミナルで、旧市街と新市街のちょうど中間に位置している。荷物預かり所があるのは、19番プラットフォームのすぐ近く。

ヘイマーケット駅 Haymarket Station　ウェイヴァリー駅の西約1kmにある。規模は小さいが、ウェイヴァリー駅からグラスゴーやスターリングなどへ行く列車はすべてヘイマーケット駅にも停車する。

🚌 エディンバラのバスステーション

エディンバラ・バスステーション

Edinburgh Bus Station　ニュータウンの東側にあるセント・アンドリュー・スクエアSt Andrew Sq.の向かいにある。スコットランドを代表するバスステーションで、イングランド方面への長距離バスやスコットランド各地へ行くバスが発着している。構内に荷物預かり所はないが、コインロッカー（大きさにより12時間£8〜12）が設置されている。エディンバラ・トラムの停留所がすぐ前にある。

エディンバラ
市内交通

🚌 エディンバラの市内バス

　ちょっと郊外の見どころに行ったり、中心からやや離れた場所に宿を取ったときなどは、市内バスの利用が便利。エディンバラ市内は、ロジアンバスLothian Busと、マクギルズバスMcGill's Busesの2社が運行している。

　両社とも1日券を販売しており、ロジアンバスはエディンバラ・トラムも利用可。1日券の値段は有効なゾーンによって変わるが、ちょっと郊外にあるブリタニア号も含めて、普通に観光するのであれば、最も範囲の狭いゾーンで十分。

🚊 エディンバラ・トラム

　エディンバラ空港～市の中心部～ニューヘイヴン間を走っており、町の東西を移動するのにも便利。チケットは自動券売機などで事前に購入しておく。

🚕 エディンバラのタクシー

　エディンバラのタクシーは、ロンドンと同様、基本的に黒くてクラシカルなタイプ。電話で直接呼ぶか、町でつかまえて乗る。Uber、FREENOWなどの配車アプリも利用可。

🚌 エディンバラの観光バス

エディンバラの見どころを巡回する

　乗り降り自由の市内観光バスはウォータール・プレイスWaterloo Pl.のバス停ZG発。3種類あるツアーのうちエディンバラ・ツアーと、シティ・サイトシーイングはほぼ同じコースを走る。チケットはドライバーから直接購入するか、ウォータール・プレイスのオフィスでも購入可能。

エディンバラ・ツアー Edinburgh Tour　エディンバラ城、ホリルードハウス宮殿など市内各所の見どころを訪れる乗り降り自由の観光バス。

シティ・サイトシーイング City Sightseeing　コースはエディンバラ・ツアーとほぼ同じ。日本語の音声ガイドもある。

マジェスティック・ツアー Majestic Tour　王立植物園、ブリタニア号、現代美術館など、郊外の見どころを巡る。

スリー・ブリッジ Three Bridges　エディンバラからバスでフォース湾まで行きボートに乗り換え、世界遺産のフォース鉄橋を始めとする3つの橋を眺めるクルーズに参加する。

■ロジアンバス
URL www.lothianbuses.com
1回券£2　1日券£5（エディンバラ・トラムも利用可）　ネットワーク・デイチケット£12（エアリンク、深夜バス、エディンバラ・トラムも利用可能な1日券）

広告がペイントされている車両が多い

■マクギルズバス
URL www.mcgillsscotlandeast.co.uk
1回券£1.50～　1日券£4.40

■エディンバラ・トラム
URL edinburghtrams.com
片道£2（空港を含まない）、£7.50（空港を含む）、1日券£5（エディンバラ・トラムも利用可。空港は適用外）、ネットワーク・デイチケット£12（エアリンク、ロジアン・バス、深夜バスも利用可能な1日券）

■タッチ決済、Eチケット
エディンバラの市内バスの支払いは、ロジアンバス、マクギルズバスともに現金払いのほか、VISAとマスタカードのタッチ決済可能なクレジットカードが利用できる。ロジアンバス、エアリンク、エディンバラ・トラムのチケットは、トランスポート・フォー・エディンバラTransport for Edinbughのm-ticketsアプリでスマホを使って購入することもできる。最低購入額は£4。

■エディンバラ・バス・ツアー
Edinburgh Bus Tour
TEL (0131) 475 0618
URL edinburghtour.com
●エディンバラ・ツアー
出発：4～10月9:06～17:54の12分おき
11～3月9:00～16:00の30分おき
●シティ・サイトシーイング
出発：4～10月
　9:00～18:00の10～15分おき
　11～3月9:00～16:00の30分おき
●マジェスティック・ツアー
出発：4～10月9:00～17:30の15分おき
11～3月9:00～16:00の30分おき
料各ツアー24時間£16　学生£15
3ツアー24時間£22　学生£20
3ツアー48時間£26　学生£24
3ツアー＋スリーブリッジ
48時間£40　学生£38
●スリーブリッジ
出発：4～10月1日2～4便、出発はウォータール・プレイスWaterloo Placeのバス停
料£30　学生£28

観光案内所

i	エディンバラ VisitScotland iCentre

URL www.visitscotland.com
●ハイストリートの*i*
Map P.515-C2
住 249 High St., EH1 1YJ
TEL (0131) 473 3820
開 9:30〜17:00
休 12/25・26

観光の中心、ロイヤル・マイルにあり、使い勝手がよい

エディンバラの*i*はロイヤル・マイル、メルカト・クロスの斜め向かいという観光の中心にあるので、町歩きを始める前にぜひ寄って、情報の収集をしておきたい。各種パンフレットやみやげ物も豊富。常に行列ができているので、欲しいパンフレットの種類や調べてもらいたいことを箇条書きにしておくとよい。宿の予約をはじめ、各種ツアーの予約も可能。

情報誌

ザ・リスト　エディンバラとグラスゴーのアートや劇場、スポーツ、レストランなどの最新情報が載っている『ザ・リスト The List』は毎月の発行。*i*などで無料配布している。

エディンバラ 現地発着ツアー

ウオーキングツアーの種類が豊富。特に怪奇スポットを歩くゴースト・ツアーはエディンバラ名物。

オールド・タウン&アンダーグラウンド・ゴースト・ツアー
Old Town & Underground Ghost tour
13:15 15:15 17:15発
所要:1時間　料£15　学生£14
ロイヤル・マイルのクロースやエディンバラの地下廊に訪れるゴーストツアー。

ワールド・フェイマス・アンダーグランド・ゴースト・ツアー
The World Famous Underground Ghost Tour
18:45 19:45発
所要:1時間15分　料£16　学生£15
夜のエディンバラ旧市街で起きた犯罪や心霊現象の舞台をたどるゴーストツアー。地下廊にも訪れる。

シティ・オブ・エディンバラ・ツアーズ City of Edinburgh Tours
TEL (0131) 220 6868　URL cityofedinburghtours.com
ほとんどのツアーはロイヤル・マイルの124A High St. (Map P.520)のブースから出発。

シークレッツ・オブ・ロイヤル・マイル
Secrets of Edinburgh's Royal Mile
10:00 13:00発　所要:2時間15分
料£22 (城込み£40)　学生£20 (城込み£35)
ロイヤル・マイルの歴史的名所を訪れるツアー。オプションでエディンバラ城にも訪れる。

ヒストリック・アンダーグラウンド
Historic Underground
4〜10月12:00 14:00 16:30発　所要:1時間15分
料£22　学生£20
18世紀に作られた地下室巡りを中心としたツアー。

メルカト・ツアーズ Mercat Tours
TEL (0131) 225 5445　URL www.mercattours.com
ロイヤル・マイルの聖ジャイルズ大聖堂近くのメルカト・クロス (Map P.520)から出発。

エディンバラ・ゴースト・バス・ツアー
Edinburgh Ghost Bus Tour
18:00 19:30発など　所要1時間15分
料£19　学生£16
プロの俳優とバスに乗ってヨークの有名怪奇スポットを巡るコメディー・ホラー・ツアー。

ゴースト・バス・ツアーズ Ghost Bus Tours
TEL 0844 567 8666
URL www.theghostbustours.com/edinburgh
集合場所:ロイヤル・マイルのローンマーケットLawnmarket。座席の指定はできず早い者勝ち。

ネス湖とハイランド
Loch Ness & The Highlands of Scotland
8:00発　所要12時間　料£69
ネス湖やグレンコーなどハイランド地方の景勝地を巡る。

西ハイランドの城と湖
Castles & Lochs of Western Highland
月・金8:15　所要10時間　料£55
湖や自然を楽しみながら、ドゥーン城やインヴァレリー城といった古城に訪れる。

ローモンド湖、ハイランド、スターリング城
Loch Lomond, The Highlands & Stirling Castle
5〜10月の火・水・土・日9:00発　所要9時間　料£55
ローモンド湖やスターリング城に訪れながら、ハイランドの自然を満喫する。

グレイ・ライン Gray Line
TEL (0131) 555 5558　URL www.graylinetours.com
予約必須　*i*でも予約可能。

世界遺産
詳細ガイド

岩山から町を見下ろす
エディンバラ城 *Edinburgh Castle*

岩山に築かれた天然の要害　エディンバラの中心に町を見下ろすように建つ城。幾度もの戦闘と破壊を経験し、そのたびに再建と増改築が繰り返されてきた。城が建っている岩山は、キャッスル・ロックCastle Rockといわれ、城が築かれる以前から天然の要塞として利用されていた。

城前の広場　城の入口にある広場では夏のフェスティバル期間中にミリタリー・タトゥーと呼ばれる盛大なパフォーマンスイベントが毎晩開かれる。

クラウン・スクエア周辺　城内の有名な建築物はクラウン・スクエアCrown Sq.周辺にあり、戦没者記念堂、ルネッサンス期に建てられたグレートホール、さらに王宮が中庭を取り囲むように建てられている。なかでも王宮は、スコットランド女王メアリー🔖P.608がスコットランド王ジェイムズ6世（イングランド王ジェイムズ1世）を産んだ「メアリー女王の部屋」があったり、スコットランド王の即位の宝器と運命の石が保管されているなど、必見の場所といえる。

城内最古の建物　現在残されている最古の建物は、聖マーガレット礼拝堂St Margaret's Chapel。1110年に建てられた礼拝堂で、ノルマン様式のアーチが印象的だ。

DATA

■**エディンバラ城**　Map P.514-B2
🏠Castle Hill, EH1 2NG　☎(0131)225 9846
🔗www.edinburghcastle.scot
🕐4〜9月9:30〜18:00　10〜3月9:30〜17:00
※最終入場は閉館の1時間前
🚫12/25・26　💴£19.50〜22
城内撮影一部不可
ウェブサイトで入場券を事前購入（日時の指定が必要）すれば窓口で並ばなくてよく、割引もあり。人数制限があるので、特に夏休み期間中や週末などは、できるだけ早い時期に購入しておくのが望ましい。

戴冠宝器と運命の石

ウォルター・スコットによる戴冠宝器の発見

戴冠宝器は、王冠、御剣、王笏からなっており、1707年にイングランドとスコットランドの間で連合条約が結ばれて以来、封印され続けていたが、ウォルター・スコット🔖P.606によって封印を解かれ、再び日の目を見るようになった。2023年7月のチャールズ3世のスコットランドでの戴冠式にも使用されている。また、運命の石は、古来スコットランドの王が戴冠式のときに座ることになっていた石。13世紀末にイングランド王エドワード1世🔖P.606によってイングランドに持ち去られて以来、ロンドンのウェストミンスター寺院に保管されていたが、1996年にスコットランドに返還された。本来はパースのスクーン宮殿に置かれていたものであったが、現在は戴冠宝器と一緒に王宮の中のクラウン・ルームに保管されている。

国立戦争博物館
National War Museum of Scotland

エディンバラ城
Edinburgh Castle

Old Govenors House

聖マーガレット礼拝堂
St Margaret's Chapel

エスプラネード
（ミリタリー・タトゥー会場）
P.529

チケット売場

戦没者記念堂
National War Monument

New Barracks

アン女王の館
Queen Anne Building

王宮
Royal Palace

牢獄

グレートホール
Great Hall

エディンバラの歴史を歩く
ロイヤル・マイル
Royal Mile

エディンバラ城からホリルードハウス宮殿までの石畳の道はロイヤル・マイルと呼ばれている。途中には大聖堂や著名人の家々、長い歴史を持つパブなどがあり、エディンバラの歴史を語る上では欠かせないエリアだ。

ロイヤル・マイルは緩やかな坂となっている

スコッチウイスキー・エクスペリエンス
The Scotch Whisky Experience

エディンバラ城のすぐ近くにある

蒸溜の過程のみでなく、300年以上にわたるスコッチウイスキーの歴史をウイスキーの樽に見立てた乗り物に乗って見学する。スペイサイドやアイラ島など地域による特徴の違い、ブレンドの秘密など、さまざまな角度からスコッチウイスキーの秘密に迫る。

🏠354 Castle Hill, EH1 2NE　TEL(0131)220 0441
URL www.scotchwhiskyexperience.co.uk
🕐10:00～17:00（夏期延長あり）
※最終ツアーは閉館の1時間前　休12/25
料ツアーにより異なる。基本となるシルバーツアーは£21

聖ジャイルズ大聖堂
St Giles' Cathedral

ロイヤル・マイルの中心に堂々と建っている教会が、聖ジャイルズ大聖堂。王冠の形をした屋根が印象的なゴシック様式の教会だ。内部は宗教改革の最中に多くの装飾が破壊されたが、見るべきところは多い。特にシスル礼拝堂Chapel of the Thistleは一見の価値あり。教会内では頻繁にコンサートが行われているので、機会があれば聴いてみよう。

🏠High St., EH1 1RE
TEL(0131)226 0677
URL www.stgilescathedral.org.uk
🕐10:00～18:00（土9:00～17:00、日13:00～17:00）
休12/25・26
料希望寄付額£6
毎日12:00からの礼拝時は一般観光客の入場は控えたい

歴史的事件の舞台となってきた聖ジャイルズ大聖堂

H St Christpher's Inn P.533
H Motel One Edinburgh Royal
Cockburn St.
North Br.
Museum Context S
リアル・メアリー・キングス・クロース
Real Mary King's Close
シティ・オブ・エディンバラ・ツアーズの集合場所
Hector Russell S
The Inn on the Mile H
メルカト・クロス
Mercat Cross
High St.
P.531
フェスティバル・フリンジ・オフィス
作家博物館
The Writers' Museum
North Bank St.
グラッドストーンズ・ランド
Gladstone's Land
聖ジャイルズ大聖堂
St Giles' Cathedral
South Br.
スコットランド物語センター
Scottish Storytelling Centre
ジョン・ノックスの家
John Knox House
子供博物館
Museum of Childhood
H Radisson Blu
Lawnmarket
カメラ・オブスキュラ
Camera Obscura
Castle Hill
エディンバラ城へ
ザ・ハブ
The Hub
R Witchery P.532
George IV Br.
N
100m
スコッチウイスキー・エクスペリエンス
Scotch Whiskey Experience

グラスマーケットへ

リアル・メアリー・キングズ・クロース
The Real Mary King's Close

エディンバラの地下には洞窟のような都市が広がっており、17世紀には人も住んでいた。しかし、劣悪な環境のために、多くの人々が病気になったり、死亡したりと恐ろしい場所だった。そのためか、怪談も多く残っている。現在はツアーで中に入ることもでき、案内人とともに謎めいた地下世界を冒険できる。

タイムスリップしたかのような感覚に襲われる

🏠2 Warriston's Close, High St., EH1 1PG
☎(0131)225 0672
🌐www.realmarykingsclose.com 🚇
🕙10:00〜17:00（夏期延長あり）
🚫12/25　💷£23〜25
内部撮影不可

ピープルズ・ストーリー
The People's Story Museum

キャノンゲート・トルボースCanongate Tolboothという、16世紀に建てられた建築物を利用した博物館。円錐型の屋根に、突き出た時計が印象的だ。展示では、18世紀から今日にいたるまでのエディンバラの一般市民の生活史を紹介している。さまざまな職業の働いている人々の人形が並び、仕事の様子などを再現している。

時計ととんがり帽子の屋根が目印

🏠163 Canongate, EH8 8BN
☎(0131)529 4057
🌐www.edinburghmuseums.org.uk
🕙10:00〜17:00　※最終入場16:30
🚫1/1、12/25・26　💷寄付歓迎
撮影要許可　フラッシュ不可

エディンバラ博物館
The Museum of Edinburgh

ハントリー・ハウスHuntry Houseという16世紀に建てられた建物を利用した博物館。先史時代から現在までのエディンバラに関するものを展示している。なかでもプレスビテリアン貴族たちによって署名された「国民盟約」は、スコットランドの歴史において非常に重要な史料。グレイフライアーズ・ボビーの首輪や、餌皿なども収蔵している。

🏠142-146 Canongate, EH8 8DD
☎(0131)529 4143
🌐www.edinburghmuseums.org.uk
🕙10:00〜17:00　※最終入場16:30
🚫1/1、12/25・26　💷寄付歓迎
撮影要許可　フラッシュ不可

P.522 ホリルードハウス宮殿
The Palace of Holyroodhouse

クイーンズ・ギャラリー
Queen's Gallery

ホワイトフォード・ハウス
Whiteford House

クイーンズベリー・ハウス
Queensberry House

スコットランド国会議事堂
The Scottish Parliament

キャノンゲート教会
Canongate Kirk

Canongate

ピープルズ・ストーリー
People's Story

The Fudge House of Edinburgh Ⓢ

Canongate

ⓇWorld's End
ⓇWaverly Bar

エディンバラ博物館
Museum of Edinburgh

ヘクター・ラッセル
Hector Russell

650種類ものタータンから好きな物を選んでオーダーできる専門店。マフラーやネクタイのほか、ショートブレッドなどスコットランドみやげも豊富に揃う。

🏠137-141 High St., EH1 1SG
☎(0131)558 1254　🌐www.hector-russell.com
🕙9:00〜22:00（冬期〜19:00）　🚫無休　💳ＡＭＶ

ファッジ・ハウス
The Fudge House of Edinburgh

ロイヤル・マイルにあるファッジ専門店。50年以上の歴史を誇り、3世代続く老舗。ショーケースには25種類以上の色とりどりのファッジが並んでいる。

🏠197 Canongate, EH8 8BN　☎(0131)556 4172
🌐www.fudgehouse.co.uk
🕙10:00〜17:00（土〜17:30）　🚫日　💳ＡＭＶ

英国王室所有の宮殿

ホリルードハウス宮殿
The Palace of Holyroodhouse

王族が滞在する宮殿 ロイヤル・マイルの東端に位置する宮殿。スコットランドにおける英国王室の宮殿として現在も利用されており、王室メンバーがスコットランドを訪問するときはここに滞在している。宮殿は華麗な装飾がされており、なかでもグレート・ギャラリーGreat Galleryにある、96人の歴代スコットランド王と女王の肖像画は圧巻。

スコットランド女王メアリーが愛した宮殿として知られる

ホリルード・アビー 宮殿に隣接するホリルード・アビーHolyrood Abbeyは廃墟になっているが、宮殿よりもその歴史は古く、12世紀にデイビッド1世によって建てられた由緒正しい修道院。デイビッド2世、ジェイムズ2世、ジェイムズ5世など、歴代のスコットランド王が埋葬されている。

クイーンズ・ギャラリー かつて教会として利用されていたヴィクトリアン様式の建物を改築した美術館で、エリザベス女王即位50周年記念事業の一環として2002年にオープンした。常設展示はなく、英国王室の美術コレクションのなかからえりすぐられたものを、テーマに沿って展示するというスタイルを取っている。

クイーンズ・ギャラリーでは王室のコレクションを展示

[地図]
メアリーの部屋
Mary, Queen of Scots' Chamber
女王の寝室
Queen's Bedchamber
アビー・チャーチ
Abbey Church
グレート・ギャラリー
Great Gallery
王のクローゼット
King's Closet
王の寝室
King's Bedchamber
入口
Entrance
食堂
Dining Room

スコットランド女王メアリーとホリルードハウス宮殿

宮殿の外にはメアリーのバスハウスといわれている小さな建物がある

1542年にリンリスゴー宮殿で生まれ、生後6日で女王に即位したメアリー ▶P.608。この宮殿は彼女にまつわるエピソードが数多く残るところとしても有名だ。

メアリーは、エディンバラ城よりもホリルードハウス宮殿を好み、最初の夫フランス王フランソワ2世が亡くなり、スコットランドに戻ってきてからの6年間をここで過ごした。メアリーの部屋 Mary, Queen of Scots' Chamber は北西の塔にある。彼女の2度目の夫、ダーンリが嫉妬に狂いメアリーの秘書であったリッチオを刺し殺すという事件が起こったのもこの北西の塔であった。この事件によって、妊娠中であったメアリーはあやうく流産するところだったらしい。ちなみにその後無事生まれた子が、後のジェイムズ6世(イングランド王ジェイムズ1世)である。

その後、3度目の夫となるボスウェル伯がダーンリを暗殺すると、プロテスタント貴族との内乱が起き、結果メアリーは廃位させられる。今でもスコットランドの人々からの人気は高く、メアリーの悲劇を題材とした映画や小説も多い。

DATA

■**ホリルードハウス宮殿** Map P.521
🏠The Palace of Holyroodhouse, EH8 8DX
☎(0131)556 5100
🌐www.rct.uk
🕐4~10月9:30~18:00 ※最終入場16:30
　11~3月9:30~16:30 ※最終入場15:15
🚫10~6月の火・水、4/7、5/6·18~27、6/29~7/7、12/25('23)
英国王室の所有する宮殿のため、王族のスコットランド滞在時など不定期に閉まることがある。
💷£18~19.50
館内撮影不可

■**クイーンズ・ギャラリー**
2023年6月現在閉館中。2024年の再開予定。

文化財の宝庫 Map P.515-C2

スコットランド国立博物館
National Museum of Scotland

ロイヤル・マイルの南、チェインバーズ・ストリート沿いにある博物館。2つの建物から構成されている。西側の建物の展示はおもにスコットランドの歴史をテーマにしたもので、東側の建物には世界中からあらゆる物を集めたユニークな展示物が並んでいる。

西館 外観もひときわ目を引く7階建ての展示館。スコットランドの大地の形成から始まり、先史時代、古代、中世、近代、20世紀と年代順に進んでいく形式。最新の技術を導入しており、映像やコンピューター端末などにより、スコットランド史の流れをわかりやすく解説している。収蔵品もスコットランド中から集められた重要な文化財が多い。最上階は展望テラスになっており、美しいエディンバラの旧市街の眺めを堪能できる。

東館 入るといきなり広大な吹き抜けのホールがあり、圧倒される。ギャラリーの収蔵品は、自然科学に関するものや、陶器やガラス類などの装飾美術品、さらに古代エジプト美術や日本、中国など東洋の美術品など、多岐にわたっている。また、非常設展でも興味深い展示がされる。

スコットランド

■スコットランド国立博物館
住Chambers St., EH1 1JF
TEL0300 123 6789
URLwww.nms.ac.uk
開10:00～17:00
休12/25
料寄付歓迎(特別展は有料の場合もあり)
フラッシュ一部不可

エディンバラ

動物の剥製や化石のコレクションは圧巻！

西側の展示館

ルイス島で発見されたチェス駒

クローン羊ドリーの剥製

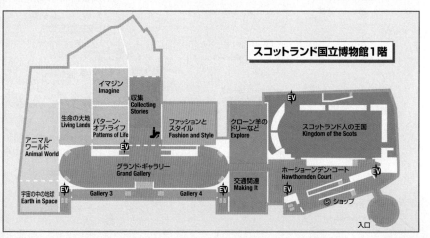

スコットランド国立博物館1階

イマジン Imagine
収集 Collecting Stories
生命の大地 Living Lands
パターン・オブ・ライフ Patterns of Life
ファッションとスタイル Fashion and Style
クローン羊のドリーなど Explore
スコットランド人の王国 Kingdom of the Scots
アニマル・ワールド Animal World
グランド・ギャラリー Grand Gallery
ホーショーンデン・コート Hawthornden Court
宇宙の中の地球 Earth in Space
Gallery 3
Gallery 4
交通関連 Making It
ショップ
入口

■国立スコットランド美術館
住The Mound, EH2 2EL
TEL(0131)624 6200
URLwww.nationalgalleries.org
開10:00〜17:00
休12/25・26　料寄付歓迎（特別展は有
料の場合もあり）　フラッシュ不可

巨匠の作品が多く並ぶ

■ロイヤル・スコティッシュ・アカデミー
住The Mound, EH2 2EL
TEL(0131)624 6110
URLwww.royalscottishacademy.org
開10:00〜17:00（日12:00〜17:00）
休12/25　料展示内容によって異なる
内部撮影不可

ギリシア風のファサード

巨匠の作品がずらり　　　　　　　　Map P.524-B

国立スコットランド美術館
National Gallery of Scotland

　1859年にエディンバラで
最初に開館した美術館。建
物は建築家ウィリアム・プレ
イフェアの設計。

　ヨーロッパとスコットラン
ドの芸術家の作品を収蔵し
ており、ヨーロッパの作品
のなかには、ボッティチェッ

ギリシア神殿風の外観

リ、ラファエロ、エル・グレ
コ、ベラスケス、レンブラント、ゴーギャンなど、ルネッサ
ンスから後期印象派にかけてのヨーロッパの巨匠の作品も
多数収蔵。アラン・ラムズィー、ヘンリー・レーバンといった
スコットランドを代表する芸術家たちの作品も多数収蔵し
ている。

よく目立つ神殿風の重厚な建物　　　　Map P.524-B

ロイヤル・スコティッシュ・アカデミー
Royal Scottish Academy

　プリンスィズ・ストリートとザ・マウンドの交差する所にあ
る、ギリシア復興様式の神殿のような外観が特徴的。建
物の設計は国立スコットランド美術館と同じくウィリアム・プ
レイフェアにより、1826年に完成した。国立スコットランド
美術館の特別展の会場となっており、不定期に企画展な
どが行われている。

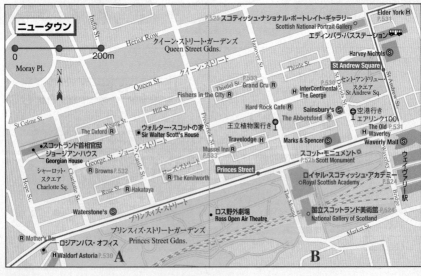

スコティッシュ・ナショナル・ポートレイト・ギャラリー
Scottish National Portrait Gallery

歴史上の有名人の肖像画で彩られた　**Map P.524-B**

ニュータウンにある赤いれんが造りのネオ・ゴシック風の建物。悲劇の女王メアリー・ステュアート📖P.608や、小僧称者チャールズ・エドワード・ステュアート📖P.610、さらにウォルター・スコット📖P.606など、スコットランドの歴史を彩った人物たちの肖像画や像を収蔵している。また、アラン・ラムズィーやファン・ダイク、ゲインズバラなど、有名な芸術家たちの肖像画などもあり、優れた芸術性をもつ作品が多い。

スコット・モニュメント
Scott Monument

偉大な詩人を記念する塔　**Map P.524-B**

中に入ることもできる

スコットランドを代表する文豪、サー・ウォルター・スコット📖P.606を記念して建てられた記念碑。プリンスィズ・ストリート沿いでひときわ目立つ塔だ。作家の記念碑としては世界最大を誇る。後ろに回り込むと入口があり、塔の頂上まで上ることができる。

カールトン・ヒル　Calton Hill

市町を一望する公園　**Map P.515-C2**

ニュータウンの東にある小高い丘、カールトン・ヒルは、エディンバラの全景を眺めるのにうってつけの場所。なかでも丘の頂上部に建っているネルソン・モニュメントNelson Monumentはトラファルガーの海戦（1805年）での勝利を記念して1815年に建てられた記念碑。階段を上って頂上に出れば、エディンバラ市内はもちろんフォース湾Firth of Forthまで見渡すことができる。

丘の上にはほかにも旧天文台Old Observatoryや、ナショナル・モニュメントNational Monumentなどいくつものモニュメントが建てられている。ナショナル・モニュメントは、北のアテネともいわれるエディンバラにふさわしく、アテネ

ナショナル・モニュメント

のパルテノン神殿を模して、ナポレオン戦争戦没者記念として建てられた。ところが建築中に予算が尽きてしまい、あえなく中止。現在も未完成のままで、その姿をさらしている。

■スコティッシュ・ナショナル・ポートレイト・ギャラリー
🏠1 Queen St., EH2 1JD
☎(0131)624 6200
🌐www.nationalgalleries.org ▮
🕙10:00〜17:00
🚫12/25・26　💰寄付歓迎（特別展は有料の場合もあり）　フラッシュ不可

入口の豪華な壁画はエディンバラ・アカデミーで学んだウィリアム・ホールによって描かれた

■スコット・モニュメント
🏠East Princes Street Gdns., EH2 2EJ
☎(0131)529 4068
🌐www.edinburghmuseums.org.uk
🕙10:00〜12:30 13:45〜16:30
🚫不定休
💰£8　学生£6

■ネルソン・モニュメント
🏠32 Calton Hill, EH7 5AA
☎(0131)556 2716
🌐www.edinburghmuseums.org.uk
※2023年8月現在閉館中

ネルソン・モニュメント

■王立植物園

🚇ニュータウンにあるハノーヴァー・ストリートHanover St.のバス停から23、27番が植物園の東門に行く。マジェスティック・ツアーの観光バスでも行ける。
🏠20A Inverleith Row, EH3 5LR
📞(0131)248 2909
🔗www.rbge.org.uk
🕐3〜9月10:00〜18:00
　2・10月10:00〜17:00
　11〜1月10:00〜16:00
　最終入場は閉館の45分前
休1/1、12/25　料寄付歓迎

■エディンバラ動物園

🚇市内中心部からロジアンバスの12、26、31番など。エアリンク100番でも行ける。
🏠134 Corstorphine Rd., EH12 6TS
📞(0131)334 9171
🔗www.edinburghzoo.org.uk
🕐4〜9月10:00〜18:00
　3・10月10:00〜17:00
　11〜2月10:00〜16:00
休12/25
料£22.50〜24.25　学生£20.45〜22

■ブリタニア号

🚇🚇エディンバラ・トラムでオーシャンターミナルOcean Terminal下車。マジェスティック・ツアーの観光バスでも行ける。
🏠Ocean Terminal, Leith, EH6 6JJ
📞(0131)555 5566
🔗www.royalyachtbritannia.co.uk
🕐4〜8月9:30〜18:00
　9月10:00〜18:00
　10月10:00〜17:30
　11〜3月10:00〜17:00
※最終入場閉館の2時間前
休1/1、12/25
料£18.50
※人数制限があるので、特に夏休み期間中は、できるだけ早い時期に購入しておくのが望ましい。
※船の中はセルフガイド形式になっており、日本語のオーディオガイドもある。

機関室はガラス越しに見る

広大な敷地に咲く花々 Map P.514-B1
王立植物園 Royal Botanic Garden

植物園の温室

　町の中心から1.5kmほど北に位置する広大な植物園。27haの敷地に、およそ1万4500種の植物が植えられている。植物園の中心よりやや西、少し盛り上がった所にあるのが、インヴァリース・ハウスInverleith House。ここから眺めるエディンバラの町はなかなか見応えがある。

ペンギンプールで有名な Map P.514-A2外
エディンバラ動物園 Edinburgh Zoo

いろいろなペンギンが見られる

　市内の中心部から西に約5km。広大な敷地内に、1000種以上の動物がいる英国を代表する動物園。園内はいくつかのエリアに分かれている。

　この動物園のハイライトは、ヨーロッパで最も大きなペンギン用のプールPenguins Rock。イワトビペンギン、ジェンツーペンギン、キングペンギンが飼育されている。また、ジャイアントパンダが見られるイギリス唯一の動物園だったが、中国への返還が決まり、早ければ2023年10月には見られなくなる予定。

英国王室の船として活躍した Map P.515-D1外
ブリタニア号 The Royal Yacht Britannia

最後の航海の目的地は香港だった

　ブリタニア号は1953年から1997年の44年間にもわたり、英国王室の船として世界各地を航海してきた。務めを終えた現在は、エディンバラ近郊のリース港にあるショッピングセンター、オーシャンターミナルOcean Terminalに接岸され、一般に公開されている。

　入口はオーシャンターミナルの3階にある。チケットを買ったらビジターセンターで船の仕組みや歴史などの説明をひととおり見てから、いよいよ船の中へ。エリザベス2世が使っていたベッドルームや豪華なダイニングルーム、船員の部屋や機関室など船内の設備をくまなく見ることができる。

世界遺産

恐竜のような鉄橋

フォース鉄橋
Forth Railway Bridge

折込地図B・C4

巨大なフォース鉄橋

エディンバラの北に広がるフォース湾をまたぐ巨大な鉄橋がフォース鉄橋だ。

1877年に開通したダンディーのテイ・ブリッジが2年後の嵐により走行中の列車もろとも崩壊し、多数の犠牲者を出した。フォース鉄橋はこの惨劇を教訓にさらに堅固に設計された。橋の全長は約2.5km、高さは46m。1890年の開通当時は世界最長を誇った。カンチレバー・トラス（片持ち橋梁）式の鉄橋では世界で2番目の規模だ。100年以上たった今日でも1日200便以上の列車がこの橋を行き来している。橋から眺める景色もすばらしいが、ライトアップされた夜の姿も幻想的だ。

近郊の見どころ

Days out from Edinburgh

Map P.527

謎めいたレリーフに彩られた教会

ロスリン礼拝堂
Rosslyn Chapel

『ダ・ヴィンチ・コード』 P.608 で一躍有名になったロスリン礼拝堂はエディンバラの南、ロスリンの町にある。1446年にオークニー島の貴族、ウィリアム・セント・クレアによって建てられた。同時期に建てられた教会のなかでもひときわ異彩を放ち、全長21m、高さ13mの小さな礼拝堂ではあるが、壁面は謎めいたレリーフで満ちあふれている。聖書の場面や天使などのレリーフに加え、ケルトの地神のグリーンマン、アメリカ大陸が原産地とされる植物（レリーフが彫られたのはコロンブスが新大陸を発見する50年ほど前）、ロバート・ザ・ブルース P.610 の心臓を手に持つ天使、堕天使ルシフェル、教会を創建したウィリアム自身のレリーフ、馬にまたがった騎士など目を凝らさないとわからないものも多いので、壁や柱を丹念に観察してみたい。

隣接のビジターセンターには展示スペースも併設されており、関連グッズも豊富。

■フォース鉄橋
🚌市内中心部からロジアンバス43番に乗り、Queensferry（警察署前）下車。
フォース・ボート・ツアーズ
☎(0131)331 3030
URL www.forthtours.com
出発：4〜10月の2〜4便の運航。日によって変動ある。上記のウェブサイトで時刻の確認、ツアー予約ができる。
料£18
クイーンズフェリー発着の1時間30分のクルーズ。出発場所はポート・エドガー・マリーナPort Edgar Marinaとホウズ・ピアHawes Pierの2ヵ所があり、徒歩約20分の距離。便によりどちらから出発か決まっているので、要確認。シーズン中はエディンバラ中心部との往復バスがセットになったチケット（→P.517）もある。

■ロスリン礼拝堂
🚌ノース・ブリッジのバス停からロジアン・バス37番でオリジナル・ロスリン・ホテルOriginal Rosslyn Hotelのバス停で下車。1時間に2〜4便の運行、所要約35分。
住Roslin, EH25 9PU
☎(0131)440 2159
URL www.rosslynchapel.com
開9:00〜17:00（日12:00〜17:00）
休1/1、12/24・25・31
料£9.50　学生£7.50
内部撮影不可

エディンバラへ
Original Rosslyn Hotel
バス停　H Original Rosslyn
Penicuik Rd.
Chapel Loan
0　100m
ロスリン礼拝堂
Rosslyn Chapel

ゴシック様式のロスリン礼拝堂

グリーンマン

堕天使ルシフェル

ロバート・ザ・ブルースの心臓を持つ天使

ベツレヘムの星

■リンリスゴーへの行き方

🚃エディンバラから頻発、日曜は1時間に2便程度。所要約20分。
🚌ファースト社38、38Aのスターリング行きが1時間に2便。所要約1時間。

■リンリスゴー宮殿

🏠Kirkgate, EH49 7AL
📞(01506)842 896
🔗www.historicenvironment.scot 🌐
🕐4～9月9:30～17:30
　　10～3月10:00～16:00
※最終入場は閉館の45分前
🚫1/1・2、12/25・26
💷£8～10

リンリスゴー

■アッシャー・ホール
Map P.514-B2
🏠Lothian Rd., EH1 2EA
📞(0131)228 1155
🔗www.usherhall.co.uk 🌐

■エディンバラ・フェスティバル・
シアター
Map P.515-C2
🏠13-29 Nicolson St., EH8 9FT
📞(0131)529 6000
🔗www.capitaltheatres.com 🌐

■エディンバラ・プレイハウス
Map P.515-C1
🏠18-22 Greenside Pl., EH1 3AA
🔗www.atgtickets.com/venues/
edinburgh-playhouse 🌐

■ロイヤル・ライシアム・シアター
Map P.514-B2
🏠30b Grindlay St., EH3 9AX
📞(0131)248 4848
🔗lyceum.org.uk 🌐

■キングズ・シアター
Map P.514-B3
🏠2 Leven St., EH3 9LQ
📞(0131)529 6000
🔗www.capitaltheatres.com 🌐

近郊の
見どころ

歴代のスコットランド王家が愛でた湖畔の宮殿

リンリスゴー宮殿
Linlithgow Palace

湖畔から見た宮殿

　15世紀に建造されたリンリスゴー宮殿は、スコットランド歴代の王に愛された宮殿。スコットランド王ジェイムズ5世は、ここで生まれており、その妻でフランス出身のメアリー・ド・ギーズもこの宮殿に魅了されたひとり。メアリーが後のスコットランド女王メアリー🔖P.608を産んだのもこの宮殿であった。

　その後18世紀には、ステュアート家の末裔、ボニー・プリンス・チャーリー🔖P.610も訪れたが、彼の撤退と、それに代わって入城したカンバーランド公によって城には火が放たれ、多くの部分が被害を受けた。隣にある聖マイケル教会は15世紀建造の由緒ある教会。

THEATRE

🎵 アッシャー・ホール
Usher Hall

非常に立派な外観が目を引く、エディンバラのメインコンサートホール。コーラス、シンフォニー・オーケストラのコンサートは定評がある。

🎭 エディンバラ・フェスティバル・シアター
Edinburgh Festival Theatre

ガラス張りの外観が印象的で美しいオペラハウス。オペラやバレエがおもに演じられるほか、演劇、ダンス、ミュージカルなども上演される。

🎭 エディンバラ・プレイハウス
Edinburgh Playhouse

ニュータウンの東側にある劇場。ニューヨークのブロードウェイやロンドンのウエストエンドなどでヒットしたミュージカルを頻繁に上演することで有名な劇場。オペラやバレエなども上演される。

🎭 ロイヤル・ライシアム・シアター
Royal Lyceum Theatre

アッシャー・ホールのすぐそばにある劇場。1883年に設立され、シェイクスピアなどの古典劇から新作まで、幅広いジャンルの演劇を上演する。コンサートやバレエ、ミュージカルなどが上演されるときもある。

🎭 キングズ・シアター
The King's Theatre

エドワーディアン様式の由緒ある建物。内装の豪華さに思わず息をのむ。オペラからダンス、コメディまでバラエティ豊かなショーを上演している。

info

1年を通じてイベント目白押しのフェスティバル・シティ

エディンバラのフェスティバル

エディンバラ国際フェスティバル
Edinburgh International Festival

色々な路上パフォーマンスが見られる

エディンバラ国際フェスティバルは1947年に始まって以来、70年以上の歴史をもつ世界でも有数の芸術祭。毎年8月、3週間にわたって、世界の一流のアーティストたちによるオペラ、演劇、コンサート、ダンスなどがさまざまな会場で連日開かれる。詳しい情報は、ロイヤル・マイルにあるフェスティバルセンター、ザ・ハブThe Hubで手に入る。

ミリタリー・タトゥー
Edinburgh Military Tattoo

エディンバラの夏を彩るミリタリー・タトゥー

ミリタリー・タトゥーは、8月の3週間にわたってエディンバラ城前の広場で繰り広げられる一大イベント。バッグパイプを中心にして、各国のバンドやダンサーたちが音楽とパフォーマンスを披露する。そして背後にはライトアップされたエディンバラ城。当然人気も高いので、チケットの入手も困難。

ジャズ＆ブルース・フェスティバル
Edinburgh Jazz & Blues Festival

夏に行われるフェスティバルのなかで最初に始まり、エディンバラにフェスティバルシーズン到来を告げるのが、エディンバラ国際ジャズ＆ブルース・フェスティバル。コンサートホールや劇場をはじめ、クラブやパブ、野外劇場などで、大小さまざまなコンサートが開かれる。フェスティバルの最初の土曜にはパレードがあり、ロイヤル・マイルからグラスマーケットを行進する。

フェスティバル・フリンジ
Edinburgh Festival Fringe

フリンジとは実験的な劇のこと。エディンバラ国際フェスティバルが開催される少し前から開かれる。町中のあちこちにフリンジ用の特設劇場ができ、さまざまな劇やパフォーマンスが行われる。料金は無料のものから£10程度のものまでさまざま。実験的な劇が多いため、当たり外れもかなり大きく、質が必ずしも値段に比例するわけでもない。

エディンバラズ・ホグマニー
Edinburgh's Hogmanay

エディンバラの年末年始を祝うのが、エディンバラズ・ホグマニー。ヨーロッパで開かれる冬のフェスティバルのなかで最大の規模を誇る。このイベントのハイライトは、12月30日の夜から1月1日の昼頃まで続くプリンスィズ・ストリート周辺で行われるロイヤル・バンク・ストリート・パーティ。

■**エディンバラ・フェスティバル公式サイト**
URL www.eif.co.uk
※2023年は8/4～27。フェスティバル期間中を通じて、多くのホテルは満室状態が続くので、この時期にエディンバラを訪れる人は前もって宿を確保しておこう。

■**ミリタリー・タトゥー**
Map P.515-C2 (タトゥー・オフィス)
住1-3 Cockburn St., EH1 1QB
TEL (0131) 225 1188　URL www.edintattoo.co.uk
2023年は8/4～26。チケットの発売は、電話、インターネット、タトゥー・オフィスの窓口で。

■**ジャズ＆ブルース・フェスティバル**
住89 Giles St., EH6 6BZ
TEL (0131) 473 2000
URL www.edinburghjazzfestival.com
エディンバラ・フェスティバル・シアターやロイヤル・マイルにあるザ・ハブThe Hubやインターネットでチケット購入可。2024年は7/12～21

■**フェスティバル・フリンジ**
Map P.520 (公式ショップ)
住180 High St., EH1 1QS
TEL (0131) 226 0026　URL www.edfringe.com
2023年は8/4～28

ロイヤル・マイルにあるフェスティバル・フリンジの公式ショップ

■**エディンバラズ・ホグマニー**
TEL (0131) 623 3033
URL www.edinburghshogmanay.com
入場チケットは電話または上記公式サイトからオンライン予約可能

エディンバラにはあらゆるタイプの宿泊施設が揃っているが、B&Bだけは町の中心地には少なく、ヘイマーケット駅周辺など、少し離れた所に集中している。どの宿も8月のフェスティバル時などは非常に混み合うので、予約は必須だ。

Recommended

エディンバラを代表する高級ホテル
バルモラル
The Balmoral Hotel

高級　188室
Map P.515-C2　ニュータウン

🛏 TV 🍴 👕 📷 P 📶Wi-Fi
全室 全室 全室 全室 有料 無料

🏠1 Princes St., EH2 2EQ
☎(0131)556 2414
URL www.roccofortehotels.com
i/ii🏨💷💷 £285〜
ーADJMV
レストラン (ナンバー・ワン) 圖18:00〜22:00

　時計塔がひときわ印象的な建物。ウェイヴァリー駅のすぐ近くにあり、絶好のロケーション。J・K・ローリングが『ハリー・ポッター』シリーズの完結篇を552号室で書き上げた。客室は伝統的な雰囲気を残しつつも機能的な造りとなっている。
レストラン　館内にはフレンチを中心としたナンバー・ワンNumber Oneと、伝統的料理が楽しめるヘイドリアンHadrianがある。

Recommended

ステーションホテルの雰囲気を残す
ウォルドルフ・アストリア
Waldorf Astoria

高級　241室
Map P.524-A　ニュータウン

🛏 TV 🍴 👕 📷 P 📶Wi-Fi
全室 全室 全室 全室 有料 無料

🏠Princes St., EH1 2AB
☎(0131)222 8888
●予約 (03)6864-1633
URL waldorfastoria3.hilton.com
i/ii🏨 💷 £214〜
ーADJMV
レストラン
圖12:00〜15:00　18:00〜23:00

　プリンスィズ・ストリートの西の外れにある。かつてステーションホテルとして、バルモラルとともに名をはせた、古式ゆかしいホテル。歴史を感じさせる造りだが、部屋の設備は近代的。
レストラン　ロンドンで人気のガルヴィン・レストランの支店、ガルヴィン・ブラッスリー Galvin Brasserieでは、モダン・フレンチを提供している。

高級　240室　Map P.524-B　ニュータウン
インターコンティネンタル・ザ・ジョージ InterContinental The George

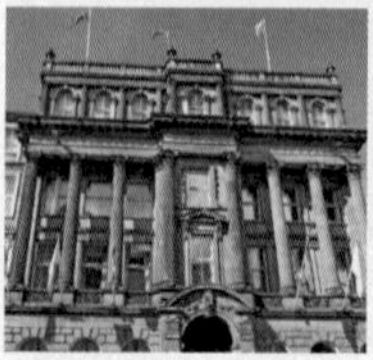

🏠19-21 George St., EH2 2PB
☎(0131)225 1251
●予約0120-455-655
URL edinburgh.intercontinental.com
i/ii🏨💷💷£172〜
ーADJMV

🛏 TV 🍴 👕 📷 P 📶Wi-Fi
全室 全室 全室 全室 なし 無料

　ニュータウンの中心に位置しており、便利な立地。建物は200年ほど前にロバート・アダムが設計したもの。内装も豪華で、建築当時の雰囲気を保っており、アンティークが配されている。館内にはレストランとバーも併設。

オテル・デュ・ヴァン・エ・ビストロ Hotel du Vin & Bistro Edinburgh

高級　47室　Map P.515-C3　グラスマーケット

🏠11 Bristol Pl., EH1 1EZ
☎(0131) 285 1479
URL www.hotelduvin.com
👤/👥🛏🚪£99〜600
━AJMV

📺 全室　🍴 全室　🧺 全室　🔒 全室　P なし　📶 Wi-Fi 無料

オテル・デュ・ヴァン・グループのホテル。石造りの外観は旧市町の町並みとマッチしている。客室はスタイリッシュなデザインで、アメニティも充実。併設のビストロでは、地元産の新鮮な素材を贅沢に使ったメニューを出す。

オールド・ウェイヴァリー The Old Waverley Hotel

中級　86室　Map P.524-B　ニュータウン

🏠43 Princes St., EH2 2BY
☎(0131) 556 4648
URL www.oldwaverley.co.uk
👤🛏🚪£94〜　👥🛏🚪£99〜
━AMV

📺 全室　🍴 全室　🧺 全室　🔒 なし　P なし　📶 Wi-Fi 無料

プリンスィズ・ストリートに面した便利な立地。多くの部屋から、エディンバラ城を眺めることができる。室内はタータン柄のベッドカバーでかわいらしくまとまっており、機能性も抜群。

イン・オン・ザ・マイル The Inn on the Mile

イン　9室　Map P.520　ロイヤル・マイル

🏠82 High St., EH1 1LL
☎(0131) 556 9940
URL www.theinnonthemile.co.uk
👤/👥🛏🚪£105〜
━AMV

📺 全室　🍴 全室　🧺 全室　🔒 なし　P なし　📶 Wi-Fi 無料

観光の中心ロイヤル・マイル沿いに建つホテル。1923年に銀行として建てられた建物を利用している。1階部分はダイニングパブになっており、音楽の生演奏も行われる。

モーテル・ワン・エディンバラ・ロイヤル Motel One Edinburgh Royal

大型　169室　Map P.520　オールドタウン

🏠18-21 Market St., EH1 1BL
☎(0131) 220 0730
URL www.motel-one.com
👤/👥🛏🚪£79〜
━ADMV

📺 全室　🍴 全室　🧺 全室　🔒 全室　P なし　📶 Wi-Fi 無料

西ヨーロッパ各地に展開するチェーン系のホテル。ウェイヴァリー駅の南、ロイヤル・マイルとの間にある。都会的でモダンな内装。プリンスィズ・ストリートにも系列ホテルがある。

ケアン The Cairn Hotel

中級　62室　Map P.515-C1　ニュータウン

🏠10-18 Windsor St., EH7 5JR
☎(0131) 557 0175
URL www.cairnedinburgh.com
👤🛏🚪£93〜
👥🛏🚪£111〜
━AMV

📺 全室　🍴 全室　🧺 全室　🔒 なし　P あり　📶 Wi-Fi 無料

ニュータウンの東側にある。ロンドン・ロードからウィンザー・ストリートに入ってすぐ。部屋は改装済みできれい。バーも併設されている。

エルダー・ヨーク Elder York

ゲストハウス　12室　Map P.524-B　ニュータウン

🏠38 Elder St., EH1 3DX
☎(0131) 556 1926
URL www.elderyork.co.uk
👤🛏🚪£72〜
👥🛏🚪£117〜　━AMV

📺 全室　🍴 全室　🧺 全室　🔒 なし　P なし　📶 Wi-Fi 無料

エディンバラ・バスステーションに近い便利な立地。部屋も清潔できれい。レセプションは上階にあるが、階段を上るのが少し面倒。

アシュグローブ・ハウス Ashgrove House

ゲストハウス　10室　Map P.514-A3　ヘイマーケット

🏠12 Osborne Ter., EH12 5HG
☎(0131) 337 5014
URL www.theashgrovehouse.com
👤🛏🚪£50〜
👥/👥🛏🚪£80〜
━ADJMV

📺 全室　🍴 全室　🧺 全室　🔒 なし　P あり　📶 Wi-Fi 無料

ヴィクトリアン様式の建物を利用している。韓国出身の夫婦がオーナーとして20年以上にわたり経営しており、良心的な料金設定に加え、親切な人柄とアットホームな雰囲気が人気を集めている。

SYHAエディンバラ・セントラル SYHA Edinburgh Central

🛏 TV 📺 📱 🔒 🅿 📶 Wi-Fi
なし なし なし 全室 なし 無料

住9 Haddington Pl., EH7 4AL
TEL (0131) 524 2090
URL www.hostellingscotland.org.uk
DOM 📶£26〜
👤📶£55〜
👥📶£110〜
━ M V

町の中心近くにあるユースホステル。部屋は4〜6人部屋のドミトリーから個室まで幅広い。キッチンやロッカー、ランドリー、レストランなどを完備。スコティッシュブレックファストは£10.50。

キャッスル・ロック Castle Rock Hostel

TV 📺 📱 🔒 🅿 📶 Wi-Fi
なし なし なし なし なし 無料

住15 Johnston Ter., EH1 2PW
TEL (0131) 225 9666
URL castlerockedinburgh.com
DOM £20〜25
👤£60〜
━ A J M V

エディンバラ城のすぐ南にある。ひと部屋当たりのベッド数は4〜16で男女別。共同のキッチンは広く、調理用具も豊富。

キック・アス・グレイフライアーズ kickass Greyfriars

TV 📺 📱 🔒 🅿 📶 Wi-Fi
なし 希望者 なし なし なし 無料

住37-39 Cowgate, EH1 1JR
TEL (0131) 226 6351
URL kickasshostels.co.uk
DOM £12.15〜
👤£53.46〜
━ M V

充実した設備で人気のホステル。ドミトリーの料金はひと部屋のベッド数により異なる。1階のカフェで朝食を出している。近くに系列のKickass Grassmarketもある。

セント・クリストファーズ・イン St Christopher's Inn

🛏 TV 📺 📱 🔒 🅿 📶 Wi-Fi
なし なし なし 無料 なし 無料

住9-13 Market St., EH1 1DE,
TEL (0131) 226 1446
URL www.st-christophers.co.uk
DOM £15.10〜
👥📶£91.20〜
━ M V

ウェイヴァリー駅の南にある。ドミトリーのベッド数は4〜18で、女性専用のドミトリーもある。個室は4人用と6人用。朝食は£6。1階部分はダイニング・パブになっている。

RESTAURANT

おしゃれな店はローズ・ストリートなどニュータウンに点在しており、ロイヤル・マイルにもパブやレストランが多い。グラスマーケットやコックバーン・ストリートCockburn St.も人気のグルメエリアだ。エスニック系はヘイマーケット駅からロジアン・ロードLothian Rd.にかけての一帯に多い。

Map P.520 ロイヤル・マイル スコットランド料理
ウィッチャリー The Witchery

16世紀に建てられた由緒正しい建物を利用した、町を代表する高級レストラン。ファイン湖のカキなど、厳選された食材を使用した料理は、数々の賞を受賞している。ランチは2品£29.50。アラカルトのメインは£25〜96。
住Castle Hill, Royal Mile, EH1 2NF
URL www.thewitchery.com
🕐12:00〜23:30 休無休 ━ A M V 📶店内可

Map P.524-A ニュータウン 英国料理 アフタヌーンティー
ブラウンズ Browns

ジョージ・ストリートにある明るく華やかなブラッセリー。アフタヌーンティーが人気で予約が望ましい。12:00〜17:00は2品が16.95、3品が20.95。アラカルトのメインは£15.25〜35.95。日曜はサンデー・ローストを提供する。

住131-133 George St., EH2 4JS
TEL (0131) 225 4442 URL www.browns-restaurants.co.uk
🕐9:00〜23:00（日〜22:30）休12/25 ━ A M V 📶店内可

シーフード

Map P.524-B　ニュータウン
マッスル・イン Mussel Inn

　カキやホタテ、ムール貝の養殖場の直営店なので鮮度と味は保証付き。看板メニューのムール貝は、5種類のソースから選べる。1kgのポットに入ったムール貝が£15〜17.95。大粒のホタテも好評。生ガキは3つで£8.50〜。

住61-65 Rose St., EH2 2NH　TEL(0131)225 5979
URLwww.mussel-inn.com　圖12:00〜15:00 17:30〜22:00
休12/25・26ほかクリスマス前後の数日 ─AMV ⎈不可

日本料理

Map P.514-B3　ブランツフィールド
原宿 Harajuku Kitchen
　エディンバラ中心部の少し南、キングズ・シアターの先にある。寿司、天ぷら、丼、うどん、カレーなど幅広い日本の料理を取り揃えている。メインは1皿£15前後。

住10 Gillespie Pl., EH10 4HS　TEL(0131)285 8182
URLharajukukitchen.co.uk　圖12:00〜15:00 17:00〜22:30
(土12:00〜22:30、日12:00〜16:00 17:00〜21:00)
休火 ─AJMV ⎈店内可

パブ

Map P.524-B　ニュータウン
グラン・クリュ Grand Cru

　ハノーヴァー・ストリート沿いにある人気のパブ。料理はバーガーやステーキ、ナチョスなどが中心。春巻きや手羽先などのつまみ類は1皿£5、3皿で£12。

住79 Hanover St., EH2 1EE　TEL(0131)226 6427
URLgrandcrubar.co.uk　圖10:00〜翌1:00 (金・土〜翌3:00)
休12/25・26 ─MV

パブ

Map P.515-C2　グラスマーケット
ブリュードッグ Brewdog Edinburgh

　スコットランドのブリュワリー「ブリュードッグ」直営パブ。醸造所直送の生ビールは常時20種あり、壁一面にタップが並ぶ。アッシャー・ホール前にも支店あり。

住143 Cowgate, EH1 1JS　TEL(0131)220 6517
URLwww.brewdog.com　圖12:00〜24:00 (金・土12:00〜翌1:00)　休無休 ─MV ⎈店内可

パブ

Map P.515-C2　グラスマーケット
グレイフライアーズ・ボビーズ・バー
Greyfriar's Bobby's Bar

　スコットランド版ハチ公ともいえる、ボビーの像のすぐそばにある。店の外側には忠犬ボビーの逸話を説明したパネルがある。食事は〜22:00。メニューはフィッシュ＆チップスなどのパブフードが中心でメインが£11.50〜25。

住30-34 Candlemaker Row, EH1 2QE　TEL(0131)225 8328
URLwww.nicholsonspubs.co.uk　圖12:00〜翌0:15 (金・土12:00〜翌1:15)　休無休 ─AJMV ⎈店内可

SHOP

魔法グッズ

Map P.515-C2/Map P.520
ミュージアム・コンテクスト Museum Context

　エディンバラはJ.K.ローリングがハリー・ポッターを生み出した町。ミュージアム・コンテクストでは、ハリー・ポッターの公式グッズを多数取り揃えている。ヴィクトリア・ストリート店とコックバーン・ストリート店の2店舗がある。

住40 Victoria St.,　EH1 2JW　TEL(0131)626 5882
住42-44 Cockburn St., EH1 2PB　TEL(0131)629 0534
URLmuseumcontext.com　圖10:00〜18:00　休無休 ─MV

ゴルフと大学の町
セント・アンドリューズ
St Andrews

人口	市外局番
1万7096人	01334
ファイフ Fife	

世界中のゴルファー憧れのオールド・コース

　北海に面した美しい町セント・アンドリューズは、ゴルフの聖地としてあまりにも有名。最も伝統あるゴルフトーナメントである全英オープンは、5年に1回セント・アンドリューズのオールド・コースで開催されることになっており、その同じコースでプレイしようと、シーズンともなれば世界中から多くのゴルファーが訪れる。

Access Guide
セント・アンドリューズ

エディンバラから

🚌 所要：2時間～2時間30分

月～土　ステージコーチX58、X59、X60番が6:50（土7:45）～21:40の1時間に1～3便
日　7:49～19:20の1時間に1～3便

ダンディーから

🚌 所要：約40分

月～土　ステージコーチ99番が5:55（土6:30）～23:55に頻発、深夜は1時間に1便
日　6:58～23:28に頻発

歩き方

聖ルールの塔からの眺め

　バスステーションは町の西寄りにあり、🛈のある町の中心のマーケット・ストリートMarket St.へは徒歩5分ほど。この通りをさらに東へ行くと聖アンドリュー大聖堂だ。ノース・ストリートNorth St.と、北の

セント・アンドリューズ

0　　　　　　200m

St Andrews Links Trustへ P.536
St Andrews Links Clubhouseへ
West Sands Rd.
ワールド・ゴルフ博物館 P.536
The R&A World Golf Museum
北海 North Sea
セント・アンドリューズ水族館
St Andrews Aquarium
オールド・コース
The Old Course
セント・アンドリューズ大学博物館
Museum of the University of St Andrews
The Scores　ザ・スコアーズ
St Andrews Bay
P.537 Old Course Shop Ⓢ
ダンディーへ
Pilmour Links
セント・アンドリューズ城 P.535
St Andrews Castle
Ardgowan Ⓗ
P.537
Layfair Ter.
Murray Pl.
Murray Park
Burns Wynd
セント・サルバトール・カレッジ
St Salvator's College
Kinnettles Ⓗ
P.537
警察
North St.　ノース・ストリート
City Rd.
バスステーション 🚌
St. Mary's Pl.
Market St.
Ⓡ The Central
マーケット・ストリート
セント・アンドリューズ博物館
St Andrew's Museum
P.537 Mitchell Ⓡ
The Bothy Ⓡ
🛈
P.535 聖アンドリュー大聖堂
St Andrews Cathedral
聖トリニティ教会
サウス・ストリート
銀行
セント・ルールの塔
St Rule's Tower

A　　　　　**B**

海沿いに延びるザ・スコアーズThe Scoresに挟まれた一帯は、セント・サルバトール・カレッジSt Salvator's Collegeがあるアカデミックなエリア。ザ・スコアーズの東にはセント・アンドリューズ城が、西にゴルファー憧れの**オールド・コース**The Old Courseが広がる。

🚃 交通情報

鉄道駅　町から約10km北にあるルーカスLeuchars（Leuchars for St Andrews）が最寄り駅。ここからステージコーチ社のバス99番に乗り換えて約10分。ただし、グラスゴー、スターリングなどからセント・アンドリューズに行くときは、ルーカスに行くよりも、ダンディーDundeeへ行き、99番のバスに乗り換えた方がスムーズ。

ウオーキングツアー　ゴルフの聖地、オールドコースのウオーキングツアー（→P.536）が人気。町の怪奇スポットを歩いて回るゴーストツアーもある。

スコットランドの守護聖人を祀る　**Map P.534-B**

聖アンドリュー大聖堂 St Andrews Cathedral

大聖堂とセント・ルールの塔

かつてスコットランドで最大規模を誇っていたという、12～13世紀頃に建設された聖堂跡。当時の聖堂は、各地からの巡礼者でにぎわう、スコットランドにおける宗教の中心地であったが、16世紀の宗教改革によってその壮大な建物のほとんどが破壊されてしまった。今もわずかに残る聖堂の壁や尖塔の一部からは、当時の面影をしのぶことができる。敷地内中央にそびえ立つセント・ルールの塔St Rule's Towerは、大聖堂の建設以前からここにあった聖ルール教会St Rule's Churchの一部。157段のらせん階段をたどって塔のてっぺんに上れば、北海に抱かれたセント・アンドリューズの町を眼下に収めることができる。潮風も心地よく、海岸線を順に西へ目で追っていくと、セント・アンドリューズ城やオールド・コースのグリーンまで見渡せる。

町の歴史を凝縮した　**Map P.534-B**

セント・アンドリューズ城 St Andrews Castle

現在は廃墟となっている

北海を見下ろす岸壁にたたずむ、13世紀に建てられた城跡。代々司教の住居であったが、砦としても重要な役割を果たしていた。地下に巡らされた薄暗いト

 セント・アンドリューズ
Visit Scotland iCentre
Map P.534-B
🏠70 Market St., KY16 9NU
TEL(01334) 472 021
URLwww.visitscotland.com
開9～6月9:30～17:00
　7·8月9:30～18:00（日～17:00）
休11～3月の日曜、1/1·2、12/25·26

■セント・アンドリューズ・ゴースト・ツアーズ
URL www.standrewsghosttours.com ボシー・レストランThe Bothy前に集合。
料£15　◎予約必須

■聖アンドリュー大聖堂
🏠The Pends, KY16 9QL
TEL(01334) 472 563
URLwww.historicenvironment.scot
開4～9月9:30～17:30
※最終入場16:15
　10～3月10:00～16:00
※最終入場15:30
休1/1·2、12/25·26
料塔内部と博物館£7.50

History
聖アンドリューと町の歴史

町の名の由来ともなっている聖アンドリューは、イエス・キリストの使徒のひとりで、スコットランドの守護聖人。4世紀頃ギリシアの修道士が、彼の遺骨をこの地に運んできたのを機に、多くの巡礼者が訪れるようになった。12～13世紀頃には壮大な聖アンドリュー大聖堂が、15世紀初頭にはスコットランド初の大学、セント・アンドリューズ大学が設立され、町は栄華を極めた。しかし16世紀半ばに押し寄せた宗教改革の波によって、その多くが破壊される運命となった。

スコットランドの国旗であるセント・アンドリュー・クロスは聖アンドリューに由来する

■セント・アンドリューズ城
🏠The Scores, KY16 9AR
TEL(01334) 477 196
URLwww.historicenvironment.scot
開4～9月9:30～17:30
　10～3月10:00～16:00
※最終入場は閉館の45分前
休1/1·2、12/25·26
料£10

ネルや、"捕らえられた者は死のほかに道はなし"と恐れられた地下牢なども必見。城に関わる人物や歴史などを紹介した、ビジターセンターの展示も合わせて見学しよう。

■ワールド・ゴルフ博物館
住Bruce Embankment, KY16 9AB
TEL(01334) 460 046
URLwww.worldgolfmuseum.com
開4〜10月9:00〜17:00
　11〜3月10:00〜16:00　休無休
料4〜10月£15　11〜3月£12
　学生無料

Map P.534-A

ゴルフファン必見
ワールド・ゴルフ博物館 The R&A World Golf Museum

　英国ゴルフ協会（R&A）が運営する博物館。かつては英国ゴルフ博物館という名称だったが、2021年のリニューアルを機に名称が変更された。15世紀から現代までにいたる600年に及ぶゴルフの歴史を、写真や映像などと合わせてわかりやすく紹介している。特に見逃せないのは、パターやクラブといったゴルフ道具のコレクション。年代ごと

---

activity

憧れのオールド・コースに立つ
セント・アンドリューズでゴルフ

　ひと口にセント・アンドリューズのゴルフ場といってもコースはさまざま。オールドOld、ニューNew、ジュビリーJubilee、イーデンEden、ストラスタイラムStrathtyrum、キャッスルCastle、バルゴヴBalgove（ここのみ9ホール、初心者・子供用）の6コースと練習場（イーデン横）がある。オールド、ニュー、ジュビリー、キャッスルは中〜上級者向けで、ハンディキャップは男性24以下、女性36以下が目安。イーデン、ストラスタイラムは初級〜中級者向け、ハンディキャップは男性16〜28、女性20〜36が目安。個人プレイヤーも歓迎。

　このうちのオールド・コースこそ、メアリー女王も回ったという16世紀からゴルフが行われてきた名門コース。地形を生かしたコースなので"神の造ったコース"と呼ばれている。ここは世界中からゴルフ巡礼者が集まるので、次シーズン予約受付開始時からどんどん予約が入っていく。多くの観光客の熱い視線を浴びながらのティーオフとなるので、腕だけでなく度胸も必要だ。

■予約・問い合わせ
プレーの予約は通常少なくとも1ヵ月前に。ただし、ニュー、ジュビリー、イーデン、ストラスタイラムは2日前の予約受付もあり。オールド・コースはハンディの証明書が必要。

■セント・アンドリューズ・リンクス・トラスト
Map P.534-A外
コースの予約やクラブのレンタル、コース情報などが得られる。リンクス・クラブハウスLinks Clubhouseの2階が受付。コース内にはほかにもいくつかのクラブハウスが点在している。
住St Andrews Links Trust, KY16 9SF
（リンクス・クラブハウス）
TEL(01334) 466 666
URLwww.standrews.com
開6:30〜20:30
休12/25

■コース
開早朝（季節により異なる）〜日没
休オールド・コースのみ日曜
日照条件などによっても異なるので要確認。全英オープン・チャンピオン大会の開催年は7月の大会中はクローズされるので注意。
■コースの料金（シーズンごとに料金が異なる）
オールド：£210〜295　　ニュー：£92〜130
キャッスル：£100〜160　ジュビリー：£92〜130
イーデン：£46〜65　　　ストラスタイラム：£32〜45
バルゴヴ：£8〜15
■キャディ
キャディ・フィー £65〜（チップ別途）
■オールドコースのウオーキングツアー
リンクス・クラブハウス（写真左）から出発し、1番、17・18番ホールを回る。見学後に記念品がもらえる
開3/18〜31/10/1〜11/26　11:00発
　4〜9月　11:00、14:00発
所要：約1時間15分　料£15

憧れのグリーンに立ってみよう

リンクス・クラブハウス

に少しずつ変化していくクラブの形をとおして、ゴルフが単なる「遊び」から、シビアなスポーツへと移り変わっていった様子がわかり、とても興味深い。ニブリックThe Niblick (9番アイアンの意味)というレストランを併設しており、ゴルフコースや砂浜を見ながら食事も楽しめる。

ワールド・ゴルフ博物館

HOTEL　　　RESTAURANT　　SHOP

　B&Bが多いのは、バスステーションから徒歩5分ほどのマレー・パークMurray Parkとマレー・プレイスMurray Pl.の一帯で、ここに10軒ほど並んでいる。北海に面したザ・スコアーズThe Scoresという通り沿いには、高級ホテルが集中している。

センスあふれるレストランを併設したイン
キンネットルズ
Kinnettles Hotel

高級　9室
Map P.534-A

📺 🍴 🧴 🔲 🅿️ 📶Wi-Fi
全室 全室 全室 なし なし 無料

🏠127 North St., KY16 9AG
☎(01334)473 387
🌐www.kinnettleshotel.com
👤/👤👤 🛏🚻£120～350
💳AMV

レストラン圏12:00～15:30 18:00～21:00

　バスステーションから徒歩5分。入って右の階段を上った所にレセプションがある。客室は広々としており、内装はデザイナーズホテル風。客室の名前はゴルフコースの名前が付けられている。

レストラン&バー　スコットランド産の食材にこだわり、季節のメニューを出す。スコッチウィスキーの品揃えに定評があり、スコットランド中の蒸溜所から取り寄せている。

中級　29室　Map P.534-A

アードゴーワン Ardgowan

🏠2 Playfair Ter., North St., KY16 9HX
☎(01334)472 970
🌐www.ardgowanhotel.co.uk
👤🛏🚻£67～　👤👤🛏🚻£102～
💳JMV

📺 🍴 🧴 🔲 🅿️ 📶Wi-Fi
全室 全室 全室 なし なし 無料

　1847年築の歴史ある建物を利用した3つ星ホテル。客室はクラシカルにまとめられており、カテゴリーによって大きさが異なる。1階はレストラン。

Map P.534-A

ミッチェル Mitchell

スコットランド料理
創作料理

　地元で人気の店。周辺で取れた食材を使った料理が自慢。メニューはシーフードからステーキまで幅広い。ランチプレート、ディナープレートは£14～22。デリも併設。

🏠110-112 Market St., KY16 2PB　☎(01334)466 970
🌐www.mitchellsdeli.co.uk　圏9:00～21:00(金・土9:00～22:00)　休無休　💳AMV　📶店内可

Map P.534-A

オールドコース・ショップ The Old Course Shop

ゴルフ用品

　セント・アンドリューズ・リンクのフラッグシップ店。オールド・コースの公式グッズが揃っており、自分のためはもちろん、ゴルフ好きの人へのみやげ物探しにぴったり。

🏠8 The Links, KY16 9JB　☎(01334)466 731
🌐standrews.com　圏8:00～20:00　休無休　💳MV

イギリスを代表する芸術都市
グラスゴー
Glasgow

グラスゴーの中心ジョージ・スクエアと市議会議事堂

人口	市外局番
63万5130人	0141
グラスゴー市	
City of Glasgow	

　スコットランド最大の人口を抱える大都市グラスゴーは、スコットランドにおける貿易と重工業の中心地として、大英帝国の発展に多大な貢献をしてきた。そのため、これまで工業都市という印象が非常に強かったが、近年そのようなイメージは劇的に変化し、今では文化、芸術の町へとなりつつある。町には質の高い博物館や、ギャラリーも多く、人々はアーバンライフを満喫している。グラスゴーは現在のスコットランドを知るには絶好の町だ。

Access Guide
グラスゴー
ロンドンから

✈ 所要:1時間15〜30分

ヒースロー空港をはじめ、ガトウィック空港、ロンドン・シティ空港、ルトン空港、スタンステッド空港からそれぞれ便がある

🚌 所要:4時間30分〜7時間45分

月〜土 ユーストン駅から5:31 7:30〜19:30（土6:03〜18:30）の1時間に1便、所要4時間30分〜5時間。寝台列車カレドニアン・スリーパー 23:45発（土なし）、所要7時間45分。セントラル駅着。

日 8:47〜19:03の1時間に1便、カレドニアン・スリーパー23:30発

🚌 所要:約7時間50分〜11時間

毎日 ナショナル・エクスプレス社、メガバス社、フリックスバス社が8:00前後と22:00前後に各社1日数便

エディンバラから

🚆 所要:50分〜1時間

月〜土 ウェイヴァリー駅から6:00〜23:45（土〜23:45）に頻発。クイーン・ストリート駅着。

日 8:00〜23:30に頻発

🚌 所要:約1時間10分

毎日 スコティッシュ・シティリンク社とメガバス社が頻発、深夜は1時間に1便程度

👣 歩き方

　グラスゴーはクライド川 River Clydeの岸辺に発展した町。中心となる繁華街は川の北側にあり、ほとんどの見どころも川の北側に位置している。

ジョージ・スクエア周辺　町の中心はジョージ・スクエア George Sq. Map P.541-C2。この広場を中心に鉄道駅、バスステーションが点在する。広場からウエスト・ジョージ・ストリートWest George St.を西に進むと、中心部を南北に貫くブキャナン・ストリートBuchanan St.に出る。この通りを北上すると、ソウキーホール・ストリートSauchiehall St.に出る。このあたりが一番にぎやかなエリアだ。

ブキャナン・ストリートは常ににぎやか

大聖堂周辺　グラスゴー大聖堂やプロバンド領主館の周辺がグラスゴーの歴史地区。産業革命以前は町の中心として栄えたグラスゴー発祥の地でもある。

ケルヴィングローブ公園周辺　町の中心からソウキーホール・ストリートを西に約2kmほど行くと、大きなケルヴィン

グローヴ公園Kelvingrove Parkが広がっている。この周辺にはグラスゴー大学やケルヴィングローヴ美術館&博物館があり、文教地区になっている。

🚉 交通情報

グラスゴー国際空港 グラスゴー国際空港はグラスゴーの西15kmほどの所にあり、空港から市内までは、**グラスゴー・エアポート・エクスプレス500**が結んでいる。タクシーなら市の中心部までは£25〜。

グラスゴー・プレストウィック空港 市内までは**ステージコーチのX77**がフェンウィックFenwick経由で結んでいる（深夜、早朝帯便数は少ないがX99が結ぶ）。このほか、グラスゴー・セントラル駅までの列車も運行されている。タクシーの場合は町の中心部まで£75〜。

クイーン・ストリート駅 町の中心、ジョージ・スクエアの近くにあり、エディンバラやインヴァネスなど、グラスゴーから北と東へ行く便が発着する。

セントラル駅 クイーン・ストリート駅から徒歩7〜8分。カーライルや湖水地方など、イングランド方面への便が発着している。

モダンなクイーン・ストリート駅の駅舎

ブキャナン・バスステーション 町の中心から少し北にある。市内バス以外のバスはすべてここに発着する。

路線図や時刻表など詳しい情報は、ブキャナン・バスステーションで手に入る。

🚌 市内交通

地下鉄 スコットランドで唯一の地下鉄。環状線になっていて、外回り（アウターライン＝時計回り）と、内回り（インナーライン＝反時計回り）がある。どこまで行っても1回£1.75。

市内バス ファースト・グラスゴー First Glasgowなどが運営している。おもなバス乗り場はユニオン・ストリートUnion St.やジョージ・スクエアGeorge Sq.など。ケルヴィングローブ公園やポロック・カントリー・パークへの便がある。

観光バス シティ・サイトシーイングCity Sightseeingのバスはジョージ・スクエアを出発し、東はグラスゴー大聖堂、西はリバーサイド博物館、ケルヴィングローヴ公園まで、全21のポイントで乗り降り自由の観光バス。町のあちこちに見どころが点在し、坂道が多いグラスゴーでは頼りになる。

効率よく市内を観光できる

スコットランド

グラスゴー
VisitScotland iCentre

Map P.541-C2
🏠156-158 Buchanan St., G1 2LL
📞(0141) 566 4083
URL www.visitscotland.com
🕐9:30〜17:00（日10:00〜17:00）
🚫クリスマス期間

ブキャナン・ストリート地下鉄駅の入口そば

グラスゴー

■**グラスゴー国際空港**
📞0344 481 5555
URL www.glasgowairport.com

■**グラスゴー・エアポート・エクスプレス500**
Glasgow Airport Express 500
空港⇄セントラル駅近く⇄クイーン・ストリート駅近く⇄ブキャナン・バスステーションというルートで運行
運行:24時間運行、15分〜1時間に1便
所要:約25分
片道£10、往復£16

■**プレストウィック空港**
📞0871 223 0700
URL www.glasgowprestwick.com

■**ステージコーチX77**
運行:6:15〜21:55の1時間に1〜2便
（土6:40〜21:55の1時間に1〜2便、日8:18〜18:55の1時間に1便、20:55）
所要:約50分 片道£7.80〜

■**グラスゴーのお得なチケット**
URL www.spt.co.uk
●オール・デイ・チケット
地下鉄が1日乗り放題
💷£4.80
●ラウンドアバウト・チケット
地下鉄と近郊列車が1日乗り放題（月〜金は9:00以降、土・日曜は終日）
💷£7.40

■**シティ・サイトシーイング**
City Sightseeing
夏期9:30〜16:30の15分おき
冬期9:30〜16:30の30分おき
URL www.city-sightseeing.com
💷1日有効 £16 学生£15
2日有効 £17 学生£16

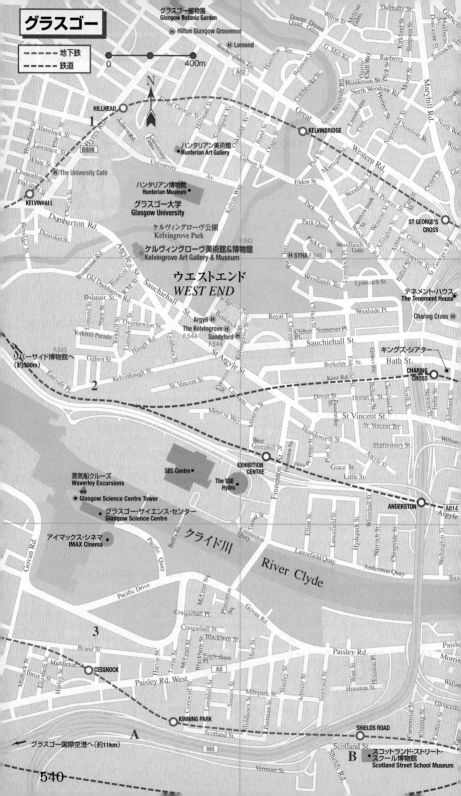

グラスゴー

- - - 地下鉄
- - - 鉄道

0　　　　400m

N

グラスゴー植物園
Glasgow Botanic Garden

Hilton Glasgow Grosvenor

Lomond

HILLHEAD

1

KELVINBRIDGE

ハンタリアン美術館
Hunterian Art Gallery

The University Café

ST GEORGE'S CROSS

ハンタリアン博物館
Hunterian Museum

KELVINHALL

グラスゴー大学
Glasgow University

ケルヴィングローヴ公園
Kelvingrove Park

P.542

Dumbarton Rd.

ケルヴィングローヴ美術館&博物館
Kelvingrove Art Gallery & Museum

SYHA P.545

テネメント・ハウス
The Tenement House

ウエストエンド
WEST END

Charing Cross

キングズ・シアター

Argyll
The Kelvingrove
Sandyford
P.544

リバーサイド博物館へ
(約500m)
P.543

2

CHARING CROSS

St Argyle St.

St Vincent St.

蒸気船クルーズ
Waverley Excursions

SEC Centre

The SSE Hydro

EXHIBITION CENTRE

ANDERSTON

A814

Glasgow Science Centre Tower

グラスゴー・サイエンス・センター
Glasgow Science Centre

クライド川

アイマックス・シネマ
IMAX Cinema

River Clyde

3

CESSNOCK

Paisley Rd. West

Paisley Rd.

A

グラスゴー国際空港へ(約11km)

KINNING PARK

SHIELDS ROAD

B

スコットランド・ストリート・スクール博物館
Scotland Street School Museum

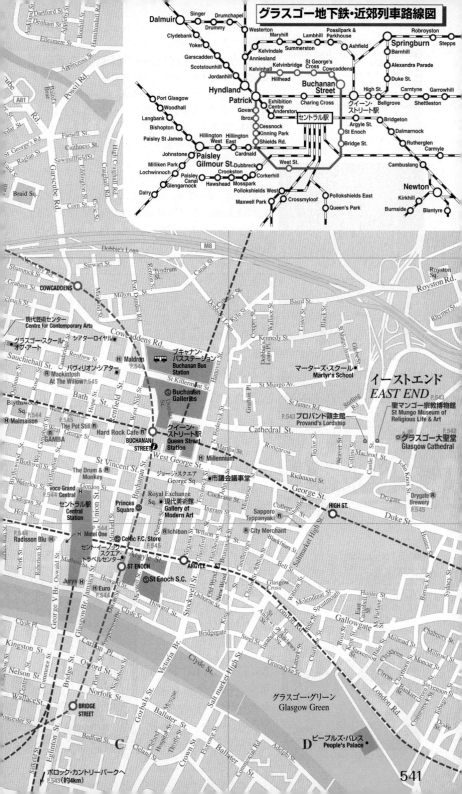

グラスゴー地下鉄・近郊列車路線図

Dalmuir
Singer
Drumchapel
Drummy
Westerton
Maryhill
Lambhill
Possilpark & Parkhouse
Robroyston
Clydebank
Summerston
Ashfield
Springburn
Yoker
Kelvindale
Barnhill
Garscadden
Anniesland
St George's Cross
Cowcaddens
Stepps
Scotstounhill
Kelvinbridge
Alexandra Parade
Jordanhill
Hillhead
Buchanan Street
Duke St.
Port Glasgow
Hyndland
High St.
Carntyne
Garrowhill
Woodhall
Patrick
Exhibition Centre
Bellgrove
Shettleston
Langbank
Govan
Anderston
Charing Cross
クイーン・ストリート駅
Bishopton
Ibrox
セントラル駅
Argyle St.
Bridgeton
Paisley St James
Cessnock
St Enoch
Dalmarnock
Hillington West
Hillington East
Kinning Park
Bridge St.
Rutherglen
Johnstone
Cardnald
Shields Rd.
Carmyle
Milliken Park
Paisley Gilmour St.
Dubbreck
West St.
Cambuslang
Lochwinnoch
Crookston
Corkerhill
Newton
Paisley Canal
Hawshead
Mosspark
Kirkhill
Dalry
Glengarnock
Pollokshields West
Pollokshields East
Burnside
Blantyre
Maxwell Park
Crossmyloof
Queen's Park

COWCADDENS

現代芸術センター
Centre for Contemporary Arts

グラスゴー・スクール・オブ・アート
Glasgow School of Art

シアター・ロイヤル
Theatre Royal

Maldron P.544

パヴィリオン・シアター
Pavilion Theatre

Mackintosh At The Willow P.545

ブキャナン・バスステーション
Buchanan Bus Station

マーターズ・スクール
Martyr's School

イーストエンド
EAST END P.543

Malmaison P.544

The Pot Still P.545

Buchanan Galleries

聖マンゴー宗教博物館
St Mungo Museum of Religious Life & Art

Hard Rock Cafe

クイーン・ストリート駅
Queen Street Station

P.543 プロバンド領主館
Provand's Lordship

グラスゴー大聖堂
Glasgow Cathedral P.542

GAMBA

BUCHANAN STREET

Millennium

The Drum & Monkey

ジョージ・スクエア
George Square

市議会議事堂

HIGH ST.

voco Grand Central P.544

Royal Exchange Sq.

現代美術館
Gallery of Modern Art

Sapporo Teppanyaki

セントラル駅
Central Station

Princes Square

Ichiban

City Merchant

Radisson Blu

Motel One

Celtic F.C. Store P.545

セント・イーノック・スクエア

トラベルセンター

ST ENOCH

St Enoch S.C.

ARGYLE ST.

Jurys

Euro P.544

グラスゴー・グリーン
Glasgow Green

BRIDGE STREET

C

D ピープルズ・パレス
People's Palace

ポロック・カントリーパークへ
P.543 (約4km)

541

■ケルヴィングローヴ美術館&博物館
🚇地下鉄ケルヴィンホールKelvinhall駅
下車、徒歩5分
🚌ファースト・グラスゴー3、77番など
🏠Argyle St., G3 8AG
☎(0141)276 9599
🌐www.glasgowlife.org.uk/museums
🕙10:00～17:00（金・日11:00～17:00）
休1/1・2、12/25・26
料寄付歓迎

ダリの『十字架の聖ヨハネのキリスト』

スピットファイアやアジアゾウの剥製があるウエストコート

グラスゴーが誇る美の殿堂　Map P.540-A1

ケルヴィングローヴ美術館&博物館
Kelvingrove Art Gallery & Museum

ソウキーホール・ストリートの西端。ケルヴィングローヴ公園の中にある。1902年に建てられたヴィクトリア様式の建物は、グラスゴーで最も美しい建築物であるといわれるほど。コレクションの量や質、入場者数も英国では大英博物館に次ぐ規模だ。

古代エジプトの美術品や中世の兜や甲冑のコレクションに始まり、ゴッホ、モネ、ボッティチェッリなどの巨匠の作品やオランダ絵画、イギリス絵画など幅広いコレクションを誇る。必見なのが、ダリの絵画『十字架の聖ヨハネのキリスト』。1951年にグラスゴー市がダリ本人から購入した作品だ。グラスゴーが生んだマッキントッシュの作品群も見逃せない。

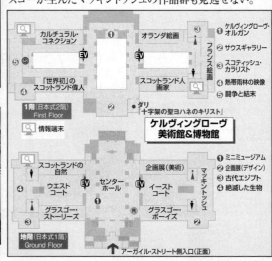

1階（日本式2階）First Floor

- ❶ ケルヴィングローヴ・オルガン
- ❷ サウスギャラリー
- ❸ スコティッシュ・カラリスト
- ❹ 熱帯雨林の映像
- ❺ 闘争と結末

カルチュラル・コレクション / オランダ絵画
「世界初」のスコットランド偉人 / スコットランド人画家
ダリ『十字架の聖ヨハネのキリスト』
情報端末

ケルヴィングローヴ美術館&博物館

地階（日本式1階）Ground Floor

- ❶ ミニミュージアム
- ❷ 企画展（デザイン）
- ❸ 古代エジプト
- ❹ 絶滅した生物

スコットランドの自然 / 企画展（美術）
ウエストコート / センターホール / イーストコート
グラスゴー・ストーリーズ / グラスゴー・ボーイズ
マッキントッシュ

↑ アーガイル・ストリート側入口（正面）

■グラスゴー大聖堂
🏠Cathedral Sq., G4 0QZ
☎(0141)552 6891
🌐www.historicenvironment.scot
🕙4～9月9:30～17:30
（日13:00～17:30）
10～3月10:00～16:00
（日13:00～16:00）
※最終入場は閉館の1時間前
休1/1～3、12/25～27　料寄付歓迎

地下にある聖マンゴーの墓

宗教改革の破壊を免れた　Map P.541-D2

グラスゴー大聖堂 Glasgow Cathedral

中世スコットランドの大聖堂は宗教改革の際にほとんど破壊されてしまったが、この大聖堂は、例外的に破壊を免れたたいへん貴重な存在。12世紀にデイビッド1世によって建てられて以来、幾度もの増改築を重ね、現在のような姿になったのは15世紀に入ってから。地下にはグラスゴーの創設者、聖マンゴーの墓がある。

荘厳な雰囲気の大聖堂内部

グラスゴー最古の館　Map P.541-D2
プロバンド領主館 Provand's Lordship

　1471年建築のグラスゴー最古の館で内部は3階建て。当時このあたりは、教会関係の建築物が林立していたそうで、この建物も、聖ニコラス病院の一部として建てられ、後に大聖堂参事会員の住居となった。建物の東側にはグラスゴー大司教の紋章が残っている。

■プロバンド領主館
住 3 Castle St., G4 0RB
TEL (0141) 276 1625
URL www.glasgowlife.org.uk/museums
※2023年6月現在閉館中。2023年夏頃に再開予定。

中世の様子が再現されている

世界の宗教を紹介　Map P.541-D2

聖マンゴー宗教博物館
St Mungo Museum of Religious Life & Art

　キリスト教だけでなく、仏教やイスラム教、ユダヤ教など世界各地の宗教生活、宗教美術を紹介している。1階はショップとカフェになっており、展示は2階。

■聖マンゴー宗教博物館
住 2 Castle St., G4 0RH
TEL (0141) 276 1625
URL www.glasgowlife.org.uk/museums
開 10:00～17:00 (金・日11:00～17:00)
休 月、1/1・2、12/25・26　**料** 寄付歓迎

イギリス屈指の交通コレクション　Map P.540-A2外
リバーサイド博物館 Riverside Museum

独創的な形をした博物館

　館内では馬車や路面電車、自動車、蒸気機関車など3000点を超えるコレクションがところ狭しと展示されている。建物の斬新なフォルムも見どころのひとつで、デザインは東京の新国立競技場の当初案の設計で話題となったザハ・ハディッドZaha Hadidによる。

■リバーサイド博物館
□ ジョージ・スクエアの南から100番でリバーサイド博物館Riverside Museum下車
住 100 Pointhouse Pl., G3 8RS
TEL (0141) 287 2720
URL www.glasgowlife.org.uk/museums
開 10:00～17:00 (金・日11:00～17:00)
休 1/1・2、12/25・26　**料** 寄付歓迎

自然豊かな市民の憩いの場　Map P.541-C3外

ポロック・カントリーパーク
Pollok Country Park

　グラスゴーの中心部から列車で10分ほど。1.46km²（東京ドーム約31個ぶん）という広大な敷地の市民の憩いの場。ハイランドキャトルが飼育されており、間近に見ることもできる。園内にある**ポロック・ハウス**Pollock Houseはジョージアン様式のカントリーハウスの傑作。内部は美しい調度品と美術品で満たされている。**バレル・コレクション**Burrel Collectionは、海運王ウイリアム・バレルがグラスゴー市に寄贈したコ

草を食むハイランドキャトル

レクションを収蔵している美術館。ドガやゴッホなど印象派の絵画をはじめ、中世美術や中国美術など幅広いジャンルの名品が並んでいる。5年にわたる改修を2022年に終え、リニューアルオープンした。

■ポロック・カントリーパーク
□ ポロックショーズ・ウエストPollokshaws West駅から徒歩10分
□ ファースト・グラスゴー57、57A番。敷地内は公園入口とポロック・ハウス、バレル・コレクションなどを巡回する無料のミニバスが出ている
住 Pollock Country Park, G43 1AT
● ポロック・ハウス
TEL (0141) 616 410
URL www.nts.org.uk
開 10:00～16:00　※最終入場15:30
休 1/1・2、12/25・26・31、不定休
料 £8.50
● バレル・コレクション
TEL (0141) 287 2550
URL burrellcollection.com
開 10:00～17:00 (金・日11:00～17:00)
休 1/1・2、12/25・26
料 寄付歓迎

中世の甲冑やタペストリーを展示

大型ホテルはクライド川沿いや中心部に点在する。B&Bやゲストハウスは、町の中心からやや北のレンフルー・ストリートRenfrew St.やケルヴィングローヴ公園周辺に多い。レンフルー・ストリートのB&Bは急な坂の上にあることが多いので、荷物を持って歩くのは大変。

高級　230室　Map P.541-C2
グランド・セントラル voco Grand Central

住99 Gordon St., G1 3SF
TEL (0141) 221 3388
●予約0120-455-655
URL www.ihg.com
†🛏💳🍴£90〜　††🛏💳🍴£94〜
ADJMV

全室　全室　全室　なし　なし　無料（Wi-Fi）

1883年創業、スコットランドを代表する建築家ロバート・アンダーソンによる設計。ヴィクトリア朝時代の豪華絢爛な造りとモダンなデザインのインテリアが融合している。

高級　72室　Map P.541-C2
マルメゾン Malmaison Glasgow

住278 West George St., G2 4LL
TEL (0141) 378 0384
URL www.malmaison.com
†/††🛏💳🍴£109〜
AMV

全室　全室　全室　なし　なし　無料（Wi-Fi）

もともと教会だった建物を改装して造られた、おしゃれなデザイナーズホテル。ベッドやソファなど部屋のデザインやインテリアも一部屋ごとに趣向を凝らしている。

中級　24室　Map P.540-A2
ケルヴィングローヴ The Kelvingrove Hotel

住944 Sauchiehall St., G3 7TH
TEL (0141) 339 5011
URL kelvingrove-hotel.co.uk
†🛏💳🍴£35〜100
††🛏💳🍴£65〜160
AMV

全室　全室　全室　なし　なし　無料（Wi-Fi）

ケルヴィングローヴ公園近くのB&B街にある家族経営のホテル。淡い暖色を基調とした明るい部屋には、ゆったりとくつろげるカウチもついている。バスルームも使いやすい。

中級　55室　Map P.540-A2
サンディフォード Sandyford

住904 Sauchiehall St., G3 7TF
TEL (0141) 334 0000
URL www.sandyfordhotelglasgow.com
†🛏💳🍴£47.50〜
††🛏💳🍴£75〜
AMV

全室　一部　全室　なし　なし　無料（Wi-Fi）

ケルヴィングローヴのB&B街入口にある、さわやかなブルーとホワイトの外観が目印。家族経営の宿で対応もフレンドリー。

ホステル　115室　Map P.541-C3
ユーロ・ホステル Euro Hostel

住318 Clyde St., G1 4NR
TEL 0845 539 9956
URL www.eurohostels.co.uk
DOM 🛏💳🍴£18〜
†🛏💳🍴£48〜　††🛏💳🍴£50〜
MV

一部　希望者　なし　全室　なし　無料（Wi-Fi）

クライド川の手前にある。ドミトリーは4〜14人収容。個室はシンプルな造りだが、全室テレビ付き。朝食（£6.50）は、1階のバーで出している。

Map P.541-C2 300室	マルドロン Maldron Hotel Glasgow City 住Renfrew St., G2 3BW TEL (0141) 340 9720 URL www.maldronhotelglasgowcity.com	全室　全室　全室　全室　なし　無料（Wi-Fi） †/††£97.20〜　朝食別　AMV
Map P.541-C3 374室	モーテル・ワン・グラスゴー Motel One Glasgow 住78-82 Oswald St., G1 4PL TEL (0141) 468 0450 URL www.motel-one.com	全室　全室　全室　なし　なし　無料（Wi-Fi） †/††£69〜　朝食別　ADMV
Map P.541-C3 247室	ラディソンBluグラスゴー Radisson Blu Glasgow 住301 Argyle St., G2 8DL TEL (0141) 204 3333 URL www.radissonhotels.com	全室　全室　全室　全室　なし　無料（Wi-Fi） †/††£107.86〜　朝食別　AMV

ユース 107室 Map P.540-B1

SYHAグラスゴー SYHA Glasgow

TV なし ｜ 🍴 なし ｜ 🏷 なし ｜ 📺 全室 ｜ P なし ｜ 📶 Wi-Fi 受付周辺 無料

7-8 Park Ter., G3 6BY
TEL (0141)332 3004
URL www.hostellingscotland.org.uk
DOM ₤27～
👤₤47～ 👫₤72～
—JVM

地下鉄ケルヴィンブリッジ駅Kelvinbridge下車、徒歩10分。ヴィクトリアン様式の建物が建ち並ぶ一画にある。朝食は₤5.95～。

RESTAURANT 🍴

コスモポリタンな都市のグラスゴーは食に関してもバラエティ豊か。レストランはジョージ・スクエアなどのシティセンターと、ウエストエンドに集中している。グラスゴー大学近くにあるアシュトン・レーンAshton Ln.にはおしゃれなレストランやカフェが並び、夜は多くの若者でにぎわっている。

Recommended

傑作建築を堪能しながら優雅なひととき
マッキントッシュ・アット・ザ・ウィロウ
Mackintosh At The Willow

ティールーム

215-217 Sauchiehall St., G2 3EX
TEL (0131)204 1903
URL www.mackintoshatthewillow.com
⏰10:00～17:00
休 —AMV 📶店内可

スコットランドを代表する建築家、デザイナーとして知られるチャールズ・レニー・マッキントッシュが1903年にインテリア・デザインを手がけたティールーム。オープン当初の内装を復原しており、アフタヌーンティーの人気が高い。建物内では有料展示や、45分の予約制の見学ツアーも行われている。

Map P.541-D2
ドライゲート・ブリュワリー Drygate Brewery

クラフトビール
英国料理

かつて工場があった場所で2014年から醸造を開始したクラフト・ブリュワリー。レストランもガラス1枚で隔てられて併設されており、作業を眺めながら食事を楽しめる。日曜の13:00、15:00、17:00からはブリュワリーツアーもある。

85 Drygate, G4 0UT TEL (0141)212 8815 URL drygate.com
⏰11:00～24:00 休無休 —MV 📶店内可

Map P.541-C2
ポット・スティル The Pot Still

パブ
郷土料理

地元の人に人気のウイスキーパブ。これまでに数多くの賞を受賞している。ウイスキーのストックは800種類を超える。店内の壁にはウイスキーのボトルが飾られ、種類の多さに目移りしてしまう。料理はパイやハギスなどを出す。

154 Hope St., G2 2TH TEL (0141)333 0980 URL thepotstill.co.uk
⏰11:00～24:00 休12/25 —MV 📶店内可

SHOP

Map P.541-C3
セルティックF.C.ストア Celtic F.C. Store

サッカー

スコットランドが誇るサッカーの名門クラブ、セルティックF.C.のオフィシャルショップ。セントラル駅のすぐ近くという便利な立地で、在籍している日本人選手のグッズも多数取り揃えている。グラスゴー空港内にも支店がある。

154 Argyle St., G2 8BX TEL (0141)204 1588
URL www.celticfc.com ⏰9:00～17:30（土9:00～18:00、日11:00～17:00）※試合日は時間変更もある 休無休 —MV

スターリング

ロンドン

スコットランド史の軸となった古都
スターリング
Stirling

スコットランドで最も壮麗な城といわれる、スターリング城

人口	市外局番
3万6970人	01786
スターリング州	
Stirlingshire	

　スターリングは古くから「スコットランドへの鍵 (Key to Scotland)」、すなわち「スターリングを制するものがスコットランドを制する」といわれるほど重要な町であった。そのため、何世紀にもわたって多くの戦いの舞台となってきた。しかし、13～14世紀にかけて現れたふたりの英雄、ウィリアム・ウォリス **P.605** とロバート・ザ・ブルース **P.610** によって、スコットランド軍はこの地でついにイングランド軍を破り、長年の悲願でもあったイングランドからの独立をなし遂げたのである。町の名の由来が“努力の地”であるように、スコットランドの人々にとってこの町は「独立の象徴」ともいえる場所なのだ。

Access Guide	
スターリング	
エディンバラから	
所要：40分～1時間12分	
月～土	ウェイヴァリー駅から5:18～23:35の1時間に1～4便
日	9:25～23:00の1時間に1～3便
所要：約1時間15分	
毎日	エディンバラ・バスステーションから7:00 9:20～18:20の毎時20分 19:50
グラスゴーから	
所要：25～45分	
月～土	クイーン・ストリート駅から5:51 ～23:52の1時間に1～4便
日	9:33～23:44の1時間に1～3便
所要：約35分	
毎日	ブキャナン・バスステーションから6:00～23:00の1時間に1便程度、深夜は2時間に1便程度

歩き方

　駅とバスステーションは町の東、グースクロフト・ロードGoosecroft Rd.沿いにある。

　グースクロフト・ロードの1本西側に南北に延びるのが、町で最もにぎやかな通りバーントン・ストリートBarnton St.。銀行や郵便局などもこの通り沿いにあり、南へ行くに従いマレー・プレイスMurray Pl.、ポート・ストリートPort St.と名を変える。

　町の北西に位置するスターリング城へは、駅から徒歩15分ほど。マレー・プレイスと交差するキング・ストリートKing St.からセント・ジョン・ストリートSt John St.へと旧市町の坂道をたどり、突き当たりの教会のところを右に折れ、さらに上がった先にある。途中には由緒ある教会や建築物、レストラン、ショップなどが並び、町歩きが楽しいエリアだ。

町の中心であるポート・ストリート

激動の歴史の舞台となった

スターリング城 Stirling Castle

Map P.547左

スコットランドで最も壮麗な城といわれている、ルネッサンス様式の城郭。わずか生後9ヵ月のスコットランド女王メアリー☞P.608が戴冠式を行ったのもこの城の礼拝堂である。

城の土台となっている岩山は、数千年の昔からすでに砦として存在していたといわれる。以来

スターリング城の城門

この城は、スターリングを中心に繰り広げられたイングランドとの独立戦争や、スコットランド王家の興亡など、波乱の歴史劇をじっと見守ってきた。現在見られるこの優雅な城は、15～16世紀頃に建設されたもの。

城内では、16世紀当時の様子がそのままに残る台所や、1999年に復原された大広間Great Hallのほか、軍事関連の博物館なども見学できる。

また、外壁からスターリングの町を見下ろすパノラマビューもすばらしく、天気がよければ遠くエディンバラまで見渡すことができる。

スコットランド

スターリング
VisitScotland iCentre

Map P.547左
住Old Town Jail, St John St., FK8 1EA
TEL(01786)475 019
URL www.visitscotland.com
開9:30～17:00
休1/1・2、12/25・26

■スターリング城
住Stirling Castle, Castle Wynd, FK8 1EJ
TEL(01786)450 000
URL www.stirlingcastle.scot
開4～9月9:30～18:00
　10～3月9:30～17:00
※最終入場は閉館の1時間前
休12/25・26
料£17.50～19
館内撮影一部不可　フラッシュ部不可

P.548 ウォリス・モニュメント
Wallace Monument

拡大図左

スターリング市内中心部

H Lost P.549

N

0　　　　500m

スターリング近郊

A872
パノックバーンの戦いP.548
エクスペリエンス
The Battle of Bannockburn Experience

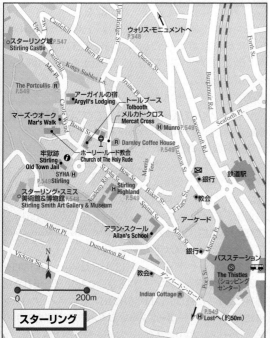

スターリング城 P.547
Stirling Castle

ウォリス・モニュメントへ
P.548

The Portcullis R
P.549

アーガイルの宿
Argyll's Lodging
トールブース
Tolbooth
メルカト・クロス
Mercat Cross
H Munro P.549

マーズ・ウオーク
Mar's Walk

Darnley Coffee House
P.549

牢獄跡
Stirling
Old Town Jail
ホーリー・ルード教会
Church of The Holy Rude

SYHA H
P.549 Stirling

スターリング・スミス
美術館＆博物館 P.548
Stirling Smith Art Gallery & Museum

Stirling
Highland
P.549

銀行
鉄道駅

教会

アーケード

アラン・スクール
Allan's School

銀行

バスステーション

The Thistles
(ショッピング
センター)

教会

Indian Cottage R

P.549
H Lostへ(約50m)

N

0　　　　200m

スターリング

■スターリング・スミス美術館&博物館

住Dumbarton Rd., FK8 2RQ
TEL(01786)471 917
URL www.smithartgalleryandmuseum.
co.uk
開10:00～17:00
休月・火、1/1・2、12/24・25・26
料寄付歓迎

ザ・スターリング・ストーリー

■ウォリス・モニュメント

町の中心から3kmほどの所にある。徒歩
約45分。
🚌51番でWallace Garden下車、徒歩18
分または52番でWallace Monument Car
Park下車、徒歩12分。
住Abbey Craig, Hillfoots Rd.,
Causewayhead,FK9 5LF
TEL(01786)472 140
URL www.nationalwallacemonument.
com 🌐
開1～3月10:00～17:00
　4～6・9・10月9:30～17:00
　7・8月9:30～18:00
　11・12月10:00～16:00
　※最終入場は閉館の45分前
休1/1、12/25・26
料£11.30

■バノックバーンの戦いエクスペリエンス

スターリングから南に約4kmほどの所に
ある。
🚌バスステーションから51、X36番など
で約10分。Whins of Milton下車。
住Bannockburn, Glasgow Rd., FK7 0LJ
TEL(01786)812 664
URL www.nts.org.uk 🌐
開10:00～17:00　※最終入場16:00
休12/23～1/3
料£7.50

3D映像ではバノックバーンの戦いを360°スク
リーンで体感できる

スターリングの歴史がよくわかる　　Map P.547左

🏛 スターリング・スミス美術館&博物館
Stirling Smith Art Gallery & Museum

　1874年に設立された、地元の画家兼収集家のトーマス・ステュアート・スミスThomas Stuart Smith氏のコレクションを公開した美術館と博物館。建物の内部は、向かって左側がカフェ、右側に映像室があり、その奥が常設展になっている。常設展はスターリングの歴史をテーマにした「ザ・スターリング・ストーリー The Stirling Story」。なかでもウィリアム・ウォリス P.605 に関する展示が充実している。

スコットランド独立の父　　Map P.547右

⏰ ウォリス・モニュメント
The National Wallace Monument

丘の上にそびえるウォリス・モニュメント

　スコットランドの独立に生涯をかけた英雄、ウィリアム・ウォリス P.605 の記念塔。高さ67mを誇るヴィクトリアン様式の塔で、1869年に完成した。塔の内部はウォリスの人生に関する展示がされており、特にウォリスの剣は必見。2019年には塔の完成150周年を記念して、最新の設備をもつ展示になった。

　モニュメントが建っている所までは、246段の急な石段を10分ほど上って行く。そこから、さらに高さ67mの塔の頂上へ上れば、南西方向にスターリングの町が広がるすばらしい眺望が得られる。

スコットランド独立を勝ち取った過程がよくわかる　Map P.547右

🏛 バノックバーンの戦いエクスペリエンス
The Battle of Bannockburn Experience

　歴史的戦場に建てられたヘリテージ・センター。3D映像やジオラマなどを用いて、スコットランド独立の経緯をわかりやすく紹介している。建物の外に建っているのは、完全武装に身を包んだ険し

古戦場跡にはロバート・ザ・ブルースの像が置かれている

い表情のロバート・ザ・ブルース（1274～1329年、在位1306～1329年） P.610 像。スコットランドの王であり、また優れた指揮官でもあった彼は、1314年6月24日、ここバノックバーンの地でヘンリー・ド・ボーアン率いるイングランド軍を破り(バノックバーンの戦い)、スコットランドを独立へと導いた。

HOTEL　　　　　　RESTAURANT

ゲストハウスはダンバートン・ロードとその周辺、ほかにプリンスィズ・ストリートPrinces St.にもある。バーントン・ストリートにはパブやレストランが並ぶ。

優美な時計塔がシンボル
スターリング・ハイランド
Stirling Highland Hotel

高級　　96室
Map P.547 左

TV				P	Wi-Fi
全室	全室	全室	なし	無料	無料

住Spittal St., FK8 1DU
TEL(01786) 272 727
URL www.stirlinghighlandhotel.co.uk
♦♦♦□□£89〜
—ADMV

　17世紀の建物を改装したホテルで以前は高校として使用されていた。フィットネスセンターやスパ施設もある。館内にあるスカラーズ・レストランScholars Restaurantも好評。

中級　28室 Map P.547 右
ロスト The Lost Guest House

住4 Melville Ter., FK8 2ND
TEL(01786) 430 349
URL www.lostguesthouse.co.uk
♦□□□£65〜
♦♦□□□£70〜
—MV

TV				P	Wi-Fi
全室	希望者	全室	なし	無料	無料

旧テラシズ・ホテルとして知られるジョージアン様式の建物。中心部から少し外れてはいるが、静かで落ち着ける環境。

ゲストハウス　7室 Map P.547 左
マンロー Munro Guest House

住14 Princes St., FK8 1HQ
TEL(01786) 472 685
URL www.munroguesthouse.co.uk
♦□□□£60〜
♦♦□□□£70〜
—MV

TV				P	Wi-Fi
全室	全室	全室	なし	なし	無料

バーントン・ストリートから西に少し入った坂道にある。受賞歴もある人気のゲストハウスで、朝食が自慢。チェックインは16:00〜21:00。

ユース　30室 Map P.547 左
SYHAスターリング SYHA Stirling

住St John St., FK8 1EA
TEL(01786) 473 442
URL www.hostellingscotland.org.uk
DOM□□□£19〜
♦/♦♦□□□£48〜
—MV

TV				P	Wi-Fi
なし	なし	なし	全室	無料	無料

小高い丘の上に1740年に建てられた教会を改装したユース。広々としたキッチンやテレビルーム、ランドリーなどがあり、設備も調っている。

Map P.547 左
ポートカリス The Portcullis

**パブ
スコットランド料理**

　建物は18世紀に建てられた、元男子校を利用したホテルの1階にあるパブ。伝統的な樽ビールを提供しており、受賞歴もある。料理も充実しており、夕食時は混み合う。

住The Portcullis, Castle Wynd, FK8 1EG
TEL(01786) 472 290　URL www.theportcullishotel.com
圏12:00〜15:30 17:30〜20:30　バー11:30〜23:30
休無休　—AMV　令店内可

Map P.547 左
ダーンリ・コーヒーハウス Darnley Coffee House

カフェ

　建物はスコットランド女王メアリーの夫ダーンリ卿が住んでいた伝説があり、ダーンリの家と呼ばれている。1階がカフェで、サンドイッチやジャケットポテトなどの軽食を提供する。

住18 Bow St., FK8 1BS　TEL(01786) 474 468
圏11:00〜16:00　休日　—AMV　令店内可

ネス湖 ●インヴァネス

●ロンドン

数々の伝説が残る神秘な湖
ネス湖
Loch Ness

ネス湖のほとりに建つ、アーカート城

人口（インヴァネス） 4万7820人	市外局番 01463
ハイランド州 Highland	

ネス湖は南北に約38kmと細長い湖で最大水深は290m。この美しい湖にすむといわれるネッシーの最初の記録は、西暦565年、キリスト教布教のために訪れた聖コロンバにまで遡る。聖コロンバは、村人を苦しめる怪物を、神通力で追い払ったという。それ以来約1500年にわたって目撃され続けているこのネッシー、果たして代々ここにすむ湖の主なのか、それとも古代ピクト人の残していった幻なのか……。

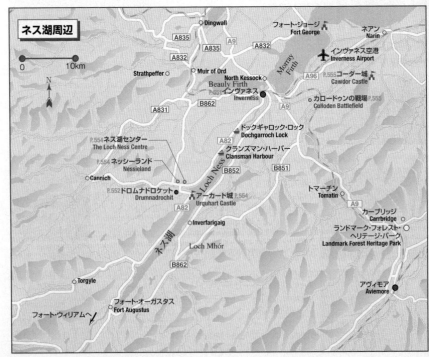

ネス湖周辺

0 — 10km

N

○ Dingwall

A835 A9 A832

フォート・ジョージ
Fort George

ネアン
Narin

インヴァネス空港
Inverness Airport

A835

A832

Muir of Ord ○

North Kessock ○

A96 P.555 コーダー城
Cawdor Castle

Strathpeffer ○

Beauly Firth
P.551 インヴァネス
Inverness

Morray Firth

A9

● カロードゥンの戦場 P.555
Culloden Battlefield

B862

A831

A82

ドックギャロック・ロック
Dochgarroch Lock

P.554 ネス湖センター
The Loch Ness Centre

クランズマン・ハーバー
Clansman Harbour

P.554 ネッシーランド
Nessieland

B852

B851

○ Cannich

P.552 ドロムナドロケット ●
Drumnadrochit

トマーチン
Tomatin

アーカート城 P.554
Urquhart Castle

A82

カーブリッジ
Carrbridge ○

A9

ランドマーク・フォレスト・
ヘリテージ・パーク
Landmark Forest Heritage Park

● Inverfarigaig

Loch Mhór

ネス湖

B862

○ Torgyle

アヴィモア
Aviemore

フォート・オーガスタス
Fort Augustus ●

フォート・ウィリアムへ↙

ネス湖
起点となる町

起点の町

インヴァネス
Inverness

　インヴァー Inverが河口を意味するように、インヴァネスはネス川River Nessの河口の町。スコットランド北部のハイランド地方では古くから中心都市だったが、歴史の表舞台に現れるのは、12世紀にデイビッド1世がインヴァネス城を築いてから。年間100万人の観光客が訪れるネス湖観光の起点となる都市だ。

歩き方　町の中央をネス川が流れるが、繁華街は東岸にある。メインストリートは歩行者天国の**ハイ・ストリート** High St.。ネス川の橋を渡るとトムナヒューリック・ストリートTomnahurich St.と名前を変え、ネス湖まで延びている。

スコットランド

Access Guide インヴァネス		

ロンドンから

✈ 　所要:1時間25～50分

ヒースロー空港をはじめ、ガトウィック空港、ルトン空港からそれぞれ便がある。

🚌 　所要:約8時間～11時間30分

月～土　キングズ・クロス駅から12:00発、所要約8時間。寝台列車カレドニアン・スリーパーがユーストン駅から21:15発（土なし）、所要約11時間30分

日　キングズ・クロス駅から11:44、カレドニアン・スリーパーはユーストン駅21:00

エディンバラから

🚆 　所要:約3時間40分

月～金　ウェイヴァリー駅から8:38 10:33 13:29 16:33 17:33 19:39

土　8:37 10:33 13:23 16:33 17:34 19:38

日　9:25 13:54 15:52 16:32

🚌 　所要:約3時間40分

毎日　8:00～19:55の1～2時間に1便

ネス湖

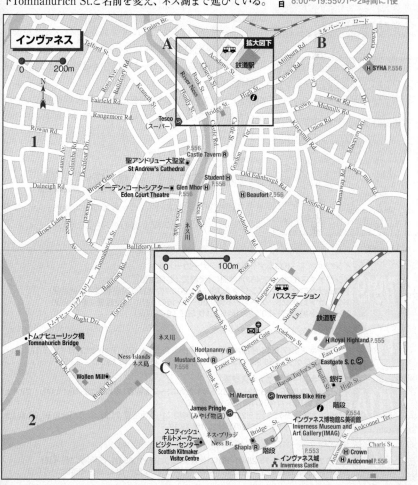

<table>
<tr><td colspan="2">

Access Guide
インヴァネス
グラスゴーから

</td></tr>
</table>

🚄	所要:約3時間30分
月〜金	クイーン・ストリート駅から7:07 10:07 12:07 14:39 15:07 19:07
土	7:07 10:07 12:07 14:39 15:07 19:06
日	11:11 14:38 18:03
🚌	所要:約3時間40分
毎日	7:10〜19:10の2時間に1便

ⅰ **インヴァネス**
VisitScotland iCentre

Map P.551-C
🏠36 High St., IV1 1JQ
📞(01463)252 401
🌐www.visitscotland.com
🕐9:30〜17:00 休日・祝

インヴァネスの見どころ
インヴァネス城➡ P.553
インヴァネス博物館&美術館➡ P.554

ドロムナドロケットの見どころ
ネス湖センター➡ P.554
ネッシーランド➡ P.554
アーカート城➡ P.554

ネス湖 現地発着ツアー

インヴァネス発着のクルーズツアーが人気。ミニクルーズならドロムナドロケット村からも出ている。

ネス湖クルーズ（インヴァネス発）

インスピレーション
Inspiration
夏期9:30 10:45 12:00 13:30 16:00、冬期減便
所要50分　料£19
クランズマン・ハーバー発。ネス湖をクルーズしてアーカート城を船から見学。

フリーダム
Freedom
夏期9:30 10:45 12:00、冬期減便
所要2時間30分　料£30
クランズマン・ハーバー発。ネス湖をクルーズしてアーカート城を入場見学。

コンテンプレーション
Contemplation
夏期9:45 12:00 14:30、冬期減便
所要2時間　料£27
ドックギャロック・ロック発。ネス湖とカレドニアン運河をクルーズ。アーカート城を船から見学。

テンプテーション
Temptation
10:00 14:15　所要3時間　料£41.50
インヴァネス・バスステーション発で、バスでクランズマン・ハーバーまで行き、30分のクルーズを楽しむ。アーカート城を入場見学。

ジャコバイト・クルーズ
Jacobite Cruises
TEL (01463) 233 999
URL www.jacobite.co.uk
チケットは上記ウェブサイトや❼で購入可能。クルーズの種類によって出発場所が異なっており、インヴァネスのバスターミナルから出発するのはテンプテーションのみ。ドックギャロック・ロック Dochgarroch Lockはインヴァネスの南約9km、クランズマン・ハーバー Clansman Harbourは約14kmにある。ドックギャロック・ロックはシティ・サイトシーイングのバス、クランズマン・ハーバーへは17、917、919番のバスで行ける。

ネス川をしばらくクルーズした後、ネス湖に入る

アーカート城をバックに記念撮影。クルーズによっては入場観光できる

乗り降り自由の観光バス

シティ・サイトシーイング
City Sightseeing Inverness
4月〜10月中旬の10:15〜16:15の1時間毎
所要1時間　24時間有効 £12
バスステーションを出発し、クルーズ船が出発するドックギャロック・ロックやトムナヒューリック橋など、町の郊外を一周する観光バス。
TEL (01463) 222 444
URL www.citysightseeinginverness.com

スカイ島へのバスツアー

インヴァネスからスカイ島へ
Inverness to Skye
夏期8:00、冬期要確認　所要11時間45分　料£54〜
スコットランド西部のスカイ島まで行く日帰りバスツアー。スカイ島ではアイリーン・ドナン城やオールド・マン・オブ・ストールなど絶景の数々を見ることができる。
ハイランド・エクスペリエンス Highland Experience
TEL (0131) 226 1414
URL www.highlandexperience.com 　予約必須

ネス川を見下ろす
インヴァネス城 Inverness Castle

Map P.551-C
インヴァネス

■インヴァネス城
※2023年6月現在改装工事中

インヴァネスのシンボル的存在

　町とネス川を見下ろす絶好の位置に建つこの城は、町のどこからでも見えるランドマークだ。もともと古い要塞があった場所に、1835年に現在の建物が造られた。長らく裁判所として利用され一般の入場はできなかったが、ビジターアトラクションとして利用されることが決定され、2023年6月現在改装工事が行われている。開業は2025年の予定。城の前には、ボニー・プリンス・チャーリー P.610 の逃亡を助けたフローラ・マクドナルドの像がある。

■インヴァネス博物館＆美術館
住Castle Wynd, IV2 3EB
TEL(01349)781 730
URLwww.highlifehighland.com
開4～10月10:00～17:00
　11～3月12:00～16:00
　(金・土11:00～16:00)
休日・月、1/1・2、12/25・26
料寄付歓迎
フラッシュ部不可

■ネス湖センター
住Drumnadrochit, IV63 6TU
URLwww.lochness.com 🌐
開10:00～17:00 (冬期10:00～15:00)
休12/25　**料**£13.95～17.95

ネス湖を巡る前に勉強しておこう

■ネッシーランド
住Drumnadrochit, IV63 6TU
TEL(01456)450 342
URLwww.nessieland.co.uk 🌐
開10:00～17:00　**休**無休　**料**£8

入り口ではネッシー (?) が出迎えてくれる

■アーカート城
スコティッシュ・シティリンクのバス917、919番
🚢ネス湖のクルーズ船でも行くことができる
TEL(01456)450 551
URLwww.historicenvironment.scot 🌐
開4・9月9:30～18:00
　5・6月9:30～18:00 (日・月→20:00)
　7・8月9:30～20:00 (火～木→18:00)
　10月9:30～17:00
　11～3月9:30～16:30
※最終入場は閉館の45分前
休12/25・26
料£13～14.50

Map P.551-C　インヴァネス
ハイランドとジャコバイト関連の展示が充実

インヴァネス博物館＆美術館
Inverness Museum & Art Gallery

自然科学分野の展示室

　インヴァネス城の裏側にある近代的な建物。ハイランドに関する歴史や文化、自然など多角的な観点から解説している。2階部分はジャコバイト🌐 P.607などハイランドの歴史に関する展示。美術館部門はスコットランド人画家による風景画のコレクションなどが見られる。

Map P.552　ドロムナドロケット
ネス湖の秘密に鋭く迫る

ネス湖センター
The Loch Ness Centre

　映像や音声を駆使してネス湖の謎に迫るアトラクション。見学は1時間のツアー形式になっており、ネッシーだけでなく、ネス湖の歴史やネス湖に生息する生物の生態系、気候条件などからネッシー生存の可能性を探る構成。4～10月はソナーを備えたボートで巡るネス湖クルーズも催行されている。

Map P.552　ドロムナドロケット
元祖ネッシーのアトラクション

ネッシーランド
Nessieland

　ロッホ・ネス・ロッジ・ホテルの敷地内にあるアトラクション。道沿いにある大きなネッシーの像が目印。過去から現在にいたるネッシーが写った(?)数々の目撃写真や、資料などの展示、25分間のビデオ上映 (日本語あり) などネッシーにスポットを当てた内容。おみやげコーナーも充実している。

Map P.550　ドロムナドロケット
ネス湖岸に残る廃城

アーカート城
Urquhart Castle

　ネス湖の湖面に朽ち果てた姿を映すアーカート城。1230年の築城だが、1296年にエドワード1世🌐 P.606率いるイングランド軍に包囲されて破壊された。駐車場の下に位置するビジターセンターから入場し(クルーズで来た場合は城に直接入れる)、建築当初の模型や、城に関する展示を見てから城へ下りていこう。跳ね橋を渡って入った城内には、礼拝堂跡や厩舎、厨房などの廃墟が残る。一番保存状態のよいグラント・タワーからはネス湖のすばらしい景色が望める。

南西にある丘から眺めた城とネス湖

マクベスで有名な
コーダー城 Cawdor Castle

Map P.550 コーダー

インヴァネスとネアンNarinの中間地点にあるコーダー城は、シェイクスピア☞P.605の名作『マクベス』の舞台としてあまりにも有名な城だ。森の中に建つその姿は、ハイランドで一番優美な城と称されており、堀に架かる跳ね橋からの眺めなど、絵本から飛び出てきたような美しさだ。城内は手入れの行き届いた広大な庭園、城の背後に控える森林のウオーキングコースなど、すべてを回ろうと思ったら半日がかりだ。

■コーダー城
🚗コーダー城への公共交通はない。レンタカーやタクシーを利用する。
住Cawdor, IV12 5RD
TEL(01667)404 401
URL www.cawdorcastle.com
開10:00～17:30　※最終入場17:00
休9月下旬～4月中旬
　冬期はコーダー伯爵の住居となる。
料£14.50　学生£13
フラッシュ不可

その外観はまるで絵本の世界のよう

ジャコバイト軍が散った
カロードゥンの戦場
Culloden Battlefield

Map P.550 カロードゥンムーア

かつての戦場には散策路が整備されている

インヴァネスの東、約8kmの所には、スコットランド史上に残るカロードゥンの戦いの戦場となったムーア（荒野）が広がっている。1746年4月16日、追い詰められたジャコバイト派☞P.607の反乱軍が、イングランド軍に壊滅させられた戦場。歴史を知らなければ格好のピクニック地に見える平原だが、政府軍、反乱軍、両軍の陣地を示す旗が翻り、この地で散ったハイランダーの墓標があちこちに見られる。

■カロードゥンの戦場ビジターセンター
🚌27番のバスでCulloden Battlefiled下車
住Culloden Moor, IV2 5EU
TEL(01463)796 090
URL www.nts.org.uk/Culloden
開3月上旬～4月上旬・11月9:00～16:00
　4月上旬～4月末9:00～17:00
　5～10月9:00～18:00
　12月～3月上旬10:00～16:00
休12月～3月上旬の月・火、クリスマス期間
料£14　学生£11

HOTEL　RESTAURANT

起点とするのならインヴァネスがベスト。中級ホテルはネス川沿いに多く、B&Bはアードコンネル・ストリートArdconnel St.やオールド・エディンバラ・ロードOld Edinburgh Rd.に多い。レストランやパブは駅の周辺が一番多いが、各地に点在している。

Recommended

1859年創業の老舗ホテル
ロイヤル・ハイランド Royal Highland

高級　84室
Map P.551-C　インヴァネス
TV 全室　ドライヤー 全室　ポット 全室　金庫 なし　駐車場 無料　Wi-Fi 無料

住Station Sq., IV1 1LG
TEL(01463)231 926
URL www.royalhighlandhotel.co.uk
S £75～
W £90～
💳 A M V
レストラン開12:00～22:00

鉄道駅に隣接したステーションホテル。エントランス・ホールの階段がなんとも豪華。客室は広々としており、花柄のファブリックがアクセントになっている。

レストラン　アッシュ・レストランAsh Restaurantでは、モダン・スコットランド料理が楽しめる。

中級　118室　Map P.551-A1　インヴァネス

グレン・モア　Gren Mhor hotel

住7-17 Ness Bank, IV2 4SG
TEL (01463) 234 308
URL www.glen-mhor.com
†£90～
††£99～
MV

TV 7 📶 🖥 P Wi-Fi
全室 全室 全室 全室 無料 無料

聖アンドリュー大聖堂と川を挟んで向かい側にあるホテル。レストランの評判が高く、スコットランド料理やグリル系のメニューが豊富。

中級　34室　Map P.551-B1　インヴァネス

ボーフォート　Beaufort Hotel

住11 Culduthel Rd., IV2 4AG
TEL (01463) 700 008
URL www.beauforthotelinverness.uk
†£100～
††£145～
MV

TV 7 📶 🖥 P Wi-Fi
全室 全室 全室 なし 無料 無料

坂の上にあり、町の中心部に近い。部屋によって広さや設備は異なり、ジャクージ付きの部屋もある。レストランやバーが併設されている。

中級　6室　Map P.551-C　インヴァネス

アードコンネル　Ardconnel Guest House

住21 Ardconnel St., IV2 3EU
TEL (01463) 418 242
URL www.ardconnel-inverness.co.uk
†£75～
††£120～
AJMV

TV 7 📶 🖥 P Wi-Fi
全室 全室 全室 なし なし 無料

中心近くの閑静な住宅街にある家族経営のゲストハウス。フレンドリーなスタッフと豪華な朝食で人気が高い。冬期は休業する。

ホステル　9室　Map P.551-B1　インヴァネス

ステューデント　Inverness Student Hostel

住8 Culduthel Rd., IV2 4AB
TEL (01463) 236 556
URL invernessstudenthotel.com
DOM £23～
MV

TV 7 📶 🖥 P Wi-Fi
なし なし なし なし 無料 無料

緩い坂の途中にあるホステル。キッチンも使用でき、コーヒーや紅茶は無料。ドミトリーのベッド数は6～10。チェックインは17:00以降。

ユース　42室　Map P.551-B1　インヴァネス

SYHAインヴァネス　SYHA Inverness

住Victoria Dri., IV2 3QB
TEL (01463) 231 771
URL www.hostellingscotland.org.uk
DOM £24～
†£48～　††£72～
MV

TV 7 📶 🖥 P Wi-Fi
なし なし なし 全室 無料 無料

町から離れているが、建物も新しく、キッチンなど設備も充実。広い駐車場も完備。併設のカフェでは朝食 (£5.95～) を出している。

Recommended

ハイランドの味を楽しむならココ！
マスタード・シード　The Mustard Seed

スコットランド料理　創作料理
Map P.551-C　インヴァネス
住16 Fraser St., IV1 1DW
TEL (01463) 220 220
URL www.mustardseedrestaurant.co.uk
営12:00～14:30 17:00～21:15
休1/1、12/25・26　AMV　店内可
　バンク・ストリート沿いのれんが造りのレストラン。19世紀まで教会として利用されていた。メニューは毎週替わるが伝統的なスコットランド料理が中心。ランチセットは2品で£15.95～、ディナーの予算は£30～。17:00～18:30は前菜とメインで£19.95のセットもある。

Map P.551-B1　インヴァネス
キャッスル・タヴァーン　The Castle Tavern

パブ
スコットランド料理

　インヴァネス城のすぐ前にある。スコットランド産のクラフトビールの品揃えがいい。眺めのよいテラス席もある。パブフードは12:00～21:30 (金・土～22:00)に提供。
住1-2 View Pl., IV2 4SA　TEL (01463) 718 178
URL www.castletavern.pub　営11:00～翌1:00 (土11:00～翌0:30、日12:00～24:00)　休12/25　MV　店内可

ハイランドの絶景を体感しよう!

蒸気機関車ジャコバイト号

フォート・ウィリアム～マレイグ間の全長68km を走るウエスト・ハイランド鉄道は、1894年に 開通した単線。何と今でも開通当時さながら に、ジャコバイト号Jacobite Steam Trainと いう蒸気機関車が走っており、鉄道ファンの 憧れの列車として知られている。

マレイグ
Mallaig

モラー湖
Loch Morar

アリセイグ
Arisaig

0　　　　10km

グレンフィナン
Glenfinnan

グレンフィナン高架橋
Glenfinnan Viaduct

グレンフィナン・モニュメント
Glenfinnan Monument

フォート・ウィリアム
Fort William

映画『ハリー・ポッターと秘密の部屋』 で有名になったグレンフィナン高架橋

乗車時間は約2時間。なかでも最大の見どこ ろは、フォート・ウィリアムから約30分の所にある **グレンフィナン高架橋**Glenfinnan Viaductだ。 これは世界最古のマスコンクリート製高架橋 で、高さ30m、長さ381mにも及ぶもの。映画『ハ リー・ポッターと秘密の部屋』にも登場し、話題 になった。橋がきれいにカーブを描いているた め、最後部の車両に乗れば、この高架橋を渡る ときに、モクモクと煙を上げて進む機関車の先 頭車両を車窓から眺めることができる。その雄 姿は、周囲の山並みを背景にして、まるで絵の ように美しい。

その後、すぐ左側に見えてくる塔は**グレンフィ ナン・モニュメント**Glenfinnan Monument、そ してここで軍勢の旗揚げをしたボニー・プリン ス・チャーリー P.610 の像。下りの機関車は、 ここで20分間停車するので、タワーに上り博 物館も見学できる。

観光地として人気のあるアリセイグArisaigを 過ぎ、左に海、右に**モラー湖**Loch Morarを望 む最後の橋もなかなか壮観。この湖も、怪物 の目撃談がたくさんある神秘的な湖だ。列車 は、湖を過ぎるとほどなくマレイグに到着する。

車窓からは絶景が広がる

■ジャコバイト号 Jacobite Steam Train
TEL 0333 996 6692（予約専用）
URL www.westcoastrailways.co.uk 繁
運行：午前便は4/3～10/27。午後便は5/1～9/29の 毎日。
午前便フォート・ウィリアム発10:15、マレイグ発14:10
午後便フォート・ウィリアム発12:50、マレイグ発17:00
料 往復　スタンダード£57　ファースト・クラス£89
上記のウェブサイトか予約専用ダイヤルで予約する。空 席があれば乗車当日でも列車の乗車口で車掌から直接 購入できる。
■インヴァネスからフォート・ウィリアムへ
🚌9:00～18:15の1時間に1便程度。冬期減便。
所要：約2時間

info

出発前にインストールしておきたい
イギリス旅行おすすめアプリ

Google Map

Googleの地図アプリ。ルート検索ではイギリス国内の列車や市内バス、地下鉄などはもちろん、レンタル自転車や配車サービスなどにも対応しており、所要時間や料金がわかる。

Citymapper

交通手段検索アプリ。ロンドンやエディンバラなど大都市にしか対応していないが、市内交通に特化している分、使い勝手がよい。地下鉄マップはオフラインでも見ることができる。

Uber

配車アプリの代表的存在。一般のドライバーが空き時間を利用して営業し、料金はタクシーより安いことから爆発的人気になった。支払いはクレジットカードで行うため、直接ドライバーに支払う必要はない。

FREENOW

ブラック・キャブをはじめさまざまな車種から選択できるタクシーアプリ。料金はUberなどより割高だが、その分信頼性が高い。英語のみ。

Trainline

鉄道とバスの時刻検索およびチケット購入アプリ。鉄道のチケットはQRコードが入っているMチケットで、スマホに直接送られてくる。改札口でチケットをスキャンさせる。英語のみ。

Google 翻訳

入力したテキストを翻訳してくれることはもちろん、会話の翻訳もできる。カメラ機能を使って、英語の文章を画面上に表示させると、文字が日本語になって現れる。

Met Office

イギリス気象庁の天気予報アプリ。時間ごとの天気予報や、気温、風速、雨雲レーダーなど、さまざまな情報を見ることができる。1週間先の天気予報まで対応。英語のみ。

Radical Storage

荷物預かり所検索、予約アプリ。イギリスでは一部のターミナル駅を除くと荷物を預けられる場所が少ない。アプリではGPSを使って最寄りの荷物を預かってくれるショップやパブなどを検索、予約することができる。

Flush

公衆トイレ検索アプリ。GPSの位置情報を利用して、最寄りの公衆トイレがすぐに見つかる。英語のみ。

WhatsApp Messenger

無料メッセージ、通話アプリ。カギのやりとりが必要な民宿などに宿泊するときやレストランの予約の際にメッセージのやりとりができ、円滑にコミュニケーションをとることができる。

「地球の歩き方」公式 LINE スタンプが登場！　旅先で出合うあれこれがスタンプに。旅好き同士のコミュニケーションにおすすめ。LINE STORE で「地球の歩き方」と検索！

旅の準備とテクニック

Travel Tips

写真上：王室御用達のチョコレート屋プレスタット（→ P.127）　写真左下：ウェストミンスター寺院（→ P.118）前を通る2階建てバス　写真右下：ロンドンから北イングランド、スコットランド方面の列車が発着するキングズ・クロス駅

旅の必需品

パスポートと残存有効期間

パスポートは海外で身元を証明するための大切な証明書。申請は出発の1ヵ月前を目安に余裕をもって行おう。

申請先を確認 都道府県により、県庁などのパスポートセンターや住民登録している市区町村の役場など申請先が異なる。居住している自治体のウェブサイトを確認してみよう。

有効期限は5年用と10年用があり、18歳未満は5年用のみ申請できる。交付までの所要日数（5〜12日）は都道府県により異なる。イギリスへの旅に必要なパスポートの有効残存期間は、基本的に滞在日数以上あればOKだが、6ヵ月以上が望ましい。

ビザの申請

すべての国で外国人が入国するためにはビザが必要だが、観光旅行など短期旅行者には申請を免除する国が多い。イギリスでは、日本国籍者の場合、観光を目的とする6ヵ月以内の滞在であれば、出発前にビザ申請をする必要はない。

海外旅行保険

海外での盗難や事故は年々増加しており、また保険なしで現地の病院に行くのは金銭的にも大きな負担になる。出発前に海外旅行保険にはぜひとも加入しておこう。
「地球の歩き方」ホームページからも、出発当日でも加入できる。アクセスは下記へ。

URL www.arukikata.co.jp/hoken/

クレジットカード付帯保険の落とし穴 クレジットカードには、海外旅行保険が付帯されているものが多く、保険はこれで十分と考える人もいるだろう。ただし、疾病死亡補償がない、補償金額が十分でない、複数のカードの傷害死亡補償金額は合算されないなどの「落とし穴」もある。自分のカード付帯保険の内容を確認したうえで、「上乗せ補償」として海外旅行保険に加入することをおすすめする。

タイプに合ったものを選ぶ 海外旅行保険には、一般的に必要な保険と補償を組み合わせた「セット型」と、ニーズと予算に合わせて各種保険を選択できる「オーダーメイド型」がある。ただ「セット型」では、荷物の少ない人が携行品100万円ぶんの保険だったり、逆に「オーダーメイド型」で予算にこだわりすぎて保険が利かない例もあるので慎重に検討したい。

トラブル時は冷静に アクシデントに遭ったら、速やかに保険会社の現地デスクに連絡して指示を受ける。その際加入時の書類が必要なので携帯しよう。インターネット加入型の保険の場合は画面メモやメール等をスマートフォンに保存しておこう。

帰国後の申請に備え、診断書や盗難の証明書が必要かどうかについても、出発前に確認しておこう。

■パスポート取得のために必要な書類
一般旅券発給申請書（1通）
戸籍謄本（1通）
写真（1枚）
縦4.5cm、横3.5cm、縁なしで背景が無地の白か薄い色、申請日より6ヵ月以内に撮影された正面向きの無帽のものなどの規格を満たすもの。
身分証明書（2点）
運転免許証、マイナンバーカード（通知カードは不可）などの場合は1点でよい。このほか、印鑑が必要な場合もある。

■パスポートの申請先
URL www.mofa.go.jp/mofaj/toko/passport/index.html
居住している都道府県をクリックすると申請先の詳細がわかる。

■パスポートに関する注意
国際民間航空機関（ICAO）の決定により、2015年11月25日以降は機械読取式でない旅券（パスポート）は原則使用不可となっている。日本ではすでにすべての旅券が機械読取式に置き換えられたが、機械読取式でも2014年3月19日以前に旅券の身分事項に変更のあった人は、ICチップに反映されていない。渡航先によっては国際標準外と判断される可能性もあるので注意が必要。

■パスポート切替の電子申請が可能に
2023年3月27日より、パスポートの発給申請手続きが一部オンライン化される。残存有効期間が1年未満のパスポートを切り替える場合や、査証欄の余白が見開き3ページ以下になった場合、マイナポータルを通じて電子申請が可能（旅券の記載事項に変更がある場合を除く）。その場合、申請時に旅券事務所へ行く必要がなくなる。
URL myna.go.jp

■「地球の歩き方」ホームページで海外旅行保険について知ろう
「地球の歩き方」ホームページでは海外旅行保険情報を紹介している。保険のタイプや加入方法の参考に。
URL www.arukikata.co.jp/web/article/item/3000681/

国外（国際）運転免許証

　イギリスは日本と同じ左側通行なので、日本人にとって運転のしやすい国。レンタカーでイギリスを旅行する場合は国外運転免許証と、日本の運転免許証が必要。国外運転免許証は、住民登録をしている都道府県の運転免許試験場や警察署などで発行してもらう。必要書類や申請料などは都道府県ごとに異なるので、詳細は最寄りの警察署で確認しよう。有効期限は発行日から1年間。

国際学生証

　イギリスでは見どころの入場料や公共交通機関などに学生割引制度がある。出発前に国際学生証（ISIC）を取得しておくとよいだろう。申請はオンラインのみで登録料（PayPalによる決済のみ）が必要。

■国際学生証ISICカード
URL www.isicjapan.jp/
service/index.html

ユースホステル会員証

マンチェスターのユースホステル

　イギリスには合計200以上のユースホステルがある。設備も整っているところが多く、物価の高いイギリスで安く滞在できる。宿泊するのにユースホステル会員証は必須ではないが、会員料金が適応され、通常より安く宿泊可能だ。会員証はイギリスでも作れるが、ユースホステルでの宿泊をメインにする人は日本で作っていこう。地方都市には冬期休業するユースホステルもあるので要注意。夏期は混み合うので、早めの予約を心がけよう。

■日本ユースホステル協会
URL www.jyh.or.jp
全国都道府県のユースホステル協会、大学生協プレイガイドなどでも入会手続きができる。スマートフォン画面で表示するデジタルメンバーシップもあり、オンラインで即日発行が可能。

イギリスでの服装

ウオーキングをするのなら動きやすく、急な天候の変化にも対応できる服装を

　ロンドンの緯度は、樺太北部（サハリン）と同じくらい。東京と比べて平均気温が5度近く違うので、夏でも雨が降れば薄いセーターが欲しいくらいだ。また、湿気が少ないので、暑い日でも日本のように汗ばむことは少ない。年間をとおして降雨があるので、雨具の用意も忘れずに。

　イギリスは日本と同じように、南北に長い島国なので、行く場所によって大きく気候も異なる。スコットランドへと考えている人は、ロンドンよりもう1枚余分に着るものを用意していくといいだろう。また、国立公園などでウオーキングを考えている人は、急な天候の変化に耐えられる服装（日本での山登りと同じように考えればいいだろう）を用意していきたい。

📷 雨具は必須
イギリスは雨が多いので、折りたたみ傘、カッパ必要です。2週間のうち、10日ほど雨でした。　　　（三重県　AI　'19秋）

❼では折りたたみ式レインコートを販売していることも

荷物チェックリスト

◎=必需品　○=あると便利　△=特定の人に必要

	品名	必要度	持っていく予定	かばんに入れた	現地調達予定	備考
貴重品	パスポート	◎				滞在日数以上の残存有効期間があるか確認
	クレジットカード	◎				番号をしっかり控えておこう
	現金 (外貨)	○				到着時に両替やATMでのキャッシングもできる
	現金 (日本円)	◎				帰りの空港から家までの交通費も忘れずに
	航空券 (eチケット)	◎				出発日時、ルート等をよく確認しておくこと
	海外旅行保険証書	◎				旅行保険をかけた場合は忘れずに
	カメラ	△				小型で軽いものを
	携帯電話、スマートフォン	○				SIMフリー端末ならイギリスの通信会社のSIMカードが使える
衛生用品	石鹸、シャンプー&トリートメント	△				ホテルにある場合も多いがトリートメントはないことも
	ヒゲソリ	△				カミソリか電池式のものが便利
	ドライヤー	△				220～240Vに対応したものを。中高級ホテルには備えられている。
	歯ブラシ	◎				中級以下のホテルにはないことが多い
	タオル	○				外出時に使える薄手のものがあると便利
	常備薬	△				持病薬のほかは現地調達可能
	洗剤	△				小さなパックやボトルに小分けすると便利
	消臭、除菌スプレー	△				ちょっとした洗濯代わりや臭い対策に使える
	生理用品	△				現地調達もできる
衣類	下着、靴下	◎				なかなか乾かないので多めに
	室内着	○				パジャマ兼用になるTシャツやスウェット
	部屋履き	△				スリッパやビーチサンダルなど飛行機内でも使える
	セーター (トレーナー)	◎				重ね着できると便利
	ウインドブレーカー	◎				冬は重装備を。夏でも夜の観光用に1枚は必要
	雨具/レインコート	◎				雨が多いので折りたたみの傘や軽いレインコートがあると便利
	手袋、帽子	△				冬はあると助かる。薄手のストールなども重宝
雑貨	筆記用具	◎				筆談時や入国カード記入時に必要。黒のボールペンがよい
	カトラリーセット	○				ナイフやフォーク、箸など。テイクアウエイした食事を食べるため
	ツメ切り&耳かき	○				小型携帯用のもの。ツメ切りの機内持ち込みは不可
	ビニール袋	○				衣類の分類、ゴミ袋として。洗面台での洗濯にも使える
	折りたたみエコバッグ	○				おみやげやスーパーでの買い物袋として重宝する
	錠、ダイヤルロック	△				ユースホステルや列車内で荷物の管理に
	顔写真 (4.5×3.5cmぐらい)	○				パスポートを紛失したときなどのため。現地にスピード写真もある
	充電用ケーブル	○				現地調達もできる
	モバイルバッテリー	○				スマートフォンを持ち歩くなら用意しておくと安心
	変換アダプター	○				イギリスの電源プラグは3本足のBFタイプ
本	ガイドブック類	◎				『地球の歩き方』など

自転車用ワイヤーキー。
夜行列車やユースホステルで
荷物をくくりつけるとき
便利。

持ち手を引き出して
ゴロゴロ引くこともできる。

サブザックは取リ外して
機内では手荷物に。

すべてのファスナーには
鍵を付けよう。

取リ外し可能な
サブザック。

ペンとメモ

MEMO

背負う
ことができる。

地図や
地球の歩き方
などの
ガイドブック。

ペットボトル
500mL

MAP

カメラ

目覚し時計

ファスナーには
必ず鍵を
付けよう。

本体は
飛行機内は
預ける。

携帯電話

持っていて便利な計算機。

底板付きで
かたいもの。

キャスター付きが便利。
でも、石畳や駅の階段など
担ぐ場面も多い。

パッキングのポイント

※ 黒や寒色系の目立たない色が
おすすめ。

圧縮袋やメッシュポーチ、ビニール袋を
利用して小分けしよう。
中が見えると便利。

圧縮袋

メッシュポーチ

夏は帽子が必需品。

冬はニット帽が
Good。

台所用ファスナー付き
ビニール袋も
便利。

雨具の折りたたみ傘。
取り出しやすいよう
一番上に。

高価そうに見える
ネックレスなどは
しないこと。

首下げ
貴重品袋
には、
パスポート、
現金、
航空券、
保険証券、
鉄道パス
など。

防水で
通気性の高い
ジャケット。

見えるところの
ウエストポーチは
危険！

常備薬

背中側に
洋服など
やわらかいものを
入れると
背中がゴツゴツ
しない。

洗面道具
シャンプーなど。

衣類。
必ずビニール袋に
入れよう。

変換器、
アダプター
ドライヤーなど。

履きなれた靴で。

※ 行きの荷物は7割くらいで。
残りは、おみやげを入れよう。

底には、軽くて大きい物をつめる。
例えば、シュラフやホステルシーツなど。

■英国政府観光庁
URL www.visitbritain.com
■ブリティッシュ・カウンシル
住〒162-0825
東京都新宿区神楽坂1-2
URL www.britishcouncil.jp
■英国連合王国大使館
住〒102-8381
東京都千代田区一番町1
TEL (03)5211-1100
URL www.gov.uk/world/japan
■英国ビザ申請センター
●東京
住〒105-0021
東京都港区東新橋2-3-14
エディフィチオトーコー4F
●大阪
大阪市中央区南船場1-3-5
リプロ南船場ビル10F
URL visa.vfsglobal.com/gov/en/gbr
圏8:00～14:00（要予約）
休土・日・祝

旅の情報収集

日本での情報収集

英国政府観光庁（VisitBritain） 英国旅行に関する基本情報は、英国政府観光庁のウェブサイトで見ることができ、各地の見どころやホテルの紹介もしている。旅行者からの個人的な問い合わせは受け付けていない。

ブリティッシュ・カウンシル British Council 英国の公的な国際文化交流機関。ウェブサイトでは英国留学情報などを公開しており、東京センターでは英国に関するイベントも随時開催している。

英国大使館 6ヵ月以上の滞在や私費留学などのビザに関する問い合わせ・申請は英国ビザ申請センターが担当している。

イギリスの観光案内所

主要な観光地には観光案内所Tourist Information Centre（TIC）が設置されているが、全体的には減少傾向。❼では多くのパンフレットを手に入れられるほか、旅行の相談にも乗ってもらえる。ほとんどの都市ではたいていは中心に位置しているが、規模はさまざま。小さな町では、冬期は営業をしていないところも多い。

役立つ厳選リンク集

観光一般情報

英国政府観光庁（VisitBritain）
URL www.visitbritain.com

ビジット・スコットランド
URL www.visitscotland.com

ビジット・ウェールズ
URL www.visitwales.com

ディスカバー・ノーザン・アイルランド
URL www.discovernorthernireland.com

ロンドンのタウン情報

ビジット・ロンドン
URL www.visitlondon.com

ロンドンタウン・ドット・コム
URL www.londontown.com

タイム・アウト・ロンドン
URL www.timeout.com/london

交通関連

ナショナル・レイル（英国の鉄道総合情報）
URL www.nationalrail.co.uk

ナショナル・エクスプレス（長距離バス）
URL www.nationalexpress.com

メガバス（格安長距離バス）
URL uk.megabus.com

トラベライン（ローカルバスなどの情報）
URL www.traveline.info

ヒースロー空港
URL www.heathrow.com

王立自動車クラブ（ドライブルート検索など）
URL www.rac.co.uk

見どころ関連

イングリッシュ・ヘリテージ
URL www.english-heritage.org.uk

ナショナル・トラスト
URL www.nationaltrust.org.uk

スコットランド歴史環境協会
URL www.historicenvironment.scot

ナショナル・トラスト・スコットランド
URL www.nts.org.uk

カドゥ（ウェールズ史跡保存管理団体）
URL cadw.gov.wales

英国王立園芸協会
URL www.rhs.org.uk

エンターテインメント関連

スポーツ、劇場などのチケット予約
URL www.ticketmaster.co.uk

オフィシャル・ロンドン・シアター
URL www.officiallondontheatre.co.uk

旅の準備とテクニック

旅の予算とお金

　景気動向に関係なく、イギリスの物価は年々上昇している。£1は日本円で約182円（2023年8月現在）。現地の人は£1が100円ぐらいの感覚で使っているようだ。

ロンドンは物価が高い　ロンドンが一番高く、長く滞在すると出費が多くなる。地方に行けば、ホテル代や食事などは少し安くなる。

食事代　一流レストランでコースディナーが1万円前後。カジュアルなレストランなら5000円前後。ランチなら2000円ぐらいのお得なセットもある。ファストフードやテイクアウエイで済ませば1500円前後で収まる。B&Bやホテルに泊まるなら朝食付きのことが多い。

ホテル代　一般的なB&Bで、シングル8000～1万3000円ぐらい。ホテルになると1万5000円前後。ロンドンではホテル代が高く、そのほかの町に比べて4～5割ほど高くなる。

交通費　ロンドンからヨークまで鉄道を使って片道2万円ぐらい。同じ路線をバスで行けば6500円ぐらい。ロンドン市内のタクシーは初乗り£3.80で、1マイル（1.6km）で£7～12ぐらい。市内バスの運賃は都市によって異なるが、£1.75程度。

見どころなどの入場料　博物館は無料のところが多い。古城やアトラクションなどは1000～5000円ぐらいをみておこう。

通貨と両替

イギリスポンド　通貨単位は、英国全土共通のポンドPound（£）、補助単位はペンスPence(p)で、£1＝100p。価格は£のみで表記され、例えば1ポンド50ペンスは、「£1.50」となる。

地方の独自紙幣　スコットランド、北アイルランド、マン島ではそれぞれ独自デザインのポンド紙幣を発行している。それぞれの域内では問題なく使うことができるが、ほかの地域では使えないこともあるので注意。また、これらの地方独自紙幣は日本に持ち帰っても両替できない。

■海外旅行の最旬情報はここで！
「地球の歩き方」公式サイト。ガイドブックの更新情報や、海外在住特派員の現地最新ネタ、ホテル予約など旅の準備に役立つコンテンツ満載。
URL www.arukikata.co.jp

Information
イギリスの紙幣
日本での紙幣発行は、中央銀行である日本銀行が独占しているが、イギリスの場合少し事情が異なる。イングランドとウェールズでは中央銀行であるイングランド銀行が独占して発行しているが、スコットランドと北アイルランドでは、複数の民間銀行がそれぞれ独自の紙幣を発行しているのだ。
スコットランドでは、バンク・オブ・スコットランドBank of Scotland、クライズデール・バンクClydesdale Bank、ロイヤル・バンク・オブ・スコットランドRoyal Bank of Scotlandの3行が発行。紙幣のデザインはそれぞれ違うが、£5札は青、£10札は茶、£20は紫、£50は緑、£100は赤と金額ごとの紙幣の色は統一されている。北アイルランドの紙幣はバンク・オブ・アイルランドBank of Ireland、アルスター・バンクUlster Bank、ダンスケ・バンクDanske Bankの3行が発行。また、マン島でもマン島政府が独自の紙幣を発行している。

旅のタイプ別予算

徹底切り詰め型　1日7500円程度

宿泊	ユースやホステルなどのドミトリー（相部屋）に泊まって1泊**3500～5000円**。
食事	スーパーで総菜を買ったり、中華やファストフードのテイクアウエイで食事を済ませて1日**3000円**ぐらい。電子レンジや冷蔵庫が使えたら冷凍食品も便利。
移動	長距離移動はバスや格安航空会社のフライトを前もって予約。近距離の移動は鉄道のオフピークの時間帯に移動する。

節約&メリハリ型　1日1万5000円程度

宿泊	B&Bや大型のエコノミーホテルのインターネット割引を狙って予約。1泊**1万円**前後。大都市や観光地なら**1万3000円**。
食事	B&Bの朝食をしっかり食べて、昼ごはんは軽めにカフェで済ませる。夜はパブや各国料理のレストランのセットメニューを食べて1日**5000円**ぐらい
移動	長距離移動は鉄道をメインに利用。割引運賃が適用される往復や早期割引などをうまく利用する。ロンドン市内と近郊の移動はオイスター・カードを利用。

Information
海外専用プリペイドカード

海外専用プリペイドカードは、外貨両替の手間や不安を解消してくれる便利なカードのひとつだ。多くの通貨で日本国内での外貨両替よりもレートがよく、カード作成時に審査がない。出発前にコンビニATMなどで円をチャージ（入金）し、入金した残高の範囲内で渡航先のATMで現地通貨の引き出しやショッピングができる。各種手数料が別途かかるが、使い過ぎや多額の現金を持ち歩く不安もない。おもに下記のようなカードが発行されている。

アプラス発行「GAICA ガイカ」
URL www.gaica.jp

「MoneyT Global マネーティーグローバル」
URL www.aplus.co.jp/prepaidcard/moneytg

トラベレックスジャパン発行「Multi Currency Cash Passport マルチカレンシーキャッシュパスポート」
URL www.travelex.co.jp/product-services/multi-currency-cash-passport

---

■カード払いは通貨とレートに注意
海外でクレジットカードを使ったとき、現地通貨でなく日本円で決済されていることがある。これ自体は合法だが、ちゃっかり店側に有利な為替レートになっていたりするので注意したい。
「日本円払いにしますか？」と尋ねられたときは、サインする前に為替レートをきっちりチェック！ 納得のいかないレートなら現地通貨で決済してもらおう。
もし支払い時に説明もなく一方的に日本円で決済されてしまったら、サインしたあとでも、現地通貨に戻して再決済の手続きを依頼できる。帰国後に気づいた場合は、速やかにカード発行金融機関に問い合わせよう。

■クレジットカードをなくしたら
大至急カード発行金融機関に連絡し、無効化すること。万一の場合に備え、カード裏面の発行金融機関、緊急連絡先を控えておこう。現地警察に届け出て紛失・盗難届出証明書を発行してもらっておくと、帰国後の再発行の手続きがスムーズ。

クレジットカードと ATM

クレジットカード クレジットカードの通用度は、日本よりもイギリスのほうがずいぶん高い。近年は現金払いができない宿泊施設やショップなどがあったりと、ますます必要性が高まっている。イギリスではPIN（暗証番号）を入力するICチップ付きのカードがほとんど。PIN（暗証番号）を日本出発前にカード発行金融機関に確認し、忘れないようにしよう。

ATMの利用も便利 クレジットカードを利用したキャッシング（借り入れ）や、国際キャッシュカードを使った現地通貨の入手は、銀行のATMで24時間可能。日曜や夜間でも問題なく利用できる。

デビットカード 使用方法はクレジットカードと同じだが支払いは後払いではなく、発行金融機関の預金口座から即時引き落としが原則となる。口座残高以上に使えないので予算管理をしやすい。現地ATMから現地通貨を引き出すこともできる。

タッチ決済 イギリスではクレジットカード、デビットカードの読み取り機の多くが、カードをかざして支払うタッチ決済（イギリスではコンタクトレスContactlessという）に対応しており、サインどころか

タッチ決済だと、ぴったりの硬貨を準備していなくてもバスに乗れるので便利

PIN（暗証番号）も打ち込まずにスピーディーに決済することができる。タッチ決済は、VisaはVisa payWave、MasterCardはMasterCard Contactless、アメリカン・エキスプレスはAmerican Express Contactlessといい、対応しているカードの券面には))) マークが印刷されている。日本では地下鉄やバスなどの交通公共機関でSuicaやPASMOなどの交通系ICカードで乗ることが一般化しているが、イギリスでは専用の交通カードがなくても、タッチ決済式のクレジットカードやデビットカードで乗れるところが多く、各町ごとに交通カードを買う必要がない。日本でもタッチ決済に対応したクレジットカード、デビットカードが増えつつあるので、出発前に作っておくことをおすすめする。

スマホ、スマートウオッチによるタッチ決済 タッチ決済に対応していないクレジットカードでも、カード情報をスマホやスマートウオッチのWalletアプリに入れて紐付けすることで、タッチ決済ができるものがある。iPhoneやア

スマホ、スマートウオッチでもタッチ決済ができる

ップルウオッチでの決済をアップルペイApplePay、アンドロイド系スマホ、スマートウオッチによる決済をグーグルペイGoogle Payという。カードによってはスマホ、スマートウオッチに紐付けできないものもある。

カードと現金、両替レートの違い

クレジットカードのレートと手数料　レートはカード会社が定めており、公示仲値にほぼ等しい。カード払いではそのレートに1.3〜2%の手数料が、ATMでキャッシングをした場合は年利18%の利息と引き出し手数料がかかる（一部のカードでは手数料無料のものも）が、現金両替よりレートは有利。

現金両替のレート　銀行や町中の両替所など、現金両替は公示仲値に数円〜10数円が上乗せされ、手数料を課しているところもあるので、一般的にはカード払いや、ATMからのキャッシングよりもレートが悪い。

両替ができる場所　両替は、銀行や"Bureau de Change"の看板のある両替所で行える。両替所は、空港や大きな駅構内、駅周辺などにあり、朝早くから22:00頃まで営業している。

ウェブサイトでのチケット購入

　イギリスの観光地は、入場チケットをウェブサイトで事前に購入できるところが増えており、なかには現地に発券窓口がなく、ウェブサイトでしか買えないところもある。こうしたウェブサイトで購入するチケットのほとんどは日時指定制になっており、あらかじめ入場する日時を選んだ上で購入しなくてはならない。人気の観光地では人数規制があり、予約でチケットが売り切れてしまい、当日直接行っても入れないということがあり得るので、できるだけ早い段階での予約を心がけたい。ウェブサイトでの支払いは、クレジットカードかデビットカードのみの場合が多い。

現金を使わず旅する

3週間かけてイギリス各地を回りましたが、タッチ決済式のクレジットカードが、ほとんどすべての場所で使うことができました。現金払いしたのは、レストランのチップをカードで払えなかったときと、コイン式だった駅のトイレの2ヵ所だけでした。

（愛知県　丸消す　'22秋）

Information

eチケット

ウェブで事前購入したチケットは、購入時に入力するメールアドレスにPDFファイルとして送られてくるのが一般的。チケットを提示するときは、プリントアウトしたものを出してもよいが、旅先ではプリンターを探すのもひと苦労。スマホなら、eチケットを画面に表示させるだけで済むので、お手軽だ。

紙の紙幣は利用不可

イングランド銀行の紙幣について

　イングランド銀行の紙幣は、紙からポリマー紙幣に変更され、さらにチャールズ3世が即位したことで肖像も替わる予定など少々混乱気味。現状を少し整理してみよう。

　2016年からイングランド銀行の紙幣は紙からプラスチックでできたポリマー紙幣に順次変更されており、2021年6月に£50のポリマー紙幣の流通が開始されたことで、すべての紙幣がポリマー紙幣に置き換わった。日本の法律では、板垣退助の百円札や夏目漱石の千円札など、流通の終わった旧紙幣も基本的に使うことができるが、イギリスでは旧紙幣の使用は移行期間を過ぎたらできないことになっている。イングランド銀行発行の紙の紙幣はすべて移行期間が過ぎているので、使用できないばかりか、普通の銀行で新紙幣に交換する期間すらすでに過ぎている状態だ。

　紙の紙幣をポリマー紙幣に交換するには、ロンドンのシティにあるイングランド銀行（MAP P.73-C2）のカウンターに行くこと。カウンターは月〜金の9:30〜15:00にオープンしている。£300以下なら、一部の郵便局でも交換してもらえる。交換できる郵便局は **URL** www.postoffice.co.uk/banknote-exchangeで検索することができる。

　また、2024年の中頃にはチャールズ3世の肖像画が描かれたポリマー紙幣の流通が開始予定。この紙幣は、肖像がエリザベス2世からチャールズ3世に替わる以外は、デザイン上の変更はなく、同じ紙幣と見なされる。つまり、チャールズ3世の紙幣の流通が始まってからも、エリザベス2世のポリマー紙幣は問題なく使用でき、2種類の肖像の紙幣が併存する状態がしばらく続くことになる。

イギリスへの航空便

数多くある便を大きく分けると、ノンストップ直行便と乗継便、さらに乗継便が航空会社によって、ヨーロッパ系、アジア系、中東系の3つに分けられる。ノンストップ便、乗継便、航空会社それぞれに、値段の差、メリットとデメリットがあるので、どこを重要視するのか、よく考えてみよう。

ノンストップ直行便（日本→ロンドン）

スピーディで確実 日本を発ってからどこにも寄らないルートで、所要約12時間30分（2023年6月現在はロシア上空回避のため約14時間30分）。帰りは気流の関係で11時間ぐらいで着いてしまう（2023年6月現在はロシア上空回避のため約14時間）。ノンストップ便は、日本を午前中に出発し、同日夕方頃ロンドンに着くものと、日本を深夜出発し、ロンドンに翌朝の早朝に到着するものがある。アジア乗継便などに比べれば、料金が多少割高になるのは仕方がないが、旅行日数が少ない人や、確実なスケジュールを立てたい人にとっては最適。

イギリス国内の都市へ 「ロンドンだけが目的ではない」という人はこのノンストップ便を使ってヒースロー空港まで行き、そこからイギリス国内へ、例えば湖水地方ならマンチェスター国際空港、スコットランドならエディンバラ空港というように、もうひとっ飛びしてしまうという手もある。時間も経費も節約できてオトク。ただし、ヒースローの別のターミナルや、ガトウィックやスタンステッドなど、ロンドンの別の空港へ移動しなくてはならないこともあるので、乗り継ぎ時間に気をつけよう。

ブリティッシュ・エアウェイズ	日本航空	全日空
☎(03)3298-5238	☎0570-025-031	☎0570-029-333
URL www.britishairways.com	URL www.jal.co.jp	URL www.ana.co.jp
羽田から直行便が毎日1～2便運行	羽田から毎日直行便が2便運行	羽田から毎日直行便が1便運行

ヨーロッパ経由便

経由地と時間を選べば便利 日本の空港を出発し、パリやフランクフルトなど、まずその航空会社の拠点となる空港に行き、そこでイギリス行きの便に乗り換える。最初にロンドンに行く必要はないので、経由便を利用して直接マンチェスターやリヴァプール、エディンバラなどに行く方法もある。入国手続きも到着空港で行うので、ロンドンでの乗り継ぎ時間も気にしなくてもよい。

エールフランス	ルフトハンザ	KLMオランダ航空
URL www.airfrance.co.jp	URL www.lufthansa.com/jp	URL www.klm.com
経由する空港	経由する空港	経由する空港
パリ・シャルル・ド・ゴール空港	フランクフルト空港、ミュンヘン空港	アムステルダム・スキポール空港
おもなイギリス就航都市	おもなイギリス就航都市	おもなイギリス就航都市
ロンドン、バーミンガム、マンチェスター、エディンバラなど	ロンドン、バーミンガム、マンチェスター、エディンバラ、グラスゴーなど	ロンドン、バーミンガム、ブリストル、マンチェスター、リーズ、ニューキャッスル、グラスゴー、エディンバラなど
スイス インターナショナル エアラインズ	スカンジナビア航空	ターキッシュ エアラインズ
URL www.swiss.com/jp/ja	URL www.flysas.com	URL www.turkishairlines.com
経由する空港	経由する空港	経由する空港
チューリヒ空港	コペンハーゲン国際空港	イスタンブール・アタテュルク空港
おもなイギリス就航都市	おもなイギリス就航都市	おもなイギリス就航都市
ロンドン、マンチェスター	ロンドン、マンチェスター	ロンドン、バーミンガム、マンチェスター、エディンバラ

アジア・中東経由便

時間はかかるが安い ヨーロッパ経由と同じく航空会社の拠点となる空港に行き、そこでイギリス行きの便に乗り換える。同日乗り継ぎできない場合もある。中東経由の場合は深夜に乗り継ぎの空港に到着し、早朝か午前中の便でロンドンなどへ向かう場合が多い。

キャセイパシフィック航空	大韓航空	シンガポール航空
URL www.cathaypacific.com/jp	URL www.koreanair.com	URL www.singaporeair.com
経由する空港	経由する空港	経由する空港
香港国際空港	仁川国際空港	シンガポール・チャンギ国際空港
イギリス就航都市	イギリス就航都市	イギリス就航都市
ロンドン	ロンドン	ロンドン、マンチェスター
エア・インディア	エミレーツ航空	カタール航空
URL www.airindia.in	URL www.emirates.com/jp	URL www.qatarairways.com/jp
経由する空港	経由する空港　ドバイ国際空港	経由する空港
デリー・インディラ・ガンディー空港	イギリス就航都市	ドーハ・ハマド国際空港
イギリス就航都市	ロンドン、バーミンガム、マンチェスター、ニューキャッスル、グラスゴーなど	イギリス就航都市 ロンドン、バーミンガム、マンチェスター、エディンバラなど
ロンドン、バーミンガム		

旅の準備とテクニック
出国と入国

日本からの直行、経由便はロンドンのヒースロー空港に到着することが多い。P.94〜97のロンドンの空港も参照。

出入国の流れ

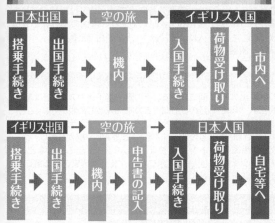

■国際観光旅客税
日本からの出国には、1回につき1000円の国際観光旅客税がかかる。原則として支払いは航空券代に上乗せされる。

■欧州旅行にも電子渡航認証が必要に！
日本国民がビザなしでシェンゲン協定加盟国に入国する際、ETIAS電子認証システムへの申請が必須となる予定。イギリスとアイルランドはシェンゲン協定には加盟していないので、この2国だけを日本からの直航便で訪れる場合は必要ないが、その他のヨーロッパの国の空港で乗り継ぎしたり、周辺の国々を一緒に回る場合には申請が必要になる。

搭乗手続き

チェックイン 航空券は予約時にeチケットとして、メールなどで送られてくる。搭乗手続きは、出発当日にチェックインカウンターで行うが、近年はチェックインカウンターがなく、代わりに自動チェックイン機が設置されている空港が多い。空港到着前にオンラインでもチェックインできる。

●**カウンターでのチェックイン** 出発2時間前までに空港に行き、搭乗する航空会社、またはツアー指定のチェックインカウンターでeチケットとパスポートを出し、搭乗券（ボーディングパスBoarding Pass）を受け取る。窓側や通路側など、希望の座席があれば、このときに申告する。マイレージの申告もこのタイミングだ。次いでスーツケースなどの大きな荷物を預ける。これを託送荷物（チェックド・バゲージChecked Baggage）という。重量や個数制限は航空会社や搭乗クラスによって違うので、事前に確認しておこう。荷物を預けるとバーコードの入ったシール、クレーム・タグをパスポートか搭乗券に貼ってくれる。荷物が出てこないときに必要なのでなくさないこと。

●**自動チェックイン機** チェックインカウンターがない空港は、自動チェックイン機を操作して自分で搭乗券を発行する。利用法は機器によって異なるが、おおむねパスポートをスキャンするか、予約番号や名前を入力し旅程を確認。次いで座席の指定やマイルの登録を行う。すべての作業が終わると、搭乗券が出てくる。搭乗券を入手したら、手荷物カウンターに並び荷物を預ける。自動チェックイン機によっては託送荷物の個数を入力し、機械から出てきた手荷物タグを自分の荷物に貼り付けた上で手荷物カウンターに預ける。

●**オンライン・チェックイン** 多くの航空会社では出発の24時間前、一部の会社は48時間前から、自社の公式サイトやスマホアプリでオンラインによるチェックインができる。搭乗券は、メールなどで送られてきたものをプリントアウトしてもよいが、QRコードのモバイル搭乗券をスマホやスマートウォッチに入れてそのまま使うこともできる。出発当日は空港の手荷物カウンターに行き、託送荷物を預ける。

Check Point ①
貴重品は入れないで
パスポートやお金などの貴重品やカメラなどの壊れ物は託送荷物から除いておく。出国時に税関申告が必要なら、対象物も託送荷物にしないこと。航空機の遅延などのトラブル対策として1泊ぶん程度の身の回り品も手荷物にしておいたほうがいい。

Check Point ②
現金の持ち出し限度額
持ち出す現金が日本円、外貨を含めて100万円相当を超える場合は「支払手段の携帯輸出・輸入届出書」を提出しなければならない。詳しくは空港の税関で相談しよう。
URL www.customs.go.jp

Check Point ③
機内持ち込みの荷物
国際線の機内持ち込みの手荷物は、3辺の長さが55×40×25cm以内の会社が多い。航空会社によってはサイズ規定が異なる。ナイフ、はさみなどの刃物や危険物は持ち込めないので、万能ナイフなどは託送荷物のほうへ入れておくこと。

日本からの出国手続き

チェックインが終わったら出国手続きをする。この順序は日本をはじめどこの国でもだいたい同じだ。なお、要所要所でX線の検査がある。

税関（カスタムCustoms）　外国製の高価な貴金属や時計、ブランド品などを持っている場合、出国時に「外国製品の持ち出し書」に記入し申告をしておかなければならない。これを怠ると、帰国時の税関検査のときに、外国からのおみやげ品とみなされて課税されることがある。もちろん該当品をまったく持っていない人は、素通りしていい。

出国審査（イミグレーションImmigration）　税関のあとは、出国審査だ。出国審査台では、パスポートと搭乗券を提示する。通常はパスポートを確認するだけなので、スムーズにいくはずだ。成田、羽田、中部、関西、福岡、新千歳、那覇の各空港では、IC旅券所持者で、身長135cm以上、ひとりで機械の操作ができる人は、顔認証ゲートが利用できる。

イギリスへの入国手続き

イギリスでは日本のIC旅券保持者の自動化ゲート利用が可能。自動化ゲートの利用は、18歳以上および成人に同伴する12～17歳が対象。

自動化ゲート E-Passport Gates　自動化ゲートの列に並び、自分の番が来たら、機械の読み取り機にパスポートの顔写真のページを押し当て、備え付けのカメラに対し自分の顔を正面に向ける。その際、帽子やマスクなどは顔認証の妨げになるので、あらかじめ脱いでおくこと。認証が完了したら、グリーンのランプが点灯するので、パスポートを読み取り機から離し、ゲートを通過する。もしエラーが起こった場合は、機械の指示に従い、有人管理官のいる窓口に並ぶ。

Check Point

自動化ゲートでなく、有人ゲートを利用しなければならない場合

自動化ゲートの利用では、パスポートに入国スタンプは押されない。滞在予定が6ヵ月未満の短期留学生、滞在予定が3ヵ月未満のTier 5（Creative and Sporting）の滞在資格の人、滞在予定が1ヵ月未満の専門的職業（Permitted Paid Engagement）での滞在資格の人など、入国スタンプの押印を受ける必要がある人は、自動化ゲートは利用せず、有人の入国審査カウンターに並び、入国スタンプを押してもらうこと。また、自動化ゲートは11歳以下には対応していないので、11歳以下のこどもを同伴している人も、有人ゲートの列に並ばなくてはならない。

荷物受け取り

荷物の受け取り Buggage Claim　機内に預けた荷物は、バゲージ・クレームBaggage Claimという表示がある荷物引き渡し所で受け取ることになる。自分の乗ってきた航空会社の便名が出ているターンテーブルの前で待とう。

税関 Customs　自分の荷物を受け取ったら、次は税関へと進む。課税対象になるものを持っている人は赤ゲート、そうでない人は緑ゲートの検査カウンター（Nothing to Declare）を通過する。これで入国手続きは終了。

国内線への乗り継ぎ

乗り継ぎの便は空港内のモニターで確認できる

ヒースロー空港での乗り継ぎ　ロンドン市内に出ずに、国内便で他都市へ移動する場合は、入国審査のあと、該当のターミナル（ブリティッシュエアウェイズの場合Terminal3または5）へ移動して、チェックインカウンターへ向かう。

ロンドンのほかの空港での乗り継ぎ　搭乗する便がヒースロー以外の空港から出る場合は、荷物を受け取ってから該当の空港までシャトルバス（→P.96-97）などで移動しチェックインする。いずれの場合も国内線となるので、あらためて出国＆入国の審査を受ける必要はない。

Information

コピー商品の購入は厳禁！

旅行先では、有名ブランドのロゴやデザイン、キャラクターなどを模倣した偽ブランド品や、ゲーム、音楽ソフトを違法に複製した「コピー商品」を、絶対に購入しないように。これらの品物を持って帰国すると、空港の税関で没収されるだけでなく、場合によっては損害賠償請求を受けることも。『知らなかった』では済まされないのだ。

イギリスからの出国手続き

出発2時間前までに、自分の乗る便が出る空港の出発ターミナルへ行く。チェックインカウンターでパスポートと航空券を提示して搭乗券を受け取り、荷物を預ける。その後セキュリティーチェックでボディーチェックと手荷物検査を行い、搭乗ゲートに向かう。イギリスの空港には出国審査のカウンターはない。

日本入国（帰国）

帰国便の飛行機から空港のターミナルビルに入ったらまず、検疫カウンターをとおる。健康に問題がある人は質問票に必要事項を記入して提出する。次いでパスポートを準備し、入国審査を受ける。入国審査を過ぎると手荷物引き渡し場にて機内預けの荷物を受け取る。荷物と一緒に税関検査へ進み、記入された「携帯品・別送品申告書」を提出する。その際荷物を開けることを要求されることもある。関税等の納付は現金のほか、全国27の空港でクレジットカードやスマホの決済アプリが利用可能。

入国手続オンラインサービス
Visit Japan Web
日本入国時の「税関申告」をウェブで行うことができるサービス
URL vjw-lp.digital.go.jp

携帯品・別送品申告書の記入

免税範囲を超えていなくても機内で配られる「携帯品・別送品申告書」に記入して、空港の税関に提出しなければいけない。

携帯品・別送品申告書の記入例

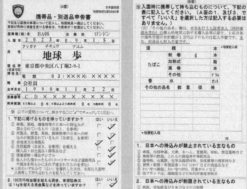

Check Point ①

日本帰国時の免税範囲
●酒類
3本（1本760mℓのもの）
●たばこ
紙巻たばこ200本、葉巻50本、加熱式たばこ個装等10個
その他の種類250g
（注1）免税数量は、それぞれの種類のたばこのみを購入した場合の数量であり、複数の種類のたばこを購入した場合の免税数量ではありません。
（注2）「加熱式たばこ」の免税数量は、紙巻たばこ200本に相当する数量となります。
●香水
2オンス（1オンスは約28mℓ。オーデコロン、オードトワレは除く）
●そのほかのもの　20万円以下
詳しくは、東京税関や成田税関ウェブサイトなどで確認できる。
URL www.customs.go.jp

Check Point ②

肉類の加工品は持ち込み不可
英国から日本へは、ソーセージ、ハム類の肉加工品は持ち込めない。ただし、缶詰やレトルトパックで長期保存が可能な状態のものなら持ち込める可能性があるが、事前に動物検疫所で確認しよう。ちなみにスモークサーモンはOK。
●動物検疫所
URL www.maff.go.jp/aqs

Information
ロストバゲージ

もしターンテーブルでいくら待っても荷物が出てこない場合は、近くにある利用航空会社のオフィスに行き、荷物を預けるときにもらったクレーム・タグClaim Tagを見せた上、必要書類を記入しよう。荷物が出てこないときの原因で最も多いのが、乗り継ぎの際に荷物の積み替えが間に合わなかったディレイドバゲージ（手荷物遅延）。たいていすぐに見つかり、空港に荷物が届き次第、書類に記入した宿泊先に郵送してもらえる。

航空会社によっては、歯磨きや寝間着、スリッパなどが入ったキットをくれるところもあるが、基本的には航空会社が荷物遅延の補償をしてくれることはない。海外旅行保険で航空機寄託手荷物遅延特約に入っておくと、多くの場合6時間以内に荷物が届かない場合には、やむを得ず購入した衣類や生活必需品などの費用を最大10万円補償してくれる。

近隣諸国からのアクセス

イギリスから海峡を越える交通手段は飛行機、鉄道、バス、フェリーの4種類。目的地や旅行期間、旅のスタイルに合わせて交通手段を考えてみよう。

飛行機

■イージージェット easyJet
URL www.easyjet.com
発着主要空港 ロンドンのガトウィックやルトン、スタンステッド、サウスエンド空港。
おもな国内路線 格安航空会社のなかでも豊富な路線を誇り、ロンドンからはエディンバラやグラスゴー、ベルファストへの便が多い。南欧のリゾート地にも強い。

■ライアンエア Ryanair
URL www.ryanair.com
発着主要空港 ロンドンのスタンステッド空港とダブリン空港がメインターミナル。ルトン空港、グラスゴーのプレストウィック空港を利用する路線もある。
おもな国内路線 イギリスの国内便は少なく、スタンステッドとエディンバラを結ぶ路線など。

ヨーロッパ諸都市からイギリスへは、ロンドンだけでなく、バーミンガムやマンチェスター、リヴァプール、サウサンプトン、ブリストル、エディンバラ、グラスゴーといった町へも航空便がある。また、ロンドンもヒースロー空港行きだけでなく、ガトウィック空港やスタンステッド空港行きの便も多い。ヒースロー空港はイギリスで最も利用者が多い空港のため、入国審査が長い行列になることもしばしば。旅程によっては敢えてヒースロー空港以外の空港から入国することを考えてもよい。

格安航空会社 (LCC) ヨーロッパの都市を結ぶ便は、大手の航空会社よりも、イージージェットやライアンエアなどのLCCのほうが路線の種類、便数ともに多い。インターネットで予約でき、便によっては数千円で移動できることも多いが、通常手荷物ひとつのみ無料で、預け入れ荷物には別料金がかかり、機内食や飲み物は有料、座席指定も別料金など、基本料金は安いが、色々足していくと、意外と料金がかさむことも。

ユーロスター

鉄道でイギリスとヨーロッパ大陸を移動する場合、国際高速列車の「ユーロスター Eurostar」がある。ユーロスターはロンドン〜パリ間、ロンドン〜ブリュッセル間、ロンドン〜アムステルダム間を結んでいる。

最高時速320kmを誇るユーロスター

ユーロスターが発着するセント・パンクラス・インターナショナル駅

座席の等級 特等にあたるビジネスプレミア、1等にあたるスタンダードプレミア、2等にあたるスタンダードの3クラス制。ビジネスプレミアクラス利用者には、時間帯に応じた食事とドリンクが提供され、ロンドン・セント・パンクラス・インターナショナル駅などにあるラウンジが利用できる。スタンダードプレ

Information
ユーレイルグローバルパスはイギリス鉄道にも対応

イギリスだけを回るなら、ブリットレイルパス（→P.579）の利用が便利だが、他のヨーロッパの国々も一緒に回る場合、33ヵ国の鉄道を利用できるユーレイルグローバルパスの利用を考えてもよい。イギリスでのユーレイルパスの利用は、基本的にはブリットレイルパスとほとんど変わらない。**ユーロスターにも対応している。**パスの種類は、4、5、7、10日分の利用日が選べるタイプと、15日、22日、1ヵ月、2ヵ月、3ヵ月の連続利用タ

イプがある。ブリットパス同様に、ワールドコンパス（→P.579）などで購入できる。
※ユーレイルグローバルパス対応33ヵ国：オーストリア、ベルギー、ブルガリア、ボスニア＆ヘルツェゴビナ、チェコ、クロアチア、デンマーク、エストニア、イギリス、フランス、フィンランド、ハンガリー、ドイツ、ギリシア、アイルランド、イタリア、ラトヴィア、リトアニア、ルクセンブルク、北マケドニア、モンテネグロ、オランダ、ノルウェー、ポーランド、ポルトガル、ルーマニア、セルビア、スロヴァキア、スロヴェニア、スペイン、スウェーデン、スイス、トルコ

ミアは時間帯に応じた軽食とドリンクが提供される。

チケットの買い方　チケットはユーロスターのウェブサイトやユーロスター発着駅の専用チケットカウンター、日本の旅行代理店等で購入可能。運賃は日時や購入する時期によって異なる。

チケットの日時の変更　チケットの日時の変更は、スタンダードとスタンダードプレミアムクラスの場合は、出発日の7日前までなら無料でできるが、もし変更後のチケットの料金が購入していた日時のチケットよりも高い場合は、チケット料金の差額を支払わなくてはならない。変更後のチケットが変更前のチケットよりも安い場合は差額は払い戻されない。7日以内でのチケットの日時の変更はチケット料金の差額に加えて、手数料がスタンダードクラスは£30、スタンダードプレミアムは£40かかる。ビジネスプレミアクラスの場合はいつでも無料で日時の変更が可能。

荷物　スタンダードとスタンダードプレミアクラスは大きなバッグふたつと手荷物ひとつを持ち込むことができる。ビジネスプレミアクラスは大きなバッグ3つと手荷物ひとつを持ち込むことができる。

チェックインに注意　ユーロスターは他の列車とは違い、飛行機と同じくチェックインタイムが設定されている。ビジネスプレミアクラスは発車時刻の10分前、その他のクラスは発車時刻の30分前までに改札を済ませないと利用できない。これは手荷物のX線検査や出入国審査（イギリスの入国審査も出発駅で行う）があるためだ。スタンダートとスタンダードプレミアクラスは発車時刻の1時間30分〜2時間前、ビジネスプレミアクラスは45分〜1時間前までには出発する駅に到着することが推奨されている。

国際バス

　ドーヴァー海峡トンネルを渡る国際長距離バス（コーチ）はパリまで£30〜と料金が安いのが魅力。また、ロンドンのヴィクトリア・コーチステーションからはヨーロッパ主要都市へフリックスバスFlixBus、ブラブラカー BlaBlaCarなどの便が出ている。

チケットの購入　ヴィクトリア・コーチステーションのチケット売り場はいつも混んでおり、出国手続きもしなければいけないので、最低でも出発の1時間前には到着するようにしよう。夜行バスは特に人気なので、早めに予約したい。

■**ユーロスター公式ウェブサイト**
URL www.eurostar.com
■**ユーロスターの料金**
ロンドン〜パリ
ビジネスプレミア　£325
スタンダードプレミア　£97〜270
スタンダード　£51〜235
ロンドン〜ブリュッセル
ビジネスプレミア　£325
スタンダードプレミア　£97〜235
スタンダード　£51〜206

3列シートのスタンダードプレミア

■**フリックスバス**
URL www.flixbus.co.uk
■**ブラブラカー**
URL www.blablacar.co.uk

国内外の長距離バスが発着するヴィクトリア・コーチステーション

ヴィクトリア・コーチステーション発着の国際バス

ロンドン→パリ（フランス）
所要:8時間20分〜11時間

ロンドン発7:30　11:30　8:30　20:00　21:30　22:30　23:00など
パリ発:8:15　9:00　11:40　11:00　13:25　13:45　21:30　22:30　23:20など

ロンドン→アムステルダム（オランダ）
所要:9時間30分〜13時間
ロンドン発8:00　10:30　18:30　19:00など
アムステルダム発6:50　9:30　10:35　18:45など

ロンドン→ブリュッセル（ベルギー）
所要:8〜11時間

ロンドン発7:00　9:00　11:00　18:00　18:30　22:00など
ブリュッセル発7:30　9:55　12:00　13:40　22:25　23:00　23:10など

※ブラブラカー、フリックスバスの2023年6月の平日の運行例

P&Oフェリーズの船

国際フェリー

　島国イギリスには英仏を隔てるドーヴァー海峡をはじめ、北海などを越えてヨーロッパの多くの国との間に航路がある。

船の種類　車を載せることができるフェリーのほかに、路線によっては高速船などもある。長距離を行くフェリーにはキャビン（個室）もあり、レストランやみやげ物店も入っている。

チケットの購入　港に着いてからでも買えるが、ほとんどのフェリー会社ではウェブサイトでオンライン予約も行っている。

■おもなフェリー航路
検索＆予約サイト
URL www.aferry.co.uk
URL www.directferries.co.uk

アイルランド方面航路

❶ リヴァプール Liverpool **〜ダブリン** Dublin
1日1〜2便　所要：8〜9時間
P&Oフェリーズ P&O Ferries URL www.poferries.com

❷ ホーリーヘッド Holyhead **〜ダブリン** Dublin
1日4便　所要：3時間15分〜3時間40分

❸ フィッシュガード Fishguard **〜ロスレア** Rosslare
1日2便　所要：3時間15分〜4時間15分
ステナ・ライン Stena Line URL www.stenaline.co.uk

❷ ホーリーヘッド Holyhead **〜ダブリン** Dublin
1日4〜6便　所要：3時間15分（フェリー）　2時間（高速船）

❹ ペンブローク Pembroke **〜ロスレア** Rosslare
毎日2:45 14:45　所要：4時間
アイリッシュ・フェリーズ Irish Ferries
URL www.irishferries.com

オランダ方面航路

❺ ハーリッジ Harwich **〜**
フーク・ファン・ホランド Hook van Holland
1日2便　所要：7時間15分〜8時間
ステナ・ライン Stena Line URL www.stenaline.co.uk

❻ キングストン・アポン・ハル Kingston-upon-Hull
〜ロッテルダム Rotterdam
毎日20:30　所要：12時間
P&Oフェリーズ P&O Ferries URL www.poferries.com

❼ ニューキャッスル・アポン・タイン Newcastle-upon-Tyne
〜アムステルダム Amsterdam
毎日17:30　所要：15時間30分
DFDSシーウェイズ DFDS Seaways URL www.dfdsseaways.co.uk

フランス方面航路

❽ ドーヴァー Dover **〜カレー** Calais
1日11〜15便　所要1時間30分
P&Oフェリーズ P&O Ferries
URL www.poferries.com

❽ ドーヴァー Dover **〜カレー** Calais
1日10〜12便　所要1時間30分

❾ ドーヴァー Dover **〜ダンケルク** Dunkerque
1日8〜12便　所要2時間

❿ ニューヘイヴン Newehaven **〜ディエップ** Dieppe
1日2〜3便　所要4時間

DFDSシーウェイズ DFDS Seaways
URL www.dfdsseaways.co.uk
原則として、自転車を含む車両利用者のみ利用可能

⓫ ポーツマス Portsmouth **〜ル・アーヴル** Le Havre
4月中旬〜11月上旬の週5便　所要8時間

⓬ ポーツマス Portsmouth **〜カン** Caen
3月中旬〜11月上旬の1日2〜3便　所要6〜7時間

⓭ ポーツマス Portsmouth **〜シェルブール** Cherbourg
3月中旬〜11月上旬の週2〜5便　所要3時間

⓮ ポーツマス Portsmouth **〜サン・マロ** St. Malo
3月中旬〜10月下旬の週6便〜1日1便　所要11時間

⓯ プリマス Plymouth **〜ロスコフ** Roscoff
3月中旬〜11月上旬の週5〜7便　所要7〜14時間

ブリタニー・フェリーズ Brittany Ferries
URL www.brittanyferries.com

旅の準備とテクニック
現地での国内移動

　鉄道発祥の国だけあって、南北に長いブリテン島には鉄道網が張り巡らされている。また、高速道路もよく整備されているのでレンタカーの利用も便利だ。

英国鉄道利用術　　鉄道会社がたくさん！

　"鉄道王国"の異名は、ダテについているわけではない。列車の遅れや運休などで、大きく評判を落としてはいるが、イギリスを旅するのに、速くて便利なのはやはり鉄道。

　以前は国鉄が一手に引き受けていた鉄道の運行だが、現在は分割民営化され、イギリス国内で25社ほどの鉄道会社（オペレーター Operatorと呼ばれる）が担当している。これらはナショナル・レイルNational Railというブランドで総称されている。

地域に分かれるオペレーター　　オペレーターは、ロンドン近郊、イングランド南東部、中部、北部、スコットランド、ウェールズなどといったように、地域的に運営していることが多い。しかも、同じ路線に2社以上の列車が走っていることもあり、運営体系は非常に複雑といえる。クロスカントリー・トレインズ CrossCountry Trainsは南はペンザンスから北はアバディーンまでイギリス主要路線に展開している。

ヒースロー・エクスプレスはロンドン・パディントン駅に発着する

Information
振替輸送や発車時刻の変更
ロンドンとその近郊、マンチェスター、バーミンガムなど、たくさんの路線が集まる大都市のターミナル駅では、代替輸送や発車時刻の変更がよくあるので、アナウンスや張り紙に注意したい。

イギリスの鉄道会社（オペレーター）

イギリス鉄道路線図（→巻頭折り込み地図裏）を参考にすれば、どの会社がどの路線を結んでいるのかが分かる。また、オフ・ピークやアドバンスなどの割引切符は、異なる鉄道会社間では利用できないので要注意。

イギリス鉄道の総合情報
ナショナル・レイル
URL www.nationalrail.co.uk
時刻表検索だけでなく、オフ・ピークやアドバンスなどの割引券も予約することができる。

全国規模の鉄道会社
アヴァンティ・ウエスト・コースト Avanti West Coast
URL www.avantiwestcoast.co.uk
クロスカントリー・トレインズ CrossCountry Train
URL www.crosscountrytrains.co.uk

イングランド東部の鉄道会社
グレーター・アングリア Greater Anglia
URL www.greateranglia.co.uk
ハル・トレインズ Hull Trains
URL www.hulltrains.co.uk
ゴヴィア・テムズリンク・レイルウェイ（グレート・ノーザン線）Govia Thameslink Railway
URL www.greatnorthernrail.com
シー・トゥ・シー c2c
URL www.c2c-online.co.uk

イングランド南部の鉄道会社
ゴヴァイア・テムズリンク・レイルウェイ（テムズリンク線）Govia Thameslink Railway
URL www.thameslinkrailway.com
サウス・イースタン・レイルウェイ South Eastern Railway
URL www.southeasternrailway.co.uk
サザン・レイルウェイ Southern Railway
URL www.southernrailway.com

サウス・ウエスタン・レイルウェイ South Western Railway
URL www.southwesternrailway.com

イングランド中西部・ウェールズの鉄道会社
グレート・ウエスタン・レイルウェイ Great Western Railway
URL www.gwr.com
トランスポート・フォー・ウェールズ Transport for Wales
URL tfwrail.wales

イングランド中部の鉄道会社
イースト・ミッドランズ・トレインズ East Midlands Trains
URL www.eastmidlandstrains.co.uk
ウエスト・ミッドランド・トレインズ West Midlands Trains
URL www.westmidlandsrailway.co.uk
チルターン・レイルウェイズ Chiltern Railways
URL www.chilternrailways.co.uk

イングランド北部・湖水地方、スコットランドの鉄道会社
ノーザン（アリーヴァ・レイル・ノース）Northern
URL www.northernrailway.com
トランスペナイン・エクスプレス TransPennine Express
URL www.tpexpress.co.uk
ロンドン・ノース・イースタン・レイルウェイ London North Eastern Railways
URL www.lner.co.uk
ルモ lumo
URL www.lumo.co.uk
スコットレイル ScotRail
URL www.scotrail.co.uk

■**カレドニアン・スリーパー**
🔗www.sleeper.scot
■**ナイト・リビエラ・スリーパー**
🔗www.gwr.com
人気路線なので、利用したい人は早めに予約しておくこと。
どちらもブリットレイル・パス、ユーレイルグローバルパスの利用はできるが、寝台料金は別。

列車に区別なし、特急料金もなし　ほかのヨーロッパ諸国と同じように、英国にも高速列車がある。だが、多くの列車には名前がついてはいない。もちろん、全部が普通列車というわけではなく、特急的な存在の列車も多いが、普通列車と区別する特定の呼ばれ方はない。したがって、速い列車に乗ったからといって特別料金を払う必要はない。

寝台列車　ロンドンからスコットランド方面へ行くカレドニアン・スリーパー Caledonian Sleeperと南西部のペンザンス方面へ向かうナイト・リビエラ・スリーパー Night Riviera Sleeperのふたつ。ナイト・リビエラ・スリーパーはシングルとダブルの2種類、カレドニアン・スリーパーはトイレ・シャワー付きのダブルベッドのキャビン、トイレ・シャワー付きの2段ベッドのキャビン、トイレ・シャワーなしの2段ベッドのキャビンの3種類がある。そのほか座席での利用も可。

鉄道の乗り方

1 駅に到着したら自分が乗るべき列車を探す

まずは電光掲示板で目的地を探す。自分で見つけられない場合は❼で教えてもらう

電光掲示板の見方

― 発車時刻
― プラットホーム番号
― 行き先
― 途中で立ち寄る駅名
― 運行している鉄道会社

2 タッチパネル式券売機へ

タッチパネル式券売機でチケットを購入しよう

5 内容を確認して購入ボタンをタッチする

内容が正しければ画面右下の**BUY TICKET**を押そう

4 乗りたい便とチケットの種類を選択する

選んだチケットの内容を確認。選んだ内容と異なった場合は画面左の**Start Again**を押してやり直す

3 トップ画面から自分が行きたい目的地を探す

画面上に目的地がない場合、画面下の**A-Z Destination Index**を押して目的地を入力

6 料金の支払は現金かクレジットカード

支払いは現金かクレジットカードで。カードは入力ボタンの下にある挿入口に入れ、PIN番号（暗証番号）を入力する

7 支払いが終わるとチケット発券

チケットとおつりは、券売機の下部にある受取口から出てくる

8 改札へと向かう

日本とは違い、扉を通過する前にチケットの受取口があるので要注意

英国鉄道利用術　チケットの買い方

　ほとんどの駅にタッチスクリーン式の自動券売機があり、現金のほかにクレジットカードで支払うこともできる。券売機がないような小さな駅の場合は列車に乗ってからの車内精算になる。

切符窓口　大きなターミナル駅では鉄道会社（オペレーター）ごとに専用の窓口を設けていることもあるが、とりあえずは駅のメイン窓口へ行くのが賢明だろう。主要都市の駅の窓口は混み合うことも多いので、早めに駅に着くよう心がけたい。

オンライン予約　切符はインターネットでも購入可能。チケットは駅の発券機で受け取ることができるほか、QRコードの入ったeチケットをメールアドレスに送ってもらい、スマホにダウンロードして、そのまま使うこともできる。

英国鉄道利用術　座席の種類

座席の等級　ファーストクラス（1等）とスタンダード（2等）がある。ファーストクラスはスタンダードクラスのほぼ1.5倍の値段。

指定席　日本のように自由席の車両と指定席の車両に分かれているわけではなく、座席の目立つ所に指定席を示す紙が刺さっていたり、荷物棚の下にある電光掲示板で席の指定状況が表示されている。他人の指定席に勝手に座ると、罰金の対象になる。座席指定料は無料だが、便により出発時間の2時間前や前日までなど予約の締め切りがあり、直前の予約はできない。

鉄道会社による違い　同一路線に2社以上の鉄道会社が入っている場合、料金設定は鉄道会社によって異なる場合もある。

オンライン予約→現地の駅で発券の手順

オンライン予約

1 www.nationalrail.co.uk にアクセス

ナショナル・レイルのウェブサイトのトップ画面。ルートと出発予定時刻を入力しGoを選択

2 検索結果から購入したい便を選択

入力した条件での検索結果。購入したいチケットを選び、運賃の欄にあるBuy Nowを選択

3 運行する鉄道会社のサイトへ移動

該当オペレーターのサイトへ。内容に問題無ければContinueを選択

4 チケットの受け取り型を決める

主要駅の券売機で受け取るか、eチケットをメールで受け取るか選ぶことができる

5 購入者情報とカード情報の入力

名前やメールアドレスなどの購入者情報とカード情報を入力。入力後は画面下部のBuy Nowを選択

6 確認用eメールをチェックする

駅で受け取る場合は予約番号を確認する。eチケットの場合は開いてQRコードが表示されるか確認する

鉄道会社を指定したチケットを購入したときには、その会社の列車に乗車しなければならない。もし違う列車に乗車してしまったら、車内で追加料金を取られることになる。

正規運賃と割引運賃
英国鉄道利用術

オフ・ピーク割引と早期予約割引があり、正規料金と比べてかなり割安。それぞれ往復割引もある。割引チケットによってはさまざまな条件があるが、事前に日程が決まっていれば格安で利用できる可能性は高い。

エニタイムAnytime 正規料金のチケット。どの時間帯でも利用できる。途中下車可能。

オフ・ピーク Off-peak オフ・ピークの時間帯（月〜金曜の朝・夕のラッシュ時以外）にのみ利用できる。オフ・ピークの時間帯は地域や路線により異なるが、早いところで7:30、遅いところでも10:00を過ぎれば使用可能。長距離の場合は適用されないこともある。往復で購入したほうが割安。復路の有効期限は往路出発日から1ヵ月間。特定の列車に適用されるスーパー・オフ・ピークSuper Off-peakはさらに割安になる。

アドバンス Advance 出発前日までに購入すると割引になる、いわゆる早割切符。払い戻しや他の列車への変更は原則不可。時期によっては大幅な割引を受けられる。

片道／往復 Single/Return イギリス英語で片道はシングルSingle、往復はリターンReturnという。往復の割引率は高いので、日帰りの旅など同じ場所に戻るならぜひ購入したい。

現地の駅で受け取る場合

1 当日、駅のタッチパネル式券売機を探す

駅に到着したら券売機をタッチ。Collect Pre-paid Ticketsを選択する

予約時に使用したカードを販売機に挿入する。これはあくまで本人確認のためであって、後で二重に請求されるということはない

2 クレジットカードを販売機に挿入する

3 予約番号を入力する

購入した際のeメールに記載された予約番号を入力すると、券売機の受け取り口からチケットが出てくる

メールで受け取る場合

購入時に入力したメールアドレスにQRコードの入ったMチケットが届く。プリントアウトしてもよいが、スマホなら、そのまま使うことができる

1 メールにQRコードのあるチケットが届いたか確認

2 改札口でQRコードを読み取らせる

改札口の読み取りセンサーの上に、QRコードをかざして、改札をくぐり、プラットホームへ

4 改札口にチケットを挿入

出てきたチケットは、自動改札の差仕入れ口に入れ、改札をくぐってプラットホームへ

info

イギリス国内の鉄道路線がほぼ乗り放題
ブリットレイルパス

鉄道を利用するのに強い味方が、鉄道パス。鉄道パスは旧国鉄の路線を受けついだ鉄道会社（ナショナル・レイルと呼ばれる）の路線で利用できる。チケット売り場窓口に並ぶ必要もないし、列車を間違えてもチケットを買いなおす心配もない。イギリス国内の鉄道は夜行列車を除いて全席指定制の列車がほとんどないので、ブリットレイルパスだけで利用できる列車が多い。

ブリットレイルパス
Britrail Pass

イングランド、スコットランド、ウェールズの鉄道会社（ナショナル・レイル）で利用できる。

パス適用外の列車　一部を除いて地下鉄、トラム、バスなどの都市公共交通機関は利用できない。ロンドン各空港からの連絡列車「ヒースローエクスプレス」、「ガトウィックエクスプレス」はパスで利用できる。ヒースロー空港からロンドン中心部を経由して東へ行く「エリザベス・ライン」も利用可能だ。ロンドンとスコットランドを結ぶ夜行列車「カレドニアン・スリーパー」とロンドン〜ペンザンス間を結ぶ夜行列車「ナイト・リヴィエラ・スリーパー」を利用する場合は、予約と寝台料金が別途必要になる。

利用期間　パスには2日間、3日間、4日間、8日間、15日間、22日間、1ヵ月間の連続利用タイプと、利用開始日から1ヵ月間（15日は2ヵ月間）の有効期間内で、2日、3日、4日、8日、15日分の利用日を選ぶことができるフレキシータイプがある。

パスの種類　従来型の紙のパスとスマホなどで使うモバイルパス、M-Passの2種類がある。

紙パスの使い方　紙のパスを使う前には、まずヴァリデーションValidationというパスの有効化作業が必要。駅の窓口でパスの使用開始日を告げ、スタンプを押してもらう。ヴァリデーションが完了したら、基本的に夜行列車以外は予約なしに乗り降り自由。ただし、フレキシータイプのパスは、利用日をボールペンなど消えないペンで乗車前に記入しておかなくてはならない。駅の改札は、駅員にパスを見せて通してもらう。車内の検札では、パスとパスポートの両方を見せる必要がある。

M-Passの使い方　M-Passの場合は、パスを購入した旅行会社から教えてもらうインターネットのリンク先に行き、使用開始日、パスポート番号、M-passを受け取るメールアドレスなどを入力し、アクティベートを完了させる。

フレキシータイプのパスを使用する日は、リンク先から利用日の選択をする。アクティベートするたびに、該当日のみ利用できるM-Passがメールで送られてくる。駅の自動改札は、センサーにパスのQRコードをかざすと開く。もし、開かない場合は、パスの画面を駅員に見せて通してもらう。車内の検札はM-Passとパスポートの両方を見せる。

ブリットレイルフレキシーパスは、使用日ごとにアクティベート作業をする

アクティベートすると、QRコードの入ったM-Passがメールで送られてくる

座席予約　座席予約は必須ではないが、混雑が予想される時期はしておいたほうがよい。駅の窓口での座席予約は無料だが、ネットでの予約は有料。予約の締め切りは、出発の前日までや、出発の2時間前までなど、便によって異なる。

賢い使い方　フレキシーパスの場合はロンドンがからむ長距離移動など運賃が他のエリアよりも高い区間で優先的に使うともとを取りやすい。

エリア限定パス　ブリットレイルには、使用可能エリアを制限したパスもある。

●**イングランド地方**
・ブリットレイルイングランドパス
・ブリットレイルサウスウエストパス

●**イングランド地方南東部**
・ブリットレイルロンドンプラスパス

●**スコットランド**
・スピリットオブスコットランドパス

■**ブリットレイル**
URL www.britrail.com
■**日本の旅行会社で手配**
EURO RAIL by World Compass（株式会社ワールドコンパス）などいくつかの旅行会社で購入できる。
URL eurorail-wcc.com

 **エリザベス・ライン**

ロンドンのエリザベス・ラインは、ブリットレイルパスが利用可能なのですが、そのことを知らない駅員が多かったです。改札口でパスを見せて入ろうとすると、駅員に止められることが何度かあり、そのたびに説明をしなくてはならなかったです。
（東京都　チャールズ　'22秋）

インヴァネスのバスターミナルに停車するスコティッシュ・シティ・リンクの長距離バス

ナショナル・エクスプレスのロンドン発エディンバラ着を検索。時間によって料金は倍以上も違っている

国内航空路線　格安航空会社は割安で早い

　鉄道網が発達したイギリスだが、スコットランドや、ブリテン島の周りの島々へは飛行機が活躍する。国内線の便数はあまり多くないが、格安航空会社による値下げ競争も活発で、グラスゴーやエディンバラなどへの競合路線は、鉄道よりも航空便のほうが割安ということも多い。マンチェスターやバーミンガム発着の国内線も多い。

レンタカー派にもおすすめ　ほとんどの空港にはレンタカーオフィスが入っており、手続きや配車もスピーディ。空港に到着したらすぐに車に乗って観光へ、というプランが実行できるのも魅力。シーズン中は車を予約しておこう。

長距離バス　長距離バスはコーチ

　イギリスの長距離バスはコーチと呼ばれる。昔、コーチは箱型で屋根、両ドア付きの大型四輪馬車のことだった。時が移り、姿も動力も変わってしまったのに、名前だけは残った。鉄道よりは一般的に時間がかかってしまうが、ロンドンから各都市に行く場合には、鉄道の約半分の運賃で済むこともある。

長距離バス　代表的なバス会社

ナショナル・エクスプレス National Express　イングランドとウェールズ全域を網羅するイギリス最大のバス会社。長距離路線が多く、小さな町には停車しない。スコットランドへの路線もある。

スコティッシュ・シティ・リンク Scottish City Link　スコットランドの主要都市を結ぶ。ローカル路線もあり、鉄道がカバーしていない地域も走るので便利。

メガバス megabus　スコティッシュ・シティ・リンクの系列にある格安バス会社。イギリス全土に路線をもっており、日時によって非常に安い運賃で乗ることができる。

フリックスバス FLiXBUS　ドイツのミュンヘンに本社があるバス会社。英国国内の主要路線のほか、ヨーロッパ諸国とを結ぶ国際線も充実している。

長距離バス　チケットの買い方

　バスステーションのチケットオフィスで購入可能だが、インターネット予約のほうが圧倒的に安いし確実。ロンドンのヴィクトリア・コーチステーションのチケットオフィスはいつも混んでいる。

小銭を用意しよう　バスステーションのない小さな町やバス停のみのところは、バスの車内でチケットを購入する。乗車時に運転手に目的地、片道か往復かを告げるとメーターに料金が提示される。つり銭は用意されていないことが多いので、小銭を用意しておこう。近年はタッチ決済できるクレジットカードやデビットカード、アップルペイ、グーグルペイに対応したリーダーを備えた車体が増えている。

お得な割引運賃　鉄道と同じく往復割引や早期予約割引などがある。

長距離バス　バスの車内

　ナショナル・エクスプレスは基本的に前から5番目までの窓側席が指定席となっている。小さな町で降りるときは、乗り込むときに自分の行き先を運転手に告げるとともに、「着いたら教えてください」とひと声かけてから席に着こう。トイレは付いていないことが多く、長距離路線ではトイレ休憩がある。

USBコンセント付きのバス車両もある

イギリスのドライブ術　イギリスの道路・交通事情

　イギリスは日本同様、右ハンドル、左側通行。そのため、運転がしやすい国だといえる。ただし、ひとつだけ違う点は交差点の進入方法。イギリスの交差点は、ほとんどが信号のないロータリー式（ラウンドアバウト）になっているのだ。

この先ラウンドアバウトありの標識

ラウンドアバウトの進入方法　ラウンドアバウトは時計回りに回りながら目的の道路へ進む。進入は右ウインカー、脱出は左ウインカーの合図が原則だが、地域によっては直近の分岐（日本の左折）では進入時に左ウインカー、直進相当の通過の場合はウインカーなしの場合もある。先入車優先なので進入時に右に車が見えた場合は入口で一時停止して待つ。周回中は内側をゆっくりと走り、目的の分岐の手前で左ウインカーで外側に移動する。何度回ってもよいので分岐がわからなくても焦る必要はない。

イギリスのドライブ術　制限速度と道路の種類

　イギリスの道路は3種類あり、M、A、Bの3種に区分される。

M道路は高速道路　Mのつく道路はモーターウエイMotorwayのことで、日本の高速道路にあたるものだが、最高時速はぐっと速くて112km（70マイル）。M道路は基本的に無料。

Aは幹線道路　A道路はM道路以外の幹線道路、日本の国道一級線にあたり、日本の高速道路に匹敵する路線も多い。

　デュアル・キャリッジウエイDual Carriagewayと呼ばれる片側2車線、計4車線の部分では、最高時速112km（70マイル）。そのほかでは、少し落ちて96km（60マイル）となっている。

Bはのんびり田舎道　3番目はB道路。車1台がやっととおれるくらいの狭い道もある。最高時速は48km（30マイル）。M・A道路が結ぶ都市は、列車やコーチでも行くことができる。それに対して、公的交通機関のない田舎の小さな町へと、人々を運んでくれるのがこのB道路。イギリスを車で旅する喜びは、すべてB道路にありといえるほどだ。

桁数でも道路がわかる　M、A、Bのどれも、この文字のあとに数字がつく。M1とか、A30とかいった具合。数字が小さいほど、重要とみていい。一般的に、B道路の4ケタなどは、あまり広くない道ということが想像できるが、イギリスのすばらしい風景を楽しむのにはもってこいの道だ。

Information
横断歩道は大胆かつ迅速に渡る
ロンドンなどの大都市では、人々は驚くほど大胆かつ迅速に信号無視をする。隣の人が渡り始めたからといって、ノコノコついていくとたいへんなことになる。一瞬の遅れが命取り。常に自分の目で確かめて、慎重に横断すること。日本のように押しボタン式の信号もあるし、お年寄りや子供が渡るときはドライバーはちゃんと待っていてくれる。

Information
家畜の横断に注意
田舎道を走っていると、ときどき車が数台連なっていることがある。渋滞と思い、窓から乗り出して見てみると牛や羊の群れがのんびり道路を横切っていたりする。そんなときは、すぐに速度を落とし、必要ならストップして、彼らが無事とおり過ぎるのを見届けよう。むやみにクラクションを鳴らして驚かしてはいけない。のどかな光景として観賞するくらいの余裕をもってほしい。

セルフサービス式のガソリンスタンド

イギリスのドライブ術　ガソリンスタンド

　イギリスではガソリンをペトロールPetrolと呼ぶので、ガソリンスタンドはペトロール・ステーションになる。

給油方法　イギリスではセルフサービスが主流。日本のように給油機に決済機能が付いているものは少なく、まず給油作業を行い、終わったら店のレジで給油機の番号を告げて決済するのが一般的。現金、クレジットカードが使用できる。

　給油機には複数の給油ノズルがあり、E5、E10、B7のいずれかの印がある。E5とE10はガソリン車用で、B7はディーゼル車用。異なる印の燃料を入れると故障の原因になるので、自分の利用する車がどの燃料に対応するか事前に確認しておくこと。

イギリスのドライブ術　駐車場

　どこの町にも路上パーキングエリアと地方自治体などによる無料駐車場のほか、チケットやコイン式の有料駐車場などが随所にある。ロンドンなど大都市中心部では見つけにくいので、慣れないうちは車での乗り入れは控えよう。

イギリスのドライブ術　レンタカー

　空港や主要な観光地でなら、ほとんどどこででもレンタカーを借りることができる。

日本で予約　日本で予約を入れた場合は、予約確認書、国外運転免許証、日本の運転免許証、クレジットカードの提示とサインのみで車のキーを手渡してくれる。

現地での手続き　現地で直接借りる場合は、国外運転免許証、日本の運転免許証（もし、提示を求められれば）、クレジットカードを各レンタカー会社のオフィスに提示し、書類に必要事項を記入する。クレジットカードがなくても借りることはできるが、保証金を預けるなどの手続きが必要。

AT車がないことも　イギリスをはじめヨーロッパではマニュアル車が一般的。高級車以外の小・中型車は特にオートマティック車の数が限られ、予約しても確保できないことがある。

出発前に点検　最初にレンタカー会社のスタッフ立ち会いのもとで傷の有無を確認する。大きな傷はデジカメや携帯電話で撮影しておくと安心だ。次にライトやウインカーなどのスイッチを確認する。日本と同じ右ハンドル車でもワイパーとウインカーのスイッチが逆の場合が多いので、すべて実際に操作して確認しよう。ロードサービスなど、緊急時の連絡先の確認も忘れずに。

保険内容の確認　保険は大手のレンタカー会社ならセットになっていて、万一の事故にも対処できるが、中小のレンタカー会社なら保険内容をチェックしておこう。もしものときのためにすべてのケースについて補償のある保険（Whole InsuranceまたはFull Protection）をかけること。

返却時の注意　基本的には日本のレンタカーと同じ、スタッフと傷や故障の有無を確認し、キーや書類を返却して完了。満タン返しが基本だが、その必要がない契約条件の場合もある。

市内交通

市内交通は町の規模によって異なるが、大都市なら市内バスと近郊列車や地下鉄、中小都市なら市内バスが一般的。

市内交通　近距離列車、地下鉄

ロンドンやリヴァプール、グラスゴーといった大都市では、近郊列車や地下鉄が整備されている。チケットの購入方法は町によって異なるが、乗車前の購入が必要。ロンドンのオイスター・カードのような交通カードは町ごとにあるが、そのためにカードを入手するのは使い勝手が悪い。タッチ決済対応のクレジットカードやアップルペイ、グーグルペイを登録したスマホなら、その町専用の交通カードがなくても、改札口にかざして入れる場合が多いので便利だ。ただし、グラスゴーの地下鉄のように、タッチ決済での支払いに対応していない改札口もあるので注意。

タッチ決済可能のクレジットカードやデビットカードを直接タッチすることで改札を通れる

市内交通　市内バス

市内バスは、ひと昔前までは初めて訪れた町で乗りこなすには難しかったが、近年はスマホの地図アプリに市内バスの運行情報が組みこまれており、初めてでも安心して乗りこなせる交通手段になった。市内バスの乗り方は先頭から乗って、料金を支払うタイプが多いが、真ん中のドアから乗るタイプなどもあり、町ごとに異なる。現金払いの場合はおつりは払われないので、ぴったりの額が必要だ。近郊列車や地下鉄などと同様、タッチ決済対応のクレジットカードやアップルペイ、グーグルペイで支払える市内バスが広く普及している。準備しておくと支払いのための小銭に煩わされることがなくなり便利。

タッチ決済できるバスが普及している

市内交通　シェア自転車

日本でもすっかり普及したシェア自転車は、イギリスでも大都市を中心に整備されている。特にロンドンは貸し出しステーションの数が多く、近距離であれば地下鉄やバスよりも移動時間が短くて済むなど使い勝手がよい。イギリスは日本と同じ左側通行の国であるのもうれしいところ。スマホの地図アプリがあるとナビとして使えて便利だが、片手にスマホを持って見ながらの運転は危険きわまりない。ながら運転はせず、地図アプリは停車しているときに見ること。

市内交通　タクシー／配車アプリ

タクシーは駅などで客待ちしているほか、流しをつかまえることができる。近年は配車アプリの普及によって、イギリスではタクシーはスマホで呼ぶことが一般化している。日本ではフードデリバリーとしての印象が強いウーバー Uberは、イギリスでは配車アプリとして有名。そのほかGett、FREENOW、Ola、Boltといった数多くの配車アプリがある。GettとFREENOWはロンドンでブラックキャブを呼び出すことができる。

Information
地図アプリ
市内移動で活躍するのがスマホの地図アプリ。出発地と目的地を入力すれば、どの列車やバスに乗れthばよいなどが表示され、行ったことのない場所でも、間違うことなく、効率よく移動できる。アプリによっては、シェア自転車を使う場合や、配車アプリを使う場合での経路や料金の見積もりまで表示される。地図アプリはさまざまな種類があるが、イギリス全土はもちろん、日本を含む世界中で使えるグーグルマップが最もポピュラー。ロンドンやニューキャッスル、グラスゴー、エディンバラといった大都市での都市間交通検索では、Citymapperの使い勝手がよいと評判。

583

ホテルの基礎知識

イギリスの宿は、バラエティに富んでいる。2段ベッドがずらりと並ぶドミトリー（相部屋）から、超高級ホテルのペントハウスまで、まさによりどりみどり。

ホテル

レセプションを備えた宿泊施設。レストランやバーが併設していたり、高級ホテルにはプールやフィットネスもある。チェックインは14:00頃からでチェックアウトは12:00までのところが多い。通常レセプションは24時間オープンで、時間前に到着した場合やチェックアウト後にも、荷物を預かってもらえる。

B&B／ゲストハウス

B&Bとは、Bed & Breakfastの略で、朝食付きの宿のこと。B&Bとゲストハウスに明確な区別はなく、客室数が多いものをゲストハウスと呼ぶ傾向にあるようだ。

B&Bの設備 客室に専用のバス、トイレが付いている場合と、バス、トイレが共同の場合がある。湯沸かしポットやティーセット、テレビも付いていることが多い。

年末年始とハイシーズン クリスマス〜年始にかけて休業するところも多いので、必ず確認を取るようにしよう。ほかにも、夏期のリゾート地のゲストハウスやB&Bでは、1泊のみの客は歓迎されないことがある。

チェックイン レセプションはないところが多い。オーナーやスタッフが同じ建物に住んでいたら、チェンクイン時間前に訪れても、荷物を預かってもらえるが、住んでいなければ、チェックインの時間帯にしかスタッフがいないため、チェックイン前やチェックイン後に荷物を預かってもらうことはできない。チェックイン時間外に到着するときや21:00を過ぎて到着する場合は、事前に知らせておくこと。

イン

その昔、まだコーチが馬車のことを指していた頃、1階は飲み屋で、その上が宿泊所というインがいたるところにあった。どこにでもあるパブの名前に〜 Innとつくところが多いのはその名残。下のパブで飲んだり食事をして、上の部屋で寝るという、とても便利な宿だ。部屋のタイプはベッドだけのシンプルなものから、中級ホテル並みの設備を整えたところまであり、値段も部屋の設備もさまざま。

マナーハウス

貴族の邸宅や旧家を改築したホテル。町から外れていることが多いが、手入れの行き届いた広い庭があり、優雅な休日を過ごすことができる。特にコッツウォルズには人気のマナーハウスが多い。結婚式場としても人気だ。

ボリューム満点のイングリッシュブレックファスト

ホステル

　ドミトリーと呼ばれる4〜20ほどのベッドが並ぶ相部屋を提供する宿泊施設。多くはキッチンがあるので自炊ができ、宿泊費、食費を抑えたい旅行者にとってありがたい存在。世界各国の旅行者と交流できるというメリットもある。ドミトリーは男女混合、男女別どちらもあり得るので、気になる人は予約時に確認すること。個室を備えているホステルも多い。

ユースホステル　イギリスの国際ユースホステル協会はイングランド＆ウェールズ、スコットランド、北アイルランドの3つに分かれており、200軒以上のホステルが加盟している。ユースホステルという名称だが、宿泊者を若者に限定している訳ではなく、だれでも宿泊することができる。ユースホステル会員である必要もないが、会員には割引料金が適用される。

独立系ホステル　ユースホステル以外のホステルは、独立系ホステルという。設備はさまざまで、町の中心部にある小さなホステルには、キッチンがないところもある。

民泊

　イギリスの伝統的な民泊はB&Bやゲストハウスのことだが、Airbnbなどインターネットサイトのおかげで、これまでとは少し違ったスタイルの民泊が登場するようになった。オーナーが住んでいる家の空き部屋を貸すという従来型もあるが、オーナーやスタッフが住んでおらず、マンションの部屋をそのまま貸し出していたり、家を一棟まるごと貸し出すようなものもある。

カギの受け渡し　オーナーが住んでいない場合問題になるのがカギの受け渡し。時間と場所を決め直接受け渡しするほか、玄関近くに設置されたキーボックスに、あらかじめ教えてもらった暗証番号を入力してカギを取り出すなど、いくつか方法がある。オーナーとの連絡は、スマホアプリのWhatsAppを指定される場合が多いのでインストールしておくとよい。

ホテルの予約

日本の旅行代理店で予約　滞在する都市が少ない場合や、短期間の滞在という場合は、航空券を予約する際に、合わせてホテルも手配しよう。旅行会社によっては、最初から利用航空会社や滞在予定ホテルを提示している所もある。

インターネット　ウェブサイトから予約できたり、メールで直接申し込むこともできる。予約できたら確認画面をプリントアウトするか、スマートフォンに予約確認のメールを入れておこう。ゲストハウスやホステルのなかには、レセプションが24時間でなく、チェックイン前に行っても誰もいないことがありえるので、チェックインの時間を事前に確認しておいたほうがよい。

電話　英語ができるのであれば、電話で直接予約してもよい。通常予約時にはクレジットカード番号を告げる必要がある。インターネットの予約サイトは、予約仲介の手数料をとっているので、交渉によっては、予約サイトの料金よりも安く泊まれる。

ホステルにはキッチンが使えるところも多い

■代表的なホテル・ホステル予約サイト
エクスペディア
URL www.expedia.co.jp
ブッキング・ドット・コム
URL www.booking.com
ホテルズドットコム
URL www.hotels.com
ホテリスタ
URL hotelista.jp
ホステルワールド
URL www.japanese.hostelworld.com

Information
愛煙家は注意
イギリスでは禁煙法が施行されている。宿泊施設の公共スペースは全面禁煙、客室は喫煙できる部屋もあるが、喫煙室がないホテルの割合は高く、B&Bはほとんどが全室禁煙になっている。

玄関前に取り付けられたキーボックス。自分の客室番号のボックスを開け、暗証番号を入力することで、中のカギを取り出すことができる

Information
キャンプ場
イギリス各地には大小さまざまな規模のキャンプ場がある。キャンプ場の利用法を大きく分類すると、自前のテントやキャンピングカーに寝泊まりする場合と、キャラバンやテントを借りてそこに泊まる場合がある。寝床さえ確保できれば、トイレや簡易シャワーなどの設備は調っているので、あとは食料を持ち込むだけ。大きなキャンプ場だと、カフェやスイミングプールなどの施設が併設されていることもある。
ただし、どのキャンプ場も町からは離れた所にある。車でアクセスすることが前提になり、料金も持ち込む車のタイプ（キャンピングカー／ツーリングキャラバン／乗用車など）や利用する施設（キャラバン／テント）により上下する。1泊£10〜35程度。

レストランの基礎知識

伝統的なイギリス料理はもちろん、カフェやガストロパブでも世界各国の料理を楽しむことができる。ひと休みできるティールームやパブも便利な存在だ。

レストラン

ロンドンなど大都会を除いて、スマートカジュアル（ジーパンはNG）の必要なレストランは少ない。だが、高級ホテルなどに宿泊するときや、そこでディナーを取るときは予約時に聞いてみること。これらのレストランでは、ディナーはほとんどコース料理のみで、正装が必要な場合もある。

各国料理 どの町にもイタリアンや中華、インド料理のレストランは多い。特にロンドンでは、世界各国の料理を味わうことができる。イギリスの素材を使いつつも世界各地の料理を取り入れたモダン・ブリティッシュと呼ばれる料理もある。

日本食 以前はロンドンなど大都市にしかなかった日本料理店だが、回転寿司やヌードルバーが地方都市にも広まりつつある。ヌードルバーはラーメンなどの麺類を出す店で、イギリス人にはヘルシーフードとして、人気急上昇中。日本人からすると「何じゃこりゃ？」というメニューや味つけもある。

テイクアウエイ

持ち帰りのことを、アメリカではテイクアウト（トゥー・ゴーTo Go）というが、英国では"take away(テイカウェイと発音)"。

フィッシュ＆チップス おなじみ英国の代表料理。白身魚のフライにフライドポテトをつけ合わせたもの。コッドCodやハドックHaddockなどのタラや、ソールSole(ヒラメ)、ソードフィッシュ Swordfish(メカジキ)などの種類がある。

中華料理 白いご飯が恋しくなったときの強い味方。中華料理のテイクアウエイ専門店は、どの町でもよく見かける。

ティールーム・カフェ

ティールームやカフェは昼だけの営業が多く、アルコール類は出さない店が多い。メニューはグリル類やサンドイッチなどが中心で、値段も手頃。ティールームでは、スコーンやお菓子付きのアフタヌーンティーセットを出す店も多い。

パブ

お昼頃にオープンし、夜中まで開いているパブでも料理を出しているところが多い。なかでもパブランチはスープやパン、ラザニアなどの軽食が手頃な料金で食べられる。料理自慢のダイニング・パブやガストロ・パブではレストランにも負けない本格的な料理を出しており、地元産の食材を使った郷土料理なども出していることが多い。エールやビターなどイギリスならではのビールと一緒に楽しみたい(→P.48)。

Information
イギリス料理の食材

羊…Lamb ラム

タラ…Cod コッド、Haddockハドック
※ハドックは北大西洋に生息するタラ科の魚

メカジキ…Swordfish ソードフィッシュ

鹿肉… Venison ヴェニソン

鳩…Pigeon ピジョン

ウサギ…Rabbit ラビット、Hare ヘア

マス…Trout トラウト

ウナギ…Eel イール

ヒラメ…Sole ソール

ホタテ…Scallop スキャロップ

小エビ…Shrimp シュリンプ

エビ…Prawn プローン

ムール貝…Mussel マッスル

カキ…Oyster オイスター

Information
ホテルやB&Bに持ち帰る前に

ホテルやB&Bのなかには、テイクアウエイなどの食事の持ち込みを禁止しているところがある。部屋に匂いが付いたり汚れが付いたりすることがあるためだ。トラブルを避けるためにもあらかじめ聞いておこう。

中華料理のテイクアウエイの一例

中華料理 & インド料理
メニューを読み解く
キーワード

イギリスでは世界各国の料理を食べることができるが、特に中華とインド料理はリーズナブルで本格的な店が多く、物価高なイギリス旅行の強い味方。メニューに使われる単語を覚えておくと、注文するときに役立つこと間違いなし。

中華料理

食材別のメニュー　日本の中華料理店では炒め物や揚げ物など料理法別にメニューが並んでいるが、イギリスでは牛肉、鶏肉、野菜などメインとなる食材別にメニューが並ぶ。

スイート & サワー
Sweet & Sour
甘酢風。酢豚系の料理だが甘みの方が強い

ダンプリング
Dumpling
餃子などを指す。蒸し餃子はSteamed Dumpling

チャウ メン
Chow Mein
炒麺こと焼きそば。具や麺の種類はさまざま

ペキン スタイル
Peking Style
北京風。油が多めの塩味

チョプ スイ
Chop Suey
八宝菜のような五目炒め。肉類が入る

カントニーズ スタイル
Cantonese Style
広東風。塩味であっさり

セチュアン スタイル
Szechuan Style
四川風のスパイシーで辛い味つけ

ブラック ビーン
Black Bean
豆鼓(トウチ)を使った料理。塩辛い味つけ

フー ヨン
Foo Yong
漢字で芙蓉。カニ玉風の卵とじ料理

クンパオ チキン
Kung Pao chicken
漢字で宮保鶏丁。鶏肉のカシューナッツ炒め

インド料理

メニューにカレーがない!?　「チキンカレー」や「野菜カレー」という名前ではなく、カレーの調理方法やメイン食材でメニューが分かれている。料理名のスペリングは店によっては異なる。

アル / アルー
Al / Aloo
ジャガイモ

ダル
Dal
レンズ豆

コルマ
Korma
クリーミーで甘いカレー

ティッカ マサラ
Tikka Masala
タンドールで焼いた肉や魚を使ったカレー

ゴビ
Gobi
カリフラワー

ブーナ
Bhuna
野菜を使ったドライカレー

ビルヤーニ
Biryani
ドライカレーに近いが、炊き込みご飯

サーグ / サグ
Saag / Sag
ホウレンソウのペーストのカレー

ヴィンダルー
Vindaloo
酸味の効いたカレー

ロガン ジョシュ
Rogan Josh
トマトやタマネギで煮込むカレー

マドラス
Madras
スパイスを使った辛いカレー

ライタ
Raitha
ヨーグルトとキュウリの冷製サラダ

ジャルフレズィ
Jalfrezi
野菜炒めのような辛いカレー

ドピアザ
Dopiaza
炒めタマネギをきかせたカレー

パニール
Paneer
カッテージチーズ

587

おいしい料理を探すキーワード

伝統的イギリス料理を楽しむために料理名や食材の基本の単語を知っておこう！

屋台グルメならホットドッグがおすすめよ

Key Word イングリッシュ・ブレックファスト
English Breakfast

イギリスを代表する味覚が詰まった、ボリューム満点の朝食から制覇！

ベーコン＆ソーセージ
Bacon & Sausage

焼きトマト
Baked Tomato

ハッシュ・ブラウンズ
Hash Browns
いわゆるハッシュドポテト。

ベイクド・ビーンズ
Baked Beans
白インゲン豆の煮込み。甘目のケチャップ味。

目玉焼き Fried Egg
卵料理はスクランブルエッグやポーチドエッグにアレンジできるところもある。

Key Word ベイクド
Baked

ベイクド・ビーンズ、ベイクド・トマト、ベイクド・マッシュルームは朝食に欠かせない。

朝食
キッパー Kipper
熱々に焼いたニシンの燻製も日本人には嬉しい味覚

朝食
ポリッジ Porridge
オーツ麦の牛乳粥。スコットランドでは塩味で、イングランドではジャムやハチミツ味で食べる。写真はナッツ類をトッピングしたもの。

プディング
Pudding

イギリスでは火を入れて固めたものをプディングという。腸詰め、甘いプリンなどジャンルはさまざま。小麦粉を固めたシュー生地のようなヨークシャー・プディングYorkshire Puddingは、肉料理に欠かせない付け合せ。

> これがヨークシャープディング

 ## ケーキ
Cake

日本でいうデザートのケーキという意味ももちろんあるが、固形状のものという意味でも使われる。料理では魚のすり身を焼いた（揚げた）フィッシュ・ケーキFish Cakeなどがある。

パイ
Pie

具材にマッシュポテトを載せて焼き上げた料理と、パイ生地で包んだものがある。ひき肉の上にマッシュポテトを載せて焼き上げたシェパーズ・パイShepherd's Pieはパブフードの代表的なメニュー

 ## サイド
Side

メイン料理を選ぶと、サイドメニューを聞かれることがある。ビーンズ、マッシュポテト、チップスなどから選ぶが、量が多いので覚悟のほどを！

 ## スープ
Soup

スープはどっしりと重いポタージュが多い。パブではたいていスープ・オブ・ザ・デイという日替わりスープがメニューにある。通常パンが付いてくるのでランチに最適。

スコットランド名物

豚の血を固めたブラック・プディングBlack Puddingや羊の内臓をミンチにしたハギスHaggisが伝統料理。スコットランドでは朝食やランチにも出てくる定番だ。

 ## プレ・シアター・メニュー
Pre-Theatre Menu

レストランのオープン直後17:00〜19:00ぐらいの時間帯はお得なセットメニューを出す店が多い。アーリーバード・メニューとも呼ばれており、2品や3品のコースディナーが安く食べられる。

ショッピングの基礎知識

英国ブランドは日本でもなじみの深いものが多い。本場英国の手仕事の逸品を探すのも楽しい。

バーゲン

バーゲンは夏期と冬期に行われる。実施時期は店舗によって異なるが、夏期は6〜7月、冬期はクリスマス前〜2月中旬に行われることが多い。また、これらの時期以外にもセールが行われている場合もある。

商品に勝手にさわらない　ファストファッション店での買い物は別として、高級ブランド店で買い物をする場合は店員に確認してから触れるのがマナー。

公共の場所での英国式マナー

キュー Queue　キューとは窓口などで作るフォーク式の行列のこと。トイレ、郵便局などあらゆる所で一列に並ぶ。窓口がいくつあろうと一列。窓口ごとにずらっと並ぶのではなく、順々に空いた窓口へ行くという極めて公平な待ち方だ。なお、列の最後がわからないときは"Are you the last?"、列に並んでいるのかわからないときは"Are you queuing?"と尋ねよう。

Queue Hereの表示が列の先頭

ドアは次の人のために開けて待つ　駅やデパート、ホテルなどで、自分がドアを通過しても、後ろに人がいる場合、その人がドアに手をかけるまで、ドアを押さえておく。逆にドアを開けて待っていてくれた人には"Thank you."のひとことをお忘れなく。

日本とイギリスのサイズ比較表

レディスウエア

国際基準	XXS	XS	S	M	L	XL
日本（号）	5	7	9	11	13	15	17
イギリス	4	6	8	10	12	14	16

メンズウエア

日本	S	S	S	M	L	L	LL	LL
イギリス	32	34	36	38	40	42	44	46

レディスボトム

国際基準	XXS	XS	S	M	L	XL
日本	58-61	61-64	64-67	67-70	70-73	73-76
イギリス	23	24	25	26-27	28-29	30

メンズボトム

国際基準	XS	S	M	L	XL
日本	68-71	71-76	76-84	84-94	94-104
イギリス	27	28-29	30-31	32-33	34-35

レディスシューズ

日本	22.0	22.5	23.0	23.5	24.0	24.5	25.0	25.5
イギリス	2	2.5	3	3.5	4	4.5	5	5.5

メンズシューズ

日本	25	25.5	26	26.5	27	27.5	28	28.5
イギリス	6	6.5	7	7.5	8	8.5	9	9.5

あなたの**旅の体験談**をお送りください

「地球の歩き方」は、たくさんの旅行者からご協力をいただいて、
改訂版や新刊を制作しています。
あなたの旅の体験や貴重な情報を、これから旅に出る人たちへ分けてあげてください。
なお、お送りいただいたご投稿がガイドブックに掲載された場合は、
初回掲載本を1冊プレゼントします！

ご投稿はインターネットから！

URL www.arukikata.co.jp/guidebook/toukou.html
画像も送れるカンタン「投稿フォーム」
※左記のQRコードをスマートフォンなどで読み取ってアクセス！

または「地球の歩き方　投稿」で検索してもすぐに見つかります

地球の歩き方 投稿 　検索

▶投稿にあたってのお願い

★ご投稿は、次のような《テーマ》に分けてお書きください。

《**新発見**》────ガイドブック未掲載のレストラン、ホテル、ショップなどの情報
《**旅の提案**》────未掲載の町や見どころ、新しいルートや楽しみ方などの情報
《**アドバイス**》────旅先で工夫したこと、注意したこと、トラブル体験など
《**訂正・反論**》────掲載されている記事・データの追加修正や更新、異論、反論など

> ※記入例「○○編20XX年度版△△ページ掲載の□□ホテルが移転していました……」

★**データはできるだけ正確に。**
ホテルやレストランなどの情報は、名称、住所、電話番号、アクセスなどを正確にお書きください。
ウェブサイトのURLや地図などは画像でご投稿いただくのもおすすめです。

★**ご自身の体験をお寄せください。**
雑誌やインターネット上の情報などの丸写しはせず、実際の体験に基づいた具体的な情報をお
待ちしています。

▶ご確認ください

※採用されたご投稿は、必ずしも該当タイトルに掲載されるわけではありません。関連他タイトルへの掲載もありえます。
※例えば「新しい市内交通バスが発売されている」など、すでに編集部で取材・調査を終えているものと同内容のご投稿をい
ただいた場合は、ご投稿を採用したとはみなされず掲載本をプレゼントできないケースがあります。
※当社は個人情報を第三者へ提供いたしません。また、ご記入いただきましたご自身の情報については、ご投稿内容の確認
や掲載本の送付などの用途以外には使用いたしません。
※ご投稿の採用の可否についてのお問い合わせはご遠慮ください。
※原稿は原文を尊重しますが、スペースなどの関係で編集部でリライトする場合があります。

旅の準備とテクニック
郵便・通信事情

絵はがきやインターネットなど旅先からの一報はどんな手段でも留守宅にはうれしいプレゼント。

郵便局

どんな小さな町にも郵便局はあり、通常の郵便物や小包を扱っている。雑貨屋さんが郵便局を兼ねていることも多い。

民間運送会社 国際宅配便の会社はDHL、FedEx、UPS、日本のヤマト運輸など数社あり、イギリス各地から日本に荷物を送ることができる。値段は郵便よりも高いが、確実に早く届くため、利用価値が高い。電話して荷物を取りに来てもらうこともできる。

公衆電話

携帯電話の普及により公衆電話は激減。伝統的な赤い電話ボックスは、電話の替わりにATMや救命具が置かれるなど、別の目的で使われているものも少なくない。公衆電話はコインやクレジットカードを使ってかけることができる。

携帯電話

ほとんどの携帯電話は海外で使うことができるが、国際電話は料金は高い。スマホなら、LINEやWhatsAPPなどの通話アプリ同士なら無料で通話できるし、既存の電話番号にかけるときでもSkypeを利用した方が割安になる。

プリペイドSIMカードを利用 SIMフリー対応のスマートフォンや携帯電話を持っているなら、現地のSIMカードを利用する手もある。SIMカードはVodafoneやThreeなど、現地の通信会社のショップで直接購入できるほか、日本にいる際にもAmazonなどのECサイトを通じて購入可能。現地の電話番号を得ることができるので、通話は国内通話扱いになる。

インターネット

イギリスではホテルやB&Bのほかカフェやパブなど多くの場所で無線LANを無料で利用できる。データ通信費を抑えるためには、P.593を参考に接続してみよう。

無線LAN(Wi-Fi) 主要空港をはじめ、ファストフード店、一部のカフェテリア、宿泊施設、列車内など料金はプロバイダーによって違い、無料で利用できるところも。ホテルではフロントなどでIDとパスワードを教えてもらえることが多い。

海外用モバイルWi-Fiルーター 海外用モバイルWi-Fiルーターのレンタルサービス。スマートフォンやタブレット端末、ノートPCで使うことができる。到着時からインターネットに接続できるので、急いでいる人にとってはありがたいサービスだ。申し込みは各社のウェブサイトや、成田や羽田などの空港にある各社の窓口で行うことができる。

■日本への郵便料金
100g以下の手紙：£2.20
500g以下の小包：£9.40 (船便)
：£15.45 (航空便)
1kg以下の小包：£11.80 (船便)
£21 (航空便)
2kg以下の小包：£14.30 (船便)
£26.85 (航空便)
ロイヤル・メール
URL www.royalmail.com

■海外用モバイルWi-Fiルーター取り扱い会社
グローバルWiFi
URL townwifi.com
イモトのWiFi
URL www.imotonowifi.jp
テレコムスクエア
URL www.telecomsquare.co.jp

現地で無線LANを使う

❶出国前にモバイルデータ通信を解除

iPhoneは設定→モバイル通信でモバイルデータ通信の項目をオフに設定
Androidは機種により設定画面や用語が異なるが、モバイルネットワークの項目で「データ通信を有効にする」の項目をオフにすればよい

❷Wi-Fiスポットを検出

Wi-Fiなどのメニュー項目から現在接続できるネットワーク（SSID）を検出する

❸パスワードを入力する

公衆無線LANはパスワードを入力する必要はなく、接続後に個人情報を登録する場合が多い。ホテルの場合はスタッフに聞く。カフェはレシートに記入してあったり、壁にパスワードが書かれていたりとさまざま

海外用モバイルWi-Fiルーターをレンタル

❶出発前に契約する

事前にインターネットなどで、海外用モバイルWi-Fiルーターのレンタルを申請し、空港で受け取る。空港のカウンターでもレンタルできる

❷現地到着後に利用

ネットワーク（SSID）を検出、パスワードを入力してルーターに接続する

現地のSIMカードを使う

❶出国前にモバイルデータ通信を解除

事前にSIMカードを抜いて保管しておこう。モバイル通信の解除法は左記を参照

❷現地でプリペイドSIMカードを購入

現地の携帯電話ショップなどでSIMカードを購入する。キャリアによってプランはさまざま

❸モバイルデータ通信を設定

モバイルデータ通信の設定は、APNやパスワードの入力が必要。設定は購入した販売店でスタッフに頼むとラク。ただし、端末の表示言語を英語に設定してから手渡す必要がある。
iPhoneは設定→一般→言語と地域→iPhoneの使用言語で設定
Androidは機種により設定画面や用語が異なるが、設定の項目で言語を変更可能

携帯電話会社のパケット定額を使う

キャリアによって異なるが、契約している国外の定額対象事業者の回線ならば定額でパケット通信が利用できる。パケット通信を使ったメールやアプリの利用は可能だが、現地での通話は別料金となることが多い。設定は基本的に不要だが、NTTドコモの「世界そのままギガ」などは事前に設定が必要。しかし、国や地域によって利用条件などは異なるので、利用する場合は事前に各キャリアのウェブサイトで確認しておこう

INFORMATION

イギリスでスマホ、ネットを使うには

　スマホ利用やインターネットアクセスをするための方法はいろいろあるが、一番手軽なのはホテルなどのネットサービス（有料または無料）、Wi-Fiスポット（インターネットアクセスポイント。無料）を活用することだろう。主要ホテルや町なかにWi-Fiスポットがあるので、宿泊ホテルでの利用可否やどこにWi-Fiスポットがあるかなどの情報を事前にネットなどで調べておくとよい。ただしWi-Fiスポットでは、通信速度が不安定だったり、繋がらない場合があったり、利用できる場所が限定されたりするというデメリットもある。そのほか契約している携帯電話会社の「パケット定額」を利用したり、現地キャリアに対応したSIMカードを使用したりと選択肢は豊富だが、ストレスなく安心してスマホやネットを使うなら、以下の方法も検討したい。

☆ 海外用モバイルWi-Fiルーターをレンタル

　イギリスで利用できる「Wi-Fiルーター」をレンタルする方法がある。定額料金で利用できるもので、「グローバルWiFi（【URL】https://townwifi.com/）」など各社が提供している。Wi-Fiルーターとは、現地でもスマホやタブレット、PCなどネットを利用するための機器のことをいい、事前に予約しておいて、空港などで受け取る。利用料金が安く、ルーター1台で複数の機器と接続できる（同行者とシェアできる）ほか、いつでもどこでも、移動しながらでも快適にネットを利用できるとして、利用者が増えている。

▼グローバルWiFi

　海外旅行先のスマホ接続、ネット利用の詳しい情報は「地球の歩き方」ホームページで確認してほしい。
【URL】http://www.arukikata.co.jp/net/

旅のトラブル

イギリスでは外国人を狙った凶悪犯罪は少ないが、楽しい旅が台無しにならないようにトラブル回避の基本的知識は身に付けたい。

イギリスの治安

イギリスは比較的安全な国ではあるが、日本よりも安全とはいえない。特に、ロンドンやエディンバラ、グラスゴーなど、大都市であるほど、犯罪件数も多い。都市部に行ったら、気を引き締めるよう心がけたい。

スリに注意！ 地下鉄や駅構内など、人混みでのスリも多い。地下鉄などで、バッグのひもを切られて、そのまま持ち逃げされたという話も耳にする。外から見えるバッグに多額の現金を入れておくのはやめ

公共交通機関を利用するときは荷物から目をはなさないように

よう。気をつけているつもりでも、スリやひったくりに遭ってしまうこともある。また、持ち歩く現金は、いつも少なめにしておきたい。歩行者にケチャップなどを意図的につけ、それに気を取られている隙に荷物を盗むというタイプのスリもロンドンを中心に発生している。

置き引きに注意 高級ホテルでは、ビュッフェスタイルの朝食が多いが、荷物を椅子に置いたまま料理を取りに行ったりしないこと。駅でも同じだが、荷物を手から離したら、持っていってもいいと言っているようなものだ。

貴重品の管理とトラブル対処法

パスポートや航空券、予備のクレジットカードは、ホテルにセーフティボックスがあれば預けてもよいだろう。

クレジットカードを紛失した場合は、一刻も早くカード会社に連絡を取らなければならない。たいていのカード会社では、海外専用の日本語で応対してくれる連絡先をもっているので、その連絡先を控えておくといいだろう。

パスポート（旅券）をなくしたら

万一パスポート（以下旅券）をなくしたら、まず現地の警察署へ行き、紛失・盗難届出証明書を発行してもらう。次に日本大使館・領事館で旅券の失効手続きをし、新規旅券の発給または、帰国のための渡航書の発給を申請する。

旅券の顔写真があるページと航空券や日程表のコピーがあると手続きが早い。コピーは原本とは別の場所に保管しておこう。2023年3月27日以降は、戸籍謄本の提出が必要となるので注意。

■**在英国日本国大使館**
Embassy of Japan
Map P.66-B3
🏠101-104 Piccadilly,
London, W1J 7JT
☎(020)7465 6500
🌐www.uk.emb-japan.go.jp/itprtop_ja/index.html

■**在エディンバラ日本国総領事館**
Consulate General of Japan
Map P.514-A2
🏠2 Melville Crescent,
Edinburgh, EH3 7HW
☎(0131)225 4777
🌐www.edinburgh.uk.emb-japan.go.jp/itprtop_en/index.html

■**外務省海外安全ホームページ**
🌐www.anzen.mofa.go.jp

■**緊急時の電話番号**
警察・救急車・消防 ☎999

Information

渡航先で最新の安全情報を確認できる「たびレジ」に登録しよう

外務省の提供する「たびレジ」に登録すれば、渡航先の安全情報メールや緊急連絡を無料で受け取ることができる。出発前にぜひ登録しよう。
🌐www.ezairyu.mofa.go.jp

旅券関連、必要書類および費用
■**失効手続き**
・紛失一般旅券等届出書
・共通：写真（縦45mm×横35mm）1枚 ※3
■**発給手続き**
・新規旅券：一般旅券発給申請書、手数料（10年用旅券1万6000円、5年用旅券1万1000円）※1 ※2
・帰国のための渡航書：渡航書発給申請書、手数料（2500円）※2
・共通：現地警察署の発行した紛失・盗難届出証明書
・共通：写真（縦45mm×横35mm）1枚 ※3
・共通：戸籍謄本 1通 ※4
・帰国のための渡航書：旅行日程が確認できる書類（旅行会社にもらった日程表または帰りの航空券）

※1：改正旅券法の施行により、紛失した旅券の「再発給」制度は廃止
※2：支払いは現地通貨の現金で
※3：撮影から6ヵ月以内、IC旅券作成機が設置されていない在外公館での申請では、写真が3枚必要
※4：発行から6ヵ月以内。帰国のための渡航書の場合は原本が必要

イギリスの病気と受診情報

新ゆり内科院長　高橋央

　海外旅行では、環境の変化、疲労、ストレスなどからさまざまな病気にかかる可能性がある。また、旅先ならではの風土病や感染症にも気をつけなければならない。ここでは、イギリスを旅するときによく問題となる病気を簡単に解説し、受診に役立つ情報も記載した。帰国後発病することもあるので、旅の前後に一読してほしい。

　食中毒／旅行者下痢

　海外旅行中の下痢に関して多い誤りは、水分を取るとさらに下痢するからといって、飲水を控えること。下痢で失った水分を補給しないと、脱水に陥る。下痢は腸内の有害物質を体外へ押し出そうとする生体防御反応なので、**下痢止めを乱用するのも考えもの。**

　脱水がひどく、朦朧とした受け答えしかできない場合は、至急病院で受診すべき病態と心得よう。下痢症状が軽くても、**血性の下痢（血液が変性して、黒褐色のこともある）**の場合も、ただちに医師の診察を受けるのがよい。

　薬局で抗生剤を入手するためには医師の処方箋が必要。しかし全般的には、旅行中の下痢で抗生剤治療が必要な場合は少ない。抗生剤を服用すると、必要な腸内細菌まで死滅することに注意しよう。下痢が消失するまでは、おなかを冷やさない温飲料のほうがよい。コーヒーは胃を刺激するので避ける。

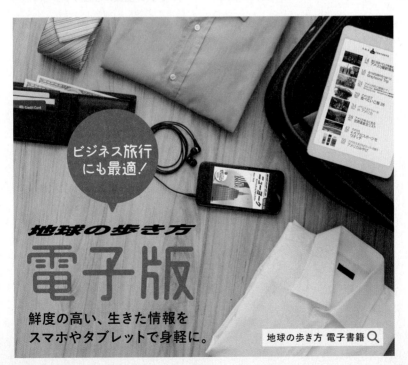

予防策 下痢を予防するためには、不衛生な食べ物や水を取らないことだ。成分表示に注意してミネラルウオーターを飲んだほうがよいこともある。食べ物ではハンバーグなど生焼けの肉類や生ガキには注意が必要だ。

ロングフライト症候群
（下肢深部静脈血栓症＋肺静脈血栓塞栓症）

この病気は、水分が不足した状態で機内のような低湿度の環境下で長時間同じ姿勢を取っていると起こりやすい。下肢の奥のほうにある静脈に**血栓**ができ、体動時に剥がれて肺に到達し、肺静脈を詰まらせて**突発性の呼吸困難**が起こり、心臓機能を低下させる。重症の場合、死にいたることもある。

日本とイギリスの飛行時間は約12時間で、この病気のリスクは高い。機内では1時間に80ccの水分が失われるので、それ以上の水分を補給する。イオン飲料ならば効果的。ビールは利尿作用があり、他の酒類も

ミネラルウオーターは機内でも配られるが、空港でも売られている

アルコール分解に水分が必要なため逆効果である。血栓予防には**適宜体を動かす**ことも効果的なので、数時間ごとに席を立つなど、いろいろと工夫してみよう。

ウイルス性肝炎

肝炎は現在A～E型の5つが知られているが、旅行者が用心しなければならないのは、**経口感染するA型とE型**。感染後4～6週間ほどで急激な発熱、下痢、嘔吐などがあり、数日後には黄疸が出る。

A、E型ウイルスは、汚染された食品や水を通して感染することが多い。**A型肝炎はカキなど生鮮魚介類に、E型はシカやイノシシの生肉**に注意する。

緊急時の医療会話

●ホテルで薬をもらう

具合が悪い。
アイ フィール イル
I feel ill.

熱があります。
アイ ハ ヴ ア フィーヴァー
I have a fever.

下痢止めの薬はありますか。
ドゥ ユー ハ ヴ アン アンティダイリエル メディスン
Do you have an antidiarrheal medicine?

解熱剤はありますか。
ドゥ ユー ハ ヴ アン アンティパイレティック
Do you have an antipyretic?

最寄りの薬局はどこですか?
ホェ ア イズ ザ ニアレスト ファーマシィ
Where is the nearest pharmacy?

●病院へ行く

近くに病院はありますか。
イズ ゼア ア ホスピタル ニア ヒア
Is there a hospital near here?

日本人のお医者さんはいますか。
アー ゼア エニー ジャパニーズ ドクターズ
Are there any Japanese doctors?

タクシーを呼んでください。
クッデ ユー コール ミー ア タクシー
Could you call me a taxi?

病院へ連れて行ってください。
クッデ ユー テイク ミー トゥ ザ ホスピタル
Could you take me to the hospital?

●病院での会話

診察を予約したい。
アイドゥ ライク トゥ メイク アン アポイントメント
I'd like to make an appointment.

グリーンホテルからの紹介で来ました。
グリーン ホテル イントロデュースド ユー トゥ ミー
Green Hotel introduced you to me.

私の名前が呼ばれたら教えてください。
プリーズ レッ ミー ノウ ウェン マイ ネイム イズ コールド
Please let me know when my name is called.

●診察室にて

入院する必要がありますか。
ドゥ アイ ハ フ トゥ ビー アドミティド
Do I have to be admitted?

次はいつ来ればいいですか。
ホェン シュッダイ カム ヒア ネクスト
When should I come here next?

通院する必要がありますか。
ドゥー アイ ハ フ トゥ ゴー トゥ ホスピタル レギュラリ
Do I have to go to hospital regularly?

ここにはあと2週間滞在する予定です。
アイル ステイ ヒア フォー アナザー トゥ ウィークス
I'll stay here for another two weeks.

●診察を終えて

保険が使えますか。
ダ ズ マイ インシュアランス カヴァー イット
Does my insurance cover it?

保険の書類にサインをしてください。
プリーズ サイン オン ジ インシュアランス ペイパ
Please sign on the insurance papar.

日本語で受診できるロンドンの医療施設

■ジャパン・グリーン・メディカルセンター
Japan Green Medical Centre
Map P.72-73④C1
総合病院、日本語可
㊟10 Throgmorton Av.,
London, EC2N 2DL
☎(020)7330 1750
URL www.japangreen.co.uk
🕐9:00〜18:00（土 9:00〜14:00）　㊡日・祝

■**Dr.伊藤クリニック Dr. Ito Clinic**
Map P.66-67①A1
整形外科、外科、内科。日本語可
㊟96 Harley Street, London, W1G 7HY
☎(020)7637 5560
URL www.dritoclinic.co.uk
🕐9:00〜18:00　㊡土・日・祝

■ロンドン医療センター
London Iryo Centre
総合病院、日本語可
㊟234-236 Hendon Way, London,
NW4 3NE
☎(020)8202 7272
URL www.iryo.com
🕐月〜金9:00〜13:00　15:00〜18:00
　　土9:00〜12:00　14:00〜18:00
　　日10:00〜12:00
（日曜と祝祭日は追加料金）

旅の言葉

イギリスを旅行するのだから、ちゃんとした英語を話さなければ、と何も身構える必要はない。もちろん、より整った英語を話せるよう日々努力することは大切だが、肝心なときに、何も言えないようでは意味がない。旅を始めれば、"Where"や"How"、"When"といった疑問詞や必要な単語は、必要に迫られて自然に口から出てくるものだ。学校で習ったようなキチンとした構文で話さなくてもいい。伝えたい単語を並べるだけでも十分意思が通じることは多い。まずは自信をもって大きな声で話してみることだ。

Pleaseは万能選手 イギリス人が駅で切符を買う様子を見ていても、彼らは"Oxford, please."と行き先を言うだけ。銀行で両替をするときは"Exchange, please."、レストランで食べ物を注文するときもメニューを指して"○○（料理名）, please."を言うだけ。水が欲しいときは"Water, please."と手を挙げて言う。すべて"○○, please."で済ませることもできる。

発音するときは"プリーズ"の"ーズ"を上げ調子で言うのがコツ。下げ調子で発音すると、いんぎんな命令口調になってしまうので要注意。

Information

英語なのにチンプンカンプン？
イギリスでは地方により、独特のアクセントや言い回しがあり、ひと言しゃべっただけで出身地がわかってしまうのは有名な話。なかでもスコットランド訛りやリヴァプール訛りは、聞き取りづらく、慣れるのに時間がかかる。

Information

「Google翻訳」アプリ
レストランのメニューにかざすと画面上で翻訳してくれたり、日本語で話しかけると現地語の音声で返してくれるといった便利な機能があるので、あらかじめダウンロードしておくとよい。

知らずに言うと通じないこともあるかもしれないね

info　知っておきたい　英語と米語の違い

日本語	英語	米語	日本語	英語	米語
1階	ground floor	first floor	公立学校	state school	public school
2階	first floor	second floor	私立学校	public school	private school
エレベーター	lift	elevator	高速道路	motorway	freeway
列	queue	line	町の中心部	city centre	downtown
予約する	book	reserve	酒屋	off-license	liquor store
片道切符	single ticket	one-way ticket	薬局	chemist	drug store
往復切符	return ticket	round-trip ticket	映画館	cinema	movie theater
荷物預かり所	left luggage	baggage room	サッカー	football	soccer
地下鉄	underground	subway	トイレ	toilet	restroom
長距離バス	coach	bus	携帯電話	mobile phone	cell phone
ガソリン	petrol	gas	フライドポテト	chips	french fries
トランク	boot	trunk	ポテトチップ	crisps	chips
勘定書	bill	check	燻製にしん	kippers	smoked herring
休暇	holiday	vacation	ロータリー	roundabout	circle drive
祝日	bank holiday	legal holiday	秋	autumn	fall

旅の基本英会話

●銀行・両替所で

両替をお願いします。
エクスチェンジ　プリーズ
Exchange, please.

（お札を出しながら）小銭にしてください。
スモール　チェンジ　プリーズ
Small change, please.

おつりはありますか？
イズ　ゼ　ア　エニ　チェンジ
Is there any change?

●❶で

地図をください。
ア　マップ　プリーズ
A map, please.

ユースホステルはありますか？
イズ　ゼ　ア　ア　ユース　ホステル
Is there a Youth Hostel?

どうやって（どんな交通で）行けますか？
ハウ　カナイ　ゴー
How can I go?

●ホテルで

安く清潔なシングルルームをお願いします。
ア　チープ　クリーン　シングルルーム　プリーズ
A cheap, clean single room, please.

2泊したい。
フォー　トゥー　ナイツ　プリーズ
For two nights, please.

部屋を見せてもらえますか？
メイ　アイ　スィー　ザ　ルーム
May I see the room?

シャワー付きの部屋をお願いします。
ア　ルーム　ウィザ　シャワー　プリーズ
A room with a shower, please.

●通りで

道に迷ってしまいました。
アイム　ロスト
I'm lost.

〜に行きたい。
アイド　ライク　トゥ　ゴー　トゥ
I'd like to go to 〜.

トイレはどこですか？
ウェア　イザ　トイレット
Where is a toilet?

●列車・バスで

インヴァネスへの片道切符をください。
ア　スィングル　トゥ　インヴァネス　プリーズ
A single to Inverness, please.

インヴァネス行きは何番ホームですか？
ウィッチイズ　ザ　プラットフォーム　フォ　インヴァネス
Which is the platform for Inverness?

どこで乗り換えればいいのですか？
ウェア　シュダイ　チェンジ
Where should I change?

〜に着いたら教えてください。
プリーズ　テル　ミー　ウェン　ウィー　ゲットゥー
Please tell me when we get to 〜.

●お店・レストランで

これをください。
ディスワン　プリーズ
This one, please.

ちょっと見ているだけです。
（アイム）　ジャスト　ルッキング
(I'm) just looking.

試着（試食）してみていいですか？
カナイ　トライ
Can I try?

お勘定をお願いします。
ザ　ビル　プリーズ
The bill, please.

●困ったとき

助けて！　ヘルプ
　　　　　Help!

出ていけ！　ゲタウト
　　　　　Get out!

どろぼう！　ロバー
　　　　　Robber!

警察を呼んでください
コール　ザ　ポリース
Call the police.

警察はどこですか？
ホウェアズ　ザ　ポリース　ステイション
Where's the police station?

パスポートをなくしました。
アイヴ　ロスト　マイ　パスポート
I've lost my passport.

財布を盗まれました。
サム　ワン　ストール　マイ　ウォレット
Someone stole my wallet.

カバンをひったくられました。
サム　ワン　スナッチト　マイ　バッグ
Someone snatched my bag.

紛失（盗難）証明書をお願いします。
ア　ロスト（セフト）　リポート　プリーズ
A lost(theft) report, please.

日本大使館に連絡してください。
プリーズ　コール　ジ　エンバシー　オブ　ジャパン
Please call the Embassy of Japan.

交通事故に遭いました。
アイ　ハッド　ア　トラフィック　アクシデント
I had a traffic accident.

強盗に遭いました。
アイヴ　ビーン　ロブド
I've been robbed.

イギリス略年表

いまだに多くの謎が残るストーンヘンジ

時代	年代	事項	補足
先史時代	紀元前4000年頃	オークニー諸島のスカラ・ブレエなどに集落が作られ始める	
	紀元前3000年頃	**ストーンヘンジが造られる**	
	紀元前700年頃	ヨーロッパ大陸から鉄器を用いるケルト人が渡ってくる	
ローマ時代	43年	ローマ帝国、ブリテン島南部を占領	
	60年	ケルト人の女王ボアディカがローマに対して反乱を起こす	
	122年	ハドリアヌスの城壁が建設される	
	142年	アントニヌスの城壁が建設される	☞ 164年に破棄される
	306年	コンスタンティヌス1世、ヨークでローマ帝国の西の正帝に推挙される	☞ ローマ帝国を再統一。313年にはローマ帝国でキリスト教の信仰を認める
	410年	ローマ軍、ブリタニアから撤退	
アングロ・サクソン王国時代	5世紀中頃	アングル族、サクソン族、ジュート族がドイツ北部やユトランド半島からブリテン島に侵入	☞ 7つの王国＝ヘプターキー（ノーザンブリア、マーシア、イーストアングリア、エセックス、ウェセックス、ケント、サセックス）をつくって争う
	563年	聖コロンバ、スコットランドのアイオーナ島でケルト系キリスト教布教を開始	
	597年	**聖アウグスティヌス**、イングランドのケント王をローマ・カトリックのキリスト教に改宗させるのに成功	
	599年	レドワルド、イーストアングリアの王に即位	☞ 死後、サットン・フーの船葬墓に埋葬されたと考えられている
	664年	ウィットビー宗教会議	☞ 以後イングランドではケルト系キリスト教よりローマ・カトリックが支配的になる
	731年	ビード『イギリス民族教会史』	
	8世紀末	ヴァイキングのイギリス侵入	
	829年	ウェセックス王エグバート、イングランドを統一	
	871年	ウェセックス王アルフレッド（アルフレッド大王）即位	☞ デーン人を破り、アングロ・サクソンの諸部族を支配下におき、全イングランドの王として認められる
	1016年	デーン人のカヌートがイングランドを征服する	☞ カヌートはデンマーク、ノルウェー、スウェーデンなどスカンジナビア半島とブリテン島など広大な領域を支配するが、わずか20年でその支配は崩壊する
	1042年	エドワード懺悔王が即位	☞ 死後、後継者を巡って対立
ノルマン朝	1066年	ヘイスティングズの戦い	☞ ノルマンディー公ギヨームがヘイスティングズの戦いで、イングランド王のハロルドを破り、ウェストミンスター寺院で戴冠。ウィリアム1世となる
	1086年	ウィリアム1世、ドゥームズデイ・ブックの作成	
	1100年	ヘンリー1世即位	☞ 1120年に息子が船の事故で死亡。嫡子が娘のマチルダだけになる

無政府時代	1127年	ヘンリー1世、マティルダ（通称モード）を後継者に指名	☞ ノルマンディー諸侯の反発を招く
	1135年	ブロワ家のエティエンヌがロンドンを掌握	☞ イングランド王スティーブンとして即位
	1141年	リンカンの戦い	☞ マティルダの勢力がリンカンでスティーブン軍を破る
	1154年	マティルダの息子アンジュー伯アンリ、ヘンリー2世として即位	☞ 王妃はアキテーヌ公のアリエノール・ダキテーヌ。夫婦で英仏にまたがる広大な領土を統治
	1167年	**オックスフォード大学創立**	
	1170年	ペンブルック伯ストロングボウに率いられたノルマン人がアイルランドを侵略	
	1170年	大司教トーマス・ベケットがカンタベリー大聖堂で暗殺される	

クライストチャーチ・カレッジ

プランタジネット朝	1189年	リチャード1世（獅子心王）、十字軍に出発	☞ 1191年、リチャード1世、アルスフの戦いでサラーフ・アッディーン（サラディン）に勝利
	1204年	ジョン王、ノルマンディー領を失う	
	1209年	ジョン王、ローマ教皇に破門される	
	1209年	ケンブリッジ大学創立	
	1215年	ジョン王、マグナ・カルタに署名	
	1265年	シモン・ド・モンフォール、議会を召集	☞ イングランド議会の基礎になる
	1277年	エドワード1世、ウェールズに侵攻	☞ アイアンリングと総称される城を築く
	1295年	模範議会召集	
	1296年	エドワード1世、スコットランド遠征	☞ 戦利品として運命の石を持ち帰る
	1297年	スターリングブリッジの戦い	☞ ウィリアム・ウォリス、イングランド軍を破る
	1301年	エドワード1世、生まれたばかりの息子にウェールズ大公の称号を授ける	☞ 以来、プリンス・オブ・ウェールズがイングランド次期王位継承者の称号になる
	1314年	バノックバーンの戦い	☞ スコットランド王ブルース、イングランドを破る
	1328年	ノーザンプトン条約でスコットランドの独立が承認される	
	1337年	百年戦争（対フランス）勃発	☞ エドワード3世の母がフランス王家のため、フランス王位継承権を主張
	1343年	ジェフリー・チョーサー生まれる	☞ 『カンタベリー物語』の作者、「英詩の父」
	1341年	イングランド議会、二院制となる	
	1349年	ペスト大流行	
	1381年	ワット・タイラーの一揆	
	1382年	ウィクリフ、初の英訳聖書を出版	
	1382年	最古のパブリック・スクール、ウィンチェスター・カレッジ創立	

ランカスター朝	1399年	リチャード2世、クーデターによって王座を追われる。ヘンリー4世即位	
	1413年	セント・アンドリューズ大学創立	
	1415年	アジャンクールの戦い	
	1422年	**ヘンリー6世即位**	
	1453年	百年戦争終結	

ヘンリー6世の治世にイギリスは百年戦争に敗北した

	1455〜85年	バラ戦争	☞ 赤バラのランカスター家vs白バラのヨーク家
	1460年	ヨーク家がノーザンプトンの戦いでランカスター家に勝利	

	年	出来事		備考
ヨーク朝	1461年	ヨーク家がランカスター家を破る	☞	1461年、エドワード4世即位
	1465年	ヘンリー6世がロンドン塔に幽閉される		
	1470年	エドワード4世、ランカスター家の反撃に遭い、フランスへ逃亡	☞	1471年、バーネットの戦いでエドワード4世が勝利し、復位
	1483年	リチャード3世即位		
テューダー朝	1485年	ボズワースの戦いでヘンリー・テューダーがリチャード3世を破る	☞	ヘンリー7世として即位。エドワード4世の娘と結婚し、ランカスター家とヨーク家が統合
	1509年	ヘンリー8世即位		
	1534年	国王至上法制定、英国国教会創設 ———		
	1536年	イングランド、ウェールズを併合		
	1536年	修道院解散		
	1553年	メアリー1世即位、カトリックに回帰		
	1558年	大陸最後のイギリス領、カレー陥落		
	1558年	エリザベス1世即位		
	1559年	国王至上法、統一法を制定	☞	再びカトリックから英国国教会に
	1564年	シェイクスピア生まれる		
	1577年	フランシス・ドレーク、世界一周の航海に向けプリマス港を出港	☞	世界一周を達成し、1580年にプリマス港に帰航
	1587年	スコットランド女王メアリー・ステュアート、処刑される		
	1588年	スペイン無敵艦隊を破る		
	1600年	イギリス東インド会社設立		
前期ステュアート朝	1603年	ジェイムズ1世即位	☞	スコットランド王ジェイムズ6世、ジェイムズ1世としてイングランド王に即位
	1605年	火薬陰謀事件	☞	王と国会を爆破しようとしたガイ・フォークスらの陰謀、失敗
	1620年	ピルグリム・ファーザーズ、メイフラワー号でアメリカへ出港		
	1625年	チャールズ1世即位		
	1628年	権利の請願		
	1642年	ピューリタン革命		
共和制	1649年	チャールズ1世、処刑される	☞	オリバー・クロムウェル、共和政布告
	1658年	オリバー・クロムウェル死去	☞	リチャード・クロムウェル、護国卿となる
後期ステュアート朝	1660年	王政復古	☞	チャールズ2世即位
	1665年	ロンドンでペスト大流行		
	1666年	ロンドン大火		
	1675年	グリニッジ天文台設立される ———		
	1679年	人身保護令成立		
	1687年	ニュートン、万有引力の法則を発表		
	1688年	名誉革命	☞	オレンジ公ウィリアム（ウィリアム3世）とメアリー2世、夫婦で即位
	1689年	ジェイムズ2世、王位復権のためアイルランドに上陸	☞	ウィリアム3世の軍が、ボイン川の戦いでジェイムズ2世の軍を破る
	1694年	イングランド銀行創立		
	1707年	イングランド、スコットランドを統合「グレート・ブリテン」誕生		

カンタベリー大聖堂

グリニッジの旧天文台

1715年	ジャコバイトの反乱	☞	ジェイムズ・エドワード・ステュアート、王位を主張
1746年	カローデンの戦い	☞	ジェイムズの息子「ボニー・プリンス・チャーリー」、カローデンの戦いで敗れ、フランスへ逃れる
1753年	大英博物館設立		
1755年	ジョンソン『英語辞典』		
1775〜83年	アメリカ独立戦争		
1801年	アイルランド併合	☞	イギリス国旗、現在のユニオン・ジャックになる
1801年	ロンドン証券取引所開設		
1805年	トラファルガーの海戦	☞	ネルソン提督、フランス・スペイン連合軍を破る
1807年	奴隷貿易禁止		
1813年	ジェーン・オースティン『高慢と偏見』		
1815年	ワーテルローの戦い	☞	ウェリントン公、ナポレオンを破る
1825年	ストックトン・ダーリントン鉄道開業	☞	蒸気機関車を使った世界最初の鉄道
1830年	リヴァプール・マンチェスター鉄道開業	☞	世界最初の蒸気機関専用鉄道
1833年	奴隷制度廃止		
1837年	**ヴィクトリア女王即位** ———		
1845年	アイルランド大飢饉		
1847年	エミリー・ブロンテ『嵐が丘』		
1851年	第1回万国博覧会、ロンドンで開催		
1859年	ダーウィン『種の起源』		
1860年	ゴルフ第1回全英オープン選手権開催		
1863年	**ロンドンの地下鉄 開業** ———		
1871年	サッカー第1回FAカップ開催		
1887年	コナン・ドイル『緋色の研究』		
1901年	ビアトリクス・ポター『ピーターラビットのおはなし』		
1912年	タイタニック号沈没事故		
1914〜18年	第1次世界大戦		
1921年	アガサ・クリスティ『スタイルズ荘の怪事件』		
1922年	アイルランド自由国成立		
1922年	英国放送協会（BBC）設立		
1936年	エドワード8世、シンプソン夫人との結婚を選び王位を放棄	☞	弟のアルバート公がジョージ6世として即位
1939〜45年	第2次世界大戦		
1949年	アイルランド共和国独立	☞	エール共和国（南アイルランド）、アイルランド共和国として独立
1949年	北大西洋条約機構（NATO）調印		
1952年	エリザベス2世即位		
1971年	十進法通貨導入	☞	1ポンド＝20シリング＝240ペンスだったのが1ポンド＝100ペンスになる
1981年	チャールズ皇太子、ダイアナ・スペンサー嬢と結婚	☞	1982年ウィリアム王子、1984年ヘンリー王子が誕生
1999年	貴族院改革	☞	世襲議員のほとんどが議席を失う
2011年	ウィリアム王子、ケイト・ミドルトン嬢（キャサリン妃）と結婚	☞	2012年ジョージ王子、2015年シャーロット王女、2017年ルイ王子が誕生
2020年	EUから離脱		
2022年	エリザベス2世崩御	☞	チャールズ3世即位

左側縦書き：ハノーヴァー朝／ウィンザー朝

ヴィクトリア女王の肖像画

UNDERGROUND

初めは蒸気機関車が走った

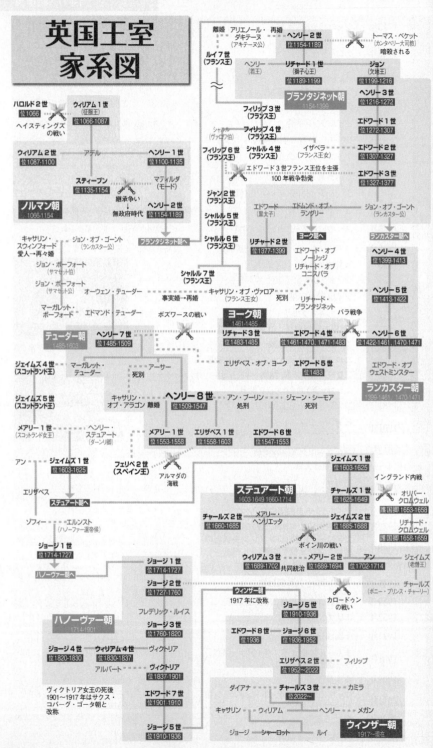

英国王室家系図

見どころをより深く
理解できる　人物・用語集

アーサー王 (5-6世紀?)【伝説の王】

ブリトン人を率いてサクソン人を撃退したと伝えられる伝説の王。アーサー王の物語では王の家臣の12人の円卓の騎士とともに活躍する。アーサー王が歴史的に実在したかどうかはわかっていない。

関連項目 グレート・ホール ➡P.237
グラストンベリー ➡P.279

アガサ・クリスティ (1890-1976)【作家】

ミステリーの女王と呼ばれる推理作家。小説の総売上は20億部といわれ、聖書やウィリアム・シェイクスピアの売り上げには届かないものの、著作権のある作家としての売り上げは世界一を誇る。戯曲は15作を残しており、そのひとつ『マウストラップ』は1951年の初演以来現在まで70年以上にわたるロングランを続けている。トーキー郊外で生まれ、この地に深い愛着をもっており、彼女の作品にはデヴォン州の海岸リゾートやダートムーアが頻繁に登場している。

➡特集記事 P.246

アルマダの海戦 (1588)【歴史】

スペイン国王フェリペ2世が1588年に無敵艦隊（アルマダ）を派遣し、エリザベス1世治世下のイギリス上陸を狙いイングランド海軍と衝突した戦い。海賊上がりのドレーク提督らがイングランド海軍が英仏海峡で自軍の船をぶつける戦術などで、無敵艦隊を撃破した。

アルマダの海戦の原因はいくつかあるが、最も大きかったのは、スコットランド女王メアリーをエリザベス1世が処刑したことに対する報復だと考えられている。カトリックのフェリペ2世はエリザベス1世の姉で同じくカトリックのメアリー1世の夫でもあり、彼女の死去までイングランドの共同統治者だった。メアリーの死後はプロテスタントのエリザベス1世が後を継ぐが、カトリックの論理としては、そもそもエリザベスには王位継承権がなく、スコットランド女王のメアリー・スチュアートがイングランド王位に就くべきと考えられていた。

関連項目 プリマス ➡P.251

アルフレッド大王 (849-899)【国王】

デーン人（ヴァイキング）の侵略と戦い、教育の振興に努めたサクソン人の王国ウェセックスの王。デーンローと呼ばれるデーン人の支配地域をのぞくイングランド全域を勢力下に置いた。イングランド王で大王と言われているのはアルフレッド大王のみ。

➡欄外コラム P.236
関連項目 ウィンチェスター ➡P.235

アン・ブーリン (1507?-1536)【王妃】

ヘンリー8世の2番目の妻で、元々はヘンリー8世の最初の妻、キャサリン・オブ・アラゴンの侍女だった。ヘンリーとアンとの結婚はイングランドがカトリックから独立した英国国教会の設立につながった。ヘンリーとの間に後のエリザベス1世をもうけるが、その後は流産をし、待望の男児を産むことはできなかったため、ヘンリーに見限られ、姦通、国王暗殺などの罪を押しつけられ、ロンドン塔で処刑された。彼女の生涯は『ブーリン家の姉妹』として映画化されている。

関連項目 ロンドン塔 ➡P.140
ヒーヴァー城 ➡P.191

ヴィクトリア女王 (1819-1901)【国王】

大英帝国の最盛期を象徴する女王で初代インド皇帝。ヴィクトリアの滝やカナダ西部のヴィクトリアなど世界中の植民地にその名を冠した地名が付けられた。家屋などの建築、パブの内装、家具など色々な工芸の様式がヴィクトリアン様式と呼ばれている。夫のアルバート公との間に4男5女をもうけ、ヨーロッパ諸国との王室と婚姻関係を結び、独自の外交を進めた。

関連項目 ケンジントン宮殿 ➡P.143
オズボーン・ハウス ➡P.229

ウィリアム・ウォリス (1270-1305)【軍人】

イングランドのスコットランド支配に抵抗し、スコットランド貴族勢力をまとめあげた。1297年にはスターリングブリッジでイングランド軍に勝利した。しかしその後スコットランド貴族の裏切りに遭い、1305年にロンドンで処刑された。スコットランドでは今でも英雄視されており、その生涯は映画『ブレイブハート』の題材となった。

関連項目 ウォリス・モニュメント ➡P.548

ウィリアム・シェイクスピア (1564-1616)

【劇作家】イギリスを代表する劇作家。
➡特集記事 P.330

ウィリアム1世 (1028-1087)【国王】

ウィリアム征服王ともいわれる。もともとはフランスのノルマンディー公国の公爵で、ノルマンディー公としてはギヨーム2世。イングランドのエドワード懺悔王の死後の後継者争いに名乗りを上げ、ノルマンディーからブリテン島に渡り、1066年にヘイスティングズでハロルド2世に勝利。ウェストミンスター寺院でイングランド王に戴冠した。ウィリアム1世による征服（ノルマン・コンクエスト）でサクソン人やデーン人の勢力が衰退し、代わりに北フランス出身のノルマン貴族がウィリアムから多くの領地を分け与えられた。

関連項目 ロンドン塔 ➡P.140
ヘイスティングズ城 ➡P.213
バトルフィールド＆アビー ➡P.213

ウィンストン・チャーチル (1874-1965)
【政治家・軍人】

1874年にブレナム宮殿で生まれる。第1次・2次世界大戦期に海軍大臣、第2次世界大戦時代と戦後に首相を務めた。また、戦後に回顧録を執筆し、ノーベル文学賞を受賞した。

関連項目 チャーチル戦時執務室 ➡ P.150
ブレナム宮殿 ➡ P.325

ウェリントン公爵 (1769-1852)
【政治家・軍人】

本名アーサー・ウェルズリー。ナポレオン率いる12万の軍を1815年にベルギーのブリュッセル郊外のワーテルローで撃破した。その後政界でも活躍し2期にわたって首相を務めた。同じくナポレオン戦争で活躍したネルソン提督同様、ロンドンのセント・ポール大聖堂に埋葬されている。

関連項目 セント・ポール大聖堂 ➡ P.136
アプスリー・ハウス ➡ P.150

ウォルター・スコット (1771-1832)
【詩人・作家】

『湖上の美人』『アイバンホー』などの作品で知られるスコットランドの詩人、作家。

関連項目 エディンバラ城 ➡ P.519
スコット・モニュメント ➡ P.525

エドワード1世 (1239-1307)【国王】

政治、軍事ともに長けた名君で、身の丈190cmを越える長身だったとされる。皇太子時代に第8回十字軍に参加し、その帰路に父で前王ヘンリー3世の死去を知らされる。ブリテン島統一のため、北ウェールズ侵攻に際し、コンウィ城やカナーヴォン城などを築城した。ウェールズ征服後は、息子で後のエドワード2世をウェールズ公としたことから、以降英国皇太子がプリンス・オブ・ウェールズと呼ばれることになった。さらにスコットランドも制圧し、スコットランド王が代々戴冠式のときに使う「運命の石」をイングランドへ持ち帰った。活発な対外活動が目立つが、1295年に各州と都市の代表が参加する、いわゆる「模範議会」を招集したことでも知られる。スコットランドの独立を扱った映画『ブレイブハート』では典型的な悪役として描かれている。

関連項目 カナーヴォン城 ➡ P.504
ボーマリス城 ➡ P.505
コンウィ城 ➡ P.505

エドワード5世 (1470-1483?)【国王】

エドワード4世の息子。エドワード4世が死去した後に即位するはずだったが、即位前にロンドン塔で弟のリチャードとともに忽然と姿を消し、現在にいたるまでその消息はわかっていない。「塔の中の王子たち」とも呼ばれる。叔父のリチャード3世がその後即位したことから、リチャードがこの失踪事件に関わっていると広く言われ、シェイクスピアの『リ

チャード3世』でもそのように描かれているが、現在では否定する見方が強い。

関連項目 ロンドン塔 ➡ P.140

エミリー・ブロンテ (1818-1848)【作家】

ブロンテ3姉妹の次女。1847年に出版した長編小説『嵐が丘』の作者として名高い。『嵐が丘』は出版当時は不評だったが、作者の没後評価が高まり、物語の舞台で、彼女が暮らしたハワースには今も多くのブロンテ・ファンが集まる。

関連項目 ハワース ➡ P.480

エリザベス1世 (1533-1603)【国王】

テューダー朝最後の国王で生涯を独身で通した。ヘンリー8世と2番目の王妃アン・ブーリンとの間に生まれる。カトリックだった先代女王で姉のメアリー1世の政策をあらため、イギリス国教会の基礎を盤石とした。これによりスペインとの対立が深まったため、アルマダの海戦が起きるが、これに勝利。イギリス黄金時代の幕を開いた。

関連項目 ウェストミンスター寺院 ➡ P.118
ロンドン塔 ➡ P.140
グリニッジ ➡ P.182
聖メアリー・レッドクリフ教会 ➡ P.278

キャサリン・オブ・アラゴン (1485-1536)【王妃】

スペインのフェルナンド2世とイサベル1世の娘。当初ヘンリー7世の長男アーサーに嫁いだが、アーサーがすぐ亡くなったため、弟のヘンリー8世と再婚した。男児の世継を切望されたが、流産や夭折を繰り返し、ただひとり育ったのは女児のメアリー（後のメアリー1世）だった。ヘンリーとは20年以上にもわたり連れ添ったが、男子を産めなかったこと、ヘンリーの心がアン・ブーリンに移っていたことで離縁させられる。その際にヘンリーは離婚を認めないカトリック教会から離れ、イギリス国教会を設立している。離縁後もスペインに戻ることはなくイングランドで亡くなり、ピーターバラ大聖堂に埋葬された。

関連項目 リーズ城 ➡ P.191
ピーターバラ大聖堂 ➡ P.367

キャサリン・パー (1512-1548)【王妃】

ヘンリー8世の6番目の妻。庶子扱いされていた後のメアリー1世、エリザベス1世にも王位継承権が与えられるようヘンリー8世と掛け合うなど、義理の娘たちとの仲も良好だった。ヘンリー8世の死後約4ヵ月でかつての恋人であったトーマス・シーモアと再婚。エリザベスとともにシーモア家で暮らすようになるが、キャサリンの妊娠中に、エリザベスが夫の寝室に出入りしているとの噂が立ち、エリザベスを家から追い出している。その後出産し、女の子を産むが、数日後に産褥熱で死亡。

関連項目 シュードリー城 ➡ P.297

クリストファー・レン (1632-1723)【建築家】

バロック様式など当時ヨーロッパで最先端の建

築様式をイギリスに紹介し、独自に発展させた大建築家。1666年に起こったロンドン大火からの復興に活躍した。解剖学、数学、天文学など多くの学問に秀でた天才で、世界で最も古い科学協会である王立協会設立時のメンバー。

クロムウェル (1599-1658)【政治家・軍人】

本名オリバー・クロムウェル。裕福なジェントリの生まれで、1628年に議員となった。王党派と議会派に別れて争ったイングランド内戦中に頭角を現し、鉄騎隊を率いて1645年のネーズビーの戦いでチャールズ1世に勝利した。議会派のなかでも国王に妥協を見せる長老派を締め出し、議会派の主導権を握った。その後再び挙兵したチャールズ1世を処刑し、自らが護国卿となって共和国を成立させた。反対勢力の拠点だったアイルランドやスコットランドを平定しつつ、1658年に没するまで軍事独裁を続けた。

ジェーン・オースティン (1775-1817)
【作家】

『高慢と偏見』、『エマ』などで知られるイギリスを代表する女流作家。当時の中流社会の日常生活をユーモアを交えながら描写し、英文学の古典として広く読まれている。また、彼女が執筆した長編6作品はいずれも映像化されており、彼女自身の生涯も2007年アン・ハサウェイ主演の『ジェーン・オースティン 秘められた恋』で映画化された。

➡関連コラム P.274

7王国 (ヘプターキー)【歴史】

ローマ支配の後、ブリテン島に渡ってきたアングロ・サクソン人によって建てられた7つの王国の総称。北東部のノーザンブリア、中央部のマーシア、南東部のエセックス、南西部のウェセックス、東部のイースト・アングリア、南東部のケント、南部のサセックスを指す。

シャーロット・ブロンテ (1816-1855)
【作家】

ブロンテ3姉妹の長姉。1847年に出した小説『ジェーン・エア』は、経済的に自立し、自由恋愛を貫くというヴィクトリア朝時代の社会通念に反する女性を描き、人気を集めた。当時は女性への偏見が強かったことから、カラー・ベルという名前で作品を発表している。存命中にその才能が正しく評価されなかった妹たちとは異なり、シャーロットは生前から人気を集め、ときおりロンドンを訪問し、当時の著名な作家と交流している。1854年ハワース教会で結婚、翌年、妊娠中毒症で亡くなった。

ジャコバイト【歴史】

ジェイムズ2世が廃位され、オランダからウィリアム3世を迎えた1688年の名誉革命に反対する勢力の通称で、ジェイムズのラテン語名Jacobusに由来する。ジェイムズ2世やその息子の復位を求めて度重なる反乱を起こした。1745年、フランス国王ルイ15世の支援を受けて上陸したボニー・プリンス・チャーリー（ジェイムズ2世の孫）はスコットランドの地元勢力をまとめあげてイングランド軍との抗争を繰り広げるが1746年にカローデンでの戦いで敗れ、フランスへと逃亡した。

ジョサイア・ウェッジウッド (1730-1795)
【陶芸家】

陶器ブランド、ウェッジウッドの創始者でイギリス陶芸の父と称される。後年はローマ時代の陶器の再現に力を注ぎ、ジャスパーウェアを開発、現在に至るまで同社の主力商品として、多くの人々に愛されている。息子のジョサイア2世は牛の骨を使って乳白色の色を出すボーンチャイナという手法を確立した。進化論で有名なチャールズ・ダーウィンは孫にあたる。

ジョン・ウッド (父)(1704-1754)
ジョン・ウッド (息子)(1728-1782)
【建築家】

バースを拠点に活躍した建築家で都市計画者の父子。父はロイヤル・クレッセントやノース・パレード、サウス・パレード、クイーン・スクエア、プライオリー公園などの設計を行う。父の死後は息子により仕事が引き継がれ、ロイヤル・クレッセントの完成やザ・サーカス、アセンブリー・ルームの設計を行い、バースを現在見られるような町並みへと変貌させた。

修道院の解散 （1536-1539）【歴史】

ヘンリー8世がイギリスの宗教改革の際に行った政策のひとつ。当時の修道院は広大な土地と財産を保有しており、ローマ教皇庁の収入源だった。ヘンリー8世はそうした修道院がもつ土地と財産を没収する目的で、大法官だったトーマス・クロムウェルに修道院を調査させ、1536年に小修道院解散法、1539年に大修道院解散法を制定して領地や財産を没収し、貴族やジェントリ層に分け与えた。

関連項目 聖アウグスティヌス修道院跡 ➡ P.204
セント・マイケルズ・マウント ➡ P.257
バース・アビー ➡ P.273
レイコック・アビー ➡ P.302
シュルーズベリー・アビー ➡ P.348
ニューステッド・アビー ➡ P.356
イーリー大聖堂 ➡ P.366
チェスター大聖堂 ➡ P.379
リンディスファーン修道院 ➡ P.454
ウィットビー・アビー ➡ P.460
ファウンテンズ・アビー ➡ P.479
ボルトン・アビー ➡ P.483
聖アンドリュー大聖堂 ➡ P.535

スコットランド女王メアリー （メアリー・ステュアート）（1542-1587）【国王】

スコットランド王ジェイムズ5世の娘。家臣による勢力争いを避けて母の母国フランスに渡り、後のフランソワ2世の妻となった。世継ぎがないままフランソワ2世が病死すると、スコットランドに戻り、その後ダーンリ卿ことヘンリー・ステュアートと再婚、次期イングランド国王となるジェイムズを産んだ。その後夫であるダーンリ卿の暗殺が引き金で、スコットランド貴族内の争いが大きくなり、スコットランド王位を剥奪され、イングランドへと亡命する。

メアリーはヘンリー8世の姉、マーガレット・テューダーの孫にあたり、ヘンリー8世の離婚後にもうけた子（エリザベス1世）を除くと、イングランド国王の継承権に最も近かった。カトリックでは離婚は認められておらず、カトリックであるメアリーが亡命先で自身こそがイングランド女王と幾度も主張したことで、最終的にエリザベスにより処刑された。この処刑を受けて同じカトリックであったスペイン王フェリペ2世はスペイン無敵艦隊をイングランドへ送り、アルマダの海戦が行われた。エリザベスの死去後は息子のジェイムズがスコットランドとイングランドを兼ねる国王となった。

関連項目 ウェストミンスター寺院 ➡ P.118
ピーターバラ大聖堂 ➡ P367
エディンバラ城 ➡ P.519
ホリルードハウス宮殿 ➡ P.522

ダ・ヴィンチ・コード【映画】

ダン・ブラウンの同名小説が原作の映画。キリスト教の聖杯伝説をテーマにしており、ウェストミンスター寺院やテンプル教会など、実際の観光地がその

まま舞台として登場している。映画のロケ地としては、作中に出てくるウェストミンスター寺院では撮影許可が下りなかったため、その代わりにリンカン大聖堂でロケが行われることとなり、身廊やチャプター・ハウス、回廊などで撮影が行われている。

関連項目 テンプル教会 ➡ P.135
リンカン大聖堂 ➡ P.357
ロスリン礼拝堂 ➡ P.527

チャールズ1世 （1600-1649）【国王】

父であるジェイムズ1世を継いで国王となったが、専制的であったため議会と対立。さらにピューリタンを弾圧したことから、イギリスは内乱へ突入し、最終的にはピューリタンとの戦いに敗れ、斬首させられた。彼の死後イギリスはオリバー・クロムウェルを護国卿とする共和国体制になる。

関連項目 バンケティング・ハウス ➡ P.150
カリスブルック城 ➡ P.229

チャールズ・ディケンズ （1812-1870）【作家】

『オリバー・ツイスト』『クリスマス・キャロル』などで知られるヴィクトリア朝時代の作家。債務者監獄に入れられるほどの父親の浪費癖により、満足な教育も受けられず、靴墨工場で働くといった苦難の幼少期を過ごしたが、努力の甲斐あって新聞記者となり、ジャーナリストの傍らに書いたエッセイ集を1836年に出版した。個性豊かな登場人物と劇的なストーリー展開で読者を引き込み、英国の国民作家という地位を確立した。

関連項目 ディケンズの家 ➡ P.152
チャールズ・ディケンズの生家 ➡ P.223

テンプル騎士団【歴史】

第一回十字軍が占領した聖地エルサレムにおいて、巡礼者を保護する目的で12世紀初頭に設立された。エルサレムの神殿の丘（テンプル・マウント）に騎士団本部が置かれたのが名前の由来。聖地の防衛に活躍したが、13世紀末にエルサレムが陥落すると役割を失い、免税特権や金融で得た膨大な資産はフランス王フィリップ4世の策略により没収され、その後完全に解体された。

関連項目 テンプル教会 ➡ P.135

ドゥームズデイ・ブック【歴史】

ウィリアム1世によって1085年に作成された土地台帳。土地だけではなく、家、家畜などさまざまな課税対象が記録された。

関連項目 リーズ城 ➡ P.191

トーマス・ウルジー （1475-1530）【枢機卿】

ヘンリー8世の寵臣として活躍したが、国王の離婚問題によって失脚。その後逮捕され、ロンドンに護送される途中に死去する。トーマス・ウルジーは莫大な富を建築に費やしたことでも知られている。ハンプトン・コート宮殿はもともともとトーマス・ウルジー

608

が建てたものだったが、あまりに豪華なため、ヘンリー8世の嫉妬を受け、彼に寄進している。オックスフォードのクライスト・チャーチ・カレッジも、当初彼の役職名であった枢機卿にちなんだカーディナル・カレッジで、その後ヘンリー8世カレッジという名に変更された後に、クライスト・チャーチ・カレッジになった。

> 関連項目　ハンプトン・コート・パレス ➡ P.190
> クライスト・チャーチ ➡ P.320

トーマス・テルフォード (1757-1834)【土木技師】

少年時代は石工だったが、独学で建築学や土木を学んだ。スコットランドのカレドニアン運河をはじめ、北ウェールズのメナイ・ブリッジなど橋や道路などさまざまな土木工事を指揮した。後にイギリス土木学会の初代会長となった。

> 関連項目　アイアンブリッジ ➡ P.346
> ポントカサステの水道橋 ➡ P.502

トーマス・ベケット (1118-1170)【聖職者】

ロンドンに生まれ、教会で教育を受けた。時のカンタベリー大司教の下で出世を重ね、国王ヘンリー2世に気に入られたこともあり、ナンバー2の大法官にまでなった。国王との関係は良好だったが、ベケットがカンタベリー大司教となると、教会の利益や自由を主張してヘンリー2世と激しく対立し始めた。大陸に渡ったベケットはフランス王の庇護の下、教皇に働きかけたが、ヘンリー2世はベケットとの和解を拒み続けた。その後教皇の特使としての特権を得たベケットは、イングランドに帰国し、国王寄りの司教を次々と権限をもって破門した。このことがヘンリー2世の逆鱗に触れ、ヘンリー2世の配下によってカンタベリー大聖堂内で殺害された。死後教皇アレクサンデル3世により異例の早さで聖人に列せられた。以降カンタベリー大聖堂は聖トーマス・ベケット殉教の地として多くの巡礼者を集めるようになった。

> 関連項目　カンタベリー大聖堂 ➡ P.202

ネルソン提督 (1758-1805)【軍人】

本名はホレーショ・ネルソン。12歳で海軍に入り、20歳の時には艦長となった。コルシカ島の戦いで片目の視力を失い、カナリア諸島での戦いで片腕を失った。1798年、エジプトのアブキールの海戦でフランス海軍を壊滅させ、また1805年のトラファルガーの海戦ではネルソン流の接近戦術でフランス・スペイン連合艦隊に勝利した。この戦いの中でネルソンは流れ弾に当たり、ヴィクトリー号の船上で戦死を遂げた。

> 関連項目　トラファルガー広場 ➡ P.127
> セント・ポール大聖堂 ➡ P.136
> HMS ヴィクトリー号 ➡ P.224

バイロン (1788-1824)【詩人・政治家】

10歳にして男爵位を相続し、ノッティンガムのニューステッド・アビーに移り住んだ。ケンブリッジ大学卒業後にヨーロッパを周遊し、帰国後に上院議員となった。この時期に出した詩集『チャイルド・ハロルドの巡礼』がバイロンの代表作。その後スイスやイタリアでの放蕩生活で数々の女性遍歴を重ね、最後はギリシア独立戦争に参加し、戦地で熱病で没した。

> 関連項目　ニューステッド・アビー ➡ P.356

ハドリアヌス (76-138)【皇帝】

五賢帝時代の3番目の皇帝。全盛期のローマ帝国の領土維持に努め、ブリテン島ではスコットランドのピクト族の侵入に備え、東西を横断する大城壁（ハドリアヌスの城壁）を築いた。

> 関連項目　ハドリアヌスの城壁 ➡ P.440

ビアトリクス・ポター (1866-1943)【作家】

ピーターラビットシリーズの生みの親。湖水地方の自然をこよなく愛した。イギリスの自然保護を目的としたナショナル・トラストに賛同し、死後には4000エーカーの土地と14の農場をナショナル・トラストに寄贈している。彼女の生涯は2006年にレネー・ゼルウィガー主演『ミス・ポター』で映画化されている。

> ▶特集記事 P.424

ヘンリー2世 (1133-1189)【国王】

プランタジネット朝の初代イングランド王。母親は神聖ローマ皇后でウィリアム1世の孫にあたるマティルダ（モード）。フランス国王ルイ7世と離婚したばかりのアリエノール・ダキテーヌと結婚し、後の獅子心王リチャード1世や欠地王ジョンをもうけた。アリエノール・ダキテーヌは当時西欧世界で最も富と権力をもつ女性であり、彼女との結婚によりヘンリーはイングランドとノルマンディー公国のみならず、アキテーヌ公国も含む広大な領土を支配したが、治世の後半は度重なる息子達の反乱に悩まされた。トーマス・ベケットを暗殺させた国王でもある。

> 関連項目　カンタベリー大聖堂 ➡ P.202

ヘンリー6世 (1421-1471)【国王】

ヘンリー5世の息子。父ヘンリー5世の急死により生後すぐにイングランド王位に就き、さらにその数ヵ月後には、祖父フランス王シャルル6世の死去にともないフランス王位も兼ねるなど、名目上イングランド、フランス両国の君主となるが、その後ジャンヌ・ダルクなどの活躍により、叔父のシャルル7世率いるフランス軍が勢いを取り戻し、1453年にはカレーを除くほとんどすべてのフランス領土を失った。

ヘンリー6世は精神を病んでおり、しばしば精神錯乱を起こすなど、成長しても自身では政権を運営できず、妻のマーガレット・オブ・アンジューや親族に任せっきりであった。本人が強い指導力を発揮できないことは、プランタジネット王家内のランカスター家とヨーク家によるバラ戦争の遠因となった。1461年セント・オーバンズの戦いに敗れたことで、イングランド王を廃位させられ、ロンドン塔に幽閉された。その後1470年に復位するが、翌年再び廃位させられ、ロンドン塔で死去する。政治的には指

導力を発揮できなかったが、キングズ・カレッジやイートン校を設立するなど、教育、建築の面では大きな功績を残した。

> 【関連項目】 イートン校 ➡ P.189
> キングズ・カレッジ ➡ P.362

ヘンリー7世 (1457-1509)【国王】

テューダー朝の初代イングランド王。1485年ヨーク家のリチャード3世をボズワースの戦いで破ると、エドワード4世の娘でリチャード3世には姪に当たるエリザベス・オブ・ヨークと結婚し、バラ戦争を終結させるとともに、イングランド王に即位した。戦闘に勝ち即位をしたものの、血筋としてはより王に近い血統の貴族も数多くいたことから、たびたび王を僭称する反乱者に悩まされた。

> 【関連項目】 ウェストミンスター寺院 ➡ P.118

ヘンリー8世 (1491-1547)【国王】

イングランド王。生涯で6人の妻をもち、離婚のためにローマ・カトリックを脱退し、英国国教会を設立、修道院の解散を行った。6人も妻をもつにいたったのは、バラ戦争後の権力基盤が弱かったテューダー朝にとって男児の誕生は国政上非常に重要だったことも理由のひとつ。最初の妻キャサリン・オブ・アラゴンとは23年連れ添っている。

> 【関連項目】 グリニッジ ➡ P.182
> ハンプトン・コート・パレス ➡ P.190
> クライスト・チャーチ ➡ P.320

ボアディキア (??-60年)【国王】

ローマ支配時代に反乱運動を起こしたブリトン人の女性指導者。ローマの主力軍が遠征でいない隙を突いて蜂起し、カムロドゥヌム (コルチェスター)、ロンディニウム (ロンドン)、ウェルラミウム (セント・オールバンズ) といった当時の主要都市を攻略し、徹底的に破壊、大虐殺を行った。その後戻ってきたローマ軍と戦うが破れ、死亡している。

> 【関連項目】 コルチェスター城 ➡ P.195

ボニー・プリンス・チャーリー (1720-1788)【王族】

本名をチャールズ・エドワード・ステュアートで小僧王ともいわれる。ピューリタン革命で王位を失ったジェイムズ2世の孫にあたる。イギリス国王の座を奪うため、1745年にブリテン島に上陸、スコットランドのハイランド人やカトリックを味方に付け、イギリス正規軍とカロードゥンで戦うが大敗。フローラ・マクドナルドをはじめとする支持者の助けを借り、変装などで身を隠しながら、大陸へと逃げ戻った。

> 【関連項目】 リンリスゴー宮殿 ➡ P.528
> インヴァネス城 ➡ P.553

マグナ・カルタ【歴史】

1215年にジョン王が署名した憲章で、大憲章といわれることも。たとえ王であってもその権限は法律によって制限されることを明文化しており、立憲

主義、人権の基礎になった。マグナ・カルタの原本は現在4点残っており、大英図書館に2点、リンカン大聖堂、ソールズベリ大聖堂に1点ずつ保管されている。

> 【関連項目】 大英図書館 ➡ P.152
> ソールズベリ大聖堂 ➡ P.265
> リンカン大聖堂 ➡ P.357
> リンカン城 ➡ P.357

メアリー・ステュアート (1542-1587)【国王】

スコットランド女王メアリー参照

リチャード3世 (1452-1485)【国王】

ヨーク朝最後の国王で、エドワード4世の弟。バラ戦争でヘンリー・テューダー率いるランカスター軍とボズワースで戦うが、戦死する。戦場で亡くなった最後のイングランド王。シェイクスピアの『リチャード3世』では背中が曲がり、足を引きずって歩く、残忍で計算高い悪人として描かれているが、これは戯曲が書かれた時代が、戦争に勝利した側のテューダー朝期であったため、ことさら誇張されたものといわれている。2012年には駐車場から彼の遺体が発見されニュースになった。遺骨の調査で、彼の骨は確かに曲がっていたが、衣服で隠せる程度で、足を引きずっていた形跡はないことがわかった。遺体は2015年3月にレスター大聖堂に埋葬された。

> 【関連項目】 ヨークの城壁 ➡ P.466

ロバート・ザ・ブルース (1274-1329)【国王】

スコットランド国王。当初はスコットランドの有力貴族としてイングランド王エドワード1世に協力していたが、その後反イングランドになり、スコットランド国王を名乗る。バノックバーンの戦いでエドワード2世率いるイングランド軍を破り、スコットランドを独立へと導いた。ウィリアム・ウォリス同様スコットランド独立の象徴的存在で、映画『ブレイブハート』のもうひとりの主役。彼の遺体はダンファームリン・アビー、心臓はメルローズ・アビーにそれぞれ葬られている。

> 【関連項目】
> バノックバーンの戦いエクスペリエンス ➡ P.548

ロビン・フッド (13世紀頃)【伝説上の人物】

中世の吟遊詩人によって広まった伝説上の英雄。ノッティンガム近郊のシャーウッドの森に住み、悪い金持ちから物を盗む義賊。時代が下るにつれて、ロビン・フッドはもともと貴族で、リチャード獅子心王に従って十字軍に参加したことや、ジョン王統治下で悪政が行われた時代に、民衆のために戦ったなどという物語の形ができあがっていった。テレビ化や映画化も多く、1991年はケビン・コスナー、2010年にはラッセル・クロウが演じている。

> 【関連項目】 シャーウッド・フォレスト ➡ P.356

ワーズワース (1770-1850)【詩人】

イギリスを代表するロマン派詩人。➡ 特集記事 P.426

都市・町名・エリア索引

見どころ索引

■マ■ヤ■ラ■ワ■

地球の歩き方 シリーズ一覧　2023年10月現在

*地球の歩き方ガイドブックは、改訂時に価格が変わることがあります。　*表示価格は定価（税込）です。　*最新情報は、ホームページをご覧ください。www.arukikata.co.jp/guidebook/

地球の歩き方 ガイドブック

A ヨーロッパ

コード	タイトル	価格
A01	ヨーロッパ	¥1870
A02	イギリス	¥2530
A03	ロンドン	¥1980
A04	湖水地方＆スコットランド	¥1870
A05	アイルランド	¥1980
A06	フランス	¥2420
A07	パリ＆近郊の町	¥1980
A08	南仏プロヴァンス コート・ダジュール＆モナコ	¥1760
A09	イタリア	¥1870
A10	ローマ	¥1760
A11	ミラノ ヴェネツィアと湖水地方	¥1870
A12	フィレンツェとトスカーナ	¥1870
A13	南イタリアとシチリア	¥1870
A14	ドイツ	¥1980
A15	南ドイツ フランクフルト ミュンヘン ロマンチック街道 古城街道	¥2090
A16	ベルリンと北ドイツ ハンブルク ドレスデン ライプツィヒ	¥1870
A17	ウィーンとオーストリア	¥2090
A18	スイス	¥2200
A19	オランダ ベルギー ルクセンブルク	¥1870
A20	スペイン	¥2420
A21	マドリードとアンダルシア	¥1760
A22	バルセロナ＆近郊の町 イビサ島／マヨルカ島	¥1760
A23	ポルトガル	¥1815
A24	ギリシアとエーゲ海の島々＆キプロス	¥1870
A25	中欧	¥1980
A26	チェコ ポーランド スロヴァキア	¥1870
A27	ハンガリー	¥1870
A28	ブルガリア ルーマニア	¥1980
A29	北欧 デンマーク ノルウェー スウェーデン フィンランド	¥1870
A30	バルトの国々 エストニア ラトヴィア リトアニア	¥1870
A31	ロシア ベラルーシ ウクライナ モルドヴァ コーカサスの国々	¥2090
A32	極東ロシア シベリア サハリン	¥1980
A34	クロアチア スロヴェニア	¥1760

B 南北アメリカ

コード	タイトル	価格
B01	アメリカ	¥2090
B02	アメリカ西海岸	¥1870
B03	ロスアンゼルス	¥2090
B04	サンフランシスコとシリコンバレー	¥1870
B05	シアトル ポートランド	¥2420
B06	ニューヨーク マンハッタン＆ブルックリン	¥1980
B07	ボストン	¥1980
B08	ワシントンDC	¥2420
B09	ラスベガス セドナ＆グランドキャニオンと大西部	¥2090
B10	フロリダ	¥2310
B11	シカゴ	¥1870
B12	アメリカ南部	¥1980
B13	アメリカの国立公園	¥2090
B14	ダラス ヒューストン デンバー グランドサークル フェニックス サンタフェ	¥1980
B15	アラスカ	¥1980
B16	カナダ	¥2420
B17	カナダ西部 カナディアン・ロッキーとバンクーバー	¥2090
B18	カナダ東部 ナイアガラ・フォールズ メープル街道 プリンス・エドワード島 トロント オタワ モントリオール ケベック・シティ	¥2000
B19	メキシコ	¥1980
B20	中米	¥2090
B21	ブラジル ベネズエラ	¥2200
B22	アルゼンチン チリ パラグアイ ウルグアイ	¥2200
B23	ペルー ボリビア エクアドル コロンビア	¥2200
B24	キューバ バハマ ジャマイカ カリブの島々	¥2035
B25	アメリカ・ドライブ	¥1980

C 太平洋／インド洋島々

コード	タイトル	価格
C01	ハワイ1 オアフ島＆ホノルル	¥1980
C02	ハワイ島	¥2200
C03	サイパン ロタ＆テニアン	¥1540
C04	グアム	¥1980
C05	タヒチ イースター島	¥1870
C06	フィジー	¥1650
C07	ニューカレドニア	¥1650
C08	モルディブ	¥1870
C10	ニュージーランド	¥2200
C11	オーストラリア	¥2200
C12	ゴールドコースト＆ケアンズ	¥2420
C13	シドニー＆メルボルン	¥1760

D アジア

コード	タイトル	価格
D01	中国	¥2090
D02	上海 杭州 蘇州	¥1870
D03	北京	¥1760
D04	大連 瀋陽 ハルビン 中国東北地方の自然と文化	¥1980
D05	広州 アモイ 桂林 珠江デルタと華南地方	¥1980
D06	成都 重慶 九寨溝 麗江 四川 雲南	¥1980
D07	西安 敦煌 ウルムチ シルクロードと中国北西部	¥1980
D08	チベット	¥2090
D09	香港 マカオ 深セン	¥1870
D10	台湾	¥2090
D11	台北	¥1980
D13	台南 高雄 屏東＆南台湾の町	¥
D14	モンゴル	¥
D15	中央アジア サマルカンドとシルクロードの国々	¥
D16	東南アジア	¥
D17	タイ	¥
D18	バンコク	¥
D19	マレーシア ブルネイ	¥
D20	シンガポール	¥
D21	ベトナム	¥
D22	アンコール・ワットとカンボジア	¥
D23	ラオス	¥
D24	ミャンマー（ビルマ）	¥
D25	インドネシア	¥
D26	バリ島	¥
D27	フィリピン マニラ セブ ボラカイ ボホール エルニド	¥
D28	インド	¥
D29	ネパールとヒマラヤトレッキング	¥
D30	スリランカ	¥
D31	ブータン	¥
D33	マカオ	¥
D34	釜山 慶州	¥
D35	バングラデシュ	¥
D37	韓国	¥
D38	ソウル	¥

E 中近東 アフリカ

コード	タイトル	価格
E01	ドバイとアラビア半島の国々	¥
E02	エジプト	¥
E03	イスタンブールとトルコの大地	¥
E04	ペトラ遺跡とヨルダン レバノン	¥
E05	イスラエル	¥
E06	イラン ペルシアの旅	¥
E07	モロッコ	¥
E08	チュニジア	¥
E09	東アフリカ ウガンダ エチオピア ケニア タンザニア ルワンダ	¥
E10	南アフリカ	¥
E11	リビア	¥
E12	マダガスカル	¥

J 国内版

コード	タイトル	価格
J00	日本	¥
J01	東京 23区	¥
J02	東京 多摩地域	¥
J03	京都	¥
J04	沖縄	¥
J05	北海道	¥
J07	埼玉	¥
J08	千葉	¥
J09	札幌・小樽	¥
J10	愛知	¥

地球の歩き方 aruco

●海外

No.	タイトル	価格
1	パリ	¥1320
2	ソウル	¥1650
3	台北	¥1650
4	トルコ	¥1430
5	インド	¥1540
6	ロンドン	¥1650
7	香港	¥1320
8	ニューヨーク	¥1320
9	ホーチミン ダナン ホイアン	¥1430
10	ホノルル	¥1650
11	バリ島	¥1320
12	上海	¥1320
13	モロッコ	¥1540
14	チェコ	¥1320
15	ベルギー	¥1430
16	ウィーン ブダペスト	¥1320
17	イタリア	¥1320
18	スリランカ	¥1540
19	クロアチア スロヴェニア	¥1430
20	スペイン	¥1320
21	シンガポール	¥1650
22	バンコク	¥1650
23	グアム	¥1320
25	オーストラリア	¥1430
26	フィンランド エストニア	¥1430
27	アンコール・ワット	¥1430
28	ドイツ	¥1430
29	ハノイ	¥1430
30	台湾	¥1320
31	カナダ	¥1320
33	サイパン テニアン ロタ	¥1320
34	セブ ボホール エルニド	¥1320
35	ロスアンゼルス	¥1320
36	フランス	¥1430
37	ポルトガル	¥1650
38	ダナン ホイアン フエ	¥1320

●国内

タイトル	価格
東京	¥1540
東京で楽しむフランス	¥1430
東京で楽しむ韓国	¥1430
東京で楽しむ台湾	¥1430
東京の手みやげ	¥1430
東京おやつさんぽ	¥1430
東京のパン屋さん	¥1430
東京で楽しむ北欧	¥1430
東京のカフェめぐり	¥1480
東京で楽しむハワイ	¥1480
nyaruco 東京ねこさんぽ	¥1480
東京で楽しむイタリア＆スペイン	¥1480
東京で楽しむアジアの国々	¥1480
東京ひとりさんぽ	¥1480
東京パワースポットさんぽ	¥1599
東京で楽しむ英国	¥1599

地球の歩き方 Plat

No.	タイトル	価格
1	パリ	¥1320
2	ニューヨーク	¥1320
3	台北	¥1100
4	ロンドン	¥1320
6	ドイツ	¥1320
7	ホーチミン／ハノイ／ダナン／ホイアン	¥1320
8	スペイン	¥1320
10	シンガポール	¥1100
11	アイスランド	¥1540
14	マルタ	¥1540
15	フィンランド	¥1320
16	クアラルンプール／マラッカ	¥1100
17	ウラジオストク／ハバロフスク	¥1430
18	サンクトペテルブルク／モスクワ	¥1540
19	エジプト	¥1320
20	香港	¥1100
22	ブルネイ	¥1430
23	ウズベキスタン サマルカンド ブハラ ヒヴァ タシケント	¥
24	ドバイ	¥
25	サンフランシスコ	¥
26	パース／西オーストラリア	¥
27	ジョージア	¥
28	台南	¥

地球の歩き方 リゾートスタイル

コード	タイトル	価格
R02	ハワイ島	¥
R03	マウイ島	¥
R04	カウアイ島	¥
R05	こどもと行くハワイ	¥
R06	ハワイ ドライブ・マップ	¥
R07	ハワイ バスの旅	¥
R08	グアム	¥
R09	こどもと行くグアム	¥
R10	パラオ	¥
R12	プーケット サムイ島 ピピ島	¥
R13	ペナン ランカウイ クアラルンプール	¥
R14	バリ島	¥
R15	セブ＆ボラカイ ボホール シキホール	¥
R16	テーマパーク in オーランド	¥
R17	カンクン コスメル イスラ・ムヘーレス	¥
R20	ダナン ホイアン ホーチミン ハノイ	¥

地球の歩き方 関連書籍のご案内

イギリスとその周辺諸国をめぐるヨーロッパの旅を「地球の歩き方」が応援します!

地球の歩き方　ガイドブック

- **A01** ヨーロッパ ¥1,870
- **A02** イギリス ¥2,530
- **A03** ロンドン ¥1,980
- **A04** 湖水地方&スコットランド ¥1,870
- **A05** アイルランド ¥1,980
- **A06** フランス ¥2,420
- **A07** パリ&近郊の町 ¥1,980
- **A08** 南仏プロヴァンス コート・ダジュール&モナコ ¥1,760
- **A09** イタリア ¥1,870
- **A14** ドイツ ¥1,980
- **A15** 南ドイツ フランクフルト ミュンヘン ロマンティック街道 古城街道 ¥2,090
- **A16** ベルリンと北ドイツ ハンブルク ドレスデン ライプツィヒ ¥1,870
- **A17** ウィーンとオーストリア ¥2,090
- **A18** スイス ¥2,200
- **A19** オランダ ベルギー ルクセンブルク ¥1,870
- **A20** スペイン ¥2,420
- **A26** チェコ ポーランド スロヴァキア ¥1,870
- **A29** 北欧 デンマーク ノルウェー スウェーデン フィンランド ¥1,870

地球の歩き方　aruco

- **01** aruco パリ ¥1,320
- **06** aruco ロンドン ¥1,650
- **15** aruco チェコ ¥1,320
- **16** aruco ベルギー ¥1,430
- **17** aruco ウィーン ブダペスト ¥1,320
- **18** aruco イタリア ¥1,320
- **21** aruco スペイン ¥1,320
- **26** aruco フィンランド エストニア ¥1,430
- **28** aruco ドイツ ¥1,430
- **36** aruco フランス ¥1,430

地球の歩き方　Plat

- **01** Plat パリ ¥1,320
- **04** Plat ロンドン ¥1,320
- **06** Plat ドイツ ¥1,320
- **11** Plat アイスランド ¥1,540
- **15** Plat フィンランド ¥1,320

地球の歩き方　aruco　国内版

- aruco 東京で楽しむ英国 ¥1,599

※表示価格は定価（税込）です。改訂時に価格が変更になる場合があります。

日本のよさを再発見！
地球の歩き方 国内版シリーズ

地球の歩き方 2023~24
日本
Japan

地球の歩き方 2024~25
東京 23区
Tokyo 23 wards

地球の歩き方 永久保存版
東京 多摩地域
高尾・奥多摩・青ヶ島と全30市町村を完全網羅
Tokyo Tama

地球の歩き方 2023~24
京都
Kyoto

地球の歩き方 2023~24
沖縄
本島周辺の島々・八重山諸島・宮古諸島
Okinawa

地球の歩き方 2023~24
北海道
Hokkaido

地球の歩き方 2023~24
埼玉
Saitama

地球の歩き方 2023~24
千葉
Chiba

地球の歩き方 2024~25
札幌・小樽
札幌10区・北広島・恵庭・余市・ニセコ・積丹
Sapporo Otaru

地球の歩き方 2024~25
愛知
Aichi

Secret of Success
ヒットの秘密

1979年の創刊以来、海外ガイドブックの発行を続けてきた「地球の歩き方」。2020年に初の国内版「東京」を創刊。これまでの海外取材で培った細かな取材力、その土地の歴史や文化、雑学などの情報を盛り込むことで、地元在住者に支持され大ヒット。次の新刊もお楽しみに！

47都道府県
全制覇なるか!?

地球の歩き方 20XX~XX
？？？？
？？？？？

地球の歩き方国内版シリーズ
定価：2020円（税込）～
https://www.arukikata.co.jp/web/
catalog/directory/book/guidebook-j/

STAFF

制　作：由良暁世	Producer：Akiyo Yura
編　集：どんぐり・はうす	Editors：Donguri House
大和田聡子	Akiko Ohwada
平田功	Isao Hirata
黄木克哲	Yoshinori Ogi
表　紙：日出嶋昭男	Cover Design：Akio Hidejima
デザイン：シー・パラダイス	Design：Sea Paradise
ビュープランニング	Viewplanning
地　図：どんぐり・はうす	Maps：Donguri House
校　正：三品秀徳	Proofreading：Hidenori Mishina

協力：岩間幸司　聚珍社　早坂孝子　一志敦子　大野拓未　ピーマン　平林加奈子　有栖サチコ　オフィス・ギア　佐藤美穂　英国政府観光庁　©iStock　McCormick　McAdam　Shakespeare Country　Chelsea Football Club　Lumley Castle　The View from The Shard　Tally Ho! Cycle Tours　Victoria and Albert Museum　東京管区気象台（東京の気象データ提供）

本書についてのご意見・ご感想はこちらまで
読者投稿　〒141-8425　東京都品川区西五反田2-11-8
　　　　　　株式会社地球の歩き方
　　　　　　地球の歩き方サービスデスク「イギリス編」投稿係
　　　　　　https://www.arukikata.co.jp/guidebook/toukou.html
地球の歩き方ホームページ（海外・国内旅行の総合情報）
　　　　　　https://www.arukikata.co.jp/
ガイドブック『地球の歩き方』公式サイト
　　　　　　https://www.arukikata.co.jp/guidebook/

地球の歩き方 A02
イギリス 2024～2025年版

2023年10月17日　初版第1刷発行

Published by Arukikata. Co., Ltd.
2-11-8 Nishigotanda, Shinagawa-ku, Tokyo, 141-8425, Japan

著作編集	地球の歩き方編集室
発 行 人	新井 邦弘
編 集 人	宮田 崇
発 行 所	株式会社地球の歩き方
	〒141-8425　東京都品川区西五反田2-11-8
発 売 元	株式会社Gakken
	〒141-8416　東京都品川区西五反田2-11-8
印刷製本	TOPPAN株式会社

※本書は基本的に2022年9月～2023年5月の取材データに基づいて作られています。
発行後に料金、営業時間、定休日などが変更になる場合がありますのでご了承ください。
更新・訂正情報：https://www.arukikata.co.jp/travel-support/

●この本に関する各種お問い合わせ先
・本の内容については、下記サイトのお問い合わせフォームよりお願いします。
　URL ▶ https://www.arukikata.co.jp/guidebook/contact.html
・広告については、下記サイトのお問い合わせフォームよりお願いします。
　URL ▶ https://www.arukikata.co.jp/ad_contact/
・在庫については Tel ▶ 03-6431-1250（販売部）
・不良品（落丁、乱丁）については Tel ▶ 0570-000577
　学研業務センター 〒354-0045　埼玉県入間郡三芳町上富279-1
・上記以外のお問い合わせは Tel ▶ 0570-056-710（学研グループ総合案内）

※本書は株式会社ダイヤモンド・ビッグ社より1987年に初版発行したもの（2019年7月に改訂第30版）の最新・改訂版です。
学研グループの書籍・雑誌についての新刊情報・詳細情報は、下記をご覧ください。
学研出版サイト　URL ▶ https://hon.gakken.jp/